ŒUVRES
COMPLÈTES
DE BOILEAU

ACCOMPAGNÉES DE

NOTES HISTORIQUES ET LITTÉRAIRES

ET PRÉCÉDÉES D'UNE

ÉTUDE SUR SA VIE ET SES OUVRAGES

PAR

A. CH. GIDEL

Professeur de rhétorique au Lycée impérial Bonaparte, lauréat de l'Académie
française et de l'Académie des inscriptions et belles-lettres

TOME PREMIER

PARIS

GARNIER FRÈRES, LIBRAIRES-ÉDITEURS

6, RUE DES SAINTS-PÈRES

M DCCC LXX

MVJabouley

CHEFS-D'ŒUVRE

DE LA

LITTÉRATURE

FRANÇAISE

29

ŒUVRES

COMPLÈTES

DE BOILEAU

TOME PREMIER

BOILEAU.

ŒUVRES
COMPLÈTES
DE BOILEAU

ACCOMPAGNÉES DE

NOTES HISTORIQUES ET LITTÉRAIRES

ET PRÉCÉDÉES D'UNE

ÉTUDE SUR SA VIE ET SES OUVRAGES

PAR

A. CH. GIDEL

Professeur de rhétorique au Lycée impérial Bonaparte, lauréat de l'Académie
française et de l'Académie des inscriptions et belles-lettres

TOME PREMIER

PARIS

GARNIER FRÈRES, LIBRAIRES-ÉDITEURS

6, RUE DES SAINTS-PÈRES

—

M DCCC LXX

VIE DE BOILEAU.

I.

NAISSANCE DE BOILEAU,
SA FAMILLE, SES PREMIÈRES ANNÉES.

Louis XIV demandait un jour à Boileau quel était son âge : « Sire, lui répondit le poëte, je suis venu au monde un an avant vous, pour annoncer les merveilles de votre règne. » Ce n'était pas la première fois que la flatterie coûtait quelque chose à la vérité. Boileau se rajeunissait d'un an pour mieux faire sa cour au roi. Nicolas Boileau, surnommé Despréaux, naquit en réalité le 1er novembre 1636, l'année même du *Cid* de Corneille et du *Discours de la Méthode* de Descartes. Ces dates glorieuses auraient bien mérité d'être rappelées par le poëte, et le biographe qui entreprend son histoire ne doit pas omettre de les citer. La France, cette année même, par une heureuse rencontre, entrait en possession de tout son génie. Corneille, dans la tragédie, lui montrait pour la première fois les plus beaux vers qu'on ait jamais faits en aucune langue; Descartes élevait sa prose à la hauteur des idées philosophiques et préparait le mouvement qui n'a pas cessé depuis dans les intelligences. Le nom de Boileau n'est point indigne de figurer auprès de ces grandes œuvres. Sans le porter aux nues par une admiration aveuglément idolâtre, sans le rabaisser non plus dans un esprit de dénigrement injuste, ne peut-on pas dire que Boileau manquerait à la France, comme l'a écrit un critique illustre?[1]

Sans doute Molière, La Fontaine et Racine lui font assez d'honneur; mais peut-être aucun de ces grands génies n'offre dans un tempérament plus heureux ces qualités moyennes qui sont si bien de notre terroir et, pour parler comme Montaigne, *de notre estoc.*

La Fontaine a les dons les plus précieux de la poésie : plus varié, plus souple, plus passionné pour la nature que Boileau, il n'a pas comme lui dans ses mœurs et dans sa vie l'honnêteté rigide et réfléchie. Racine, plus insinuant, sait mieux l'art de se ménager et de plaire; d'un mouvement sûr il arrive à l'âme, il manie les passions avec une adresse qui tient de la magie et du charme; mais son esprit se fatigue bientôt. Sans être épuisé, il se condamne au repos et au silence. De vains scrupules l'alarment, de fausses terreurs le troublent, et il laisse échapper dans ses dernières années cet empire sur lui-même que Boileau conserva jusqu'à son dernier jour. Chez l'un, les gémissements et les soupirs d'une âme tendre jusqu'à la faiblesse; chez l'autre, au contraire, l'accent viril du bon sens et d'un esprit qui s'appartient et se commande à lui-même.

Nous admirons trop Molière pour ne pas saluer en lui le génie français dans sa liberté, dans sa haute raison, dans son inépuisable malice; mais aussi l'amitié constante qui unit Molière à Boileau n'illustre-t-elle pas celui qui des deux semble avoir le moins de verve et d'essor? Qui donc eût rempli auprès de l'auteur du *Misanthrope* ce rôle de censeur éclairé dont Despréaux s'est acquitté si longtemps? Relations honorables pour tous les deux, où l'on ne sait ce qu'il faut le plus admirer, de la modestie de Molière qui écoute les avis du critique,[2]

---

1. M. D. Nisard, *Histoire de la littérature française.*
2. Voir l'opinion de Boileau sur Molière, ses conseils, les résistances de l'auteur comique, dans les papiers de Brossette, publiés par M. Laverdet, p. 515, 516, 517.

ou de la sagacité de Boileau, dont le goût toujours assuré reprend en son ami les faiblesses qui échappent à ce grand génie.

Jusqu'à Racine le fils, tous les biographes avaient cité Paris comme le lieu de la naissance de Boileau; mais celui-ci, dans les *Mémoires sur la vie de Jean Racine,* s'élève contre cette opinion. Voici ce qu'il en dit : « Il n'étoit point né à Paris, comme on l'a toujours écrit, mais à Crône, petit village près Villeneuve-Saint-Georges; son père y avoit une maison, où il passoit tout le temps des vacances du palais; et ce fut le premier novembre 1636 que ce onzième enfant y vint au monde. Pour le distinguer de ses frères, on le surnomma *Despréaux,* à cause d'un petit pré qui étoit au bout du jardin. Quelque temps après, une partie du village fut brûlée, et les registres de l'église ayant été consumés dans cet incendie, lorsque Boileau, dans le temps qu'on recherchoit les usurpateurs de la noblesse en vertu de la déclaration du 4 septembre 1696, fut injustement attaqué, il ne put, faute d'extrait baptistaire, prouver sa naissance que par le registre de son père.[1] »

S'il fallait en croire les habitants du village de Crône, rien ne serait plus vrai que ces paroles de Racine. Chacun d'eux, dit M. Berriat-Saint-Prix dans sa précieuse édition que nous citerons souvent et dont nous profiterons toujours, chacun d'eux répète que Boileau est né chez eux, « et il n'en est aucun qui n'indique au voyageur la *chambre* où il vit le jour. » La tradition y est constante et semble remonter bien au delà de l'époque où les mémoires de Racine parurent (1747). On pouvait croire en effet que les propriétaires de la maison des parents de Boileau étaient empressés de mettre à profit l'assertion de Louis Racine pour augmenter d'autant la valeur d'une propriété qu'un tel souvenir devait rendre chère à ses possesseurs. Cette objection n'avait pas échappé à M. Berriat-Saint-Prix, qui, au mois d'août 1828, était allé recueillir à Crône les renseignements dont il avait besoin pour satisfaire

---

1. *OEuvres de Louis Racine*, t. V, p. 28, édit. Le Normant; 1808, Paris.

son grand désir d'exactitude. Il en fit l'observation chez le maire (M. Bonfils), mais, dit-il, « on nous répondit en nous citant une ouvrière illettrée du maire, morte en 1822, à quatre-vingt-quatre ans, et qui, par conséquent, était née en 1738. Certes, elle ne connaissait point les mémoires de Louis Racine; d'ailleurs Louis Racine ne parle point de la maison, et cette femme avait toujours dit : *Voilà la chambre où est né Boileau.* »

Une indication sur le domicile du père de Boileau, en 1635, tirée des registres de la paroisse de Saint-Nicolas-des-Champs, où le zèle de M. Berriat-Saint-Prix était allé la chercher;[1] le témoignage de Racine; la tradition régnante à Crône; d'autre part, l'assertion formelle de Brossette, qui fait naître Boileau à Paris, dans la maison du chanoine Gillot, rue de Jérusalem; le passage d'une lettre de l'abbé Boileau qui, annonçant à Brossette la mort de son frère, dit « qu'il avoit été baptisé dans la Sainte-Chapelle royale du Palais, » faisaient un embarras dont le savant et scrupuleux commentateur de Despréaux ne croyait pouvoir sortir que par une hypothèse ingénieuse. Il supposait donc que notre poëte, né à Crône le 1er novembre, avait pu y être ondoyé ce jour-là, et baptisé à Paris le 2 de ce mois.

Bientôt de nouvelles recherches suivies de découvertes nouvelles changèrent l'opinion du critique et éclaircirent l'obscurité jetée sur ce point par le témoignage de Louis Racine. Il était vrai qu'un Boileau avait été baptisé à Crône le 28 juin 1584, mais c'était le père de notre poëte, Gilles Boileau, fils de Me Jean Boileau, trésorier provincial de l'extraordinaire des guerres en Bourgogne.[2] Il était vrai que des registres avaient

---

1. Voici cet acte qui faisait demeurer en 1637 le père de Boileau rue Quincampoix : « Le 30 juillet 1637 a été baptisée Nicole, fille de Me Thomas Clément, procureur au Châtelet de Paris, et de Nicole de Niellé, sa femme, demeurant rue Quincampoix. Le parrain, Me Nicolas de Niellé, aussi procureur audit Châtelet, père-grand; la marraine, Anne de Niellé, femme de Me Gilles Boileau, second greffier de la grand'chambre du Parlement de Paris, demeurant à ladite rue. »

2. BERRIAT-SAINT-PRIX, *Essai sur Boileau,* VIII, t. I. « Extrait du registre de baptêmes de l'église Notre-Dame de Crosne, au diocèse de Paris, portant

été consumés dans un incendie, mais c'étaient ceux de la
Sainte-Chapelle, qui en portent encore les traces, et non pas
ceux de Crône, où l'on ne trouve d'autres lacunes que celles
que la négligence des curés de cette paroisse y a introduites.[1]
Le père de Boileau avait bien habité la rue Quincampoix, mais
c'était de 1628 à 1634, époque où il se fixa définitivement sur
la paroisse de la Sainte-Chapelle; car, le 18 mars 1635, *Jacques
Boileau* fut baptisé dans cette église.[2] Ainsi, les erreurs venaient
de Louis Racine; il avait confondu Crône et la Sainte-Chapelle,
Boileau-Despréaux et son père. L'assertion de Brossette demeure intacte; c'est à elle désormais qu'il faut s'en rapporter.
M. Berriat-Saint-Prix, qui a, sur la généalogie du poëte, tant de
fois redressé les erreurs de l'avocat de Lyon, reconnaît ici
qu'il a raison. Boileau est donc né à Paris, non loin du Palais,
dans l'ancienne maison du chanoine Gillot, rue de Jérusalem.
Quoiqu'on puisse dire avec l'ambassadeur Guilleragues, ami
particulier de Racine et de Boileau :[3] « Il n'importe guères si les
historiens et les grands poëtes sont nés à Rome ou dans *la cour
du Palais,* à Athènes ou à la Ferté-Milon, » nous sommes heu-

---

que *Gilles Boileau,* fils de Mᵉ Jehan Boileau, trésorier provincial de l'extraordinaire en Bourgogne, et de damoiselle Catherine Rapoël, fut baptisé
le 28 juin 1584. Les parrains, M. Gilles Brulart, Jean de Girouville et Jean
Bourdin; marraine, damoiselle Marie Brulart, fille de M. de Crosne.......
Délivré le 2 juin 1605 et signé Lamotte, curé de Crosne..... »

1. Certificat signé Binet, curé de la Basse-Sainte-Chapelle du Palais,
du 26 janvier 1699, portant « que les registres de baptêmes de ladite paroisse
de l'année 1636 ne se trouvent point et ont été égarés ou brûlés dans le
dernier incendie arrivé à la Sainte-Chapelle; et que suivant le journal
olographe du feu sieur Boileau, greffier du Parlement, représenté par Anne
Boileau, sa fille, veuve du sieur Dongois, le *sieur Nicolas Boileau,* fils du
défunt sieur Boileau, est né le 1ᵉʳ *novembre* 1636, et baptisé le lendemain par
le curé de la Sainte-Chapelle. » BERRIAT-SAINT-PRIX, *Essai sur Boileau,* VIII.

2. Certificat signé Morel, curé de la Basse-Sainte-Chapelle du Palais de
Paris, du 1ᵉʳ novembre 1672, portant « que le 18 mars 1635 a été baptisé,
sur les fonts de la Sainte-Chapelle, Jacques Boileau, fils de Mᵉ Gilles Boileau,
greffier de la grand'chambre du Parlement de Paris, et de damoiselle Anne
de Nielé, ses père et mère..... »

3. Lettre à Racine, 1684.

reux de restituer à Paris cet honneur, ne fût-ce que pour justifier davantage encore cette parole de Boileau à Brossette : « … bien qu'il n'y ait peut-être pas d'homme en France *si parisien* que moi. »

Despréaux fut le quinzième et avant-dernier[1] enfant de Gilles Boileau, son père. Celui-ci était greffier de grand'chambre au parlement de Paris. Cette épigramme, faite pour être mise au bas de son portrait par un de ses fils, *Gilles Boileau,* montre assez que, s'il fut honnête dans sa profession, il n'y acquit pas de grandes richesses :

> Ce greffier, dont tu vois l'image,
> Travailla plus de soixante ans,
> Et cependant à ses enfants
> Il a laissé pour tout partage
> Beaucoup d'honneur, peu d'héritage ;
> Dont son fils l'avocat enrage.

Despréaux, plus désintéressé, comme sont les vrais poëtes, dit à peu près la même chose, sans en enrager pourtant :

> Mon père, soixante ans au travail appliqué,
> En mourant me laissa, pour rouler et pour vivre,
> Un revenu léger et son exemple à suivre.

Si Gilles Boileau ne s'enrichit pas dans l'exercice de sa charge, ce fut sans doute qu'il était un honnête homme. Rien de plus facile alors, en méprisant la voix de la conscience, que d'acquérir de gros biens, quand on appartenait au corps de la justice.

Depuis Rabelais, la réputation des gens de robe, avocats, procureurs ou greffiers, n'était pas devenue meilleure, preuve que leurs mœurs n'étaient ni plus désintéressées ni plus honnêtes. Panurge avait dit de «ces vaillants piliers arcboutants de justice grippeminaudière » : «Ils pendent, brûlent, escartèlent,

---

1. Berriat-Saint-Prix, t. III, p. 453, note 5, réfute là-dessus l'erreur de de Boze, Souchay, Lévizac, Louis Racine, Daunou. Il affirme que le père de Boileau eut au moins seize enfants.

VIE DE BOILEAU.

décapitent, meurdrissent, emprisonnent, ruinent et minent tout sans discrétion de bien et de mal... Pillerie est leur devise et par eux faicte est trouvée bonne de touts humains. » En désignant les bancs des juges et les tables des greffiers, il avait ajouté : «Adviserez que céans sont les mangeoires au dessus des rateliers. [1] » Sous les yeux de frère Jean avaient abordé au port soixante-huit galères et frégates chargées de « venaison, levraulx, chapons, palombes, cochons, chrevraulx, vanneaulx, poulles, canards, halebrans, oisons et aultres sortes de gibier. Parmi aussi apperceut quelques pièces de velours, de satin et de damas. Adoncques interrogua les voyagiers où et à qui apportoient ces friands morceaulx. Ils respondirent que c'étoit à Grippeminaud, aulx chats-fourrés et chattes-fourrées. — Ils donc, dist frère Jean, de corruption vivent... Il est vrai, respondit un pour touts... au temps passé on les appeloit maschefoin; mais las! ils n'en maschent plus. Nous, de présent, les nommons masche-levraulx, masche-perdrix, masche-beccasses, masche-phaisans, masche-poulles, masche-chevraulx, masche-conils,[2] masche-cochons; d'aultres viandes ne sont alimentés. »

Les temps étaient changés, mais non les habitudes. Grippeminaud et les chats-fourrés continuaient comme auparavant à s'engraisser « à la mangeoire au-dessus du ratelier. » Héritier de l'esprit de Rabelais, Molière n'épargne pas davantage les détours de la justice et les officiers qui en profitent pour s'enrichir aux dépens des plaideurs. Sergents, procureurs, avocats, greffiers, substituts, rapporteurs, juges et leurs clercs sont à ses yeux, et à son dire, autant d'animaux ravissants par les griffes desquels les malheureux doivent passer. Affirmer qu'il n'est pas un de ces gens-là « qui, pour la moindre chose, ne soit capable de donner un soufflet au meilleur droit du monde, » c'est parler en satirique habitué à mettre toutes choses au

---

1. RABELAIS, liv. V, chap. XI-XIV de *Pantagruel*.
2. Masche-lapins.

pis;[1] mais n'est-il pas instructif d'apprendre de cet écrivain par quels moyens pouvaient et savaient s'enrichir tous les gens de palais? « Un sergent baillera de faux exploits, sur quoi vous serez condamné sans que vous le sachiez. Votre procureur s'entendra avec votre partie et vous vendra à beaux deniers comptants. Votre avocat, gagné de même, ne se trouvera point lorsqu'on plaidera votre cause; ou dira des raisons qui ne feront que battre la campagne, et n'iront point au fait. *Le greffier délivrera par contumace des sentences et arrêts contre vous.* Le clerc du rapporteur soustraira des pièces, ou le rapporteur même ne dira pas ce qu'il a vu... »

S'il nous fallait chercher encore d'autres preuves des bénéfices faciles qu'un homme de robe pouvait faire au détriment de l'honneur, nous ne serions pas embarrassés de les trouver dans le *Roman bourgeois* de Furetière. Cet ouvrage, écrit avec une verve de bonne plaisanterie, commence à peu près par le portrait et les exploits d'un procureur au Chastelet célèbre dans son temps, et dont Boileau a, par sa franchise, immortalisé le nom : c'est Rollet. Sous le pseudonyme de Vollichon, nous trouvons la plus vive peinture d'un homme de justice ardent, non pas tant à servir les parties « comme à les voler. » « Il regardoit, ajoute-t-il, le bien d'autrui comme les chats regardent un oiseau dans une cage, à qui ils tâchent, en sautant autour, de donner quelque coup de griffe... Il avoit une antipathie naturelle contre la vérité : car jamais pas une n'eût osé approcher de luy (quand même elle eût été à son avantage) sans se mettre en danger d'être combattue... On peut juger qu'avec ces belles qualités il n'avoit pas manqué de devenir riche, et en même temps d'être tout à fait descrié : ce qui avoit fait dire à un galand homme fort à propos en parlant de ce chicaneur, que c'estoit un homme dont

---

1. Toutefois Pussort déclare : « qu'il pouvoit y avoir des procureurs gens de bien, mais qu'*universellement* on pouvoit dire qu'ils étoient la cause de tous les désordres de la justice. » Voir, t. VI, p. 466, la savante édition de Molière, par M. Moland, publiée par MM. Garnier frères.

tout le bien estoit mal acquis à la réserve de sa réputation.[1] »

Quoiqu'il fût moins facile aux greffiers de s'enrichir, les gains illégitimes, les seuls qui rendent opulents, n'étaient pas inaccessibles pour eux. Il est bien vrai cependant que leurs biens ne s'élevaient, en général, ni aussi vite ni aussi haut que ceux de leurs confrères. Nous trouvons dans le *Roman bourgeois* l'estimation courante de ce que valait un greffier dans la hiérarchie et dans le monde. L'auteur de ce livre ingénieux nous a laissé une pièce fort originale sous le nom de *Tariffe ou évaluation des partis sortables pour faire facilement les mariages*. « La corruption du siècle ayant, dit-il, introduit de marier un sac d'argent avec un autre sac d'argent, en mariant une fille avec un garçon ; comme il s'étoit fait un tariffe lors du décry des monnayes pour l'évaluation des espèces, aussi, lors du décry du mérite et de la vertu, il fut fait un tariffe pour l'évaluation des hommes et pour l'assortiment des partis. Voici la table qui en fut dressée et dont je vous veux faire part :

Pour une fille qui a deux mille livres en mariage ou environ, jusqu'à six mille livres.	Il luy faut un marchant du Palais, ou un petit commis, sergent, ou solliciteur de procès.
Pour celle qui a six mille livres et au dessus, jusqu'à douze mille livres.	Un marchand de soye, drappier, mouleur de bois, procureur du Chastelet, maistre d'hostel, et secrétaire de grand seigneur.
Pour celle qui a douze mille livres et au dessus, jusqu'à vingt mille livres.	Un procureur en parlement, huissier, notaire ou greffier. »

Ainsi voilà, dans l'opinion du temps, la charge de greffier qui tire son homme d'entre le vulgaire et le place au troisième rang par l'importance de ses gains et de ses revenus. Mais il y avait plusieurs classes de greffiers, et bien au-dessus de l'avocat, du conseiller du trésor ou des eaux et forêts, du substitut du

---

[1]. *Le Roman bourgeois*, ouvrage comique, par Antoine Furetière. Nouvelle édition, chez P. Jannet; 1854, p. 45.

parquet et du général des monnaies, au-dessus également de l'auditeur des comptes, du trésorier de France ou payeur des rentes, au-dessus encore du conseiller de la cour des aides, ou du conseiller du grand conseil, du conseiller au parlement ou du maistre de la cour des comptes, venait le greffier du conseil, marchant de pair avec le maistre des requêtes, le président aux enquêtes, et n'ayant devant lui que le président à mortier, le vray marquis, le surintendant, le duc et pair. Or, Gilles Boileau était greffier du conseil en la grand'chambre et dans le « tariffe des partis sortables, » il pouvait prétendre à une femme qui lui porterait en dot depuis cinquante jusqu'à cent mille écus.[1]

Du reste, le bien eût-il été léger, on pouvait l'augmenter à force d'attention et d'économie. Les greffières n'avaient pas à cette époque l'habitude et la réputation de faire de larges dépenses. Leur vigilance de ménagère allait quelquefois au delà des bornes d'une honnête épargne. Telle, si nous en croyons Furetière,[2] avait coutume d'emporter la clef de l'armoire au pain, après en avoir taillé quelques morceaux qu'elle laissait à la servante et aux clercs pour leur souper. Si parfois, allant manger chez un de ses voisins, elle avait oublié de laisser leurs bribes à ses gens, elle était exposée à voir au milieu de la compagnie paraître un des clercs député pour lui demander la clef de l'armoire, ou bien encore à voir entrer l'armoire chargée sur le dos d'un crocheteur. Chez Dancourt, nous voyons les femmes du même rang accommoder ensemble et la lésine et l'art de paraître; il suffit pour cela de faire un domestique d'un cousin du mari et de mettre le clerc au service de la table.

Rien ne nous autorise à penser que de telles mœurs aient régné dans la maison de Gilles Boileau. Sa première femme, Charlotte Bochard, accusée faussement par Brossette de mé-

---

1. *Le Roman bourgeois*, p. 53, 54.
2. *Ibid.*, p. 107 et 108.

chanceté et de mauvais traitements sur une de ses filles,[1] a échappé au reproche d'avarice, et la seconde, Anne de Niellé, quoique fille et petite-fille de procureur, était douce et bonne.[2] Cependant, « la domestique ignorante, dure et impérieuse, » qui pesa sur l'enfance du jeune Despréaux après la mort de sa mère, peut nous porter à croire que Gilles Boileau vivait au moins avec une sévérité fort grande. Le nombre de ses enfants lui en faisait une nécessité. On peut donc dire que les liasses dont il se chargea si longtemps les bras lui furent moins *utiles* qu'elles n'auraient pu l'être. « *Fameux par sa probité, reste de l'or du siècle antique,* » s'il ne laissa pas une grande fortune à ses fils, il faut observer avec le judicieux Desmaizeaux que : « quoique Boileau le père n'eût pas amassé du bien à proportion de sa capacité et de la réputation qu'il s'étoit acquise, il ne laissa pas néanmoins d'en gagner assez pour établir ses enfants dans le monde, et pour leur assurer après sa mort une subsistance honorable.[3] »

C'était un homme d'une humeur douce et pacifique, le fond même de son caractère semble avoir été la simplicité. Sans vouloir l'accuser d'avoir manqué de prévoyance à un moment où Despréaux n'avait encore donné aucune marque de son génie satirique, il se trompa beaucoup sur l'esprit de ses enfants. De trois de ses fils il disait : « Gilot est un glorieux, Jaco un débauché; pour Colin, c'est un bon garçon, qui ne dira jamais de mal de personne. » Or, fait remarquer Daunou, Colin est devenu le satirique Despréaux; Jacques, le débauché, fut chanoine; et Gilot, le glorieux, fut de l'Académie française vingt-cinq ans avant Nicolas. Il naquit en 1584 et mourut en 1657. La famille de Boileau remontait à Jean Boileau, notaire, secrétaire du roi, anobli par des lettres de noblesse accordées à lui en septembre 1371, ainsi qu'à maître Jean Boileau, son

---

1. BERRIAT-SAINT-PRIX, t. III, *Erreurs de Brossette*, n° 5, p. 469.
2. Voir l'épitaphe composée par Boileau pour sa mère.
3. *La Vie de Boileau-Despréaux*, Amsterdam, 1712, p 9.

fils, et à sa postérité. Jusqu'à Gilles I*er*, père de Jacques et de Nicolas Despréaux, la filiation se suivait sans aucune solution de continuité. Les Boileau avaient donc en légitime possession la qualification de nobles et d'écuyers, et devaient jouir, sans être troublés, de tous les priviléges attachés à cette qualité.

Le père de Despréaux, simple dans ses habitudes, paraît n'avoir pas, s'il se croyait noble, attaché grande importance à son titre d'écuyer. C'est à peine si, dans quelques actes, à son premier mariage (1611), au baptême de son fils aîné (1612), à un autre baptême fait en son absence (1652) et dans un village à quinze lieues de Paris, il prend ou se fait donner la qualité de noble. Ses fils semblent également s'être peu souciés de prendre d'autres désignations que celles de maître, monsieur ou avocat. Le surnom de *Despréaux*, donné à l'un d'eux, n'indiquait point un titre féodal, il ne désignait pas un fief; et, tiré, suivant Louis Racine, d'un petit pré qui était au bout du jardin de son père à Crône, il ne servait qu'à distinguer de ses autres frères celui qui le portait.[1]

Toutefois, dans le reste de la famille, on se montrait plus fier et plus jaloux de cette qualité que Gilles avait l'air de dédaigner. Aussi, lorsqu'en secondes noces il épousa Anne de Niellé, fille et petite-fille de procureurs, ses parents, chatouilleux sur la noblesse, crurent qu'il les déshonorait par cette mésalliance, dans laquelle on voyait une jeune fille, « à peine âgée de vingt ans, épouser un homme qui en avait quarante-six, veuf, seulement depuis sept mois, d'une femme qui lui avait donné dix enfants, dont huit étaient vivants.[2] » A partir de ce moment, M. Berriat-Saint-Prix ne voit plus figurer aucun des noms de ces nobles parents aux actes nombreux de baptême ou de mariage de Gilles et de ses enfants. Leur indignation dut s'accroître encore quand ils purent voir que les fils de Gilles ou ses filles, aussi bourgeois que leur père, consentaient à des

---

1. BERRIAT-SAINT-PRIX, t. I, XXI.
2. BERRIAT-SAINT-PRIX, *Erreurs de Brossette*, t. III, p. 475.

unions honteuses. En effet, Anne et Charlotte épousent des procureurs en 1633, et en 1647; Marguerite, un fils de tailleur d'habits; Jérôme, une fille de procureur, et, en 1651, Geneviève accepte la main d'un commissaire examinateur au Châtelet. C'en était assurément assez pour déshonorer une famille dont la généalogie comptait des conseillers de cours supérieures, des présidents et un premier président, sans parler des Bragelonne, des Gilbert et des Lyonne, et d'un prince de Rohan-Soubise allié aux Amelot, pour *subvenir à sa triste indigence*.[1]

Soucieux ou non de leur titre, il paraît que Gilles et ses fils, après lui, jouissaient des immunités de la noblesse. Jusqu'en 1697 ils furent tranquilles dans la jouissance de ces priviléges. En 1696, des commissaires généraux députés par le roi furent chargés de rechercher les usurpateurs du titre de noblesse, et de les faire rentrer dans la classe des contribuables. Un traitant, Lacour-de-Beauval, chargé, selon toute apparence, « de verser au trésor royal une partie des sommes auxquelles il feroit condamner les usurpateurs de noblesse, » attaqua les Boileau comme n'ayant aucun droit à l'exemption de l'impôt. Gilles Boileau, écuyer, conseiller du roi, trésorier, payeur de rentes de l'hôtel de ville de Paris, cousin du poëte Despréaux, avait même été condamné par défaut, le 21 décembre 1697. Bientôt il fait opposition au jugement rendu contre lui, consigne une somme de deux mille livres et demande aux commissaires de « le maintenir et garder ensemble sa postérité procréée en légitime mariage, en la qualité de *noble* et *écuyer* et dans tous les priviléges, etc., de la noblesse... avec défense tant à Lacour-de-Beauval, chargé de la recherche des usurpateurs du titre de noblesse qu'à tous autres, de l'y troubler. »

Jacques Boileau, prêtre, docteur de Sorbonne, chanoine de la Sainte-Chapelle à Paris, Nicolas Boileau, écuyer, sieur

---

1. BERRIAT-SAINT-PRIX, *Erreurs de Brossette*, t. III, p. 471.

Despréaux, ajoutent leur requête à celle de leur cousin et demandent qu'il plaise de les recevoir parties intervenantes en l'instance pendante entre ledit de Lacour-de-Beauval et le sieur Gilles Boileau.

La commission, composée de conseillers d'État et de maîtres des requêtes, ayant pour rapporteur Caumartin, ami de Boileau, examine les pièces justificatives produites par les ayants cause, constate la filiation par différents actes authentiques et reconnaît que, depuis Jean Boileau, notaire et secrétaire du roi, anobli en 1371, en même temps que son fils Jean, en passant par Henri, conseiller, avocat général du roi au parlement de Paris, en 1408, jusqu'à Gilles Boileau, Nicolas Despréaux et Jacques Boileau, la descendance est bien établie, décharge les demandeurs de « l'assignation à eux donnée à la requête dudit de Lacour-de-Beauval le 17 mars 1697, et en conséquence les maintient, leurs enfants et postérité, nés et à naître en légitime mariage, en la qualité de nobles et d'écuyers; ordonne qu'ils jouiront des honneurs, priviléges et exemptions dont jouissent les véritables gentilshommes du royaume, avec défense à toutes personnes de les y troubler. Ordonne que la somme de 2,000 livres que ledit Gilles Boileau avoit consignée lui sera rendue.[1] »

Cette sentence, rendue par les commissaires généraux le 10 avril 1699,[2] terminait cette désagréable affaire et inspirait à Despréaux une satisfaction mêlée d'orgueil dont nous avons le témoignage dans une lettre écrite à son ami Brossette le 9 mai 1699: « Pour mon affaire de la noblesse, lui dit-il, je l'ay gagnée avec éloge, et j'en ay l'arrest en bonne forme, qui

---

1. BERRIAT-SAINT-PRIX, t. I, p. XVII, et t. IV, p. 497 et suiv.
2. Voici les noms des membres du bureau qui a rendu l'arrêt. Conseillers d'État: MM. de Pommereu, Lepelletier, d'Aguesseau, de Breteuil, de Harlay, de Bonneuil, Phelypeaux de Pontchartrain, Dubuisson, de Caumartin, Chamillart, Darmenouville, de Fourcy, Phelypeaux. *Maîtres des requêtes:* MM. Le Blanc, de Fieubet, Bignon de Blanzy, Lefèvre de Caumartin, de Boissy... d'Argenson, procureur général; Hersent, greffier.

me déclare noble de quatre cents ans. M. de Pommereu, président de l'assemblée, fit en ma présence, l'assemblée tenant, une réprimande à l'avocat des traitants, et lui dit ces propres mots : le roi veut bien que vous poursuiviés les faux nobles de son royaume ; mais il ne vous a pas pour cela donné permission d'inquiéter les gens d'une noblesse aussi avérée que tous ceux dont nous venons d'examiner les titres. Que cela ne vous arrive plus. »

Un peu plus tard, le 2 juillet 1699, il parle avec confiance de la noblesse et de l'antiquité de ses pères, et cite la copie de son arrêt, « qui faict plus de trente rôles en parchemin, d'écriture assez menue.[1] »

Un monsieur Perrachon, de Lyon, homme à visions pédantesques, qui se déclarait contre le poëte Boileau dans toutes les compagnies de sa ville, entêté lui aussi d'une noblesse équivoque, ayant eu à souffrir quelque malice de la part du correspondant de Brossette, insinuait que peut-être dans toute cette enquête on avait fait « quelque grâce au poëte.[2] » Ce n'était pas manquer de bon sens et mal voir les choses.

L'examen de la procédure suivie dans toute cette affaire montre assez clairement que les juges ont eu pour Despréaux les dispositions les plus favorables. Pour instruire et décider le procès, les commissaires ne prirent pas plus de quinze jours : ils se contentèrent de la production des titres sans les soumettre à une rigoureuse enquête. Ils ne croyaient pas devoir moins faire pour un poëte qui avait la faveur du roi.

Quoique M. Berriat-Saint-Prix remarque, en jurisconsulte, que la commission ne statue pas sur les dépens demandés, « de sorte qu'elle les refuse par là tacitement aux Boileau, » on ne peut admettre que des hommes chargés par le roi de fonctions qui avaient alors une grande importance eussent passé sur une falsification de titres, si Despréaux en eût présenté, sciemment ou non, entachés de fausseté.

---

1. *Lettres à Brossette,* édit. de M. Auguste Laverdet, p. 8, 10, 14.

Cependant, en 1701, les soupçons de l'ennemi de Boileau semblèrent confirmés par une révélation inattendue. Un célèbre faussaire, Haudiquier, fut condamné pour avoir fabriqué des titres. Or, dans le catalogue des familles pour lesquelles il avait travaillé, celle de Boileau se trouva comprise. On releva même dans ses papiers un mémoire de vingt louis reçus de Despréaux pour sa part du travail. Charles René d'Hozier et Clairembault affirment que le travail d'Haudiquier, récompensé par Boileau, aurait consisté en la falsification d'un contrat de mariage de l'an 1571, pour lier les Boileau de Paris aux Boileau sieurs Dufresne, véritables descendants de Jean Boileau, anobli en 1371.

Peu favorable à Boileau, d'Alembert, à qui Foncemagne avait communiqué les notes de Clairembault, dit, avec autant de malice que d'esprit : « Les amis de Despréaux répondront sans doute que le poëte, en payant Haudiquier, n'avait pas cru payer un imposteur, mais récompenser les recherches d'un généalogiste ; les médisants prétendront que le poëte, en cette circonstance, aura dit comme le praticien Falaise, dans la *Réconciliation normande* :

> Peut-être à mon profit, dans cette affaire obscure,
> Un juge bien payé verra plus clair que moi.[1] »

Il y a mieux à dire que cela, et M. Berriat-Saint-Prix l'a fait. Ni d'Hozier ni Clairembault ne citent « les personnages véritables que cet acte eût dû désigner, non plus que ceux qu'on leur avait substitués à l'aide d'une falsification ou d'une altération, pour lier les Boileau de Paris aux Boileau sieurs Dufresne ; ni l'un ni l'autre ne paraissent avoir connu les actes civils où plusieurs des Boileau de Paris ont pris la qualité de nobles.[2] »

---

1. *Éloge de Boileau*, note 1re. *OEuvres de d'Alembert*, édit. 1805, t. VII, p. 118.
2. Berriat-Saint-Prix, *Essai sur Boileau*, t. I, p. xxi.

Si Boileau n'eût pas écrit la satire sur *la Noblesse*, s'il ne se fût pas raillé, dans une épigramme qui est restée une énigme, d'un *gentilhomme sans naissance*, nous ne nous serions pas arrêté sur cette question futile. Nous aurions dit avec d'Alembert que la décision de ce problème ne touche en rien la mémoire de Despréaux, que c'était lui qui devait honorer ses ancêtres et répandre sur eux l'éclat que tant d'autres empruntent des leurs, ses ouvrages étant devenus son plus beau titre de noblesse. Mais n'est-il pas singulier que Despréaux, si longtemps modeste sur sa naissance et sur ses titres, se sente tout à coup pris d'amour et de fierté pour un rang qu'il n'avait pas toujours cru tenir dans la société? Longtemps indifférent à la qualité d'écuyer, ne réclamant d'autres aïeux que des avocats, on le voit tout à coup prendre le nom de Despréaux, qu'il n'avait jamais ajouté à celui de N. Boileau, entretenir et vouloir persuader Brossette de sa noblesse. Se croyait-il obligé de relever et de maintenir des droits trop longtemps oubliés? Son esprit, si raisonnable et si sincère, n'avait-il pu résister à un mouvement d'inutile vanité? Toujours est-il qu'il avait un arrêt en sa faveur. S'il eût été moins convaincu de l'ancienneté de sa famille, peut-être se serait-il souvenu des railleries que son temps n'épargna pas aux bourgeois atteints du ridicule de vouloir être nobles. Il se fût rappelé, sans doute, qu'en société de ses amis, il avait plus d'une fois applaudi aux railleries de Furetière contre Charles Sorel. Le satirique écrivait en effet, dans le *Roman bourgeois* : « Charroselles ne vouloit point passer pour auteur, quoy que ce fust la seule qualité qui le rendist recommandable, et qui l'eust fait connoistre dans le monde. Je ne scay si quelque remors de conscience des fautes de sa jeunesse lui faisoit prendre ce nom à injure; tant y a qu'il vouloit passer seulement pour gentilhomme, comme si ces deux qualitez eussent esté incompatibles, encore qu'il n'y eust pas plus de trente

---

1. *Le Roman bourgeois*, par Furetière, p. 217, édit. Janet.

ans que son père fust mort procureur. Il s'estoit advisé de se piquer de noblesse dès qu'il avoit eu le moyen d'atteler deux haridelles à une espèce de carrosse toujours poudreux et crotté! » Fallait-il que Boileau sur ses vieux jours pût donner à ses ennemis et à ses détracteurs l'occasion de rapprocher son nom de celui de ce M. de l'Isle, dont Molière a immortalisé la sotte vanité![1] Mais, encore une autre fois, Despréaux avait pour lui ses titres et les reproches faits par M. de Pommereu au traitant Lacour-de-Beauval.

Boileau connut à peine sa mère; il avait dix-huit mois quand elle mourut. Son enfance fut donc privée de ces doux soins que rien ne remplace. Encore s'il eût trouvé quelque parente attentive, quelque sœur dévouée pour suppléer à la tendresse d'une mère! Mais, fils d'un homme *doux, simple, officieux*, d'une femme qui avait su plaire à son mari par la même douceur, il fut presque relégué à la campagne et abandonné « à une domestique ignorante, dure et impérieuse.[2] » Son père, qui devait mourir à soixante-treize ans, en 1657, dix-huit ans et demi après sa femme, semble avoir toujours été plus occupé de son emploi que de sa famille et ne put pas adoucir, par sa présence et par son autorité, ce joug tyrannique d'une servante. Boileau n'avait conservé de ces premiers temps de sa vie que de pénibles souvenirs, et plusieurs fois il répéta qu'il ne voudrait pas recommencer de vivre aux mêmes conditions.

Il lui avait manqué l'aimable sourire d'une mère. Déjà vieux,

1. Je sais un paysan qu'on appeloit Gros-Pierre,
   Qui, n'ayant pour tout bien qu'un seul quartier de terre,
   Y fit tout à l'entour faire un fossé bourbeux,
   Et de monsieur de l'Isle en prit le nom pompeux.
   (*École des Femmes*, acte Ier, scène 1re.)

On croit avec quelque raison qu'il s'agit du même Charles Sorel, qui s'était fait appeler successivement *De Souvigny* et *De l'Isle*.

2. Épouse d'un mari doux, simple, officieux,
   Par la même douceur je sus plaire à ses yeux :
   Nous ne sûmes jamais ni railler ni médire, etc.

il en sentait encore le regret. Brossette venait de perdre la sienne, et Boileau lui écrivait : « Je la conçois (votre affliction) telle qu'elle doit estre, quoique je n'en aye jamais éprouvé une pareille, ma mère, comme mes vers vous l'ont vraisemblablement appris, estant morte que je n'estois encore qu'au berceau. Tout ce que j'ay à vous conseiller, c'est de vous saouler de larmes. Je ne sçaurois approuver cette orgueilleuse indolence des stoïciens, qui rejettent follement ces secours innocents que la nature envoie aux affligés, je veux dire les cris et les pleurs. Ne point pleurer la mort d'une mère ne s'appelle pas de la fermeté et du courage, cela s'appelle de la dureté et de la barbarie. Il y a bien de la différence entre se désespérer et se plaindre. Le désespoir brave Dieu ; mais la plainte lui demande des consolations.[1] »

La maladie attristait encore cette existence douloureuse. Boileau, dans son enfance, était pesant et taciturne. Ses jours s'écoulèrent dans une telle contrainte, qu'il ne pouvait plus tard entendre sans colère répéter que l'enfance est le temps le plus heureux de la vie. « Peut-on, s'écriait-il avec l'amertume d'un souvenir odieux, peut-on ne pas regarder comme un grand malheur le chagrin continuel et particulier à cet âge, de ne jamais faire sa volonté? » On avait beau, dit d'Alembert, lui faire valoir les avantages d'une si heureuse contrainte, qui épargne au jeune âge tant de sottises : « Qu'importe, disait-il, qu'on connoisse le prix de ses chaînes quand on les a secouées, si on n'en sent que le poids quand on les porte? » Comme il était entré dans la vie sous de si fâcheux auspices, il n'en a jamais vanté les plaisirs, tant il lui paraissait difficile de savoir quel en est le meilleur temps!

Boileau, comme c'était l'usage, commença de bonne heure ses études; ce fut au collége d'Harcourt, aujourd'hui le lycée Saint-Louis, qu'il fit ses premières classes. Il avait à peine sept ans, puisqu'il était déjà à onze ans en quatrième. N'en soyons

---

[1]. *Lettres à Brossette*, 5 février 1700.

pas surpris; Racine n'avait encore que quatorze ans lorsqu'il vint faire sa philosophie au même collége. Boileau l'avait déjà quitté, interrompu dans son travail par la maladie de la pierre. Cette horrible affection, dont la science moderne a si heureusement modifié le traitement, est très-commune dans l'enfance, surtout chez les enfants pauvres dont la nourriture, souvent mauvaise et insuffisante, est surtout composée de végétaux ou de crudités.[1] Peut-être ce détail n'est-il pas inutile; il achève le sombre tableau de cette enfance passée dans la tristesse et dans les privations d'une vie trop dure.

L'écolier de quatrième dut subir la taille. L'opération, toujours facile à faire chez les jeunes enfants, qui en guérissent avec un *bonheur surprenant,*[2] fut mal faite, au dire de Louis Racine, et il lui en resta pour toute sa vie une grande incommodité. Si Boileau fut, moins que beaucoup d'autres de ses contemporains ou amis, porté vers le plaisir, s'il vécut toujours sobre et réservé, n'en cherchons pas ailleurs la raison. A quoi bon vouloir, avec Helvétius, expliquer par un accident ridicule la *disette de sentiment* qui règne, suivant lui, dans tous les ouvrages du poëte, le célibat où il continua de vivre, sa satire contre les femmes, son antipathie pour Quinault, son épître sur l'amour de Dieu, sa satire sur l'équivoque et enfin son aversion pour les jésuites, qui avaient apporté les dindons en France[3]?

1. *Études sur la gravelle,* par le docteur Raoul Leroy d'Étiolles; Paris, 1857.
2. *Ibid.,* p. 31 : « On pratique la taille de préférence à la lithotritie, chez les jeunes enfants, parce qu'ils guérissent avec un bonheur surprenant; on en perd à peine un sur dix... »
3. Voici l'étrange anecdote d'Helvétius : « On lit dans l'*Année littéraire* que Boileau, encore enfant, jouant dans une cour, tomba. Dans sa chute, sa jaquette se retrousse; un dindon lui donne plusieurs coups de bec sur une partie très-délicate. Boileau en fut toute sa vie incommodé; et de là peut-être cette sévérité de mœurs, cette disette de sentiment qu'on remarque dans tous ses ouvrages; de là sa satire contre les femmes, contre Lulli, Quinault, et contre toutes les poésies galantes.

« Peut-être son antipathie contre les dindons occasionna-t-elle l'aversion

Quand le malade fut en état de reprendre ses études (1648), il entra au collége de Beauvais pour y faire sa troisième. Fondé

secrète qu'il eut toujours pour les jésuites, qui les ont apportés en France. C'est à l'accident qui lui était arrivé qu'on doit peut-être sa satire sur l'équivoque, son admiration pour M. Arnauld et son épître sur l'amour de Dieu. Tant il est vrai que ce sont souvent des causes imperceptibles qui déterminent toute la conduite de la vie et toute la suite de nos idées. » (*De l'Esprit*, discours III, ch. 1ᵉʳ, note 1.)

Nous ne sommes pas sûr que cette explication ne trouve pas aujourd'hui plus d'un partisan. Helvétius semble revivre parmi nous. Il est donc nécessaire de faire voir que cette historiette n'offre aucun caractère de vérité. On en jugera par l'extrait suivant de l'*Année littéraire* : « L'enfance de ce fameux satirique fut confiée à une nourrice de campagne, qui l'emmena dans son village. On l'y laissa près de trois ans. Un jour il voulut battre un dindon qui étoit en colère. L'animal furieux s'élança sur lui, le jeta par terre, et à grands coups de bec le blessa à l'endroit où le malheureux Abailard fut puni avec tant d'injustice et de barbarie. Tous les secours de l'art ne purent rendre au jeune Boileau les dons de la nature. En sorte qu'il se vit, presque en naissant, hors d'état de pouvoir jamais goûter les plaisirs de l'amour ou de l'hymen. Comme il ressentoit de temps en temps des douleurs à la partie par laquelle il n'étoit pas un Achille, il découvrit son état à feu M. Gendron, célèbre docteur en médecine de la faculté de Montpellier, dont il connoissoit les lumières et la probité, qui d'ailleurs étoit son ami, et qui a occupé après lui la maison qu'il avoit à Auteuil. Il fit promettre à ce médecin qu'il lui garderoit le secret sur un accident qui, tout tragique qu'il est, prête toujours à la plaisanterie. Il craignoit avec raison les épigrammes et les couplets de tant d'auteurs qu'il maltraitoit, et qui n'auroient pas manqué de l'attaquer par son endroit foible.

« M. Gendron fut discret pendant toute la vie de son ami; et ce ne fut qu'après sa mort qu'il apprit cette circonstance à feu M. Le Nain, intendant de Languedoc, qui l'a contée à une personne vivant à Paris et très-digne de foi, de qui je la tiens.

« Cette découverte me fait, monsieur, un plaisir que je ne puis vous exprimer, parce que j'y trouve la cause immédiate de l'humeur chagrine de Boileau. La sévérité de sa poésie et de ses mœurs, le fiel de sa plume, ses satires contre les femmes, son aversion pour l'opéra, son antipathie contre le tendre Quinault, qui ne faisoit que des vers dictés par l'amour, tout s'explique naturellement; et l'on se confirme de plus en plus dans l'axiome si juste de l'abbé de Chaulieu :

> Bonne ou mauvaise santé
> Fait notre philosophie.

« Toutes les fois que vous verrez quelque homme de lettres afficher une austérité cynique, concluez presque toujours hardiment qu'il est affligé de

rue du Clos-Bruneau, en 1370, par Jean de Dormans, cardinal-évêque de Beauvais, chancelier de France, cet établissement avait, depuis le commencement du xvie siècle, le plein exercice, comme le collége de Navarre. Il eut souvent des hommes d'un grand mérite pour chefs ou pour professeurs. Crevier y enseigna la rhétorique, Rollin et Coffin le portèrent à un très-haut degré de prospérité.[1]

Boileau y trouva un régent de troisième qui professait cette classe depuis cinquante ans; il se nommait Sévin. « C'étoit un habile homme, qui jugeoit le mieux, dit de Boze, de l'esprit des jeunes gens. Les Le Maître, les Gaultier, les Patru avoient étudié sous lui, et dès lors il leur avoit prédit la gloire qu'ils acquerroient un jour dans le barreau s'ils vouloient s'y attacher; il fut aussi le premier qui reconnut dans son nouveau disciple un talent extraordinaire pour les vers, et qui crut pouvoir assurer sans restriction qu'il se feroit par là un nom fameux,

---

quelque vice, de quelque dérangement dans l'économie animale. Le grand Rousseau a si bien dit :

> Toujours ces sages hagards,
> Maigres, hideux et blafards,
> Sont souillés de quelque opprobre;
> Et du premier des Césars
> L'assassin fut homme sobre. »
> (Troisième volume de l'année 1756.)

Pradon, en 1694, dans sa réponse à la satire des femmes, disait à Boileau :

> Il est vrai que privé des dons de la nature,
> Le ciel ne te forma que pour leur faire injure...
> Est-ce par tes exploits que tu prouves... Crois-moi :
> Si les autres mortels étoient faits comme toi,
> Bien loin de décrier des belles les foiblesses,
> Tu ne pourrois citer que de chastes Lucrèces.

Cependant rien ne peut faire accepter comme fondée la révélation de Gendron, qui l'aurait faite à Le Nain, âgé de treize ans, dit M. Berriat-Saint-Prix, dans le cas où ce médecin aurait en 1711, aussitôt après la mort de Boileau, laissé échapper le secret que celui-ci lui avait confié.

1. Les maîtres et les écoliers furent transférés, par lettres patentes du 7 avril 1764, dans les bâtiments du collége Louis-le-Grand, dont il prit le nom.

persuadé que quand on est né poëte il faut absolument l'être.¹ »

Boileau ne dit rien de son régent de troisième. On peut bien croire que ce maître, quoique formé au milieu d'une génération dont les idées et le goût avaient vieilli au temps où nous en sommes arrivés, n'offrait aucune prise aux observations malignes de son élève; car il ne l'eût certainement pas épargné plus qu'il n'a fait de son régent de rhétorique La Place.² Il n'avait pas oublié le peu d'admiration de celui-ci pour Homère, son embarras pour expliquer et traduire les passages difficiles de Cicéron, les impropriétés et les bassesses de son langage. Ce souvenir d'écolier, malicieusement invoqué contre Perrault, nous fait regretter que l'auteur n'ait pas plus souvent rappelé ces petites scènes de collége où nous aimerions à retrouver, sous un récit piquant, quelques détails sur la méthode de ces anciens professeurs. Voici l'anecdote que rapporte Boileau : « Je ne saurois m'empêcher de rapporter, à propos de cela, l'exemple d'un maître de rhétorique sous lequel j'ai étudié, et qui sûrement ne m'a pas inspiré l'admiration d'Homère, puisqu'il en étoit presque aussi grand ennemi que M. P*** : il nous faisoit traduire l'oraison pour Milon; et à un endroit où Cicéron dit OBDURUERAT ET PERCALLUERAT RESPUBLICA, « la république s'étoit endurcie et étoit devenue comme insensible, » les écoliers étant un peu embarrassés sur PERCALLUERAT, qui dit presque la même chose qu'OBDURUERAT, notre régent nous fit attendre quelque temps son explication; et, enfin, ayant défié

---

1. *Éloge de M. Despréaux*, par M. de Boze, lu à l'Académie des inscriptions et des médailles le 14 d'avril 1711.
2. Voici un autre trait relatif à ce professeur. On lit ce qui suit dans les *Papiers de Brossette*, publiés par M. Laverdet, p. 518 : « M. Despréaux m'a raconté un trait de M. de La Place qui avoit été son régent. C'est la coutume qu'à la fin des classes les écoliers font une petite gratification à leur régent. Il y eut un des écoliers de M. de La Place qui, en lui faisant son présent, voulut avoir une quittance, parce que ses parents, qui ne se fioient pas à ce jeune homme, l'exigeoient ainsi. M. de La Place donna sa quittance en ces termes : « J'ai reçu de M. de Vaudetard la somme de « 30 livres, laquelle il m'a départie pour toute rétribution et salaire de mes « labeurs. » J'ai, ajoute Brossette, un livre composé par ce M. de La Place. »

plusieurs fois Messieurs de l'Académie, et surtout M. d'Ablancourt, à qui il en vouloit, de venir traduire ce mot : PERCALLERE, dit-il gravement, vient du cal et du durillon que les hommes contractent aux pieds; et de là il conclut qu'il falloit traduire : OBDURUERAT ET PERCALLUERAT RESPUBLICA : « La république s'étoit endurcie et avoit contracté un durillon.[1] » La scène est bonne et tout assaisonnée d'un sel piquant; les hésitations du régent, ses défis aux académiciens, son appel aux traducteurs les plus élégants et les plus renommés, sa gravité, sa décision, sa manière de traduire, font un agréable tableau.

Ce professeur de rhétorique dont Boileau, dit Crevier, a jugé à propos d'immortaliser un trait ridicule, ne manquait pas de savoir, au jugement du même historien; il le gâtait cependant par la présomption et l'emphase.[2] On n'a pas de peine à le croire quand on sait, par tous les témoignages de l'époque, à quel degré d'enflure était montée l'éloquence des hommes de collége. Sorel, dans son *Histoire comique de Francion*, raille avec autant d'opiniâtreté que de justesse un de ses anciens maîtres, Hortensius, « dont le nouveau style étonne tout le monde. » Les hyperboles outrées, l'emphase de la diction, la folie du pédantisme, ont été aussi vivement attaquées dans le *Pédant joué*, de Cyrano de Bergerac. Il est à remarquer que Granger, le personnage ridicule de cette comédie, n'était autre que le principal du collége de Beauvais, Jean Grangier, lecteur et professeur royal en éloquence latine. Laplace lui avait succédé dans la chaire de rhétorique. Peut-être avait-il conservé quelques-unes de ses habitudes; il ne pouvait donc échapper à la malice de Boileau, de même que son prédécesseur avait été joué et raillé par « un comique pétulant. » Crevier, qui rapporte avec quelque chagrin la plaisanterie de Despréaux contre un de ses anciens maîtres, se dédommage de la critique en

---

1. *IXe Réflexion critique sur Longin.*
2. *Histoire de l'Université*, par Crevier, Paris, 1761, t. II, p. 472.

ajoutant : « Le même Despréaux avoit conservé de l'estime pour son régent de troisième, Sevin, et il reconnoissoit lui être redevable des premiers principes de ce goût sage et épuré qui règne dans ses ouvrages.[1] » Le nom de ce judicieux régent méritait bien d'être l'objet d'une petite digression dans l'histoire de la vie de Boileau.

Déjà, à ce moment, il échappait de temps à autre quelques vers à l'écolier du collége de Beauvais; mais ce qui décelait bien davantage son goût pour la poésie, c'était la lecture assidue des poëtes et des romans « qu'il pouvait déterrer. » On le surprenait quelquefois, au milieu de la nuit, sur ces livres favoris, et, ce qui arrive encore moins dans les colléges, on était souvent obligé de l'avertir aux heures des repas, quoique la cloche destinée à cet usage fût précisément attachée à la fenêtre de sa chambre.[2]

Quelque différence qu'il pût y avoir entre les études que l'on faisait à Port-Royal et celles des autres colléges de Paris, on voit, par les mémoires de Louis Racine, à quels travaux on appliquait des jeunes gens de l'âge de Boileau. Jean Racine, à quatorze ans, faisait des extraits grecs de saint Basile, écrivait des remarques sur Pindare et sur Homère. Enfoncé dans les bois de l'abbaye, il lisait sans relâche Euripide et Sophocle, qu'il savait par cœur. Boileau, qui n'était certes pas un savant, n'avait pas étudié avec moins d'ardeur les auteurs de l'antiquité. Ce fut dans les premières années de sa jeunesse qu'il prit un goût si décidé pour les anciens, dont il devait plus tard être le courageux défenseur. Tandis que, de son côté, l'auteur d'*Andromaque* dévorait le roman grec des amours de Théagène et de Chariclée, car il l'apprenait même par cœur, « pour n'en plus craindre la proscription » de la part du sacristain Claude Lancelot, Despréaux s'abîmait dans la lecture des romans que les premières années du xviie siècle avaient produits

---

1. CREVIER, *Histoire de l'Université*, t. II, p. 472.
2. *Éloge de M. Despréaux*, par de Boze.

en si grand nombre. L'imagination échauffée par les scènes merveilleuses dont ces ouvrages étaient pleins, dès sa quatrième, il entreprit d'écrire une tragédie.

Dans la première scène, trois géants se querellaient. Un autre géant, le roi Grifalar, survenait pour les apaiser :

> Géants (leur disait-il), arrêtez-vous,
> Gardez pour l'ennemi la fureur de vos coups.

« De toute ma tragédie, répétait plus tard Despréaux, je n'ai retenu que ces trois hémistiches, qui ne sont pas mal tournés ; Boyer n'en a jamais fait de si bons.[1] » Et Boyer a fait plus de quatre-vingt mille vers !

N'est-il pas bien digne de remarque que les meilleurs esprits du xviie siècle, formés dans cette lecture dangereuse des romans, aient, par leur solidité, triomphé des périls où pouvaient les entraîner de si pernicieux modèles ? Mme de Sévigné n'y perdit rien de son bon sens. Racine sut à propos se débarrasser de l'affectation de leur style précieux. La Fontaine y amusa longtemps son imagination[2] sans l'y gâter. Mais Molière

---

1. DAUNOU, *Vie de Boileau.*
2. Non que M. d'Urfé n'ait fait une œuvre exquise :
   Étant petit garçon je lisois son roman
   Et je le lis encore ayant la barbe grise.
   . . . .
   Clitophon a le pas par droit d'antiquité :
   Héliodore peut par son prix le prétendre.
   Le roman d'*Ariane* est très-bien inventé :
   J'ai lu vingt et vingt fois celui du *Polexandre*.
   En fait d'événements, *Cléopâtre et Cassandre*
   Entre les beaux premiers doivent être rangés :
   Chacun prise *Cyrus* et la carte du *Tendre*,
   Et le frère et la sœur ont les cœurs partagés.
   Même dans les plus vieux je tiens qu'on peut apprendre.
   Perceval le Gallois vient encore à son tour :
   Cervantes me ravit ; et pour tout y comprendre,
   Je me plais aux livres d'amour.*

* *Les amours de Clitophon et de Leucippe*, par Achilles Tatius, *les Amours de Théagène et de Chariclée*, par Héliodore ; *Ariane*, par Jean Desmarets ; *Polexandre*,

et Boileau semblent surtout avoir été au-dessus des atteintes de ce mauvais goût. Les premiers, ils l'attaquèrent avec résolution, et l'on peut dire qu'ils en achevèrent le règne. Il faut qu'après l'inévitable engouement de l'enfance, l'auteur du *Dialogue des héros de roman* ait promptement ouvert les yeux sur la vanité de ces compositions; que le merveilleux et le surprenant des aventures dont ils abondent ne lui ait semblé, comme à son ami Furetière, « qu'un long galimathias, qui dure jusqu'à ce que quelque charitable escuyer ou confidente viennent éclaircir le lecteur des choses précédentes qu'il faut qu'il sçache, ou qu'il suppose, pour l'intelligence de l'histoire.[1] » Ce qui mérite, comme l'observe de Boze, une attention particulière, c'est que cet amour des romans, que lui-même a depuis appelé une fureur, loin de lui gâter l'esprit par un amas confus d'idées bizarres, semble n'avoir servi qu'à lui inspirer une critique plus exacte et à lui fournir des traits plus vifs contre ce ridicule. « Tant il est vrai qu'en fait de lecture il n'y a point de règle générale et qu'il y a des choses qu'il est quelquefois dangereux de lire et qu'il est cependant bon d'avoir lues. » Boileau avait trop de raison pour tomber dans la folie de Don Quichotte, ou dans les décevantes illusions qui égareront plus tard J. J. Rousseau dans son enfance.[2]

Il faut bien dire aussi que Boileau tempérait par des études plus sévères l'influence de ses lectures romanesques. Les imitations nombreuses qu'il a faites d'Horace, de Juvénal et de

---

1. *Le Roman bourgeois* de Furetière, p. 2.
2. Voir sur le *Goût romanesque de Mlle de Montpensier*, un article des plus intéressants de M. Sainte-Beuve, t. III, p. 402. « ... Une *Bergerie* toute composée de gens aimables et parfaits, délicats et simples qui gardent les moutons les jours de soleil et pour leur plaisir, qui se visitent le reste du temps d'un ermitage à l'autre en chaise, en carrosse ; qui jouent du luth et du clavecin, lisent les vers et les ouvrages nouveaux... »

par Martin Le Roy de Gomberville; *Cléopâtre*, par La Calprenède; *Cassandre*, du même auteur; *Cyrus*, par Mlle de Scudéry; la carte du *Tendre* est dans le roman de *Clélie*, du même auteur; *Perceval le Gallois ou la Quête du Saint-Graal*, par Chrestien de Troyes, dans les dernières années du XIIe siècle.

Perse montrent combien il était familier avec les satiriques latins. Un instant, en 1827, une publication intéressante put faire croire qu'on avait mis la main sur un monument de ces premiers essais du satirique français. En donnant les *Œuvres posthumes de Boileau, ou Satires de Perse et de Juvénal expliquées, traduites et commentées par Boileau, publiées d'après le manuscrit autographe,* M. Parelle excita une vive curiosité parmi les hommes occupés des études. On se promettait en effet de voir une traduction d'une partie des satires de Perse et de celles de Juvénal, accompagnée de remarques écrites de la main de Boileau sur un exemplaire des satires de ces deux poëtes latins. On conçoit quelle joie attendrait les lecteurs s'ils pouvaient suivre, dans une traduction faite à l'âge où Boileau avait à peine cessé d'être écolier, les études de notre satirique. Malheureusement ces illusions durèrent peu. Daunou étudia les deux volumes mis au jour par M. Parelle, il examina de près l'écriture, la traduction, et voici les conclusions de son étude : « L'auteur n'a imprimé que des fragments de la version de Tarteron, quelquefois retouchés et toujours accompagnés de notes purement scolastiques. » Renonçons donc au plaisir instructif de reconnaître, dans des notes laborieusement composées, la méthode suivie par Boileau pour s'approprier les beautés des auteurs latins, comme nous pouvons le faire à l'égard de Racine dans une édition de Sophocle, couverte de ses observations.

Sa philosophie achevée en 1652, Boileau dut, selon les justes rectifications de M. Berriat-Saint-Prix, suivre un cours de théologie plutôt que se diriger vers le barreau, comme l'ont dit tous ses biographes. C'était sa voie naturelle. Ses parents, l'ayant destiné à l'Église, l'avaient fait tonsurer le 21 décembre 1647, alors qu'il était élève de quatrième. Quelques progrès qu'eût faits la raison, les études théologiques n'en restaient pas moins ce qu'elles étaient au temps de la scolastique. C'était encore un enseignement hérissé de définitions, de divisions, de syllogismes, de gloses et de commentaires. Cette science embrassait encore l'examen ou plutôt la solution d'une multitude de questions obscures, dont plusieurs même ne présentaient aucun point accessible; par exemple : Si Dieu n'avait rien créé, qu'aurait été sa prescience? A-t-il pu faire autre chose que ce qu'il a fait? Ses ouvrages auraient-ils pu être meilleurs? Sa volonté ne s'accomplit-elle pas toujours? Est-ce par sa volonté que le mal arrive? En quel sens peut-on dire qu'il a voulu sauver tous les hommes? Ajoutez à ces problèmes ardus de la métaphysique les discussions sur la morale, rendues chaque jour plus subtiles et plus obscures par l'esprit dominant d'une compagnie célèbre. Jugez de ce qu'il fallait être pour triompher dans ces luttes de la parole théologique, dans ces thèses dont l'abbé Morellet, un siècle plus tard, faisait encore sa plus assidue récréation. « Je devins bientôt philosophe, dit-il en parlant de ses premières études, et théologien très-argut. Je poussais toutes les objections avec beaucoup d'adresse.[1] » Despréaux entrevit ce grand art à la Faculté de théologie, mais il n'était pas fait pour s'y plaire. Son intelligence nette et droite se refusait aux artifices captieux de la scolastique. Il appartenait à la race qui devait en finir le règne. Descartes avait déblayé de leurs longs embarras les sentiers de la philosophie, Pascal devait bientôt en faire autant pour la théologie.[2]

Ceux qui font de Boileau un étudiant de la Faculté de droit avant de s'être tourné vers l'Église disent que, loin de trouver, comme il l'avait cru d'abord, la Sorbonne aux antipodes du palais, il ne put soutenir longtemps les leçons d'un enseignement épineux et qu'il s'imagina que, pour suivre plus adroitement sa victime, la chicane n'avait fait que changer d'habit :

---

1. *Mémoires de l'abbé Morellet*, t. I.
2. La subtilité n'en était pas le seul défaut, l'adulation y avait aussi sa place, elle y descendait parfois jusqu'à la bassesse, témoin cette thèse ridiculement scandaleuse dédiée au cardinal de Richelieu et qui avait cette devise : *Quis ut Deus?* La réponse à cette question était *Richelius*, dont les neuf lettres formaient le commencement des neuf propositions de la thèse. Cinquante ans plus tard, Bossuet osa porter ses plaintes au roi pour une thèse où ce prince était mis sans façon à côté de Dieu.

nous dirons au contraire que ce fut la méthode théologique qu'il retrouva dans le droit et dans les discussions du palais. S'il avait été surpris et choqué de voir à la Sorbonne les points les plus importants du salut réduits à de creuses spéculations, obscurcis par un langage barbare, et soumis à des contestations éternelles, « les obliquités de la chicane ne convenoient pas davantage à ce que Desmaizeaux appelle sa candeur naturelle.[1] Il ne pouvoit s'accommoder d'une science qui roule sur des équivoques perpétuelles, et où l'on se trouve souvent obligé de revêtir le mensonge des caractères de la vérité. »

Il acheva cependant ses études à la Faculté de droit, et le 4 décembre 1656 il fut reçu comme avocat au barreau de Paris.[2] Le 4 janvier suivant, il se chargea d'une première cause. De Boze et Racine racontent différemment l'issue de cette affaire, où parut le peu de goût de Despréaux pour son nouveau métier. Suivant le premier, « loin de s'instruire de son procès, il ne songea qu'aux moyens de s'en défaire honnêtement, et il y réussit; de manière que le procureur retirant ses sacs le soupçonna d'y avoir découvert une procédure peu régulière, et dit en sortant que ce jeune avocat iroit loin. » L'anecdote de Louis Racine est moins à l'honneur du débutant. « Il suivit le barreau, et même plaida une cause dont il se tira fort mal. Comme il étoit près de la commencer, le procureur s'approcha de lui pour lui dire : « N'oubliez pas de demander que la partie soit « interrogée sur faits et articles. — Et pourquoi? lui répondit « Boileau, la chose n'est-elle pas déjà faite? Si tout n'est pas « prêt, il ne faut donc pas me faire plaider. » Le procureur fit un éclat de rire, et dit à ses confrères : « Voilà un jeune avocat « qui ira loin; il a de grandes dispositions. »

D'Alembert rapporte, lui aussi, une petite aventure qui pourrait faire juger de son peu de goût pour le métier de jurisconsulte, s'il en était vraiment le héros. « M. Dongois, son

---

1. Desmaizeaux, *Vie de Boileau.*
2. Berriat Saint-Prix, t. IV, p. 408, n° 211, 5°.

beau-frère, greffier du parlement, l'avait pris chez lui pour le former au style de la procédure, dont la barbarie absurde devait paraître bien rebutante à un jeune homme qui avait lu Cicéron et Démosthène. Ce Dongois avait un arrêt à dresser dans une affaire importante. Il le composait avec enthousiasme en le dictant à Despréaux et le dictait avec emphase, bien satisfait de la sublimité de son ouvrage. Quand il eut fini, il dit à son scribe de lui en faire la lecture ; et comme le scribe ne répondait pas, Dongois s'aperçut qu'il s'était endormi et avait à peine écrit quelques mots de ce chef-d'œuvre. Outré d'indignation, le greffier renvoya Despréaux à son père, en plaignant ce père infortuné d'avoir un fils imbécile, et en l'assurant que ce jeune homme, sans émulation, sans ressort, et presque sans instinct, ne serait qu'un sot tout le reste de sa vie. »

Le fait est vrai, puisque Boileau le rappelle lui-même dans une lettre écrite à Racine le 6 août 1693 : « J'étois, dit-il, accablé de sommeil, à peu près comme étoit M. Puymorin, en écrivant ce bel arrêt sous M. Dongois. » En confirmant l'anecdote, Despréaux en change le héros. Peut-être, comme l'observe Daunou, lui en était-il autant arrivé à lui-même. Il fallait du reste que cette indifférence pour la belle rédaction d'un arrêt n'eût rien d'invraisemblable attribuée à Boileau, puisque J. Racine et son fils le font tous les deux figurer dans cette aventure. Ces premiers essais rebutèrent le poëte, et, prenant son parti, il alla, *loin du palais, errer sur le Parnasse*. Il avait alors un bénéfice ; il en jouit pendant huit ou neuf ans. « Au bout de ce temps-là, il quitta le bénéfice qui étoit un prieuré simple ; et, poussant le scrupule du désintéressement au point de ne pas même vouloir s'en faire un ami dans le monde, il le remit entre les mains du collateur, qui étoit un saint prélat : il fit plus, il supputa à quoi se montoit tout ce qu'il en avoit reçu, et il l'employa en différentes œuvres de piété, dont la principale fut le soulagement des pauvres du lieu.[1] »

1. *Éloge de M. Despréaux*, par de Boze.

D'Alembert n'hésite pas à penser et à dire que ce fut une perte pour le barreau. On peut bien croire en effet que l'auteur de l'*Art poétique* eût fait servir ses lumières et son goût à débarrasser les plaidoyers « d'une rhétorique triviale, qui consiste à noyer un tas de sophismes dans une mer de paroles oiseuses et de figures ridicules. »

La pièce des *Plaideurs* n'est pas tout entière de l'invention de J. Racine. Cette œuvre plaisante, où l'emphase des avocats du temps est si agréablement raillée, fut faite au milieu de ces repas célèbres chez ce « fameux traiteur » où se rassemblaient Boileau, Chapelle, Furetière et quelques autres. Comme à la comédie des *Académistes*, de Saint-Évremond, et à l'*Apologie du duc de Beaufort*, du même auteur, chacun des convives avait fourni quelques traits. Furetière y avait contribué plus qu'un autre, son esprit satirique s'étant fait une sorte de lot des travers ou des vices des hommes de robe. Il avait publié, peu de temps avant les *Plaideurs*, une pièce remplie de termes de chicane que disent, en jouant à la boule, des procureurs qui ne savent parler que leur langue :

> Quand une boule pousse une autre en son chemin,
> Elle a lettres, dit-on, pour la conforte main.
> C'est subrogation, quand elle entre en sa place.
> Distraction se fait alors qu'elle la chasse,
> Et c'est réintégrande alors qu'elle revient,
> Ayant un peu gauchi du chemin qu'elle tient.
> Quand elle tourne ailleurs, c'est un déclinatoire.
> Va-t-elle un peu trop doux, c'est lors le pétitoire.

Dandin, avec moins de fatigue pour le lecteur et plus de gaieté, mêle ainsi les termes du palais à tous les incidents de la vie, comme lorsqu'il dit à ceux qui veulent qu'il s'aille coucher :

> Obtenez un arrêt comme il faut que je dorme.

Boileau, qui ne dormait pas toujours chez les greffiers, y prit l'idée de la dispute entre Chicaneau et la comtesse. « Il avoit été témoin de cette scène, qui s'étoit passée chez son frère, entre un homme très-connu alors et une comtesse que l'actrice, qui joua ce personnage, contrefit jusqu'à paroître sur le théâtre avec les mêmes habillements. [1] » L'exorde du *Pro Quinctio*, employé par l'Intimé dans la cause du chapon, s'appliquait aussi à un personnage dont Boileau avait pu entendre plus d'une fois le nom, quand il allait s'égayer avec les clercs des procureurs dans la salle des *pas perdus*. Tallemant des Réaux rapporte ainsi le fait : [2] « Un jeune avocat ayant à plaider contre un nommé Desfitas, bon praticien et pas autre chose, s'avisa de prendre l'exorde de l'oraison de Cicéron pour Quintius, où l'orateur dit qu'il a contre lui les deux choses qui, dans la cité, exercent le plus d'influence, le crédit de la partie et l'éloquence, *summa gratia et eloquentia*. Desfitas prit aussitôt la parole et dit : « Messieurs, l'avocat de la partie adverse ne se tiendra pas « pour interrompu ; je ne me pique pas d'éloquence, et ma « partie est un savetier. »

C'était alors le ton des avocats au palais. La Martellière, plaidant pour l'Université contre les jésuites (1611), commençait par ces mots : « L'histoire nous apprend qu'après la bataille de Cannes, en laquelle les Romains reçurent la plus grande perte qui leur fust jamais advenue... [3] » Tel autre, plaidant contre un homme qui avait coupé quelques chênes, allait rechercher dans l'antiquité tout ce qui s'y trouve à l'avantage des chênes. Ni les druides, ni les arbres de Dodone n'étaient oubliés ; à quoi l'autre

---

1. *Mémoires de L. Racine.*
2. T. X, p. 217, édition de Monmerqué.
3. *Mémoires de Tallemant*, édit. Monmerqué, t. II, p. 108 : « Le plus plaisant c'est que Dempster, professeur en éloquence, avoit publié, un jour devant, une épigramme latine où il disoit que La Martellière, leur avocat, n'étoit point de ces orateurs qui parlent de la bataille de Cannes. Il en coûta vingt écus à La Martellière pour supprimer cette épigramme. » Dempster faisait allusion à l'épigramme de Martial contre un avocat :

> Tu Cannas, Mithridaticumque bellum...
> Magna voce sonas, manuque tota :
> Jam dic, Posthume, de tribus capellis.

avocat, après l'avoir bien laissé jaser, disait : « Messieurs, il s'agit de quatre *chesneaux* que ma partie a coupés et qu'elle offre de payer au dire des gens à ce connaissant. » La leçon était bonne, mais le censeur n'éttai-il pas exposé à l'oublier lui-même le jour où il lui faudrait prendre aussi la parole?[1]

Science indiscrète, éloquence à *la cicéronienne,* érudition pédantesque, tels étaient les défauts des successeurs des Pasquier, des Gui-Coquille, des Arnauld, des Marion, des Versoris. Leurs devanciers, en leur transmettant d'honorables exemples, l'habitude et l'amour du savoir, leur avaient transmis des traditions moins irréprochables dans l'usage de la parole. Les avocats en renom qui brillaient dans cette première moitié du xviie siècle n'avaient tous qu'un désir : parler comme Balzac ; ils n'avaient qu'une ambition : rappeler la grande éloquence de Cicéron, « les éclairs et les foudres de Périclès. »

Tels étaient les éloges que son éditeur prodiguait à Claude Gaultier. Ses plaidoyers, publiés par lui-même en 1662, sont choquants par leur emphase et leur mauvais goût. Il les dédie en singuliers termes au premier président, Guillaume de Lamoignon, qu'il voit « élevé sur le trône de l'empire de la justice, et chef de la conduite du premier ministère de la royauté, remplir si dignement et avec tant d'éclat et de réputation la première place dans la cour des pairs, le premier et le plus auguste parlement de France ; où l'on voit, par un ordre égal, ces sept astres brillants (les sept chambres du parlement) qui font toute la lumière et la splendeur du firmament, et qui sont les divines intelligences où la sagesse préside au mouvement des cieux sous le premier mobile de la majesté souveraine. » Voilà les « bénignes influences » sous lesquelles il veut faire passer ses plaidoyers « de la presse des audiences du parlement sous la presse de l'impression. »

Le style de ses plaidoyers, dit M. Demogeot, n'est guère plus mauvais. Gaultier aime le vague dans l'emphase ; il lance

---

1. *Mémoires de Tallemant*, t. II, p. 108.

au loin ses mots brillants et sonores, sans en mesurer la portée, et semble s'étourdir lui-même du retentissement de ses périodes. D'autres font plus d'étalage de l'érudition classique; Gaultier aime la physique, l'histoire naturelle, l'astronomie surtout. Plaide-t-il pour un jeune homme contre son aïeul paternel : « S'il est vrai, dit-il, que ce puissant amour des pères et des aïeuls soit comparé à la violente ardeur du soleil, l'on peut dire avec raison que les angles formés par les rayons de cet astre, lesquels, dans une égale distance de la circonférence, il rend égaux, sont les enfants, qui, dans une égalité de naissance, sont également échauffés de sa lumière et de sa chaleur. Mais c'est seulement dans la forte élévation du midi qu'il y a fort peu d'ombre et point de vent (suit une citation en grec); sitôt qu'il vient à décliner (autre citation en grec), il sépare l'air de la terre, et produit les vents qui soufflent et qui refroidissent. Ici, nous en ressentons trop visiblement les effets. Cette vive ardeur de l'amour du sang est un soleil qui baisse, dont les rayons, écartés par le souffle furieux des vents de ces passions dangereuses du profit et de l'intérêt, vont à nous diminuer la substance des corps, et ne laisser que la figure des ombres. Ainsi, dans l'affoiblissement de la chaleur naturelle, ce petit enfant vient s'exposer aux rayons du soleil de la justice, qui luit toujours en plein midi, et, tenant le milieu de son élévation, chasse les vents et dissipe les ombres. »

Racine n'a-t-il pas emprunté à Gaultier

> Ce soleil d'équité qui n'est jamais terni?

mais Petit-Jean est plus simple.[1]

Tout ce mauvais goût venait du siècle précédent, et il fallait une génération nouvelle pour en triompher. Les plus célèbres avocats, ceux même dont l'âme avait le plus d'élévation, ne dédaignaient pas assez cette mauvaise rhétorique. Peut-être

---

1. *Tableau de la littérature française au* xvii*e siècle,* avant Corneille et Descartes, par M. Jacques Demogeot.

avaient-ils raison en cela, car leurs contemporains n'étaient pas encore préparés à goûter un style plus naturel et plus sévère. Ainsi Antoine Le Maître, le futur solitaire de Port-Royal, ne devait sa grande réputation au barreau qu'à des beautés égales à celles dont Gaultier émaillait ses plaidoyers. Il ne faudrait le juger ni d'après les éloges des hommes de son temps, ni d'après les citations arrangées et refondues de Marmontel.[1] S'il avait des parties ingénieuses et quelquefois pleines de chaleur, s'il savait composer un exorde avec délicatesse, imiter Cicéron sans tomber dans les ridicules de l'Intimé, il était loin d'échapper à tous les vices du xvie siècle. On rencontrait dans ses plaidoyers, plus souvent qu'il ne l'aurait fallu, de « l'emphase, une véhémence sans vraie chaleur, des rapprochements d'érudition sans vraie finesse et sans esprit. » D'Ablancourt écrivant à Patru en faisait la remarque ; mais il était seul alors à s'y arrêter. Personne n'avait encore ouvert les yeux sur cet abus de la parole. « Les jours que Le Maître plaidait, les prédicateurs, par prudence, et de peur de prêcher dans le désert, s'arrangeaient pour ne point monter en chaire et allaient l'entendre. La grand'chambre était trop étroite pour contenir tous les auditeurs.[2] » Arnauld, son grand-père, Marion, son bisaïeul, sem-

1. *Éléments de littérature* (article Barreau).
2. *Port-Royal*, par M. Sainte-Beuve, t. I, p. 377 : « Daguesseau, dans la quatrième instruction à son fils, lui recommande quelques-uns des plaidoyers de Le Maître, où l'on trouve des traits, dit-il, qui font regretter que son éloquence n'ait pas eu la hardiesse de marcher seule et sans ce cortége nombreux d'orateurs, d'historiens, de Pères de l'Église qu'elle mène toujours à sa suite... ; il y sème aussi bon nombre de fleurs poétiques et mythologiques. Mars et Vénus interviennent dans la cause d'une servante séduite par le fils d'un serrurier. A-t-il à soutenir une *substitution* pour la maison de Chabannes, il s'écrie : « Tous les hommes et particulièrement
« les grands seigneurs brûlent du désir de conserver la gloire de leurs
« maisons... c'est pourquoi, quand le grand Virgile veut remplir son héros
« d'une extrême joie, il use de ces paroles :

    Nunc age, Dardaniam prolem quæ deinde sequatur,
    Gloria, etc., etc. »

Et un peu plus loin : « Dans les premiers siècles après le déluge, les seuls
« enfants mâles succédaient à la principauté de la famille. » Par ce mot *des*

blaient encore revivre dans cette éloquence chargée d'érudition. Tant il était difficile de rompre avec les mauvaises traditions et de fonder la bonne prose! Il fallait attendre Patru et même Pellisson. Quoique hors du palais, Boileau y fit pénétrer enfin les habitudes de justesse et de bon sens que ses exemples et ses préceptes ont accrédités autour de lui.

Au milieu de ces différentes études, Despréaux laissait échapper de temps à autre quelques vers. C'étaient les faibles indices d'un talent qui devait se développer avec les années. A l'âge de dix-sept ans, en 1653, il rimait une énigme dont il donnait plus tard le mot à deviner à Brossette. Il appelle ce petit poëme son premier ouvrage. Il paraît qu'il l'avait composée dans une maison que son père possédait au pied de Montmartre, à Clignancourt. « Je l'avois oubliée, écrit-il à son ami, le 27 septembre 1703, et je m'en souvins le dernier jour en allant voir une maison que feu mon père possédoit au pied de Montmartre, où je composai ce bel ouvrage. Je vous l'envoie afin que vous l'examiniez à la rigueur; mais pour me venger de votre sévérité, je ne vous dirai le mot de l'énigme qu'à la première fois que je vous récrirai, afin de me venger de la peine que vous me ferez en la censurant, par la peine que vous aurez à la deviner. La voici :

> Du repos des humains implacable ennemie,
> J'ai rendu mille amants envieux de mon sort.
> Je me repais de sang, et je trouve ma vie
> Dans les bras de celui qui recherche ma mort.

Tout ce que je puis vous dire par avance, c'est que j'ai tâché de répondre par la magnificence de mes paroles à la grandeur du monstre que je voulois exprimer. »

Brossette devina l'énigme et le poëte lui répondit en riant : « Vous êtes un véritable Œdipe; et si les couronnes se don-

---

Plaideurs : « *Avocat, ah! passons au déluge!...* » Racine se moquait un peu, sans s'en douter (ou en s'en doutant), de son premier et excellent guide à Port-Royal, M. Le Maistre. »

noient aujourd'hui à ceux qui en pénètrent le sens, je suis sûr que vous ne tarderiez pas à vous voir roi de quelque grande et bonne ville. »

Si les premiers vers qui échappent à un poëte décidaient à jamais de son caractère et de sa vie, Boileau aurait été un rival des Chapelle, des Lafare ou des Chaulieu dans l'art de célébrer le vin et la bonne chère. Au sortir de son cours de philosophie, il s'écriait dans une sorte d'élan bachique :

> Philosophes rêveurs, qui pensez tout savoir,
> Ennemis de Bacchus, rentrez dans le devoir :
> Vos esprits s'en font trop accroire.
> Allez, vieux fous, allez apprendre à boire.
> On est savant quand on boit bien :
> Qui ne sait boire ne sait rien.

Une nouvelle chanson, sur le même sujet, sortit encore de la plume du poëte. Il se déclarait ennemi des soupirs et des beaux sentiments, il renvoyait les amants conter leurs martyres aux rochers insensibles autant que leurs belles, tandis qu'il se réservait à lui et à quelques amis plus sages des plaisirs moins mêlés d'amertume :

> Soupirez jour et nuit, sans manger et sans boire,
> Ne songez qu'à souffrir :
> Aimez, aimez vos maux, et mettez votre gloire
> A n'en jamais guérir.
> Cependant nous rirons
> Avecque la bouteille,
> Et dessous la treille
> Nous la chérirons.

On aime à trouver dans ces vers la haine naissante pour les fades lamentations des héros de roman, on y sent pour la première fois le futur ennemi des Iris en l'air, des métaphores forcées de malheureux qui ne savent que bénir leur chaîne et mourir tout en se portant bien; mais on ne saurait là encore voir un goût impérieux chez Boileau pour le vin. Un accès de fièvre, un refrain du Savoyard, fameux chanteur du Pont-Neuf, dont notre poëte se disait plaisamment le *continuateur*, les transports d'une gaieté naturelle à un jeune homme de dix-huit ans, libre enfin de la contrainte du collége, nous expliquent ces vers, sans nous permettre de ranger, même un instant, Boileau parmi ces goinfres « *qui ont toute la gloire dans un festin s'il y faut rire ou chanter, tandis que le docteur est au bout de son latin.* »

On aurait de la peine à croire que Despréaux ait jamais fourni quelques vers aux faiseurs de *Recueils* qui, du temps de sa jeunesse, se plaisaient à rassembler des pièces où les beaux sentiments étaient poussés avec art. On sait combien il les a décrédités par ses salutaires railleries. *Les Montres* ou *les Miroirs d'amour* ont pris fin dès qu'il eut publié ses premières satires. Et pourtant, il est bien vrai qu'il figure dans deux ouvrages de cette nature. Le titre seul est des plus plaisants quand on le rapproche du nom de Boileau. Dans un recueil intitulé : *Les Délices de la poésie galante des plus célèbres auteurs du temps*,[1] au tome II des *Sentiments d'amour tirés des poëtes*,[2] on lit un *Sonnet sur la mort d'une parente*, dont l'auteur est Boileau lui-même. Il n'était pas signé, Despréaux ne se rappelait pas l'avoir donné à personne : il fallait que quelque copie en eût été détournée, mais cependant en 1707 il le reconnaissait pour son ouvrage et il figure aujourd'hui parmi ses œuvres. Voici ce qu'il en dit lui-même : « Pour ce qui est du sonnet (Brossette lui avait écrit le 19 novembre 1708 : On m'a donné ici un sonnet manuscrit qu'on dit être de vous. Mandez-moi si vous le reconnoissez pour votre ouvrage), la vérité est que je le fis presque à la sortie du collége, pour une de mes nièces, environ du même âge que moi, et qui mourut entre les mains d'un charlatan de la Faculté de médecine, âgée de dix-huit ans. Je ne le donnai alors à personne, et je ne sais pas par quelle fatalité il vous est

---

1. Pages 176 et 198 du recueil intitulé : *Les Délices de la poésie galante des plus célèbres auteurs du temps*, in-12, de 283 pages, Paris, Ribou, 1663.

2. Page 142 du t. II des *Sentiments d'amour tirés des poëtes*, pa Corbinelli, in-12, Paris, Billaine, 1665.

tombé entre les mains, après plus de cinquante ans qu'il y a que je le composai. Les vers en sont assez bien tournés, et je ne le désavouerois pas même encore aujourd'hui, n'étoit une certaine tendresse tirant à l'amour qui y est marquée, qui ne convient point à un oncle pour sa nièce, et qui y convient d'autant moins que jamais amitié ne fut plus pure, ni plus innocente que la nôtre. Mais quoi! je croyois alors que la poésie ne pouvoit parler que d'amour. C'est pour réparer cette faute, et pour montrer qu'on peut parler en vers, même de l'amitié enfantine, que j'ai composé, il y a quinze ou seize ans, le seul sonnet qui est dans mes ouvrages et qui commence par : *Nourri dès le berceau,* etc. Vous voilà, je crois, monsieur, bien éclairci. »

Boileau apprécie avec trop de scrupule les sentiments qu'il avait alors pour *l'objet de ses tendres amours.* A l'âge où ils étaient l'un et l'autre, un oncle pourrait aimer sans crime une nièce; mais il a bien raison, il sacrifiait à la mode de ne parler que d'amour dans les vers, plutôt qu'il n'obéissait à quelque violente passion. Quoique les vers soient assez bien tournés, comme il s'en donne à lui-même l'éloge, ils ne se distinguaient pas encore de ceux qu'il a plus tard accusés de froideur langoureuse.

Despréaux n'avait pas reçu du ciel le don de la sensibilité : il chantait l'amour avec aussi peu d'entraînement que le vin. Il n'a pas mieux réussi dans le second sonnet où il croyait avoir mis toute la tendresse possible. La flamme criminelle qui brûlait dans le premier devait être expiée; c'était un remords inutile. La faute ne valait pas la pénitence et la pénitence ne valait pas grand'chose.

Moins que personne en son temps, Boileau n'eut le talent de l'ode. Plus peut-être encore que tous ses contemporains, il manquait de cette vivacité d'imagination qui fait les grands poëtes lyriques. Il faut une âme de feu pour réussir en ce genre. La raison froide et sévère en semble bannie, et Boileau vaut surtout par la sagesse de sa raison. On lui reprochera longtemps son malheureux poëme sur la prise de Namur. Faire une ode pour défendre Pindare, diffamé et maltraité par Perrault, c'était une entreprise téméraire autant qu'inutile. Vouloir justifier ce grand poëte en tâchant de faire une ode en français à sa manière, « c'est-à-dire pleine de mouvements et de transports où l'esprit parût plutôt entraîné du démon de la poésie que guidé par la raison, » c'était au-dessus des forces de Boileau. Le sentiment patriotique qui l'anima une première fois contre les Anglais en 1656 ne l'inspira pas mieux que son admiration pour Pindare.

Le bruit s'était répandu que Cromwell nous menaçait de ses armes. Déjà les imaginations alarmées voyaient la France envahie par ses anciens et redoutables ennemis. Boileau s'anime, sa verve s'échauffe, il maudit les projets funestes d'un peuple au comble de l'orgueil, qui veut maîtriser tout l'univers

> Et croit que l'Europe étonnée
> A son audace forcenée
> Va céder l'empire des mers.

« Que la France prenne la foudre, c'est à elle de réduire en poudre ces ennemis des lois. Que les Anglais à leur tour se souviennent de l'humble bergère qui renversa tous leurs bataillons; qu'ils se rappellent que leurs corps, pourris dans nos plaines, n'ont fait qu'engraisser nos sillons. »

Mazarin ne crut pas devoir suivre les conseils du poëte. Il se fiait moins sans doute au secours imprévu d'une autre Jeanne Darc qu'aux adroites menées de la politique. Foulant aux pieds les scrupules royalistes, comme son prédécesseur les scrupules religieux, il laissa s'exhaler en l'air les invectives de Despréaux. Il ne crut pas que nous dussions venger la querelle des rois, ni que le ciel nous fît un devoir de punir un peuple aveugle en son crime, qui avait fait *du trône un théâtre affreux* : il négocia avec Cromwell, il s'allia avec lui contre l'Espagne. La Jamaïque enlevée aux Espagnols, les galions de Cadix brûlés, la ville de Dunkerque assiégée par terre et par mer, la victoire des Dunes, tels furent les résultats de cette alliance. On peut douter que les transports belliqueux de Boileau, s'ils eussent été suivis, eussent amené de si brillants avantages. Mais peut-on demander à un poëte de vingt ans la maturité d'un ministre rompu aux affaires?

Tout frais émoulu du collége, impatient d'écrire et plein des souvenirs d'Horace, de Virgile et de Tibulle qu'un élève studieux apprend à enchâsser dans ses vers latins, Boileau fit quelques épigrammes latines. La malice n'y est pas très-vive, ni la foi très-ferme dans la valeur de ce genre d'écrire. Boileau pouvait être aussi grand latin, comme on disait alors, qu'aucun autre de ses condisciples, mais déjà s'était formée dans son jugement l'opinion qu'il exposera plus tard dans d'autres écrits ou dans ses lettres. Voici l'explication qu'il donne de ces épigrammes : « Je vous dirai donc premièrement, que les deux épigrammes latines dont vous désirez savoir le mystère ont été faites dans ma première jeunesse, et presque au sortir du collége, lorsque mon père me fit recevoir avocat, c'est-à-dire à l'âge de dix-neuf ans. Celui que j'attaque dans la première de ces épigrammes étoit un jeune avocat, fils d'un huissier, nommé Herbinot. Cet avocat est mort conseiller de la Cour des Aydes. Son père étoit fort riche, et le fils assurément n'a pas mangé son bien, car il passoit pour grand ménager. A l'égard de l'autre épigramme, elle regarde M. de Brienne, jadis secrétaire d'État, qui est mort fou et enfermé. Il étoit alors dans la folie de faire des vers latins et surtout des vers phaleuces, et comme sa dignité dans ce temps-là le rendoit considérable, je ne pus résister à la prière de mon frère, aujourd'hui chanoine de la Sainte-Chapelle, qui étoit souvent visité de lui, et qui m'engagea à faire des vers phaleuces à la louange de ce fou qualifié, car il étoit déjà fou. J'en fis donc, et il les lui montra : mais comme c'étoit la première fois que je m'étois exercé dans ce genre de vers, ils ne furent pas trouvés fort bons et ils ne l'étoient pas en effet. Si bien que dans le dépit où j'étois d'avoir si mal réussi, je composai l'épigramme dont est question, et montrai par là qu'il ne faut pas légèrement irriter *genus irritabile vatum*, et que, comme a fort bien dit Juvénal en latin : *facit indignatio versum*, ou, comme je l'ai assez médiocrement dit en françois : *la colère suffit et vaut un Apollon*.[1] »

Le fiel du poëte latin n'était pas bien amer, et Marullus, déjà fou et connu pour tel, ne dut certainement pas beaucoup en souffrir. Cette tentative d'un écolier à qui l'on accorde le mérite d'avoir bien profité de ses études s'arrêta heureusement là. Le temps des vers latins était passé. Ce reste du pédantisme de l'âge précédent devait s'évanouir devant la poésie chaque jour plus brillante du règne de Louis XIV. Cependant des hommes de collége cultivèrent encore ce talent équivoque. Bon nombre des pièces de Boileau furent traduites en vers latins, soit à Paris, soit à Lyon. L'auteur des satires ne se montra point insensible à ces hommages. Il parle avec éloges des traductions de Coffin, régent de seconde du collége de Beauvais; de celles de Lenglet et de Rollin, les deux plus célèbres professeurs en éloquence de l'Université; des épigrammes latines du révérend père Fraguier, jésuite, contre le *Zoïle moderne* (Perrault). Il en est charmé, on le croira sans peine. D'abord il y en a deux qui sont imitées des siennes; et puis attaquer Perrault, quelle bonne œuvre! Aussi « on ne peut rien voir de plus joli ni de plus élégant que ces quatre épigrammes, et il semble que Catulle y soit ressuscité pour venger Catulle.[2] » Un autre jésuite, le révérend père de Lalandelle, osa encore, après Lenglet et Rollin, traduire en vers latins l'ode sur la prise de Namur, et cette traduction paraissait si belle à Boileau, qu'il ne pouvait résister à la tentation d'en enrichir son livre, comptant bien sur la reconnaissance du public pour un si précieux cadeau.

Les louanges se font goûter en quelque langue qu'on les donne. Boileau s'abandonnait donc au plaisir d'être loué, sans

---

1. *Lettres à Brossette*, 9 avril 1702.
2. V⁵ préface ou avis mis dans l'édition de 1694, après la IV⁵ préface.

s'aveugler sur le mérite de ces travaux. Il ne revint plus lui-même aux vers latins, si ce n'est pour en proscrire l'usage. Il lui paraissait difficile d'éviter d'y parler français. Comme Brossette lui en avait envoyé d'un des plus illustres académiciens de Lyon, il lui proposait d'agiter dans son académie la question suivante : *Si on peut bien écrire en une langue morte?* Il rappelait qu'il avait commencé autrefois sur cette question un dialogue assez plaisant.¹ Il ajoutait ces réflexions pleines de justesse : « Qui croiroit, si Cicéron ne nous l'avoit appris, que le mot de *videre* est d'un très-dangereux usage, et que ce seroit une saleté horrible de dire : *cum nos vidissemus?* Comment savoir en quelles occasions, dans le latin, le substantif doit passer devant l'adjectif, ou l'adjectif devant le substantif? Cependant imaginez-vous quelle absurdité ce seroit en françois de dire : *mon neuf habit*, au lieu de : *mon habit neuf*, ou *mon blanc bonnet*, au lieu de *mon bonnet blanc*, quoique le proverbe dise que c'est la même chose?² » Ainsi Boileau renonça pour toujours « à cette futile occupation, et il aima mieux être le rival d'Horace en français, que son singe dans une langue morte.³ »

Tels furent les premiers essais de Boileau; partagé entre

---

1. Cet ouvrage est de 1674.
2. *Lettres à Brossette*, 6 octobre 1701. Voir la réponse de Brossette, 20 octobre 1701. Voltaire n'est pas d'un avis différent : voici ce qu'il dit de Santeuil, né à Paris en 1630 : « Il passe pour excellent poëte latin, si on peut l'être, et ne pouvait faire des vers français. Ses hymnes sont chantées dans l'église. Comme je n'ai point vécu chez Mécène entre Horace et Virgile, j'ignore si ces hymnes sont aussi bonnes qu'on le dit; si, par exemple, *Orbis redemptor, nunc redemptus*, n'est pas un jeu de mots puéril. Je me défie beaucoup des vers modernes latins. » C'est dans ce même esprit qu'il rapporte la mésaventure suivante de Ménage : « Il adressa au cardinal Mazarin, sur son retour en France, une pièce latine où l'on trouve ce vers:

   Et puto tam viles despicis indo togas.

Le parlement, qui, après avoir mis à prix la tête du cardinal, l'avait complimenté, se crut désigné par ce vers et voulait sévir contre l'auteur; mais Ménage prouva au parlement que *toga* signifiait un habit de cour. »
3. D'Alembert.

des études qu'il n'aimait pas et un goût qui déjà le sollicitait, il ne faisait que rimer à la dérobée quelques pièces sans valeur. Il se donnait ce délassement à ses heures de loisir et sans doute aussi cette consolation dans les ennuis dont le logis paternel était rempli pour lui. C'était le temps où il logeait dans une guérite au-dessus du grenier. Lorsqu'il rappelait qu'on l'en fit descendre pour le mettre dans le grenier même, il disait avec gaieté : « J'ai commencé ma fortune par descendre au grenier. » Il avait parmi ses frères trois hommes d'esprit dont les talents précoces ne faisaient que ressortir davantage la tardive lenteur du sien. Ces trois frères s'appelaient Jacques, Boileau de Puymorin et Gilles.

Le premier, qui fut docteur de Sorbonne et chanoine de la Sainte-Chapelle, « est fort connu, dit d'Alembert, par un grand nombre d'ouvrages singuliers et même quelquefois peu décents. » Un des plus célèbres est un petit écrit sur *l'Abus des nudités de gorge*. Réimprimé il y a quelques années à Paris, il a reparu chez les libraires avec autant de scandale et aussi peu de fruit qu'autrefois. L'abbé Boileau avait soin d'écrire ses traités en latin, de peur, disait-il, que les évêques ne le condamnassent. C'était un diseur de bons mots, hardi et prompt à la réplique. Peu délicat sur la forme de la plaisanterie pourvu qu'elle fît rire les auditeurs, ou déconcertât l'adversaire, il y employait les mots les plus vifs ou les plus crus. Comme son frère Nicolas, il n'aimait pas les jésuites et il les définissait : des gens *qui allongent le symbole et accourcissent le décalogue*. Il exprimait ainsi d'une manière heureuse et brève ces réflexions que l'on trouve plus gravement énoncées dans ces lignes de Rousseau : « Quand on perd de vue les devoirs de l'homme pour ne s'occuper que des opinions des prêtres et de leurs frivoles disputes, on ne demande plus d'un chrétien s'il craint Dieu, mais s'il est orthodoxe; on lui fait signer des formulaires sur les questions les plus inutiles et souvent les plus inintelligibles; et quand il a signé, tout va bien, l'on ne s'informe plus du reste; pourvu qu'il n'aille pas se faire pendre, il peut vivre au surplus comme il lui plaira; ses mœurs ne font rien à l'affaire.[1] »

Voici un calembour qui n'est pas certainement un bon mot, mais qui, suivant d'Alembert, caractérise le genre de plaisanterie dont l'abbé Boileau se permettait souvent l'usage. Se trouvant un jour avec plusieurs jésuites, il les entendait tourner en ridicule les solitaires de Port-Royal, qui s'occupaient, disaient ces pères, à faire de mauvais souliers par pénitence. « Je ne sais pas, répondit l'abbé Boileau, s'ils faisoient de mauvais souliers, mais je sais qu'ils vous portoient de bonnes bottes.[2] »

C'était ce même docteur qui, argumentant en Sorbonne contre le président d'une thèse sous le nom duquel venait de paraître un ouvrage dont il n'était pas l'auteur, lui dit publiquement : « Si vous aviez lu votre dernier livre, vous ne soutiendriez pas le sentiment que j'attaque. » On lui reprochait la mauvaise compagnie qu'il voyait quelquefois; il se justifiait en disant que « s'il falloit rompre avec tous les réprouvés, on courroit risque de vivre seul. »

Il ne manquait pas plus de présence d'esprit que de malice. Comme doyen du chapitre de Sens, il fut chargé de haranguer le célèbre prince de Condé, qui passait par la ville. Ce grand capitaine aimait à voir les orateurs déconcertés en sa présence. Il affecta de regarder le doyen en face et avec une contenance qui devait le troubler; le docteur Boileau s'en aperçut; feignit d'être interdit, et commença ainsi son discours : « Monseigneur, que Votre Altesse ne soit pas surprise de me voir trembler devant elle à la tête d'une troupe de prêtres; si j'étois à la tête de trente mille soldats, je tremblerois bien davantage. »

Homme d'Église, il n'avait ni le ton ni la décence de son état, mais l'esprit ne l'abandonnait pas un instant. Parfois il y

1. J. J. Rousseau, Lettre à M. de Beaumont.
2. M. Sainte-Beuve est moins scrupuleux que d'Alembert, il rapporte le mot de Boileau qu'il applique à Pascal tout seul, et ajoute : « De tels bons mots sont des coups de feu qui éteignent pour quelque temps la gaieté de l'adversaire. » *Hist. de Port-Royal*, t. I, p. 501.

avait dans ses propos et dans ses écrits quelque chose d'extraordinaire et de bizarre. Il avait prouvé dans un livre écrit en latin, selon son usage, qu'il n'était pas moins défendu aux ecclésiastiques de porter des habits longs que des habits courts; en conséquence, il allait à pied dans les rues, vêtu d'un habit ecclésiastique qui n'était ni long ni court. Il avait fait un autre livre intitulé : *De forma Christi* (de la forme de Jésus-Christ), et disait de cet ouvrage : « Il est plaisant que tant de visionnaires qui se sont mêlés de commenter l'Écriture aient appliqué au Fils de Dieu ce passage de je ne sais quel prophète : *Speciosus forma præ filiis hominum* (le plus beau des enfants des hommes); je prouve clair comme le jour dans mon livre que ce n'étoit qu'un petit homme comme moi. » Plaisanterie, ajoute d'Alembert, trop peu décente en matière si grave, mais dont nous avons pour garant le sage abbé d'Olivet, qui nous a appris cette anecdote. Ce même homme, qui aimait à paraître singulier en tout, disputant à une thèse de philosophie que soutenait au collége de Beauvais le fils du ministre Claude, donna au père, qui était présent et qui jouissait d'une grande réputation dans sa secte, le titre d'*illustrissimus Ecclesiæ princeps,* comme s'il eût parlé d'un évêque. On en murmura hautement dans l'assemblée et le docteur fut obligé de donner par écrit une rétractation que la Sorbonne fit imprimer. D'Alembert ne veut voir dans ce trait que la bizarrerie ordinaire de l'abbé Boileau; n'y aurait-il pas quelque chose de plus, un peu de ce courage qui fit dire à Despréaux, son frère, tant de franches paroles, au risque de déplaire à Louis XIV lui-même? Au reste, on peut bien reconnaître, dans ce que nous venons de rapporter, un digne frère de Despréaux. Les écrits ultérieurs du poëte font voir que, pour avoir été plus lent à montrer son esprit, Nicolas n'en était pas dépourvu. Jacques nous offre encore le type de ces bourgeois du xviie siècle, narquois, caustiques, courageux et bizarres, dont on trouve le modèle achevé dans Guy Patin.

Ce qu'il y avait d'extraordinaire dans les habitudes du docteur de Sorbonne ne nuisit pas à sa réputation d'homme savant et de théologien laborieux. Dupin, dans sa *Bibliothèque des auteurs ecclésiastiques*, remarque à son propos qu' « il est assez rare de trouver dans une même personne beaucoup d'esprit et beaucoup d'érudition, une science parfaite des matières de théologie et une connaissance particulière des belles-lettres, une grande lecture des Pères et une étude plus que médiocre des auteurs profanes, » et il ajoute que tout cela se rencontre néanmoins en la personne de M. Boileau.[1] Tout son mérite cependant servit moins à l'abbé que les recommandations de Despréaux pour lui faire obtenir le titre de chanoine de la Sainte-Chapelle. Nous savons par la correspondance du poëte comment Racine, au Quesnoy, pendant les embarras d'une expédition militaire, prit en main la cause du doyen de Sens. Il parla de lui au père de La Chaise, qui se déclara l'ami du poëte et de sa famille. Mᵐᵉ de Maintenon reçut aussi de Racine une lettre qu'il avait lui-même écrite sur ce sujet, la mieux tournée qu'il avait pu, afin qu'elle la lût au roi. M. de Chamlai, de son côté, parlait de M. le doyen comme de l'homme du monde qu'il estimait le plus et qui méritait le mieux les grâces du roi. De si bonnes protections eurent l'effet qu'on en devait attendre, et le même jour, ou tout au plus le lendemain de la première lettre de Racine, le doyen de Sens était chanoine de la Sainte-Chapelle. Si Nicolas, dans sa jeunesse, avait eu quelquefois à se plaindre de Jacques, son frère, il avait oublié ces tracasseries inévitables dans une nombreuse famille. Jacques Boileau était né le 18 mars 1635, il mourut le 1ᵉʳ août 1716.[2]

Pierre Boileau, sieur de Puymorin, intendant et contrôleur général de l'argenterie, des menus plaisirs et affaires du roi, avait onze ans de plus que Despréaux. Comme le chanoine de la Sainte-Chapelle, il avait beaucoup d'esprit et de plus il était très-aimable dans la société. Il aurait pu réussir dans les lettres, mais il les négligea pour le plaisir. On a de lui un bon mot

---

1. *Vie de Boileau*, par Desmaizeaux, p. 10.
2. Correspondance de Boileau, lettres LXXII, LXXIII.

adressé à Chapelain. Celui-ci lui faisait le reproche de ne savoir pas lire : « Je ne sais que trop lire, répondait-il vivement, depuis que vous faites imprimer. » Nicolas en fit plus tard une épigramme. Chapelain était destiné à beaucoup souffrir de cette famille. Le fond de son humeur était la gaieté, et Despréaux disait de lui : « Mon frère a une joie continue avec redoublement. » Fort sensible à la bonne chère, on a retenu de lui ce trait assez plaisant. « Invité à dîner chez de riches marchands juifs, Puymorin voulait y mener avec lui son frère Despréaux, qui répondit : « Je ne veux « point aller manger chez des coquins qui ont crucifié Notre- « Seigneur. — Ah! répliqua Puymorin, pourquoi m'en faites- « vous souvenir lorsque le dîner est prêt et que ces pauvres « gens m'attendent? » Daunou, à qui nous empruntons ce passage, fait observer que cet homme si enjoué mourut pourtant de tristesse. Un jour qu'il était avec quelques amis, ils convinrent que le premier qui mourrait viendrait donner aux autres de ses nouvelles. L'un d'eux étant mort quelque temps après, Puymorin crut qu'il lui était apparu pendant la nuit, et tomba dans une mélancolie qui le conduisit au tombeau. Funeste effet d'une imagination trop prompte à se frapper! Si ce fait est vrai, Puymorin n'est pas la première victime d'une si triste illusion.

Gilles Boileau, le troisième des frères de Despréaux dont nous avons à parler, était déjà connu par des œuvres littéraires avant que son plus jeune frère eût quitté le collége. Né en 1631, reçu avocat au parlement de Paris, il fut plus tard (1669) intendant des menus plaisirs et payeur des rentes, ce qui lui fit donner le surnom de rentier. En 1655 il donna la *Vie d'Épictète* et son *Enchiridion ou Manuel de sa philosophie*, avec le *Tableau de Cébès*, traduits du grec en français. Bayle a fait l'éloge de ce travail; il assure que cette *Vie d'Épictète* est la plus ample et la plus exacte qu'il ait vue, et que l'érudition et la critique y sont répandues habilement. Il parle aussi d'une manière avantageuse de la traduction du *Manuel d'Épictète* et de celle du *Tableau de Cébès*, ajoutant que tout cela fut fort bien reçu du public.[1]

Il ne paraît pas cependant qu'il fût bien connu avant sa querelle avec Ménage et Costar. Il y gagna de la réputation, car il s'attaquait, dans la personne du premier, à un homme dont on redoutait la malice et qu'on aimait mieux compter parmi ses amis que parmi ses ennemis. D'humeur assez indépendante, railleur, vantard assez estimé pour son savoir, Ménage jouait alors une sorte de personnage. C'était un bel esprit à la mode, on le recherchait dans les cercles, il avait sa place à l'hôtel de Rambouillet; plus à l'aise encore chez Mlle de Scudéry, il savait y profiter de ses connaissances en italien pour inquiéter du reproche de plagiat Raincy, jeune, beau, spirituel et riche, à qui il était arrivé de faire un madrigal heureux.[2] Désireux de se faire valoir et ayant de tout temps aimé à voir bien du monde chez lui, Ménage s'était mis à faire, dit Tallemant, une espèce d'académie. Il avait choisi le mercredi pour le jour de ses réunions. Quoiqu'il y eût bien du *fretin*, au dire du satirique chroniqueur que nous venons de citer, Chapelain y manquait moins qu'aux samedis de Mlle de Scudéry, car « il le craignoit comme le feu » et le cajolait. Ce fut là, au dire de Tallemant, que pour son malheur « les petits Linière, les petits Boileau, etc., » firent connaissance avec lui et prirent occasion de faire tant d'épigrammes et de bagatelles contre cette ridi-

1. Desmaizeaux, *Vie de Boileau*, p. 6.
2. Victor Cousin, *Histoire de la Société polie au xviie siècle*, t. II, p. 199. — L'homme de lettres jaloux de l'homme du monde, « mettant son érudition au service de la jalousie, trouva dans le Guarini un sonnet semblable au sien. Il fit plus encore, il se mit à le traduire en italien, et supposa qu'en feuilletant les *Rimes diverses* du Tasse, dans la célèbre bibliothèque des de Thou, il y avait trouvé ce madrigal qui, paraissant indubitablement l'original du madrigal français, accusait de plagiat le pauvre Raincy. Celui-ci, tout étourdi de cette apparition inattendue, jura ses grands dieux qu'il n'avait pas eu la moindre connaissance du madrigal du Tasse et qu'il n'en avait jamais rien lu que la *Jérusalem* et l'*Aminte*. Ménage poussa la malice jusqu'à soumettre les trois madrigaux au jugement des beaux esprits qu'il réunissait chez lui tous les mercredis. »

cule académie et ceux qui la fréquentaient. C'est de Despréaux sans doute que veut parler l'auteur des historiettes, car Gilles fut toujours un ami du chantre de la *Pucelle*. Son amitié fut moins constante avec Ménage. Celui-ci venait de faire paraître (1656) l'églogue intitulée *Christine*. C'était l'éloge de la reine de Suède, qui, libre des embarras d'une couronne à laquelle elle renonçait, venait de faire à Paris sa fameuse visite. Gilles Boileau n'eût peut-être pas songé à trouver rien à critiquer dans cette œuvre, si Ménage, naturellement *fier,* c'est-à-dire vain, eût traité le jeune poëte avec assez d'égards. Écoutons Tallemant : « Boileau, jeune avocat de vingt-deux ans, fils du greffier de la grand'chambre, porta un jour à Ménage une élégie latine qu'il avoit faite, car il veut faire des vers et en latin et en françois, quoiqu'il n'y soit nullement né; Hallé, poëte royal, étoit alors avec Ménage. Boileau dit qu'*Ægidius Menagius, Guillelmi filius,*[1] le traita fort de petit garçon en présence de cet homme et lui dit : « Nous lirons cela une autre fois, mais « lisez mon élégie latine à la reine de Suède, vous en appren- « drez plus là que chez tous les anciens. » Le jeune homme, qui naturellement est mordant, fut bien aise d'avoir trouvé un homme sur qui il y avoit à mordre, mais il ne considéroit pas qu'il imitoit celui à qui il donnoit sur les doigts, en entrant comme lui dans le monde par une médisance; il fit l'*Avis à Ménage.* »

L'églogue de Ménage, écrite d'un ton emphatique, prêtait certainement à la satire. Les pensées y étaient communes, le langage prétentieux et les vers bourrés de chevilles ou d'expressions insignifiantes et banales. Qu'on en juge par cet éloge de

---

1. C'est ce qu'on lit autour d'un portrait de Ménage gravé par Nanteuil. « Un jour qu'il étoit chez Nanteuil, le graveur, avec Lyonne, qui se faisoit faire sa taille-douce, il parloit sans cesse et disoit : qu'il avoit 700 pistoles qui ne devoient rien à personne; qu'il avoit envie de les employer à un voyage de Rome. — Vous ferez bien mieux, lui dit Nanteuil, de m'en envoyer 10 que vous me devez de reste de votre portrait. Cela le mortifia un peu. » TALLEMANT, *Hist.*, t. VII, p. 53, édit. Monmerqué.

la reine Christine mis en la bouche de Ménalque dans le temps où il va quitter la Suède :

> Un jour qui n'est pas loin, ses superbes armées
> Joindront à ces lauriers les palmes idumées,
> Et l'on verra périr l'infidèle croissant
> A l'aspect lumineux de cet astre naissant.
> Mais sache encor, Daphnis, que sa main adorable,
> En adresse, en valeur à nulle autre semblable,
> Au milieu de la guerre et dans les champs de Mars,
> Cultive les vertus et fait fleurir les arts.
> Son esprit grand et vaste embrasse toute chose,
> Et l'histoire, et la fable, et les vers, et la prose.
> Elle sait des métaux les nobles changements;
> Des globes azurés les divers mouvements.
> Des plus brillantes fleurs de Grèce et d'Italie
> Tout le Nord étonné voit son âme embellie.
> Elle a de l'Orient pillé tous les trésors;
> Du pasteur de Solyme elle entend les accords,
> Et son rare savoir, non moins que son courage,
> La fait nommer partout la Pallas de notre âge.[1]

La satire de Boileau courut d'abord sans nom d'auteur, mal imprimée et pleine de fautes. Ménage, qui l'avait vue, à ce qu'il disait, ne savait de qui elle était. Il ne tarda pas à l'apprendre et la colère le saisit. « Il vouloit répondre, Chapelain lui conseilla de n'en rien faire. En effet, qu'y avoit-il à dire contre un garçon qu'on ne connoissoit point encore? Et pour la critique, c'eût été une chose pitoyable et que personne n'eût lue. » Voilà ce qu'en pensait Tallemant. Toutefois Ménage trouva un défenseur dans un certain Le Bret, qui allait à son académie. La réponse était « misérable » et l'on conseilla à Ménage de la faire supprimer : en effet, il en acheta tous les exemplaires. Essayant ensuite de couvrir son mécontentement sous une apparence d'indifférente gaieté, il disait en faisant allusion à la profession du père de Boileau qui, greffier de la grand'chambre, en écrivait les arrêts : « Pour Boileau le

---

1. LA MONNOIE, *Recueil de pièces choisies*, La Haye, 1714, in-8°, t. I, 1re partie.

fils n'importe, pourvu que *le père* n'écrive point contre moi. »

Il importait en réalité que le fils n'écrivît pas trop souvent contre Ménage, la réputation du bel esprit n'eût pas tenu longtemps contre des attaques aussi pleines de raison qu'animées d'agréable enjouement.

Gilles Boileau commençait son *Avis* par des précautions et des politesses qui ne manquaient pas de malice. En usant du droit de critiquer Ménage, il ne faisait, disait-il, que suivre son exemple : « Monsieur, puisque vous avez fait profession toute votre vie de censurer les ouvrages d'autrui, et que les pièces les plus achevées qui aient paru en nos jours n'ont pas été à l'épreuve de la véhémence de votre critique, il me semble que vous ne sauriez trouver mauvais qu'on examine celles que vous donnez au public, et qu'on s'emploie à un genre d'écrire que vous avez rendu illustre par votre exemple. » Il insinuait que cette inclination et cet amusement, demeurés jusqu'ici le partage « des gens de collége, » ne lui avaient pas naturellement souri, mais qu'après tout il avait fini par se contraindre et concevoir qu'un pareil exercice pouvait bien être l'occupation d'un honnête homme, puisque Ménage en faisait sa principale étude.

Il abordait ensuite l'examen de l'églogue, le titre ne lui en semblait pas bien juste. « Je ne vois point de raison, disait-il, qui vous ait plutôt obligé de l'intituler *Christine* que *Ménalque*. Car, outre que Ménalque en est le principal personnage, il s'agit particulièrement de son départ, et il y est pour le moins autant loué que la reine de Suède. » Or, sous ce nom de Ménalque, l'auteur faisait son propre éloge. Après cette première atteinte, Boileau redoublait ses coups et, par un procédé que son frère emploiera souvent contre les mauvais écrivains, il louait dans l'églogue du poëte précisément des qualités qui pouvaient passer pour défauts signalés... « La pièce ne laisse pas d'être parfaitement belle, les pensées en sont hautes et nobles, les vers pompeux et magnifiques, et plus même, ce semble, que cette sorte de poésie le permet. » En même temps il rappelait la poésie des églogues de Virgile et de Théocrite. Il invoquait contre l'auteur de *Christine*, Donat, Servius, tous les grammairiens après les poëtes. L'églogue de Ménage ne pouvait pas échapper à la censure, « étant enflée comme les Pharsales et les Thébaïdes. »

C'était peu de chose encore. Un poëte peut manquer de discernement et de goût, mais si l'honneur reste à l'abri des traits de la critique, le mal assurément est moindre. Gilles Boileau avait trop de causticité dans l'esprit pour ménager son adversaire sur la question délicate des emprunts, sur ce qu'il appelle l'art de dérober les autres. Tous les contemporains de Ménage savaient jusqu'où le poëte avait poussé cet art. Ses larcins étaient fameux. Ses tendres sentiments pour Mlle de Lavergne, plus tard Mme de Lafayette, avaient donné lieu à des médisants de jouer dans une épigramme latine sur ce nom de Laverna, qui, chez les Romains, désignait la déesse des voleurs. Boileau ne l'épargne pas à son tour. Si d'autres lui ont ravi les plumes qu'il enleva à Catulle, à Tibulle, à Properce, à Virgile, à Ovide, il ne veut rien lui laisser de ce qu'il a pris aux modernes. Écoutez-le : « Comme dans vos poésies latines on y reconnoît Catulle, Tibulle, Properce, Ovide, Virgile et tous les autres, il arrive la même chose en votre églogue. Car vous m'avouerez que si M. de Malherbe, M. de Vence, M. de Racan, M. Corneille et M. Chapelain y avoient pris ce qui leur appartient, il y resteroit très-peu de chose. Tant vous savez bien, monsieur, l'art de mêler les styles différents et de joindre les pensées de divers auteurs ensemble. »

Une pareille accusation a besoin de preuves : Gilles Boileau ne les faisait pas attendre à son lecteur. Nous extrairons quelques-uns de ces vers dont Ménage avait dépouillé ses contemporains. Voici comment l'auteur de l'*Avis* les présente.

CHRISTINE :	Berger, quel bruit étrange a frappé mon oreille?
CORNEILLE :	Déjà ce bruit étrange a frappé mon oreille.
CHRISTINE :	Des rivières de sang, des montagnes de morts.
CORNEILLE (*Nicom.*) :	Des rivières de sang, des montagnes de morts.
CHRISTINE :	Rampe notre lierre au pied de tes lauriers.
RÉGNIER :	Je plante mon lierre au pied de tes lauriers.
CHRISTINE :	Amour loge en vos yeux, il y trempe ses dards.

MALHERBE : Amour est en ses yeux, il y trempe ses dards.
CHRISTINE : La fait nommer partout la Pallas de notre âge.
MALHERBE : Aussi la nommons-nous la Pallas de notre âge.

Il était difficile à Ménage d'échapper à l'accusation de plagiat. La querelle menaçait de dégénérer en une sorte de guerre civile parmi les gens de lettres, les uns prenant parti pour Boileau, les autres pour Ménage. Le premier président Bellièvre était pour le satirique, il avait à se venger de l'auteur de l'églogue qui avait mis M. Servien sur la même ligne que lui. Pellisson s'avouait le défenseur de Ménage; Chapelain essayait de tenir la balance entre eux deux pour éviter de se faire des ennemis. Patru, qui ne trouvait point avantageux à des auteurs de se déchirer pour amuser les railleurs, entreprit d'assoupir cette affaire. « Il alla, dit Tallemant, porter parole à Ménage que Boileau supprimeroit tout ce qu'il faisoit imprimer, quoique cela lui coûtât trente pistoles, qu'après il le lui amèneroit et que Boileau le prieroit d'oublier le passé, etc. Ménage fit le fier mal à propos et dit : « Je ne lui veux point de mal, je lui rendrai ses trente « pistoles, s'il veut, mais je ne puis souffrir qu'il mette le pied « céans. » Tout le monde dit que ce procédé étoit ridicule, et le premier président dit : « Refuser d'en croire M. Patru (car « M. le premier président étoit fort persuadé de son mérite) ! « je vous conseille de mettre cela au bout de votre lettre. »

Chapelain, plus habile que son ami dans l'art de ménager sa réputation, blâmait fort le sentiment de fierté qui le faisait agir. Il considérait que Gilles Boileau était bien capable de faire pis dans une seconde édition. Il inclinait pour une réconciliation complète, et comme on repoussait ses exhortations, il disait : « Ménage est fou, et il lui en cuira. »

En effet, une seconde édition de l'*Avis* parut et jamais rien ne s'était mieux vendu, tant on approuvait Gilles Boileau « d'avoir donné sur les doigts à la vanité de Ménage. » On disait : Gilles a trouvé Gilles (ils s'appelaient tous deux ainsi), mais Ménage est Gilles le Niais. C'était, dit Tallemant, un enfariné du temps.

La seconde impression de l'*Avis* renchérissait sur la première. Boileau y avait ajouté quelques traits sur la galanterie de Ménage et une épigramme assez maligne. On demandait à Ménage : « Qu'avez-vous fait à ce garçon ? » Il répondit : « Je lui ai fait son Épictète. » Le mot était heureux. Boileau en fut piqué et ne le laissa pas sans réplique. Voici comment il en sut profiter :

> Ménage, ce pauvre poëte,
> Dit qu'il a fait mon Épictète ;
> Ce n'est pas chose étrange en lui
> D'adopter les œuvres d'autrui.

Liber adoptivus : tel était le titre d'un ouvrage du savant, et Boileau avait montré que ce livre n'était qu'un ramas de choses dérobées à différents auteurs ; il y avait là de quoi se couper la gorge : « Voyez-vous, disait le premier président à Boileau, qu'il excitait contre son adversaire, si vous étiez des gens d'épée, il y aurait du danger ; mais pour des gens de lettres, ils ne versent que de l'encre. »

Une autre addition faite à l'*Avis* tombait sur un des amis de Ménage, sur Costar. C'était un homme de lettres ayant assez d'esprit, mais encore plus de vanité ; fils d'un chapelier de Paris, qui demeurait « sur le pont Notre-Dame, à *l'âne rayé*, il avait eu le faible de cacher son origine ; prédicateur malencontreux, ayant à se plaindre « des sottes gens de la province » qui ne trouvaient pas ses comparaisons et ses figures d'un goût excellent,[1] il revint à Paris et y débuta par une censure des odes de Chapelain ; courtisan de Voiture, il mettait tous ses soins à copier son style. Le modèle n'était pas irréprochable, mais la copie l'était bien moins encore. Voiture, dans sa *préciosité*, a je ne sais quoi de naturel et d'aisé. Costar était guindé « toujours sur le bien dire. » Scarron, dont l'esprit, suivant un contemporain, était vif et tout rempli de naïves grâces qui ne connaissaient aucune étude et qui agissaient partout librement,

---

[1]. Voir son historiette dans Tallemant, t. VII, p. 1, édit. de Monmerqué.

ennuyé d'entendre Costar en une conversation trop ornée, disait à l'oreille d'un de ses amis : « Bon Dieu! que j'aimerois bien mieux qu'il dît sans y prendre garde *mangy* pour *mangea* et qu'il donnât des soufflets à Ronsard, que de parler si juste et si bien. » Propre, élégant dans sa mise, d'une taille agréable et fort dégagée, d'un visage rond et fleuri, malgré des dents mal rangées et plus jaunes que blanches, il n'eût point déplu sans son affectation et sa contrainte. Médiocrement instruit, il mêlait beaucoup de latin dans ses lettres à Voiture et n'était pas toujours exempt de bévues, « car il prend souvent Martre pour Renard. » La comtesse de la Suze disait de lui : « Costar est le plus galant des pédants et le plus pédant des galants. » Telle était aussi l'opinion de Chapelle et de Bachaumont, qui font dire aux précieuses de Montpellier, dans leurs *jugements de travers* :

> Les unes disoient que Ménage
> Avoit l'air et l'esprit galant;
> Que Chapelain n'étoit pas sage;
> Que Costar n'étoit pas pédant.

Donnant si bien prise lui-même, Costar eût mieux fait de se taire et de ne pas s'attirer la vengeance de Gilles Boileau ; mais qui peut s'assurer de savoir retenir sa langue à propos? Dans la *Suite de la défense de Voiture*, adressée à Ménage, il lui disait : « Vous avez donc trouvé aussi votre Girac. » C'était faire allusion au détracteur de Voiture et mettre en cause Gilles Boileau. Prompt à la riposte, celui-ci ne fit pas attendre sa réponse, et en louant ironiquement l'auteur de *Christine* du talent qu'il mettait à imiter en français, en italien, en latin et en grec les auteurs qu'il dépouillait, il ajoutait à l'adresse de Costar : « Vous ne faites pas comme ce galant homme de votre connoissance qui prend quelquefois Cicéron pour Brutus, qui met les passages des auteurs en pièces et par lambeaux, qui les écorche et les défigure de telle sorte qu'ils ne sont pas reconnoissables. Pour vous, vous n'êtes pas si inhumain, quand vous prenez quelque pièce, vous la prenez tout entière et la laissez comme elle est. »

Il n'avait pas tenu à Patru que Costar ne fût épargné; il avait en effet obtenu qu'il se contenterait de faire imprimer sa lettre, sans y rien ajouter; mais Conrart intervint, irrité contre Costar de ce qu'il déchirait Balzac. Il avoua à Boileau « qu'après ce que Costar avoit dit de lui, il pouvoit mettre tout ce qu'il voudroit. » C'est ainsi que d'officieux amis enveniment souvent les querelles littéraires, trouvant dans les injures qui s'y échangent l'avantage de satisfaire leurs propres haines sans courir aucun danger.

Un débat si retentissant fit sortir Gilles Boileau de l'obscurité où nous l'avons vu d'abord; il s'était fait des ennemis, mais il s'était fait craindre. L'humeur satirique ne nuit pas toujours à ceux que le ciel en a gratifiés; l'auteur de l'*Avis à Ménage* en profita autant que personne. L'ambition littéraire lui vint avec la célébrité, et, quand la mort de Colletet eut laissé vacante une place à l'Académie, Gilles Boileau se porta pour succéder au pauvre poëte. C'était en 1659. Cette élection fut une véritable bataille; Ménage se remua, mademoiselle de Scudéry se rangea de son côté; Pellisson, qui déjà avait déclaré assez brusquement à Boileau que s'il imprimait « il ne seroit plus son ami ni son serviteur, » se souvint bien de son serment et y demeura fidèle. Joint depuis longtemps par cabale à Ménage, il fit tout pour traverser les projets de Boileau. Il parla une heure et demie contre lui. Mais Gilles Boileau avait aussi sa faction; Cotin, Montmort, Chapelain, lui donnèrent leur voix et il fut admis dans l'illustre compagnie et placé, comme il le dit lui-même, au-dessus de ses envieux et au comble de ses souhaits.

Depuis que Patru, dans un mouvement spontané de reconnaissance, avait remercié l'Académie de l'avoir élu, il avait été décidé que chaque membre nouveau s'acquitterait désormais de ce devoir de politesse. Gilles Boileau le remplit avec toute la modestie qui lui convenait et tout l'apprêt que réclamait le mérite de ses confrères. «Messieurs, leur disait-il dans son compliment, si ce m'est une grande joie d'avoir été choisi pour remplir une place qui est destinée au mérite et qui ne s'achète qu'au prix de la vertu, ce m'est aussi une extrême douleur d'avoir si peu de quoi répondre à une élection qui m'est si glorieuse, etc. » Rhétorique à part, et quoique Boileau eût pu trouver à ses côtés des académiciens qui avaient moins de titres que lui, il faut convenir qu'il fallait peu de chose pour porter un auteur à ce haut degré de gloire.

Chapelain, qui l'avait pris en amitié et l'avait mis sur la liste des pensions que Colbert l'avait chargé de rédiger, semble reconnaître lui-même l'insuffisance de ses écrits. « Il a de l'esprit, dit-il, et du style en prose comme en vers, et sait les deux langues anciennes aussi bien que la sienne. Il pourroit faire quelque chose de fort bon, si sa jeunesse et le feu trop enjoué n'empêchoient point qu'il s'y assujettît. » La mort ne lui permit pas de justifier les espérances que Chapelain donnait de lui au ministre dispensateur des grâces du roi. Ce que nous possédons de lui, sans détruire le jugement du célèbre académicien, nous montre qu'il n'avait pas encore secoué le mauvais goût du temps où il vivait, et qu'il aurait eu besoin des conseils de ce frère plus jeune, dont il accusait la stérilité et la lenteur.

En vers comme en prose, dans ses *madrigaux*, dans ses *caprices*, dans ses *excuses*, dans ses *billets*, aussi bien que dans ses lettres, il est plein du style précieux tant aimé dans les ruelles. C'est le ton de Benserade et de Voiture avec moins d'aisance. Peut-être ne sera-t-on pas fâché de lire ici cette petite pièce, dont le mouvement rappelle les vers sonnants et argentins des poëtes de la Renaissance :

CAPRICE.

Le berger Tircis
Rongé de soucis
De voir sa Climène
Rire de sa peine,
Alla se percher
Sur un haut rocher,

> Voulant finir son supplice
> Dans un précipice.
> Mais songeant que ce saut
> Estoit bien haut
> Et qu'on mouroit
> Quand on vouloit;
> Mais qu'on vivoit
> Quand on pouvoit,
> Quelque volage et légère
> Que fût sa bergère,
> Il fit nargue à ses appas
> Et revint au petit pas.
> Les rimeurs sylvains
> Des autres prochains
> Sur cette amourette
> Firent chansonnette,
> Pensant que la mort
> Eût fini son sort.
> Même l'injuste Climène
> En estoit plus vaine,
> Pendant que ce berger
> Loin du danger
> Bien sûr estoit
> Qu'il ne mourroit,
> Mais qu'il vivroit
> Tant qu'il pourroit,
> Et revenant vers la belle
> Il se moqua d'elle :
> Et les sylvains étonnés
> En eurent un pied de nez.

On peut le voir, ces vers tiennent plus de Théophile et de Saint-Amand que de La Fontaine ou de Molière, mais ils ne semblent pas tout à fait méprisables.

Ses épigrammes n'ont pas toute la malice qu'on en pourrait attendre d'après sa réputation. Dans un genre plus sérieux, dans la traduction du IV° livre de l'*Énéide*, ses vers lui avaient valu les applaudissements de ses contemporains. L'éditeur de ses œuvres posthumes nous apprend que l'auteur, forcé d'en faire lecture en plusieurs réduits célèbres, y avait charmé une bonne partie de la cour; il cite, sans la nommer, une des plus grandes et des plus spirituelles princesses de la terre qui approuvait fort cet ouvrage, et le mot d'un des plus fameux prédicateurs du siècle, qui proclamait « qu'à ce coup la copie avoit surpassé l'original. » Malheureusement, la postérité n'a pas tenu compte de cette faveur passagère. Si le lecteur curieux qui parcourt aujourd'hui cet essai y note plus d'un vers bien fait, une langue assez précise, un tour assez élégant, il y remarque plus d'un endroit où l'on sent l'insuffisance du travail, la sécheresse et la pauvreté du style des premières années du xviie siècle. Bon nombre d'expressions déjà vieillies y sont conservées et entourées d'un reste d'honneur : tel est le mot d'*hostie* pour *victime,* que Cyrano de Bergerac, à peu près vers le même temps, se repentait d'avoir mis au théâtre. Le moment approchait où l'on n'oserait plus écrire la *tête renommée,* ou bien *s'écorchant* le visage, ni dire des Troyens qui s'enfuient :

> Alors tous les Troyens d'un égal mouvement
> Font du corps et des bras un grand cercle en ramant.

La délicatesse croissante allait bannir des vers comme celui-ci :

> Et de l'eau de ses pleurs elle lave son flanc.

Notons toutefois que Gilles Boileau, après Voiture, avait employé cette alliance de mots fort célébrée chez son frère : *se hâter lentement.*

Dans la prose, l'auteur est encore plus en retard ; il l'est pour le goût, car il chérit les antithèses et les pointes, il l'est pour la construction, qui traîne souvent et se rapproche du ton de Balzac. Voici le genre de sa plaisanterie : « Monsieur, votre dernière lettre a pensé mettre toute ma bibliothèque en déroute. Certains messieurs, couverts de maroquin, se sont scandalisés d'être appelés couverts de veau (c'était ainsi que son correspondant avait désigné ses livres, en lui faisant reproche d'aimer trop leur société et d'y sacrifier celle de ses amis). Un d'entre eux, nommé *Petrus Aurelius,* que vous connoissez, se prit de parole avec *Molina;* vous savez bien, par parenthèse, que ce Molina n'est que de veau. Mais parce que son parti est le plus fort, il parla hautement et dit à ce galant homme tout ce qui lui vint à la bouche. A ces mots, Petrus Aurelius, malgré toute sa fermeté, ne put s'empêcher de rougir, et alloit repartir très-aigrement, mais il en fut empêché par un grand mugissement qui fut excité par Vasquez, Sanchez, Suarez et plusieurs autres livres de même étoffe. Ce qui pensa tout perdre fut de petits mutins qui n'étoient couverts que de papier Brouillart, qui se mêlèrent à la traverse, qui brouillèrent tellement les affaires, qu'on ne pensoit pas qu'elles se dussent jamais apaiser. Il y en avoit tel qui n'étoit composé que de trois ou quatre pages, qui ne se promettoit pas moins que de terrasser une douzaine des plus épais auteurs. »

C'est, comme on le voit, une page sur la grande controverse des jansénistes et des jésuites. Petrus Aurelius, c'est Saint-Cyran; les petits mutins, ce sont les précurseurs des lettres provinciales; cet écrit est de 1655. Boileau n'oublie pas son ennemi Ménage, et tandis que Boccace, Bernin, Marot, Rabelais, et les autres rieurs modernes assistés de plus jeunes rieurs, comme Voiture et Sarrazin, badinent avec une grâce charmante sur la plainte faite par quelques beaux-esprits qu'on volait impunément sur le Parnasse et qu'on n'en faisait point de justice; pour remédier à cet abus, l'on fit de très-expresses défenses « non-seulement de dérober, mais *d'adopter* même aucun ouvrage, sous peine d'être banni; et afin que cette loi fût inviolablement observée à l'avenir, l'on en voulut faire un exemple. Si bien que le critique dont je vous ai parlé s'étant trouvé atteint plus qu'aucun de ce crime, il fut chassé à perpétuité de mon cabinet. »

Du reste, il ne faudrait pas appliquer aux œuvres de Gilles Boileau une critique trop sévère. Quoiqu'il ne figurât point parmi les gentilshommes, il écrivait comme plusieurs d'entre eux, pour se distraire et s'entretenir en d'agréables pensées, sans avoir le souci d'une attention trop rigoureuse. Nous le voyons dans une réponse adressée par lui à Conrart. Cet académicien, qui n'avait jamais appris les langues savantes, s'était cependant fait la réputation d'être un des plus fins connaisseurs des délicatesses du style français. Le jeune poëte lui avait soumis quelques-uns de ses poëmes, et le critique praticien y avait relevé plus d'une impropriété, plus d'une rime trop lâche. Tout en le remerciant de ses remarques et du plaisir qu'il a eu à les lire, Gilles Boileau ne se rend pas; comme il se croit fondé en raison et en autorité, il discute avec son censeur. Il voit des hardiesses là où Conrart voit des témérités, et il déclare qu'elles sont de son goût parce qu'il y trouve je ne sais quoi de noble qui sied à la poésie. On lui reproche d'avoir, en parlant d'un premier président, employé le *thrône de ses pères, et les exploits*. Voici comment il se défend : « Je sais bien que ce terme, à la rigueur, ne signifie que des actions guerrières, mais je pense qu'il se peut ici employer par figure et qu'il est mis même avec quelque grâce ; car vous remarquerez que j'ay dit auparavant que Pomponne avoit défait des monstres et qu'il avoit réduit la *chicane aux abois;* ainsi, pour continuer la figure, j'ai nommé ces actions de rares exploits. » Je ne sais pas si l'excuse n'aggrave pas encore la faute. Mais bientôt, las de se défendre, il se fait accusateur à son tour, et ses vrais sentiments éclatent dans cette apostrophe : « Voulez-vous que je vous dise? vous autres, messieurs les juristes, vous vous rendez un peu difficiles ; c'est bannir un des plus grands ornements de la poésie que d'en bannir la hardiesse. Il faut en user avec discrétion, à la vérité, mais il faut aussi prendre garde qu'en voulant par trop l'éviter, on ne tombe dans ce misérable genre où sont tombés quelques-uns de nos Messieurs les illustres, qui, à force de vouloir être exacts, n'ont fait que de la prose rimée qui, à mon avis, est le plus ennuyeux et le plus détestable de tous les styles. » Rien n'est plus vrai; mais faut-il s'autoriser de ces sages réflexions pour faire rimer *éclaires* avec *vipères?* Qu'importe que les lois du sonnet soient déjà assez rigoureuses sans y ajouter de nouvelles règles? à force de scrupule, on peut devenir dégoûté; mais à force de se mettre au large, on tombe dans le désordre.

Il est plus facile d'être de son avis quand il condamne l'Académie de ne pas trouver bon le terme de *radieux*,[1] et d'autres expressions utiles ou commodes. « Si j'avois voix dans votre célèbre compagnie, je ferois tous mes efforts pour empêcher le bannissement de certains mots que l'on condamne quelquefois fort légèrement. Par exemple, pourquoi ne trouver pas bon le terme de *radieux?* Malherbe et Voiture ne s'en sont-ils pas servis? Ne se trouve-t-il pas dans une infinité de bons auteurs? »

Tel était ce frère de Despréaux déjà célèbre au temps où l'auteur des *Satires* montrait ses premières dispositions à faire des vers. Gilles vit avec jalousie ces essais d'un cadet destiné à lui être supérieur. Comprit-il dès lors qu'il trouverait un rival dangereux dans ce jeune homme qui se mêlait d'écrire? Linière semble l'avoir cru, puisqu'il a dit dans une épigramme :

> Qu'est-ce que Despréaux a fait pour lui déplaire?
> Il a fait des vers mieux que lui.

Il vécut assez longtemps pour se convaincre qu'en effet il avait rencontré son maître en l'art d'écrire dans la personne de ce frère dont il était jaloux. Peut-être ne pardonna-t-il pas non plus au poëte d'avoir si vivement attaqué Chapelain et Cotin, dont l'amitié lui avait autrefois été utile quand il entra à l'Académie. Avec sa franchise et sa vivacité d'humeur, Despréaux lui avait reproché les fades compliments dont Chapelain payait

---

[1]. Dans la comédie des *Académiciens*, Saint-Évremond fait employer ce mot par Chapelain, il dit dans un tercet :

> Aussi, peut-on trouver une âme
> Qui ne sente la vive flamme
> Qu'allume cet œil radieux?

Le poëte ajoute :

> Radieux me plaît fort ; un œil plein de lumière,
> Et qui fait sur nos cœurs l'impression première,
> D'où se forment enfin les tendresses d'amour.
> *Radieux!* j'en veux faire un terme de la cour.
> (Acte II, scène 1re.)

le prix aux dépens du roi. C'est à lui qu'il paraît faire allusion dans ces vers :

> Enfin je ne saurois, pour faire un juste gain,
> Aller, bas et rampant...

Car, il faut l'avouer, les mauvais traitements de Gilles Boileau ne furent point subis par Despréaux dans une muette résignation. Il se plaignait de ne pas trouver un frère en lui. Après leur réconciliation il supprima une méchante épigramme qu'il avait faite, et, pour expier ses torts, il donna après la mort de Gilles une édition de ses œuvres. Il y joignit une préface dans laquelle il dit qu'il en serait des ouvrages de son frère comme de l'*Énéide*, dont Virgile seul était mécontent. « C'était, dit d'Alembert, outrer la louange comme il avait outré la critique; les satiriques de profession sont sujets à ces contradictions un peu fâcheuses qu'il faut pardonner aux poëtes ou plutôt à l'humanité. »

En nous arrêtant ainsi sur les frères de Boileau nous avons voulu montrer comment dans cette famille circulait une veine de bonne humeur, de gaieté spirituelle et de satire tempérée. C'est chez Despréaux seul que ces dispositions naturelles, favorisées par l'étude, par le temps et par la constance de la volonté, ont donné tout ce qu'elles pouvaient produire. Les espérances dont Chapelain se faisait presque le garant lorsqu'il recommandait Gilles Boileau à la libéralité de Colbert, c'est Despréaux qui les a tenues, c'est lui qui a dégagé pour ainsi dire la parole du vieux poëte.

II.

LES PREMIÈRES SATIRES DE BOILEAU;
ÉTAT DE LA SOCIÉTÉ, DU GOUT ET DES LETTRES
VERS 1660.

Le père de Boileau mourut en 1657; ce triste événement donnait la liberté au jeune homme, que des études contraires à ses goûts avaient occupé tout entier. Il pouvait donc désormais s'abandonner à son inclination, et, laissant la théologie et le barreau, aller dormir ou rêver sur le Parnasse. Despréaux n'entrait pas dans la carrière poétique affamé et dénué de ressources, comme beaucoup de ses confrères dont il a raillé l'indigence. *Pour rouler et pour vivre* il avait le revenu du petit bénéfice de Saint-Paterne à lui conféré par la tonsure, et son père lui laissait environ 12,000 écus. Il y avait là de quoi le préserver du triste sort de Colletet allant chercher son pain de cuisine en cuisine. Bien loin d'être prodigue, Despréaux, sans être avare, ne succomba pas à la tentation, qui a perdu plus d'un jeune homme, de dissiper son patrimoine. Il en fit au contraire le plus prudent et le plus solide usage. La ville de Lyon avait fait un emprunt favorable aux prêteurs. Boileau y plaça à fonds perdus à peu près le tiers de son bien (12,000 livres), ce qui lui produisit un revenu de 1,500 livres. C'était pour un rentier de vingt ans une bien belle affaire, il plaçait son argent à 12 1/2 pour 100. Jugez si, plus tard, il avait raison d'écrire à Brossette que la ville de Lyon « fut la mère nourrice de ses muses naissantes.[1] »

De 1657 à 1660 nous ne trouvons dans la vie et dans les ouvrages de Boileau rien qui mérite une attention spéciale : s'il écrit quelques vers, ce sont des bagatelles sans valeur. L'année 1660 vit enfin paraître la première et la sixième satire. Si elles ne furent pas publiées à cette date même, ce fut du moins à ce moment-là qu'elles furent composées. Cette époque, importante dans la vie du poëte, ne l'est pas moins dans l'histoire littéraire du xviie siècle. C'est alors que disparaît et s'efface le

---

[1]. M. Berriat-Saint-Prix dit à ce propos : « Nous ne comprendrions pas comment Boileau aurait pu placer de l'argent à 12 1/2 pour 100, si Cizeron-Rival n'avait observé longtemps après (*Lettr. fam.*, t. III, p. 147) que les rentes de l'hôtel de ville de Lyon avaient été créées sur un pied trop haut, eu égard au capital; qu'un arrêt du conseil les réduisit d'un quart, et que le maréchal de Villeroi, à la prière de Brossette, et par distinction pour Boileau, ordonna que celui-ci serait payé en entier de sa rente. » T. I, p. xxviii.

vieil esprit du xvi®, que le génie français se débarrasse de ses anciennes entraves, et, déjà signalé par des œuvres glorieuses, semble avoir pris toute sa force. On ne saurait oublier sans doute que la France a applaudi les plus belles pièces de Corneille, goûté dans quelques pages l'esprit fin et charmant de Saint-Évremond, l'âpre ironie de Pascal et sa véhémente indignation. Sans doute le cardinal de Retz a publié ses *Mémoires*, Bussy-Rabutin fait voler dans toutes les ruelles ses scandaleuses histoires et Mme de Sévigné composé ses premières lettres. Combien pourtant ne restait-il pas encore à faire pour assouplir la langue, corriger le style et déshabituer la province et Paris lui-même de sottes admirations trop longtemps entretenues en dépit du bon sens?

Pour bien comprendre le rôle de Boileau, pour bien apprécier l'étendue de son influence, il nous faut jeter un coup d'œil sur la société où le poëte va paraître. Nous allons examiner successivement ce qu'était alors l'Académie, ce qu'étaient les salons littéraires, les mœurs et les talents des écrivains en honneur. Qu'on nous permette de citer ici quelques lignes honorées par le suffrage de l'Académie française[1] : « On était au début du xviie siècle. A cette époque, les caractères avaient une vigueur qui se rapprochait de la rudesse du siècle passé. Rien n'était encore bien réglé. La société présentait dans ses mœurs les disparates les plus vivement marquées. C'était le temps des seigneurs duellistes, des poëtes affamés, des femmes héroïques dans les combats, précieuses dans les ruelles. Il n'était pas rare de rencontrer alors des évêques peu persuadés des vérités de la religion, des esprits forts qui niaient ces vérités, des épicuriens comme Desyveteaux, qui achevaient dans d'étranges désordres une vie mêlée d'impiété et de débauche; Voiture et Saint-Amant, Corneille et Godeau de Vence s'asseyaient ensemble à l'Académie française, où Chapelain et Balzac

---

1. *Étude sur la vie et les ouvrages de Saint-Évremond*, discours qui a obtenu le prix d'éloquence française en 1866, par M. Gidel.

rendaient leurs oracles. Partout il circulait une sève abondante : on sentait approcher un grand siècle. Tous les ressorts étaient tendus, toutes les forces étaient en jeu. Il ne fallait plus qu'en régler les mouvements.

« L'Académie française, à peine établie, et l'hôtel de Rambouillet semblaient répondre à ce besoin. Ces deux sociétés, par des influences diverses et diversement acceptées, tempéraient l'ardeur trop bouillante des esprits, essayaient d'introduire dans les mœurs, comme dans les écrits, la mesure qui avait jusqu'ici fait défaut, pliaient aux règles du goût des auteurs auparavant rebelles à tout frein, leur imposant le choix dans les idées, l'élégance dans le style.

« En dehors de ces deux cercles, la réforme s'accomplissait peu à peu. Une génération nouvelle s'élevait dans des habitudes étrangères à celles qui l'avaient précédée. Les jeunes gens se réglaient sur d'autres modèles. Le temps des esprits forts était à peu près passé. Il n'était plus question que de délicatesse : chacun s'appliquait à devenir *honnête homme*. On sait combien de qualités comprenait ce titre envié. Le courage de l'âme et la finesse de l'esprit, l'art de se bien vêtir, une noble galanterie avec les dames, un cœur facile aux belles passions, des lumières sur tout, nulle trace de pédantisme; le talent de s'exprimer avec aisance, d'écrire, mais avec un air de grand seigneur, d'un tour libre, application servile, sans attention minutieuse; juger du mérite d'un sonnet et savoir conduire une armée; tenir la balance égale entre deux poëtes et faire le siége d'une place; n'être dupe de rien, ni des événements ni des hommes; ménager sa faveur et sa réputation, ne trahir ni ses intérêts ni sa gloire; user des plaisirs avec sobriété et ne pousser rien à bout : telle était la suprême distinction d'un gentilhomme en cette première moitié du xviie siècle où Saint-Évremond commençait à prendre sa place à la suite des jeunes ducs d'Enghien et de Candale. »

Le vrai tribunal où l'on jugeait de ces précieux mérites était l'hôtel de Rambouillet; c'était aussi le meilleur théâtre pour les y montrer. Cependant la bourgeoisie instruite et lettrée y avait sa place. « Mme de Rambouillet, la spirituelle marquise, dit M. Victor Cousin, considérait encore plus le mérite que la naissance; elle ne demandait point de quartiers de noblesse de ceux qui recherchaient sa société et on était parfaitement reçu chez elle dès qu'on y apportait de l'esprit et du talent accompagnés de bonnes manières. Les illustrations les plus diverses s'y mêlaient et y vivaient fort bien ensemble. Tout le monde gagnait à ce commerce; la noblesse s'y polissait, y prenait le goût et le respect des choses de l'esprit, et les gens de lettres sentaient s'élever leur intelligence avec leurs mœurs. » On ne peut pas mieux apprécier l'influence de cette société fameuse. De 1620 jusqu'à 1648 ce furent les années de son plus grand éclat. La décadence survint lorsque la maîtresse de la maison commença à ressentir les atteintes de la vieillesse, quand ses deux filles mariées durent suivre leurs maris en province,[1] quand la Fronde eut dispersé toute la brillante compagnie et qu'enfin la mort eut emporté le marquis de Rambouillet en 1652.

Les réunions cependant continuèrent longtemps encore, puisque Boileau put y paraître dans sa jeunesse et y lire quelques-uns de ses premiers vers.

Nous n'oserions pas dire avec M. Victor Cousin que l'esprit y fut toujours libre de ces affectations rendues justement ridicules par la comédie de Molière. Il était bien difficile, à juger d'un sonnet de Benserade ou de Voiture, d'éviter l'écueil d'une délicatesse excessive. Parce que l'amour fut de tout temps banni de l'hôtel de Rambouillet, la noble et gracieuse galanterie dont on s'y piquait devait conduire à la subtilité. On est volontiers prétentieux et raffiné quand l'esprit seul se charge d'exprimer des sentiments que le cœur aurait mieux rendus. Tallemant reproche à Mme de Rambouillet d'avoir été un peu trop complimenteuse pour certaines gens qui n'en valaient pas la peine; il y ajoute le défaut d'avoir été un peu trop délicate. « Le mot de

---

1. Le mariage de Julie avec M. de Montausier est de 1645.

teigneux dans une satire ou dans une épigramme lui donne, dit-il, une vilaine idée. » Sans doute le goût veut qu'on évite des expressions choquantes, mais il ne faut pas non plus aller dans l'excès, « surtout quand on est en liberté.[1] »

La fameuse Julie eut à peu près l'esprit de sa mère avec quelque chose de plus abandonné. Son humeur était libre, enjouée, exempte de toute pruderie. On y distinguait une pointe de vivacité contenue par une politesse exquise. « Elle avait, dit M. Victor Cousin, moins d'élévation et de fermeté que Mme de Rambouillet, mais plus simple, s'abandonnant et risquant davantage, toujours négligée et toujours distinguée. Plus tard, elle se gâta dans la cour, elle y devint cabaleuse, ayant toujours quelques intrigues, d'une complaisance enfin qui, en portant très-haut sa fortune, nuisit à sa considération.[2] »

Il nous faut bien pourtant retrouver quelque part le précieux de l'hôtel de Rambouillet, car il est trop prouvé que les hôtes de cette maison élégante n'ont pas tous échappé à ce travers. Eh bien! c'est chez Angélique, la sœur de Julie, qu'apparaît un peu outrée cette délicatesse naturelle à sa mère et qui lui faisait proscrire certains mots. Les expressions que s'interdisait la marquise étaient certainement peu faites pour la bouche d'une personne d'honnête compagnie; celles qu'Angélique n'osait prononcer ne pouvaient être défendues que par un raffinement de goût dont Molière plus tard saura faire justice. Tallemant nous la montre dans le gouvernement de Mme de Montausier indisposant bien des gentilshommes angoumois par ses airs de précieuse. Peu façonnés aux belles manières et au beau langage, ils lui faisaient bien vivement regretter ses habitudes parisiennes. Une fois elle dit tout haut à quelqu'un qui venait de la cour : « Je vous assure qu'on a besoin de quelque rafraîchissement, car sans cela on mourrait bientôt ici. » Il y eut un gentilhomme qui dit hautement qu'il n'irait point voir M. de

---

1. TALLEMANT DES RÉAUX, t. III, p. 232.
2. VICTOR COUSIN, *Histoire de la société polie au* XVIIe *siècle*, t. I, p. 297.

Montausier tandis que Mlle de Rambouillet y serait, et qu'elle s'évanouissait quand elle entendait un méchant mot. Un autre, en parlant à elle, hésita longtemps sur le mot d'avoine, *avoine, avene, aveine*. « Avoine, avoine, dit-il, de par tous les diables! on ne sait comment parler céans. » C'était à Mme de Montausier de réparer par sa bonne grâce et l'aisance supérieure de son esprit le mauvais effet des dégoûts de sa sœur ou des brusqueries de son mari.

M. de Montausier, qu'on a voulu voir longtemps dans le personnage d'Alceste, n'aurait certainement pas eu assez de goût pour faire la leçon à Oronte. Il tenait pour les beaux esprits et lui-même se piquait de l'être plus qu'il ne semblait alors appartenir à un homme de qualité. C'était un des assidus du samedi de Mlle de Scudéry. Chez les anciens et parmi les modernes, ceux qu'il admirait n'étaient pas tout à fait ce qu'il y avait de meilleur. Il avait fait des traductions; on peut bien dire comme Tallemant : « Regardez le bel auteur qu'il a choisi : il a mis Perse en vers françois. » Chapelain et Conrart étaient ses grands amis. « Il s'entête, ajoute encore Tallemant, et d'assez méchant goût; il aime mieux Claudian que Virgile. Il lui faut du poivre et de l'épice. » Telle était la tête de cette société qui dut certainement se reconnaître quand elle assista tout entière, en 1659, à la première représentation des *Précieuses ridicules* de Molière.

Mlle de Scudéry dut bien s'y reconnaître davantage. On sait qu'à l'imitation de l'hôtel de Rambouillet, cette sage personne avait fondé des réunions chez elle. Le samedi était le jour qu'elle avait choisi, et beaucoup de gentilshommes s'y trouvaient mêlés à des écrivains et à des femmes de condition bourgeoise. On a toujours cru que ce cercle n'avait pas peu contribué à répandre et à entretenir le mauvais goût dans les lettres. M. Victor Cousin, dans un de ses derniers ouvrages, s'est élevé contre cette croyance. Mlle de Scudéry a trouvé en lui le plus obligeant et le plus éloquent défenseur. Pour mieux gagner sa cause, l'aimable avocat distingue deux époques dans l'histoire des samedis, et chacune d'elles se caractérise à ses yeux par les deux grands romans le *Cyrus* et la *Clélie*. De 1648 au 13 septembre 1653, date précise de l'impression du dernier volume du *Cyrus*, s'écoulent les belles années de la vie et de la société de Mlle de Scudéry. De 1654 jusqu'à l'année 1660, c'est le temps de la *Clélie*. Alors le ton commence à se gâter; les futilités prennent la place des conversations élégantes et relevées dont la tradition était venue d'abord de l'hôtel de Rambouillet; la délicatesse des idées et du langage tombe dans l'excès qu'elle n'avait fait longtemps que côtoyer. On a enfin les extravagances de la carte du Tendre. Écoutons M. Victor Cousin lui-même : « L'hôtel de Rambouillet penchait vers son déclin; les samedis s'élevaient, et les commencements sont en général ce qu'il y a de plus pur et de meilleur en toutes choses. Les samedis sortaient en quelque sorte du noble hôtel et en retenaient la tradition un peu affaiblie. Le *Cyrus* représente ces beaux jours... Dans la *Clélie*, au contraire, toutes bornes sont franchies, et l'excès domine. Un seul exemple suffit à mettre cette différence dans une lumière manifeste. Dans le *Cyrus*, Mlle de Scudéry fait l'éloge de l'amour platonique, idéal sublime et périlleux de l'amitié honnête et tendre, proposé aux âmes passionnées et délicates. Déjà la pente était glissante, mais on était loin encore des extravagances du pays et royaume du *Tendre* avec ses divers cantons, et de cette fameuse *Carte* qui fit jeter un cri d'alarme aux scrupuleux et provoqua, de la part des gens de goût, ces railleries inépuisables qui se sont prolongées fort avant dans le siècle. On ne peut dire quel mal a fait à Mlle de Scudéry cette invention qui d'abord était un pur badinage, et qu'un jour, par le conseil de Chapelain, elle s'avisa de mettre dans la *Clélie*. Dès le premier volume, où se trouve la carte fatale, éclata un déchaînement universel.[1] »

L'aveu a dû coûter au panégyriste de Mlle de Scudéry, mais enfin il l'a fait et nous pouvons en profiter contre lui. La *Clélie*

---

1. Victor Cousin, *Histoire de la société polie au* xviie *siècle*, t. II, p. 302.

dépose en notre faveur. Impossible d'absoudre le goût de l'illustre Sapho du reproche de préciosité. Les amusements mêmes que M. Victor Cousin a loués comme des jeux d'esprit délicats et fins peuvent bien paraître, aux yeux d'un juge moins prévenu, entachés de ce triste défaut. Mlle de Scudéry définissait à merveille le tour et l'air galant; pris dans cette mesure, on ne saurait imaginer rien de plus exquis et de plus charmant; mais, hélas! peut-on s'arrêter sur la pente? Tout se gâte alors, et il ne reste plus que le ridicule. « Selon moi, disait-elle, l'air galant de la conversation consiste principalement à penser les choses d'une manière aisée et naturelle, à pencher plutôt vers la douceur et vers l'enjouement que vers le sérieux et le brusque, et à parler enfin facilement et en termes propres sans affectation. Il faut même avoir dans l'esprit je ne sais quoi d'insinuant et de flatteur pour réduire l'esprit des autres, et, si je pouvois bien exprimer ce que je comprends, je vous ferois avouer que l'on ne sauroit être tout à fait aimable sans avoir l'air galant.[1] » Ajoutez que pour « l'acquérir parfaitement » rien n'était plus nécessaire que la conversation des femmes et « quelque légère inclination éprouvée » au moins une fois en sa vie. Calculez de combien la douceur où doit pencher le vrai galant s'éloigne peu de la fadeur, et son enjouement de la futilité.

Il est vrai que pour disculper Mlle de Scudéry et la soustraire elle et sa société aux coups de Molière, M. Victor Cousin prend un biais ingénieux. C'est sur les imitatrices maladroites de Sapho qu'il détourne ces dangereuses atteintes. Les papiers de Conrart et la clef du *Grand Cyrus* nous en font connaître une. Son nom romanesque était *Agélaste*; elle le devait à son tempérament sérieux et mélancolique; son nom véritable était Mlle Boquet. « Avec elle, dit notre auteur, nous descendons dans la petite bourgeoisie, et les samedis s'abaissent. Mlle Boquet représente ici les précieuses de l'ordre inférieur : un degré au-dessous, et nous touchons aux précieuses de l'abbé de Pure. »

1. *Le Grand Cyrus*, t. X, p. 887.

Elle n'était pas pourtant si éloignée de Mlle de Scudéry; dès la fin de 1653 l'assemblée des samedis se transportait fort souvent de la rue de Beauce, où logeait l'auteur du *Grand Cyrus*, chez Mlle Boquet. Ces samedis-là s'appelaient les petites assemblées. Les lettres, billets, vers et autres pièces de galanterie de cette société réunis en recueil formaient les *Chroniques du samedi*. Pellisson en était le plus souvent le secrétaire. Ce fut là que, le 20 décembre 1653, commença, pour finir chez Mme Arragonais, *la Journée des madrigaux*. En voici l'occasion. Un cachet de cristal avait été donné par Conrart (le généreux Théodamas) à Sapho (Mlle de Scudéry), gravé du chiffre de Sapho et du sien mêlés ensemble. Sapho répondit par le madrigal que voici :

> Pour mériter un cachet si joli,
> Si bien gravé, si brillant, si poli,
> Il faudroit avoir, ce me semble,
> Quelque joli secret ensemble.
> Car enfin les jolis cachets
> Demandent de jolis secrets
> Ou du moins de jolis billets.
> Mais comme je n'en sais point faire,
> Que je n'ai rien qu'il faille taire,
> Ni qui mérite aucun mystère,
> Il faut vous dire seulement
> Que vous donnez si galamment
> Qu'on ne peut se défendre
> De vous donner son cœur ou de le laisser prendre.

Ce madrigal attira une épître fort galante de Théodamas, l'épître un autre madrigal de Sapho et ce madrigal un autre de Théodamas qui voulut avoir le dernier. L'aventure avait semblé charmante, on essaya de la renouveler. Conrart envoya à Mme Arragonais un même cachet en demandant un madrigal pour remercîment. Celle-ci chargea Pellisson (Acante) de répondre pour elle. Il s'en remit lui-même sur le prince Agathirse (Raincy), qui refusa et s'enfuit au pays de Neustrie (Normandie). A défaut de ces deux poëtes, Philoxène (Mme Arragonais) « s'adresse successivement à tous les assistants pour obtenir le sonnet dont elle a besoin. » Chacun propose le sien. De là une multitude de madrigaux bons et mauvais, qui fit donner à cette séance dans le procès-verbal le titre de *la Journée des madrigaux, fragments des Chroniques du samedi*. Afin d'expliquer et d'excuser cette grande quantité de madrigaux, le chroniqueur Pellisson nous apprend qu'il régnait alors une sorte d'épidémie de petits vers « dont la secrète influence commençoit à tomber avec le serein... Toute la troupe s'en ressentit, tout le palais en fut rempli, et, s'il est vrai ce qu'on en conte, la poésie, passant l'antichambre, les salles et les gardes-robes mêmes, descendit jusqu'aux offices. Un écuyer, qui étoit le bel-esprit ou qui avoit volonté de l'être, et qui avoit pris la nouvelle maladie, acheva un sonnet de bouts-rimés sans suer que médiocrement, et un grand laquais fit pour le moins six douzaines de vers burlesques. Mais nos héros et nos héroïnes ne s'attachèrent qu'aux madrigaux. Jamais il n'en fut tant fait ni si promptement. A peine celui-ci venoit-il d'en prononcer un, que celui-là en sentoit un autre qui lui fourmilloit dans la tête. Ici on récitoit quatre vers, là on en écrivoit douze. Tout s'y faisoit gaiement et sans grimace. Personne n'en rognoit ses ongles et n'en perdoit le rire ni le parler. Ce n'étoit que défis, que réponses, que répliques, qu'attaques, que ripostes. La plume passoit de main en main, et la main ne pouvoit suffire à l'esprit. On fit des vers pour toutes les dames présentes.[1] »

Nous voulons bien reconnaître avec M. Victor Cousin que ces plaisanteries défient le ton sévère et grondeur d'une critique trop sérieuse, mais cependant une société qui s'amuse ainsi et qui admire la *Pucelle* de Chapelain mérite-t-elle tant d'éloges? On ne s'y trompait pas du reste dans le public, et sous le nom d'Artémise les rieurs reconnaissaient Mme Arragonais dans le *Dictionnaire* de Somaize, comme, sous le nom de Belise, Mlle Boquet. N'était-il donc pas temps que l'influence dominante fît place à des pensées plus sérieuses et plus graves?

---

1. Victor Cousin, *ouvrage déjà cité*, t. II, p. 281.

Quoique vers 1661 ces sociétés fussent à peu près tombées dans un discrédit complet, leur décri n'avait pas entraîné celui des auteurs qui les avaient longtemps fréquentées. Les éloges qu'ils y avaient reçus en échange de ceux qu'ils y avaient donnés n'étaient point oubliés de tout le monde. On voyait subsister encore, dans une certaine fleur, les réputations que Mlle de Scudéry avait autorisées de ses louanges et du crédit du *Grand Cyrus*. Ainsi l'on voit par une lettre de Chapelain, du 7 janvier 1665, qu'on avait jeté les yeux sur Godeau, évêque de Vence, pour l'éducation du Dauphin. Ce qui l'empêcha d'arriver à cette haute dignité, ce fut moins l'insuffisance de ses talents, sa réputation littéraire étant grande encore, qu'un peu trop de fermeté déployée dans les affaires du jansénisme.[1]

Quelques contemporains d'un esprit irrespectueux avaient beau, comme Saint-Évremond ou Tallemant, mettre en doute les mérites de ce poëte dont le travail ne perfectionna pas assez les heureuses qualités, on s'en tenait autour d'eux au jugement de Mlle de Scudéry : « Le Mage de Sidon... est sans doute un homme admirable; né avec un esprit si vif, si ardent et si élevé qu'il n'est rien qui échappe à sa connoissance,... il écrit en prose et en vers avec une facilité si prodigieuse qu'on diroit que toutes les muses sont à lui et qu'elles ne sont occupées qu'à lui inspirer cette multitude de belles choses qu'il écrit. Son imagination dans ses ouvrages de poésie est d'une si vaste étendue qu'elle comprend tout l'univers, étant même si belle, si pompeuse et si fleurie qu'on peut dire qu'il donne une nouvelle fraîcheur aux roses et une nouvelle lumière au soleil lorsqu'il les décrit. Il y a même un caractère très-passionné dans ses ouvrages qui les insinue dans le cœur comme dans l'esprit et qui fait qu'on profite beaucoup mieux des beaux enseignements qu'il donne.[2] » Voilà bien de l'exagération à

---

1. *Mélanges de littérature*, tirés des lettres manuscrites de M. Chapelain. Paris, 1726, p. 45.
2. *Le Grand Cyrus*, t. VII, p. 516.

propos d'un auteur fort estimable sans doute, mais dont Boileau appréciera bien mieux le juste prix lorsqu'en 1695 il écrira à son ami Maucroix : « Il me semble qu'on peut dire de lui ce que Longin dit d'Hypéride, qu'il est toujours à jeun et qu'il n'a rien qui remue ni qui échauffe, en un mot, qu'il n'a point cette force de style et cette vivacité d'expression qu'on cherche dans les ouvrages et qui les font durer. » Qu'on ajoute à ces paroles celles-ci de Maucroix : « Parmi les vers négligés de M. Godeau, il y en a de beaux qui lui échappent, » et l'on aura le jugement le plus complet et le plus vrai sur l'évêque de Vence. Mais le temps n'était pas encore venu de réduire ces brillantes réputations surfaites par l'admiration d'une coterie d'amis.

Un autre exemple, plus frappant encore, de leur longue durée est celui de Chapelain. M. D. Nisard, dans son excellente *Histoire de la littérature française*, fait remarquer combien il est étrange qu'à une époque où Descartes et Pascal avaient écrit, où Bossuet se faisait entendre dans la chaire, où Molière, Racine, La Fontaine, Boileau, avaient donné quelques-uns de leurs ouvrages, le choix de Colbert ait désigné Chapelain pour régler la distribution des libéralités du roi et tenir la feuille des bénéfices littéraires[1]. Il faudrait bien se garder de croire que tout fût méprisable en lui et de ne le juger que sur les attaques de Boileau. Avec d'excellentes qualités pour faire un critique, Chapelain commit la faute de se croire poëte; cette illusion ruina son crédit. Tant qu'il ne montra qu'en prose son poëme de la *Pucelle*, la France espéra un chef-d'œuvre. Les qualités qui lui en avaient fait concevoir le projet et rédiger le plan étaient estimables, il ne lui manquait que le don suprême d'une expression heureuse. Mais, comme le remarque M. Victor Cousin, les poétiques ne font pas un poëte. Qu'il ait été un excellent grammairien, fort versé dans les littératures grecque, latine, espagnole, italienne; qu'il ait

---

1. Tome II, p. 323.

joint de grandes connaissances acquises par une étude assidue, beaucoup de raison et de bon sens, cela est vrai, et fut très-bien senti des contemporains, qui consacrèrent d'abord sa réputation. Les services qu'il rendit à la langue ne doivent pas être non plus oubliés. « C'est lui, dit M. Victor Cousin, qui détermina et fixa la vraie fonction de l'Académie, à savoir de travailler à la pureté de la langue. » Mais c'étaient là des mérites qui le recommandaient à la génération précédente. La génération contemporaine de Boileau ne voulut plus voir en Chapelain qu'un poëte ridicule, et elle ne cessa de le poursuivre de ses railleries. Il n'était pas sûr pourtant de s'attaquer à lui. Ses protecteurs étaient puissants et leur zèle était plein de chaleur. On sait avec quelle âpreté Montausier le défendit; M. de Longueville, son patron, pour le consoler des attaques de La Ménardière et de Linière, doubla la pension qu'il lui faisait depuis trente ans. Le chancelier Séguier retira au premier de ces deux critiques le privilège qu'il lui avait donné pour imprimer une satire contre l'auteur de la *Pucelle*; des comédiens l'ayant joué sur leur théâtre, à Clermont en Auvergne, ils furent réprimandés.[1]

Soutenus ainsi par les plus hauts personnages, ces écrivains l'étaient encore davantage par une mutuelle alliance entre eux. Chapelain nommément, que Voiture appelait *l'excuseur de toutes les fautes*, pouvait compter sur l'appui de tous ceux dont il vantait le talent à Colbert. La plupart se défendaient encore par le titre d'académicien et l'autorité qu'avait prise de bonne heure la célèbre compagnie.

Déjà pourtant ces réputations avaient à souffrir d'un changement considérable survenu dans l'éducation des jeunes gens vers la première moitié du xviie siècle. C'était une période littéraire qui s'achevait, et l'on ne peut oublier la comédie célèbre de Saint-Évremond, *les Académistes*. Elle est de 1640; impri-

---

1. Mémoires de Fléchier sur les grands jours tenus à Clermont, cités par M. D. Nisard, *Histoire de la littérature française*, t. II, p. 323.

mée dix ans plus tard, elle commençait la défaite du mauvais goût que Boileau eut la gloire d'achever.

« Sans vouloir manquer au respect que nous devons à l'Académie française, nous le dirons avec franchise, les premiers académiciens n'eurent pas tout le mérite que leurs successeurs nous ont appris à révérer en eux; les contemporains le reconnaissaient eux-mêmes. « Quand on fit l'Académie, dit « Tallemant des Réaux, Bois-Robert y mit bien des passe-vo- « lants; on les appeloit les enfants de la pitié de Bois-Robert; « par ce moyen il leur fit donner pension. Il l'appelle, en je ne « sais quelle lettre imprimée, *solliciteur des muses affligées.* »

« Quelle distance entre Corneille, Racine, Boileau, Perrault lui-même et Saint-Amant, Faret, Gombauld, Colomby, Porchères, auteurs pour la plupart d'écrits médiocres, dépourvus de talent et plus encore de goût! Il n'y avait plus de proportion entre la valeur de leurs œuvres et l'estime dont elles continuaient à jouir. Ils avaient conquis, au prix de bien faibles efforts, le rang où on les voyait... Colletet avait gagné la faveur de Richelieu en décrivant la pièce d'eau des Tuileries. Saint-Amant, d'un esprit facile, mais désordonné, sans jugement, sans étude, joignait à des mœurs honteuses un orgueil étrange. Ses rimes trop commodes ont décrié son ami Faret, qui, sans haïr la bonne chère et les divertissements, n'était rien moins qu'un débauché et ne méritait pas la réputation fameuse que Saint-Amant lui faisait.

« Tels sont les auteurs dont Saint-Évremond entreprend d'abaisser l'orgueil; il ne leur fait grâce de rien dans sa comédie. « Assez longtemps, » fait-il dire à Saint-Amant, « la « France a eu le tort d'admirer la suffisance de tant de pau- « vres auteurs sans mérite. Godeau ne juge rien de beau que « ce qu'il fait. Chapelain n'est qu'un fat, il est dur et contraint « dans ses vers amoureux.

« ... Son esprit stérile et sa veine forcée
« Produisent de grands mots qui n'ont sens ni pensée. »

« Selon Godeau, les discours de Colletet sont obscurs et couverts, et tout l'éloge qu'il lui donne est « de parler mieux qu'un « homme de boutique. » Mais ce n'est pas assez, il faut que Chapelain paraisse lui-même sur la scène ; on l'y voit travailler à des vers avec un soin ridicule et peu de génie. « Poursuivant « d'un sens figuré la noble allégorie, » l'auteur de la *Pucelle* compose une pièce où règne la figure *sur les beaux yeux de la comtesse.* Images exagérées, rimes banales, pointes, expressions recherchées, cacophonie, on rencontre tout cela dans ce petit poëme. La stérilité de l'esprit de Chapelain, la rudesse et la dureté de sa langue, les épithètes sans fin, sa complaisance en lui-même, sont relevées avec un esprit mordant que Boileau ne devait pas faire oublier tout à fait. Rien n'est plaisant comme l'enquête poursuivie dans l'Académie contre les mots surannés que chacun, suivant son goût, attaque ou défend. Silhon défend *or, parfois, pour ce que* et *d'autant,* que Godeau veut supprimer dans notre langue. Gombauld veut qu'on réforme cette expression impropre : *fermer la porte.*

<pre>
      Pour avoir moins de froid à la fin de décembre,
      On va pousser sa porte, et l'on ferme sa chambre.
</pre>

« Bois-Robert demande qu'on ôte *à ravir;* l'Estoile obtient qu'en le bannissant de la cour, on le laisse aux coteries de la ville. Gomberville attaque *car* et *pourquoi;* Desmarets les défend et les sauve. *Auparavant, jadis,* ne plaisent point à l'Estoile; Colletet opine contre *nonobstant,* et propose que l'on casse *néanmoins.*

« Que Saint-Évremond dans cette comédie ne soit ni un grand poëte ni un auteur comique, original et fort, il n'en est pas moins vrai que son œuvre nous offre les premiers efforts de la raison contre le pédantisme; elle nous donne la preuve d'un changement dans le goût et dans l'opinion du public. En essayant de désabuser ses contemporains d'une admiration trop longtemps accordée à des écrivains médiocres, il préparait à la nouvelle génération, dont il était le précurseur, un triomphe qu'il n'a pas tenu à lui de rendre plus complet.¹ »

Nous avons vu les hommes, voyons maintenant les œuvres.

L'ode manque de souffle et d'ampleur dans Chapelain; on n'y trouve ni la fécondité des idées, ni l'éclat des images, ni la variété des tableaux. Consacrée la plupart du temps à de vaines flatteries, elle se perd dans l'hyperbole et l'emphase. C'est à peine si l'on rencontre chez lui quelque belle stance, quelque lueur fugitive. Boileau disait qu'il avait fait je ne sais comment une belle ode; elle était adressée au cardinal de Richelieu, et véritablement elle peut passer pour son chef-d'œuvre. On y lit la strophe qui suit :

> Ils chantent nos courses guerrières,
> Qui, plus rapides que le vent,
> Nous ont acquis, en te suivant,
> La Meuse et le Rhin pour frontières.
> Ils disent qu'au bruit de tes faits
> Le Danube crut désormais
> N'être pas en son antre assuré de nos armes;
> Qu'il redouta le joug, frémit dans ses roseaux,
> Pleura de nos succès, et, grossi de ses larmes,
> Plus vite vers l'Euxin précipita ses eaux.

---

1. Voici, d'après M. Berriat-Saint-Prix, le tableau des académiciens existants en 1660, dans l'ordre de leur réception :

Bautru,	Montmort,	1650 Doujat,
Bois-Robert,	Racan,	1651 Charpentier,
Boissat,	Saint-Amant,	— Tallemant (François.
Bourzeis,	Silhon,	
Chapelain,	1637 Dablancourt,	1652 Coislin (duc de),
Conrart,	1639 Esprit,	— Pellisson,
Desmarets (Jean),	— Le Vayer (Lamothe),	1654 Péréfixe,
Du Chastelet (Daniel-Hay),	— Priezac,	— Chaumont,
Giry,	1640 Patru,	1655 La Mesnardière,
Godeau,	1643 Basin de Bezons,	— Cotin,
Gombauld,	1644 Salomon,	1658 D'Estrée (cardinal),
Gomberville,	1647 Corneille,	
La Chambre (Martin Cureau de).	1648 Balesdens,	1659 Gilles Boileau,
	1649 Mézerai,	— Villayer.
	1650 Scudéri,	

Les dix-sept premiers furent reçus lors de la création.

Parfois une image y brille d'une certaine beauté héroïque, mais, le plus souvent, le style en est rude, sans originalité, sans vigueur, et nulle part on n'y sent l'émotion personnelle qui s'épanche en faisant, pour ainsi dire, violence au poëte.

Avec plus de dispositions naturelles pour la poésie lyrique, Godeau ne s'élève guère au-dessus de Chapelain. Le travail n'a pas assez châtié ses œuvres; il y a laissé se jouer à son aise une imagination plus féconde que vigoureuse. S'il a parfois de la grâce, il la rachète par beaucoup de mignardises et de langueur. Ses hymnes religieux s'animent par instants des beautés sublimes des textes qu'il traduit; s'il plaint ses erreurs passées, ses regrets s'expriment d'un ton sincère; mais disons avec Boileau qu'il est toujours à jeun et ne s'échauffe jamais. En vain il a de l'esprit, de la douceur, de la limpidité, de l'élégance : le mauvais goût domine à côté de ses vers les meilleurs.

On pourrait à peine compter le grand nombre d'épigrammes, de sonnets, d'idylles, de madrigaux, de métamorphoses ou d'épîtres, enfantés par les jeux de société du temps. Il serait bien malheureux qu'il ne s'y rencontrât jamais quelque pièce agréable; il y en a même de charmantes, mais est-ce bien là de quoi faire la gloire d'une époque? Qu'est-ce que la postérité a retenu de Ménage? « Sa facilité diffuse, sa grâce faible et commune[1] » ne devaient pas le sauver des traits de la satire.

Mieux traité par Boileau, qui le met entre Voiture et La Fontaine, Sarrazin du moins était aisé, naturel, gracieux; c'était un disciple de Voiture, moins piquant, moins imprévu, moins étincelant que son maître. « Il n'était pas né, dit M. Victor Cousin,[2] pour le genre noble et sérieux. Ses odes sur la *Prise de Dunkerque* et sur la *Bataille de Lens,* malgré la grandeur du sujet, ne s'élèvent pas au-dessus du médiocre. Mais il excelle dans le style bouffon, comme celui de la *Pompe funèbre de Voiture* et

---

1. *Tableau de la littérature française,* par M. Demogeot, p. 276.
2. *Histoire de la société polie du* xviie *siècle.*

de la *Défaite des bouts rimés*, et particulièrement dans le style léger et badin.[1] »

Ce style badin, noble et retenu chez vingt autres poëtes, baisse d'un degré chez Scarron et produit le burlesque. Le règne en dura longtemps, et Boileau ne pardonna jamais à celui dont la verve bouffonne avait plus de trente ans entretenu le faux goût.[2]

Nous n'avons vu jusqu'ici que les poëtes des belles compagnies, écrivains raffinés et discrets. Tout leur soin est de bien dire ; ils poursuivent l'expression délicate, et les convenances dirigent leur plume. Rien d'outré, si ce n'est le bel esprit ; ils sont les idoles des ruelles, dont ils font les délices. Tous pourtant ne s'assujettissent pas à ces contraintes ; il y en a qui fréquentent des sociétés moins réservées. S'ils paraissent dans les cercles, ils se hâtent d'en sortir aussitôt : le cabaret les appelle et leur convient mieux. Ce sont eux qui vont de leurs vers charbonner les murs de la *Pomme du Pin* ou de l'*Isle-aux-Bois*. Ils sont éloignés du précieux autant qu'on peut l'être ; leurs mœurs sont débridées, comme leur goût est sans frein ni règle. On voit qu'ils continuent plus qu'il ne conviendrait les traditions de Villon et celles de Régnier. La brutalité du siècle passé se perpétue par eux ; ils sont libertins, *athéistes*, coureurs d'aventures, fumeurs, buveurs, parasites, amateurs de *repues franches*.

Le jésuite Garasse, pamphlétaire dangereux, les a poursuivis de ses invectives. C'est chez lui qu'il faut prendre une idée de ce genre de vie destiné à disparaître bientôt : « Je ne parle pas des profusions incroyables qui se font dans les cabarets d'honneur, ni des collations à la moderne, où les perdrix sont entassées par douzaines; pourvu que les viandes soient froides, cela s'appelle du nom de collation... Je veux dire seu-

---

1. Il figure avec honneur parmi les plus illustres pamphlétaires de la Fronde, à côté de Gondi, de Joly, de Patru, de Caumartin et de Portail.

2. Gui Patin, *Lettres*, 12 octobre 1660 : « Le pauvre Scarron, le patron des vers burlesques, est ici mort. » La date de sa mort est le 27 juin 1660.

lement un mot de la vénérable *confrèrie des bouteilles*, qui est à la vérité d'institution moderne; mais on peut dire qu'elle est déjà plus populeuse que les meilleures et les plus saintes confréries de dévotion qui soient dans les églises. » Pour y être admis, il faut, suivant le satirique, être à la fois « bon écornifleur et piqueur d'escabelle, fort savant et entendre la philosophie. »

Quant à leur science, voici ce qu'elle peut être : « Ils sont savants d'une façon nouvelle : leur école, c'est la taverne; leur chaire, c'est la table; leurs maîtres et docteurs sont de bons cuisiniers; leurs actes publics sont les banquets à deux pistoles par tête; leurs degrés sont ceux qui ont été décrits par le sieur Régnier en sa satire, lorsqu'il dit :

> Tout branloit dessous nous jusqu'au dernier étage,
> D'échelle en échelon; comme un linot en cage,
> Il falloit sauteler et des pieds s'accrocher
> Ainsi comme une chèvre en grimpant un rocher.

Les cabalistes et les libertins savent quel lieu c'est qu'il décrit en cet endroit, car c'est là qu'ils prennent leurs degrés et, s'il faut ainsi parler, leur doctorat en malice.[1] »

Ces terribles insultes, qui menaient à la fin *le plaisant à la Grève,* n'étaient que trop justifiées. Dans ces emportements de la jeunesse et de la licence, que pouvait être la poésie? Une sorte de brouhaha où tout se rencontre, les hardiesses du mauvais goût et les saillies heureuses de l'imagination et du talent. En achevant de décréditer ces poëtes dans ses premières satires, Boileau ne les a pas tout à fait méconnus. Il était loin de refuser tout mérite au malheureux Théophile de Viau ou au gros Saint-Amant; il dit de ce dernier : « Ce poëte avoit assez de génie pour les ouvrages de débauche et de satire outrée, et il a même quelquefois des boutades assez heureuses dans le sérieux,

1. Le P. Garasse, *Doctrine curieuse des beaux esprits de ce temps*, Paris, 1623. M. Demogeot, *Tableau de la littérature française*, etc., ch. vi, p. 304-305.

mais il gâte tout par les basses circonstances qu'il y mêle.[1] »

Ils ignorent en effet, ou veulent ignorer, ces poëtes à outrance, que notre langue demande à être extrêmement travaillée, que plus les choses sont sèches et malaisées à dire en vers, plus elles frappent quand elles sont dites noblement et avec une certaine élégance. La fécondité de l'imagination, la chaleur du sentiment, l'indépendance à l'égard des règles et du goût, rien ne peut sauver d'un triste naufrage les écrivains qui se refusent au travail de la lime. Sans doute on rencontre chez Saint-Amant des vers animés d'un sentiment heureux, des strophes d'une belle allure, un style parfois étincelant de verve et d'originalité, mais ces inégales et rares beautés ne rachèteront jamais tant de traits grimaçants, tant de vers ridicules ou burlesques. — « Il a du génie, dit de lui Tallemant, mais point de jugement, il ne sait rien et n'a jamais étudié...; en sa jeunesse il faisoit beaucoup mieux; mais il n'a jamais eu un grain de cervelle et n'a jamais rien fait d'achevé. »

Moins abandonné dans ses mœurs et dans son style, Sanguin de Saint-Pavin, qui rendit ses attaques à Boileau, n'était pas fait non plus pour arracher la poésie à ses habitudes de négligence et de relâchement. Malherbe semblait oublié; ses efforts paraissaient perdus, et, jusqu'en 1660, le génie de La Fontaine ne s'était encore exercé que sur de faibles sujets, et ne promettait dans sa grâce ingénieuse qu'un successeur à Marot.

Les autres genres de littérature n'étaient cultivés ni avec plus de goût, ni avec plus de bonheur. Ce n'était pas la fécondité qui manquait aux talents; jamais peut-être l'esprit français ne produisit plus d'ouvrages, mais cette grande facilité même nuisait à la perfection des écrits. Nous ne parlerons pas de la triste mésaventure de la *Pucelle* de Chapelain. On peut y rencontrer quelques vers bien faits, mais c'est chose assez rare, et l'œuvre dans son ensemble ne justifie que trop toutes les cri-

---

1. *Réflexion VI*, t. III, p. 194. BERRIAT-SAINT-PRIX.

tiques dont elle fut l'objet.[1] Ce n'était pas le seul poëme épique que ce temps eût vu naître; des poëtes comme Saint-Amant, Scudéri, Desmarets ou Lemoyne, n'avaient pas désespéré de donner à leur pays un immortel chef-d'œuvre. L'*Adone*, du Cavalier Marin, avait mis le feu à toutes les têtes. Chapelain, qui l'avait examiné en arbitre expert, le déclarait « conduit et tissu dans sa nouveauté selon les règles générales de l'épopée. » Ces règles générales, on pouvait les connaître, on pouvait les suivre, on pouvait donner un rival à cet heureux Italien : il suffisait de savoir et de vouloir s'appliquer à féconder quelque sujet bien choisi. C'est notre temps qui a inventé une poétique nouvelle pour ces sortes d'ouvrages. Il semble convenu aujourd'hui que nous ne pouvons guère, dans notre époque de critique, d'examen et de certitude historique, enfanter une

---

[1]. Nous croyons qu'on lira avec intérêt ce qu'en dit Vigneul-Marville au tome II de ses *Mélanges d'histoire et de littérature* : « ... Quelques odes françoises qu'il composa assez heureusement donnèrent un grand relief à sa réputation. On le comparoit à Malherbe, ou du moins on lui accordoit le premier rang après ce poëte si célèbre. Enflé de ce succès, il forma le dessein d'un poëme héroïque, bien assuré d'y réussir à cause de l'exacte connoissance qu'il avoit acquise de la poétique des modernes et des anciens. Il prit pour sujet l'histoire fameuse de la Pucelle d'Orléans, et, soutenu par une grosse pension de la maison de Longueville, il employa vingt années à perfectionner son ouvrage. Jamais poëme n'a été plus loué que celui-là avant de voir le jour, persuadé que l'on étoit des rares talents de son auteur. Tous les amis de M. Chapelain lui applaudissoient, et il n'étoit parlé en France et dans les pays étrangers que du *père de la Pucelle*. Mais trois jours après que ce poëme si vanté devint public, un critique d'un fort petit mérite lui ayant donné le premier coup d'ongle, chacun fondit dessus, et toute la réputation du poëme et du poëte tomba par terre. A ces nouvelles, Chapelain, rappelant toutes les forces de son esprit, et s'armant de la philosophie dont il faisoit profession, parut ferme et constant. Il avoua franchement qu'il étoit mauvais versificateur, mais il soutint qu'en savant poëte il avoit observé toutes les règles de l'art, et se mit en devoir de le prouver la plume à la main. Comme, sans contredit, M. Chapelain étoit un très-habile homme, je ne doute point qu'une apologie de sa façon n'eût été un excellent ouvrage; mais cet écrit, s'il a été fait, n'a point paru, ses amis ne croyant pas que rien fût capable de le relever de sa chute, la plus grande et la plus déplorable qui se soit faite de mémoire d'homme, du haut du Parnasse en bas. » Page 5.

Iliade. Alors on avait plus de confiance; les règles générales suffisaient pour conduire le poëte au succès.

S'il en était ainsi, nul n'aurait dû y compter plus que le père Lemoyne, de la compagnie de Jésus. Personne, en effet, ne savait mieux Aristote, personne n'était plus capable de répondre au traité écrit en latin par le père Mambrun, de la même compagnie, auteur, lui aussi, d'un poëme épique sur Constantin. Mais on peut, en poésie, être fort ignorant des règles et réussir; ne pas réussir, au contraire, en raffinant sur la doctrine. C'est ce qui arriva à l'auteur de *Saint-Louis.* Les dix-huit chants de ce poëme ne réussirent pas à plaire. Ils ne font pas néanmoins mésestimer l'auteur. Le père Lemoyne n'est pas médiocre, s'il est loin d'être parfait. La réponse que Boileau fit sur son compte paraît assez juste : « Il s'est trop égaré, disait-il, pour en dire du bien, il s'est trop élevé pour en dire du mal. » Le père Lemoyne mettait bien haut son sujet au-dessus de toutes les épopées antiques. Saint Louis entreprend de conquérir la couronne d'épines de Jésus-Christ. Elle est gardée par les Sarrasins, par un géant et par un lion. Saint Louis en triomphe et s'empare de la précieuse et vénérable relique. « Comparez donc à cela, dit l'auteur, la conquête de la Toison d'or! Comparez à cela la peine que se sont donnée les guerriers d'Homère pour ravoir Hélène, si peu digne de l'estime de son mari! » Chateaubriand trouve ses héros supérieurs à Ajax. Qu'importe! le poëme est gâté par un style prétentieux, par l'abus de la finesse et du bel esprit, par des images trop multipliées.

Moins savant que le père Lemoyne, mais plus confiant en lui-même, Georges Scudéri publia son *Alaric* en 1659. Pour sa fécondité, qu'était-ce qu'un poëme épique de dix mille vers? Après tous les succès qu'il avait obtenus déjà, on pouvait le croire épuisé. Il avait écrit dans la préface de sa tragédie d'*Arminius :* « C'est mon chef-d'œuvre, l'ouvrage le plus achevé qui soit sorti de ma plume. Pour la fable, les mœurs, les sentiments, la versification, rien de plus grand, de plus beau, de plus juste; si mes labeurs méritoient une couronne, je la tiendrois de ce dernier. Il est temps que je me repose et que, du bout de la carrière, je regarde ceux qui la passeront encore, que je batte des mains pour les exciter à la gloire, et que je leur montre le prix qui les attend. » Vaine promesse : il avait encore du souffle et entreprit une épopée. Quoique le nom de son héros soit en *ic,* Scudéri n'avait pas mal choisi. L'heure où va s'écrouler la puissance romaine a quelque chose de solennel et de grand. Le monde va se rajeunir, de sourdes rumeurs partent du Nord, un bruit d'armes se fait entendre dans la Germanie, le bouclier d'Arminius frémit dans ses vastes forêts. Dieu a décidé la chute de Rome : les Barbares s'avancent contre elle, poussés par une main invisible. Ils vont punir ceux que Dieu veut frapper dans sa colère. Attila trouve une épée mystérieuse, une biche enseigne aux Huns le chemin qu'ils doivent prendre. Alaric soupe dans Athènes et s'y baigne, il va faire piller la ville ; mais Minerve agite sa lance, et l'effroi des Barbares sauve l'antique patrie de Périclès et de Platon. Scudéri avait lu Procope, Zozime, Jornandès, Orose ; mais que sert la lecture où le génie n'est pas ? Dans un pareil sujet, Scudéri s'est trop ressouvenu du ton des héros de sa sœur. Il a fait les siens amoureux à la façon du *grand Cyrus,* et n'a su leur donner ni originalité ni force.

Sa fécondité dans les détails ne peut être comparée à rien. La littérature tout entière n'offre pas un second exemple de cette abondance stérile si justement blâmée par Boileau. Les jardins enchantés, les scènes du merveilleux, moins amusantes ou moins majestueuses que celles de l'Arioste ou du Tasse, les descriptions de palais, y dépassent toutes limites. Le satirique n'a été que juste dans sa critique quand il a dit, en pensant à Scudéri :

> Il compte des plafonds les ronds et les ovales...
> Je saute vingt feuillets pour en trouver la fin,
> Et je me sauve à peine au travers du jardin.

Les batailles offrent encore à sa veine de belles occasions de s'épandre. On sait combien il tenait du soldat, sachant, disait-il, *carrer les bataillons mieux que des périodes, ayant brûlé plus de mèches en arquebuses qu'en chandelles.* D'une imagination ardente, emphatique dans le style, il rencontre quelquefois heureusement; mais ses vanteries et ses vers ont justement entouré son nom d'un ridicule ineffaçable. [1]

Sera-ce donc Saint-Amant qui donnera à la France cette épopée qu'elle attend encore? Son idylle héroïque, le *Moïse sauvé*, en faisant ressortir davantage quelques dons heureux qu'il avait reçus de la nature, montre à quel point le défaut de goût peut rendre inutiles les plus belles qualités. Cette vaste composition, dont l'auteur emprunte le sujet à la Bible, demandait non pas plus de fécondité, mais un esprit plus grave, un style plus solide, une imagination plus réglée, sinon plus vigoureuse. On peut extraire d'une telle œuvre de belles images, des vers pittoresques, des expressions trouvées, parfois même de longues descriptions nuancées de riches couleurs; mais la puérilité, mais l'affectation, mais le bizarre et le faux étouffent ces beautés que la curiosité du lecteur extrait, au prix de longues fatigues, d'un ensemble presque toujours défectueux. [2]

---

1. Voici quelques-uns de ses vers les moins mauvais; il s'agit de Gustave-Adolphe, dont la mort est annoncée longtemps à l'avance :

> On le verra passer triomphant, plein de gloire,
> Dans les bras de la mort des bras de la victoire;
> Et le monde entendra la renommée en deuil
> Chanter en même temps son char et son cercueil.
> Dans les champs de Lutzen son ardeur échauffée
> Trouvera son tombeau, mais sous un grand trophée;
> Il mourra glorieux, de noble sang noyé,
> Comme un foudre s'éteint quand il a foudroyé.
>   (Chant X, p. 350.)

> Déjà quelque blancheur a coloré la nue,
> Et l'astre tout-puissant qui fait ouvrir les fleurs
> Déjà mêle à ce blanc de plus vives couleurs.

On peut voir au chant VIe, vers 199, un discours qui a quelque chose de cornélien.

2. Voici le passage de la mer Rouge; qu'on juge de la solidité des critiques de Boileau :

> L'abisme, au coup donné, s'ouvre jusqu'aux entrailles :
> De liquides rubis il se fait deux murailles

Il y eut, dans les cinquante premières années du xviie siècle, comme un accès de fièvre épique. La grande vogue des romans avait fait croire à la possibilité d'une réussite éclatante en ce genre de poésie. « Ce sont, disait Saint-Amant, des ouvrages à peu près semblables, à la différence des vers et de la prose. » Le public partageait cette illusion, et il portait son intérêt de *Juba* à *Alaric*, d'*Ibrahim* à *Saint Louis* ou à *Constantin* avec une indifférence égale. Rien ne paraissait plus facile que d'enfanter une épopée. Au dire de Ménage, M. d'Elbène, qui aimait fort la poésie épique, vint le prier de lui faire la grâce d'écrire quelque *Iliade* nouvelle. Desmarets, également l'ami de M. d'Elbène, ne refusa pas de prendre une tâche que Ménage avait refusée, et il composa son *Clovis*.

Le sujet convenait certainement à l'époque par son caractère religieux et monarchique. Quoi de plus intéressant à célébrer

> Dont l'espace nouveau se remplit à l'instant
> Par le peuple qui suit le pilier éclatant;
> D'un et d'autre côté, ravy d'aise il se mire,
> De ce fond découvert le sentier il admire,
> Sentier que la nature a d'un soin libéral
> Paré de sablon d'or, et d'arbres de coral,
> Qui, plantés tout de rang, formant comme une allée
> Étendue au travers d'une riche vallée,
> Et d'où l'ambre découle, ainsi qu'on vit le miel
> Distiller des sapins sous l'heur du jeune ciel.
> Là, des chameaux chargez la troupe lente et forte
> Foule plus de trésors encor qu'elle n'en porte;
> On y peut en passant de perles s'enrichir
> Et de la pauvreté pour jamais s'affranchir.
> Là, le noble cheval bondit et prend haleine
> Où venoit de souffler une lourde baleine;
> Là passent à pied sec les bœufs et les moutons,
> Où naguère flottoient les dauphins et les thons;
> Là l'enfant esveillé, courant sous la licence
> Que permet à son âge une libre innocence,
> Va, revient, tourne, saute, et par maints cris joyeux
> Témoignant le plaisir que reçoivent ses yeux,
> D'un estrange caillou qu'à ses pieds il rencontre
> Fait au premier venu la précieuse montre,
> Ramasse une coquille et d'aise transporté
> La présente à sa mère avec naïveté;
> Là, quelque juste effroy qui ses pas sollicite,
> S'oublie à chaque objet le fidèle exercite,
> Et là, près des remparts que l'œil peut transpercer,
> Les poissons esbahis le regardent passer.

alors que le premier établissement de la monarchie française et l'institution du christianisme dans les Gaules? Clotilde avec son influence sur son époux était une sainte; Clovis, dans les idées du temps, avait l'air d'un roi puissant dont la gloire naissante faisait dignement augurer celle de Louis XIV et de ses successeurs. En abordant un pareil sujet, Desmarets ne songe guère à la vérité historique, à ce que nous appelons la couleur locale. Il n'est pas question d'emprunter rien aux récits des chroniqueurs latins. L'écrivain n'a pas d'autre idéal devant les yeux que les nombreuses épopées qui ont déjà paru. Il y mettra ce que semble réclamer toute composition de cette nature : l'enfer luttant contre le ciel et disputant Clovis aux desseins de Dieu; des artifices, des enchantements, des trahisons, des prestiges, des miracles : voilà pour le fond. Pour la forme, une main qui se croit adroite sème les épisodes, les personnages subalternes qui arrêtent l'action ou la précipitent, puis, surtout, des sentiments tendres, langoureux ou subtils. Ajoutez à cela des visions de l'avenir, deux ou trois prédictions de ce que doit être la France un jour : un cours d'histoire par anticipation. Des combats singuliers, des tournois, des mêlées sanglantes, des comparaisons empruntées aux anciens, compléteront l'ouvrage.

Desmarets est loin d'avoir l'imagination de Scudéri, il n'en a ni les traits énergiques, ni les éclairs d'un style mâle et vigoureux; Saint-Amant le laisse bien loin derrière lui pour l'éclat des peintures, l'allure vive et leste, la nouveauté de l'expression, et, pour tout dire, la veine poétique. Il n'est guère supérieur qu'à Chapelain, dont il n'a ni la dureté ni l'étrange roideur. Du reste, il s'est tourné vers d'autres modèles. Si nous n'avions pas lu Arioste ou Tasse, nous ne comprendrions pas Desmarets. Il emprunte à l'un ses héroïnes aventureuses, à l'autre ses *diableries*. Mais qu'il est loin de l'un et de l'autre! Où est la raillerie du chantre de Roland, sa fécondité d'invention, sa gentillesse, ses peintures si fraîches, cet art si parfait de traiter les passions et d'en rire? Desmarets est un esprit médiocre, non pas vulgaire. Il dit bien ce qu'il dit, sa diction est rapide, coulante, son vers parfois bien tourné; mais peu de traits, peu d'originalité et de force. Son Clovis manque de caractère, il est de l'école des Artamènes; il soupire, il fait des pointes. Auberon, le sorcier, le suppôt de l'enfer, invente sans cesse de nouveaux moyens, et ne réussit qu'à moitié à nous plaire. Deux filles, nommées l'une Albion et l'autre Ariolant, auraient pu animer davantage le sujet, sur lequel elles ne font luire que de trop fugitifs éclairs de gaieté. Elles sont hardies, aventurières; elles courent à travers champs; c'est déjà la galanterie chevaleresque. Quelle erreur en ces temps de rude barbarie et de grossière violence! Paris dans la Cité, semblable à un navire échoué, est dans ses vers une ville opulente et magnifique. Erreur manifeste, qui prêtera, avec bien d'autres, aux malices de Boileau!

Dieu sait si les romans héroïques, qu'ils fussent en vers ou en prose, sont composés avec plus de sobriété, réglés avec plus de sagesse, écrits avec plus de bon sens et de naturel. Mises à la mode par la longue influence de l'*Astrée*, ces lectures, qui donnèrent aux mœurs un tour romanesque, avaient encore en 1660 de nombreux défenseurs. Gaultier de Costes, seigneur de la Calprenède, s'est rendu à jamais célèbre par ses longues compositions de *Cléopâtre* et de *Cassandre*,[1] qu'on ne lit plus aujourd'hui. Écoutons sur lui ce jugement d'un contemporain, de Tallemant :[2] «... Il fit tant l'amoureux de roman (auprès d'une veuve), qu'enfin il se mit à en faire un, où la plupart des héroïnes sont veuves... Ce roman s'appelle *Cassandre*; la matière en est belle et riche, car c'est l'histoire d'Alexandre; il y a même de l'*économie*; mais les héros se ressemblent comme deux gouttes d'eau, parlent tous *Phébus* et sont tous des gens à cent lieues au-dessus des autres hommes. Les dames y sont un peu sujettes à donner des rendez-vous du vivant de leurs maris, et cela, au goût de l'auteur, est fort dans la bienséance.

---

1. Ce ne sont pas ses seuls ouvrages; on a de lui : *Pharamond* ou l'*Histoire de France*, *Sylvandre*, et les *Nouvelles* ou *Divertissements de la princesse Alcédiane*.

2. Tome VIII, p. 201, édit. Monmerqué.

Ce livre a réussi ; cela lui a donné courage d'en entreprendre un autre, où il n'a pas si bien pris sa scène ; car c'est sous le règne d'Auguste, règne si connu qu'il n'y a pas moyen de rien feindre (c'est sa *Cléopâtre*) ; cependant il fait Cléopâtre plus honnête femme que Marianne ; car Marianne donne des rendez-vous à un prince étranger, son galant, et, ce que j'en trouve de plus ridicule, le baise au front. Les personnages ressemblent si fort à ceux de *Cassandre*, qu'on voit bien qu'ils sont tous sortis d'un même père. » Les contemporains se plaisaient à ses conversations éternelles, à ses descriptions sans fin, à ses grands coups d'épée, à ses enlèvements de princesses, à ses résurrections des morts. Dans son humeur gasconne, il parvenait quelquefois à donner à ses personnages un faux semblant de grandeur et de noblesse : on dit encore aujourd'hui : *fier comme Artaban*.

La Calprenède était mort en 1663. Marin Le Roi de Gomberville vécut jusqu'en 1674. S'il avait moins de fécondité que l'auteur de *Cléopâtre*, il n'avait pas moins d'orgueil. On lit en effet dans le privilége du *Polexandre* : « Faisons très-expresses défenses à toutes personnes... d'en extraire aucunes pièces ou histoires pour les mettre en vers, en faire des desseins de comédies, tragédies, poëmes ou romans ; même d'en prendre les titres et frontispices, et de contrefaire les planches et tailles-douces qui y serviront, sans le consentement de l'exposant.[1] »

« Je voudrois bien voir un procès sur cela, » disait Tallemant. « Étoit-ce, ajoutait-il, de peur de l'amende, étoit-ce qu'il n'y a guère d'histoires vraisemblables dans ce livre ? Personne n'en a tiré la moindre aventure. » Gomberville mêle ensemble les souvenirs lointains des anciens romanciers de la Grèce, les extravagances des paladins de la Table ronde et les folies de

---

1. Ce privilége est signé *Conrart*, il est du 15 janvier 1637. Tallemant dit qu'il voulut éviter une mésaventure survenue à Desmarets. Un méchant rimailleur fit une méchante pièce qu'il appela *Ariane*, que le peuple prit pour l'histoire d'Ariane de M. Desmarets.

l'Orient. Polexandre est roi des îles Canaries; Alcidiane règne dans une île inaccessible et enchantée qu'il est impossible de retrouver quand on l'a perdue de vue. Des tournois, des géants, des dragons, se mêlent à l'expression des sentiments à la mode dans les belles sociétés du temps. Alcidiane, dit M. Demogeot, est une précieuse couronnée.[1]

Devenu dévot vers 1650, on croyait Gomberville désabusé des romans; mais il s'appliqua à en faire de *spirituels*. Marguillier de Saint-Louis-en-l'Ile, janséniste, il publia le premier volume d'un roman intitulé *la Jeune Alcidiane;* c'est la fille d'Alcidiane et de Polexandre. « Là, dit le malicieux anecdotier, ceux qui sont morts dans *Polexandre,* comme Iphidamante, se portent bien... Au reste, c'est un roman de janséniste, car les héros, à tout bout de champ, y font des sermons et des prières chrétiennes. Cydane, en un endroit, détourne son fils d'aimer une femme mariée, et fait cela comme un confesseur; aussi le roman n'a-t-il pas été achevé d'imprimer.[2] »

Madeleine de Scudéri (née en 1607, morte en 1701) porta plus haut que ses prédécesseurs la réputation et l'influence des romans. Fort bien élevée, mieux instruite qu'aucune des femmes de son temps, pleine d'esprit, de modestie et de simplicité, elle eut bientôt sa place dans le célèbre hôtel de Rambouillet. Liée d'amitié avec ce que cette société renfermait de plus spirituel, elle sut mériter, de la part de Montausier, des égards et des soins dont il n'était pas prodigue. A ses débuts, elle cacha son nom sous le patronage de son frère. C'est ainsi qu'elle donna au public les *Femmes illustres* et l'*Illustre Bassa*. « D'abord, dit Tallemant, elle trouva à propos, par modestie ou à cause de la réputation de son frère, car ce qu'il faisoit, quoique

---

[1]. Autre bizarrerie : Gomberville disait ne s'être point servi de la particule *car* dans tout ce roman, et prétendait prouver par là qu'on s'en pouvait fort bien passer. Bassompierre, détenu à la Bastille, fit lire les deux premiers tomes par un valet de chambre et y trouva plusieurs fois ce mot que l'auteur prétendait avoir proscrit.

[2]. TALLEMANT, *Historiettes*. t. VIII, p. 19, édit. Monmerqué.

assez méchant, se vendoit pourtant bien, de mettre ce qu'elle faisoit sous son nom. Depuis, quand elle entreprit *Cyrus*, elle en usa de même... Ceux qui la connoissoient un peu virent bien, dès les premiers volumes de *Cyrus*,[1] que Georges de Scudéri, gouverneur de Notre-Dame-de-la-Garde, car il se qualifie toujours ainsi, ne faisoit que la préface et les épîtres dédicatoires. La Calprenède le lui dit une fois, en présence de sa sœur, et ils se fussent battus sans elle. C'est pourquoi Furetière disoit qu'à la clef qu'on en a donnée il falloit ajouter : M. de Scudéri, gouverneur, etc. Mademoiselle sa sœur.[2] »

M. Victor Cousin, très-favorable à Mlle de Scudéri, comme chacun sait, suppose qu'ils se partageaient ainsi le travail : ils faisaient ensemble le plan; Georges, qui avait de l'invention et de la fécondité, fournissait les aventures et toute la partie romanesque, et il laissait à Madeleine le soin de jeter sur ce fond assez médiocre son élégante broderie de portraits, d'analyses sentimentales, de lettres, de conversations. S'il en était ainsi, le spirituel apologiste du *Grand Cyrus* rejetterait sur le frère tout ce qu'il y a de défectueux dans ces romans, tandis qu'il ferait galamment hommage à la sœur de ce qu'on y peut trouver, suivant lui, « d'excellent et de durable. »

Dans *Ibrahim ou l'Illustre Bassa* (1641), Mlle de Scudéri ne nous apparaît guère que comme un élève de Gomberville. Elle ne s'attache qu'aux aventures invraisemblables et à la longue suite des événements prodigieux. Bientôt, pourtant, elle échappe à ce dangereux modèle. Comme elle est femme, et femme du plus grand mérite, elle porte une réflexion ingénieuse dans tous les sentiments du cœur. « Elle est la créatrice d'un genre, le roman psychologique, comme on dit aujourd'hui. Dans les romans, en effet, son vrai talent n'est pas dans leur partie romanesque, les aventures et les intrigues, ni même dans la narration; il est dans l'analyse et le développement des senti-

---

1. Ce roman est de 1650; la *Clélie* est de 1656.
2. TALLEMANT, *Historiettes*, t. IX, édit. Monmerqué.

ments, dans les portraits et dans les conversations élégantes et ingénieuses qu'elle introduit partout. Aussi ce talent parut-il dans tout son lustre quand, laissant là la forme romanesque, Mlle de Scudéri ne donna plus que des *Conversations,* ses réflexions sur toute espèce de sujets de morale et de littérature. C'est là son titre durable. A défaut de force et d'éclat, elle a de la justesse, de la finesse, une entière liberté d'esprit avec un continuel agrément. Ce n'est assurément ni Montaigne, ni La Rochefoucauld, ni La Bruyère, ni même Vauvenargues : c'est en quelque sorte la sœur française d'Addison.[1] »

Rien de plus juste et de mieux mérité que ces éloges. Un autre critique, M. Sainte-Beuve, regrette de ne pas mettre dans son portrait la grâce qui manquait à sa personne, mais il loue chez elle les mêmes qualités. En écartant le faux appareil d'imagination et le faux attirail historique dont elle environne sa pensée, il lui laisse ce qu'elle a de plus digne d'estime, c'est-à-dire le talent d'observer et de peindre le monde d'alentour, de saisir au passage les gens de sa connaissance. Il met pourtant à ses éloges une restriction que M. Victor Cousin nous semble avoir bien à tort oubliée. Son goût vif pour le XVIIe siècle lui faisait illusion, et il savait trop de gré à Mlle de Scudéri qui le guidait dans les sociétés de ce temps, pour médire de son esprit. C'est donc avec beaucoup de justesse que M. Sainte-Beuve, « tout en lui reconnaissant beaucoup de distinction et d'ingénieuse sagacité d'analyse, beaucoup d'anatomie morale, ajoute que le tout est abstrait, subtil, d'un raisonnement excessif et qui sent la thèse, sans légèreté, sans lumière, sec au fond et désagréable.[2] »

Mlle de Scudéri se plaisait trop à faire *l'anatomie d'un cœur amoureux,* pour éviter l'abus de cet art délicat. C'était sa plus grande science; elle s'en faisait gloire et disait d'elle-même : « Elle exprime si délicatement les sentiments les plus difficiles à exprimer, et elle sait si bien faire *l'anatomie d'un cœur amou-*

---

1. V. Cousin, *Histoire de la société polie en France,* t. II, p. 124-125.
2. *Causeries du Lundi,* 2e édition, t. IV, p. 111.

reux, s'il est permis de parler ainsi, qu'elle en sait décrire exactement toutes les jalousies, toutes les inquiétudes, toutes les impatiences, toutes les joies, tous les dégoûts, tous les murmures, tous les désespoirs, toutes les espérances, toutes les révoltes, et tous ces sentiments tumultueux qui ne sont jamais bien connus que de ceux qui les sentent ou qui les ont sentis.[1] »

Un autre travers, je ne dirai pas ridicule, car les contemporains n'en furent pas choqués avant les railleries de Boileau, c'est d'avoir travesti en Romains, en Grecs, en Persans, en Carthaginois, les personnes de son monde, et, tout en leur laissant le même rôle à peu près qu'ils ont joué dans l'histoire, de les avoir fait causer et penser comme on causait, comme on pensait à la Place Royale. Ainsi Phérécide, c'est Chaudeville, le neveu de Malherbe; Godeau, c'est le mage de Sidon; Conrart, c'est Théodamas; Amilcar, c'est le poëte Sarrazin; Chapelain s'appelle Aristhée, Mlle Robineau, Doralise, et Cyrus n'est autre chose que le prince de Condé. Longtemps la société polie s'était amusée de ces masques. « Vous ne sauriez croire, dit Tallemant, combien les dames sont aises d'être dans ces romans, ou, pour mieux dire, qu'on y voie leurs portraits, car il n'y faut chercher que le caractère des personnes; leurs actions n'y sont point du tout. » Condé à Vincennes se faisait apporter le *Grand Cyrus* pour se distraire, et les solitaires de Port-Royal prenaient plaisir à voir dans la *Clélie* le tableau de leur solitude.

Les premières attaques publiques de Boileau seront de 1665; elles blesseront plus d'un admirateur zélé du talent de Mlle de Scudéri. « Ce Despréaux, dira Segrais, ne sait autre chose que parler de lui et critiquer les autres. Pourquoi parler mal de Mlle de Scudéri comme il l'a fait? » Pourquoi? Parce que ce genre de roman était faux, qu'il avait fait son temps et que bientôt on allait voir dans *Zaïde* et dans la *Princesse de Clèves*

---

1. Voir son portrait sous le nom de Sapho, au tome X du *Grand Cyrus.*

comment on pouvait être « court, naturel et délicat, » et faire des romans qui aient une fin.

Plus heureux que tous ces genres de littérature, le théâtre avait eu ses chefs-d'œuvre. Après des essais qui ne faisaient pas attendre qu'il dût s'élever si haut, Corneille avait coup sur coup donné le *Cid, Horace, Cinna, Polyeucte,* le *Menteur,* la *Suite du Menteur, Rodogune, Nicomède.* Cependant, à l'approche de 1660, plusieurs *pièces infortunées,* plusieurs chutes avaient marqué la défaillance de ce beau génie. *Théodore, Héraclius, Don Sanche, Pertharite,* malgré de belles scènes tout à fait dignes de l'éloquence du *Cid,* ne s'étaient pas soutenus au théâtre. Il y avait dans ces échecs quelque chose de plus grave encore, on voyait le poëte revenir à d'anciens modèles dont les beautés mêlées de défauts ne pouvaient plus qu'égarer son goût. Retiré du théâtre, non sans un secret désir d'y reparaître, Corneille se laissa vaincre par les instances de Fouquet, et son retour fut marqué en 1659 par la pièce d'*Œdipe,* où l'art occupe trop de place au détriment du naturel.[1] En 1662, *Sertorius* faisait revivre l'énergie d'*Horace* et de *Cinna,* sans rendre à la tragédie le pathétique du *Cid* et de *Polyeucte.* Des calculs politiques, des raisonnements, des passions soumises aux intérêts de l'État peuvent frapper l'esprit sans émouvoir le cœur. Corneille s'en doute bien, et il l'avoue lui-même, selon ses habitudes de franchise naïve. « Ne cherchez point, dit-il, dans cette tragédie les agréments qui sont en possession de faire réussir au théâtre les poëmes de cette nature : vous n'y trouverez ni tendresses d'amour, ni emportements de passions, ni descriptions pompeuses, ni narrations pathétiques. Je puis dire toutefois qu'elle n'a point déplu, et que la dignité des noms illustres, la grandeur de leurs intérêts, la nouveauté de quelques caractères, ont suppléé au manque de ces grâces.[2] » *Sophonisbe* (1663), *Othon* (1664),

---

1. « La plupart des auditeurs avouèrent que Corneille n'avoit fait aucune pièce de théâtre où se trouve tant d'art. »
2. Préface de *Sertorius.*

précédaient *Agésilas* (1666). Mais déjà *Alexandre* a paru,[1] et Racine semble aux connaisseurs destiné à consoler Paris de Corneille vieillissant.

Toutefois le mauvais goût était loin d'avoir quitté la scène. Le ton s'y était efféminé de plus en plus malgré les *femmes trop héroïnes* que l'auteur de *Rodogune* y avait montrées. L'influence des romans y subsistait toujours; de là des héros empesés et bouffis, de là des passions exprimées avec tout l'attirail des pointes et du bel esprit.

Après le *Menteur* et la *Suite du Menteur,* la comédie ne restait plus à créer en France. Elle était enfin sortie du genre misérable des farces où elle s'était longtemps traînée. Désormais le champ des observations morales était ouvert, et les spectateurs prenaient goût à entendre sur la scène la conversation des honnêtes gens. Dès 1637, Desmarets avait mis au théâtre les ridicules de son temps avec non moins de hardiesse que d'esprit et de verve ingénieuse. Devançant de vingt-deux ans les *Précieuses* de Molière, et de bien plus encore ses *Femmes savantes,* il avait peint la folie d'une *Visionnaire* s'imaginant être de *mille amants sans cesse importunée*. Du même coup il avait trouvé le ton de la comédie et le genre de caractères qu'elle réclame. Les vers suivants ne sont point à dédaigner, c'est une précieuse, une sorte de Bélise qui s'exprime ainsi :

> L'un vient me rapporter : « Lysis s'en va mourir;
> D'un regard pour le moins venez le secourir.
> Percandre s'est plongé dans la mélancolie;
> L'amour de Lycidas va tourner en folie... »
> Je sens, quand on me parle, une haleine de flamme;
> Ceux qui n'osent parler m'adorent en leur âme.
> Mille viennent par jour se soumettre à ma loi.
> Je sens toujours des cœurs voler autour de moi...[2]

Puis c'est le tour d'un poëte héritier de Ronsard qui, toujours feignant d'être amoureux, n'a jamais senti dans son cœur aucune

---

1. Cette tragédie fut représentée sept mois avant *Agésilas*.
2. M. Demogeot fait remarquer que Racine, dans *Britannicus*, s'est fort bien souvenu de ce vers.

amoureuse flamme. Il n'a d'amour que pour le noble val d'Hélicon; il aime aussi (et ce n'est pas ce qu'il faut lui reprocher) les bois, les prés, les grottes obscures. Il aime plus encore les doctes figures de la poésie. L'aveu qu'il en fait est plaisant :

> Dans mon commencement, en l'avril de mes jours,
> La riche métaphore occupa mes amours ;
> Puis j'aimai l'antithèse au sortir de l'école.
> Maintenant je me meurs pour la haute hyperbole :
> C'est le grand ornement des magnifiques vers ;
> C'est elle qui sans peine embrasse l'univers ;
> Au ciel en un moment on la voit élancée ;
> C'est elle qui remplit la bouche et la pensée.

Desmarets porte encore ses coups sur le drame à l'espagnole, libre dans ses allures, fou dans ses combinaisons, gigantesque et désordonné dans ses proportions énormes. Comme il était un des poëtes qui travaillaient sous les ordres de Richelieu, il mit en pratique dans ses pièces les fameuses règles d'Aristote tout récemment inventées par Chapelain; il les soutint dans ses préfaces. « Il faut, avait dit ce studieux critique dans une conférence littéraire au Palais-Cardinal, il faut indispensablement observer dans les compositions dramatiques les trois unités de temps, de lieu et d'action. » La doctrine était nouvelle, autant pour le cardinal que pour les poëtes qu'il avait à ses gages, mais le maître dès lors donna une pleine autorité sur eux à M. Chapelain. C'est d'Olivet qui nous l'apprend dans son *Histoire de l'Académie françoise*.

Le coup d'État était accompli sur la scène. Sans doute il y eut encore des rebelles, Rotrou recourut plus d'une fois à Lope de Vega ou à Cervantes, Scudéri fit encore *Lygdamon*, le *Trompeur puni*, le *Prince déguisé*, le *Fils supposé*. Du Ryer empruntait à Barclay son *Argenis*, il rimait l'*Alcymédon* et les *Vendanges de Suresnes*. Molière lui-même donnera en 1661 *Don Garcie de Navarre*; mais c'en est fait du drame romanesque. Desmarets l'a décrédité pour jamais, et sa raison est que l'amas des grands événements accumulés dans une seule pièce se refuse aux trois unités; il demande en effet si

> Trois voyages sur mer, les combats d'une guerre,
> Un roi mort de regret, que l'on a mis en terre,
> Un retour au pays, l'appareil d'un tombeau,
> Les états assemblés pour faire un roi nouveau,
> Et la princesse en deuil qui les y vient surprendre,
> En un jour, en un lieu, se pourroient bien étendre.

Ces critiques étaient vieilles, et le mauvais goût n'y avait pas succombé. Ni Du Ryer, ni Rotrou n'avaient assoupli leur langage, ni Scudéry n'avait renoncé aux romans de l'Espagne. L'influence de cette littérature avait duré trop longtemps pour disparaître en quelques années. Seulement à cette fièvre d'imagination avait succédé l'amour de la tendresse; le ton des doucereux régnait au théâtre, Quinault triomphait avec *Stratonice* et l'*Astrate*. D'autre part Scarron avait encore des admirateurs : ses *Jodelets* et *Dom Japhet d'Arménie*, c'est-à-dire ses comédies compliquées d'intrigues sans intérêt, « sa folie, triviale sans naturel et burlesque sans gaieté, » appelaient la vengeance de la raison outragée. Restaient à effacer les impressions de jugements critiques que l'autorité de Chapelain servait encore à maintenir. Balzac, en 1640, n'avait pas craint de mettre Scudéri au-dessus de Corneille : « Sauf quelques petites choses, écrivait-il, l'*Amour tyrannique* de Scudéri[1] est à mon gré incomparable, il remue les passions d'une étrange sorte, il m'a fait pleurer en dépit de moi, il a fait que le *Cid* et le *Scipion* ne sont plus mes délices. »

Sarrazin prodiguait au même auteur les louanges sur cette même pièce : « C'est un poëme si parfait et si achevé, que si le temps n'eût point envié au siècle de Louis le Juste la naissance d'Aristote,... ce philosophe auroit réglé une partie de la poétique sur cette excellente tragédie. » Ces éloges hyperboliques ne satisfaisaient pas son admiration, car il ajoutait à propos de la *Mort*

---

1. Cette pièce devait être représentée en 1638, deux ans après le *Cid*.

de César : « C'est un poëme certainement incomparable en son espèce, et qui sans doute le sera toujours, tant la force des pensées et la magnificence des vers le rendent digne de la majesté de la vieille Rome, et tant il est régulier dans son économie. » Voilà ce qu'on lisait dans un discours sur la Tragédie où le nom de Corneille n'était même pas prononcé. Qu'on ne croie pas que ce fussent les erreurs d'un temps passé, que la génération présente repoussait; non. En 1656, Pellisson disait de Sarrazin, dont il appréciait les œuvres, que cet auteur est savant, agréable, et qu'en louant très-dignement le fameux poëme de Scudéri il mérite lui-même mille louanges. Tant il est vrai de dire avec M. D. Nisard que « vers 1660 le goût du public était encore chancelant, et que le siècle offrait le spectacle d'une nation saine au fond, dont la langue familière était bonne, et la langue poétique mauvaise et factice. » Nous ajouterons, dont le jugement était égaré par des précepteurs comme Chapelain et Sarrazin.

III.

LES PREMIÈRES SATIRES DE BOILEAU.

Quoique Boileau *dès quinze ans eût la haine d'un sot livre,* ce ne fut pourtant pas un sujet littéraire qu'il traita dans sa première satire. Ceux qui lui ont fait un reproche d'avoir poursuivi les ridicules des auteurs plutôt que les vices de la société auraient dû se rappeler un peu mieux ses débuts. S'inspirant de Juvénal et de Perse plus que d'Horace, il leur promettait un successeur dans ce premier poëme. Sa hardiesse peut passer pour assez grande, d'avoir, à l'âge où il était, sans appui, sans renom, attaqué des partisans, des parvenus, des procureurs, des avocats et le mauvais goût de la cour elle-même, où il craint que l'esprit le plus beau, l'auteur le plus poli, ne parvienne jamais au sort du bouffon l'Angéli.

La première victime que ses coups atteignirent était un partisan

> Qu'un million comptant, par les fourbes acquis,
> De clerc, jadis laquais, a fait comte et marquis.

Il s'appelait Gorge, Boileau déguise à peine son nom; il le met dans sa satire sous celui de George. La Bruyère, moins précis, cacha sous le masque de Sylvain le même personnage. « Sylvain, dit-il, de ses deniers a acquis de la naissance et un autre nom; il est seigneur de la paroisse où ses aïeux payoient la taille : il n'auroit pu autrefois entrer page chez *Cléobule*, et il est son gendre. »

Furetière, dans son *Roman bourgeois*, a fait le portrait satirique du procureur Rolet, dont notre poëte immortalisait, dans sa première satire, l'infamie par un vers devenu proverbe. Il n'osa pas le désigner aux lecteurs avec autant de franchise que Boileau; il le fit agir sous le pseudonyme de *Vollichon*. Sans doute un peu plus tard Despréaux crut devoir détourner l'application que le lecteur pouvait faire du nom de Rolet au personnage véritable, en mettant à côté : *Hôtelier du pays blaisois*. Inutile subterfuge! on savait dans Paris que le premier président Lamoignon disait des fripons avérés : C'est un *Rolet*. Subterfuge dangereux! puisqu'un véritable Rolet existait au pays blaisois qui n'épargna pas ses plaintes au poëte. Le trait était lancé, il avait porté juste.

On s'étonne qu'un jeune homme de vingt-quatre ans ait osé écrire que dans Paris

> Le vice orgueilleux s'érige en souverain,
> Et va la mitre en tête et la crosse à la main.

On s'étonne plus encore que, sortant de ces invectives générales contre la corruption de son temps, il n'ait pas hésité à railler le sort burlesque qui, en ce *siècle de fer*,

> D'un pédant, quand il veut, sait faire un duc et pair.

Il était impossible de s'y méprendre : chacun pouvait sans peine reconnaître sous ces mots Louis Barbier, abbé de La Rivière, d'abord régent au collège du Plessis, aumônier de l'évêque de Cahors, premier aumônier de Gaston duc d'Orléans. C'était en trahissant son maître, dont il vendait les secrets à Mazarin, qu'il s'était élevé à la richesse, à l'évêché de Langres, et enfin à la dignité de cardinal. Comme il ne mourut qu'en 1670, Boileau mettait donc dans ses attaques autant de hardiesse que d'énergie.[1]

Bien des traits généraux, qu'il a supprimés depuis dans les éditions successives qu'il fit de ses satires, montraient en lui l'intention de n'épargner ni la cour ni la ville. Si ce premier ouvrage n'étincelle pas des sublimes beautés qu'il relevait luimême chez Juvénal, on y trouve au moins la mordante hyperbole du maître et quelques-unes des affreuses vérités qui remplissent les écrits du poëte latin. Telle est, par exemple, cette invective :

>   Je sais bien que souvent un cœur lâche et servile
>   A trouvé chez les grands un esclavage utile,
>   Et qu'un riche pourroit, dans la suite du temps,
>   D'un flatteur affamé payer les soins ardents.
>   Mais avant que pour vous il parle ou qu'il agisse,
>   Il faut de ses forfaits devenir le complice,
>   Et, sachant de sa vie et l'horreur et le cours,
>   Le tenir en état de vous craindre toujours :

---

1. Vigneul-Marville parle aussi de ce personnage : « Mais ce qui est plus que tout cela, c'est que cet homme de néant, qu'on pouvoit renverser d'un souffle sans que personne s'en fût plaint, tint bon durant les plus grands orages du royaume contre ce qu'il y avoit de plus puissant au monde. Il étoit plaisant de voir dans ces temps difficiles le cardinal M... et l'abbé de La R... jouer aux barres, se donner le change et être souvent la dupe l'un de l'autre; mais toujours aux dépens du public...

« A la fin, cet homme si extraordinaire, grand génie certainement, bien fait de sa personne, mais d'un visage à faire peur, aimant les plaisirs, la pompe et le faste; cet homme, dis-je, si rare en son espèce, par un ridicule qui finit la scène et divertit le parterre, va s'aviser de léguer par son testament une somme de cent écus à celui qui honorera son tombeau d'une épitaphe. » *Mélanges d'histoire et de littérature*, t. II, p. 150.

> De trembler qu'à toute heure, un remords légitime
> Ne vous force à le perdre en découvrant son crime.
> . . . .
> Il n'est plus d'honnête homme, et Diogène en vain
> Iroit, pour en chercher, la lanterne à la main.
> Le chemin aujourd'hui par où chacun s'élève
> Fut le chemin jadis qui menoit à la Grève ;
> Et Mouleron[1] ne doit qu'à ses crimes divers
> Ses superbes lambris, ses jardins toujours verts.

Boileau, dit Saint-Marc, fit plus tard disparaître ce passage comme indigne du reste. Je ne crois pas que ç'ait été là le seul motif de la suppression. Ces vers, empreints d'une certaine exagération, ne manquent pas de vigueur, et respirent assez bien cette colère qui vaut un Apollon. Seulement le poëte, devenu plus réservé avec l'âge, pensa qu'il devait en rabattre de cette audace juvénile. Ayant lui-même déjà des protecteurs, dans la partie, il est vrai, la plus saine de la haute société, il sacrifia ces premiers élans de sa colère aussi bien à la prudence qu'à la sévérité d'un goût devenu plus délicat et plus difficile.

S'il était dangereux de nommer en toutes lettres des parvenus dont la richesse semblait au public scandaleuse et mal acquise, il ne l'était pas moins pour un débutant dans la carrière des lettres de s'attaquer à Chapelain. Nous avons dit de quelle estime cet homme jouissait alors. Le portrait qu'il fait naïvement de lui-même dans son *Mémoire* adressé à Colbert ne paraissait à personne ni faux ni flatté. Le voici :

CHAPELAIN : — « C'est un homme qui fait une profession exacte d'aimer la vertu sans intérêt ; il a été nourri jeune dans les langues et la lecture ; ce qui, joint à l'usage du monde, lui a donné assez de lumières des choses pour l'avoir fait regarder des cardinaux de Richelieu et Mazarin comme propre à servir dans les négociations étrangères ; mais son génie modéré s'est

---

1. « Mouleron étoit un fameux partisan ; il avoit fait bâtir, près de la porte de Richelieu, une belle maison, qui est à présent l'hôtel de Gramont. » SAINT-MARC.

contenté de ce favorable jugement, et s'est renfermé dans le dessein du poëme héroïque qui occupe sa vie, et qui est tantôt à sa fin. On le croit assez fort dans les matières de langue, et on passe volontiers par son avis pour la manière dont il se faut prendre à former le plan d'un ouvrage d'esprit, de quelque nature qu'il soit, ayant fait étude sur tous les genres, et son caractère étant plutôt de judicieux que de spirituel; surtout il est candide; et comme il appuie toujours de son suffrage ce qui est véritablement bon, son courage et sa sincérité ne lui permettent jamais d'avoir de la complaisance pour ce qui ne l'est pas. S'il ne s'étoit point attaché à son poëme, il ne feroit peut-être pas mal l'histoire, de laquelle il sait assez bien les règles.[1] »

Cette grande autorité, confirmée par l'assentiment universel, reçut, vers 1662, une consécration plus haute encore. Le roi voulut encourager les lettres et résolut de donner des pensions aux écrivains qui seraient jugés les plus dignes de cette faveur. Colbert s'adressa à Chapelain pour dresser le *Mémoire* d'après lequel il devait faire son choix. Les hommages empressés des hommes de lettres ne manquèrent pas à Chapelain; chacun lui fit sa cour pour avoir part à ses louanges et aux libéralités du roi. Despréaux vit Gilles, son frère, avec beaucoup d'autres, donner cet exemple de complaisance. Il s'en défendit lui-même; il fit plus, il blâma cette conduite dans les vers suivants, qu'il supprima plus tard, en 1674 :

> Enfin, je ne saurois, pour faire un juste gain,
> Aller, bas et rampant, fléchir sous Chapelain.
> Cependant pour flatter ce rimeur tutélaire,
> Le frère, en un besoin, va renier son frère;
> Et Phébus en personne, y faisant la leçon,
> Gagneroit moins ici qu'au métier de maçon;
> Ou, pour être couché sur la liste nouvelle,
> S'en iroit chez Bilaine admirer la Pucelle.

---

1. *Mélanges de littérature*, tirés des lettres manuscrites de M. Chapelain, de l'Académie françoise. Paris, 1726.

Qu'importe que, dans les premières éditions, Boileau n'eût désigné d'abord Chapelain que par la première lettre de son nom ou par le sobriquet de *Pucelain* : nul ne pouvait s'y méprendre.[1] Despréaux avait levé l'étendard et porté les premiers coups de cette guerre qu'il continuera si longtemps.

Ces hardiesses dangereuses avaient été mises par l'auteur dans la bouche de *Damon*, personnage dont la colère s'exhalait comme celle de l'*Umbricius* qu'on voit dans la IIIᵉ satire de Juvénal. Il représentait François Cassandre. Avec une science estimable, ce malheureux auteur ne put arriver à surmonter la pauvreté dans laquelle il vécut et mourut. « Ce fut la faute, dit Voltaire, non pas de ses talents, mais de son caractère intraitable, farouche et solitaire. » Il ne s'en prit qu'à la fortune, nourrit en lui une sombre misanthropie, et ne pardonna même pas à Dieu l'indigence où il était réduit. « Elle (la grâce) ne paroît pas s'être répandue de la même sorte sur le pauvre M. Cassandre, qui est mort tel qu'il a vécu, c'est à savoir très-misanthrope, et non-seulement haïssant les hommes, mais ayant même assez de peine à se réconcilier avec Dieu, à qui, disoit-il, si le rapport qu'on m'en a fait est véritable, il n'avoit nulle obligation.[2] » Ainsi parlait Boileau d'un auteur dont il estimait les talents, dont il soulagea autant qu'il put la misère. Je ne sais, mais il me semble que le poëte, en consacrant ses premiers vers à venger Cassandre de la détresse où il gémissait, faisait un acte de vertu; il faut lui en savoir gré, tout en reconnaissant ce que cette pièce, en dépit des retouches dont elle a été l'objet de sa part,[3] présente encore de

---

1. « Il ne nommoit pas d'abord Chapelain : il avoit mis *Patelin*; et ce fut la seule chose qui fâcha Chapelain. *Pourquoi*, disoit-il, *défigurer mon nom?* » — *Mémoires sur la vie de J. Racine.*

2. *Lettre à M. de Maucroix*, 29 avril 1695. Cassandre a traduit en français les derniers volumes de l'histoire de M. de Thou, que Du Ryer avait laissés à traduire. Il a fait aussi les *Parallèles historiques*, et une traduction de la rhétorique d'Aristote.

3. Saint-Marc nous apprend que de deux cent douze vers il n'en avait conservé qu'environ soixante. Tout le reste avait été supprimé ou changé.

faiblesse, si on la compare à ses autres ouvrages du même genre.

Cette première satire comprenait celle qui porte aujourd'hui le numéro VI, et offre la description des *Embarras de Paris*. Suivant jusqu'au bout son modèle, Boileau avait donné ainsi un pendant aux *Embarras de Rome*, peints par Juvénal; pour conserver l'unité de sa pièce, il en détacha ce hors-d'œuvre, et il en fit une satire particulière. Cet ouvrage, qui a donné lieu à des critiques parfois injustes contre le poëte, est pourtant rempli de vers excellents, faits de verve, pittoresques et faciles à retenir. C'était un chef-d'œuvre de pureté, de naturel et de noblesse, eu égard aux œuvres des contemporains. Le talent poétique de Despréaux s'y montrait avec assez d'éclat pour ne pouvoir plus être contesté désormais.

Tel fut l'avis de Furetière. Le hasard lui fit connaître le poëte;[1] Despréaux lui donna lecture de sa première satire, et l'académicien reconnut aussitôt son maître. Furetière avait bien de l'esprit, de la malice, et même de l'aigreur dans ses invectives; il n'hésita pas cependant à s'avouer vaincu. Il convint que ce premier poëme de Despréaux valait mieux que les satires que lui-même avait faites jusque-là, et cette estime du talent de son rival fut le premier lien de l'amitié qui unit toujours ces deux hommes, malgré les traverses que l'un d'eux eut à supporter. Ainsi va se former peu à peu autour de Boileau ce groupe d'écrivains jeunes, hardis, d'un goût nouveau, et d'un tour d'esprit vraiment moderne. Le xvi⁰ siècle, qui se prolongeait encore jusque dans le milieu du xvii⁰ par une école d'au-

---

1. « L'abbé Furetière, reçu depuis peu à l'Académie françoise, vint un jour faire visite au frère de M. Despréaux. C'étoit Gilles Boileau, aussi de l'Académie françoise. Comme il le trouva sorti, il s'arrêta avec M. Despréaux, et lut cette satire. Quelque éloignée qu'elle fût de la perfection à laquelle l'auteur l'a portée depuis, Furetière convint qu'elle étoit meilleure que celles qu'il avoit faites lui-même. Il y en a cinq dans le recueil de ses poésies. Il encouragea donc le jeune poëte à continuer, et lui demanda une copie de son ouvrage qui fut bientôt répandu dans le public. » SAINT-MARC.

teurs arriérés, va se trouver tout à fait enseveli. Furetière, destiné à attaquer dans leur ignorance ou dans leurs préjugés tout ce qui restait de vieux académiciens, sera toujours d'accord avec Boileau sur les personnes et sur les choses, à l'exception toutefois des jugements injustes et violents qu'il portera sur La Fontaine.[1]

Répandue par l'abbé Furetière, lue en divers lieux par l'auteur, cette satire commença d'attirer les yeux du public sur le poëte et sur ses œuvres. Les pièces qui suivirent firent redoubler cette attention en même temps qu'elles suscitèrent contre lui les méchants poëtes et leurs protecteurs, ce qui pouvait être plus dangereux.

C'est à peu près vers le même temps qu'il entra en relations avec Molière. Déjà ce grand homme avait révélé son talent dans les *Précieuses ridicules* et dans l'*École des Maris*. Le 26 décembre 1662, il fit représenter l'*École des Femmes* sur le théâtre du Palais-Royal. Voici, d'après M. Louis Moland, l'accueil fait à cette pièce : « La foule s'y porta avec ardeur, mais la cri-

[1]. Nous aurons à parler plus tard de Furetière; cependant nous croyons devoir faire connaître ici, d'après le *Menagiana,* un trait de son caractère; ses saillies devaient plaire à Boileau : « M. M. ayant appris il y a quelques jours que M. de Furetière étoit bien malade, l'alla voir aussitôt, parce qu'il est bien de ses amis. Il le trouva en robe de chambre devant son feu, assis dans un fauteuil de commodité. Il lui conta toute sa maladie, disant qu'il avoit bien souffert, et qu'il avoit été à l'extrémité. Pendant que cet ami lui marquoit le plaisir de le voir hors de danger, M. l'abbé D. arriva : « Ah ! « tenez, lui dit-il, voilà mon sauveur! en montrant cet abbé qui venoit d'en-« trer, c'est à lui seul à qui j'ai obligation de la vie.» En effet, c'étoit cet abbé qui avoit pris soin de lui, et qui avoit fait la dépense de toutes choses pendant la maladie. M. de Furetière lui demanda par manière d'entretien à combien pouvoit aller cette dépense. « Si vous voulez le savoir, » lui dit cet abbé, « je crois en avoir le mémoire dans ma poche.» Là-dessus il le tira et se mit à le lire : « Tant pour la viande de vos bouillons, tant pour vos méde-« cins, tant pour votre chirurgien, tant pour l'apothicaire, tant pour le linge « et autres menus frais, tant pour le porte-Dieu et son compagnon qui vous « ont apporté le viatique, et tant pour les deux prêtres qui vous ont admi-« nistré l'extrême-onction. » A ces deux derniers articles, M. de Furetière s'écria : « Abbé, abbé, vous m'avez ruiné en sacrements! » (*Menagiana*, t. II, p. 368.)

tique se déchaîna avec passion. La fortune grandissante de Molière augmentait le nombre de ses envieux. La force de sa nouvelle création ne touchait pas les raffinés, les *précieux,* dont le goût trop délicat était blessé par certains détails. Les uns criaient à la grossièreté, les autres à l'indécence, les autres à l'impiété... La protestation la plus dangereuse, quoique la moins bruyante, fut celle qui eut son principe dans le zèle religieux... « Je ne dirai point que le sermon qu'Arnolphe fait à « Agnès, disait de Villiers, et que les maximes du mariage « choquent nos mystères, puisque tout le monde en murmure. » Le prince de Conti, l'ancien protecteur de la troupe de Molière en Languedoc, devenu janséniste et théologien, se montra, dit-on, des plus scandalisés; et, en effet, dans le traité qu'il écrivit sur *la comédie et les spectacles selon la tradition de l'Église,* et qui parut après sa mort (1667), l'*École des Femmes* est citée comme une œuvre licencieuse et offensant les bonnes mœurs.

« La critique intervint aussi pour discuter, au point de vue littéraire, le succès de la nouvelle pièce ; Donneau de Vizé s'exprime comme il suit : « Cette pièce a produit des effets « tout nouveaux : tout le monde l'a trouvée méchante et tout le « monde y a couru. Les dames l'ont blâmée et l'ont été voir; « elle a réussi sans avoir plu, et elle a plu à plusieurs qui ne l'ont « pas trouvée bonne ; mais pour vous en dire mon sentiment, « c'est le sujet le plus mal conduit qui fut jamais, et je suis « prêt de soutenir qu'il n'y a point de scène où l'on ne puisse « voir une infinité de fautes. Je suis toutefois obligé d'avouer, « pour rendre justice à ce que son auteur a de mérite, que « cette pièce est un monstre qui a de belles parties, et que « jamais l'on ne vit tant de si bonnes et de si méchantes choses « ensemble. [1] »

Au milieu de ce déchaînement de vanités et de jalousies,

---

1. *OEuvres complètes de Molière,* par M. Louis Moland. Nouvelle édition, chez Garnier frères, 1863.

de préjugés littéraires ou religieux, il n'était pas sûr de se décider en faveur de Molière ; un poëte à ses débuts pouvait y compromettre son avenir. Boileau ne calcula pas avec tant de prudence. La franchise de son âme et l'excellence de son goût lui firent vite prendre un parti. Destiné à devenir, suivant l'expression de d'Alembert, le fondateur et le chef de l'école poétique française, il n'écouta que son admiration pour le génie de Molière, et le 1ᵉʳ janvier 1663, selon Brossette, il lui adressa les *stances* qu'on trouve dans ses œuvres. Qu'elles ne soient que médiocres, ce n'est pas là ce qui importe. Ce que nous voulons y relever, c'est l'empressement du poëte à saluer un talent nouveau, un membre de ce que nous appellerions volontiers la jeune école de ce temps-là. Boileau ne se trompe pas sur le mérite de l'auteur comique, il loue sa charmante naïveté, son rire naturel et agréable, son savant badinage. Sous une forme discrète, il met le Français au-dessus de Térence ; il ne craint pas de lui dire :

> Ta muse, avec utilité,
> Dit plaisamment la vérité ;
> Chacun profite à ton *École*.
> Tout en est beau, tout en est bon ;
> Et ta plus burlesque parole
> Vaut souvent un docte sermon.

Assignant enfin à ces critiques leur véritable cause, il dit à Molière, dont les censeurs ne trouvaient rien à louer dans ses vers :

> Si tu savois un peu moins plaire
> Tu ne leur déplairois pas tant.

La voix de Boileau à ce moment ne pouvait pas avoir une grande autorité sur le public, et l'auteur de l'*École des Femmes* dut s'applaudir davantage sans doute d'avoir égayé le roi par son esprit et de s'en être fait un protecteur ; toutefois cette protestation du jeune poëte contre le faux goût et les cabales des envieux encouragea Molière à marcher avec plus de hardiesse dans la carrière. L'amitié de Despréaux, si elle naquit ce jour-là, ne lui manqua plus désormais.[1]

A la fin de cette même année, Boileau donna une nouvelle satire ; elle porte dans ses recueils le n° VII, et elle est consacrée aux inconvénients du genre satirique. Juvénal avait inspiré le poëte dans sa première composition, ce fut Horace qu'il suivit de préférence dans la seconde. Le critique latin, dont la hardiesse n'épargnait pas les ridicules partout où ils se trouvaient, délibère avec son ami Trebatius s'il doit continuer à écrire contre les sots, les mauvais écrivains, les citoyens débauchés ; son ami lui représente combien de dangers le menacent s'il persiste dans cette méthode ; il l'engage à composer plutôt des éloges ; les louanges plaisent au cœur de tous les hommes, tandis que les satires les aigrissent. C'est à sa propre Muse que Boileau fait les mêmes observations. « C'est un méchant métier, lui dit-il, que celui de médire. Si vous voulez rimer, rimez quelque louange. » Peu fait pour la flatterie ou pour l'éloge, le poëte ne peut rencontrer une rime quand il s'agit de louer, tandis que, pour railler, les mots viennent en foule se placer au bout de sa plume. Perrin, Pelle-

---

[1]. Il est probable que les deux poëtes se connaissaient depuis 1662. La Fontaine, en 1661, à propos des *Fâcheux*, écrivait à Maucroix, avec plus d'aisance et d'esprit que Boileau :

> C'est un ouvrage de Molière :
> Cet écrivain par sa manière
> Charme à présent toute la cour.
> Il doit être par delà Rome.
> J'en suis ravi, car c'est mon homme.
> Te souvient-il bien qu'autrefois
> Nous avons conclu d'une voix
> Qu'il alloit ramener en France
> Le bon goût et l'art de Térence ?
> Plaute n'est plus qu'un plat bouffon,
> Et jamais il ne fit si bon
> Se trouver à la comédie ;
> Car ne pense pas qu'on y rie
> De maint trait jadis admiré
> Et bon *in illo tempore* :
> Nous avons changé de méthode
> Jodelet n'est plus à la mode.

tier, Boursault, Colletet, Titreville, etc., s'offrent aussitôt à son esprit; tout fat lui déplaît, lui blesse les yeux, et il aurait un vif regret d'en épargner aucun.

Quoique ces compositions de Boileau n'aient été imprimées que plus tard, elles ne laissaient pas d'être connues dès lors, le poëte se faisant un plaisir de les réciter devant ses amis. Des auditeurs indiscrets en retenaient les vers qui pouvaient flatter leur malignité, et les critiques dont ils étaient remplis ne manquaient pas d'atteindre ceux que le poëte avait choisis pour être l'objet de ses attaques. On sait la facilité de Boileau à mettre au bout d'un vers tout nom propre à la censure; Voltaire l'en a blâmé avec une rigueur dont il n'aurait pas voulu subir lui-même l'application. Il a dit que chez Boileau la satire est injuste. Il ne voyait alors que Quinault, dont il avait entrepris de relever le mérite. Il s'enflamme en faveur de la vertu qu'il voudrait armer contre ce genre dangereux d'écrire.

Ce beau zèle a de quoi nous surprendre de la part de celui qui fustigea si rudement ses ennemis. Non; la critique littéraire ne saurait perdre ses droits, et celui qui l'exerce n'est point un diffamateur ni un calomniateur public. L'auteur qui compose et publie ses œuvres doit s'attendre au blâme des lecteurs autant qu'il désire leurs éloges. Boileau lui-même s'est défendu sur ce point avec succès. L'on peut du reste opposer à Voltaire le jugement d'Arnaud qui, dans une de ses lettres à Perrault, prenait ainsi la défense du satirique : « Les guerres entre les auteurs passent pour innocentes quand elles ne s'attachent qu'à ce qui regarde la critique de la littérature, la grammaire, la poésie, l'éloquence, et que l'on n'y mêle point de calomnies et d'injures personnelles. Or, que fait autre chose M. Despréaux à l'égard de tous les poëtes qu'il a nommés dans ses satires, Chapelain, Cotin, Pradon, Coras et autres, sinon d'en dire son jugement et d'avertir le public que ce ne sont pas des modèles à imiter? » Il ajoute avec beaucoup de bon sens que l'office du satirique n'est pas sans une sorte d'utilité publique, puisqu'il peut contribuer à la gloire de la nation, à qui les ouvrages d'esprit font honneur quand ils sont bien faits.

Voltaire paraît raisonner plus juste quand il condamne Boileau dans la licence qu'il prenait de nommer un auteur, auquel il en substituait souvent un autre dans une nouvelle édition. « Par exemple, dit-il, le sieur Brossette nous apprend que Boileau avait parlé ainsi d'un sieur Pelletier :

> Tandis que Pelletier, crotté jusqu'à l'échine,
> Va chercher son dîner de cuisine en cuisine.

On lui dit que ce Pelletier n'était rien moins qu'un parasite, que c'était un homme très-retiré, qui n'allait jamais manger chez personne, Boileau le raya de la satire, mais au lieu d'ôter ces vers, qui sont du style le plus bas, il les laissa, et mit Colletet à la place de Pelletier, et par là outragea deux hommes au lieu d'un. Il paraît que très-souvent il plaçait ainsi les noms au hasard, et l'on doit lire ses satires avec la plus grande circonspection. »

Dans cette seconde satire nous avons un exemple de ce « cruel défaut. » Boursault avait trouvé sa place dans un vers en compagnie de Bonnecorse, de Colletet et de Titreville ; Despréaux raya plus tard son nom. Les bons offices de Boursault touchèrent le cœur du poëte, et il reconnut qu'entre tous ceux qu'il avait attaqués, celui-ci avait plus de mérite que les autres.

Cette rétractation tardive n'empêche pas que le satirique n'eût alors quelque raison de ranger l'ennemi de Molière parmi les froids écrivains qu'il poursuivait de ses critiques. C'était le temps même où Boursault faisait représenter le *Portrait du peintre* à l'hôtel de Bourgogne et s'attirait les représailles de l'auteur de l'*École des femmes*. Molière ne craignait pas de dire de lui en plein Versailles : « Le beau sujet à divertir la cour, que M. Boursault ! je voudrois bien savoir de quelle façon on pourroit l'ajuster pour le rendre plaisant; et si, quand on le berneroit sur un théâtre, il seroit assez heureux pour faire rire le monde [1]. » Toutefois, si Boileau était sujet à placer les noms

1. Voir l'*Impromptu de Versailles*, scène III.

au hasard, il ne s'obstinait pas à les maintenir dans ses vers ;
il les effaçait quand on lui faisait voir son erreur, et, après
tout, il faut lui rendre cette justice avec d'Alembert, qu'il
n'attaqua jamais le mauvais goût et les mauvais écrivains
qu'avec l'arme de la plaisanterie et ne parla jamais du vice et
des méchants qu'avec indignation. N'oublions pas non plus que
ses ennemis étaient loin de s'abandonner eux-mêmes et lui
rendaient critiques pour critiques en y ajoutant le plus souvent
des injures.

Si les satires du poëte pèchent quelquefois par le fond,
dont l'intérêt est médiocre, elles ont eu le mérite en leur temps
de faire la guerre au mauvais goût et d'offrir des modèles de
raison et de justesse aux contemporains. A mesure qu'il écrivait davantage lui-même, il acquérait plus de perfection et de
politesse. Ce n'est pas seulement dans l'*Art poétique* qu'il se
montra le législateur de la bonne poésie ; ce fut aussi dès ses
premiers ouvrages qu'il enseigna à ses rivaux l'art difficile de
bien écrire. Ses leçons furent d'autant plus efficaces qu'elles
furent toujours unies à l'exemple. Ainsi, dans la deuxième
satire, adressée à Molière (1664), il fait justice des hémistiches
languissants, des épithètes banales, des remplissages oiseux,
dont les ouvrages d'alors fourmillaient tous. Ce n'est pas un
médiocre mérite, quand on écrit en vers, de trouver la rime ;
c'en est un plus relevé de l'enchaîner sans cesse avec la raison.
Telle est la nécessité qu'impose Despréaux aux poëtes ; il ne
saurait souffrir qu'une phrase insipide

Vienne à la fin d'un vers remplir la place vide.

Il renvoie à jamais des ouvrages bien écrits les mots cousus au
hasard ; *en miracles féconde, à nulle autre seconde, tout objet
nonpareil, plus beau que le soleil, les astres, les merveilles, les
chefs-d'œuvre des cieux, les beautés sans pareilles*, seront dès
lors des ornements fades et surannés, des misères poétiques
dont les écoliers ne feront plus que se rire. Qu'on ne croie pas
que le satirique invente à plaisir ces pauvretés prétentieuses,

il ne les trouvait que trop dans les livres en vogue. Nous avons vu déjà Gilles Boileau critiquer chez Ménage ces rimes languissantes, ces vers sans art et sans travail. La belle poésie y trouvait sa parure ordinaire, et déjà dès 1643 Saint-Évremond, dont le goût a devancé plus d'une critique de Boileau, avait raillé ce travers dans Chapelain. Ne le voyons-nous pas, en effet, dans la comédie des *Académistes* ou *Académiciens* travailler à des vers avec un soin ridicule et peu de génie? « Poursuivant d'un sens figuré la noble allégorie, l'auteur de la *Pucelle* compose une pièce où règne la figure *sur les beaux yeux de la comtesse*. Images exagérées, rimes banales, pointes, expressions recherchées, cacophonie, on rencontre tout cela en ce petit poëme [1]. »

---

1. Voir notre *Étude sur Saint-Évremond*. Voici quelques extraits de la scène à laquelle nous faisons allusion :

. . . .
Je quitte donc la prose et la simple nature
Pour composer des vers où règne la figure.
Qui vit jamais rien de si beau
(Il me faudra choisir pour la rime, *flambeau*)
Que les beaux yeux de la comtesse?
(Je voudrois bien aussi mettre en rime : déesse!)
Qui vit jamais rien de si beau
Que les beaux yeux de la comtesse?
Je ne crois point qu'une déesse
Nous éclairât d'un tel flambeau.
Aussi, peut-on trouver une âme
Qui ne sente la vive flamme
Qu'allume cet œil radieux?
Radieux me plaît fort : un œil plein de lumière
Et qui fait sur nos cœurs l'impression première,
D'où se forment enfin les tendresses d'amour.
Radieux! j'en veux faire un terme de la cour.
Sa clarté qu'on voit sans seconde,
Éclairant peu à peu le monde,
Luira même un jour pour les dieux.
. . . .

Plus loin il demande à Phébus de lui donner l'ardeur qui fait faire des vers :

Ranime mes esprits, et dans mon sang rappelle
La féconde chaleur qui forma la *Pucelle*.
Par l'épithète alors je me rendis fameux :
Alors, *le mont Olympe à son pied sablonneux*,
Alors, *hideux, terrible, affreux, épouvantable*
Firent dans mes écrits un effet admirable.
(Acte II, scène 1re.)

Boileau venait à son tour en désabuser le public. Il faudra désormais que chaque poëte, tremblant sur le choix de ses mots, s'applique à n'en dire aucun qui ne tombe à propos. Il ne se contentait pas d'éclairer les lecteurs par ses préceptes, il faisait mieux, il les instruisait par son exemple ; ses satires elles-mêmes, quoiqu'elles fussent loin de la perfection de style qu'il atteignit plus tard, s'améliorent d'année en année. On y reconnaît sans peine le soin scrupuleux d'un bon esprit qui ne peut se contenter d'une rime mise tant bien que mal au bout du vers, qui a écrit sincèrement de lui-même :

> Ainsi recommençant un ouvrage vingt fois,
> Si j'écris quatre mots, j'en effacerai trois.

Les rimeurs sans talent apprirent à se connaître, les esprits supérieurs saluèrent un émule, un maître dans Boileau. Cette anecdote-ci le prouve. « L'auteur de la satire sur la difficulté de trouver la rime se trouva chez M. Du Broussin avec M. le duc de Vitré et Molière. Ce dernier y devoit lire une traduction de *Lucrèce* en vers françois, qu'il avoit faite dans sa jeunesse. En attendant le dîner, on pria M. Despréaux de réciter la satire adressée à Molière, qui ne voulut pas ensuite lire sa traduction, craignant qu'elle ne fût pas assez belle pour soutenir les louanges qu'il venoit de recevoir. Il se contenta de lire le premier acte du *Misanthrope,* auquel il travailloit en ce temps-là, disant qu'on ne devoit pas s'attendre à des vers aussi parfaits et aussi achevés que ceux de M. Despréaux, parce qu'il lui faudroit un temps infini s'il vouloit travailler ses ouvrages comme lui.[1] »

A l'endroit où Boileau, opposant au contentement du sot toujours amoureux de ses écrits les déplaisirs d'un esprit sublime qui tâche en vain de s'élever à la perfection, ajoutait ensuite :

> Et toujours mécontent de ce qu'il vient de faire,
> Il plaît à tout le monde et ne sauroit se plaire,

---

1. *Saint-Marc*, t. I.

le même Molière, frappé de la justesse de cette observation, s'écria en lui serrant la main : « Voilà la plus belle vérité que vous ayez jamais dite. Je ne suis pas du nombre de ces esprits sublimes dont vous parlez ; mais tel que je suis, je n'ai rien fait en ma vie dont je sois véritablement content. »

Bientôt Racine viendra à son école apprendre à rimer difficilement ; et après *Alexandre* il donnera *Andromaque* à la scène française. Ainsi commençait l'influence de Boileau sur son temps. Ses leçons et ses ouvrages formaient le goût de ceux qui l'approchaient, ses censures décréditaient les poëtes trop négligés dans leur style.[1]

---

1. M. Sainte-Beuve, *Causeries du Lundi*, t. VI, p. 407, a très-bien apprécié le rôle de Boileau dans ces premières années. Voici ce qu'il en dit : « Il ne s'agissait de rien moins que de dire aux littérateurs les plus en vogue, aux académiciens les plus en possession du crédit : Vous êtes de mauvais auteurs, ou du moins des auteurs mélangés. Vous écrivez au hasard ; sur dix vers, sur vingt et sur cent, vous n'en avez quelquefois qu'un ou deux de bons, et qui se noient dans le mauvais goût, dans le style relâché et dans les fadeurs. L'œuvre de Boileau, ce fut, non pas de revenir à Malherbe déjà bien lointain, mais de faire subir à la poésie française une réforme du même genre que celle que Pascal avait faite dans la prose, et maintenir pourtant les limites exactes et les distinctions des deux genres. Pascal s'était moqué de la poésie et de ces oripeaux convenus, *siècle d'or, merveille de nos jours, fatal laurier, bel astre* : « et on appelle ce jargon, » disait il, « beauté poétique! » Il s'agissait pour Boileau de rendre désormais la poésie respectable aux Pascals eux-mêmes, et de n'y rien souffrir qu'un bon jugement réprouvât.

« Qu'on se représente l'état précis de la poésie française au moment où il parut, et qu'on la prenne chez les meilleurs et chez les plus grands. Molière, avec son génie, rime à bride abattue ; La Fontaine, avec son nonchaloir, laisse souvent flotter les rênes, surtout dans sa première manière ; le grand Corneille emporte son vers comme il peut, et ne retouche guère. Voilà donc Boileau le premier qui applique au style de la poésie la méthode de Pascal :

Si j'écris quatre mots, j'en effacerai trois.

« Il reprend la loi de Malherbe et la remet en vigueur ; il l'étend et l'approprie à son siècle ; il l'apprend à son jeune ami Racine, qui s'en passerait quelquefois sans cela ; il la rappelle et l'inculque à La Fontaine déjà mûr ; il obtient même que Molière, en ses plus accomplis ouvrages en vers, y pense désormais à deux fois. Boileau comprit et fit comprendre à ses amis

Dans cette satire, nous rencontrons pour la première fois le nom de Quinault. Ce poëte a trouvé dans Voltaire un défenseur passionné. L'auteur de la *Henriade* n'a jamais pardonné à Despréaux d'avoir, à ce qu'il prétend, méconnu ce qu'il y avait d'élégance, de tendresse et de sentiment dans les opéras de ce poëte. « Que Despréaux ait écrit :

> . . . . . Pour trouver un auteur sans défaut,
> La raison dit Virgile, et la rime Quinault,

c'est de la satire, et de la satire même assez injuste en tout sens (avec le respect que je lui dois); car la rime de défaut n'est point assez belle pour rimer avec Quinault, et il est aussi peu vrai de dire que Virgile est sans défaut que de dire que Quinault est sans naturel et sans grâces.[1] » Et ailleurs :[2] « Quand je dis que la satire est injuste, je n'en veux pour preuve que les ouvrages de Boileau. Il veut, dans une de ses premières satires, élever la tragédie d'*Alexandre* de Racine aux dépens de l'*Astrate* de Quinault, deux pièces assez médiocres, qui ne sont pas sans quelques beautés. Il dit :

> Je ne sais pas pourquoi l'on vante l'Alexandre ;
> Ce n'est qu'un glorieux qui ne dit rien de tendre.
> Les héros, chez Quinault, parlent bien autrement,
> Et, jusqu'à je vous hais, tout s'y dit tendrement.

« Il n'y a rien de plus contraire à la vérité que ce jugement

que « des vers admirables n'autorisoient point à négliger ceux qui les devoient « environner. » Telle est son œuvre littéraire dans sa vraie définition.

« Mais cette seule pensée tuait cette foule de beaux esprits et de rimeurs à la mode qui ne devaient qu'au hasard et à la multitude des coups de plume quelques traits heureux, et qui ne vivaient que du relâchement et de la tolérance. Elle ne frappait pas moins directement ces oracles cérémonieux et empesés qui s'étaient fait un crédit imposant en cour à l'aide d'une érudition sans finesse de jugement et sans goût. Chapelain était le chef de ce vieux parti encore régnant. Un des premiers soins de Boileau fut de le déloger de l'estime de Colbert, sous qui Chapelain était comme le premier commis des lettres, et de le rendre ridicule aux yeux de tous comme écrivain. »

1. Lettre à M. de Cideville sur le *Temple du Goût*.
2. De la satire. *Facéties et Mélanges littéraires*, t. III.

de Boileau. L'*Alexandre* de Racine est très-loin d'être si glorieux. C'est, au contraire, un doucereux qui prétend n'avoir porté la guerre aux Indes que pour y adorer Cléophile; et si on peut appliquer à quelque pièce de théâtre ce vers : *Et, jusqu'à je vous hais, tout s'y dit tendrement,* c'est assurément à l'*Andromaque* de Racine, dans laquelle Pyrrhus idolâtre Andromaque en lui disant des choses très-dures; mais loin que ce soit un défaut dans la peinture d'une passion de dire tendrement *je vous hais,* c'est au contraire une très-grande beauté... et c'est en quoi Quinault a souvent réussi; comme quand il fait dire à Armide : *Que je le hais ! que son mépris m'outrage !* Ce tour même est devenu si naturel qu'il est devenu très-commun. »

Enfin, dans le *Temple du Goût,* il écrit : « Despréaux, par un ordre exprès du dieu du Goût, se réconciliait avec Quinault, qui est le poëte des grâces, comme Despréaux est le poëte de la raison.

> Mais ce sévère satirique
> Embrassait encore en grondant
> Cet aimable et tendre lyrique,
> Qui lui pardonnait en riant.

« Je ne me réconcilie point avec vous, disait Despréaux, que
« vous ne conveniez qu'il y a bien des fadeurs dans ces opéras
« si agréables. — Cela peut bien être, dit Quinault; mais
« avouez aussi que vous n'eussiez jamais fait *Atys* ni *Armide :*

> Dans vos scrupuleuses beautés,
> Soyez vrai, précis, raisonnable,
> Que vos écrits soient respectés;
> Mais permettez-moi d'être aimable. »

Dans la révision de ce procès, Voltaire se laisse aller à son zèle sans consulter assez la raison et les faits. On peut avouer, sans faire tort à Despréaux, qu'il n'avait pas l'humeur disposée à goûter ces lieux communs de tendresse amoureuse dont les opéras de Quinault abondent; on peut accorder, de plus, à La Harpe que l'expression de *morale lubrique,* qu'il emploie ailleurs en parlant de lui, est déplacée et indécente; mais n'est-il pas véritable, en général, que les vers de Quinault fourmillent de fadeurs et de jeux d'esprit? Les plus heureux morceaux de ce poëte ne s'élèvent guère au-dessus d'une certaine élégance. Il a traité les passions avec succès parfois, mais souvent aussi avec une langueur qui justifie les reproches de son critique. Il n'est pas difficile de relever chez lui quantité de passages écrits d'un style lâche et faible. La Harpe lui-même, qui s'applique à tenir la balance égale entre l'austérité de Boileau et l'admiration excessive de Voltaire, ne peut pas accorder à Quinault les beautés du premier ordre, c'est-à-dire l'audace heureuse dans les figures, l'éloquence de la passion, l'harmonie savante et variée, la connaissance profonde du rhythme et de tous les secrets de la langue poétique. « Mais il a souvent, dit-il, une élégance facile et un tour nombreux; son expression est aussi pure et aussi juste que sa pensée est claire et ingénieuse... Ses vers coulants, ses phrases arrondies n'ont pas l'espèce de force que donnent les inversions et les images; ils ont tout l'agrément qui naît d'une tournure aisée et d'un mélange continuel d'esprit et de sentiment, sans qu'il y ait jamais dans l'un et dans l'autre ni recherche ni travail. »

Je ne voudrais pas contester la justesse de ces éloges; pourtant, même dans les beaux morceaux que le critique cite à l'appui de son opinion, n'y a-t-il pas de quoi excuser Boileau du reproche de sévérité outrée et d'insensibilité? D'ailleurs, Despréaux lui-même a reconnu plus tard du talent à Quinault; il a dit : « Quinault avoit beaucoup d'esprit et un talent tout particulier pour faire des vers bons à être mis en chant; mais ces vers n'étoient pas d'une grande force ni d'une grande élévation. C'étoit leur foiblesse même qui les rendoit d'autant plus propres pour le musicien, auquel ils doivent leur principale gloire. » Voltaire ne pensait pas autrement des vers d'opéra, à l'exception de ceux de Samson, et sa grande raison, on la sait. Il avoue que le plus grand mal de ces spectacles, c'est qu'il n'y est presque pas permis d'y rendre la vertu respectable et d'y mettre de la noblesse. Ils sont consacrés aux misérables redites de maximes voluptueuses que l'on n'oserait débiter ailleurs. Il se plaint encore qu'une seule scène d'amour, heureusement mise en musique et chantée par un acteur applaudi, attire tout Paris et rende les beautés vraies insipides. « Les personnes de la cour ne peuvent plus supporter *Polyeucte*, quand elles sortent d'un ballet où elles ont entendu quelques couplets aisés à retenir. Par là le mauvais goût se fortifie et on oublie insensiblement ce qui a fait la gloire de la nation. » Boileau aurait applaudi à ces sentiments, et il n'avait point d'autres motifs pour s'en prendre à Quinault que son amour pour le vrai et son mépris pour les fadeurs.[1] Après tout, il a raison de dire : « J'étois fort jeune quand j'écrivis contre M. Quinault, et il n'avoit fait aucun des ouvrages qui lui ont fait depuis une juste réputation. » En effet, l'*Amant indiscret* est de 1654, *Agrippa ou le Faux Tibérinus* de 1661, l'*Astrate* de 1663; *la Mère coquette* ne parut qu'en 1665, sa dernière tragédie, *Pausanias*, est de 1666, et ce n'est qu'en 1672 qu'il donna son premier opéra. En 1662, dans la liste qu'il dressait pour Colbert des gens de lettres dignes des bontés du roi, Chapelain disait de Quinault : « C'est un poëte sans fond et sans art, mais d'un beau naturel, qui touche bien les tendresses amoureuses. »

Boileau n'a donc pas fait grand tort à Quinault dans l'estime de ses contemporains, pas plus qu'à l'abbé de Pure, dont le même Chapelain portait le jugement que voici : « L'abbé de Pure est un homme qui a de la facilité dans le style; mais qui n'est pas encore achevé : on verra dans sa traduction de Quin-

---

[1]. Voir dans l'édition de Racine par M. Saint-Marc Girardin une étude fort intéressante sur Quinault. On y lit ce passage : « La galanterie avait fini par étouffer l'amour, comme la procédure étouffe souvent la justice. Il était temps qu'une nouvelle manière d'exprimer l'amour, plus simple, plus vraie et plus touchante, s'introduisît dans la société et dans la littérature... Molière, Racine, Boileau et La Fontaine furent, avec des caractères différents et sous des formes variées, les chefs de cette réforme qui substitua l'amour à la galanterie. » Introduction, p. 84.

tilien le progrès qu'il y a fait, et ce qu'on s'en peut promettre. » L'abbé de Pure ne s'acheva pas. Son *Quintilien* parut, mais ce fut sans profit pour sa gloire, et l'abbé Gédoin a pu dire avec raison de cet ouvrage que le silence est ce qu'il y a de plus honorable pour lui.

On ne pouvait pas attendre des poëtes censurés par Boileau qu'ils devinssent ses amis, ils ne lui épargnaient ni les injures ni les libelles; mais, à peu près vers ce temps, ces inimitiés furent compensées par sa liaison avec Racine. Ce furent précisément ses critiques qui rapprochèrent de lui le poëte qui devait être son ami le plus fidèle.[1] Racine venait de faire son ode *de la Renommée,* l'abbé Le Vasseur la porta à Despréaux, qui fit dessus des remarques par écrit. « Le poëte critiqué, dit L. Racine, trouva les remarques très-judicieuses, et eut une extrême envie de connoître son critique. » Déjà lié avec Molière, Racine trouva dans Boileau le censeur éclairé dont son talent avait besoin. On voit, d'après ses lettres, qu'il n'avait pas achevé les *Frères ennemis,* dont le quatrième acte seulement était fait. La pièce, représentée pour la première fois le 20 juin 1664, dut se ressentir de l'influence de Despréaux. Racine était docile aux remontrances qu'on lui faisait. Il prenait avis de tout le monde et se corrigeait sur les bonnes observations dont ses vers étaient l'objet. C'est ainsi qu'il écrit, en novembre 1663, à l'abbé Le Vasseur : « Pour ce qui regarde les *Frères,* ils ne sont pas si avancés qu'à l'ordinaire. Le quatrième acte étoit fait dès samedi, mais malheureusement je ne goûtois point, ni les autres non plus, toutes ces épées tirées : ainsi il a fallu les faire rengaîner, et pour cela ôter plus de deux cents vers, ce qui est malaisé. » Nous le voyons accepter de même avec empressement les corrections de Chapelain, suivre les bonnes

---

1. « A l'abbé Le Vasseur, à Crosnes, Paris, décembre 1663... Je viens de parcourir votre belle et grande lettre, où j'ai trouvé assez de difficultés qui m'ont arrêté, et d'autres sur lesquelles il seroit aisé de vous regagner. Je suis pourtant fort obligé à l'auteur des remarques, et je l'estime infiniment. Je ne sais s'il ne me sera point permis quelque jour de le connoître. »

choses que Ch. Perrault lui met par écrit, à une ou deux près toutefois où il ne suivrait pas Apollon lui-même.[1]

Dans la société de Boileau, Racine perdit bientôt son ancien respect pour Chapelain. Déjà le satirique l'avait pris à partie dans ses vers, et l'auteur des *Frères ennemis,* qui avait l'esprit enjoué et malin, eut l'idée, dit M. Sainte-Beuve, de faire l'excellente niche de conduire Boileau en visite chez Chapelain, logé rue des Cinq-Diamants, quartier des Lombards. Usant de l'accès qu'il avait auprès du docte personnage, « il présenta son ami sous le titre et en qualité de M. le bailli de Chevreuse, lequel se trouvant à Paris, avait voulu connaître un homme de cette importance. Chapelain ne soupçonna rien du déguisement; mais à un moment de la visite, le bailli, qu'on avait donné comme un amateur de littérature, ayant amené la conversation sur la comédie, Chapelain, en véritable érudit qu'il était, se déclara pour les comédies italiennes et se mit à les exalter au préjudice de Molière. Boileau ne se tint pas; Racine avait beau lui faire des signes, le prétendu bailli prenait feu

---

1. Voici le passage entier : « Au sortir de chez M. Chapelain, il (M. Vitart) alla voir M. Perrault, contre notre dessein, comme vous savez. Il ne s'en put empêcher, et je n'en suis pas marri à présent. M. Perrault lui dit aussi de fort bonnes choses qu'il mit par écrit, et que j'ai encore toutes suivies, à une ou deux près, où je ne suivrois pas Apollon lui-même. C'est la comparaison de Vénus et de Mars, qu'il récuse à cause que Vénus est une prostituée. Mais vous savez que quand les poëtes parlent des dieux, ils les traitent en divinités, et par conséquent comme des êtres parfaits, n'ayant même jamais parlé de leurs crimes comme s'ils eussent été des crimes; car aucun ne s'est avisé de reprocher à Jupiter et à Vénus leurs adultères; et si cela étoit, il ne faudroit plus introduire les dieux dans la poésie, vu qu'à regarder leurs actions, il n'y en a pas un qui ne méritât d'être brûlé, si on leur faisoit bonne justice... Voilà ce qui regarde leur censure : je ne vous dirai rien de leur approbation, sinon que M. Perrault a dit que l'ode valoit dix fois la comédie; et voici les paroles de M. Chapelain, que je vous rapporterai comme le texte de l'Évangile, mais aussi *c'est M. Chapelain,* comme disoit à chaque mot M. Vitart. « L'ode est fort « belle, fort poétique, et il y a beaucoup de stances qui ne peuvent être « mieux. Si l'on repasse le peu d'endroits que j'ai marqués, on en fera une « fort belle pièce. » Il a tant pressé M. Vitart de lui en nommer l'auteur, que M. Vitart veut à toute force me mener chez lui. Il veut qu'il me voie. Cette vue nuira bien sans doute à l'estime qu'il a pu concevoir de moi. » *Lettre* IVe.

et allait se déceler dans sa candeur. Il fallut que son introducteur se hâtât de lever la séance. En sortant, ils rencontrèrent l'abbé Cotin sur l'escalier, mais qui ne reconnut pas le bailli. »

Telles furent, dit M. Sainte-Beuve, à qui nous empruntons cette historiette, les premières espiègleries de Despréaux et ses premières irrévérences. Le tout, quand on en fait, est de les bien placer.[1] Ajoutons aussi, avec le même critique, qu'il serait faux de se représenter Boileau sévère et sourcilleux; c'était en réalité le plus vif des esprits sérieux, le plus enjoué et le plus amusant des causeurs. Racine, lui aussi, en était encore à cette jeunesse heureuse toute pleine de bonne humeur; c'était le temps où il faisait, dit-il, « le loup avec La Fontaine et les autres loups ses compères, le temps où le cabaret le voyoit plus d'une fois le jour.[2] »

Ami déjà de Racine, La Fontaine le devint bientôt de Boileau. Il y avait deux ans à peu près que les deux poëtes s'étaient liés ensemble. L'inégalité d'âge qui existait entre eux, La Fontaine avait dix-huit ans de plus que Racine, n'avait pas mis obstacle à leurs bonnes relations. Des goûts communs, celui du plaisir autant que de la poésie, les avaient étroitement unis. On voit dans la correspondance de l'un et de l'autre quels charmes ils trouvaient à s'entretenir ensemble. Éloigné de Paris, relégué à Uzès, chez un de ses oncles, génovéfain, qui devait lui résigner ses bénéfices s'il consentait à embrasser l'état ecclésiastique, Racine n'a d'autre consolation dans son ennui que les lettres de La Fontaine. « Votre lettre, lui dit-il, m'a fait un grand bien, et je passerois assez doucement mon temps si j'en recevois souvent de pareilles. Je ne sache rien qui me puisse mieux consoler de mon éloignement de Paris; je m'imagine même être au milieu du Parnasse, tant vous me décrivez agréablement tout ce qui s'y passe de plus mémorable.[3] » La Fontaine n'était plus un poëte inconnu, ses pro-

---

1. *Causeries du Lundi*, t. VI, p. 410.
2. *Lettre V^e*.
3. Correspondance de Racine avec La Fontaine.

tecteurs l'avaient mis en lumière, quantité de petites pièces avaient attesté la souplesse de son esprit; mais la circonstance la plus favorable à son talent avait été la disgrâce de Fouquet. Son élégie aux nymphes de Vaux avait montré tout ce que son âme renfermait de sensibilité, tandis que ses vers n'avaient été jusque-là qu'un badinage plus ou moins agréable. En attendant que la dissertation sur *Joconde* lie d'amitié La Fontaine et Boileau, suivons ce dernier dans sa carrière de critique.

(1664-1665.) Nous avons montré plus haut combien les romans de Mlle de Scudéri avaient eu de succès. Quoi qu'on puisse dire en faveur de ces longues histoires d'amour, on ne peut nier que la société française n'eût couru le risque de laisser son bon sens s'altérer dans l'admiration trop prolongée de ces œuvres, si la raillerie de Boileau n'eût dissipé le charme. Aux lecteurs passionnés de ces livres, où l'histoire était faussée par une perpétuelle allusion aux mœurs du jour, il fit voir le ridicule de peindre, sous les noms des héros de la Perse, de Rome ou de la Grèce ancienne, les belles dames de Paris et les visiteurs assidus de l'hôtel de Rambouillet. Ces fictions maladroites étaient bien faites pour irriter sa raison amoureuse du vrai. Aussi le voit-on, dans le *Dialogue des héros de roman*, achever la défaite d'un genre de littérature qu'avait discrédité déjà la pièce des *Précieuses*. Il arrache le masque aux Brutus, aux Horatius Coclès, aux Cyrus, aux Mandane de Mlle de Scudéri, et renvoie à leur ménage ces bourgeois de son quartier. Cette œuvre rentre, comme les satires de Boileau, dans son plan de guerre contre le mauvais goût, et, à ce point de vue, elle n'est pas moins estimable.

Boileau suppose que les criminels punis dans les enfers se sont révoltés contre Pluton, leur souverain. Ce dieu pense à se défendre et il a recours, dans ce dessein, aux plus illustres héros qui peuplent son royaume. Il veut s'assurer par lui-même s'ils sont en état de le soutenir et les fait comparaître devant lui. C'est d'abord Cyrus qui s'avance, nonchalamment appuyé sur son écuyer; il ne s'appelle plus du nom qu'il porta jadis dans l'histoire : ce n'est plus Cyrus, c'est Artamène. Ce n'est plus le héros qui conquit la Médie, l'Asie, l'Hyrcanie, la Perse pour satisfaire un généreux amour de gloire; s'il entreprit de si belles conquêtes, c'est qu'il voulait délivrer sa princesse, qui lui avait été enlevée huit fois. Son langage est rempli des termes de la plus fade galanterie. Son écuyer, Feraulas, a tenu un registre exact de toutes les paroles que son maître a dites en lui-même depuis qu'il est au monde. Il est tout prêt à déplier le rouleau de ses lettres, qu'il a toujours dans sa poche; mais Pluton, qui craint de bâiller, ne veut pas affronter l'ennui d'une longue narration et renvoie ce *grand pleureur* avec son écuyer.

Tomyris, la reine sauvage des Massagètes, remplace Cyrus. Elle s'annonce par les deux premiers vers de la Ve scène du Ier acte de la tragédie de *Cyrus* par Quinault :

> Que l'on cherche partout mes tablettes perdues ;
> Mais que sans les ouvrir elles me soient rendues.

Ces précieuses tablettes renferment un madrigal qu'elle a fait ce matin pour le charmant ennemi qu'elle aime. Or, cet ennemi n'est que Cyrus en personne.

Les héros romains ne sont pas plus sages. Horatius Coclès chante à l'écho une chanson qu'il a faite pour Clélie. Cette vigoureuse jeune fille, qui passa le Tibre à la nage pour se dérober du camp de Porsenna, n'a plus d'autre souci que de voir les rebelles ameutés contre Pluton, exciter quelque trouble dans le royaume de Tendre. Elle serait au désespoir s'ils étaient seulement postés dans le village de Petits-Soins, s'ils avaient pris Billets-Doux ou Billets-Galants. Pluton n'entendrait rien à cette géographie, qui ne se trouve point dans Ptolémée, si Diogène ne lui expliquait qu'il y a trois sortes de Tendre, Tendre sur Estime, Tendre sur Inclination et Tendre sur Reconnaissance. Si l'on veut arriver à Tendre sur Estime, il faut aller d'abord au village de Petits-Soins... Mais il semble bien au roi des enfers que c'est le grand chemin des *Petites-Maisons*.

Bien différente de ce qu'on la vit pour la première fois lorsqu'elle arriva chez Pluton un poignard à la main, le regard farouche et la colère encore peinte sur son visage, malgré les pâleurs de la mort, Lucrèce, des tablettes en main, exprime à Brutus, dans un galimatias de mots tronqués, ses sentiments sur l'amour. L'austère Romain, de son côté, qui fit mourir ses enfants pour avoir conspiré contre leur patrie, explique ces énigmes et répond à son tour par de fort jolis vers et par les billets les plus galants. Sapho vient ensuite, et c'est Mlle de Scudéri que Boileau introduit sous le nom même qu'on lui donnait dans sa société. Elle propose à Pluton quelqu'une de ces idées subtiles qu'elle avait l'habitude de développer longuement dans ses livres : « Je vous supplie, sage Pluton, de m'expliquer fort au long ce que vous pensez de l'Amitié, et si vous croyez qu'elle soit capable de tendresse aussi bien que l'Amour. Car ce fut le sujet d'une généreuse conversation que nous eûmes l'autre jour avec le sage Démocède et l'agréable Phaon. De grâce, oubliez donc pour quelque temps le soin de votre personne et de votre État, et au lieu de cela, songez à me bien définir ce que c'est que Cœur tendre, tendresse d'Amitié, tendresse d'Amour, tendresse d'Inclination et tendresse de Passion. » Pour achever de peindre sa folie, l'auteur fait d'elle-même un portrait dans le genre de ceux qui remplissent ses ouvrages. Nous les avions oubliés depuis longtemps; les travaux de M. V. Cousin les ont remis sous nos yeux, et chacun peut se donner[1] le plaisir de comparer ce pastiche moqueur de Boileau avec les originaux de Mlle de Scudéri.

1. Voici le portrait que Mlle de Scudéri fait d'elle-même au tome X du *Grand Cyrus*, liv. II, p. 554. « Quoique Sapho ait été charmante dès le berceau, je ne veux vous faire la peinture de sa personne et de son esprit qu'en l'état où elle est présentement, afin que vous la connoissiez mieux. Je vous dirai donc qu'encore que vous m'entendiez parler de Sapho comme de la plus charmante personne de toute la Grèce, il ne faut pourtant pas vous imaginer que sa beauté soit une de ces grandes beautés en qui l'envie même ne sauroit trouver aucun défaut; mais il faut néanmoins que vous compreniez qu'encore que la sienne ne soit pas de celles que je dis, elle est pourtant capable d'inspirer de plus grandes passions que les plus

Il ne suffisait pas de sacrifier la femme qui avait composé le *Grand Cyrus* et la *Clélie* ; elle n'était pas la seule coupable. Boileau se serait bien gardé d'oublier ceux de ses contemporains qui, dans les romans, dans les poëmes épiques, au théâtre, travestissaient en héros chimériques, en bergers amoureux, en Céladons, des personnages dont l'histoire a fixé le caractère. D'abord c'est l'Astrate de Quinault qui veut voir la reine. Il a paru dans une pièce où les passions tragiques sont maniées si adroitement que les spectateurs y rient à gorge déployée depuis le commencement jusqu'à la fin, tandis qu'il y pleure toujours, ne pouvant obtenir qu'on lui montre une reine dont il est passionnément épris.[1]

grandes beautés de la terre. Mais enfin, pour vous dépeindre Sapho, il faut que je vous dise qu'encore qu'elle se dise petite, lorsqu'elle veut médire d'elle-même, elle est pourtant de taille médiocre, mais si noble et si bien faite qu'on ne peut y rien désirer. Pour le teint, elle ne l'a pas de la dernière blancheur ; il a toutefois un si bel éclat qu'on peut dire qu'elle l'a beau. Mais ce que Sapho a de souverainement agréable, c'est qu'elle a les yeux si beaux, si vifs, si amoureux et si pleins d'esprit, qu'on ne peut ni en soutenir l'éclat, ni en détacher ses regards. En effet, ils brillent d'un feu si pénétrant, et ils ont pourtant une douceur si passionnée que la vivacité et la langueur ne sont pas des choses incompatibles dans les beaux yeux de Sapho. Ce qui fait leur plus grand éclat, c'est que jamais il n'y a eu une opposition plus grande que celle du blanc et du noir de ses yeux. Cependant cette grande opposition n'y cause nulle rudesse, et il y a un certain esprit amoureux qui les adoucit d'une si charmante manière que je ne crois pas qu'il y ait jamais eu une personne dont les regards aient été plus redoutables. De plus, elle a des choses qui ne se trouvent pas toujours ensemble, car elle a la physionomie fine et modeste, et elle ne laisse pas aussi d'avoir je ne sais quoi de grand et de relevé dans la mine. Sapho a, de plus, le visage ovale, la bouche petite et incarnate, et les mains si admirables que ce sont en effet des mains à prendre des cœurs, ou, si on la veut considérer comme une fille chèrement aimée des Muses, ce sont des mains dignes de cueillir les plus belles fleurs du Parnasse. »

Le portrait est loin d'être terminé, mais il faut s'arrêter. Comprend-on, enfin, que Boileau ait senti sa verve s'allumer quand il voyait ce style précieux admiré partout ?

1. On peut lire dans le premier volume du Racine de M. Saint-Marc Girardin une intéressante et spirituelle analyse de cette pièce. Nous ne résistons pas au plaisir de citer les réflexions suivantes : « Je parlais de Quinault dans mon cours de poésie française à la Sorbonne, et ayant lu l'*Astrate,* je m'étais pris de goût pour cet ouvrage. Cela nous arrive parfois

Puis c'est Ostorius, un héros sorti de l'imagination de l'abbé de Pure; on l'a vu à l'hôtel de Bourgogne, une fois, dans une tragédie dont les comédiens ne veulent plus.

Pluton ne reconnaît pas d'abord la vaillante fille qui délivra la France du joug des Anglais, il lui trouve la physionomie bien plate, et bientôt il l'entend lui débiter cette harangue en vers :

> O grand prince, que grand dès cette heure j'appelle,
> Il est vrai, le respect sert de bride à mon zèle;
> Mais ton illustre aspect me redouble le cœur,
> Et me le redoublant me redouble la peur.
> A ton illustre aspect mon cœur se sollicite,
> Et grimpant contre mont la dure terre quitte.
> O que n'ai-je le ton désormais assez fort
> Pour aspirer à toi sans te faire de tort!
> Pour toi puissé-je avoir une mortelle pointe,
> Vers où l'épaule gauche à la gorge est conjointe,
> Que le coup brisât l'os, et fît pleuvoir le sang
> De la *temple*,[1] du dos, de l'épaule et du flanc.[2]

Ces vers, tirés de l'auteur qui tint la Pucelle en pension chez lui pendant quarante ans, font douter à Pluton que ce soit là

à nous autres professeurs et critiques. La curiosité nous fait illusion ; nous croyons à des mérites inconnus ou méprisés que nous nous faisons un plaisir de remettre en lumière. Je tentai donc la réhabilitation de l'*Astrate;* je tâchai de jouer ce tour à Boileau. Le public refusa de s'associer à mon paradoxe. Dans les trois premiers actes dont je fis des citations choisies de mon mieux, les jeunes gens qui m'écoutaient semblaient donner raison à Quinault contre Boileau, et l'*Astrate*, malgré l'inutilité insignifiante de l'anneau royal, paraissait retrouver son grand succès du xviie siècle. Je triomphais. Le triomphe continua pendant les trois premières scènes du quatrième acte. Mais quand, après le secret déclaré par Astrate à Élise, on vit les deux amants s'occuper encore de leur amour et faire assaut de générosité à qui mourrait l'un pour l'autre, cet amour, continué si mal à propos et remplaçant les sentiments douloureux et terribles qui avaient rempli la scène, produisit son effet. Je sentis mon public qui languissait peu à peu ; et quand, au cinquième acte, Élise se tue pour assurer le trône à Astrate et pour sortir d'embarras, cette mort, que j'avais trouvée belle et touchante dans mon cabinet, ne toucha que médiocrement mes auditeurs. Elle était devenue nécessaire, et le public en avait pris son parti. » Page 110.

1. On disait alors *temple* ou tempe indifféremment.

2. Ces vers ne se trouvent pas ainsi à la suite dans Chapelain, Boileau les a pris en divers endroits, il a rassemblé des hémistiches même.

du français. Au moins, si cette héroïne lui paraît la plus insupportable de toutes, il ne pense pas qu'elle prêche la tendresse; tout en elle n'étant que dureté, sécheresse, elle lui semble plus propre à glacer l'âme qu'à inspirer l'amour. Et cependant elle en a inspiré au vaillant Dunois, sans avoir pu communiquer à l'expression de ses sentiments autre chose que son ennuyeuse raideur et ses bizarres inversions.

La Calprenède a son tour avec Pharamond, le premier roi des Français. Les charmes de la divine Rosemonde, que le héros n'a jamais vue, lui ont troublé la cervelle : « Vous le savez bien, dit-il en lui-même, divine Rosemonde, que pour vous aimer je n'attendis pas que j'eusse le bonheur de vous connoître, et que c'est sur le seul récit de vos charmes, fait par un de mes rivaux, que je devins si ardemment épris de vous. »

Pluton ne sauroit le moyen de sortir d'embarras, si Mercure n'eût amené avec lui un Français pour reconnaître, sous les oripeaux et le faux clinquant dont ils sont revêtus, des bourgeois de son quartier qui ont eu l'audace de prendre le nom des plus grands héros de l'antiquité sans en avoir le caractère : « Allons, dit Pluton détrompé, qu'on ne les épargne point; et qu'après qu'ils auront été abondamment fustigés, on me les conduise tous, sans différer, droit aux bords du fleuve de Léthé. Puis, lorsqu'ils y seront arrivés, qu'on me les jette tous, la tête la première, dans l'endroit du fleuve le plus profond, eux, leurs billets doux, leurs lettres galantes, leurs vers passionnés, avec tous les nombreux volumes ou, pour mieux dire, les monceaux de ridicule papier où sont écrites leurs histoires. Marchez donc, faquins, autrefois si grands héros. Vous voilà arrivés à votre fin, ou, pour mieux dire, au dernier acte de la comédie que vous avez jouée si peu de temps. » Et les héros, s'en allant chargés d'escourgées, répètent d'un ton lamentable : « Ah! La Calprenède! Ah! Scudéri! »

Ainsi Molière faisait tenir à Gorgibus, chassant de chez lui les violons, à peu près le même langage : « Allez-vous cacher, vilaines, disait-il à sa fille et à sa nièce, allez vous cacher pour jamais. » Puis s'adressant aux auteurs de romans et de vers amoureux : « Et vous qui êtes cause de leur folie, sottes billevesées, pernicieux amusements des esprits oisifs, romans, vers, chansons, sonnets et sonnettes, puissiez-vous être à tous les diables! » C'était chez ces deux excellents esprits la même haine pour les sentiments faux ou exagérés, dont abondaient ces *boutiques de verbiage*. Le mot est de Boileau sur les livres de Mlle de Scudéri.[1]

Boileau ne publia que fort tard, en 1710, à l'âge de 74 ans, ce *Dialogue des héros de roman;* mais il ne se faisait pas faute de le réciter, aussitôt qu'il l'eut fait, dans les sociétés où il était reçu. L'auteur avait un talent extraordinaire pour débiter ses ouvrages. Il savait, par une mimique expressive, leur faire prendre un caractère singulier de vivacité et de force. On peut imaginer l'effet de cette lecture, Boileau donnant, comme il le dit, à tous les personnages qu'il y introduisait le ton qui leur convenait. Il faut apprécier les motifs qui empêchèrent Boileau d'écrire ce *Dialogue* et de ne le point laisser voir sur le papier : « Il ne vouloit pas donner ce chagrin à une fille qui, après tout, avoit beaucoup de mérite, et qui, s'il en faut croire tous ceux qui l'ont connue, nonobstant la mauvaise morale enseignée dans les romans, avoit encore plus de probité et d'honneur que d'esprit. » En effet, Mlle de Scudéri était fort estimée dans la belle société de l'hôtel de Rambouillet et dans les gens de lettres qui la fréquentaient. Elle était bien éloignée d'être

---

1. On trouve encore le même blâme dans la bouche d'un autre personnage moins recommandable, il est vrai, de Gorgibus dans *Sganarelle*. Voici ce qu'il dit à sa fille Célie :

> Voilà, voilà le fruit de ces empressements,
> Qu'on vous voit nuit et jour à lire vos romans;
> De quolibets d'amour votre tête est remplie,
> Et vous parlez de Dieu bien moins que de *Clélie*.
> Jetez-moi dans le feu tous ces méchants écrits
> Qui gâtent tous les jours tant de jeunes esprits;
> Lisez-moi, comme il faut, au lieu de ces sornettes,
> Les quatrains de Pibrac et les doctes tablettes
> Du conseiller Mathieu..., etc., etc.
>
> (*Sganarelle*, acte 1er, scène 1re.)

pédante, et l'abbé de Pure, ce précurseur de Molière dans la guerre qu'il fit aux précieuses, loue précisément en elle sa bonté, sa douceur, sa modestie, sa parfaite simplicité.[1]

La précaution prise par Boileau ne protégea qu'à demi « cette incomparable fille. » Les auditeurs qui avaient entendu le *Dialogue des héros de roman* en retenaient les meilleurs traits, et, les débitant à leur tour, ils les répandaient dans les réunions où ils allaient, en sorte qu'aucune des malices du jeune censeur n'échappa soit à Mlle de Scudéri, soit à ses admirateurs. Il arriva même que des personnes d'une excellente mémoire réussirent à composer à l'aide de leurs souvenirs le *Dialogue* en entier. Boileau soupçonne surtout de cette indiscrétion le fils de Mme de Sévigné.[2] Tant il y a que cette pièce ayant paru une première fois, en 1688, dans le deuxième

---

[1]. *La Précieuse*, etc., 1re partie, p. 382. « On peut appeler Mlle de Scudéri la muse de notre siècle et le prodige de notre sexe. Il faut que l'on rende justice à son mérite, que sa propre modestie opprime... elle est capable de ternir toutes ses belles productions par sa seule conversation; car elle y est si bonne et si aimable, qu'on aime encore mieux la voir que la lire : ce n'est pas bonté, que douceur; l'esprit n'éclate qu'avec tant de modestie, les sentiments n'en sortent qu'avec tant de retenue, elle ne parle qu'avec tant de discrétion, et tout ce qu'elle dit est si à propos et si raisonnable, qu'on ne peut s'empêcher de l'admirer et de l'aimer tout ensemble. C'est alors que, faisant la comparaison de ce qu'on voit d'elle et de ce qu'elle débite en particulier, de ce qu'elle écrit ou de ce qu'elle peut dire, on préfère sans hésiter sa conversation à ses ouvrages... Bien que son esprit soit prodigieusement grand, son cœur l'emporte peut-être sur lui : je veux dire que c'est dans le cœur de cette illustre personne que l'on peut trouver la vraie et épurée générosité, une constance inébranlable, et la sincère et solide amitié... Quiconque aura le bonheur de voir trois fois de suite celle dont je parle, connaîtra sans doute que je ne dis pas encore tout ce qu'on en pourrait dire de bien et le connoîtra malgré les soins qu'elle apporte naturellement et sans y songer pour le cacher. Je n'aurois sans doute jamais achevé si je voulois suivre mon inclination, et si je pouvois donner de l'encens pur à cette incomparable fille. »

[2]. « ... Je soupçonne fort M. le marquis de Sévigné d'en être le principal auteur, car c'est lui qui en a retenu le plus de choses. Mais tout cela, encore un coup, n'est point mon *Dialogue*, et vous en conviendrez vous-même, si vous venez à Paris, quand je vous en réciterai des endroits. »

(*Boileau à Brossette*, 27 mars 1704.

tome du *Retour des pièces choisies*, on l'inséra plus tard parmi les œuvres de Saint-Évremond.

Mlle de Scudéri était morte en 1701; Boileau se décida, en 1710, à donner, de sa main, cette petite composition. A cette date l'état des esprits était bien différent de ce qu'il avait été en 1664. Despréaux se demandait, en publiant son *Dialogue*, s'il s'attirerait les mêmes applaudissements qu'il s'attirait autrefois « dans les fréquents récits » qu'il était obligé d'en faire. Car, ajoutait-il, « outre qu'en le récitant je donnois à tous les personnages que j'y introduisois le ton qui leur convenoit, ces romans étant alors lus de tout le monde, on concevoit aisément la finesse des railleries qui y sont. Mais maintenant que les voilà tombés dans l'oubli, et qu'on ne les lit presque plus, je doute que mon *Dialogue* fasse le même effet. Ce que je sais pourtant, à n'en point douter, c'est que tous les gens d'esprit et de véritable vertu me rendront justice, et reconnoîtront sans peine que, sous le voile d'une fiction en apparence extrêmement badine, folle, outrée, où il n'arrive rien qui soit dans la vérité et dans la vraisemblance, je leur donne peut-être ici le moins frivole ouvrage qui soit encore sorti de ma plume. »

Boileau a bien raison. Sans mêler ici, comme il le fait avec un peu de raideur, les intérêts de la véritable vertu, on peut dire que ce *Dialogue* a rendu de grands services en son temps. Ce n'est pas, sans doute, une œuvre de haute portée comme les *Provinciales* ou la comédie des *Précieuses*, mais il fut un auxiliaire utile à ces réformateurs de l'esprit et du goût, Pascal et Molière. Dans sa petite sphère d'action, cette satire en prose, animée par les jeux de scène que l'auteur y joignait, porta des coups directs, précis et sûrs à ce genre faux de littérature romanesque. N'oublions pas que cinq ans auparavant, en 1658, la *Clélie*, dont les volumes se continuaient toujours, balançait presque le succès des *Provinciales*. L'année suivante Molière avait donné les *Précieuses*. Ç'avait été le commencement de la déroute pour les romans; un libraire en avait été ruiné : [1] Boileau vint à son tour pour l'achever, et atteindre les fuyards, dit M. Sainte-Beuve.

M. Victor Cousin, dans son admiration pour Mlle de Scudéri, n'est pas aussi favorable à Despréaux. Peu s'en faut qu'il ne le maltraite. Au moins lui fait-il la leçon en termes un peu sévères sur ses manquements à l'égard de l'illustre Sapho. Boileau, suivant lui, n'a jugé ces romans célèbres qu'en érudit, et point du tout en homme du bel air. Quand il s'irrite de ne point reconnaître, dans le grand Cyrus, le roi promis par les prophètes, annoncé par la Bible, peint par Hérodote, figuré par Xénophon, il prend Mlle de Scudéri pour Mme Dacier. Puis, s'animant de plus en plus dans la défense de Madeleine de Scudéri, M. Cousin ajoute avec ce feu d'éloquence qu'il mettait à toute chose : « Non, sans doute, Mlle de Scudéri n'a point fidèlement représenté le Cyrus de l'histoire ; mais de grâce, prenez garde qu'elle n'y a jamais songé. Au lieu du Cyrus de la Bible, d'Hérodote et de Xénophon, qu'elle ne connaissait guère, elle a peint le Cyrus qu'elle avait sous les yeux, le héros qui éblouissait son siècle de l'éclat de ses victoires, qui commença par sauver la France, et plus tard en agrandit les frontières... Ce Cyrus-là est le prince de Condé en sa brillante jeunesse, lorsqu'on le nommait le duc d'Enghien, et dans les premières années où il succéda au titre de son père et s'appelait M. le Prince. Mlle de Scudéri l'a peint tel qu'il était à la fleur de son âge, et pour ainsi dire de sa gloire, fort galant, ne vous en déplaise, comme le sont quelquefois les jeunes héros, ainsi que Racine aurait pu vous le dire, car nous n'osons vous citer Corneille, et, tout en pensant à sa belle maîtresse, prenant des villes, gagnant des batailles, et faisant des

---

[1] « La comédie des *Précieuses ridicules*, jouée en 1659, décrédita les romans et ruina le pauvre Joly, qui venoit de traiter avec Courbé pour son fonds romanesque dont l'impression de *Pharamond* (de La Calprenède), déjà fort avancée et qui parut l'année suivante, faisoit une partie considérable. » *Longueruana*, cité par M. Sainte-Beuve, *Histoire de Port-Royal*, t. III, p. 203.

choses mille fois plus grandes que ce passage du Rhin que vous avez si dignement chanté. Quoi! vous n'avez pas reconnu votre héros dans celui de Mlle de Scudéri! Vous ne voyez dans Cyrus qu'un Céladon et un Silvandre! Mais n'apercevez-vous pas tous ces siéges, tous ces combats? Voici Dunkerque, voilà Rocroy, voilà Lens, voilà Charenton et le siége de Paris. Vous jugez donc bien sévèrement un ouvrage qu'évidemment vous n'avez pas entendu, que peut-être même vous n'avez pas lu, puisque dès les premières pages l'auteur avait pris soin de vous déclarer son dessein et de vous annoncer son vrai héros et sa vraie héroïne.

« Oui, sa vraie héroïne aussi, car si Artamène et Cyrus sont le prince de Condé, Mandane est certainement la duchesse de Longueville. Comment Boileau ne l'a-t-il pas reconnue? Il l'avait plus d'une fois rencontrée à l'hôtel de Condé ou à Port-Royal, et il lui suffisait d'ouvrir le *Cyrus* pour y voir son portrait. Est-ce que par hasard il a pris cette gracieuse et douce figure pour celle de quelque princesse de Médie ou de Cappadoce retrouvée par Mlle de Scudéri? Ou, s'il a reconnu la sœur de Condé, comment ce seul portrait ne lui a-t-il pas révélé la pensée de l'ouvrage? [1] »

On ne peut imaginer un avocat plus ingénieux, plus véhément, plus passionné. Le sentiment intérieur de M. Cousin est celui-ci : « Boileau, vous n'êtes qu'un bourgeois; quand vous avez écrit votre *Dialogue*, vous n'étiez pas encore tout à fait sorti de la poudre du greffe. Vous étiez né trop au-dessous de cette société élégante pour en comprendre les nobles passe-temps. Vous parlez du grand Cyrus comme un clerc de procureur, vos petits instincts vous ont aveuglé; je n'en suis pas surpris, mais je ne vous le pardonne pas. » Ce mépris peut être éloquent dans son expression, mais il n'est rien moins que juste.

Boileau n'a pas ignoré que les portraits du grand Cyrus ou de la Clélie n'étaient qu'une galerie des amis particuliers de

---

1. *La Société française au dix-septième siècle, d'après le Grand Cyrus de Mlle de Scudéri*, t. Ier, Introduction, p. 4, 6.

Mlle de Scudéri, il le dit lui-même à la fin de son *Dialogue*. S'il n'en blâme pas moins ces livres fameux, c'est qu'il y trouvait en abondance des défauts que son bon sens avait raison de réprouver. M. Cousin, dont toutes les affections sont pour le *Grand Cyrus*, reconnaît pour la *Clélie* la justesse des critiques du poëte. Il veut bien avouer que mettre sous les noms historiques de Brutus, de Collatin, de Tarquin, de Lucrèce, de Tullie, de Clélie, des seigneurs et des dames du XVIIe siècle, avec leurs goûts et leurs mœurs, c'est une entreprise ridiculement extravagante, où le roman et l'histoire ne font que se combattre. A la bonne heure! On peut répondre pour Boileau : « Eh! que dis-je autre chose? » Une distinction subtile entre les temps où Cyrus a vécu et ceux de l'histoire romaine n'excuse en rien Mlle de Scudéri. Qu'on admette l'incertitude historique comme très-favorable à la liberté de l'art, rien de mieux; mais comment disculper son style surchargé, même dans ce premier ouvrage, objet de tant de prédilection, d'épithètes languissantes, encombré d'adverbes, affadi par toutes les langueurs et les longueurs d'une langue précieuse et maniérée?

M. Cousin est bien obligé d'en convenir, et il fait lui-même la critique la plus sensée de la *Clélie*. Il n'y aurait point d'injustice à faire retomber sur le *Cyrus* la moitié des reproches dont il accable l'héroïne infortunée qui n'a pu plaire parce qu'elle n'est entourée que d'une société inférieure et bourgeoise, incessamment occupée de petite galanterie. Les deux demoiselles Boquet pouvaient-elles inspirer l'auteur aussi bien que la duchesse de Longueville? Chapelain valait-il donc Condé? Enregistrons toujours cet aveu : « Il y a déjà plus de fadeur qu'il n'en faudrait dans le *Cyrus*, mais dans la *Clélie* la fadeur est partout et passe toute mesure; c'est là que *jusqu'à je vous hais, tout se dit tendrement*, comme pour faire un absolu contraste avec les noms sévères des personnages romains. L'analyse des sentiments, et particulièrement du plus délicat, du plus ondoyant, du plus indéfinissable de tous, mène par une pente naturelle à une métaphysique un peu quintessenciée dont on a un assez fort avant-goût dans le *Cyrus;* la *Clélie* pousse cette métaphysique à des subtilités inouïes qui composent une sorte de scolastique amoureuse. On y disserte à perte de vue sur toutes les nuances de l'amour, depuis la première impression de plaisir désintéressé que fait naître la vue de la beauté jusqu'aux dernières extrémités de la passion, et on y trace cette fameuse carte du Tendre où sont marqués le lac d'Indifférence, le bourg du Respect, les villages de Billet-Doux, de Billet-Galant, de Jolis-Vers, de Complaisance, de Soumissions, de Petits-Soins, d'Assiduité, d'Empressement, de Sensibilité, jusqu'à la ville du Tendre, sur le fleuve de l'Inclination, tout à côté de la mer Dangereuse. Le *Cyrus* abonde sans doute en analyses sentimentales, comme plus d'une tragédie de Corneille, mais sans tomber jamais dans ces divisions et ces subdivisions à l'infini. En un mot, la *Clélie* appartient déjà à l'école des *Précieuses* que Molière n'a cessé de poursuivre depuis le commencement jusqu'à la fin de sa carrière, et le *Cyrus,* tout en inclinant un peu trop vers cette école, relève de ces précieuses illustres que Molière a toujours respectées. La *Clélie* se ressent des sociétés du Marais et des fameux *Samedis;* le *Cyrus* sort de l'hôtel de Rambouillet. »

Malheureusement un grand défaut est commun aux deux ouvrages : « ce défaut est la longueur, la prolixité, la diffusion.[1] » Ce n'était vraiment pas la peine de commencer par malmener si durement Boileau pour finir en lui rendant complète justice et en disant à peu près la même chose que lui. Le poëte n'avait pas été, loin de là, insensible du tout au plaisir que ses contemporains trouvaient à la lecture des romans de Mlle de Scudéri. Il le déclare lui-même : comme tout le monde, il les avait d'abord lus avec beaucoup d'admiration, et regardés comme des chefs-d'œuvre de notre langue. Comme tout le monde, il avait la clef de ces portraits; mais c'était une admi-

1. Ouvrage déjà cité, Introduction, p. 13.

ration qui devait durer moins chez lui que chez aucune autre personne. « Mes années étant accrues, dit-il, et la raison m'ayant ouvert les yeux, je reconnus la puérilité de ces ouvrages. Si bien que l'esprit satirique commençant à dominer en moi, je ne me donnai point de repos, que je n'eusse fait contre ces romans un dialogue à la manière de Lucien, où j'attaquois non-seulement leur peu de solidité, mais leur afféterie précieuse de langage, leurs conversations vagues et frivoles, les portraits avantageux faits à chaque bout de champ de personnes de très-médiocre beauté, et quelquefois même laides par excès, et tout ce long verbiage d'amour qui n'a point de fin. » En cela, comme ailleurs, Despréaux a donc rendu un service à notre langue. Il a secondé les efforts de Molière. Si celui-ci mettait dans cette tâche commune plus de finesse, de gaieté et de génie inventif, Despréaux y apportait autant de justesse, et marchait directement à l'ennemi, coupant dans le vif.

M. Sainte-Beuve a si bien apprécié cette époque, où Boileau fait ses premières armes, que nous rapporterons ici un passage qui s'applique plus particulièrement au *Dialogue,* dont nous avons trop longuement parlé peut-être : « Mlle de Scudéri n'était plus, malgré son mérite, que la personnification de ce faux genre. Elle avait donné des règles pour bien écrire, des principes pour bien causer, avait dit sur tout cela des choses assez justes, assez sensées, fines, mais trop méthodiques : elle avait et elle portait un peu partout le ton de magister et de prédicateur, comme l'ont observé les plus malins d'entre les contemporains. Elle avait fadement loué, dessiné, tiré en portrait toutes les personnes de haut ton qu'elle avait connues, et de qui elle dépendait un peu. Mais si utile que soit l'éducation, il y a un moment et un âge où il faut qu'elle finisse; on ne peut garder toujours auprès de soi son précepteur ni sa gouvernante, si obséquieuse qu'elle soit dans sa raideur. Mlle de Scudéri l'éprouva. Molière, Boileau, sentirent surtout très-vivement cette heure, ce moment où elle était de trop, elle et son genre, et ils en avertirent brusquement et gaiement la société émancipée, qui ne se le fit pas dire deux fois. Ils balayèrent (j'aime le mot) la queue des mauvais romans. La comédie des *Précieuses* tua le genre (1659) : Boileau survenant l'acheva par les coups précis et bien dirigés dont il atteignit les fuyards. »

1665. — Un pari de cent pistoles à propos d'une question littéraire fit composer à Boileau sa *Dissertation sur la Joconde*. Il s'agissait de décider entre deux amis lequel valait mieux du conte de La Fontaine ou de celui d'un auteur nommé Bouillon, secrétaire, en son vivant, de Gaston d'Orléans.[1] On ignore le nom des deux amis entre qui s'était élevé le débat. Brossette a cru pouvoir substituer à la simple initiale B, mise en tête du morceau, le nom de l'abbé Le Vayer ; Saint-Marc n'est pas de son avis. Il pense qu'il s'agit plutôt d'un cousin de l'abbé, nommé François Le Vayer de Boutigny, maître des requêtes ; mais il n'y a là-dessus rien que de très-incertain. Le différend avait d'abord été soumis à Molière ; il refusa d'en être l'arbitre, peut-être par un sentiment de reconnaissance et de discrétion pour la mémoire de Bouillon à qui, selon Walkenaër, il pouvait bien avoir eu quelque obligation en sa qualité de chef de troupe des comédiens de Monsieur. Boileau accepta d'être le juge de cette discussion littéraire et rendit un jugement en forme. Il y avait là à faire triompher la cause du goût sur une fantaisie d'entêtement : Despréaux se sentit animé du même feu qui lui faisait écrire ses satires. L'importance de la gageure montre combien l'ardeur était grande entre les combattants. Ces deux amis de la société de Boileau n'étaient pas les seuls que la même question divisât. La Fontaine et Bouillon avaient chacun des partisans également enflammés de zèle. On lit dans le *Journal des savants* du 26 janvier 1655 l'annonce du conte de La Fontaine. Après avoir dit que La Fontaine a beaucoup changé au récit d'Arioste, les

---

1. Les œuvres de feu M. Bouillon, contenant l'*Histoire de Joconde*, le *Mary commode*, l'*Oiseau de passage*, la *Mort de Daphnis*, l'*Amour déguisé*, portraits, mascarades, airs de cour, etc., in-12, Paris, chez J. Guignard fils, en 1663.

rédacteurs ajoutent : « M. de Bouillon avoit déjà traduit cet épisode, mais il s'étoit entièrement attaché à son texte, et n'avoit pas abandonné d'un pas l'Arioste... Ces deux manières différentes ont donné lieu à beaucoup de disputes : les uns prétendant que le conte étoit devenu meilleur par le changement qu'on y a fait; et les autres, au contraire, soutenant qu'il en étoit tellement défiguré, qu'il n'étoit pas connoissable. Beaucoup de gens ont pris parti dans cette contestation, et elle s'est tellement échauffée qu'il s'est fait des gageures considérables en faveur de l'un et de l'autre.[1] » C'était donc une sorte de discorde civile, une nouvelle guerre des Jobelins : tant le goût du public avait besoin d'être éclairé et dirigé! Les rédacteurs eux-mêmes du journal dont nous venons de citer quelques lignes n'avaient pas le sentiment bien net de la différence entre ces deux ouvrages. Quoiqu'il y eût parmi eux trois académiciens, Chapelain, Bourzeis et Gomberville,[2] aucun d'eux n'avait assez de discernement pour reconnaître la supériorité de La Fontaine et la proclamer hardiment; ils se contentaient de dire (26 janvier 1665) : « Il est à craindre qu'il n'arrive à ces deux pièces la même chose qui est arrivée à ces deux sonnets qui divisèrent le Parnasse en deux factions si célèbres... Car étant examinés de plus près, ils perdirent beaucoup de leur prix et de leur estime. »

C'était cette indécision qu'il fallait fixer, c'était ce jugement hésitant qu'il fallait affermir. Boileau était l'homme de cette besogne. Il ne tergiverse pas, et n'est pas long à faire savoir son avis. « Il n'y a point de comparaison, dit-il, entre un conte plaisant et une narration froide, entre une invention fleurie et enjouée et une traduction sèche et triste. Voilà, en effet, la proportion qui est entre ces deux ouvrages. M. de La Fontaine a pris à la vérité son sujet d'Arioste, mais en même temps il s'est rendu maître de sa matière : ce n'est

1. Édition Berriat Saint-Prix, t. III, p. 5.
2. Guy Patin, *Lettres*, 20 mars 1665. Édition Berriat Saint-Prix, t. Ier, p. 74.

point une copie qu'il ait tirée un trait après l'autre sur l'original, c'est un original qu'il a formé sur l'idée qu'Arioste lui a fournie. C'est ainsi que Virgile a imité Homère; Térence, Ménandre; et le Tasse, Virgile. Au contraire, on peut dire de M. Bouillon que c'est un valet timide, qui n'oseroit faire un pas sans le congé de son maître, et qui ne le quitte jamais que quand il ne le peut plus suivre. C'est un traducteur maigre et décharné; les plus belles fleurs que l'Arioste lui fournit deviennent sèches entre ses mains; et à tous moments quittant le françois pour s'attacher à l'italien, il n'est ni Italien ni François. »

Boileau ne s'étonne pas que Bouillon ait des partisans si opiniâtres; les plus méchants ouvrages n'ont-ils pas de tout temps trouvé des protecteurs sincères? N'a-t-on pas vu de tout temps des opiniâtres entreprendre de combattre la raison à force ouverte? Il ne craint pas de s'attirer sur les bras tous les amateurs du poëte, et il donne les raisons de sa préférence pour La Fontaine. Ceux qui ont triomphé contre Boileau du silence qu'il garde dans son *Art poétique* sur notre incomparable fabuliste n'ont pas remarqué les éloges que le critique fait de son talent dans cette dissertation. Il serait parfaitement injuste de prétendre que Despréaux fût insensible au mérite de La Fontaine. En effet, quoiqu'on l'ait fort bien loué de notre temps, personne n'a marqué d'une façon plus nette le caractère de cet aimable écrivain. Mettant La Fontaine bien au-dessus de Bouillon, il ose même lui donner la supériorité sur Arioste. « Un homme, dit-il de lui, formé, comme je vois bien qu'il l'est, au goût de Térence et de Virgile, ne se laisse pas emporter à ces extravagances italiennes, et ne s'écarte pas ainsi de la route du *bon sens*. Tout ce qu'il dit est simple et naturel : et ce que j'estime surtout en lui, c'est une certaine naïveté de langage que peu de gens connoissent, et qui fait pourtant tout l'agrément du discours; c'est cette naïveté inimitable qui a été tant estimée dans les écrits d'Horace et de Térence, à laquelle ils se sont étudiés particulièrement, jusqu'à rompre pour cela la mesure de leurs vers, comme a fait M. de La Fontaine en beaucoup d'endroits. En effet, c'est ce *molle* et ce *facetum* qu'Horace a attribués à Virgile, et qu'Apollon ne donne qu'à ses favoris. En voulez-vous des exemples ?

> Marié depuis peu, content, je n'en sais rien,
> Sa femme avoit de la jeunesse,
> De la beauté, de la délicatesse ;
> Il ne tenoit qu'à lui qu'il ne s'en trouvât bien.

« S'il eût dit simplement que Joconde vivoit content avec sa femme, son discours auroit été assez froid ; mais par ce doute où il s'embarrasse lui-même, et qui ne veut pourtant dire que la même chose, il enjoue sa narration et occupe agréablement le lecteur...

« Il en est de même encore de cette réflexion que fait M. de La Fontaine, à propos de la désolation que fait paroître la femme de Joconde quand son mari est prêt à partir :

> Vous autres bonnes gens auriez cru que la dame
> Une heure après eût rendu l'âme ;
> Moi qui sais ce que c'est que l'esprit d'une femme, etc.

« Je pourrois vous montrer beaucoup d'endroits de la même force ; mais cela ne serviroit de rien pour convaincre votre ami. Ces sortes de beautés sont de celles qu'il faut sentir, et qui ne se prouvent point. C'est ce je ne sais quoi qui nous charme, et sans lequel la beauté n'auroit ni grâce ni beauté. Mais, après tout, c'est un je ne sais quoi... » On ne pouvait rien dire de plus juste sur ce style inventeur de La Fontaine. N'est-il pas surprenant qu'on ait voulu lui opposer ce langage prosaïque de Bouillon :

> Astolfe, roi de Lombardie,
> A qui son frère plein de vie
> Laissa l'empire glorieux
> Pour se faire religieux,
> Naquit d'une forme si belle,
> Que Zeuxis et le grand Apelle

> De leur docte et fameux pinceau
> N'ont jamais rien fait de si beau, etc.

Il n'était pas difficile à Boileau de montrer tout ce que ces vers renferment de chevilles, d'expressions basses, d'épithètes de remplissage, de transpositions insupportables ; il faisait bien de les renvoyer rebattre sur l'enclume. C'était là une page de bonne et de salutaire critique, et la condamnation de l'ouvrage insipide de Bouillon valait bien plus de cent pistoles pour les lettres françaises.

Si tout le monde est d'accord avec Boileau en ce qui touche Bouillon, on n'accepte pas de même son sentiment sur Arioste qu'il sacrifie à son contemporain. Voltaire soutient, non sans raison, que La Fontaine n'a pas dans les contes imités d'Arioste autant d'élégance et de pureté que l'Italien ; il relève chez lui bien des traits bas, négligés, que son beau naturel fait encore ressortir davantage. Ginguené,[1] Daunou[2] sont de la même opinion. Cela peut être vrai en général, mais dans la question particulière de la Joconde on peut dire avec La Harpe[3] qu'il est bien difficile de ne pas embrasser l'opinion de Boileau dans tous les endroits où il les compare. Oui, les corrections de La Fontaine sont heureuses, les réflexions qu'il ajoute au texte italien ont une naïveté parfaite, et l'on rencontre dans ce conte bien peu de ces figures incohérentes et fausses, de ces expressions populaires dont le goût de Voltaire s'effarouchait.[4] Quant à l'invention d'Arioste, à son imagination inépuisable, Voltaire aurait dû savoir, mais qui s'en doutait alors? que le poëte italien a été lui-même bien souvent le traducteur et l'imitateur de nos anciens poëtes.

Cette dissertation si flatteuse pour La Fontaine détermina sans doute son amitié avec Boileau.

---

1. Ginguené, *Hist. littéraire d'Italie*, t. IV, p. 433.
2. Tome II, p. 10 et 35.
3. *Lycée*, t. VII.
4. *Siècle de Louis XIV*, t. I*er*; Lettre à M. de la Visclède; *Facéties et Mélanges littéraires*.

Voilà donc réunis ces quatre hommes qui ont eu au xviie siècle le premier rang parmi les beaux esprits. Le temps de leur liaison est l'aurore d'une époque nouvelle en littérature. On en a fini avec les érudits maladroits de la première moitié de ce siècle, avec les poëtes sans travail et sans art. Ils sont quatre désormais pour résister au parti des Chapelain et des abbé de Pure, ils sont quatre à se conseiller, à se corriger, à s'exciter à mieux faire. La Fontaine a peint lui-même dans sa *Psyché* ces réunions où plus d'un chef-d'œuvre de la littérature française prit naissance ou bien se perfectionna : « Quatre amis, dont la connoissance avoit commencé par le Parnasse, tinrent une espèce de société que j'appellerois académie si leur nombre eût été plus grand, et qu'ils eussent autant regardé les Muses que le plaisir. La première chose qu'ils firent, ce fut de bannir d'entre eux les conversations réglées, et tout ce qui sent la conférence académique. Quand ils se trouvoient ensemble et qu'ils avoient bien parlé de leurs divertissements, si le hasard les faisoit tomber sur quelque point de science ou de belles-lettres, ils profitoient de l'occasion : c'étoit toutefois sans s'arrêter trop longtemps à une même matière, voltigeant de propos en autre, comme des abeilles qui rencontreroient en leur chemin diverses sortes de fleurs. L'envie, la malignité, ni la cabale, n'avoient de voix parmi eux. Ils adoroient les ouvrages des anciens, ne refusoient point à ceux des modernes les louanges qui leur sont dues, parloient des leurs avec modestie, et se donnoient des avis sincères lorsque quelqu'un d'eux tomboit dans la maladie du siècle et faisoit un livre, ce qui arrivoit rarement.. »

Ajoutons au nom de ces amis celui de Chapelle, un homme d'esprit qui avait conservé les habitudes du temps passé, plus assidu au cabaret qu'aux ruelles ; un génie, dit Voltaire, plus débauché encore que délicat, plus naturel que poli, facile dans ses vers, incorrect dans son style, libre dans ses idées. Dans ces douces réunions où le plaisir avait sa place autant que le sérieux, Racine portait le nom d'Acante, La Fontaine celui de

Polyphile, Molière s'appelait Gélaste, Boileau Ariste.[1] Le mot était heureusement appliqué. Despréaux était en effet l'Ariste (l'excellent), le meilleur des hommes. « D'une humeur sérieuse, sans être incommode, » un peu brusque, mais franc, mais sincère et courageux; toujours prêt sans doute à gourmander Chapelle sur sa passion du vin, La Fontaine sur ses manquements envers sa femme; mais bon, généreux, au-dessus des petites rivalités qui trouvaient accès dans l'âme irritable de Racine et finirent bientôt par le brouiller avec Molière; hardi à défendre ceux qu'il aime, se jetant avec bravoure dans la mêlée, s'attirant sur les bras tous les ennemis de la raison et du goût. S'il fait la guerre à ses amis sur les faiblesses ou les imperfections de leurs ouvrages, il reçoit leurs observations pour les siens, en profite, et leur donne l'exemple de la modestie. Fut-il quelquefois injuste? Il faut dire avec d'Alembert qu'il ne le fut jamais que par erreur, par prévention, par humeur tout au plus, et jamais par envie. Il n'eut pas plus de bassesses à se reprocher dans ses écrits que dans ses actions. Sa probité littéraire égala sa probité morale. Il lui arriva souvent de se réconcilier avec ses ennemis, il ne lui est

1. Walkenaër, *Vie de La Fontaine*, se trompe quand il reconnaît Boileau dans le poëte Acante, et Racine dans Ariste. Voici ce qu'on lit dans la *Psyché* : « Il (Acante) aimoit extrêmement les jardins, les fleurs, les ombrages. Polyphile lui resssembloit en cela; mais on peut dire que celui-ci aimoit toutes choses. Ces passions, qui leur remplissoient le cœur d'une certaine tendresse, se répandoient jusqu'en leurs écrits, et en formoient le principal caractère. Ils penchoient tous deux vers le lyrique (Racine a débuté par des odes, il y en a une sur les jardins), avec cette différence qu'Acante avoit quelque chose de plus touchant, Polyphile de plus fleuri. Des deux autres amis, que j'appellerai Ariste et Gélaste, le premier étoit sérieux sans être incommode; l'autre étoit fort gai...

«Acante ne voyant personne autour de lui que ses trois amis (celui qui les conduisoit étoit éloigné), Acante, dis-je, ne se put tenir de réciter certains couplets de poésie que les autres se souvenoient d'avoir vus dans un ouvrage de sa façon :

> Sommes-nous, dit-il, en Provence?
> Quel amas d'arbres toujours verts
> Triomphe ici de l'inclémence
> Des aquilons et des hivers!»

pas arrivé de perdre un seul de ses amis. Jusqu'au bout il demeura comme un point de ralliement pour les hommes de lettres, un hôte que les gens du monde aimaient à visiter dans sa retraite d'Auteuil. Ce qu'il était à la rue du Vieux-Colombier, 1663-1664, à la Croix-de-Lorraine, 1665, il le fut toute sa vie. En 1699, le secrétaire d'État Pont-Chartrain lui écrivait : « Ce n'est point ce génie sublime, cet auteur des *Satires* que je prise et que j'estime le plus en vous : c'est cette candeur et cette simplicité heureuse que vous avez su joindre à tout l'esprit imaginable, et qui vous fit aimer de vos ennemis mêmes.[1] » Sachons dès maintenant rendre hommage à ce beau caractère dont nous aurons plus tard à signaler plus d'un trait de fierté, d'indépendance et même de courage. N'oublions pas qu'on nous a fait trop longtemps de Boileau un personnage grondeur, maussade, un *sévère critique,* sans tendresse d'âme. Qui donc a mieux aimé ses amis ?

Revoyons aussi Boileau dans sa gaieté juvénile, dans ses heures d'enjouement et même de plaisir.

Louis Racine écrit dans la vie de son père : « Il faisoit alors de fréquents repas chez un fameux traiteur où se rassembloient Boileau, Chapelle, Furetière et quelques autres. D'ingénieuses plaisanteries égayoient ces repas où les fautes étoient sévèrement punies. Le poëme de la *Pucelle,* de Chapelain, étoit sur une table, et on régloit le nombre de vers que devoit lire un coupable, sur la qualité de sa faute. Elle étoit fort grave quand il étoit condamné à en lire vingt vers, et l'arrêt qui condamnoit à lire la page entière étoit l'arrêt de mort. Plusieurs traits de la comédie des *Plaideurs* furent le fruit de ces repas : chacun s'empressoit d'en fournir à l'auteur. M. de Brilhac, conseiller au parlement de Paris, lui apprenoit les termes de palais. Boileau lui fournit l'idée de la dispute entre Chicaneau et la comtesse : il avoit été témoin de cette scène qui s'étoit passée chez son frère le greffier, entre un homme très-connu alors, et

---

1. *Lettres familières,* t. III.

une comtesse que l'actrice qui joua ce personnage contrefit jusqu'à paroître sur le théâtre avec les mêmes habillements, comme il est rapporté dans le commentaire sur la seconde satire de Boileau. Plusieurs autres traits de cette comédie avoient également rapport à des personnes alors très-connues ; et par l'Intimé, qui dans la cause du chapon commence son plaidoyer comme Cicéron, *Pro Quinctio : Quæ res duæ plurimum possunt... gratia et eloquentia,* etc., on désignoit un avocat qui s'étoit servi du même exorde dans la cause d'un pâtissier contre un boulanger.[1] »

On s'est demandé ce que chacun de ces quatre grands écrivains a retiré de ce commerce si noble et si efficace : « Quoiqu'il soit impossible, dit M. Nisard, de le déterminer avec rigueur, nier qu'ils y aient tous beaucoup gagné, ce serait un paradoxe insoutenable. » On peut s'en donner une idée en lisant dans la *Psyché* de La Fontaine la discussion soutenue par Gélaste d'un côté et Ariste de l'autre sur la tragédie et la comédie. Il y a dans les raisons de Boileau une gravité et une élévation dont l'effet ne pouvait être à la longue que des plus heureux sur de pareils esprits. Définir la pitié un ravissement, une extase, mettre le plaisir de la tragédie au-dessus du rire de la comédie sans l'interdire pourtant aux honnêtes gens, c'était faire entrer ses interlocuteurs dans des théories que Gélaste appelle, en se moquant, platoniciennes, c'était mettre les beautés du sublime bien au-dessus de celles du médiocre, et inviter les génies capables de les créer à y tourner leurs efforts.

Nous pourrions rapporter plus d'un détail pour marquer les

---

1. Peut-être est-ce la même histoire que Tallemant des Réaux raconte ainsi qu'il suit : « Un jeune avocat ayant à plaider contre un nommé Desfitas, bon praticien et pas autre chose, s'avisa de prendre l'exorde de l'oraison de Cicéron pour Quinctius, où l'orateur dit qu'il a contre lui les deux choses qui dans la cité exercent le plus d'influence, le crédit de la partie et l'éloquence de l'avocat, *summa gratia et eloquentia*. Desfitas prit aussitôt la parole et dit : « Messieurs, l'avocat de la partie adverse ne se tiendra pas « pour interrompu, je ne me pique pas d'éloquence, et ma partie est un « savetier. » Tome X, p. 217.

progrès et la nature de ces corrections amicales dont les amis faisaient usage entre eux. Racine le fils nous apprend lui-même que son père aimait d'abord les concetti, les faux brillants, mais que Boileau sut le ramener à la nature. Boileau critiquait toujours, ses amis écoutaient ou repoussaient ses critiques. Il refit la fable du Bûcheron, celle de l'Huître et des Plaideurs, sans égaler La Fontaine. Mais peut-être cette frayeur d'un crayon sûr qui va noter l'endroit faible fit-elle sur le fabuliste un effet salutaire. Il était loin pourtant d'être toujours docile. Despréaux voulait que La Fontaine fît dire au corbeau par le renard : « mon beau chanteur, » au lieu de « mon beau monsieur. » La Fontaine résista et ne changea rien à sa fable. « Dans les sociétés où La Fontaine et Despréaux se trouvaient ensemble, dit d'Alembert, et où l'on agitait quelque matière de littérature, ils n'étaient pas toujours de même avis. Un jour ils disputaient sur l'usage des aparté dans les pièces de théâtre. La Fontaine soutenait qu'ils choquaient la vraisemblance; Despréaux les défendait par toutes les raisons bonnes ou mauvaises qu'il pouvait imaginer. Voyant que le fabuliste ne se rendait pas et s'échauffait de plus en plus, le satirique lui criait pour toute réponse : « La Fontaine ne sait ce qu'il dit; « La Fontaine n'a pas le sens commun. » La Fontaine parlait toujours et ne répondait rien. « Eh! mon ami, » lui dit enfin Des-

---

1. Despréaux a dit à Racine fils : « Votre père avoit la foiblesse de lire quelquefois Scarron, et de rire; mais il se cachoit de moi. »

Brossette écrit à J.-B. Rousseau que Despréaux condamnait l'endroit de l'*Andromaque* de Racine où Pyrrhus dit à son confident, en parlant d'Hermione :

Crois-tu, si je l'épouse,
Qu'Andromaque en son cœur n'en sera point jalouse?

« Ce n'est pas que ce sentiment soit faux; au contraire, il est pris dans la nature : mais c'est qu'il n'est pas assez tragique. M. Despréaux avoit remarqué qu'aux représentations de l'*Andromaque* on ne manquoit jamais de sourire en cet endroit. » (Tome II, p. 107 des *Lettres* de J.-B. Rousseau.) Nous doutons que Despréaux ait fait cette critique; et quand il l'aurait faite, nous ne la trouverions pas plus juste.

(DAUNOU, *Vie de Boileau*, t. Ier, p. XLVII, XLVIII.)

préaux en éclatant de rire, « il y a une heure que je vous accable « d'injures sans que vous vous en aperceviez; dites à présent que « l'aparté n'est pas vraisemblable. » L'objection pouvait n'être pas tout à fait juste, mais elle était plaisante, et fut au moins assez imprévue pour que La Fontaine ne trouvât rien à répliquer. » Faut-il croire avec M. Nisard que Molière, frappé des observations de La Fontaine, fit disparaître tout à fait, à dater de ce moment les apartés dans ses pièces?

Dans une discussion de ce genre à propos d'une épigramme rimée par Despréaux pour son frère Puimorin contre l'auteur de la *Pucelle*, Molière posait ce principe qu'il faut sacrifier toute régularité à la justesse et au naturel de l'expression; « c'est l'art même, ajoutait-il, qui doit nous apprendre à nous affranchir des règles de l'art.[1] » C'est la pensée que Boileau traduit ainsi dans son *Art poétique* :

C'est lui
(le censeur solide et salutaire)
qui vous dira par quel transport heureux,
Quelquefois dans sa course un esprit vigoureux,
Trop resserré par l'art, sort des règles prescrites,
Et de l'art même apprend à franchir leurs limites.

La morale avait aussi son tour. L'humeur sévère de Boileau laissait peu tranquille La Fontaine sur ses négligences et ses oublis quand il s'agissait de son ménage. On sait comment il tentait de ramener à sa femme ce mari trop insouciant, et comment par une naïveté remplie d'adresse le bonhomme

---

1. Voici cette épigramme et la critique de Racine :

Froid, sec, dur, rude auteur, digne objet de satire,
De ne savoir pas lire oses-tu me blâmer?
Hélas! pour mes péchés je ne sais que trop lire
Depuis que tu fais imprimer.

« Mon père représenta que le premier hémistiche du second vers rimant avec le vers précédent et avec l'avant-dernier vers, il valoit mieux dire *de mon peu de lecture*. Molière décida qu'il falloit conserver la première façon. « Elle est, lui dit-il, plus naturelle, etc. »

(*Mémoires sur la vie de J. Racine.*)

échappait au joug conjugal. Si ses amis n'eurent pas assez de force persuasive pour le rendre à ses devoirs d'époux et de père, du moins on voit Racine et Boileau décider La Fontaine, sur la fin de sa vie, à mettre au feu certain conte qu'il songeait à adresser au grand Arnauld, qui l'avait loué de ses fables.

Molière, Racine et Boileau gourmandaient Chapelle sur ses excès de table. Les Crenet et les Boucingaut n'y perdirent rien : Chapelle continua de mener au cabaret les Grâces et les Muses. Il eut même le singulier triomphe d'y enivrer un jour le plus sobre des prédicateurs, Boileau lui-même. Voici comment Racine le fils raconte l'aventure : « Molière étoit alors de leur société, dont étoient encore La Fontaine et Chapelle, et tous faisoient de continuelles réprimandes à Chapelle sur sa passion pour le vin. Boileau, le rencontrant un jour dans la rue, lui en voulut parler. Chapelle lui répondit : « J'ai résolu de « m'en corriger; je sens la vérité de vos raisons. Pour achever « de me persuader, entrons ici; vous me parlerez plus à votre « aise. » Il le fit entrer dans un cabaret, et demanda une bouteille, qui fut suivie d'une autre. Boileau, en s'animant dans son discours contre la passion du vin, buvoit avec lui, jusqu'à ce qu'enfin le prédicateur et le nouveau converti s'enivrèrent. » Toujours est-il que l'*Alexandre* et l'*Andromaque* de Racine, les *Contes* de La Fontaine, les premières *Satires* de Boileau, le *Voyage* de Chapelle, et le *Misanthrope* de Molière datent des années où ces réunions se tenaient entre les quatre amis.[1]

---

[1] « Boileau détermina Racine à supprimer dans *Britannicus* une scène qui ouvrait le troisième acte : cette scène parfaitement versifiée se passait entre Burrhus et Narcisse : « Vous indisposerez les spectateurs, dit Boileau, en « leur montrant ces deux hommes ensemble. Pleins d'admiration pour l'un « et d'horreur pour l'autre, ils souffriront pendant leur entretien. Convient-il « au gouverneur de l'empereur, à cet homme si respectable par son rang et « par sa probité, de s'abaisser à parler à un misérable affranchi, le plus scé-« lérat des hommes ? Il le doit trop mépriser pour avoir avec lui quelque « éclaircissement. Et d'ailleurs quel fruit espère-t-il de ses remontrances ? « Est-il assez simple pour croire qu'elles feront naître quelques remords « dans le cœur de Narcisse ? Lorsqu'il lui fait connoître l'intérêt qu'il prend à « Britannicus, il découvre son secret à un traître : il précipite la perte de

IV.

BOILEAU ET LOUIS XIV. SES ENNEMIS ET SES AMIS.

Au commencement de cette même année (1665), Boileau fit un premier hommage à Louis XIV en composant à sa louange la pièce qu'il a mise en tête de ses satires avec ce titre : *Discours au roi*. Le poëte s'excuse d'avoir tardé si longtemps à célébrer le jeune et vaillant héros qui seul, sans ministre, à l'exemple des dieux, soutient tout par lui-même, et voit tout par ses yeux. Ce n'est pas qu'il ne sentît en lui le désir d'offrir au prince l'encens qui lui était dû; mais son génie peu fait pour la louange aurait craint de ternir l'éclat de tant de gloire. Pour chanter un Auguste, il faut être un Virgile. Que d'autres moins prudents s'exposent à la risée, qu'ils se croient assez inspirés pour chanter Louis XIV; lui, trop averti par sa faiblesse, se contente de gourmander les vices, de poursuivre les sottises du temps. C'est là son unique mérite, et c'est par là qu'il s'est fait tant d'ennemis. Son nom est devenu l'effroi des méchants, car sa muse un peu légère nomme tout par son nom et ne saurait se taire sur rien. Rien aussi ne pourrait

---

« Britannicus, au lieu de le servir. » DAUNOU, t. Ier, *Vie de Boileau*, p. XLIX.

La princesse Henriette-Anne d'Angleterre avait engagé Corneille et Racine à traiter le sujet de Bérénice : Racine avait promis d'y travailler. « Si je m'y étois trouvé, disait Boileau, je l'aurois bien empêché de donner sa parole. »

On lit dans le *Bolæana* de Montchesnai : « Ce fut M. Despréaux qui fournit à Molière l'idée de la scène des femmes savantes entre Trissotin et Vadius. La même scène s'étoit passée entre Gilles Boileau, frère du satirique, et l'abbé Cotin. Molière étoit en peine de trouver un mauvais ouvrage pour exercer sa critique, et M. Despréaux lui apporta le propre sonnet de l'abbé Cotin, avec un madrigal du même auteur, dont Molière sut si bien faire son profit dans sa scène incomparable. Le latin macaronique qui fait tant rire à la fin du *Malade imaginaire* fut encore fourni à Molière par son ami Despréaux en dînant ensemble avec Mlle Ninon de l'Enclos et Mme de La Sablière. »

la contraindre à louer. Mais pourtant, dit-il au roi, quand je te vois,

> D'une si noble ardeur,
> T'appliquer sans relâche aux soins de ta grandeur,
> Faire honte à ces rois que le travail étonne,
> Et qui sont accablés du faix de leur couronne :
> Quand je vois ta sagesse, en ses justes projets,
> D'une heureuse abondance enrichir tes sujets,
> Fouler aux pieds l'orgueil et du Tage et du Tibre,
> Nous faire de la mer une campagne libre,
> Et tes braves guerriers, secondant ton grand cœur,
> Rendre à l'aigle éperdu sa première vigueur ;
> La France sous tes lois maîtriser la fortune ;
> Et nos vaisseaux domptant l'un et l'autre Neptune,
> Pour aller chercher l'or, malgré l'onde et le vent,
> Aux lieux où le soleil le forme en se levant :
> Alors, sans consulter si Phébus l'en avoue,
> Ma muse toute en feu me prévient et te loue.

Ainsi le poëte voit son naturel vaincu par les merveilles de ce règne ; ainsi, par un adroit artifice, il rappelle ces actes de sagesse ou de vigueur qui relevaient à Londres et à Rome la dignité de nos ambassadeurs insultés, purgeaient la mer des corsaires de Tunis et d'Alger, contribuaient à la défaite des Turcs sur les bords du Raab, et ouvraient une source nouvelle de richesses à la France par l'établissement de la Compagnie des Indes orientales. Plus le satirique donnait contre les mauvais poëtes du temps les preuves de son humeur encline à médire, plus ses louanges devenaient précieuses : il ne cédait qu'à l'ascendant de la vérité.

Boileau n'était pas encore connu personnellement de Louis XIV. Ses amis Racine et Molière étaient depuis longtemps à la cour ; il n'y parut, lui, que vers 1669, et s'y trouva du premier jour à son aise dans son indépendance, dans sa liberté d'humeur et de propos. Quand les bienfaits de Louis XIV furent venus le chercher, il en manifesta publiquement sa reconnaissance dans ses écrits. Ses premiers éloges furent alors redoublés ; mais jamais en louant le souverain il n'obéit aux mouvements d'une basse cupidité. Son âme était trop honnête pour descendre à l'adulation. On voit par sa correspondance avec Racine quels étaient ses vrais sentiments pour le prince. Comme tout le monde, autour de lui, il était ébloui par sa majesté, séduit par son bon sens, ravi de quelques paroles tombées de sa bouche.

Despréaux est malade à Bourbon (1687), il a perdu la voix; le roi veut bien, au milieu de ses préoccupations et des embarras d'une guerre, s'enquérir de la santé du poëte auprès de Racine, son ami; il dit son mot sur le traitement que suit le malade; il prédit ou prévoit que la voix lui reviendra lorsqu'il y pensera le moins. Boileau en est touché. Qui ne l'aurait été à sa place? Et il écrit ces mots qui partent du fond du cœur : « D'ailleurs j'ai encore un remède à essayer, où j'ai grande espérance, qui est de me présenter à son passage dès que je serai de retour; car je crois que l'envie que j'aurai de lui témoigner ma joie et ma reconnoissance me fera trouver de la voix, et peut-être même des paroles éloquentes.[1] » Si le roi s'expose trop au siége de Mons, il s'en inquiète et confie cette inquiétude à Racine : « Je vous avoue pourtant que je ne saurois digérer que le roi s'expose comme il fait. C'est une mauvaise habitude qu'il a prise, dont il devroit se guérir; et cela ne s'accorde pas avec cette haute prudence qu'il fait paroître dans toutes ses autres actions. Est-il possible qu'un prince qui prend si bien ses mesures pour assiéger Mons, en prenne si peu pour la conservation de sa propre personne? Je sais bien qu'il a pour lui l'exemple des Alexandre et des César qui s'exposoient de la sorte; mais avoient-ils raison de le faire?[2] »

C'étaient là les véritables sentiments de Despréaux. Ils venaient d'une affection sincère pour le roi. Ce qu'il aimait en lui, c'était moins sa grandeur, moins les bienfaits qu'il pouvait répandre, que sa propre personne. Il y avait entre ces deux hommes un point commun, le bon sens; aussi la faveur du poëte est-elle peut-être la seule qui ait duré pure de tout

---

1. Correspondance de Racine avec Boileau, lettre LI.
2. Ibid., lettre LVII.

nuage pendant trente ans, sans qu'elle ait rien coûté à la franchise de Boileau.

La Harpe a dit : « De toutes les louanges prodiguées à Louis XIV, il n'y en eut point qui lui fissent autant de plaisir que celles de Boileau, et jamais il n'y en eut de *plus délicates*. » On peut trouver à reprendre quelque chose à ce mot de *délicates*. Ce n'est certainement pas là, partout, le mérite des éloges de Boileau. Son encens est quelquefois un peu grossier, et l'épître VIII peut à elle seule autoriser et justifier bien des critiques. Mais c'est affaire de goût et non de probité. Voltaire, dans un moment d'humeur, pour se ménager une antithèse, l'a appelé *Zoïle de Quinault et flatteur de Louis*; a-t-il eu bien raison, et ceux qui après lui ont répété cette injure avaient-ils bien réfléchi à ce qu'ils disaient? Pour juger les hommes, il faut les remettre en leur temps et les voir au milieu de leurs contemporains. Si nous entreprenons cette comparaison pour Boileau, nous la trouverons tout entière en sa faveur.

Suivant Duclos, les hommages qu'on rendait à Louis XIV étaient un culte, une émulation de servitude, une conspiration d'éloges qu'il ne rougissait pas de recevoir puisqu'on ne rougissait pas de les lui donner. Il n'y en avait jamais d'assez flatteurs à son gré. C'était sa faiblesse. Il se chantait avec complaisance les prologues des opéras de Quinault où, sans façon, le poëte en faisait un dieu. On connaît ce trait de La Bruyère sur Versailles : « Ces peuples d'ailleurs ont leur dieu et leur roi : les grands de la nation s'assemblent tous les jours, à une certaine heure, dans un temple qu'ils nomment église; il y a au fond de ce temple un autel consacré à leur dieu, où un prêtre célèbre des mystères qu'ils appellent saints, sacrés, redoutables : les grands forment un vaste cercle au pied de cet autel, et paroissent debout, le dos tourné directement au prêtre et aux saints mystères, et les faces élevées vers leur roi que l'on voit à genoux sur une tribune, et à qui ils semblent avoir tout l'esprit et tout le cœur appliqué. On ne laisse pas de voir dans cet usage une espèce de subordination, car

ce peuple paroît adorer le prince, et le prince adorer Dieu.[1] »
Et cet autre : « Il n'y a rien qui enlaidisse certains courtisans
comme la présence du prince; à peine les puis-je reconnoître
à leurs visages, leurs traits sont altérés, et leur contenance est
avilie : les gens fiers et superbes sont les plus défaits.[2] »

La flatterie atteignit dans ce siècle jusqu'aux dernières limites. Tous les sentiments furent sacrifiés par certains hommes
au désir de plaire au maître. Bussy-Rabutin, exilé, écrit au
duc de Saint-Aignan, que le roi a voulu, par quelque faveur
nouvelle, consoler de la perte de son fils : « Les faveurs que
vous a faites le roi me montrent que ce prince est digne du
service de toute la terre. Il n'y a qu'auprès de lui qu'on peut
avoir quelque douceur à perdre ses enfants, quelque honnêtes
hommes qu'ils soient. » On s'épuise en inventions ingénieuses
pour faire sa cour. Vardes revient à Versailles après un temps
d'exil, il ne sait comment il y sera reçu, et il veut être bien
reçu. Alors, avec toute la finesse de l'adulation, il imagine le
stratagème que voici : il s'habille d'un pourpoint passé de
mode, et il se présente à la cour. On rit autour de lui; à le
voir ainsi vêtu on le croit perdu; mais lui s'adressant au roi :
« Sire, loin de vous, on n'est pas seulement malheureux, on
devient ridicule. » Oh! l'habile homme! honneurs, charges, il
en aura tout ce qu'il voudra, et si quelque malheureux tombe
sous la colère ou la justice de Louis XIV, il partagera les dépouilles de la victime. Voilà pour les particuliers. On amasse-
rait un volume de pareilles bassesses.

Les sociétés religieuses, les académies ne restent pas en arrière. « En 1685, des minimes de Provence lui dédient une thèse
où on le compare à Dieu, mais d'une manière, dit Mme de
Sévigné (lett. du 13 juin 1685), qu'on voit clairement que Dieu
n'est que la copie. » En 1686 il fit une maladie grave. « On
célébra sa guérison dans deux discours prononcés à l'Académie
française le 27 janvier 1687. Un des orateurs, l'abbé Tallemant,

1. De la cour.
2. Ibid.

finit le sien en faisant espérer au roi que le ciel lui accordera non-seulement les années de Nestor, mais encore la durée des jours de nos premiers pères, parce qu'il n'y a point de miracle qu'on ne puisse attendre pour le prince le plus parfait qui soit monté sur le trône. En 1694, Charles Boileau, abbé de Beaulieu, dans son discours de réception à l'Académie, se plaignait en vingt façons de l'impuissance où étaient les académiciens de louer le roi d'une manière digne de lui.

« L'année suivante, un de leurs officiers, le chancelier Jean de La Chapelle, renouvela et précisa ces plaintes pour présenter comme la pensée du corps entier ce qu'on aurait pu croire n'être que celle d'un membre emporté par un enthousiasme de débutant. « L'éloquence, dit-il, ne nous fournit plus d'orne-
« ments qui ne soient au-dessous des nouveaux sujets d'admi-
« ration et de louanges que le roi nous fournit tous les jours;
« et ce seroit trop abandonner le soin de notre gloire que
« d'entreprendre de relever la sienne par nos paroles : que nos
« esprits ne tentent donc plus d'inutiles efforts... » Toutefois ce découragement de rhéteur n'arrêta point les élans de servilité du fameux évêque de Noyon, Clermont-Tonnerre, si glorieux et si bas. Il fonda en 1699, à l'Académie, un prix pour célébrer à perpétuité les vertus de Louis XIV comme un sujet inépuisable. »

« Trouvera-t-on rien de semblable dans Boileau? » dit M. Berriat Saint-Prix à qui nous empruntons ces derniers détails.[1] Non sans doute. Il parut même à ses contemporains si éloigné d'être le flatteur de Louis XIV, que ses ennemis essayaient de lui nuire par là. En 1666, bien avant qu'il eût été admis à la cour, Cotin, entre autres, dans la *Satire des satires,* disait de Boileau, à propos d'un passage de la première satire :

> Et comme si l'esprit n'étoit fait que pour lui,
> Il veut censurer tout ce qu'on fait aujourd'hui.
> Il croit, sans épargner la majesté suprême,
> Que le roi d'un auteur juge peu par lui-même.

---

1. *Essai sur Boileau*, t. Ier, p. cviii, cix.

En 1675, à l'époque même de l'épître VIII dont nous avons parlé, Pinchesne reprenait contre le poëte l'imputation que ses ennemis lui faisaient de ne pas assez louer le roi, et il ajoutait :

> Jusqu'ici, Despréaux, d'un froid assez étrange,
> Tu n'as fait qu'effleurer en passant sa louange.

Il est donc bien vrai que Boileau ne se laissa jamais aller à un débordement de compliments insipides autant que bas.

Souvenons-nous de toutes les marques d'indépendance qu'il donna dans sa vie de courtisan, en face de Louis XIV. Au moment même où il le remercie de ses bienfaits avec la plus vive effusion de reconnaissance, il semble regretter son ancienne liberté, et il ne le cache point :

> Tu le sais bien pourtant, cette ardeur empressée
> N'est point en moi l'effet d'une âme intéressée.
> Avant que tes bienfaits courussent me chercher,
> Mon zèle impatient ne se pouvoit cacher :
> Je n'admirois que toi. Le plaisir de le dire
> Vint m'apprendre à louer au sein de la satire ;
> Et, depuis que tes dons sont venus m'accabler,
> Loin de sentir mes vers avec eux redoubler,
> Quelquefois, le dirai-je? un remords légitime,
> Au fort de mon ardeur, vient refroidir ma rime.
> Il me semble, grand roi, dans mes nouveaux écrits,
> Que mon encens payé n'est plus de même prix.
> J'ai peur que l'univers, qui sait ma récompense,
> N'impute mes transports à ma reconnoissance ;
> Et que par tes présents mon vers décrédité
> N'ait moins de poids pour toi dans la postérité.[1]

On sait quel goût Louis XIV avait pour la guerre, et combien chacun autour de lui flattait ce funeste penchant. Seul Boileau osait conseiller au roi de renoncer aux batailles. A ce prince enivré de gloire militaire, il proposait une gloire qu'il osait dire plus belle, celle de travailler, à la faveur de la paix, au développement des arts utiles et de la prospérité publique. Laissant de côté les lieux communs des rimeurs vulgaires, il ne présen-

---

1. Épitre VIII, v. 65-80.

tait à son maître ni les images de César et d'Alexandre, ni leurs exemples à suivre, mais bien plutôt ceux de cet empereur

> Sous qui Rome adorée
> Vit renaître les jours de Saturne et de Rhée,
> Qui rendit de son joug l'univers amoureux,
> Qu'on n'alla jamais voir sans revenir heureux;
> Qui soupiroit le soir, si sa main fortunée
> N'avoit par ses bienfaits signalé sa journée.

Ces conseils étaient aussi sages que hardis. Prêcher la paix à un jeune roi, l'arrêter au milieu de ses succès par les leçons d'un Cinéas, conseiller mal écouté d'un roi fort imprudent, il y avait de quoi s'attirer la disgrâce du souverain. Les ennemis de Boileau espérèrent un instant le faire succomber par là. Il faut entendre Desmarets s'écrier avec indignation : « C'est la pensée la plus folle et la plus injurieuse à la valeur de ce grand prince... Il traite avec bien peu de respect ce grand roi en lui conseillant le repos. C'est ainsi que les lâches voluptueux jugent des nobles entreprises des princes justes et vaillants. » Sainte-Garde, Pradon, Bonnecorse pensaient comme Desmarets, et le disaient à l'envi les uns des autres.[1]

Dans des circonstances plus délicates encore, le poëte ne craignit pas de parler librement au roi. Un fin courtisan eût biaisé, déguisé ses sentiments; Despréaux les exprima toujours avec une franchise pleine de simplicité et de noblesse. Louis XIV s'était avisé de faire on ne sait quels vers; il les montrait à Despréaux, et lui demandait son avis : « Sire, répondit le poëte, rien n'est impossible à Votre Majesté; elle a voulu faire de mauvais vers, et elle y a réussi. » Oser trouver mauvais les vers d'un poëte, le lui dire à lui-même, quand ce poëte est un roi, rare exemple de sincérité et de courage! Le duc de La Feuillade donnait de grands éloges à un sonnet de Charleval, terminé par ces deux vers :

> Ne regardez point mon visage,
> Regardez seulement à ma tendre amitié.

1. BERRIAT SAINT-PRIX, t. Ier, p. CXI.

Boileau se permit de n'être pas de l'avis de M. le duc qui allégua, en faveur du sonnet, le jugement du roi et de la dauphine. « Le roi est expert, répondit Boileau, à prendre des villes, et Mme la dauphine est une princesse accomplie; mais je crois me connoître en vers un peu mieux qu'eux. » A l'instant le duc vole chez le roi, et lui rapporte le propos du poëte. « Oh! pour cela, dit Louis XIV, Despréaux a bien raison. » On ne sait lequel on doit plus admirer ou du poëte ou du roi!

Le duc de La Feuillade le prenait plus vivement : « N'admirez-vous pas, disait-il à Louis XIV, l'insolence de Despréaux, qui dit se connoître en vers un peu mieux que Votre Majesté! »

Non content de le choquer sur les vers, il le fit plus d'une fois sur la grammaire. « Despréaux lisant au roi un endroit de l'histoire de sa vie en présence de quelques courtisans, Sa Majesté l'arrêta sur le mot *rebrousser* pour lequel le roi avoit de la répugnance. Il étoit question du voyage que le roi avoit feint de faire en Flandre et puis tout d'un coup avoit rebroussé chemin pour tourner du côté d'Allemagne. Tous les courtisans applaudirent à l'objection du prince, et même jusqu'à M. Racine qui faisoit sa cour aux dépens de son ami; mais M. Despréaux persista dans son sentiment avec une obstination respectueuse, insinuant au roi que lorsqu'il n'y avoit qu'un mot dans une langue pour signifier une chose, il falloit le conserver, quelque rude et bizarre que parût ce mot.[1] »

On cite encore une autre circonstance où il sut résister, tout en alliant un éloge adroit à son obstination. C'était une affectation à la cour d'employer le mot *gros* à la place de *grand*. Boileau combattait ce petit ridicule, le roi tenait pour l'expression blâmée : « La postérité, sire, lui dit Despréaux, distinguera toujours Louis le Gros de Louis le Grand. » C'était s'en tirer en homme d'esprit, sans rien perdre de sa franchise.

1. MONTCHESNAI, *Bolœana*.

Avec autant d'étourderie que d'impétueuse sincérité, plusieurs fois, devant Louis XIV et Mᵐᵉ de Maintenon, il se prononça sans aucune réserve contre Scarron et le burlesque. En vain Racine essayait d'arrêter ces brusques incartades, en vain il lui faisait la morale sur ce point. « Pourquoi parlez-vous de Scarron devant elle? ignorez-vous l'intérêt qu'elle y prend? — Hélas! non, répondait Boileau, mais c'est toujours la première chose que j'oublie quand je la vois. » Ce n'était pas d'un fin courtisan; il ne savait surveiller ni ses propos ni ses gestes. L'ardeur de la satire, l'amour de la vérité, avaient sur lui plus d'empire que la prudence. Au lever du roi on parlait de la mort du comédien Poisson. « C'est une perte, dit le roi, c'étoit un bon comédien. — Oui, reprit Despréaux, pour faire un Don Japhet; il ne brilloit que dans ces misérables pièces de Scarron. » Racine lui fit signe de se taire et lui dit en sortant : « Je ne puis plus paroître avec vous à la cour, si vous y êtes toujours si imprudent.[1] » L'auteur d'*Andromaque* était plus sévère que le roi pour ces inadvertances que Boileau appelait « ses sottises. »

Il pouvait courir un plus grand risque à manifester, comme il le faisait, son attachement à Port-Royal. On ne sait comment Louis XIV, qui avait moins d'horreur pour un athée que pour un janséniste, toléra sur ce point la liberté de Boileau. Celui-ci eut le courage de ne jamais désavouer Arnauld pour son ami. « Il en faisait ouvertement profession, à la cour même, sous les yeux du monarque qui avait exilé et proscrit ce docteur célèbre. Un courtisan lui disait, dans l'antichambre du roi, que ce prince faisait chercher Arnauld partout pour le mettre à la Bastille : « Le roi, répondit-il, est trop heureux, il ne le trouvera pas. » Ce prince lui demandait un jour : « Qu'est-ce qu'un prédicateur qu'on nomme Le Tourneux? On dit que tout le monde y court. — Sire, répondit-il, Votre Majesté n'ignore pas qu'on court toujours à la nouveauté.

---

1. Daunou, t. I, ch. LIX.

C'est un prédicateur qui prêche l'Évangile.[1] » Or, il n'était douteux pour personne que Le Tourneux, ami et disciple d'Arnauld, ne fût très-attaché aux opinions de Port-Royal.

Ne nous lassons pas de montrer dans celui qu'on a voulu faire passer pour un *vil flatteur* de Louis les nombreuses occasions où il eut la hardiesse d'exprimer ses sentiments, dussent-ils déplaire à son maître. Les religieuses de Port-Royal se refusèrent à signer la bulle célèbre que le roi leur faisait présenter. Irrité de cette résistance, Louis menaçait de les traiter avec la dernière rigueur. Loin de garder sur ces faits un silence prudent, Despréaux s'écriait en faisant allusion à la vie mortifiée de ces religieuses : « Et comment fera-t-il pour les traiter plus durement qu'elles ne se traitent elles-mêmes? »

Ce privilége conquis par Boileau de dire ce qu'il pensait sur des questions aussi délicates faisait l'étonnement et parfois le scandale de Racine. Repoussons donc cette injure faite à la mémoire de Boileau. S'il loua Louis XIV un peu maladroitement parfois, ce fut toujours du moins avec sincérité. Ce qu'il célébra dans la vie de ce monarque méritait bien d'être célébré. L'histoire a confirmé la plus grande part des éloges que le poëte lui décerna. Ses premières guerres, ses grands travaux d'utilité ou d'embellissements publics, ses réformes, ses établissements lui faisaient assez honneur pour que Despréaux s'honorât lui-même à son tour en les chantant dans ses vers. Ne devait-il pas aussi mettre au-dessus de tout cette amitié que le roi avait pour lui? Comment Boileau aurait-il pu résister à ces glorieuses avances? Du moins, dans ce commerce avec le plus grand roi de la France, le poëte n'a-t-il jamais rien perdu de sa fierté et de son indépendance.[2]

---

1. D'Alembert, éloge de Boileau.
2. On peut lire dans M. Nisard, *Histoire de la Littérature française*, t. II, ch. VII, les éloges faits de Louis XIV par les plus grands génies de

VIE DE BOILEAU.

Toutefois le *Discours au roi* ne fut pas le premier ouvrage de notre poëte que Louis XIV ait connu. S'il faut en croire Saint-Marc, ce fut par la satire sur la noblesse, composée cette même année (1665), que Louis XIV eut connaissance du talent de Boileau. Avant qu'elle fût imprimée, le marquis de Dangeau, à qui elle était adressée, la lisait un jour dans une salle où jouait le roi; il s'en aperçut, quitta son jeu et vint écouter les vers de Despréaux. Un peu plus tard on lui soumit le discours dont nous venons de parler.

Cette satire sur la noblesse n'était pas pour déplaire au prince dont le règne, au dire du duc de Saint-Simon, fut celui d'une *vile bourgeoisie*. Il n'était sans doute pas fâché d'entendre exprimer, avec la force qu'y mettait le poëte, des vérités qui, sans être blessantes pour personne, trouvaient autour de lui une application directe. Outre le plaisir d'avoir sous sa main des créatures dociles, le roi paraissait assez disposé à mettre le mérite personnel au-dessus de la naissance. Tout ce qu'il a fait dans sa longue existence pour les conseillers, les secrétaires d'État, les ministres en est la preuve. Il leur a prodigué les titres les plus rares, accordé des priviléges dont les ducs et pairs, dans le mécontentement de leur orgueil, déploraient l'avilissement. Ainsi, en traduisant Juvénal, Boileau se trouvait être plein d'à-propos. Il entrait presque dans les vues du roi sur une question des plus déli-

---

son temps. La Fontaine lui-même, qui passe pour avoir été un *indépendant*, lui a consacré des vers flatteurs, tels que ceux-ci, par exemple :

> Vous témoignez en tout une bonté profonde,
> Et joignez aux bienfaits un air si gracieux,
> Qu'on ne vit jamais dans le monde
> De roi qui donnât plus et qui sût donner mieux. (Épît. XVIII.)

On lit encore dans cette même épître :

> Vous savez conquérir les États et les hommes ;
> Jupiter prend de vous des leçons de grandeur,
> Et nul des rois passés, ni du siècle où nous sommes,
> N'a su si bien gagner l'esprit avec le cœur :
> Vos moindres volontés sont autant de décrets,
> Vos regards sont autant d'arrêts.

cates. Même quelques-uns de ses traits frappaient tel seigneur entêté de sa noblesse, comme le comte d'Estaing, qui, rappelant sans cesse la concession des fleurs de lis faite à l'un de ses aïeux par Philippe-Auguste à la bataille de Bouvines, prêtait à rire par cet excès de complaisance pour l'antiquité de sa race.

Cette satire faite de verve, et remplie de vigueur, atteste les progrès qu'a faits Boileau. La langue y est ferme et d'une belle précision. La Harpe dit que le sujet aurait pu être plus approfondi, sans doute; mais il donne cependant des éloges à ce poëme.

Nous avons besoin de savoir par Boileau lui-même et par Louis Racine que cette pièce n'était pas d'abord destinée au marquis de Dangeau, pour ne pas accuser le poëte d'avoir commis une faute d'écolier en l'adressant à celui dont le nom la précède aujourd'hui. La première intention de Despréaux avait été d'en faire hommage au duc de La Rochefoucauld. La tyrannie des vers changea son dessein. Dangeau se coulait mieux dans un hémistiche et cette raison décida le poëte. Cela n'empêche pas qu'il y ait une maladresse dans ce nom mis en tête de cette pièce. Le portrait du marquis, tracé par Saint-Simon, va nous le faire comprendre. « Sa noblesse, dit-il, était fort courte... c'était un gentilhomme de Beauce, tout uni, et huguenot dans sa première jeunesse; toute sa famille l'était qui ne tenait à personne. Il ne manquait pas d'un certain esprit, surtout celui du monde et de conduite. Il avait beaucoup d'honneur et de probité. Le jeu, par lequel il se fourra à la cour qui était toute d'amour et de fêtes, incontinent après la mort de la reine mère, le mit dans les meilleures compagnies; il y gagna tout son bien : il eut le bonheur de n'être jamais soupçonné; il prêta obligeamment; il se fit des amis, et la sûreté de son commerce lui en acquit d'utiles et de véritables. Il fit la cour aux maîtresses du roi; le jeu le mit de leurs parties avec lui. Elles le traitèrent avec familiarité et lui procurèrent celle du roi. Il faisait des vers, était bien fait, de bonne mine et galant; le voilà de tout à la cour, mais toujours subalterne... c'était le meilleur homme du monde, mais à qui la tête avait tourné d'être seigneur; cela l'avait chamarré de ridicules, et Mme de Montespan avait fort plaisamment, mais très-véritablement dit de lui : qu'on ne pouvait s'empêcher de l'aimer ni de s'en moquer... Sa fadeur naturelle, outrée sur la bassesse du courtisan et récrépie de l'orgueil du seigneur postiche, fit un composé que combla la grande maîtrise de l'ordre de Saint-Lazare... dont il tira tout le parti qu'il put, et se fit le singe du roi, dans les promotions qu'il fit de cet ordre où toute la cour accourait pour rire avec scandales tandis qu'il s'en croyait admiré... Étant devenu veuf, il se trouva assez riche pour se remarier à une comtesse de Lœvenstein, fille d'honneur de Mme la dauphine et fille d'une sœur du cardinal de Fürstenberg, laquelle avait des sœurs grandement mariées en Allemagne, et des frères en grands emplois. On a vu ailleurs ce que sont les Lœvenstein, et ce bruit que fit Madame et même Mme la dauphine, de voir les armes palatines accolées à celles de Courcillon[1], à la chaise de Mme de Dangeau, et combien il fut avec raison inutile. Mme de Dangeau n'avait rien vaillant, mais elle était charmante de visage, de taille et de grâces. C'était un plaisir de voir avec quel enchantement Dangeau se pavanait en portant le deuil des parents de sa femme, et en débitait les grandeurs. Enfin, à force de revêtements l'un sur l'autre, voilà un seigneur, et qui en affectait toutes les manières à faire mourir de rire. Aussi La Bruyère disait-il, dans ses excellents *Caractères de Théophraste,* que Dangeau n'était pas un seigneur, mais d'après un seigneur.[2] »

Si nous ajoutons à cela qu'il avait fait tous ses efforts pour être duc, qu'il n'avait pu y parvenir, et ne pouvait se consoler de

1. C'était le nom de la famille de Dangeau.
2. Saint-Simon, t. I, p. 214, et t. XI, p. 335. Le personnage auquel Saint-Simon fait allusion est désigné par La Bruyère sous le nom de Pamphile (ch. des Grands).

cet échec, on verra que Boileau ne pouvait pas plus mal adresser sa satire; il fallait, pour faire cette méprise, vivre loin de la cour et dans les sociétés de la ville où, suivant La Bruyère, on avait une sotte admiration pour les courtisans, fussent-ils des Pamphiles. Mais Dangeau était le seul homme de la cour, avec M. de La Rochefoucauld, que le poëte connût alors.[1]

Nous savons par L. Racine qu'un repas fait à Château-Thierry lui donna l'idée de sa troisième satire. Le lieutenant général de cette ville l'avait invité à dîner. La conversation roula sur les belles-lettres. L'officier de robe jugea de tout en maître; il dit qu'il n'aimait point *ce Voiture;* qu'à la vérité le Corneille lui faisait plaisir quelquefois, mais que surtout il était passionné pour le beau langage. Fort content de son goût, il s'applaudissait de ses décisions, en ajoutant : « Avouez, monsieur, que le jugement sert bien dans la lecture. » Ce n'était là qu'une scène d'un long repas aussi ennuyeux par son ordonnance que par la conversation des convives.

Cette satire n'est certainement pas le meilleur ouvrage de Boileau, cependant il s'y rencontre tant de vers heureusement tournés, tant d'expressions pittoresques et neuves, tant de traits d'une excellente plaisanterie, qu'il en faut faire l'éloge : « Horace, dit La Harpe, a fait comme lui la description d'un repas ridicule : c'est, si l'on veut, un bien petit sujet; mais si le mérite du poëte peut consister quelquefois à relever de petites choses, comme à soutenir les grandes, je saurai gré à Boileau d'avoir été, en cette partie, bien plus poëte qu'Horace dans le récit du Festin. Personne ne lui avait donné le modèle de vers tels que ceux-ci :

> Sur un lièvre flanqué de six poulets étiques,
> S'élevaient trois lapins, animaux domestiques, etc., etc.

C'est là, j'en conviens, un très-mauvais rôt; mais ce sont de bien bons vers. La pièce entière est écrite de ce style, et l'au-

---

1. L. Racine, t. V, p. 30.

teur l'a égayée par la conversation des campagnards qui forme une espèce de scène fort plaisante. »

C'est en même temps une bonne leçon de goût. Les romans et leurs compliments fades, les tragédies insipides de Quinault et les méchants écrits de Cotin y sont attaqués de nouveau, et frappés d'un ridicule dont ils ne se relèveront plus. Les rédacteurs du *Journal des savants* eurent beau découvrir dans la pièce d'*Astrate* des grâces que les spectateurs accueillaient, disaient-ils, à toutes les représentations par des applaudissements légitimes, ils eurent beau dire que l'auteur y a mis tout ce qu'il y a de plus fort, qu'on y rencontre cette tendresse délicate si propre à son génie, on apprit avec Boileau à dépriser les pastorales représentées à la scène sous le nom de *tragédies,* et à prendre pour ce qu'elles valent les inventions puériles d'un auteur qui peut jeter quelque intérêt dans une scène, trouver une situation heureuse, sans avoir le génie tragique.

Quant à la conversation en elle-même et aux jugements de travers qui s'y prononcent, Despréaux peut en avoir pris l'idée dans Régnier, son devancier, ou dans Chapelle. On sait que cet homme d'esprit, dans son *Voyage avec Bachaumont,* se moque des *Précieuses de Montpellier,* dont les appréciations sont toutes au rebours de la vérité. Chez Régnier, un pédant à la mine rogue, au parler confus, débite aussi mille sottises :

> Qu'Épicure est yvrongne, Hippocrate un bourreau ;
> Que Bartole et Jason ignorent le barreau ;
> Que Virgile est passable, encor qu'en quelques pages
> Il méritât au Louvre d'être chifflé des pages ;
> Que Pline est inégal, Térence un peu joly :
> Mais surtout il estime un langage poly.

Ce personnage ridicule a bien pu servir de modèle au campagnard de Boileau. Comme il a suivi Horace dans la peinture de son repas, il a sans doute eu recours à Régnier pour décrire la mêlée où viennent aboutir les disputes des convives. S'il faut retrancher à Despréaux quelque chose du côté de l'invention et de l'originalité, il faut avouer que la netteté de son style, la correction de ses vers, la mesure et la justesse de son exécution, ont fait oublier la pièce de Régnier. C'est, à côté d'un tableau vif de ton, d'une imagination fougueuse, mais d'une touche négligée, une toile où règne l'ordre, où les groupes bien posés rachètent par la vérité de l'attitude ce qu'ils ont perdu de feu dans les mouvements.

Cette satire serait tristement célèbre s'il fallait attribuer la folie et la mort de Cassagne au chagrin d'avoir été attaqué par Despréaux. Quelques personnes ont affirmé que la douleur de se voir ainsi tourné en ridicule, jointe à l'assiduité de l'étude, lui avait tourné et dérangé la tête. Cette assertion de l'abbé d'Olivet[1] chargerait cruellement la mémoire du poëte, si l'on n'avait lieu de croire qu'elle ne repose sur aucun fondement. Cassagne, en effet, ne mourut qu'au bout de treize ans, en 1679. « Dans cet intervalle, dit M. Berriat-Saint-Prix, il publia presque d'année en année divers ouvrages, et des ouvrages considérables. » Charles Perrault, qui n'eût pas manqué de reprocher un pareil malheur à Boileau, ne donne point à entendre que l'abbé Cassagne fût devenu fou, dans les lignes suivantes tirées de son *Parallèle*[2] : « La mort de Cassagne nous a privés d'un *sermonnaire* considérable, dont la composition lui avait été confiée par l'archevêque de Paris, peu de *temps auparavant.* » Outre, dit M. Berriat-Saint-Prix, qu'on ne charge pas un fou d'un ouvrage considérable, si c'eût été la démence et non pas la mort qui nous en eût privés, Perrault n'eût pas manqué de le dire dans ce passage où il blâme précisément le trait lancé par Boileau contre Cassagne.

Croyons-en donc plutôt Brossette, qui, plus rapproché du temps de Cassagne, affirme que celui-ci ne témoigna aucun ressentiment de la plaisanterie de Boileau. Il devait peu s'inquiéter de la médisance du poëte, quand il jouissait de l'estime de Chapelain. Voici, en effet, en quels termes cet arbitre

---

1. *Histoire de l'Académie,* 1743, t. II, p. 169.
2. *Parallèle des anciens et des modernes,* tome III, p. 260.

des renommées le désigne à la libéralité de Colbert : « Cassagne est un très-bel esprit, et qui écrit également bien en vers et en prose françoise avec plus de naturel que d'acquis, surtout dans les lettres humaines, son inclination pieuse l'ayant plus porté à l'étude de la théologie qu'à toute autre. Son génie est soutenu et ses expressions pures et fortes, avec beaucoup de sentiments nobles et moraux. Il seroit plus propre à la chaire qu'à tout, si *sa faible santé* lui permettoit de s'y appliquer, et si son jugement se peut mûrir, et tempérer le beau feu qui l'agite, il y tiendra un des premiers rangs. Ce seroit aussi une plume à faire d'éclatants panégyriques : enfin c'est un des jeunes gens de ce siècle de la plus belle espérance, et des plus nés à la vertu : car pour l'ambition et l'amour de ses ouvrages, ce sont deux défauts qui ne sont blâmables qu'aux gens d'un âge plus avancé ![1] »

Cotin fut moins sage et moins patient que Cassagne. Il ne put supporter sans se plaindre les malices de Boileau. Il s'étonnait que le satirique osât médire de son talent de prédicateur, quand lui-même avait cessé déjà de prêcher avant que le poëte eût commencé d'écrire. Armé des mêmes armes que Despréaux, il l'attaqua par la satire[2], et lui reprocha d'avoir pillé Horace et Juvénal. Il ne s'en tint pas là, il y ajouta un libelle

---

1. Mélanges de littérature tirés des lettres manuscrites de M. Chapelain. Paris, 1726. Cassagne fut reçu à l'Académie française à l'âge de vingt-sept ans, il en avait quarante-six quand il mourut.
2. Voici quelques vers de cette satire :

> Le censeur sans argent, crotté jusqu'à l'échine,
> S'en va chercher son pain de cuisine en cuisine.
> Son Turlupin l'assiste, et, jouant de son nez,
> Chez le sot campagnard gagne de bons dînés.
> Le censeur à ce jeu répond par sa grimace,
> Et fait, en bateleur, cent tours de passe-passe.
> Puis ensuite, enivrés et du bruit et du vin,
> L'un sur l'autre tombant renversent le festin.
> On les promet tous deux, quand on fait chère entière,
> Ainsi que l'on promet et Tartuffe et Molière.
> Il n'est comte danois, ni baron allemand,
> Qui n'ait à ses repas un couple si charmant ;
> Et dans la Croix-de-Fer eux seuls en valent mille

en prose. *La Critique désintéressée des satires du temps*[1] en était le titre. Il y chargeait son ennemi de grossières injures. Il le nomme le sieur Desvipereaux; et il le menace du triste destin des satiriques. « Ce qui signifie, ajoute Cotin, que s'ils ne sont assommés sur l'heure, il leur est comme fatal de vivre pauvres et misérables.[2] » Ainsi Boileau expiait sa trop grande facilité à loger dans ses vers des noms propres à la censure. Il n'avait lui-même aucun grief contre Cassagne ou Cotin, mais Furetière qui les détestait lui suggéra leurs noms. Un hémistiche manquait au poëte : « Vous voilà bien embarrassé, lui dit son dangereux ami; que ne placez-vous là l'abbé Cotin? » L'auteur attaqué avait raison de se venger; il n'avait qu'un tort, c'était de manquer d'esprit et de justifier par ses tristes vers les censures dont il était révolté. Il eut un malheur bien plus grand encore, ce fut d'atteindre Molière en cherchant à percer Boileau de ses traits. Celui-ci prit à son tour une vengeance cruelle, et le nom de Trissotin le voua pour toujours au ridicule.[3]

> Pour faire aux étrangers l'honneur de cette ville.
> Ils ne se quittent point. O ciel ! quelle amitié !
> Et que leur mauvais sort est digne de pitié !
> Ce couple si divin par les tables mendie,
> Et, pour vivre, aux Coteaux donne la comédie.

1. On suppose que ce libelle parut en 1667. (Nicéron, XXIV, 220, dit même en 1666). — Berriat-Saint-Prix.

2. Voici le passage entier, à la page 146 de la *Critique désintéressée des satires du temps* :

« Le roi disoit à un grand seigneur que, si le poëte dont nous parlons eût pris un meilleur sujet, il auroit mieux réussi, et qu'il s'étoit fait tort par son mauvais choix. La réponse fut : que de sa propre confession ce poëte n'étoit bon qu'à médire, et que pour louer qui que ce soit, il se faisoit des efforts étranges. Le duc de... ajouta, avec cette grâce qui lui est si naturelle, et qui fait valoir tout ce qu'il dit : « Je crains fort que ce poëte ne « fasse revivre le proverbe :

> Que le destin des satiriques
> Est de mourir le cou cassé
> Et vivre le coude percé. »

3. Ménage eut à se plaindre de l'abbé Cottin. On a de ce dernier une

Il ne se contenta pas de lui prêter de méchants vers, il fit pis encore, il lui fit lire sur la scène un sonnet et un madrigal proprement empruntés aux œuvres galantes de l'abbé. Ménage pouvait refuser de se reconnaître dans Vadius; à travers le masque léger de Trissotin nul ne méconnaissait la véritable victime. Aussi n'a-t-on jamais essayé de relever l'académicien des critiques de Boileau. Ce fut un coup mortel porté à sa réputation. Comme à Cassagne, il ne lui restait plus que l'estime de Chapelain, dont voici le jugement tout favorable : « Cotin a beaucoup d'esprit et de savoir dans les humanités et dans la théologie, et il est bon philosophe, moral et logicien. Il écrit facilement, purement et éloquemment, aussi bien en vers qu'en prose, et a l'air du monde et de la conversation, ami de la liberté et du plaisir, sans dol et sans malice. Le jugement et la connoissance des affaires du monde n'est pas en quoi il excelle. Il a beaucoup publié d'ouvrages de galanterie et de piété, avec une approbation égale, et si sa principale partie étoit de la force des autres, il pourroit passer entre les premiers écrivains.[1] » On trouvera sans doute que ces trois adverbes *facilement, purement*, et *éloquemment*, que ces ouvrages de galanterie et de piété mêlés ensemble, donnent à Boileau l'absolution pour les traits certainement trop hardis dont il poursuivait les mauvais auteurs.[2]

---

pièce satirique intitulée *la Ménagerie*. Voici une des nombreuses épigrammes qu'on y rencontre :

MÉNAGE PILLEUR.
Ménage prend à toutes mains,
Pille François, Grecs et Romains.
De Ménage, ni de sa lyre,
Je ne donnerois pas un clou,
Et cependant ce maître fou
Se croit être savant à cause qu'il sait lire.
(La Haye, 1666, p. 19.)

1. Ouvrage déjà cité, p. 248.
2. Baillet dans ses jugements des poëtes dit en parlant des *OEuvres galantes en vers et en prose* de cet abbé : « Si l'on prétend le louer comme un poëte des plus galants de ceux qui ont lu et su par cœur la *Légende des ruelles*, on est en danger de confondre avec lui un célèbre prédicateur connu

Il se vit en même temps un nouvel ennemi sur les bras : c'était Mignot, le pâtissier-traiteur. Ce maître-queux de la maison du roi, et écuyer de la bouche de la reine, crut qu'il importait à son honneur autant qu'à son métier de ne se laisser pas traiter d'empoisonneur. Comme il ne pouvait pas faire de vers contre celui qui le diffamait, il implora le secours des lois. Il porta sa plainte au lieutenant criminel Deffita. Mais ni ce magistrat, ni le procureur du roi Riants, ne voulurent la recevoir. Suivant eux, l'injure dont il se plaignait n'était qu'une plaisanterie dont il devait rire le premier. Mignot n'avait pas encore pris ce parti; il cherchait le moyen de se venger, il en trouva un dans son métier même. Il excellait à faire les biscuits, sa réputation était répandue dans tout Paris, et de tous les quartiers on envoyait chez lui pour en avoir. Quand il sut que Cotin avait fait une satire contre Despréaux, il la fit imprimer à ses dépens, et, quand on venait acheter des biscuits, il les enveloppait dans la feuille où se lisait la satire. L'artifice était ingénieux. Boileau n'en fut point irrité. Lorsqu'il voulait égayer ses amis, il faisait acheter des biscuits chez Mignot pour avoir les vers de Cotin. Le traiteur s'était trompé dans ses prévisions. Les vers du satirique, loin d'écarter de sa maison les chalands, n'avaient fait qu'augmenter sa réputation et la foule des visiteurs. Chacun voulait aller chez lui. Il y gagna du bien, et plus tard il se faisait gloire d'avouer qu'il devait sa fortune à Boileau. L'abbé Cotin ne lui devait rien de semblable, tant il y a de différence entre la réputation d'un traiteur et celle d'un poëte!

Cependant le nom de Boileau se répandait davantage. Ses satires, lues par lui en différents endroits, circulaient à moitié défigurées par des auditeurs dont la mémoire en avait retenu

sous le nom de l'abbé Cotin; et, dès qu'on aura trouvé dans un abbé séculier un sujet capable d'occuper tout à la fois la chaire et le Parnasse, on se verra embarrassé par cette alliance extraordinaire qu'il a pu faire des délices de la galanterie avec la sévérité des *Maximes de la pénitence*, du renoncement à soi-même et des autres vertus évangéliques. »

les principaux passages. Il en courait même de mauvaises copies. Jusque-là, l'auteur les avait vues avec une patience qu'il appelle lui-même héroïque, sans pour cela se faire imprimer. Mais sa constance fut vaincue quand, en 1665, il en vit paraître une monstrueuse édition faite à Rouen. Le recueil renfermait aussi un *Jugement sur les sciences*, ouvrage en prose de Saint-Évremond. Cet affront décida Boileau. J'avoue ne pas comprendre la colère du poëte, et moins encore la critique insultante qu'il fait du style de Saint-Évremond. Cette prose lui paraît si fade et si insipide, que tout le sel de ses vers ne pourrait pas le relever; il a eu peur que ses satires n'achevassent de se gâter en une si méchante compagnie. C'était pousser bien loin la délicatesse. Saint-Évremond a fait de mauvais vers, mais sa prose, plus que celle de Boileau, a la justesse, l'esprit et le ton qui font les bons ouvrages. Observons aussi que l'auteur, attaqué par ces phrases méprisantes, n'en conserva nul ressentiment, et que plus tard il se fit un devoir de rendre justice au satirique, sans aigreur ni mauvais vouloir.

Dans cette première préface, qui ne s'acheva du reste qu'en 1668, le poëte fait ses excuses aux auteurs qui pourront être choqués de la liberté qu'il s'est donnée de parler de leurs ouvrages en quelques endroits de ses écrits. Il les prie donc de considérer que le Parnasse fut, de tout temps un pays de liberté; que le plus habile y est tous les jours exposé à la censure du plus ignorant; que le sentiment d'un seul homme ne fait point la loi; et qu'au pis aller, s'ils se persuadent qu'il ait fait du tort à leurs ouvrages, ils s'en peuvent venger sur les siens, dont il leur abandonne jusqu'aux points et aux virgules.

Les écrivains foudroyés par Boileau usèrent de la liberté qu'il leur avait accordée. Les représailles furent vives. Des satires, des épigrammes, des libelles diffamatoires répondirent à son livre. Ce fut une clameur universelle. Établi satirique de profession, il vit sans pâlir ses nombreux ennemis s'acharner contre lui. Il s'y était attendu. Un jour qu'un de ses amis l'avait averti du danger de s'attirer tant d'adversaires :

« Hé bien, lui avait-il répondu, je serai honnête homme et je ne les craindrai point. » Ce n'était pas après tout la colère des mauvais écrivains qu'il avait surtout à redouter. Leurs protecteurs pouvaient à plus juste titre l'inquiéter. Ils étaient puissants et irrités. L'un d'entre eux, Montausier, conçut contre lui une haine violente. Sa grande réputation de vertu inflexible, son autorité à la cour, étaient capables de nuire beaucoup à Boileau.

Poëte lui-même, Mécène des Chapelain, des Cotin, des Ménage, Montausier regardait comme des injures faites à sa personne les critiques de Despréaux. Tantôt il disait qu'il faudrait que l'engeance entière des médisants allât la tête en bas rimer dans la rivière; tantôt, s'attaquant à Boileau en personne, il voulait l'envoyer aux galères couronné de lauriers. Heureusement ce farouche ennemi de la satire prêtait l'oreille aux conseils de la charité chrétienne et s'en tenait à des menaces. Il se levait tous les jours, disait-il, dans l'intention de réprimer le satirique; mais il ajoutait que, dès qu'il avait fait sa prière du matin, il sentait sa colère amortie. Despréaux, ajoute d'Alembert, ne crut pourtant pas devoir se reposer sur l'efficacité de cette *prière*, pour lancer ses traits en sûreté.

Il était pour lui de la plus grande importance de mettre dans ses intérêts un des premiers hommes de la cour, dont le crédit était d'autant plus redoutable, qu'il était appuyé sur cette considération personnelle qui ne s'y joint pas toujours, parce qu'elle est le fruit de l'estime publique, et que le crédit est celui des places. En poëte qui connaissait le pouvoir des louanges, ou plutôt, en philosophe qui connaissait les hommes, le satirique glissa dans un de ses ouvrages un mot d'éloge pour le duc de Montausier, et toute la sévérité du courtisan misanthrope échoua contre ce petit grain d'encens. Il est vrai que l'encens était habilement préparé pour chatouiller la modestie revêche du Caton rigide à qui Despréaux avait besoin de plaire. Les vers où il lui rendait hommage étaient en très-petit nombre, et en même temps très-flatteurs, sans néanmoins avoir trop l'air de l'adulation :

> Et plût au ciel encor, pour couronner l'ouvrage,
> Que Montausier voulût m'accorder son suffrage !
> C'est à de tels lecteurs que j'offre mes écrits.

L'éloge n'était ni fade ni exagéré ; il pouvait être entendu, sans rougir, par un homme qui affectait d'abhorrer également la satire et les louanges ; et ce fut pour être enfermé dans cette juste mesure, qu'il eut l'effet dont le poëte s'était flatté. Encouragé par ce premier succès, Despréaux se hâta de porter le dernier coup à l'austérité chancelante de son détracteur, en lui avouant avec un air contrit combien il se sentait *humilié* de n'avoir pas pour ami *le plus honnête homme de la cour*. Dès ce moment, le plus honnête homme de la cour devint le protecteur et l'apologiste du plus caustique de tous les écrivains.[1]

Il était de son intérêt, en effet, de n'avoir pas plus longtemps pour ennemi un homme dont la réputation de vertu était si bien établie, quand ses adversaires ne lui reprochaient pas seulement ses traits contre les méchants auteurs, mais le représentaient dans leurs libelles comme un impie audacieux à qui rien n'est sacré. Le clergé, le gouvernement, les tribunaux, les grands, tout, disaient-ils, était sujet à ses fureurs. « Cotin se récrie dès 1666 sur les attaques de Boileau contre le parlement, et s'étonne qu'on les souffre. « Le païen Horace, dit-il

---

1. M. Despréaux étant prêt à donner ses satires, ses amis lui conseillèrent de n'y point fourrer Chapelain. « Ne vous y trompez pas, lui disait-on, le décri de la *Pucelle* ne l'a pas tout à fait décrié auprès des grands. M. de Montausier est son partisan déclaré, M. Colbert lui fait de fréquentes visites. — Eh bien, insistait M. Despréaux, quand il seroit visité du pape, je soutiens ses vers détestables. Il n'y a point de police au Parnasse, si je ne vois ce poëte-là quelque jour attaché au mont fourchu. » Molière, qui était présent à cette saillie, la trouva digne d'être placée dans son *Misanthrope*, à l'occasion du sonnet d'Oronte :

> Je soutiendrai, morbleu, que ses vers sont mauvais,
> Et qu'un homme est pendable après les avoir faits.

ailleurs, est plus homme de bien que Boileau, il n'offense ni l'empereur, ni la religion, ni les dieux. Il insulte aux particuliers et au public, soit qu'il décrie le gouvernement dans sa première satire, soit qu'il décrie la religion... Il est semblable à l'athée Vanini... » Il s'étonne qu'à la cour, « où l'on demande souvent des éclaircissements d'un geste, d'un tour de main, on n'ait pas désapprouvé le tableau que Boileau fait de cette cour.[1] » Plus tard on renouvellera contre lui ces mêmes imputations. Desmarets, La Garde, Pradon, Bonnecorse, ne cesseront de le représenter comme un impie odieux, un libertin sans retenue, que ses tristes jeux doivent conduire à la Grève. Quoique ces accusations fussent toujours dangereuses sous le règne d'un prince comme Louis XIV, Boileau pourra plus tard mieux y résister, car il aura la protection du roi lui-même pour s'en couvrir et s'en défendre. Mais alors il pouvait y succomber. La tactique était vieille. Régnier nous représente son pédant *à quia* cherchant à perdre un interlocuteur importun en lui disant :

> Vous êtes hérétique, ou pour le moins fauteur;

cependant, pour avoir vieilli, la méthode n'en était pas plus mauvaise. Heureusement Boileau échappa au stratagème, et il pouvait dire plus tard, en mettant les rieurs de son côté :

> Qui méprise Cotin n'estime pas son roi.

Ce n'est pas qu'il fût alors sans amis. Le chirurgien Félix battait des mains à ses naissantes folies et prenait son parti à la cour contre le duc de Moutausier.[2] Dès l'année 1665, nous le voyons introduit dans la société de M. de La Rochefoucauld, de M#mes# de Lafayette et de Sévigné. C'est là que le rencontre le marquis de Pomponne qui, dans une lettre datée du 4 février et adressée à son père, nomme les personnes que nous

---

1. Berriat-Saint-Prix, extraits de la *Satire des satires* de l'abbé Cotin.
2. Lettres à Brossette, 84e.

venons de citer avec quelques autres, et ajoute : « Sur le tout Boileau que vous connoissez, qui y étoit venu réciter de ses satires qui me parurent admirables. » Mme la princesse de Conti et Mme de Longueville demandent à entendre lire le *Dialogue des héros de roman*. Le marquis de Dangeau accepte la dédicace de sa satire sur la noblesse; il lit la IVe, adressée à l'abbé Le Vayer, chez M. de Brancas, devant Mme Scarron et Mme de La Sablière.[1] Cavoye, l'ami de Racine, devint bientôt le sien. Ce n'était pas une petite acquisition que l'amitié d'un homme qui fut lié toute sa vie avec ce qu'il y avait de plus brillant à la cour, qui, des mieux faits et de la meilleure mine, devait ériger chez lui, suivant Saint-Simon, une espèce de tribunal auquel il ne fallait pas déplaire, « compté et ménagé jusque des ministres; » mais d'ailleurs bon homme, et un fort honnête homme, à qui on se pouvait fier sur tout. « Voilà deux hommes que je vois souvent ensemble, disait Louis XIV de Racine et de Cavoye; j'en devine la raison : Cavoye avec Racine se croit bel esprit; Racine avec Cavoye se croit courtisan. » En se liant avec lui Boileau ne pouvait que flatter davantage la manie de Cavoye, sans partager lui-même le léger ridicule de Racine.

On ne peut douter que Despréaux n'ait été admis dans la société que Mme de La Sablière recevait chez elle. Elle était la sœur d'un ami intime de Racine et de Boileau, de cet Hessein dont la santé leur donna plus tard de si vives inquiétudes, qu'ils chérissaient tous les deux, quoiqu'ils redoutassent son ardeur pour la dispute. Il dut être l'introducteur des deux poëtes dans le salon de sa sœur. Ils y virent les hommes les plus illustres par leur esprit, par leur rang, ou par leur dissipation : Lauzun, Rochefort, Brancas, La Fare, de Foix, Chaulieu. Avant que La Fontaine eût trouvé dans cette maison l'asile qui convenait si bien à sa paresse, Bernier y était installé

---

1. « La pièce fut si peu goûtée, qu'il n'eut pas le courage d'en finir la lecture. Pour se consoler de cette disgrâce, il fit la satire sur l'homme, qui eut autant de succès que l'autre en avait eu peu. » (L. RACINE, t. V, p. 31.)

depuis longtemps. Il enseignait à Mme de La Sablière la philosophie; Gassendi, Sauveur et Roberval lui avaient montré les mathématiques, la physique et l'astronomie. Ajoutez à tout ce savoir la fleur de l'antiquité, les plus beaux vers d'Horace et de Virgile dont sa mémoire était ornée et qu'elle savait citer à propos. Aussi rien de plus agréable que sa conversation toujours variée, sa politesse exquise, sa gaieté naturelle. Sa maison, dit M. Walkenaër, était le séjour des grâces, de la joie et des plaisirs. Son mari joignait à une grande fortune les talents du poëte, la politesse de l'homme du monde, le don de plaire et l'habitude de la plus aimable galanterie.[1] On aime à se représenter au milieu de ce monde élégant, spirituel et enjoué, le poëte sorti du greffe. Nous ne croyons pas qu'il fût gauche ou déplacé dans ces repas où régnaient la gaieté et la liberté, où Chaulieu improvisait, en imitant Horace, des couplets comme celui-ci :

> Verse du vin, jette des roses,
> Ne songeons qu'à nous réjouir,
> Et laissons là le soin des choses
> Que nous cache un long avenir.

Cependant on regrette que le souvenir de quelques critiques ait laissé dans l'âme du poëte un peu de rancune contre Mme de La Sablière. Tandis que La Fontaine célèbre

> Ses traits, son souris, ses appas,
> Son art de plaire et de n'y penser pas
> . . . .
> Et cet esprit qui, né du firmament,
> A beauté d'homme avec grâce de femme,

le satirique lui donne une place dans la Xe satire et la peint sous les traits de la savante

> Qu'estime Roberval et que Sauveur fréquente.

Comment ne s'est-il pas laissé désarmer par ce *cœur si vif et tendre infiniment pour ses amis?* Un peu moins de sévérité

1. Son fils a publié de lui un recueil de madrigaux « écrits, dit Voltaire, avec une finesse qui n'exclut pas le naturel. »

aurait mieux convenu dans cette circonstance. Disons néanmoins, pour atténuer cette faute, qu'il attendit qu'elle fût morte pour décrier Mme de La Sablière.[1]

Mme de Sévigné nous a laissé, elle aussi, ses révélations sur cette jeunesse de Boileau plus élégante et plus mondaine qu'on ne le croirait d'après la tradition. Elle écrit le 15 mars, en 1671, à Mme de Grignan : « Votre frère est à Saint-Germain, et il est entre Ninon et une comédienne, Despréaux sur le tout : nous lui faisons une vie enragée ! Dieux, quelle folie ! dieux, quelle folie ! » Et ailleurs, à la date du 27 mars de la même année, parlant encore de Ninon : « Je suis vivement touchée du mal qu'elle fait à mon fils sur ce chapitre : ne lui en mandez rien ; nous faisons nos efforts, Mme de La Fayette et moi. Il y a de plus une petite comédienne, et les Despréaux et les Racine avec elle ; ce sont des soupers délicieux, c'est-à-dire des diableries. » C'était au moment de ce qu'on pourrait appeler la seconde époque de cette femme célèbre, l'heure où devant la nouvelle cour formée par Louis XIV elle se range doucement et prend rang au milieu de la société la plus spirituelle et la plus enjouée. Tout entourée de l'espèce de considération et de gloire dont la reine Christine l'avait honorée à son voyage à Paris de 1656, elle paraissait s'appliquer à vouloir justifier les marques d'estime que seule de toutes les femmes, dit Mme de Motteville, elle avait obtenues de cette princesse singulière. On oubliait un peu *son vice et son libertinage*[2] pour

---

1. Il paraît qu'à propos de ces vers contenus dans l'épître V :

> Que, l'astrolabe en main, un autre aille chercher
> Si le soleil est fixe ou tourne sur son axe,

Mme de La Sablière avait dit à Boileau que, quand on se mêlait d'écrire, il fallait connaître les matières dont on parlait. Ce propos est rapporté par Perrault; on peut douter que Mme de La Sablière ait donné une forme si dure à son observation. D'Alembert excuse Boileau sur l'ignorance que Mme de La Sablière lui reprochait; mais Voltaire (Épître d'*Alzire*) dit qu'au lieu de critiquer une dame qui étudiait l'astronomie, Boileau aurait mieux fait de l'apprendre lui-même.

2. Paroles de Mme de Motteville. Voir, pour ces détails et pour ceux qui

ne plus se souvenir que de la beauté de son esprit. La reine elle-même lui avait rendu cet étrange témoignage : « Qu'il ne manquoit rien au roi que la conversation de cette rare fille pour le rendre parfait. » N'oublions pas les deux Hollandais qui, dans leur voyage en France de 1657 à 1658, disaient d'elle en rapportant la lettre d'Anne d'Autriche à Mazarin : « Elle a effectivement beaucoup d'esprit, et tous ceux qui s'en piquent se rendent chez elle pour exercer le leur, comme sous une maîtresse avouée pour la belle galanterie. »

C'est sur ce pied-là, « au centre du beau monde et de la politesse, » que Ninon vivait à la rue des Tournelles dans un petit hôtel dont François Mansart, qui avait embelli ce quartier de ses œuvres, lui céda l'usage à vie. La maison subsiste encore et l'on peut la voir au boulevard Beaumarchais portant les numéros 21 et 23. On nous saura gré peut-être de donner ici la description qu'en fait M. Ch. Giraud : « La façade de la maison de Mansart, du côté du jardin, est restée parfaitement en état. L'architecture en est riche, noble, élégante ; c'est un monument de l'art. Du côté de la rue, la cour d'entrée a été encombrée par des constructions élevées sur le portail qui a été changé. Mais la façade de la maison, sur la cour, est demeurée avec son ancienne porte à colonnes un peu lourdes et son balcon en pierre, du même style. L'intérieur a été conservé autant que le permettait la nécessité de retirer un revenu d'un immeuble tombé dans le commerce. Le vestibule a reçu quelques décorations modernes, mais on y peut remarquer encore de beaux mascarons en cariatides qui sont du temps des Mansart. Le rez-de-chaussée donnait à Ninon une petite salle de spectacle prenant jour sur le jardin, convertie aujourd'hui en bureaux, et où Molière a certainement joué plus d'une fois devant la société choisie d'une femme dont il fut l'intime ami. A gauche est un boudoir charmant, dont les peintures, au pla-

---

vont suivre, l'étude si complète et si intéressante de M. Ch. Giraud sur Saint-Évremond, t. I, p. CCLXXXVII.

fond, ont été soigneusement ménagées. L'antichambre sur la cour formait salle à manger. L'escalier n'a subi d'autre changement que celui des premières marches, péries de vétusté, et de la rampe en pierre, remplacée par une rampe médiocre de notre temps. Le médaillon de Louis XIV est encore à sa place, et les degrés qu'ont franchis si souvent Molière, La Rochefoucauld, Saint-Évremond, Mme de La Fayette, Mme Scarron et tous les illustres du siècle, vous pouvez les contempler effeuillés par le temps, mais en leur ordre ancien, et conservés avec un sentiment fort honorable. Le salon du premier étage montre encore une splendide décoration de plafond contemporaine de Ninon; elle représente, non pas, comme on l'a imprimé, une assemblée des dieux, mais Apollon entouré des neuf Muses, et peint par quelque élève de Lebrun, dont cet ouvrage rappelle la manière.

« Les vieux lambris de cet appartement, qui prend jour sur le jardin et sur le boulevard, étaient ornés de peintures en panneaux. On dit qu'on les retrouverait sous les lambris modernes, simplement superposés, et qui ont respecté les anciens en les voilant. Si le rapport est vrai, la décoration actuelle étant enlevée, le salon redeviendrait ce qu'il était au temps de Ninon.[1] Les peintures *de la chambre des Élus,* où Ninon recevait sa compagnie, aux heures des intimes, ont paru aussi trop gracieuses à un propriétaire scrupuleux : c'était l'histoire de Psyché, en plafond, et des aventures galantes de la fable sur les panneaux. On a recouvert et panneaux et lambris, et ménagé un sous-plafond pour tout cacher. Le boudoir a été condamné à recevoir le même voile, mais on prétend que tout est intact au-dessous et au-dessus. »

C'est dans cette charmante maison, que Ninon animait encore davantage par son esprit, son art et sa délicatesse, que vers 1660 tous les gens d'esprit aspiraient à être reçus, étaient

---

1. Ces lambris viennent d'être transportés à l'hôtel de Carnavalet réparé autrefois par les soins de Mansart, et aujourd'hui possédé par la ville de Paris.

accueillis et fêtés. C'est alors que le poëte Charleval écrivait à un ami :

> Je ne suis plus oiseau des champs,
> Mais de ces oiseaux des *Tournelles*
> Qui parlent d'amour en tous temps.

Là Saint-Évremond avait lu ses premiers essais. Molière un peu plus tard y lira son *Tartuffe*. On y voyait Dangeau, Gourville, le commandeur de Souvré, le marquis de Vardes, M. de Lionne, des hommes de la cour ; des philosophes, M. d'Elbène, Bernier, l'élève de Gassendi, Sarrazin, « philosophe historien d'un commerce charmant ; » Huyghens, le savant astronome qui lui adressa des vers si géométriques, comme dit Voltaire;[1] Fontenelle, Soyecour, Lauzun, Corbinelli, Coulange, Regnier-Desmarais, Saint-Pavin, l'abbé Fraguier, Lafare, Chaulieu, Courtin, « tous épicuriens et délicats comme elle ; » Chapelle qu'elle mit à la porte, malgré tout son talent, lorsqu'il s'adonna au vin, et qui s'en vengea par des épigrammes ; il avait juré d'en faire une par jour ; l'abbé de Châteauneuf, La Fontaine, Perrot d'Ablancourt, l'abbé Têtu, le grand prieur de Vendôme qui lui adressa ces vers :

> Indigne de mes feux, indigne de mes larmes,
> Je renonce sans peine à tes foibles appas ;
> Mon amour te prêtoit des charmes,
> Ingrate, que tu n'avois pas.

Méchants vers que Ninon retourna *sur le champ* :

> Insensible à tes feux, insensible à tes larmes,
> Je te vois renoncer à mes tristes appas ;
> Mais si l'amour prête des charmes,
> Pourquoi n'en empruntois-tu pas?

Voici ces vers d'Huyghens :

> Elle a cinq instruments dont je suis amoureux :
> Les deux premiers les mains, les deux autres les yeux ;
> Pour le plus beau de tous, le cinquième qui reste,
> Il faut être fringant et leste.
>
> (Sur Mlle de Lenclos. *Facéties et Mél. litt.*, t. III.)

Et le grand prieur, en galant petit-fils de Henri IV, eut le bon esprit d'en rire en revenant souper chez Ninon.

« Ses petits soupers, dit encore M. Ch. Giraud, étaient inestimables. C'est alors que sa merveilleuse conversation, éblouissante et passionnée, s'animait de l'ardeur la plus vive et la plus brillante : c'était comme un feu d'artifice. Elle ne buvait que de l'eau, mais on disait qu'elle était ivre dès la soupe. Si l'entraînement la conduisait au paradoxe, elle y déployait une incomparable originalité ; par exemple, lorsqu'elle soutenait qu'il fallait cent fois plus d'esprit pour faire l'amour que pour commander une armée ; qu'on est bien à plaindre, quand on a besoin de la religion pour se conduire, car c'est une preuve qu'on a l'esprit bien borné ou le cœur bien corrompu ; que la puissance de l'amour n'est que dans son bandeau, etc. Mais presque toujours son esprit s'applique à revêtir d'une tournure élégante un vérité d'observation, ou une règle du bon sens. Une de ses maximes était que la beauté sans grâce est un hameçon sans appât ; elle disait qu'il n'y avait rien de si varié dans la nature que les plaisirs de l'amour, quoiqu'ils fussent toujours les mêmes ; qu'il fallait faire provision de vivres, mais que pour les plaisirs on ne les devait prendre qu'au jour la journée. Et le lendemain, chacun de ces mots courait d'abord les ruelles de la place Royale, et puis se répandait dans tout Paris. »

Telles étaient ces diableries dont Mme de Sévigné semblait regretter de ne pouvoir goûter les charmes. « Les femmes, dit-elle, courent après Mlle de Lenclos, comme d'autres gens y couroient autrefois. » Qu'on juge de l'effet de ces conversations polies sur Despréaux, qui déjà commençait à perdre le ton de son quartier, mais qui ne *pensait* pas assez, suivant une remarque de Desmaizeaux. Son ami Chapelle l'accusait aussi d'être ivre de ses vers ; dans ce mélange de conversations variées il pouvait perdre un peu de l'entêtement du poëte. S'il est vrai, comme on le prétend, que La Rochefoucauld ait écrit en vue de Racine et de Despréaux la maxime suivante : *C'est une grande pauvreté de n'avoir qu'une sorte d'esprit ;* « tout leur entretien, ajoute Segrais, ne roule que sur la poésie; ôtez-les de là, ils ne savent rien, » il est vraisemblable que ces causeries ne furent pas perdues pour l'auteur de l'*Art poétique.* Ne recommande-t-il pas, en effet, à ceux qui font des vers d'éviter de n'avoir que ce sujet d'entretien à la bouche? Toutefois Boileau ne parut qu'un peu tard dans ces belles réunions. Il n'y avait pas mis le pied avant 1661, autrement il y aurait connu Saint-Évremond, et n'aurait pas parlé de ce spirituel causeur avec le dédain grossier qu'il affecta souvent à son égard ; il n'aurait pas, si pourtant le mot est de lui, avancé cette singulière balourdise : « J'estime plus un seul chapitre d'Aulu-Gelle que tous les *Miscellanea* de cet auteur. » En 1673, il fournissait à Molière le latin macaronique du *Malade imaginaire* dans un dîner qu'ils faisaient ensemble avec Ninon et Mme de La Sablière.[1]

Il y a lieu d'être surpris que Boileau n'ait jamais parlé de ces relations; à mesure que le siècle vieillissait et qu'il vieillissait lui-même, il se fit peut-être un scrupule d'avoir hanté cette société brillante dont la liberté d'esprit tenait d'un autre âge. Il nous semble pourtant qu'il exagéra la délicatesse s'il craignit quelque dommage en sa réputation pour avoir été reçu chez une personne qui mourut entourée de toute estime et de toute considération.

On approuverait plutôt sa discrétion sur sa liaison avec la Champmeslé, quoiqu'elle fût innocente pour lui. Il laissait à son ami Racine les entraînements et les faiblesses du cœur, il se contentait de jouir des entretiens et de prendre sa part aux soupers. A l'âge de cinquante et un ans il s'en souvenait encore. De Bourbon il écrivait à son ami qui l'entretenait de l'embarras des comédiens délogés de la rue Guénégaud et refusés dans cinq ou six endroits sur les criailleries des curés : « Si on continue à les traiter comme on fait, il faudra qu'ils aillent s'établir entre la Villette et la porte Saint-Martin (un

---

[1]. Monchesnai, *Bolœana.*

endroit où le père de Boileau avait eu des vignes)... Supposez qu'ils aillent habiter où je vous ai dit, croyez-vous qu'ils boivent du vin du cru? Ce ne seroit pas une mauvaise pénitence à proposer à M. de Champmeslé, pour tant de bouteilles de vin de Champagne qu'il a bues, *vous savez aux dépens de qui*.[1] »
La maison de Mme Champmeslé était le rendez-vous des plaisirs. La Fare, Sévigné, M. de Tonnerre, La Fontaine et mille autres y venaient rendre hommage aux talents de cette *Chimène* et s'abandonner au charme dangereux de ses agréments. La Fontaine lui écrivait : « Vous êtes la meilleure amie du monde aussi bien que la plus agréable... Tout sera bientôt au roi de France et à Mlle de Champmeslé. » S'il fallait en croire Louis Racine, son père n'eût cherché dans cette liaison que l'avantage d'inspirer aux comédiens le vrai goût de la déclamation, et de leur communiquer le talent qu'il avait lui-même à bien dire les vers. Il porte bien loin la piété lorsqu'il ose soutenir que son père n'a jamais connu par expérience ces troubles et ces transports qu'il a si bien dépeints. Le mot de Boileau aurait dû l'éclairer. En effet, avant d'avoir été supplanté par M. de Tonnerre, ce qui donna lieu à ce mauvais jeu de mots : « qu'il avoit été déraciné par le tonnerre, » Racine était tout entier à Mme de Champmeslé. La présence d'un mari complaisant n'était pas pour déranger en rien les plaisirs de sa femme.[2]

1. Lettres de Racine et de Boileau, XI, XV, XVI, 1687.
2. Le ton de cette société plus libre que celle de Ninon peut se comprendre par cette anecdote rapportée dans la vie de La Fontaine de M. Walkenaër : « Racine, lorsqu'il aimait la Champmeslé, n'ignorait pas qu'elle partageait ses faveurs entre plusieurs amants, sans compter son mari. Un jour que ce dernier cajolait une jeune servante, fort coquette, et dont le commerce offrait peu de sécurité, Racine, qui se trouvait présent, l'arrêta, en disant : « Ah! Champmeslé, prends-y garde, ce jeu n'est pas sûr : tu « veux donc nous gâter tous! » Ce mot parut si plaisant, que Boileau et Racine, se trouvant en gaieté avec d'autres jeunes gens de leur âge, en composèrent une épigramme, que, depuis, les éditeurs de Boileau, mais non pas lui, ont insérée dans ses œuvres. » La voici :

> De six amants contents et non jaloux,
> Qui tour à tour servoient madame Claude,

A l'époque où nous en sommes de la vie de Boileau, il n'avait pas encore tous les amis dont il s'honora plus tard ; cependant, comme il s'en acquérait chaque jour de nouveaux, nous croyons devoir ici en donner la suite. Parmi eux il faut compter le marquis de Termes ; Boileau estimait fort son esprit, il le mettait parmi les personnes en qui il reconnaissait un génie supérieur (M. le prince de Conti, Bossuet, le P. Bourdaloue, l'abbé de Châteauneuf et d'Aguesseau). Il distinguait en lui un mérite assez rare, qu'il exprimait finement lorsqu'il disait : « M. de Termes est toujours à la pensée d'autrui, c'est là où consiste le savoir-vivre. » Tout en lui reconnaissant beaucoup d'esprit et un esprit fort orné, Saint-Simon en rapporte des choses fâcheuses.[1]

Personne ne doutait, prétend-il, qu'en sa qualité de premier valet de chambre du roi il ne rapportât tout au roi ; on n'avait pour lui que du mépris. Il était poli et accostant, mais à peine lui répondait-on en fuyant, tellement qu'il vivait dans une solitude entière au milieu du plus grand monde. Le roi

> Le moins volage étoit Jean, son époux.
> Un jour pourtant, d'humeur un peu trop chaude,
> Serroit de près la servante aux yeux doux,
> Lorsqu'un des six lui dit : Que faites-vous ?
> Le jeu n'est sûr avec cette ribaude :
> Ah ! voulez-vous, Jean-Jean, nous gâter tous ?

Le Brun trouve l'épigramme un peu leste pour le sévère Boileau. Mais Boileau fut-il toujours sévère ? Sans doute Louis Racine a pu dire de l'ami de son père même : « Il vécut dans la société des femmes avec une politesse respectueuse, sans être leur fade adulateur, » mais il était loin de fuir les entretiens joyeux et les réunions amusantes.

1. Il reçut une fois à Versailles une grêle de bastonnade de quatre ou cinq suisses qui l'attendaient sortant de chez M. le Grand, à une heure après minuit, et l'accompagnèrent toujours frappant, tout du long de la galerie ; il en fut moulu et plusieurs jours au lit. Il eut beau s'en plaindre et le roi se fâcher, les auteurs se trouvèrent sitôt qu'ils ne se trouvèrent plus. Quelques jours auparavant, M. le duc et M. le prince de Conti avaient fait un souper chez Langlée, à Paris, après lequel il s'était passé des choses assez étranges. Le roi leur en lava la tête ; ils crurent bien être assurés d'en avoir l'obligation à Termes, et le firent régaler comme je viens de dire incontinent après.

lui parlait quelquefois et lui permettait d'être à Marly. Pour dissiper ces mauvaises impressions, on est heureux d'avoir à citer les appréciations plus bienveillantes de Bussy-Rabutin, qui ne manquait pas pourtant de malice, et celles surtout de Mme de Sévigné. Elle trouvait un grand charme dans l'entretien du marquis, elle comptait comme des jours heureux ceux qu'elle pouvait employer avec lui en causerie *perpétuelle et infinie*, soit à Vichy, soit aux Rochers. Termes, de son côté, n'était pas moins ravi d'elle : « Je vous écris aujourd'hui de Versailles, dit Bussy-Rabutin à sa cousine; c'est que je parlai hier de vous toute l'après-dînée, avec un de vos amis et des miens, qui m'est d'une grande ressource en ce pays-ci. C'est Termes, madame; il y a longtemps que nous nous connoissons, mais nous n'avions jamais parlé de vous. Je me mis sur votre chapitre; et que ne lui dis-je point! Il me laissa tout dire, et quand il me crut épuisé, il me conta les huit jours qu'il fut aux Rochers et la suite du commerce qu'il a eu à Paris avec vous; il me témoigna même l'obligation qu'il vous avoit de la manière dont vous aviez parlé de lui quand il étoit à la Bastille,[1] et de ce que vous fîtes taire Mlle de Méri, qui n'en parloit pas si bien, quoiqu'elle dût être dans ses intérêts plus que vous. Après être convenu avec moi que vous étiez la femme de France du plus agréable commerce, il me dit mille biens de la belle Madelonne (Mme de Grignan) et il vous définit si bien toutes deux, que je connus qu'il vous avoit fort examinées. Il faut dire la vérité, madame, c'est un joli cavalier que Termes; il y a vingt ans que c'étoit un dangereux rival; mais de l'heure qu'il est, c'est un des plus honnêtes hommes de France.[2] »

Ce sont ces derniers mots que nous voulons retenir pour justifier Boileau des éloges qu'il donne à cet ami de Mme de Sévigné et lui faire honneur de cette liaison.

---

1. Il avait été compromis dans l'affaire des poisons.
2. Mme DE SÉVIGNÉ, édit. Hachette, t. IX, p. 516.

Ce fut Louis-Victor de Rochechouart, duc de Vivonne, frère de Mme de Thianges et de Mme de Montespan, qui présenta le poëte au roi, la première fois qu'il parut à la cour. « C'étoit, dit Saint-Simon, l'homme le plus naturellement plaisant, et avec le plus d'esprit et de sel et le plus continuellement, dont j'ai ouï faire au roi cent contes meilleurs les uns que les autres qu'il se plaisoit à raconter. » Il avait ce tour d'esprit qui brillait dans la famille des Mortemart et rendait redoutables leurs plaisanteries et leur gaieté. Passionné pour Despréaux, le duc de Vivonne ne refusait pas d'accepter à souper chez lui. Quand il fut devenu maréchal de France, celui-ci lui écrivait avec enjouement : « Mais dites-moi, monseigneur, sur quel ton faut-il maintenant vous parler? Je savois assez bien autrefois de quel air il falloit écrire à monseigneur de Vivonne, général des galères de France ; mais oseroit-on se familiariser de même avec le libérateur de Messine, le vainqueur de Ruyter, le destructeur de la flotte espagnole? Seriez-vous le premier héros qu'une extrême prospérité ne pût enorgueillir? Êtes-vous encore ce même grand seigneur qui venoit souper chez un misérable poëte, et y porteriez-vous sans honte vos nouveaux lauriers au second et au troisième étage? Non, non, monseigneur, je n'oserois plus me flatter de cet honneur. » Bien éloigné d'être savant, le duc de Vivonne faisait des vers et Boileau jugeait, disait-on, qu'il en eût pu faire d'excellents, s'il s'en fût donné la peine. Ce qu'il y avait de certain, c'est qu'il goûtait vivement le charme des bons vers. Lui et ses sœurs versaient des larmes aux beaux endroits qui les frappaient dans les satires. Cette émotion enchantait Boileau, qui n'aimait point à lire à des *bustes*. On peut voir jusqu'où il portait cette ardeur et cet entraînement par l'anecdote suivante. Interrogé par le roi, qui l'admettait pour la première fois en sa présence, sur l'endroit de ses poésies qu'il trouvait le plus beau, Despréaux cita la fin de l'épître première qu'il avait pris la liberté d'adresser à Louis XIV. Cette fin venait d'être refaite. Elle toucha fortement le roi, qui laissa paraître son émotion sur son visage et dans ses yeux. Celle de Vivonne devança le monarque, car avant que le roi eût parlé, il prit brusquement l'auteur à la gorge, et lui dit, par une saillie que la présence de Louis ne put retenir : *Ah! traître, vous ne m'aviez pas dit cela.* Voilà les amis qu'il faut aux poëtes, voilà les mouvements d'admiration qui remuent le cœur et animent l'esprit ! [1]

C'était beaucoup de donner à souper au duc de Vivonne, c'était bien plus encore de recevoir à dîner le comte du Broussin. Avec le premier toute la dépense était en esprit, il fallait avec l'autre des découvertes et de l'*érudition*. Il se vantait en fait de repas d'avoir acquis la plénitude de la science; il s'appliquait à découvrir chaque jour un nouveau raffinement. Quand il avait à traiter des convives aussi délicats que lui-même, il appelait ces festins des repas d'érudition. Le duc de Lesdiguières, le comte d'Olonne étaient dignes d'exercer son génie. S'il les traitait, il était sur pied dès quatre heures du matin et prenait un compas pour faire poser la table. Il ne parlait pas moins, au dire de Monchesnai, que de condamner au fouet ou d'envoyer au carcan des valets qui se seraient mépris sur l'ordre des services. Un jour il s'avisa de dire à ses convives : « Sentez-vous, messieurs, le pied de mule dans cette omelette aux champignons? » Il prétendait que les champignons foulés par le pied d'une mule *sont mis au dernier période de la perfection.* C'est ce convive redoutable qui voulut un jour, après la satire du repas ridicule, dîner chez Despréaux. Celui-ci s'excusait, n'ayant pas l'espérance de pouvoir le réga-

---

1. Voici comment Mme de Sévigné parle de sa mort : « Vous savez la mort de votre ami Vivonne? Il est mort en un moment, dans un profond sommeil, la tête embarrassée, et entre nous aussi pourri de l'âme que du corps... » Et Bussy de son côté : « La mort de Vivonne ne m'a ni surpris, ni fâché... Pour la fâcherie, après une étroite amitié entre lui et moi, mes disgrâces me l'avoient fait perdre, et je l'avois assez méprisé pour ne lui en avoir fait aucun reproche; mais je le regardois comme un homme d'esprit et de courage, qui avoit un fort vilain cœur, et sa vie et sa mort me font juger que son âme étoit encore plus infâme. »

ler selon la supériorité de son goût : « Point, point, répondit le comte obstiné, donnez-nous ce que vous voudrez, nous nous contenterons d'un repas de poëte. » Vitri, Gourville, de Barillon furent de la fête. Tout s'y passa à merveille. C'était à qui ferait le plus de remercîments et d'embrassades à *l'Architriclin*. Le comte du Broussin lui dit en sortant : « Mon cher Despréaux, vous pouvez vous vanter de nous avoir donné un repas sans faute. » Barillon, qui fut plus tard ambassadeur en Angleterre, ne manquait pas de goût et d'esprit ; ami de La Fontaine, il l'était aussi de Saint-Évremond et d'Hortense de Mazarin. Quant à Gourville, Charles II, roi d'Angleterre, l'appelait le plus sage des Français ; il tenait encore sa place parmi les plus enjoués, les plus spirituels et les plus généreux.

M. de Pomponne tient aussi un rang distingué parmi ceux dont Boileau sut mériter l'affection. Ce n'est pas par une insipide flatterie que Despréaux met le nom de ce grand seigneur à côté de ceux de Condé et de La Rochefoucauld. Il avait en effet autant d'esprit qu'eux et peut-être un esprit plus aimable. Sa parenté avec M. Arnauld, dont il était le neveu, le célèbre Arnauld d'Andilly étant son père, aurait suffi pour lui attacher notre poëte s'il n'eût pas été séduit, comme tout le monde, par sa bonté, sa douceur et sa finesse. « C'étoit un homme, dit Saint-Simon, qui excelloit surtout par un sens droit, juste, exquis... D'une modestie, d'une modération, d'une simplicité de mœurs admirables, et la plus solide et la plus éclairée piété. Ses yeux montroient de la douceur et de l'esprit ; toute sa physionomie, de la sagesse et de la candeur ; un art, une dextérité, un talent singulier à prendre ses avantages en traitant... Poli, obligeant et jamais ministre qu'en traitant, il se fit adorer à la cour où il mena une vie égale, unie et toujours éloignée du luxe et de l'épargne, et ne connoissant de délassement de son grand travail que sa famille, ses amis et ses livres. La douceur et le sel de son commerce étoient charmants, et ses conversations, sans qu'il le voulût, infiniment instructives. Tout se faisoit chez lui et par lui avec ordre, et rien ne demeuroit en arrière, sans jamais altérer sa tranquillité. » C'est l'honneur éternel de Boileau d'être placé au milieu des hommes les plus recommandables et les plus spirituels du xviiᵉ siècle.

Il ne tint pas à quelques ennemis de Boileau que Bussy-Rabutin ne se joignît à eux contre le poëte. Cependant l'estime, sinon l'amitié de ce seigneur, ne fut pas refusée à Despréaux. Bussy l'en assura dans une lettre où il déclare qu'il n'a rien vu de sa façon qu'il n'ait trouvé très-beau et très-naturel, et qu'il a remarqué dans ses ouvrages un air d'honnête homme qu'il a estimé encore plus que tout le reste. « C'est ce qui m'a fait, ajoute-t-il, souhaiter d'avoir commerce avec vous ; et puisque l'occasion s'en présente aujourd'hui, je vous en demande la continuation et votre amitié, vous assurant de la mienne. Pour mon estime, vous n'en devez pas douter, puisque vos ennemis mêmes vous l'accordent dans leur cœur, s'ils ne sont pas les plus sottes gens du monde. »

Des amitiés plus effectives furent celles de Pontchartrain, de Chamlai et des Lamoignon. Le premier « étoit, dit Saint-Simon, un très-petit homme maigre, bien pris dans sa petite taille, avec une physionomie d'où sortoient sans cesse les étincelles de feu et d'esprit, et qui tenoit encore beaucoup plus qu'elle ne promettoit. Jamais tant de promptitude à comprendre, tant de légèreté et d'agrément dans la conversation, tant de justesse et de promptitude dans les réparties, tant de facilité et de solidité dans le travail, tant d'expédition, tant de subite connoissance des hommes, ni plus de tour à les prendre. Avec ces qualités une simplicité éclairée et une sage gaieté surnageoient à tout et le rendoient charmant en riens et en affaires. Sa propreté étoit singulière et s'étendoit à tout, et à travers toute sa galanterie qui subsista dans l'esprit jusqu'à la fin, beaucoup de piété, de bonté et j'ajouterai d'équité avant et depuis les finances. » Tel fut l'homme qui, oubliant sa haute condition dans l'État, rendait souvent visite à Boileau dans sa solitude d'Auteuil.

Chamlai avait su gagner l'amitié de Turenne et toute la confiance de Louvois. Avec de l'esprit, de la politesse, un grand savoir-vivre, bon, doux, affable, obligeant, désintéressé, un grand sens, il ne pouvait qu'avoir du goût pour Despréaux, et, quoique celui-ci n'en ait point parlé dans ses lettres, on doit le comprendre parmi ces grands qui *l'aimèrent jusques à la tendresse.*

Les œuvres de Boileau sont remplies de témoignages d'amitié et de reconnaissance pour la famille de Lamoignon. Le premier président, loin de s'effrayer du titre de *Satires* que le poëte donnait à ses premiers écrits, conçut pour lui la plus vive estime. Il était charmé d'y trouver le goût des anciens, le sel de l'esprit et surtout la plus scrupuleuse pudeur. La conversation de Boileau égayait le magistrat, qui daignait même entrer dans ses jeux, comme le jour, par exemple, où, parmi des pièces à signer, Dongois insinua l'*Arrêt burlesque* en faveur d'Aristote. Lamoignon s'en aperçut : « Voilà, dit-il, un tour de Despréaux, » et ne fit qu'en rire. Saint-Simon remarque en lui une attention singulière à capter les savants de son temps, à les assembler chez lui à certains jours, à les distinguer quels qu'ils fussent. Peut-être y eut-il dans cette attention un manége pour s'acquérir une réputation que les grâces de sa personne, son affabilité et le soin qu'il prit de se faire aimer du barreau et des magistrats pouvaient du reste lui assurer. Toujours est-il vrai qu'entre les hommes d'esprit qu'il se plaisait à réunir autour de lui, pas un ne lui plut autant que Boileau.

Moins indulgente que son frère pour les satires du poëte, Mlle de Lamoignon ne les lui pardonnait pas non plus que ses épigrammes. C'était, selon d'Alembert, une personne d'une vertu simple et vraie sans dureté comme sans affiche. « Quoi! lui disait le poëte, vous ne permettriez pas même une satire contre le Grand Turc ? — Non, répondit-elle, c'est un souverain et il faut le respecter... — Mais au moins contre le diable ? » ajouta Despréaux. Elle se tut un moment, sa religion hésita, et son caractère reprit le dessus : « Non, répliqua-t-elle, il ne faut jamais dire du mal de personne. »

Il paraît que Boileau se plaisait à taquiner doucement cette sage fille. Nicolas Feuillet, chanoine de Saint-Cloud, prêchait une morale austère et terrible, mais il avait beaucoup d'embonpoint et un air de santé qui paraissait démentir l'austérité de sa doctrine. Mlle de Lamoignon aimait beaucoup ce prédicateur. Un jour que Despréaux se plaignait malignement à elle du contraste fâcheux d'un extérieur si peu mortifié avec la pénitence rigoureuse qu'il exigeait de ses auditeurs : « Oh! répondit-elle, on dit qu'il commence à devenir maigre. » Telle était la malice de Boileau, relevée par la franchise d'un honnête homme et d'un esprit assez libre.

Quelle que fût son affection pour ses protecteurs ou ses amis, il ne leur sacrifia jamais rien de ce qu'il croyait être la justice et la vérité. Il reçut un jour du premier président l'ouvrage d'un marquis qui désirait être de l'Académie et se faisait recommander à Boileau par Lamoignon. C'était un recueil de petits vers qui n'avaient « ni force ni vertu. » Boileau ne trouva pas le titre suffisant. « Je dirai tout net à M. de Lamoignon, s'écria-t-il, que je n'ai point de voix à donner à un homme qui fait d'aussi méchants vers à soixante ans. » Il ne se contenta pas de cette réponse, il y joignit une résistance effective. Le jour de l'élection il alla exprès à l'Académie pour donner sa boule noire. En vain on lui représenta la qualité du candidat qui exigeait des égards : « Je ne lui conteste pas, disait Boileau, ses titres de noblesse, mais ses titres au Parnasse; je le soutiens mauvais poëte et poëte de mauvaises mœurs. » Comme l'abbé Abeille affirmait que le marquis faisait de petits vers comme Anacréon, il lui répondit : « Si vous estimez tant les vers de votre M. le marquis, vous me ferez un très-grand honneur de mépriser les miens. »

Le trait qui distingue Boileau dans ces réunions, c'est l'indépendance de son caractère. Chez lui nulle contrainte, nul effort pour se contenir. Quand on l'excite, il s'anime, il part avec une brusque vivacité et s'abandonne tout entier à son humeur. Ainsi chez le premier président, à Bâville, il entend soutenir par des *casuistes* qu'on n'est point obligé d'aimer Dieu, que prétendre le contraire c'est imposer au chrétien un joug insupportable dont la nouvelle loi doit l'avoir affranchi. La dispute s'échauffe, Boileau n'a rien dit encore, quand, tout à coup, il se lève et s'écrie : « Ah! la belle chose que ce sera au jour du dernier jugement, lorsque Notre-Seigneur dira à ses élus : « Venez, les bien-aimés de mon Père, parce que vous ne m'avez « jamais aimé de votre vie; que vous avez toujours défendu « de m'aimer, et que vous vous êtes toujours fortement oppo- « sés à ces hérétiques qui voulaient obliger les chrétiens de « m'aimer! Et vous, au contraire, allez au diable et en enfer, « vous les maudits de mon Père, parce que vous m'avez aimé « de tout votre cœur, et que vous avez sollicité et pressé tout « ce monde de m'aimer. » Cette prosopopée, faite de verve et tout éloquente de bon sens et de raillerie, fit rire la compagnie tout entière et termina le débat. [1]

Il faut rapprocher de cette scène une autre scène admirablement racontée par Mme de Sévigné, et jouée, l'expression est juste, chez le même Lamoignon, par notre poëte. C'est une sorte de *Provinciale,* un pendant à l'ingénieuse *Conversation du Père Canaye avec le maréchal d'Hocquincourt.* Il n'y a pas de risque que ces choses s'oublient jamais en France. « Corbinelli m'écrivit l'autre jour un fort joli billet. Il me rendoit compte d'un dîné chez M. de Lamoignon. Les acteurs étoient les maîtres du logis, M. de Troies, M. de Toulon, le P. Bourdaloue, son compagnon, Despréaux, Corbinelli. On parla des ouvrages des anciens et des modernes. Despréaux soutint les anciens, à la réserve d'un seul moderne, qui surpasse, à son

---

1. L'interlocuteur de Boileau était le P. Cheminais. On ajoute qu'ayant été, jusqu'à cet instant de la dispute, intarissable de bonnes ou de mauvaises raisons, et n'ayant pas songé à ménager sa poitrine qu'il avait fort délicate, il resta étourdi du coup et sans un mot de réplique. (SAINTE-BEUVE, *Port-Royal,* t. V, p. 346.)

goût, et les vieux et les nouveaux. Le compagnon de Bourdaloue, qui faisoit l'entendu et qui s'étoit attaché à Despréaux et à Corbinelli, lui demanda quel étoit donc ce livre si distingué dans son esprit; il ne voulut pas le nommer. Corbinelli lui dit : « Monsieur, je vous conjure de me le dire, afin que je le « lise toute la nuit. » Despréaux lui répondit en riant : « Ah! « monsieur, vous l'avez lu plus d'une fois, j'en suis assuré. » Le jésuite répond et presse Despréaux de nommer cet auteur si merveilleux. Avec un air dédaigneux, *un cotal riso amare*, Despréaux lui dit : « Mon Père, ne me pressez point. » Le Père continue; enfin Despréaux le prend par le bras, et, le serrant bien fort, lui dit : « Mon Père, vous le voulez. Eh bien! c'est « Pascal, morbleu! — Pascal! dit le Père tout étonné; Pascal « est beau autant que le faux le peut être. — Le faux, dit « Despréaux, le faux! Sachez qu'il est aussi vrai qu'il est ini-« mitable. On vient de le traduire en trois langues. » Le Père répond : « Il n'en est pas plus vrai pour cela. » Despréaux s'échauffe là-dessus et, criant comme un fou, entame une autre dispute; le Père s'échauffe de son côté, et, après quelques discours fort vifs de part et d'autre, Despréaux prend Corbinelli par le bras, s'enfuit au bout de la chambre, puis revenant et courant comme un forcené, il ne voulut jamais se rapprocher du Père, et alla rejoindre la compagnie, qui étoit demeurée dans la salle où l'on mange. Ici finit l'histoire; le rideau tombe. Corbinelli me promet le reste dans une conversation; mais moi, qui suis persuadée que vous trouverez cette scène aussi plaisante que je l'ai trouvée, je vous l'écris et je crois que si vous la lisez avec vos bons tons, vous la trouverez assez bonne. » (Lettre du dimanche 15 janvier 1690.)

Que voilà bien Despréaux dans la fougue de son amour pour la vérité! Quel élan! quelle verve, quelle originalité, quelle hardiesse! Comme on sent bien qu'il dut plaire tout de suite au grand Arnauld, quand M. de Lamoignon l'eut rapproché de lui. Ce fut en effet le premier président qui les mit en relation. Peu de temps après la paix de l'Église, ce magistrat, dit-on, se fit une fête d'inviter M. Arnauld, M. Nicole, M. Despréaux et quelques autres personnes de choix à venir dîner à Auteuil dans l'appartement qu'il avait chez les chanoines réguliers de Sainte-Geneviève. « Il n'y eut donc rien d'étonnant, dit M. Sainte-Beuve, si M. Arnauld et Boileau, du premier moment qu'ils se virent, se sentirent de l'inclination l'un pour l'autre et s'aimèrent. La candeur, la vérité, la probité firent le lien. Boileau était singulièrement porté vers Arnauld par l'admiration et le respect qu'il avait dès longtemps conçus pour le chrétien indépendant et pur, pour le mâle et solide écrivain, pour l'adversaire du faux goût en théologie, pour l'ami de la raison, mais d'une raison toujours surveillée par la foi; c'était précisément sa mesure à lui-même. Arnauld était attiré vers Despréaux autant qu'il pouvait l'être vers un poëte; il trouvait dans ses écrits comme dans son entretien, sur un fond moral raisonnable et solide, autant d'agrément (et pas plus!) qu'il en pouvait désirer; rien de tendre ni d'efféminé; un bon sens allié du sien jusque dans son mordant, et qui mettait du feu à l'expression de certaines vérités; une imagination toujours réglée par l'honnête.[1] »

C'étaient là sans doute aussi les qualités que l'aimable et honnête M. de Lamoignon avait discernées et aimées dans Boileau. L'amitié que le père avait eue pour lui fut partagée par son fils. C'est à l'avocat général de Lamoignon qu'est adressée la VIe épître. Le poëte y célèbre le mérite éclatant, la naissance, le rang, l'éloquence de celui qui n'avait pas de plus grand plaisir que de recevoir Despréaux à Bâville. Il nous apprend quels étaient, sous les ombrages de cette belle maison de campagne, les entretiens ordinaires qui charmaient leurs loisirs; ils cherchent l'un et l'autre

..... Quels sont les biens véritables ou faux;
Si l'honnête homme en soi doit souffrir des défauts;
Quel chemin le plus droit à la gloire nous guide,
Ou la vaste science, ou la vertu solide.

1. M. SAINTE-BEUVE, *Port-Royal*, 2e édit., t. V, p. 327.

Nul ne pourrait nier que la conversation ne prît souvent ce tour au bord de la fontaine Polycrène ; mais les philosophes les plus sérieux ont leurs moments de relâche. Dans la gaieté d'un repas, Boileau savait se prêter aux jeux de l'esprit. Au temps des noces de M. de Bâville, un second fils de Lamoignon, en présence de trois muses, Mme Chalucet, Mme Hélyot, bourgeoise renforcée, et Mme de La Ville, femme d'un fameux traitant pour laquelle M. de Lamoignon, depuis président à mortier, avait quelque inclination, il composait un chant à boire. Le Père Bourdaloue, qui était de la noce, aussi bien que le Père Rapin, avait poussé Boileau à faire ces couplets. Ils réussirent fort, à la réserve pourtant des deux derniers, qui firent un peu, dit Boileau, refrogner le Père Bourdaloue. Les voici :

> Si Bourdaloue, un peu sévère,
> Nous dit : Craignez la volupté ;
> Escobar, lui dit-on, mon Père,
> Nous la permet pour la santé.
>
> Contre ce docteur authentique
> Si du jeûne il prend l'intérêt,
> Bacchus le déclare hérétique,
> Et janséniste, qui pis est.

C'était mêler à l'enjouement d'une chanson à boire un grain de sel assez piquant. Bourdaloue en fut d'abord un peu fâché ; mais le Père Rapin, plus coulant, l'obligea à rire avec les autres. Les Lamoignon ont passé, le domaine appartient à de nouveaux maîtres, on s'y souvient à peine des antiques possesseurs ; mais dans ce changement sans fin des choses, une seule subsiste, c'est le nom de Boileau, dont on salue encore la fontaine pour *ennoblir son eau,* dit un autre poëte.[1]

---

1. M. Sainte-Beuve, dans les *Pensées d'Août.* — La pièce est datée du château du Marais, et adressée à Mme la comtesse Molé :

> Fier de suivre à mon tour des hôtes dont le nom
> N'a rien qui cède en gloire au nom de Lamoignon,
> J'ai visité les lieux, et la tour et l'allée
> Où des fâcheux ta muse épiait la volée ;

M. de Seignelai, fils de Colbert, figure aussi parmi les amis de Boileau. C'est à lui qu'est adressée la IXe épître. Cet honneur que lui fait le poëte rend peut-être invraisemblable une anecdote rapportée par Monchesnai, quoiqu'elle soit bien dans le ton et l'humeur de Despréaux. Il paraîtrait, d'après ce récit, qu'un jour, chez les ducs de Chevreuse et de Beauvilliers, M. de Seignelai poussa vivement Boileau sur quelques passages de l'opéra de *Bellérophon,* où la vraisemblance pouvait être choquée. Triomphant dans son attaque, il dit avec un air dédaigneux au poëte : « Répondez, répondez à cela. » Tant de hauteur ne pouvait pas plaire au poëte, qui lui dit : « Monsieur, j'ai toujours fait ma principale étude de la poétique; tout le monde convient même que j'en ai écrit avec assez de succès; si vous voulez que je vous réponde, il faut que vous consentiez que je vous instruise au moins trois jours de suite. » Après cela, ajoute-t-il, je lui décochai six préceptes des plus importants d'Aristote. Il se sentit battu. Toute la compagnie riait dans l'âme; et Racine en sortant me dit : « Oh! le brave homme que vous êtes! Achille en personne n'auroit pas mieux combattu que vous. » Racine n'aurait jamais eu ce courage. M. de Seignelai oublia sans doute l'incartade. Il n'est pas rare qu'on se fasse un bon ami d'un adversaire qu'on a défait.

Tout le monde sait quelle estime le grand Condé avait pour Despréaux. Dans sa retraite de Chantilly, il se plaisait aux entretiens du poëte. Amoureux des beautés littéraires dont il était bon juge, il ne séparait pas, dans ses appréciations, le

> Le berceau plus couvert qui recueillait tes pas;
> La fontaine surtout, chère au vallon d'en bas,
> La fontaine en tes vers Polycrène épanchée,
> Que le vieux villageois nomme aussi la Rachée,
> Mais que plus volontiers, pour ennoblir son eau,
> Chacun salue encor *Fontaine de Boileau.*
> Par un des beaux matins des premiers jours d'automne,
> Le long de ces coteaux qu'un bois léger couronne,
> Nous allions, repassant par ton même chemin
> Et le reconnaissant, ton épître à la main.

talent du caractère, et savait estimer la sincérité de Boileau et sa droite raison. Il prit ouvertement sa défense contre le duc de Nevers. Quelque danger qu'il y eût à contredire un tel homme, Boileau ne s'épargnait pas à combattre les opinions de Condé, quand elles lui semblaient contraires à la vérité. Le héros de Rocroi, accoutumé à avoir presque toujours la raison et la victoire de son côté, souffrait difficilement qu'on ne fût pas de son avis; il souffrait plus difficilement encore d'être vaincu dans une discussion. Mais Boileau, qui ne fut jamais courtisan, se hasarda un jour à disputer contre lui sur une tragédie qu'il défendait. Ayant vu dans ses yeux une amère impatience qui commençait à passer dans ses discours, il termina l'entretien par cette parole hardie : « Désormais, je serai toujours de l'avis de M. le prince, quand il aura tort. » Nulle part nous ne voyons que Boileau ait acheté par une lâche complaisance, ou par des louanges basses, la protection des grands qu'il eut pour amis.

Dans ses relations d'amitié, Boileau n'apportait pas seulement cette franchise, estimable sans doute, mais qui pouvait facilement dégénérer en aigreur, il avait aussi des qualités plus douces. Il savait, par exemple, se dévouer à ses amis, comme il le fit pour Patru; prendre leur défense, comme il le fit pour Racine et Molière. Son indulgence le portait à fermer les yeux sur leurs défauts. S'il combattait le penchant de Chapelle à l'ivresse, il ne le chassait pas de chez lui, à l'exemple de Ninon ; il essayait de le corriger, moins en censeur trop sévère qu'en camarade facile et sujet lui-même à faillir. Il gourmandait La Fontaine sans brusquerie; il supportait les observations trop subtiles de Racine sur ses ouvrages; il essuyait avec tranquillité ses propos cuisants et sa verve incisive. « Avez-vous eu, lui disait-il un jour, l'intention de me blesser? — Non, répondait celui-ci. — Vous avez donc tort, car vous m'avez blessé. »

Quand Furetière mourut, l'Académie délibérait si l'on ferait un service au défunt, selon l'usage pratiqué depuis son établissement. Le parti de la violence allait l'emporter. Mais Despréaux osa proposer d'agir avec plus de modération et de charité chrétienne. Voici, suivant Monchesnai, ce qu'il dit à la compagnie : « Messieurs, il y a trois choses à considérer ici, Dieu, le public et l'Académie. A l'égard de Dieu, il vous saura sans doute très-bon gré de lui sacrifier votre ressentiment, et de lui offrir des prières pour un mort qui en auroit besoin plus qu'un autre, quand il ne seroit coupable que de l'animosité qu'il a montrée contre vous. Devant le public, il vous sera très-glorieux de ne pas poursuivre votre ennemi par delà le tombeau. Et pour ce qui regarde l'Académie, sa modération sera très-estimable quand elle répondra à des injures par des prières, et qu'elle n'enviera pas à un chrétien les ressources qu'offre l'Église pour apaiser la colère de Dieu, d'autant mieux qu'outre l'obligation indispensable de prier Dieu pour vos ennemis, vous vous êtes fait une loi particulière de prier pour vos confrères. » C'était concilier à la fois les devoirs du chrétien, les convenances et les souvenirs d'une ancienne affection.

S'il était dangereux de paraître trahir l'Académie en continuant d'être l'ami de Furetière, il n'était pas sans quelque conséquence d'être celui de M. Le Verrier. C'était un financier qui avait le triple ridicule de vouloir passer pour savant, pour homme à bonnes fortunes et pour ami des grands seigneurs. Il ne manquait pas de gens assez malins pour soutenir que Boileau ne le fréquentait que pour trouver en lui de quoi remplir ses poëmes satiriques de traits méchants. C'était une erreur. Despréaux n'était pas capable de cette perfidie. Quoiqu'il vît bien les travers de son ami, il fermait les yeux sur ce qu'ils pouvaient avoir de risible, et la sincère affection qu'avait pour lui Le Verrier lui semblait en réclamer autant de sa part. Il le défendait même et l'excusait sur ce qu'on disait qu'il portait toujours un livre grec à la messe. C'était une affaire, car dans le monde que fréquentait Boileau on se plaisait à railler M. Le Verrier. On l'appelait le *traitant renouvelé des Grecs,* et un jour qu'il se présentait chez M. de Pontchartrain pour s'intéresser dans quelque nouvel armement, ce ministre lui dit : « *Mais, monsieur, on n'arme pas pour la Grèce.* » Lorsque Boileau eut pris, ce qui lui arriva de bonne heure, l'habitude de ne plus faire de visites, il ne manqua jamais cependant de visiter M. Le Verrier. Il disait de lui-même : « Je suis un solitaire fréquentant M. Le Verrier. » On voit dans les derniers temps de la vie du poëte cette amitié persévérer. M. Le Verrier est l'hôte le plus assidu de Boileau, c'est avec lui qu'il partage les *présents merveilleux,* jambon ou fromage, que Brossette lui envoie de Lyon. On voit même le financier jusqu'au moment suprême donner à son ami des marques plaisantes de son dévouement. Ne s'avisa-t-il pas, tandis que Despréaux n'attendait que l'heure de la mort, de lui aller lire une nouvelle tragédie ! Le poëte eut la patience d'en écouter jusqu'à deux scènes, après quoi il lui dit : « Quoi, monsieur, cherchez-vous à me hâter l'heure fatale ? Voilà un auteur devant qui les Boyer et les Pradon sont de vrais soleils. Hélas ! j'ai moins de regret à quitter la vie, puisque notre siècle enchérit chaque jour sur les sottises. » Boileau restait au lit de mort ce qu'il avait été dès quinze ans, l'ennemi d'un sot livre, et M. Le Verrier lui-même un ami maladroit, mais complaisant.

Complétons cette liste des relations de Boileau en citant les hommes de lettres ou les courtisans de médiocre importance qui lui donnèrent des marques d'estime et des preuves de leur affection : Valincour, d'Aguesseau, Régnier-Desmarais, Commire, Costar, Bourdaloue, Nicole, Rapin et Bernier. Nous avons un hommage touchant rendu au caractère de Boileau dans les paroles de Valincour, secrétaire du cabinet du roi, lorsqu'il reçut M. l'abbé d'Estrées à l'Académie française. En voici quelques-unes : « Je ne crains point ici, messieurs, que l'amitié me rende suspect sur le sujet de M. Despréaux. Elle me fourniroit plutôt des larmes hors de saison que des louanges exagérées. Ami dès mon enfance et ami intime des deux plus grands personnages qui jamais aient été parmi vous, je les ai perdus tous deux dans un petit nombre d'années.[1] Vos suffrages m'ont élevé à la place du premier, que j'aurois voulu ne voir jamais vacante. Par quelle fatalité faut-il que je sois encore destiné à recevoir aujourd'hui en votre nom l'homme illustre qui va remplir la place de l'autre; et que, dans deux occasions où ma douleur ne demandoit que le silence et la solitude pour pleurer des amis d'un si rare mérite, je me sois trouvé engagé à paroître devant vous pour faire leur éloge? »

V.

NOUVEAUX OUVRAGES DE BOILEAU. — CARACTÈRE NOUVEAU DE SON TALENT.

1666. — La IXe satire, que Boileau publia cette année, n'était pas pour adoucir l'orgueil irrité de ceux qu'il avait maltraités dans ses vers. Loin de là. C'était attiser le feu avec l'épée et jeter de l'huile sur la flamme que de livrer au libraire cette œuvre nouvelle. Tous les critiques s'accordent à la trouver de beaucoup supérieure à celles qui l'avaient précédée. Si Boileau lui-même s'est donné sous le nom de Barbier, l'éditeur, des éloges pour y avoir mis plus d'art, d'invention et de finesse d'esprit, on peut trouver cette liberté un peu grande; on n'ira pas cependant jusqu'à nier la justesse de cette louange. Jamais, en effet, Despréaux n'avait eu plus de vivacité, et n'avait travaillé avec plus de verve et d'inspiration. Quoique le cadre de cette pièce soit emprunté à Horace, et que plusieurs passages soient traduits directement du poëte latin, il y règne partout un air d'originalité qui vient de la facilité du style. Boileau se joue à son aise dans sa malice. Rien n'est plus ingénieux que ces amendes honorables aux poëtes déjà attaqués par lui. Ces coups nouveaux qui leur sont portés sous prétexte de les adoucir ont

1. Racine était mort en 1699, et Boileau en 1711.

quelque chose d'extrêmement vif et hardi, l'enjouement y est aussi ingénieux qu'on le peut souhaiter. La Harpe a bien raison de dire qu'elle passe pour un chef-d'œuvre de gaieté satirique, pour le modèle du badinage le plus ingénieux. M. Sainte-Beuve ajoute son suffrage à cet éloge si bien mérité. D'abord, il fait observer que les sujets des satires de Boileau sont assez petits, que lorsqu'il les prend dans l'ordre moral ils tournent au lieu commun; que s'il ne s'agit point en particulier des ouvrages de l'esprit, Boileau est fort inférieur à Horace et à Pope; puis il ajoute : « Sa meilleure satire est la IXe, » « et c'est peut-être le chef-d'œuvre du genre, a dit Fontanes. Ce chef-d'œuvre de satire est celle qu'il adresse à son Esprit, sujet favori encore, toujours le même, rimes, métier d'auteur, portrait de sa propre verve; il s'y peint tout entier avec plus de développement que jamais, avec un feu qui grave merveilleusement la figure et qui fait de lui dans l'avenir le type vivant du critique.[1] »

Les observations de M. Sainte-Beuve peuvent être appliquées à la satire VIIIe, qui date de la même année. Cependant elles ont besoin d'être un peu corrigées. En choisissant pour sujet les *Erreurs de l'homme,* Boileau n'a peut-être pas donné à son plan assez d'étendue, l'invention des détails y manque peut-être aussi d'originalité; néanmoins cette œuvre n'est pas

---

1. D'Alembert dit à propos de cette satire : « Les amis de Despréaux lui ayant représenté, dit-on, que ce nom de Cotin était trop répété dans la IXe satire, l'auteur leur répondit : « Il faut voir; je consens d'ôter tout ce « qui sera de trop. » On s'assembla, on lut la satire tout entière; mais on trouva partout le nom de Cotin si bien placé, qu'on opina à le laisser partout. Ce fait, s'il est vrai, prouverait seulement que la répétition si fréquente du nom de Cotin dans cette satire pouvait avoir quelque sel dans un temps où ce nom était devenu vaudeville; mais dans notre siècle, pour lequel Cotin est si bien mort, la répétition est devenue un peu fastidieuse. »

Saint-Marc donne (t. V, p. 254-281) un canevas en prose de la IXe satire, il le prétend sorti de la main de Boileau; mais la faiblesse du style, les anachronismes qui s'y rencontrent enlèvent toute autorité à ce morceau, que du reste Saint-Marc n'avait vu que dans une copie; elle ne s'est même pas retrouvée à la Bibliothèque impériale.

sans mérite. Là où le poëte se fait le traducteur de Perse, il réussit bien; ses vers ont la netteté et la libre tournure d'une invention personnelle. On y rencontre des dialogues ingénieusement introduits, conduits avec finesse et remplis d'intérêt. Si les efforts et le travail se trahissent par endroits, presque partout l'auteur y fait difficilement des vers faciles. Ses invectives ont l'aigreur « d'un philosophe chagrin qui ne peut plus souffrir les vices des hommes. » Pope et Rochester s'en sont inspirés en traitant le même sujet, et Voltaire lui-même n'a pas dédaigné de reprendre dans son VIe discours en vers les idées que Despréaux avait déjà parfaitement bien exprimées avant lui. Quelques commentateurs reprochent à notre poëte d'avoir mêlé à ses déclamations contre la sottise et l'arrogance humaines, des traits de plaisanterie qui semblent choquer en un sujet qui ne demandait que de la gravité et de la force; on peut n'être pas de leur avis et savoir gré au contraire au poëte d'avoir agréablement uni le plaisant au sévère. « On regarde, dit La Harpe, la satire *sur l'Homme* comme une de ses meilleures. C'est une de celles où il y a le plus de mouvement et de variété, et qui dans le temps eut le plus de vogue. Desmarets et d'autres écrivains de même trempe en firent une critique très-absurde, en prenant le sens de l'auteur dans une rigueur littérale. Ils crièrent au sacrilége sur le parallèle d'un âne et d'un docteur; ils prouvèrent démonstrativement que l'un en savait plus que l'autre; et je crois que Boileau en était persuadé. Mais qui ne voit que le fond de cette satire est réellement très-vrai et très-philosophique? Qui peut nier que l'homme qui fait un mauvais usage de sa raison ne soit en effet au-dessous de l'animal qui suit l'instinct de la nature? Cette vérité appartient à la satire morale, et Boileau l'a fort bien développée. »

La dédicace de cette satire à M. Morel, docteur de Sorbonne, n'en était pas le trait le moins plaisant. Ce théologien était doyen de la Sorbonne, grand ennemi des jansénistes, contre lesquels il faisait valoir beaucoup moins ses raisons que la force de sa poitrine. C'était lui, suivant M. Sainte-Beuve, qui, dans les discussions solennelles entre molinistes et jansénistes, étranglait le mieux les discussions en demandant à grands cris la clôture. *Conclude, concludatur*, était son argument le plus terrible. On l'appelait la *mâchoire d'âne*, parce qu'il avait la mâchoire fort grande et fort avancée. Il paraît que l'abbé Boileau suggéra l'idée à son frère de mettre en tête de cette pièce le nom de Morel sur le passage dans lequel l'homme est mis au-dessous de l'âne même. Le trait est un peu fort; mais il peint les mœurs du temps. Santeuil osa bien le louer d'avoir, par ses écrits, confondu les jansénistes et défait ses ennemis comme Samson avec une mâchoire d'âne.[1]

Deux épigrammes faites, l'une sur l'*Agésilas* et l'autre sur l'*Attila* de Corneille, ont donné lieu à quelques critiques de reprocher à Boileau cette attaque contre l'illustre auteur du *Cid*. S'il n'y avait pas dans les œuvres de Despréaux vingt endroits où l'éloge de Corneille est répété, l'on pourrait souscrire au jugement de ces censeurs trop difficiles. Mais ces passages sont trop célèbres pour qu'on les oublie jamais. L'auteur des satires n'était donc pas animé contre notre grand poëte tragique par un sentiment de malveillance, il n'était pas non plus aveuglé par son amitié pour Racine. Il jugeait avec impartialité, sans y mettre même trop de rigueur, les faiblesses d'un génie qui s'était épuisé. L'opinion qu'il exprimait d'une manière si heureuse était à peu près celle de toute la France. Les partisans les plus obstinés de Corneille ne laissaient pas de noter l'affaiblissement de son talent dramatique. Ainsi Saint-Évremond écrivait, après la représentation de l'*Alexandre* de Racine : « Depuis que j'ai lu le *Grand Alexandre*, la vieillesse de Corneille me donne moins d'alarmes; je n'appréhende plus tant de voir finir avec lui la tragédie. » Il lit *Attila* en même

1. Claude Morel était de Châlons, d'une bonne famille de robe. Il mourut à Paris, le 30 avril 1679, étant doyen de la Faculté de théologie, et chanoine théologal de Notre-Dame.

temps qu'*Andromaque*, il reçoit *Laodice* avec *Amphitryon* ; les vers de *Laodice* l'arrêtent plus qu'il ne pensait d'abord, le premier acte lui en semble fort beau. *Andromaque* lui paraît avoir perdu à la mort de Montfleury, car elle a besoin de grands comédiens qui remplissent par l'action ce qui lui manque. *Attila*, au contraire, a gagné à cette même mort. Tout y est bien pensé ; il y a trouvé de beaux vers. — Ce jugement favorable ne doit pas nous surprendre. Corneille est le poëte que Saint-Évremond a le mieux aimé, celui dont il a le plus estimé le talent, admiré la force. Comme Mme de Sévigné, il lui resta fidèle jusqu'au bout. Mais éloigné de la France, en dehors du mouvement qui change dans ce pays la langue, l'esprit et les mœurs, il demeure attaché à l'auteur du *Cid*, comme si le poëte en était encore à ses plus belles années. Faut-il croire que, malgré la vigueur de son bon sens et la finesse de son esprit, Saint-Évremond se ressentît de son long séjour chez les étrangers ?

Ces marques d'estime venaient à propos d'Angleterre pour consoler Corneille des atteintes qu'avait subies en France sa vieille réputation. Il ne se fait plus illusion. Il sent la froideur du public augmenter davantage de jour en jour pour ses œuvres. La faveur s'est tournée du côté d'un rival plus jeune et plus heureux. Mais en vain, en pays étranger, Vossius, le plus grand admirateur de la Grèce, qui ne saurait souffrir la moindre comparaison des Latins aux Grecs, le préfère à Sophocle et à Euripide ; en vain Saint-Évremond lui écrit : « ... Je crois que l'influence du mauvais goût s'en va passer, et la première pièce que vous donnerez au public fera voir, par le retour de ses applaudissements, le recouvrement du bon goût et le rétablissement du bon sens. » Racine était maître des cœurs. Il en était à ses débuts, mais déjà l'on sentait en lui le beau talent qui devait donner successivement au théâtre des chefs-d'œuvre d'un genre nouveau. Corneille avait beau dire que les *doucereux* et les *enjoués* s'opiniâtraient à tort dans leur entêtement pour les anciens héros refondus à notre mode, la jeune cour, toute pleine de jeunes désirs et de jeunes espérances, se souciait peu de ces *vieux illustres,* du caractère de leur temps, de leur nation et de leur humeur. L'amour ne paraissait plus aux courtisans de Louis XIV, comme aux anciens héros de la Fronde, « une passion trop chargée de foiblesse pour être la dominante dans une pièce. » Ces nouveaux spectateurs étaient moins avides de nobles impressions que de tendres sentiments. Les combats de l'âme humaine aux prises avec les passions, qu'elle terrasse par sa force et son héroïsme, leur plaisaient moins que les délices et les transports d'un amour entretenu dans le cœur des héros, qu'il consume, par une lâche et molle complaisance.[1]

Si l'état des âmes a changé, le style n'a pas subi de moins grandes transformations. La langue s'est assouplie. Les oreilles sont devenues plus délicates, elles veulent maintenant une élégante justesse que Corneille vieilli n'attrape pas toujours. Plus d'harmonie, plus de clarté, plus de naturel et de souplesse, voilà ce qu'il faut pour bien écrire et plaire à la nouvelle génération. « Il restait, dit M. Nisard, à perfectionner la langue des chefs-d'œuvre de Corneille, non du côté du nerf, de l'élévation, de la hardiesse, du feu, mais du côté de la correction, qui est un degré de vérité de plus; en soutenant les créations de ce grand homme et en y ajoutant. Il y avait en effet toute une langue nouvelle à créer, pour cette variété, cette profondeur, cette finesse de nuances que le poëme dramatique tire de l'analyse et du développement des caractères. Il y avait à faire parler la femme dans un langage aimable, où l'on sentît la délicatesse de sa nature jusque dans l'emportement de ses passions. Enfin, il était d'un intérêt pressant de réparer la langue des mauvaises pièces de Corneille, autorisée par la gloire de ses chefs-d'œuvre. »

A la distance où nous sommes aujourd'hui de ces deux grands poëtes, nous discernons sans peine ce qui les distingue

---

1. Voir notre *Étude sur la vie et les ouvrages de Saint-Évremond.*

l'un de l'autre, mais les contemporains, en ces années de 1666, 1667, étaient loin d'en avoir une vue aussi claire. Leur jugement, offusqué par des préventions, ou encore mal affermi, ne se prononçait pas dans le sens d'une critique impartiale. Il fallait un moniteur à ces gens embarrassés dans leur choix. On était à un moment de transformation morale et littéraire, on avait grand besoin d'une direction ferme et sensée. Boileau était tout trouvé pour remplir ces fonctions de censeur. Déjà il en avait l'autorité ; précepteur de cette France rajeunie et tournée vers d'autres goûts, il eût manqué à son devoir, nous dirions presque à sa mission, s'il n'eût mis le *holà* aux prétentions de Corneille. Était-ce insulter le grand poëte, comme le dit Le Brun? Certainement non. Corneille lui-même ne prit point l'épigramme pour une insulte. Il tourna à la satisfaction de son amour-propre ce que Boileau, à dessein, y avait mis d'ambiguïté. Si l'on peut faire un reproche à Despréaux, c'est le suivant qu'on trouve exprimé dans une phrase de Voltaire : «*Attila* est au-dessus des pièces de Danchet. Je m'en tiens au *holà* de Boileau. Je le loue de l'avoir dit, et je ne l'approuve pas de l'avoir imprimé, parce que cela n'en valait pas la peine.» Ce jugement n'est pourtant pas sans appel. Après ce que nous savons des transports d'enthousiasme de Mme de Sévigné, des jugements trop favorables de Saint-Évremond, des résistances qui faillirent arrêter les succès de Racine, nous ne pouvons pas penser qu'il fût inutile que cette condamnation du style et des fautes de Corneille à son déclin vît le jour en son temps. N'oublions pas que Segrais, en plein XVIIe siècle, disait : «Les cabales ne servent de rien pour faire valoir des ouvrages. L'on verra dans trente ou quarante ans si l'on lira ceux de Racine comme on lit présentement ceux de Corneille, qui ne vieillissent pas. C'est le père du Théâtre-Français; Racine n'a travaillé qu'après lui, et que sur son modèle; et il ne l'a pas surpassé, quoi que ses partisans en veuillent dire. Il n'auroit pas si bien réussi que Corneille, s'il s'étoit trouvé dans son temps et à sa place. » Il y a du vrai dans cette appréciation ; il y a aussi un reste de partialité et d'aigreur pour Corneille, en qui l'on voyait toujours l'auteur du *Cid,* d'*Horace,* de *Cinna* et de *Polyeucte,* quoiqu'il fût déjà loin de ces florissantes années.

Quant aux sentiments personnels de Boileau à l'égard de Corneille, nul n'en saurait nier la bienveillance. Boursault a raconté de lui le fait suivant, qui demeure vrai malgré quelque contestation de la part des journalistes de Trévoux : « Le même Despréaux, ayant appris à Fontainebleau qu'on venoit de retrancher la pension que le roi donnoit au grand Corneille, courut avec précipitation chez Mme de Montespan et lui dit que le roi, tout équitable qu'il étoit, ne pouvoit, sans quelque injustice, donner pension à un homme comme lui, qui ne commençoit qu'à monter sur le Parnasse, et l'ôter à un autre, qui depuis si longtemps étoit arrivé au sommet : qu'il la supplioit, pour la gloire de Sa Majesté, de lui faire plutôt retrancher la sienne qu'à un homme qui le méritoit infiniment mieux ; et qu'il se consoleroit plus facilement de n'en avoir point que de voir un si grand poëte que Corneille cesser de l'avoir. Il parla si avantageusement du mérite de Corneille, et Mme de Montespan trouva sa manière d'agir si honnête, qu'elle lui promit de la faire rétablir et lui tint parole. Quoique rien ne soit plus beau que les poésies de M. Despréaux, je trouve que les actions que je viens de dire à Votre Grandeur (il s'adresse à l'évêque de Langres) sont encore plus belles. » Ce trait ne rachète-t-il pas bien les deux épigrammes, qui ne firent du reste nulle peine à celui qu'elles attaquaient ?

Quand Despréaux lut sa première satire à l'abbé Furetière, si connu par son caractère caustique et mordant, il s'aperçut qu'à chaque trait l'auditeur souriait malignement, et laissait voir une joie secrète de la nuée d'ennemis qui allaient fondre sur l'auteur. « Voilà qui est bon, disait-il, mais cela fera du bruit. » Cette perfide approbation fut bien remarquée par Boileau, mais il ne pouvait échapper ni à son caractère ni à sa destinée.[1] Furetière avait deviné juste. Si le poëte ne cessait de se faire des ennemis chaque année par de nouveaux traits de satire, ses ennemis ne s'endormaient pas non plus, et lui rendaient ses coups. Déjà commençaient à se former et à grandir de jour en jour ces plusieurs pieds cubes de libelles et d'écrits injurieux dont Despréaux se vantait d'avoir fait collection dans sa chambre. Quelle que fût d'ailleurs sa constance à supporter les représailles qu'il s'était attirées, il ne laissait pas d'essayer de se défendre ou de se justifier. Ainsi, en l'année 1668, il ajoute à sa première préface une page entière dirigée contre ses critiques. Il ne les épargne pas plus que dans ses satires : ce sont des esprits dont la malignité ne sait se venger que par des voies lâches, et qui lui veulent souvent faire un crime affreux d'une élégance poétique. Il avait au fond du cœur plus de dépit qu'il ne voulait en montrer. Les expressions qu'il emploie le trahissent. Bien que l'avis soit du libraire, on trouve un peu forts ces passages : « Je leur réponds que l'auteur ne les citera point devant d'autre tribunal que celui des Muses ; parce que si ce sont des injures grossières, les beurrières lui en feront raison. » Et plus loin : « On ne fait rien qui vaille dans la colère. Vous avez beau vomir des injures sales et odieuses ; cela marque la bassesse de votre âme sans rabaisser la gloire de celui que vous attaquez, et le lecteur qui est de sang-froid n'épouse point les sottes passions d'un rimeur emporté. » Ce style n'est pas assurément fort poli. On peut bien croire qu'il ne faisait qu'envenimer les querelles et laissait encore Boileau dans la nécessité d'entreprendre sa justification.

C'est ce qu'il fit par un discours sur la satire. Dans ce morceau, qui parut après la satire IXe, l'auteur cherche à montrer que, de tout temps, on a toléré dans les lettres la liberté qu'il a prise de trouver de méchants vers méchants, et que ses ennemis regardent comme un attentat inouï et sans exemples ; il n'est pas embarrassé de se justifier par les faits et de mon-

[1]. D'Alembert.

trer même qu'en comparaison de tous ses confrères satiriques « il a été un poëte fort retenu. » Lucilius, dans les temps de la République, s'est donné toute licence; ce n'était pas seulement des auteurs et des poëtes qu'il attaquait, « c'étoit des gens de la première qualité de Rome; c'étoit des personnages consulaires. Cependant Scipion et Lélius ne jugèrent pas ce poëte, tout déterminé rieur qu'il étoit, indigne de leur amitié. » Horace, sous un empereur, dans les commencements d'une monarchie, où il est bien plus dangereux de rire qu'en un autre temps, n'a ménagé personne, ni Fabius le grand causeur, ni Tigellius le fantasque, ni Nasidienus le ridicule et Nomentanus le débauché. Perse, qui vivait sous Néron, ne raille pas simplement les ouvrages des poëtes de son temps, il attaque les vers de Néron lui-même; Juvénal, qui florissait sous Trajan, respecte, il est vrai, « les grands seigneurs » de son siècle; mais, à l'égard des auteurs, il les prend parmi ses contemporains. Tant il est vrai que le droit de blâmer les auteurs est un droit ancien, passé en coutume parmi tous les satiriques et souffert dans tous les siècles.

« Que s'il faut venir des anciens aux modernes, Régnier, qui est presque notre seul poëte satirique, a été véritablement un peu plus discret que les autres. Cela n'empêche pas néanmoins qu'il ne parle hardiment de Gallet, ce célèbre joueur, qui assignoit ses créanciers sur *sept et quatorze,* et du sieur de Provins, qui avoit changé son balandran en manteau court; et du Cousin, qui abandonnoit sa maison de peur de la réparer; et de Pierre du Puis, et de plusieurs autres.[1] »

Ces observations sont bien sommaires; elles suffisaient à Boileau; cependant il aurait pu augmenter de beaucoup le nombre de ses prédécesseurs en France. Sans parler de ces grandes quantités d'ouvrages où l'esprit satirique s'exerce sous les formes les plus diverses, il aurait trouvé au xvie siècle de vrais confrères non dépourvus de talent : Joachim Du Bellay,

---

1. Régnier, *Satires,* XIV, v. 115 et suiv., et VI, v. 72.

Ronsard, Jehan de la Taille, Durant de la Bergerie, Jean Aimé de Chavigny, Agrippa d'Aubigné et surtout Vauquelin de la Fresnaye. Tous ces écrivains, principalement le dernier, avaient fondé la satire dans notre pays. Régnier les fit oublier par sa verve, son inspiration vive, sa hardiesse et, pour tout dire, par son génie. Ce n'était pas là du reste ce qui préoccupait Boileau. Il s'inquiétait bien plus d'établir son droit de critiquer les mauvais ouvrages, en s'autorisant de l'usage reçu dans tous les siècles.

Ce droit ne saurait être contesté; il est la prérogative de la raison et du bon sens publics. Un écrivain s'y soumet à l'avance quand il donne ses œuvres à l'imprimeur. Aussitôt envolé des mains du libraire, il est, comme dit Boileau, *esclave-né de quiconque l'achète*. Il n'y a qu'un orgueil excessif qui puisse se blesser de l'exercice de ce droit. Une seule condition nous paraît indispensable, c'est la sincérité des attaques et l'attention à ne rien dire qui puisse porter préjudice à l'honneur de l'écrivain. Despréaux, dans ses différentes réponses, a toujours su marquer cette limite où la satire cesse pour devenir une diffamation. Mlle de Lamoignon avait beau dire, il est permis de railler les épithètes sans goût et les auteurs ridicules :

> Ma muse en l'attaquant, charitable et discrète,
> Sait de l'homme d'honneur distinguer le poëte.

C'est là la seule réserve que nous voudrions imposer au satirique.

D'Alembert nous semble être allé bien loin quand il affirme que la satire sera dans tous les temps le talent de ceux qui ne s'en trouveront point d'autre. On ne saurait dire que Juvénal, Horace, Régnier et Boileau aient été des talents médiocres. Ce n'est pas seulement la facilité du genre qui tente ceux qui s'y livrent : ils y sont poussés par un instinct qui les domine. Dans Juvénal, c'est une vertu mâle et fière qui s'irrite de l'avilissement des mœurs, une âme républicaine qui regrette la liberté perdue; chez Horace, c'est un goût délicat qui s'offense des travers et des ridicules, qui se blesse des manquements aux bienséances et à la politesse; dans Régnier, une bonne humeur qui s'exhale, un talent de peindre qui s'exerce ; chez Boileau, c'est la raison émue qui fait justice du bel esprit, du jargon et de l'afféterie.

Nous croyons encore que d'Alembert se trompe quand il a l'air d'accuser la satire de décourager et d'étouffer les talents plutôt que de les éclairer et de les fortifier ; quand il se demande si douze beaux vers de l'*Art poétique* de Despréaux ne sont pas plus utiles aux progrès de l'art que ceux où les noms de Chapelain et de Cotin sont tant répétés. Est-il jamais venu à l'esprit de personne que les Chapelain, les Cotin, les Scudéri et les Desmarets aient été découragés par les attaques de Boileau ? Écrivains d'une époque antérieure aux belles années de Louis XIV, ils avaient donné tout ce que leur talent pouvait produire ; ils avaient eu leur temps de vogue et de réputation, et malheureusement ils conservaient encore une influence qui devait bientôt disparaître. Mais qu'on n'imagine pas qu'elle pût s'évanouir d'elle-même. Le goût public avait besoin d'un précepteur. Il fallait qu'on renversât ses vieilles idoles. Ce fut l'œuvre de Boileau. Si les beaux vers de son *Art poétique* ont pu servir aux progrès de l'art, c'est parce qu'ils sont venus après ceux des satires, moins beaux peut-être, mais certainement très-utiles. Il fallait déblayer la place avant d'élever l'édifice.

Il est bien plus juste d'établir que la critique ne doit être ni dure, ni offensante pour être profitable. Or, d'Alembert reconnaît que Despréaux, quelquefois injuste pour ceux qu'il censurait, avait aussi le courage et l'équité de leur rendre souvent justice. « Il a donné des éloges, dit-il, à une ode de Chapelain et à quelques vers de Perrault. Il accordait même à ses ennemis une autre consolation ; il profitait de leurs critiques, quand elles lui paraissaient fondées. Il a corrigé plus d'un vers censuré par Desmarets et par d'autres... Le Père Oudin, jésuite très-savant, prétendait être en état de prouver que Despréaux avait tiré beaucoup d'hémistiches de la *Pucelle*. » Enfin, d'Alembert déclare qu'après les reproches, au fond assez légers, qu'on est en droit de faire à Despréaux comme satirique, il faut lui rendre, comme grand poëte et législateur du bon goût, l'hommage dont il est si digne.

Dans sa verve railleuse, Despréaux n'épargna pas sa famille; c'est ce que nous voyons par sa X^e épigramme.

Nous avons déjà parlé, au début de cette étude, de Gilles Boileau, ce frère aîné de notre poëte, entré avant lui dans la carrière des lettres, et reçu à l'Académie française en 1659. Nous avons dit qu'attaché à Chapelain autant par l'admiration que lui inspiraient ses œuvres que par l'obligation qu'il lui devait d'avoir été protégé par lui-même dans sa candidature, il n'avait pu pardonner à son frère les attaques qu'il avait dirigées contre l'auteur de la *Pucelle*. Nous avons indiqué la nature d'esprit de Gilles Boileau; mais, puisque cette épigramme nous ramène à lui, nous ne voulons pas priver les lecteurs du portrait qu'en a tracé M. Sainte-Beuve : « Gilles Boileau, avocat et rimeur qui fut de l'Académie française vingt-cinq ans avant Despréaux, était de ces beaux esprits bourgeois et malins, visant au beau monde à la suite de Boisrobert; race frelone éclose de la Fronde et qui s'égayait librement pendant le ministère de Mazarin. Scarron, contre qui il avait fait une épigramme assez spirituelle, dans laquelle il compromettait Mme Scarron, le définissait ainsi dans une lettre adressée au surintendant Fouquet : « Boileau, « si connu aujourd'hui par la médisance, par la perfidie qu'il a « faite à M. Ménage, et par la guerre civile qu'il a causée dans « l'Académie, est un jeune homme qui a commencé de bonne « heure à se gâter soi-même, et que depuis ont achevé de gâter « quelques approbateurs... » Gilles Boileau, quand il était en voyage, portait dans son sac de nuit les satires de Régnier, et, d'ordinaire, il présidait au troisième pilier de la grande salle du Palais, donnant le ton aux clercs beaux-esprits. On l'appelait *le grammairien Boileau, Boileau le critique*. C'est assez pour montrer qu'il ne lui manquait que plus de solidité et de goût pour essayer à l'avance le rôle de son frère; mais l'humeur et l'intention satiriques ne lui manquaient pas.[1] »

---

[1]. *Causeries du Lundi*, 2e édition, t. IV, p. 405.

Un penchant naturel à la raillerie, un mauvais goût acquis et entretenu dans la société de Chapelain, c'en était assez pour mettre la désunion entre deux frères tous deux portés à la satire. Nous n'avons donc pas de peine à nous expliquer l'épigramme de Despréaux contre Gilles Boileau, et nous nous garderons bien de le trouver *pendable* pour l'avoir faite. Elle est du reste assez bénigne. Que lui reproche l'auteur des satires? ce n'est pas d'être un auteur médiocre et comparable à ceux qu'il poursuit de ses traits médisants; il veut bien convenir qu'il a *cent belles qualités; c'est un excellent auteur, un poëte agréable, un très-bon orateur;* Despréaux trouve en lui tout cela; une seule chose lui manque, c'est une *affection sincère* :

> Mais je n'y trouve point de frère.

Voltaire, que nous ne pouvons nous empêcher de trouver par trop scrupuleux en ce qui touche la satire, lui fait un crime d'avoir placé son propre frère dans ses rimes, d'une manière ignominieuse :

> Vous pourrez voir un temps vos écrits estimés
> Courir de main en main par la ville semés,
> Puis suivre avec Boileau, ce rebut de notre âge,
> Et la lettre à Costar et l'avis de Ménage.

Le mot *ignominieux* est un peu dur; toutefois, on ne saurait approuver Despréaux d'avoir cédé à ce mouvement de mauvaise humeur. Il faut dire pourtant qu'il effaça ce trait; il mit à la place :

> Puis de là tout poudreux, ignorés sur la terre,
> Suivre chez l'épicier Neufgermain et La Serre.

S'il introduisit là au hasard Neufgermain et La Serre, ce fut aux dépens d'auteurs innocents qu'il épargna son frère. On sait aussi qu'il lui donna plus tard des éloges peut-être un peu exagérés.[1] Linière, d'ailleurs, a bien trouvé la raison de ce

---

1. Boileau, en aucun autre temps de sa vie, n'a manifesté de mauvais vouloir contre son frère. Voici un détail tiré d'une de ses lettres à Bros-

désaccord entre les deux Boileau, tous deux poëtes, et il l'a bien exprimée dans cette petite épigramme, déjà citée :

> Vous demandez pour quelle affaire
> Boileau le *rentier* aujourd'hui
> En veut à Despréaux son frère :
> C'est qu'il fait des vers mieux que lui.

Ce poëte, si clairvoyant en cette circonstance, ne le fut pas toujours autant. Il oubliait trop, par exemple, ce qu'il devait à Despréaux. Souvent, après avoir puisé dans sa bourse, il courait au cabaret dissiper l'argent qu'il ne devait qu'à la générosité du satirique, et, comme le vin d'ordinaire échauffait sa muse, il faisait des chansons contre son bienfaiteur. C'était un homme singulier que Pajot de Linière. Sorti d'une famille de magistrats, il eut du bien en entrant dans le monde. D'abord militaire, il renonça au métier des armes pour suivre sa fantaisie de rimer. Ses premiers vers, qu'il montra à Chapelain, n'eurent pas le bonheur de lui plaire. L'auteur de la *Pucelle*, qui n'avait pas le goût trop mauvais quand il jugeait les œuvres des autres, lui donna, dit-on, ce conseil : « Monsieur le chevalier, vous avez beaucoup d'esprit et de bonnes rentes. C'en est assez; croyez-moi, ne faites point de vers. La qualité de poëte est méprisable dans un homme de qualité comme vous. » Ces paroles restèrent sur le cœur à Linière. Il en voulut moins à Chapelain d'avoir trouvé ses vers mauvais que de lui avoir interdit d'en faire parce qu'il était gentilhomme. Aussi ne manqua-t-il jamais l'occasion de se déchaîner contre lui, et Boileau a pu dire dans sa IXe satire :

> Mais lorsque Chapelain met une œuvre en lumière,
> Chaque lecteur d'abord lui devient un Linière.

sette : « Pour ce qui est de l'épigramme faite à l'occasion du *Petit de Beauchasteau*, j'étois à peine sorti du collége quand elle fut composée par un frère aîné que j'avois et qui a été de l'Académie françoise. Elle passa pour fort jolie, parce que c'étoit une raillerie assez ingénieuse de la mauvaise manière de réciter de Beauchasteau le père, qui étoit un exécrable comédien, et qui passoit pour tel. »

Ce poëte avait conservé les mœurs de la génération qui précéda immédiatement Boileau. Il figure parmi les coureurs de cabarets, les gassendistes et les athéistes. « Il étoit né, dit La Monnoie, avec de jolies qualités, bien fait, de l'esprit, de la vivacité, du talent pour la poésie aisée; mais satirique, libertin, débauché. Il acheva de se gâter par sa crapule. » En effet, il trouva bientôt le secret de consumer dans les débauches les rentes assez bonnes qu'il avait. Bien vu, estimé des gens de mérite, tant qu'il fut jeune et riche; quand il fut vieux et pauvre, il tomba dans le mépris de ceux mêmes qui l'avaient autrefois accueilli, et, si l'on en croit Ménage, de la table des maîtres il tomba à celle des cochers et des laquais. Charpentier n'accepte pas cette allégation de Ménage; il fait observer que Linière avait une famille qui subvenait à ses besoins, et que lui-même, irrité du propos tenu sur lui, disait avec son emportement ordinaire : « Ah! b... je donnerai sur tes b... de mânes. » Toutefois il est bien obligé de reconnaître que Linière, « ne pouvant contraindre son humeur débauchée, alloit demander à dîner d'un côté et à souper d'un autre. » Un de ses amis, aussi libre que lui dans ses mœurs, Alexandre Lainez, qui mêlait ensemble la lecture et l'étude à beaucoup de plaisirs, fit sur lui l'épigramme suivante :

> Qu'a Linière aujourd'hui?
> Qu'il me paroît sot avec son air sage!
> La tristesse et l'ennui
> Sont peints sur son visage.
> N'iroit-il pas dîner chez lui?

Dans un temps où il suffisait de quelques vers impies emportés par le vent et ramassés par un prêtre pour faire pendre et brûler en place de Grève l'infortuné Petit, auteur du *Paris ridicule,* Linière portait impunément le nom d'*athée de Senlis;* il est vrai qu'on y ajoutait aussi celui d'*idiot;* il le devait à son air, dit Brossette. Lui-même ne déguisait pas ses sentiments; il a pris la peine de dire, dans un portrait qu'il a laissé de son esprit, que la lecture l'avait rendu assez fort contre la peur de la mort; il ajoutait :

> Ma religion n'a rien qui m'embarrasse,
> Je me ris du scrupule, et je hais la grimace.

M*me* Deshoulières, qu'on ne sera pas étonné de trouver parmi les protecteurs et amis de Linière, puisque tous les mauvais poëtes semblaient avoir droit de cité chez elle, a essayé de le défendre. Elle s'est portée garant de sa foi catholique; mais certes, comme on disait en son temps, la caution n'était pas bourgeoise. Voici cette apologie :

> On le croit indévot, mais, quoi que l'on en die,
> Je crois que dans le fond Tircis n'est pas impie.
> Quoiqu'il raille souvent des articles de foi,
> Je crois qu'il est autant catholique que moi.
> Pour suivre aveuglément les conseils d'Épicure,
> Pour croire quelquefois un peu trop la nature,
> Pour vouloir se mêler de porter jugement
> Sur tout ce que contient le Nouveau Testament,
> On s'égare aisément du chemin de la grâce.
> Tircis y reviendra : ce n'est que par grimace
> Qu'il dit qu'on ne peut pas aller contre le sort;
> Il changera d'humeur à l'heure de la mort.

Faut-il croire que ce bon témoignage de M*me* Deshoulières a sauvé le pauvre poëte des flammes? Ce serait une bonne action, et nous ne saurions trop la louer. Comme aussi ne pouvons-nous nous empêcher de trouver dangereuse et inhumaine l'épigramme de Boileau. Il fallait qu'il eût été bien vivement mordu par Linière, ou qu'il eût bien peu réfléchi, quand il écrivait :

> Linière apporte de Senlis
> Tous les mois trois couplets impies.
> A quiconque en veut dans Paris
> Il en présente des copies;
> Mais ses couplets tout pleins d'ennui
> Seront brûlés même avant lui.

La prédiction, dit Brossette, s'est trouvée fausse, heureusement pour Linière; plus heureusement encore pour Boileau!

Il n'ignorait pas le danger d'une parole de ce genre; il savait que la Grève attendait tristement tous ces jeux de l'athéisme. C'est là qu'il nous semble mériter les reproches de Voltaire plus que pour avoir mis dans des vers satiriques les noms de poëtes ridicules.

Despréaux, du reste, parle diversement de Linière; tantôt il lui accorde le don de trouver sans génie un couplet heureux, tantôt il le range parmi les ennemis que ses critiques irritent; c'est dans sa bouche qu'il met ce défi plaisant :

> De l'encre, du papier, dit-il, qu'on nous enferme.
> Voyons qui de nous deux, plus aisé dans ses vers,
> Aura plus tôt rempli la page et le revers.

Mais il y avait un sentiment commun à l'un et à l'autre, c'était la haine de Chapelain, et Despréaux éprouvait quelquefois à l'égard du poëte *idiot de Senlis* un attendrissement facile à comprendre. Il l'avait connu dans les cabarets que fréquentait alors la jeunesse; c'est dans une de ces réunions où le vin et la joie égayaient les esprits aux dépens de Chapelain que fut conçue et rédigée la parodie célèbre des plus belles scènes du *Cid* de Corneille. Charpentier prétend que cette ingénieuse composition, qu'on attribue faussement à Despréaux, est toute de Linière. Boileau n'en dit pas autant. Brossette lui écrit : « L'autre livre que je vous envoie ne vous sera pas inconnu; c'est un exemplaire de *Chapelain décoiffé,* qui est une plaisanterie à laquelle vous m'avez dit que vous aviez eu quelque part autrefois; mais, comme je sais que cette parodie a été imprimée sans votre participation, je ne doute pas qu'elle ne soit gâtée par plusieurs omissions et changements; cependant je voudrois bien l'avoir sans aucune altération, s'il étoit possible, et je n'y vois pas d'autre moyen que de vous prier, monsieur, d'employer un quart d'heure à revoir ce petit poëme, pour y faire les corrections que vous trouverez nécessaires. » A quoi Boileau répond : « A l'égard du *Chapelain décoiffé,* c'est une pièce où je vous confesse que M. Racine et moi avons eu quelque part; mais nous n'y avons jamais travaillé qu'à table, le verre à la main. Il n'a pas été proprement fait *currente calamo,* mais *currente lagena;* et nous n'en avons jamais écrit un seul mot. Il n'étoit point comme celui que vous m'avez envoyé, qui a été vraisemblablement composé après coup par des gens qui avoient retenu quelques-unes de nos pensées, mais qui y ont mêlé des choses insupportables. Je n'y ai reconnu de moi que ce trait :

> Mille et mille papiers dont ta table est couverte
> Semblent porter écrit le destin de ma perte;

et celui-ci :

> En cet affront La Serre est le tondeur,
> Et le tondu père de la Pucelle.

Celui qui avoit eu le plus de part à cette pièce, c'étoit Furetière, et c'est de lui :

> O perruque, ma mie !
> N'as-tu donc tant vécu que pour cette infamie! »

Ces détails si précis n'empêchent pas qu'on ne puisse donner à Linière une grande part dans la composition de cette parodie, sans nuire à Furetière. Du reste, suivant Saint-Marc, celui-ci ne passait pas pour en être l'auteur. Rien n'était plus raisonnable, puisque beaucoup y avaient travaillé sans dessein suivi. Si Boileau s'est laissé attribuer ce poëme, ce n'était pas qu'il eût le goût de se parer des plumes du paon, mais son inimitié bien connue avec Chapelain faisait croire sans peine qu'il fût l'auteur de cette nouvelle malice, à laquelle il avait dû certainement contribuer pour beaucoup plus qu'il ne l'a dit dans sa lettre à Brossette, en excitant la gaieté des autres par sa bonne humeur et sa verve de plaisanterie.[1]

---

1. Cette parodie fut faite en 1664, dit-on. Chapelain, dit-on encore, la souffrit avec beaucoup de patience. En 1662, il avait écrit de Furetière : « Furetière écrit en vers et en prose avec grand feu et d'un style assez pur. Il a de l'esprit de reste, est inventif et enjoué, et a l'inclination à la satire,

Quel que fût d'ailleurs l'auteur de cette pièce, on la jouait sur le théâtre, et elle provoquait chez les spectateurs le rire ou la colère, selon qu'ils étaient ou non partisans de Chapelain. Ainsi, nous voyons dans la relation des *Grands jours tenus en Auvergne,* septembre 1665, une troupe de comédiens de campagne représenter cette parodie sur le théâtre de la ville de Clermont. Fléchier, qui nous rapporte ce fait, l'apprécie comme il convenait à un admirateur, à un courtisan même de Chapelain : il prend le parti d'un auteur « dont la vertu, la prudence et l'érudition sont connues partout où il y a des gens de bien et des gens savants. » — « Je fus étonné, dit-il, lorsque j'appris qu'ils avoient eu l'indiscrétion ou l'effronterie de réciter publiquement ces vers injurieux et de faire revenir l'ancienne licence de la comédie. »

Il ne sera pas inutile d'examiner ici plus au long quelques-uns des pamphlets ou libelles publiés alors contre Boileau. Le lecteur ne sera sans doute pas fâché de voir citer des passages d'écrits souvent rappelés par leurs titres sans qu'on en ait étudié le texte. Le premier que nous examinerons est celui qui porte ce titre : *La critique désintéressée sur les satires du temps*; sans nom d'auteur ni de lieu; il porte pour toute indication : chez l'*Hermite de Paris, à la correction fraternelle.*[1] Suivant Brossette, il parut en 1666, en 1667 suivant le Père Niceron. Il est de Cotin. C'est une dissertation sans esprit qui justifierait à elle seule les attaques de Boileau. L'auteur l'a divisée en deux parties. Dans la première, il reproche à celui qu'il appelle le jeune censeur du Palais, l'abus de son esprit satirique. « Ceux qui s'adonnent à ce genre d'écrire ne censurent que les grands et les mauvais exemples, ils négligent ce qui n'est ni fort élevé, ni fort dangereux à la république; les grands génies sont encore

---

sans malignité pourtant; plus de naturel que de savoir, quoiqu'il n'en soit pas aussi dépourvu; s'il se pouvoit laisser conduire, il seroit capable de grandes choses, mais la liberté et l'opinion qu'il a de lui ne souffrent pas qu'on le puisse espérer... »

1. Bibliothèque impériale, in-8°, 64 pages. Il est ainsi coté : Z, 338 + A.

fort éloignés de la basse malignité des âmes faibles et ambitieuses, qui, ne pouvant soutenir l'éclat des savants et des vertueux, s'étudient à les déchirer. » S'appuyant ensuite sur l'exemple d'Horace ou de Juvénal, il établit que l'office de la satire n'est pas de parler mal de tout le monde indifféremment; sa charge est de réformer et de reprendre avec raison. Telle n'a pas été la conduite du censeur dont il s'agit. On l'a vu s'ériger contre la raison au moment où il prétendait, la plume à la main, gourmander les vices publics; on l'a vu, « dans la ville capitale d'un royaume chrétien, à la barbe du magistrat et de la police, dire que

> Souvent de tous nos maux la raison est le pire.
> (Satire IV.)

Et pourquoi? Parce que

> C'est elle qui, farouche, au milieu des plaisirs,
> D'un remords importun'vient brider nos désirs.

Je vous laisse à penser, après une si belle morale, combien la vie humaine, la vie civile, la vie des honnêtes gens est obligée à un si raisonnable censeur. »

Sur ces principes Cotin triomphe de Despréaux, qui se déclare ainsi pour le vice et la folie contre la raison et la vertu. Il ne néglige pas après cela d'en vouloir faire un coupable pour avoir osé citer le prédicateur Joly avec aussi peu de respect qu'il l'eût fait de Jodelet; pour avoir dit :

> Le vice à Paris s'érige en souverain,
> Et va la mitre en tête et la crosse à la main ;

pour avoir osé attaquer le parlement dans ces vers :

> Où l'on voit tous les jours l'innocence aux abois
> Errer dans les détours d'un dédale de lois,
> Et, dans l'amas confus des chicanes énormes,
> Ce qui fut blanc au fond rendu noir par les formes.

Assurément, d'après Cotin, Boileau se trompe; il croit avoir le génie satirique, il n'a que le génie médisant. Il ne tint pas à l'auteur du libelle que le satirique ne passât en son temps pour un impie, et n'éprouvât le sort de Vanini devant le parlement de Toulouse; son audace n'était-elle pas la même? « Si cette apologie est bonne, le parlement de Tholoze eut grand tort de faire le procès à Vanini, lequel, par un artifice semblable, dogmatisa contre Dieu même. Pour détruire la Providence, il introduit un impie dans ses dialogues, scandalisé des désordres du monde et de l'injustice dominante; il met toute la force de la raison et toutes les apparences de la vérité du côté de ce philosophe profane, auquel, au lieu de répondre solidement, il se contente de répondre par des imprécations et des injures. Pomponace opposoit ainsi à tous les arguments contraires à l'immortalité de l'âme les décrets des conciles et l'autorité de l'Église ; un politique du siècle passé a fait de même en faveur de la synagogue, dans ses dialogues, où il fait parler un mahométan, un chrétien et un juif. Cette subtilité est désormais si grossière que pas un sage ne s'y prend, et quand le débauché

> Attend pour croire en Dieu que la fièvre le presse,
> Et riant, hors de là, du sentiment commun,
> Prêche que trois sont trois, et ne font jamais un,

on voit par cette impiété raisonnée que le censeur ne réfute point (ce n'étoit là ni le lieu de la proposer ni d'y répondre); on voit, dis-je, quelle est la pensée du poëte... Quand on fait dire à un impie le plus grand de tous les blasphèmes qu'il falloit supprimer, bien loin de l'étaler en vers aux yeux des peuples afin qu'il en fût plus aisé à retenir, on voit assez où va son dessein :

> Pour moi qui suis plus simple et que l'enfer étonne,
> Qui crois l'âme immortelle et que c'est Dieu qui tonne.

N'admirez-vous point ce religieux censeur, qui reconnoît de bonne foi son peu de force, qui s'impute la simplicité de croire en Dieu, et s'accuse en cela de foiblesse, tant il a peur de scandaliser quelque esprit fort? »

S'il est inutile de faire remarquer l'ineptie de ces critiques, il ne l'est pas de faire observer ce que ces accusations malveillantes pouvaient avoir de dangereux en un temps où les tribunaux punissaient avec tant de rigueur les blasphèmes et les impiétés. On peut dire aussi que *Cotin ne sait pas distinguer l'homme d'honneur du poëte.* En effet, voici ce qu'on lit dans ce libelle : « J'ajouterai, sans faire trop le politique, qu'on doit vous permettre, pour l'intérêt du public, de passer votre fougue à composer des satires, de peur que l'intempérance de votre génie, prenant un autre cours, ne vous porte à fabriquer de faux contrats et de fausses quittances. Si l'on vous défendoit le métier de reprendre les auteurs, il seroit à craindre que vous ne vous rendissiez savant en l'art de ruiner les citoyens. Si l'on ne vous donnoit la liberté d'être un déterminé satirique, on ne sauroit éviter que vous ne fussiez un dangereux homme d'affaires, et nous serions en peine de faire acheter une corde pour vous punir, au lieu que la berne suffit pour vous châtier. » (Page 6.)

Dans la seconde partie, l'auteur de ce libelle se propose de montrer que, si le nouveau satirique s'est trompé au choix des matières, il se trompe encore davantage dans la manière de les traiter. D'abord, il le reprend d'avoir méconnu le vrai style de la satire, qui consiste en une facilité naturelle et ingénieuse, sans contention et sans effort, pleine de bon sens et d'instruction pour les grands et pour les peuples. Le jeune censeur, loin de se conformer à cette humble façon de parler, mêle à tout propos dans ses vers « la magnificence de ses expressions et la sublimité de ses pensées. » Aux louanges que le censeur a pu recevoir des raffinés de la cour, Cotin oppose les intentions véritables du poëte, qui mériteraient bien un châtiment exemplaire plutôt que des éloges. Il faut que la cour ait été aveuglée elle-même par la vertu magique des paroles, car, lorsque tant de braves y demandent souvent des éclaircissements d'un geste, d'un tour de main, d'un son de voix, on voit en ce cas les plus grands seigneurs contraints d'applaudir à toutes les calomnies dont on les charge, à toutes les injures dont on les noircit, à toute l'infamie dont on les couvre. Puis il cite la peinture de la cour faite dans la première satire :

<blockquote>A la cour la vertu n'a plus ni feu ni lieu, etc., etc.</blockquote>

« Après cette désobligeante, ou plutôt cette affreuse peinture de la cour, si elle estime encore, et si elle loue les vers du censeur, j'avoue que la cour est très-chrétienne, qu'elle fait le bien contre le mal, et, sans examiner la malice, n'admet que l'esprit d'un auteur. »

Ainsi, ce n'était pas assez pour Cotin d'avoir appelé sur Despréaux la colère du parlement et celle de l'Église, il n'eût pas été fâché de le voir aux prises avec quelques fougueux marquis, fiers de venger la cour insultée.

On a lieu de croire que la *Satire des satires* était sortie des mains de Cotin, et pourtant, dans le libelle qui nous occupe, pour mieux se déguiser il en attaque l'auteur, il lui reproche d'avoir employé contre Despréaux de grossières injures. Peut-être en les rappelant avec le blâme qu'il y ajoute, voulait-il donner à sa malignité une satisfaction plus vive en frappant de nouveau son ennemi. « L'auteur de la *Satire des satires*, dit-il, traite d'abord son adversaire de fat, de comédien, de farceur, de fol enragé. Ces injures atroces ne sont pas d'un galant homme, d'un homme du beau monde, d'un homme qui soit bien nourri. » Cette censure n'est ici que pour la forme, et le contentement du critique ne paraît que trop à travers ces reproches. Voilà ce qu'était le ton des ennemis de Boileau; voilà le genre d'esprit dont ils se servaient pour repousser ses attaques ou pour s'en venger. Combien ne leur était-il pas supérieur!

Une lettre du sieur D. ou B., à l'auteur du *Jonas* et du *David*, en lui envoyant sa IXe satire sous le nom du libraire Angot, fut l'occasion pour Coras de lancer un libelle avec ce titre : *Le Satirique berné en prose et en vers, par L. D. I. et D. D.*, c'est-à-dire par l'auteur du *Jonas* et du *David*. L'ouvrage parut en août 1668, à Paris.

Jacques Coras était de Gascogne ; issu d'une famille protestante, il suivit d'abord la carrière des armes et fut cadet dans le régiment des gardes. Pour obéir à son père, il renonça à la milice et étudia la théologie. Il fut ministre en différents endroits et particulièrement auprès du maréchal de Turenne. Ayant entrepris de réfuter les controverses du cardinal de Richelieu, il se convertit en les étudiant. Il était encore calviniste quand il composa ses deux poëmes (le *Jonas* parut en 1663, le *David* en 1665) ; il ne l'était plus en 1668. Ses œuvres, qui rendaient ridicule la poésie épique, n'avaient pu échapper aux critiques de Boileau. En effet, dans plusieurs endroits, il l'attaque et le range parmi les poëtes dont les livres ignorés gardent le magasin ou subissent sur le marché les derniers affronts des beurrières. Coras n'attendait qu'une occasion de se venger. La satire IXe vint la lui fournir. Il reçut ou bien il prétendit avoir reçu, en même temps que la dernière satire de Despréaux, une lettre écrite par lui sous le nom du libraire Angot. Il y était dit qu'après cette nouvelle atteinte à ses ouvrages, le libraire désespérait de ne plus vendre aucun exemplaire des deux poëmes censurés. On lui donnait le nom du critique, et l'on craignait qu'il ne s'arrêtât pas là. « Il s'en prend, disait-on, aux meilleurs auteurs et il s'en faut peu qu'il ne trouve des taches dans le soleil : on vous auroit une obligation infinie en ce pays si vous y vengiez le mépris que cet auteur fait de ceux qui le sont... Deux de ses vers détruisent absolument tous les vôtres ; cet affront qu'il vous fait ne doit pas être impuni. »

Coras a déclaré plus tard qu'il n'avait jamais cru que Lubin, c'était ainsi qu'il désignait Boileau, fût l'auteur de cette lettre. Il n'y vit qu'un acte faux, une comédie assez ingénieuse de quelques misérables. Mais le dépit qu'il avait contre Despréaux ne l'engagea pas à faire d'enquête sur l'authenticité de cette pièce ; il la prit telle qu'on la lui donnait. « Il me suffisoit, en effet, que le satirique eût eu la malice de parler de mes ouvrages avec mépris, pour me mettre en droit de rendre public celui que je faisois de son jugement, et pour me faire venir l'envie de lui donner des nasardes sur le nez d'un gaillard qui avoit osé me provoquer sous le nom d'un sérieux qui n'a jamais songé à me déplaire. »

On a dans cette phrase le ton de Coras; on y voit son genre d'esprit. Il ne se fait faute d'aucun mot grossier, d'aucune insulte basse et triviale. Quelques phrases cependant ont un tour assez vif, une pointe de malice que l'on chercherait en vain chez Cotin. Il affecte d'abord d'être insensible aux critiques de Lubin; il ne saurait être là-dessus de l'humeur de quelques auteurs qu'il a irrités par ses sottises. « J'estime qu'ils eussent été plus prudents s'ils eussent été moins sensibles, et s'ils eussent considéré que, nous autres auteurs, pouvons bien souffrir vos censures, puisque les plus grands princes souffrent vos louanges, et qu'il est encore plus fâcheux d'être loué par un badin que d'être blâmé par un satirique. »

Ce ton aurait dû se soutenir, et la réponse à Despréaux en eût été plus originale et plus vive; mais les injures ne tardent pas à paraître et à tout gâter. Loin de chercher à arrêter la réputation de son critique, il croit qu'il vaut bien mieux lui laisser courir les rues. « J'ai pour vous, ajoute-t-il, les mêmes sentiments que pour votre réputation, je tiens qu'il faut vous laisser faire, et je ne serai jamais d'avis qu'on vous enferme dans les petites-maisons; vous pouvez être de quelque usage dans les plus grandes. Vous méritez de l'emploi à la cour, et, si j'en étois cru, le rang que l'Angeli a chez le roi seroit le prix des louanges que vous lui avez données... Mais quelque plaisant homme que vous soyez et quelque désir que j'aie de vous voir en fortune, pensez-vous que je vous suive sur le Parnasse satirique pour y faire assaut de réputation avec vous, et que je monte sur le théâtre pour y jouer le rôle de Scaramouche, sous prétexte qu'il vous plaît d'y jouer celui de Trivelin? Croyez-vous qu'il seroit fort à propos que j'y dansasse la sarabande pour le renvier sur vos matassins, ou que j'y sonnasse de la trompette pour me moquer de votre sifflet? A Dieu ne plaise que pour faire des rieurs je m'érige en maître ridicule, comme vous et les autres badins vos bons amis. Jouez et bouffonnez tant qu'il vous plaira, j'assisterai avec plaisir à la représentation de vos jeux et de vos bouffonneries, mais n'attendez pas que je m'expose à la honte d'ajouter un acteur à votre troupe, ni que je me prive du contentement d'être le spectateur de vos comédies et de vos farces. » Au moins Coras, dans ce passage, a-t-il la verve d'un Gascon.

C'est déjà beaucoup que de pareilles injures ; ce n'était pas assez pour satisfaire le ressentiment d'un écrivain qui se disait un philosophe chrétien insensible aux railleries d'un badin. Voyons encore d'autres gentillesses, elles valent bien celles de Boileau. Le rapprochement ne peut que servir à faire mieux comprendre l'esprit du temps et faire apprécier la distance qui séparait Despréaux de ses ennemis. « Certes, quand je considère, ajoutait Coras, que la frénésie de la médisance vous est naturelle, *que vous ne pouvez rencontrer une rime pour louer; que votre plume auroit regret d'épargner vos meilleurs amis; qu'elle a écrit contre tous les hommes en général et qu'elle leur a préféré les bêtes,* il me semble qu'on vous doit excuser sur ce qu'il vous est impossible d'en user autrement. Vous parlez mal parce que vous n'avez jamais appris à rien dire de bien, et que vous ne sauriez vous abstenir de médire, non plus que les ânes de braire et les chiens d'aboyer... Après avoir épuisé toutes les forces de votre imagination satirique pour diffamer les auteurs, tous vos efforts se terminent à répandre quelques misérables ordures sur leurs écrits. Vous salissez et vous gâtez les endroits que vous touchez de la langue et de la plume. Mais que faites-vous en cela que les mouches ne fassent sur les glaces les plus nettes et les chenilles sur les plus belles fleurs?... Vous vous piquez de chanter comme un cygne, et cependant vous croassez à faire peur comme un corbeau. »

Après la prose, c'est le tour des vers. La IXe satire y est parodiée d'un bout à l'autre avec autant de délicatesse.

Viennent ensuite des critiques sur les vers de ce poëme, aussi basses dans l'expression que ridicules en la substance En voici le début :

> Lubin, qui sans médire auriez peine à parler,
> Vous faites des excès qu'on ne doit plus celer.
> Ce seroit lâcheté plutôt que complaisance,
> D'en souffrir plus longtemps la brutale insolence.
> Des bons et des savants que vous poussez à bout,
> Tel ne vous disoit rien qui va vous dire tout.
> Vos fureurs, qu'il vous plaît de nommer vos caprices,
> Blâment également les vertus et les vices,
> Sans respect et sans choix choquent tous les auteurs,
> Et font moins la leçon que la guerre aux docteurs.
> Votre démangeaison de parler et d'écrire,
> De tremper dans le fiel les traits de la satire,
> Attaqueroit bientôt l'Évangile et la Croix,
> Si l'on ne réprimoit votre langue et vos doigts.

Ce n'était pas assez ; venait une suite d'épigrammes dont chacune répondait à chacune des neuf satires du poëte. On y chercherait en vain de l'esprit et de la malice ; on n'y trouve que de grosses injures. Il y est parlé beaucoup du bâton et du fouet ; c'est la menace qui revient à tout instant dans ces petits poëmes. Nous en donnerons un ou deux.

> *Sur la sixième satire.*
>
> La boue et le bruit de Paris,
> Les filous, les chats, les souris,
> Ont trop épuisé ta satire :
> Tu devrois garder quelques traits,
> Pour les opposer aux cotrets
> Qu'il me semble qu'elle t'attire.

> *Sur la neuvième satire.*
>
> Cesse de choquer les auteurs,
> D'employer contre les docteurs
> L'ironie et la métaphore.
> Ceux qui te servent de jouet
> Pourroient bien une fois encore
> Te faire donner le fouet.

Tout cela est demeuré dans l'oubli. Rien n'est plus juste. Nous n'aurions pas tiré de semblables pauvretés des ténèbres où elles sont tombées, si nous n'avions cru intéressant de montrer quels étaient les ennemis de Boileau, qui furent en même temps ceux de Molière. Ces citations auront encore un avantage : si parfois quelques épigrammes de Despréaux nous semblent manquer de sel, n'oublions jamais de les rapprocher des vers ridicules et plats de ses contemporains et de ses envieux.

Edme Boursault ne manquait ni d'esprit ni d'estime, il aurait pu vivre à l'abri des traits de Boileau s'il ne se fût imprudemment attaqué à Molière, contre lequel il mit sur la scène une pièce intitulée *le Portrait du peintre* ou *la Contre-Critique de l'École des femmes*. Ceci se passait en 1667. Despréaux, prompt à prendre feu pour ses amis, crut devoir venger Poquelin. Il fit entrer Boursault dans une de ces niches que ses vers tenaient toujours prêtes à recevoir de nouveaux saints. L'auteur de *l'École des femmes* aurait bien pu se défendre tout seul. Il le fit plus tard, et nous avons rapporté les traits qu'il dirigea contre Boursault sur le théâtre de Versailles. L'auteur du *Portrait du peintre* voulut avoir raison du nouvel assaillant qui fondait sur lui ; il fit une comédie intitulée *la Satire des satires*. Elle est de 1669.

La pièce allait être jouée par les comédiens de l'hôtel de Bourgogne, mais Despréaux obtint un arrêt du parlement qui leur fit défense de la représenter. Pour ne pas perdre le fruit de sa vengeance, l'auteur la fit imprimer. S'il faut en croire Boileau, elle fit peu de bruit. Il assurait ne l'avoir vue que trois ou quatre ans après qu'elle eut été imprimée.

La comédie est précédée d'un avis au lecteur où l'auteur explique les raisons qu'il peut avoir de s'en prendre à Boileau.[1]

---

[1] Voici quelques fragments de cette préface : « Les satires de M. Despréaux ont fait un si grand fracas, et tant de personnes capables de juger les belles choses leur ont donné leur approbation, que je serois du moins aussi emporté que leur auteur si le peu qu'on y remarque de mauvais me faisoit condamner tout ce qu'il y a de bon. J'avoue que la gloire qu'il prétend s'être acquise lui seroit légitimement due, si l'on acquéroit une véritable gloire à faire beaucoup de mauvais bruit ; mais pour un homme tel que

Il n'eût pas songé à lui chercher querelle, s'il se fût contenté lui-même de *satiriser sans médire, de reprendre sans injurier, de condamner les fautes sans en commettre*. S'il eût bien saisi cette distinction entre des choses si différentes, la délicatesse de sa plume pouvait s'attirer des applaudissements sans restriction; mais c'est en avoir bien mal usé que d'avoir réduit tout ce qu'il y a de gens raisonnables à ne pouvoir faire l'éloge de son esprit, sans être obligés de faire le procès à sa conduite. « Décliner les noms des personnes, dit-il encore, c'est un libelle diffamatoire. » Et pour conclusion il ajoute : « M. Despréaux méritoit bien d'être joué en présence de toute la terre qu'il joue. »

Les personnages de cette pièce se partagent en deux camps, les gens raisonnables et ceux qui ne le sont pas. Les premiers sont Émilie, une femme du monde, le chevalier qui va bientôt l'épouser, et Boursault, bien entendu; les seconds, partisans aveugles de Despréaux, sont le marquis du Bel-Air et la marquise

---

M. Despréaux, qui par la délicatesse de sa plume pouvoit s'attirer des applaudissements sans restriction, c'est en avoir mal usé qu'avoir réduit tout ce qu'il y a de gens raisonnables à ne pouvoir faire l'éloge de son esprit sans être obligés de faire le procès à sa conduite. S'il est vrai que son génie soit si borné qu'il soit en pays perdu aussitôt qu'il est hors de la satire, je consens qu'il n'en sorte point : mais il y a bien de la différence entre satiriser et médire, reprendre et injurier, condamner des fautes et en commettre. Attaquer les vices dans tous les hommes et faire des peintures de leur noirceur qui donnent de l'horreur à ceux qui, en faisant réflexion sur leur vie, s'en trouvent convaincus, c'est ce qu'on appelle une satire; mais déclarer ceux d'un particulier, et décliner son nom pour le faire mieux connoître, c'est un libelle diffamatoire... De tous ceux que nomme M. Despréaux, il n'y en a pas un que je connoisse (si l'on m'en excepte), en qui l'on ne trouve toutes les qualités requises pour faire d'aussi honnêtes gens qu'il y en ait en France, et pour ce qui est de ceux que je ne connois pas, j'en juge favorablement par le mal qu'il ne peut s'empêcher de leur vouloir... Ceux qui se donneront la peine de lire la pièce que je mets au jour verront bien que je n'y ai rien mis de diffamatoire contre son honneur, ni contre sa personne, comme il le suppose dans l'arrêt qui fait défense aux comédiens de la représenter. Je ne sais rien de lui qui soit à son désavantage que ce que toute la France sait aussi : c'est-à-dire cette liberté qu'il prend d'offenser des gens qui ne lui ont jamais fait de mal; et je pense qu'il n'y en auroit guère qui lui refusassent leur estime, s'il faisoit un meilleur usage de son génie. » (Théâtre de feu M. Boursault, t. II, 1746.)

Orthodoxe, jeune veuve et précieuse. Le marquis est fou du talent de Boileau, il rompt la tête à tout le monde avec son Despréaux, Despréaux l'entête, il l'enchâsse partout. La marquise est ridicule par la fadeur de ses propos et l'affectation des mots qu'elle emploie. A ses yeux, Boileau est un prodige, son esprit ravit tout le monde :

> Quand je lis ce qu'il fait, j'ai l'esprit si content !

Elle ne juge que par lui, condamne ce qu'il condamne, admire ce qu'il admire. Si elle goûte l'*Astrate,* c'est qu'elle ignore le jugement qu'en a porté le maître souverain de la critique; apprend-elle que la pièce est de Quinault et que Despréaux la blâme; aussitôt son opinion change et son jugement va du blanc au noir.

> Je suis au désespoir de l'avoir trouvé beau.
> Il me parut charmant, j'en admirois le tendre;
> Mais, si jamais j'y vais, j'en dirai pis que pendre.
> Il ne doit rien valoir, car Despréaux l'a dit.

On lui rappelle pourtant qu'à la représentation qu'elle en vit, son admiration n'avait point de bornes et ses applaudissements point de fin; mais la voilà disposée aujourd'hui d'une tout autre manière :

> Ah ! je m'en repens bien.
> A tous les beaux endroits que l'acteur y rencontre,
> Je fis le brouhaha, mais je proteste contre.
> On doit me pardonner, si je le fis tout haut,
> Ce fut innocemment que j'applaudis Quinault.
> Si l'auteur par l'ouvrage avoit pu se connoître,
> Je l'aurois trouvé laid, tout galant qu'il puisse être.

Boursault proteste contre cette folle prévention :

> Les ouvrages d'esprit cessent donc d'être beaux
> Dès qu'ils sont attaqués par monsieur Despréaux?

Ni le marquis, ni la marquise n'en doutent. Boursault ne saurait être de leur avis; il cherche ce grand mérite du satirique, mais il ne le trouve ni si marqué, ni si précieux qu'on le dit : « Je sais rendre justice, dit-il, et je crois m'y connoître. »

> Il ne faut pas avoir l'esprit bien délicat
> Pour nommer l'un fripon, appeler l'autre fat.
> Qu'a-t-il fait jusqu'ici qu'exciter des murmures,
> Insulter des auteurs et rimer, des injures?

Puis reprenant le plus grand grief des auteurs contre les satiriques :

> Si l'*Astrate* qu'il blâme est un monstre à ses yeux,
> Comme il est du métier, il devroit faire mieux.

Ainsi Coras arrachait à la juridiction de Boileau les poëtes et les poëmes épiques : « Mais, après tout, de quel droit et de quelle autorité entreprenez-vous de juger souverainement des poëmes héroïques, vous qui n'avez pu vous signaler jusqu'ici que par quelques satires téméraires et malicieuses? Un poëte qui n'a jamais que médit est-il juge compétent des ouvrages d'un autre poëte qui ne s'est proposé que de louer les vertus et de célébrer les actions des hommes illustres? Outre qu'il faut être capable de composer un poëme épique pour être digne de faire le procès à un auteur qui s'est rendu recommandable en ce genre d'écrire. Et si l'on a dit autrefois que pour donner un démenti il falloit être de condition à se battre en duel, je dis aussi que pour faire un affront à un auteur de premier ordre, il faut pouvoir lui soutenir, la plume à la main, qu'il a mérité outrage en le convaincant de s'être mal acquitté de son devoir. Un versificateur qui n'est pas dans les bonnes grâces de Calliope n'est pas recevable à se moquer des vers de la *Pucelle*, et un rimeur qui n'est pas regardé favorablement d'Uranie n'est pas en droit de condamner le *David* et le *Jonas*. »

Le raisonnement de Boursault était pareil; Quinault assurément ne pouvait que l'approuver. Mais que deviendrait alors l'empire de la critique? Une des grandes fautes que l'auteur de la *Satire des satires* relevait dans Boileau, c'était qu'en son repas ridicule il avait mis un plat d'alouettes au mois de juin. Des alouettes en été? On n'en trouve nulle part alors. Boursault triomphe de cette erreur, et le marquis du Bel-Air fait ressortir davantage encore la bévue du poëte en citant comme autorité décisive l'opinion de Despréaux. Toutes les approbations des admirateurs de Boileau tombent toujours, on le conçoit, sur quelque passage digne d'être censuré, et que l'on censure. Ainsi le chevalier ne saurait accepter les éloges de la marquise Orthodoxe sur les vers où l'auteur représente le bras de Louis, des peuples redouté, qui va, la foudre à la main, rétablir l'équité. Le moyen est ingénieux, mais la critique trop vétilleuse. Si parfois elle tombe juste, le plus souvent elle s'égare. Cependant l'injustice n'y est pas systématique, et dans la bouche d'Émilie, une des personnes sensées de la pièce, le blâme se trouve tempéré par quelques éloges et réduit en définitive à l'accusation, assez juste en somme, d'avoir trop multiplié les attaques contre toutes sortes de personnes :

> ... Pour moi, quand je lis Despréaux,
> Je trouve en des endroits quelques vers assez beaux ;
> Mais ce qui me déplait de sa veine féconde,
> Elle est trop satirique et nomme trop de monde.
> C'est, pour un galant homme, un peu s'être oublié ;
> Plus son nom fait de bruit, plus il est décrié.

En résumé, cette critique de Boursault est d'un homme d'esprit, réservé, honnête et assez équitable. Il n'y a rien là qui sente l'injure grossière, aucun de ces mots odieux dont l'honneur d'un homme se blesse et qui rendent plus tard toute réconciliation impossible. Aussi n'est-il pas étonnant que, longtemps après cette querelle, Boursault ait eu pour Boileau des égards empressés, et que celui-ci n'ait pas refusé de rentrer en grâce avec un écrivain à qui il reconnaissait du mérite plus qu'à nul de ceux que ses vers satiriques avaient atteints.

L'année 1669 marque la seconde période du talent de Boileau, elle va jusqu'en 1677. « Elle comprend, dit M. Sainte-Beuve, le satirique encore, mais qui de plus en plus s'apaise, qui a des ménagements à garder d'ailleurs en s'établissant dans la gloire ; déjà sur un bon pied à la cour ; qui devient

plus sagement critique dans tous les sens, législateur du
Parnasse en son *Art poétique,* et aussi plus philosophe dans
sa vue agrandie de l'homme (épître à Guilleragues); capable
de délicieux loisirs et des jouissances variées des champs (épître
à M. de Lamoignon), et dont l'imagination reposée et nullement refroidie sait combiner et inventer des tableaux désin-
téressés, d'une forme profonde dans leur badinage, et d'un
ingénieux poussé à la perfection suprême, à l'art immortel. »

C'est en effet à partir de ce moment que le poëte est dans
sa force et le moraliste dans toute sa sagesse. Ce n'est plus au
mauvais goût que le critique fait la guerre, c'est à ses propres
vices qu'il la déclare. Appliqué désormais à se bien connaître,
il cherche le vrai dans les mœurs, comme il l'avait cherché
d'abord dans les ouvrages. La raison, qui l'a si bien guidé dans
ses satires, l'anime et le conduit encore. Il s'y joint une sensibilité grave, chaleureuse, une sorte d'onction. C'est le chrétien
qui s'exprime dans ces vers. « Il nous enseigne, dit très-bien
M. Nisard, l'honneur, la probité, la connaissance de soi, non
pour s'être d'autant plus complaisant, mais pour haïr ses imperfections; le bonheur par la vertu. » On sent dans ces poëmes
l'esprit religieux du grand siècle relevé par une raison droite
et sévère, par un sentiment profond des devoirs de l'homme.
Nulle timidité dévote, nul scrupule méticuleux, rien qui sente
la contrainte d'un joug qu'on s'impose, une liberté ingénue et
naïve. On peut trouver, en le comparant à Horace dans les
Satires, que le poëte latin a plus de mordant, de causticité, de
souplesse et d'imagination dans le style, que Régnier a plus
d'expression, un talent plus grand de peinture et de relief,
mais dans les *Épîtres,* Boileau est bien au-dessus d'eux. Il les
égale par le fini des vers et le bonheur de la diction, il les surpasse par la pensée morale. On peut dire avec Fontanes que
les belles épîtres du poëte latin instruisent tous les états,
qu'elles hâtent l'expérience de tous les âges, qu'elles appren-
nent au jeune homme, au vieillard, à jouir sagement de la vie,
à se consoler de la mort, à réunir la volupté avec la décence,

la raison avec la gaieté.[1] L'homme de lettres y trouve les préceptes du goût, l'homme de bien, ceux de la vertu. Elles font rire l'habitant de la ville des travers qu'il a sous les yeux; elles retracent au solitaire le charme de la retraite; dans la joie et dans la douleur, dans l'indigence et dans les richesses, elles donnent des plaisirs ou des leçons; elles tiennent lieu d'un ami, et, quand on a le bonheur d'en posséder un, elles font mieux sentir le charme de l'amitié. Sans doute, rien n'est plus vrai; mais cette molle philosophie, tempérée d'épicurisme et de bon sens, n'est-elle pas plutôt le code du bien vivre suivant le monde, un agréable compromis entre les devoirs de la conscience et ceux de la société? N'y manque-t-il pas ce qui fait les âmes énergiques : une idée supérieure aux simples prescriptions du bon sens, un zèle de perfection morale? Un philosophe suivant Horace courrait le risque d'errer, presque toujours inquiet, au gré de ses désirs; cette sagesse indifférente, qui ne voit dans les vices que des folies dont le plus sage n'est pas exempt, est bien éloignée de la sagesse active que Despréaux emploie à se corriger lui-même, à se rendre plus homme de bien pour se rendre plus heureux.

Plus équitable que Marmontel, qui trouve dans les épîtres de Boileau de la sécheresse, de la stérilité, des vues courtes, de petits desseins et des plaisanteries parasites, Daunou rend complète justice au talent que le poëte a déployé dans ces nouveaux écrits. C'est à la noblesse et à la vérité des pensées qu'il doit, dit-il, le plus souvent la beauté, la grâce et l'énergie de ses vers. Elles sont le fruit d'un talent plus mûr, la versification y offre plus de souplesse et de grâce, le style plus d'égalité, de consistance, de plénitude; des pensées plus fortes,

---

1. Voltaire, *Épître à Horace* :

> Avec toi l'on apprend à souffrir l'indigence,
> A jouir sagement d'une honnête opulence,
> A vivre avec soi même, à servir ses amis,
> A se moquer un peu de ses sots ennemis,
> A sortir d'une vie ou triste ou fortunée,
> En rendant grâce aux dieux de nous l'avoir donnée.

plus étroitement enchaînées, y sont exprimées avec plus de vérité, de couleur et d'énergie. La Harpe est du même avis : « Si la versification de ses épîtres, écrit-il, est plus forte que celle de ses satires, elle est aussi plus douce et plus flexible. Le censeur s'y montre moins et l'homme s'y montre davantage : c'est toujours le même fond de raison, mais elle éclaire souvent sans blesser. » Recueillons encore ce témoignage de Voltaire : « Les épîtres de Boileau sont des chefs-d'œuvre de raison autant que de poésie. » Et nous pourrons après inscrire contre notre poëte le jugement inepte de Sainte-Garde que voici : « Les lettres (épîtres) de Boileau sont misérables en toutes sortes de manières, et c'est par là qu'on reconnaît qu'elles sont véritablement de lui. »

Déjà dès 1665, dans son *Discours au roi,* Despréaux avait fait à Louis XIV hommage de son talent. Les louanges que le mérite personnel du prince arrachait au poëte satirique furent loin de déplaire au roi; il ne chercha pas néanmoins à rapprocher Boileau de lui. Ses satires, qu'on lui avait lues à la rencontre, avaient augmenté son estime. Les ennemis du poëte avaient compté sur le scandale des querelles qu'ils lui avaient suscitées pour le décrier à la cour : ils n'y parvinrent pas. Il y avait dans l'esprit de Louis XIV un bon sens net, assez ami de celui de Boileau. Les Cotin, les Desmarets, eurent beau crier au sacrilége et dénoncer l'ennemi de Chapelain comme un criminel d'État, Louis ne fit pas attention à leurs calomnies, et, quand parurent enfin la première épître et quelques autres morceaux où il était loué avec assez de délicatesse, il voulut voir le poëte.

La paix d'Aix-la-Chapelle, conclue en mai 1668, paraissait devoir fermer la carrière des conquêtes. Tous ceux qui trouvaient dans la guerre l'occasion de s'élever ou de s'enrichir voyaient avec regret s'ouvrir une période où les armes n'auraient plus rien à faire. Louvois surtout, qui sentait ses talents inutiles dans les loisirs du roi, ne négligeait rien pour réveiller en lui ses goûts belliqueux. Ayant fait naguère décider la paix pour mortifier Turenne, il le voyait avec effroi gagner chaque jour davantage sur l'esprit de Louis XIV et marquer par des dédains et des hauteurs à l'égard des ministres le degré de confiance plus grande que lui accordait le roi. Lui-même avait à souffrir de cette faveur insolente, et il se croyait menacé de voir Turenne se rendre seul maître des affaires. Il faisait donc ses efforts pour ranimer le feu qu'il avait éteint de ses mains. Colbert, de son côté, essayait de tirer le prince à lui. Occupé du projet de faire fleurir les arts et les sciences, d'amener dans le pays l'abondance par les progrès du commerce, il cherchait à balancer les conseils de Louvois par de bienfaisants et pacifiques conseils. Il avait Boileau sous la main, il s'en servit. Ce fut donc pour seconder les vues de ce grand ministre que Despréaux, en 1669, composa cette première épître « dans laquelle, en même temps qu'il loue le roi comme héros paisible, il ose avec une généreuse liberté faire la satire des conquérants, en établissant que la véritable grandeur d'un roi ne consiste pas à ravager la terre, mais à rendre ses sujets heureux en les faisant jouir de tous les avantages de la paix. »

« Ce fut, dit Saint-Marc, par Mme de Thiange, sœur du maréchal de Vivonne et de Mme de Montespan, que cette épître fut présentée au roi. Dans le temps qu'elle fut composée, l'auteur travailloit au *Lutrin*. Pour louer le roi d'une manière nouvelle, il imagina l'épisode de la *Mollesse*, à la fin du second chant de ce poëme. Cette ingénieuse fiction eut un succès extrêmement heureux. Le roi, qui ne connoissoit l'auteur que par les satires, ordonna à M. Colbert de faire venir à la cour le poëte qui le savoit si bien louer. Quelques jours après, il fut présenté au roi par M. de Vivonne. Il récita à Sa Majesté une partie du *Lutrin*, qui n'avoit pas encore paru, et quelques autres pièces dont elle fut très-satisfaite. A la fin, le roi lui demanda quel étoit l'endroit de ses poésies qu'il trouvoit le plus beau. Il pria Sa Majesté de le dispenser de faire un pareil jugement, ajoutant qu'un auteur étoit peu capable de donner le juste prix à ses propres ouvrages, et que, pour lui, il n'estimoit pas assez les siens pour les mettre ainsi dans la balance. « N'importe, » dit le roi, « je veux que vous me disiez votre sentiment. » M. Despréaux obéit en disant que l'endroit dont il étoit le plus content étoit la fin d'une épître qu'il avoit pris la liberté d'adresser à Sa Majesté, et récita les quarante vers qui terminent l'épître Ire. Cette fin, que l'auteur avoit refaite depuis peu, et que le roi n'avoit pas encore vue, le toucha sensiblement. Son émotion parut dans ses yeux et sur son visage. Il se leva de son fauteuil avec un air vif et satisfait. Cependant comme il étoit toujours maître de ses mouvements : « Voilà qui est très-beau, » dit-il, « cela est admirable. Je vous louerois davantage si vous ne « m'aviez pas tant loué. Le public donnera à vos ouvrages les « éloges qu'ils méritent ; mais ce n'est pas assez pour moi de « vous louer. Je vous donne une pension de deux mille livres : « j'ordonneroi à Colbert de vous la payer d'avance ; et je vous « accorde le privilége pour l'impression de tous vos ouvrages. » Ce sont les propres paroles du roi et l'on peut croire que l'auteur ne les avoit pas oubliées. »

Notre poëte, ajoute le même commentateur, revint de la cour comblé d'honneur et de biens. Cependant il a dit plusieurs fois que la première réflexion que lui inspira sa nouvelle fortune fut un sentiment de tristesse. Il envisageait la perte de sa liberté comme une suite inévitable des bienfaits dont il venait d'être honoré.

Cette délicatesse de scrupules faisait honneur à Boileau, et l'on peut dire qu'elle mettait à couvert sa franchise et sa liberté. Jamais personne ne fut plus éloigné de la basse complaisance d'un flatteur. Même en louant Louis XIV, il sut lui adresser d'utiles leçons, et le mérite en est d'autant plus grand que ses censures, aussi légères que le voulaient les convenances, portaient sur la passion la plus vive du roi, sur son goût pour la gloire. La première épître nous en offre un exemple dans le dialogue entre Pyrrhus et Cinéas. « Cette excellente leçon de sagesse donnée à l'imprudence, » comme dit Amar, s'appliquait à Louis avec la plus grande justesse. L'éloge de Titus, fait en vers si nobles et si touchants, aurait pu ramener à des pensées pacifiques le monarque français, si jamais la raison prévalait contre les passions et les sophismes du cœur. Il convenait aussi à l'esprit sérieux de Boileau de rassembler dans un même tableau les belles réformes, les utiles établissements de la paix.

Rien n'est oublié de ce que ces années fécondes avaient donné de prospérité à la France. La gloire militaire n'est pas sans doute méprisée, la conquête de la Franche-Comté y est louée, mais avec une solidité de bon sens qui tient à ce que la raison a de plus élevé. De pleins éloges sont donnés aux travaux des arts, à la réforme de la justice, aux entreprises utiles au commerce, à la navigation, à l'industrie. Les Gobelins établis, des manufactures de glaces fondées, les tailles diminuées, les soldats employés aux travaux publics, le canal du Languedoc entrepris, la colonnade du Louvre et Versailles commencés, ce sont là de belles œuvres dignement célébrées. Le vers de Boileau prend dans ces louanges un ton plus ferme et plus haut, son harmonie est plus sonore, il y entre aussi plus d'espace et, pour ainsi dire, plus d'horizon. C'est un esprit qui se met au large et se joue plus librement en des sujets plus nobles. Ils honorent la langue française. Je ne sais si nous avons dans ce ton et dans cette aisance quelque chose de plus large et de plus élégant que ces vers que nous citons ici :

> On verra les abus par ta main réformés,
> La licence et l'orgueil en tous lieux réprimés,
> Du débris des traitants ton épargne grossie,
> Des subsides affreux la rigueur adoucie ;
> Le soldat, dans la paix, sage et laborieux ;
> Nos artisans grossiers rendus industrieux,
> Et nos voisins frustrés de ces tributs serviles
> Que payoit à leur art le luxe de nos villes.
> Tantôt je tracerai tes pompeux bâtiments,
> Du loisir d'un héros nobles amusements.
> J'entends déjà frémir les deux mers étonnées
> De voir leurs flots unis aux pieds des Pyrénées.

Ce ne sont plus là les misères des Cotin, des Pelletier, des Quinault, le ton s'est élevé avec le sujet.

La IIe épitre n'a servi à Boileau qu'à recueillir la fable de l'Huître qu'il avait mise d'abord à la fin de la première, qu'il en avait ôtée plus tard sur les conseils du prince de Condé. « J'ai, dit-il dans un avis au lecteur, néanmoins balancé longtemps si je l'ôterois, parce qu'il y en avoit plusieurs qui la louoient avec autant d'excès que les autres la blâmoient; mais enfin je me suis rendu à l'autorité d'un prince, non moins considérable par les lumières de son esprit que par le nombre de ses victoires. Comme il m'a déclaré franchement que cette fable, quoique très-bien contée, ne lui sembloit pas digne du reste de l'ouvrage, je n'ai point résisté : j'ai mis une autre fin à ma pièce, et je n'ai pas cru, pour une vingtaine de vers, devoir me brouiller avec le premier capitaine de notre siècle. »

Ce morceau, devenu libre par son déplacement, Despréaux ne voulut pas le perdre; il l'ajusta donc à quelques vers adressés à l'abbé Desroches et le fit paraître dans la forme où nous l'avons aujourd'hui. L'abbé dont il est ici question ne manquait pas d'occasions de faire ou de soutenir des procès. Comme il avait dans le Midi trois abbayes commandataires qui lui rapportaient à peu près 30,000 livres de rente, il était quelquefois obligé de recourir à la justice pour faire maintenir ses droits. Peut-être cédait-il aussi trop vite à la facilité d'engager une affaire devant les tribunaux. Rien n'était donc plus naturel que de lui donner le salutaire conseil de fuir les débats judiciaires où les plus grandes fortunes risquaient souvent de s'engloutir; rien également ne pouvait donner une forme plus vive à ce conseil que la fable de l'Huître et des Plaideurs. C'était une de ces inventions malicieuses que presque toutes les générations ont répétées pour flétrir les abus scandaleux de la longueur et de la cherté ruineuse des procès. Saint-Marc dit, nous ne savons pourquoi, que Despréaux avait appris cette fable de son père, auquel il l'avait ouï conter dans sa jeunesse. Cela est bien possible, les gens du palais n'ignoraient pas ce qu'on pensait d'eux, et parfois ils devaient mieux que personne au monde reconnaître la justesse et la vérité des propos satiriques dont on les poursuivait. Cette fable vient d'une ancienne comédie italienne. Neuf ans plus tard, en 1678, La Fontaine traita le même sujet. La comparaison entre les deux pièces a souvent été faite. D'Alembert n'hésite pas à donner la supériorité au fabuliste de profession. On ne peut s'empêcher d'être de son avis. Combien de vers pittoresques, frais et riants dans la fable de La Fontaine, quelle vivacité de dialogue, quelle rapidité dans tous les détails, quelle naïveté dans ces paroles :

> Perrin fort gravement ouvre l'huître et la gruge,
> Nos deux messieurs le regardant ;

et dans celles-ci :

> Tenez, la cour vous donne à chacun une écaille
> Sans dépens; et qu'en paix chacun chez soi s'en aille !

Cependant, il est juste de dire avec Chamfort que les deux derniers vers de Boileau sont plus plaisants que ceux de La Fontaine. « Messieurs, l'huître étoit bonne, » est une excellente invention qui doit accroître les regrets des plaideurs, que Boileau a raison de nous présenter tous les deux à jeun.

On a reproché à Despréaux d'avoir introduit la Justice la balance à la main. On a dit qu'il y avait là une erreur et peut-être un blasphème. Perrin Dandin, suivant ces critiques, est mieux à sa place dans une affaire de ce genre, car ce sont les hommes de robe et non la justice elle-même qu'il faut blâmer des excès et des abus. Boileau, en comparant la pièce de La Fontaine à la sienne, ne se sentait pas coupable de maladresse ou d'étourderie. Il accusait même son confrère d'avoir manqué de justesse en ne présentant dans la fable qu'un juge sous le nom de Perrin Dandin, observant que « ce sont tous les gens de justice qui causent des frais aux plaideurs. » Rabelais était aussi de cet avis quand il nous peint la Thémis du pays de Chicanoux : « A l'endroict du siége principal estoit l'image d'une vieille femme, tenant en main dextre un ferreau de faulcille, en senestre une balance, et portant des besicles au nez. Les coupes de la balance estoient de deux gibessières veloutées, l'une pleine de billon et pendente, l'aultre vide et long eslevée au-dessus du tresbuchet. Et suis d'opinion que c'estoit le portrait de justice grippeminaudière, bien abhorrente de l'institution des antiques Thébains, qui érigeoient les statues de leurs dicastes et juges après leur mort, en or et argent ou en marbre selon leur mérite, toutes sans mains. »

Quoique ami du président de Lamoignon, quoique fils de greffier lui-même, Despréaux n'a point épargné les gens de justice. Il les connaissait trop pour ne pas attaquer leurs travers, il était trop honnête pour tolérer leurs scandales. Nous l'avons vu participer à la composition de la comédie des *Plaideurs*, et c'est à lui que revient l'invention de ces deux personnages, Chicaneau et la Comtesse. Il les avait pris sur le fait dans l'étude de l'illustre Dongois. La pièce est de 1668. C'était donc renouveler ses attaques dans l'épître IIe. Il ne les arrêtera pas là; dans le *Lutrin*, il peindra avec verve la chicane, monstre affreux, attachée au pilier de la grande salle du palais, fée étique, sibylle odieuse qui, assise sur des tas de papiers poudreux, allonge, pour dévorer maisons, châteaux entiers, des griffes toujours d'encre noircies. En cela il ne fait que poursuivre des abus souvent condamnés par des ordonnances royales, toujours maudits soit par la comédie, soit par la satire populaires. Molière, dans *Scapin*, lorsqu'il veut détourner Argante de plaider, lui représente les hommes de palais comme autant d'animaux ravissants par les griffes desquels il faut passer en laissant la plus grande partie de ses biens et souvent toute sa substance. Furetière n'a pas traité les procureurs avec plus d'indulgence. Charles Sorel, dans son *Histoire comique de Francion*, a mis à nu les rouerics des avocats aussi bien que des procureurs. Leurs longues écritures inutiles, les caractères déliés dont ils se servent, qui ne laissent pas entrer plus de deux mots dans une ligne, les majuscules, les lettres inutiles, l'orthographe gothique, perpétuée parce qu'elle surcharge *les grosses*; l'avarice et la corruption de ces officiers de la justice, les artifices des avocats pour porter les clients à plaider, les citations inexactes des lois, les tromperies de toutes sortes, rien n'échappe à la verve de Charles Sorel; mais, quand il a tout dit, il reste encore à glaner dans ce champ à La Bruyère et à Boileau, qui n'en ont pas laissé l'occasion s'échapper. C'est un trait à ajouter à la physionomie de Despréaux comme peintre des mœurs de son temps; nous avons cru devoir le signaler.

La même année 1669 vit commencer l'*Art poétique*, qui ne fut achevé qu'en 1674. Sur cette œuvre importante, nous allons laisser la parole à deux éminents critiques, La Harpe et M. Nisard; personne ne pourrait se flatter de mieux dire et de penser plus juste.

« Il convenait à celui qui avait su faire justice des mauvais auteurs, et la rendre aux bons, de fixer les principes dont ses divers jugements n'étaient que les conséquences : c'est ce qui lui restait à faire dans l'*Art poétique*. Cet excellent ouvrage, un des beaux monuments de notre langue, est la preuve de ce que j'ai eu occasion d'établir plus d'une fois, qu'en général la saine critique appartient au vrai talent, et que ceux qui peuvent donner des modèles sont aussi ceux qui donnent les meilleures leçons. C'était à Cicéron et à Quintilien à parler de l'éloquence; ils étaient de grands orateurs : à Horace et à Despréaux de parler de la poésie; ils étaient de grands poëtes. Que ceux qui veulent écrire en vers méditent l'*Art poétique* de l'Horace français, ils y trouveront marqué, d'une main également sûre, le principe de toutes les beautés qu'il faut chercher, celui de tous les défauts dont il faut se garantir. C'est une législation parfaite dont l'application se trouve juste dans tous les cas, un code imprescriptible dont les décisions serviront à jamais à savoir ce qui doit être condamné, ce qui doit être applaudi. Nulle part l'auteur n'a mieux fait voir le jugement exquis dont la nature l'avait doué. Ceux qui ont étudié l'art d'écrire, qui en connaissent, par une expérience journalière, les secrets et les difficultés, peuvent attester combien ils sont frappés du grand sens renfermé dans cette foule de vers aussi bien pensés qu'heureusement exprimés, et devenus depuis longtemps les axiomes du bon goût. Il serait bien injuste qu'ils perdissent de leur mérite parce que le temps nous les a rendus familiers, ou parce que de grands modèles les avaient précédés. L'exemple ne rend pas le précepte inutile : ils se fortifient l'un par l'autre. L'exemple du bon est toujours combattu par celui du mauvais, surtout quand le bon ne fait que de naître. Tous les esprits ne sont pas également propres à en faire la distinction : la multitude est facile à égarer; la perfection est sévère, le faux esprit est séduisant, le mauvais goût est contagieux. Dans cette lutte continuelle de la vérité et de l'erreur, l'homme dont la main est assez sûre pour poser la limite immuable qui les sépare, l'homme qui nous montre le but, nous indique la véritable route, nous détourne des chemins trompeurs, nous marque les écueils, ne rend-il pas un service important? n'est-il pas le bienfaiteur des arts?

« Accordons que l'*Art poétique* n'ait pu rien apprendre à un Racine, quoique le plus grand talent puisse toujours apprendre quelque chose d'un bon esprit, il aura toujours fait un bien très-essentiel, celui d'enseigner à tout le monde pourquoi Racine est admirable. En disant ce qu'il fallait faire, il apprenait à juger celui qui avait bien fait, à le discerner de celui qui faisait mal. En resserrant dans des préceptes lumineux toutes les règles principales de la tragédie, de la comédie, de l'épopée, et des autres genres de poésie; en renfermant tous les principes de l'art d'écrire dans des vers parfaits et faciles à retenir, il laissait dans tous les esprits la mesure qui devait servir à régler leurs jugements; il rendait familières au plus grand nombre ces lois avouées par la raison de tous les siècles, et par le suffrage de tous les hommes éclairés; il dirigeait l'estime et le blâme. Et s'il est vrai que l'empire des arts ne peut, comme tous les autres, subsister sans une police à peu près généralement reçue, sans des lois qui aient une sanction et un effet, quoique souvent violées, comme ailleurs; sans une espèce d'hiérarchie qui établisse des rangs, des honneurs et des distinctions; l'écrivain qui a contribué plus que personne à fonder cet ordre nécessaire, qui fut, il y a cent ans, le premier législateur de la république des lettres, et qu'aujourd'hui elle reconnaît encore sous ce titre, ne mérite-t-il pas une éternelle reconnaissance?

« L'*Art poétique* eut à peine paru qu'il fit la loi, non-seulement en France, mais chez les étrangers, qui le traduisirent. Son influence n'y fut pas, à beaucoup près, si sensible que parmi nous; mais, dans toute l'Europe lettrée, les esprits les plus judicieux en approuvèrent la doctrine. On peut bien croire qu'il excita la révolte sur le bas Parnasse : par tous pays les mauvais sujets n'aiment pas qu'on fasse la police. Mais ce fut en vain qu'on l'attaqua; la raison en beaux vers a un grand empire. La bonne compagnie sut bientôt par cœur ceux de Boileau, et il fallut s'y soumettre. Les rapsodies qu'on appelait poëmes épiques, et qui avaient encore de nombreux défenseurs, n'en eurent plus dès ce moment, et l'on n'appela point de l'arrêt qui les condamnait au néant. Le règne des pointes, déjà fort ébranlé, tomba entièrement au théâtre, au barreau et dans la chaire, et l'on convint, avec Despréaux, de renvoyer à l'Italie

De tous ces faux brillants l'éclatante folie.

Le burlesque, qui avait eu tant de vogue, fut frappé d'un coup dont il ne se releva pas, malgré Desmarets et d'Assoucy, qui jetaient les hauts cris, et prétendaient que Boileau n'avait décrié le burlesque que parce qu'il n'était pas en état d'en faire. La province n'admira plus le *Typhon*, ni l'*Ovide en belle humeur*; et le bon d'Assoucy, témoin de cette déroute, d'Assoucy, qui s'intitulait *empereur du burlesque*, prit le parti d'imprimer naïvement : *Si le burlesque ne divertit plus la cour, c'est que Scarron a cessé de vivre, et que j'ai cessé d'écrire.* Boileau couvrit d'un ridicule ineffaçable ces productions si ennuyeusement emphatiques, ces grands romans si fort à la mode, dont les personnages hors de nature, les sentiments sans vérité, les intrigues sans passion, les aventures sans vraisemblance, les dangers sans intérêt, avaient passé sur la scène, et introduit jusque dans la société le langage guindé et le galimatias sentimental, qui se reproduit aujourd'hui sous une autre forme. La considération personnelle dont jouissait Mlle Scudéri, que l'on traitait d'*illustre*, et ses protections puissantes, n'intimidèrent point l'inflexible Aristarque, et ne tinrent pas contre quatre vers de l'*Art poétique* :

> Gardez donc de donner, ainsi que dans Clélie,
> L'air ni l'esprit françois à l'antique Italie,
> Et, sous des noms romains faisant notre portrait,
> Peindre Caton galant, et Brutus dameret.

« Le *fatras obscur* et ampoulé de Brébeuf, qui avait rendu la *Pharsale aux provinces si chère*, et qui était d'autant plus capable de faire illusion, qu'il était mêlé de quelques *étincelles* brillantes, fut mis à sa place, et distingué de la vraie grandeur. Boileau, en appréciant celle de Corneille, en payant au père du théâtre le tribut d'une admiration éclairée, indiqua ses principales fautes, sans le nommer, en plus d'un endroit de l'*Art poétique*; la froideur de ses dissertations politiques et de son dialogue trop raisonné; le faste déclamatoire trop fréquent, même dans ses meilleures pièces; l'obscurité de l'intrigue d'*Héraclius*; l'embarras de quelques-unes de ses expositions; le défaut de *ressorts qui puissent attacher*. Il accoutuma le public à lui comparer Racine, et les auteurs à se modeler sur ce dernier, qui savait mieux que tout autre *émouvoir le spectateur*. Son autorité était si bien affermie, on le regardait tellement comme l'apôtre du goût et le grand justicier du Parnasse, que, lorsque Charles Perrault leva contre les anciens, au milieu de l'Académie, l'étendard d'une guerre que Lamotte renouvela depuis avec aussi peu de succès, Boileau, déjà vieux, ayant gardé le silence, le prince de Conti, connu par les agréments de son esprit et son amour pour les lettres, celui dont Rousseau a si dignement célébré la mémoire, dit tout haut qu'il irait à l'Académie, et qu'il écrirait sur le fauteuil de Despréaux : *Tu dors, Brutus.* »

Écoutons maintenant M. Nisard : « Ce qui n'a pas manqué à Boileau, en aucun endroit de ses écrits, c'est la faculté souveraine en toutes les choses de la vie, comme en tous les ouvrages de l'esprit, sans laquelle l'imagination n'est qu'une ivresse, la sensibilité qu'un désordre du tempérament, c'est la raison. Aucun poëte de son temps n'en avait reçu le don plus pleinement; nouvelle preuve qu'il est une loi qui préside à la diversité des talents, et qui les approprie, selon les temps et les lieux, aux besoins de l'esprit humain. C'était à d'autres à donner les grands exemples de l'imagination qui crée les types et de la sensibilité qui les fait vivre. Boileau avait à établir des règles, à fixer des esprits incertains, à réparer la poésie, à relever la condition morale du poëte; il avait à remplir la tâche de législateur du Parnasse, titre qui lui fut déféré par son siècle, tant on y croyait nécessaire une législation qui réglât et qui assurât l'art d'écrire en vers! Or, qui convenait mieux à cet emploi qu'un poëte chez lequel dominait la raison? Aussi bien, la raison dans Boileau n'est pas la raison d'un géomètre; c'est celle d'un homme qui sent en poëte ce qu'il enseigne en théoricien.

« La raison est l'âme des écrits, le vrai en est l'unique objet : telle fut la doctrine fondamentale de Boileau; c'est la loi, mère de toutes les autres. Il l'a gravée dans des vers devenus proverbes :

> Aimez donc la raison ; que toujours vos écrits
> Empruntent d'elle seule et leur lustre et leur prix...
> Rien n'est beau que le vrai, le vrai seul est aimable.

« Le mot *seule* est à la fois la limite et la sanction du précepte. Hors de la raison, il n'y a ni *lustre* ni *prix*, c'est-à-dire ni forme ni fond; hors du vrai, il n'y a pas de beau. Ces maximes inconnues, Malherbe les avait pressenties, il voyait dans la poésie un art utile plutôt qu'agréable. Pourquoi, en effet, serait-elle autre chose que la morale, que la philosophie ? Après avoir été un art frivole, dont les difficultés donnaient un prix de convention à des galanteries, à un vain badinage d'esprit, n'était-il pas temps enfin qu'elle prît son rang parmi les productions de l'esprit qui prétendent à l'empire des âmes, et qu'elle demandât cet empire aux seules choses qui le donnent, la raison et le vrai ? Voilà ce qu'avait su soupçonner Malherbe, et ce que consacra Boileau.

« Ces doctrines ne plaisaient guère à l'un des plus fougueux ennemis de Boileau, le sieur Carel de Sainte-Garde. Il trouvait tout cela *bourgeois,* comparé à la poésie des ruelles, à la poésie gagée des grands seigneurs, au galant qu'il continuait de défendre contre Boileau. C'était, en effet, la poésie bourgeoise dont le règne commençait : c'était la poésie de cette classe éclairée et indépendante qui s'était formée au XVIe siècle, entre les grands seigneurs et le peuple, et qui prend si hautement parti, dans la *Ménippée,* pour la royauté contre la féodalité, pour la nation contre l'étranger. Boileau reconnaissait les premiers traits de cette poésie dans Villon, au grand scandale de Sainte-Garde, indigné qu'il fît cet honneur « à un voleur de « nuit, dit-il, lequel non-seulement tiroit la laine, mais per- « çoit les maisons et montoit aux fenêtres avec des échelles « de corde. » N'eût-il pas été plus juste, plus séant de faire descendre la poésie française « de Thibaut, comte de Cham- « pagne, le chaste amant de la reine Blanche, voire d'Octa- « vien de Saint-Gelais, évêque d'Angoulême, de la noble « maison de Lusignan ? » De même, pour personnifier le progrès de la poésie française, après Villon, quel goût d'aller choisir Marot, « cet autre poëte bourgeois, un Villon avec des « inclinations plus honnêtes, au lieu de Guillaume de Saluste, « seigneur de Dubartas ! » Ce reproche de bourgeoisie a été entendu, par Marmontel, d'un prétendu défaut d'élévation et d'étendue.

« Quoi donc ! est-ce que la raison, dans Boileau, serait d'une autre sorte que la raison générale ? Est-elle assujettie à quelque système, ou circonscrite à de certains genres d'écrire? Lequel a-t-elle exclu? Boileau a-t-il seulement exprimé une préférence pour le genre dans lequel il excellait? Quelle est la poésie si haute, si passionnée ou si rare, qu'ait proscrite cette libre raison? Est-il vrai que Boileau ait parlé froidement de la passion? Voici des vers où il la recommande au poëte en même temps qu'il en peint, avec une brièveté admirable, les principaux effets :

> Que dans tous vos discours la passion émue
> Aille chercher le cœur, l'échauffe et le remue.

A-t-il interdit au poëte les inspirations de l'amour, lui qui admet l'amour le moins honnête pourvu qu'il soit exprimé chastement, et qui en conseille la peinture *comme la route la plus sûre pour aller au cœur;* lui qui décide qu'il faut être amoureux pour bien exprimer l'amour? Le conseil qui suit vous paraît-il d'un moraliste étroit :

> ... Aux grands cœurs donnez quelques foiblesses.

« Et si l'on regarde la variété des genres, Boileau en a-t-il borné le nombre, lui qui en caractérise comme vivants quelques-uns qui sont morts avec le vieil esprit gaulois? Le rondeau, la ballade, le madrigal, n'existent plus que dans l'*Art poétique.*

« Aurait-il du moins exclu le roman? Loin de là, il lui donne des priviléges.

« Il convie les auteurs à l'invention, cet homme qu'on a accusé d'avoir voulu borner l'esprit humain; il leur ouvre tous les trésors et toutes les libertés du style, ce poëte dont on fait un grammairien timide, blâmant en autrui les hardiesses où son esprit ne pouvait s'élever. A la vérité, invention, genres, style, il veut que tout se subordonne à la raison.

« La raison pour chaque genre consiste à se conformer à la disposition d'esprit particulière qui y répond; le vrai, c'est tout ce qui est conforme à cette disposition. On l'a si bien senti qu'il est d'usage de dire : la *vérité des genres*. Or, qu'entend-on par là, sinon la conformité de ces genres, ou de la manière dont ils sont traités, avec la disposition que nous y apportons ?

« C'est faute d'avoir été au fond de sa théorie que des critiques en ont trouvé certaines prescriptions communes et superficielles, et tout au plus bonnes pour les versificateurs de profession. Si Boileau admire dans Molière sa facilité à trouver la rime, c'est qu'il parle de la rime enchaînée au joug de la raison, il parle de la rime qui enrichit le sens au lieu de le gêner, de la rime telle que la manie Molière dans le *Misanthrope*.

« Une irréflexion du même genre a fait blâmer ce vers, qui termine l'excellente description du sonnet :

> Un sonnet sans défaut vaut seul un long poëme.

« Cela est un peu fort, s'écrie La Harpe, et c'est porter un peu
« loin le respect pour le sonnet ! »

« Boileau me paraît ici doublement à louer, d'abord pour avoir fait sentir par un exemple si vif le prix de la perfection dans tous les genres, ensuite pour n'avoir pas omis même le genre du sonnet. C'est la discipline assurée sans rien ôter à la liberté.

« D'autres censeurs se sont offensés de l'estime qu'il fait des transitions, « le plus difficile chef-d'œuvre de la poésie. » Mais par là n'a-t-il pas conseillé l'art des plans, le soin de méditer sur les sujets, de les concevoir fortement, d'en lier toutes les parties ?

« Il n'est pas une des prescriptions de Boileau où l'on ne trouve la raison pour principe de l'inspiration, et le vrai pour objet. Que dis-je ? il n'en est pas une qui n'assure la liberté du poëte par la manière même dont elle la règle. Une doctrine littéraire, qui m'impose la raison et le vrai, a plus de souci de ma liberté que celle qui autorise mes caprices. C'est ainsi que la loi morale, qui m'impose l'honnête, me veut voir plus véritablement libre que certaine philosophie qui s'en fie à ma sagesse du soin de me conduire, et qui la rend ainsi complice de ses erreurs et de ses défaillances.

« Au temps où Boileau écrivait, la simplicité même de ses doctrines en faisait l'autorité. A tous ces jeux d'esprit où s'évertuait alors tout ce qui tenait une plume, il oppose la raison, le vrai, comme à un siècle déréglé on se contente de rappeler la probité, l'honneur, la foi publique. Car à quoi bon expliquer, subtiliser?

« En même temps qu'il opposait à la poésie contemporaine la raison et le vrai, réintégrés pour ainsi dire dans la longue pratique d'où la mode les avait bannis, il opposait aux mœurs des poëtes un idéal formé de toutes les qualités de l'homme de bien. Le poëte, selon Boileau, doit se défendre contre les éloges, et ne jamais dédaigner les critiques, fût-ce même celles d'un sot, qui peut donner quelquefois un bon avis; chercher quelque ami véritable qui l'éclaire sur ses fautes; faire reluire dans ses vers la pureté de la vie; fuir la jalousie et les intrigues; travailler pour la gloire et non pour le gain. Beau type de poëte, surtout si l'on songe que Boileau en avait pris les traits dans sa propre vie, et qu'il se donnait lui-même en exemple à des poëtes pour lesquels chacun de ces traits était un reproche. C'était trop peu de dire :

> Aimez donc la raison;

ce précepte voulait un corollaire. Boileau le trouva dans sa conscience :

> Aimez donc la vertu; nourrissez-en votre âme. »

Les envieux de Boileau, profitant des emprunts faits par lui à Horace, l'accusèrent étourdiment d'avoir dérobé son poëme à l'auteur latin. Ils lui reprochèrent aussi d'avoir mis au pillage l'art poétique de Vida.[1] Il était facile à Despréaux de se disculper sur les deux points. Voici ce qu'il répondit à

---

1. Marc-Jérôme Vida de Crémone, évêque d'Albe, poëte célèbre, qui florissait au commencement du XVIe siècle.

ses ennemis dans la préface de 1675 : « Bien loin de leur rendre injures pour injures, ils trouveront bon que je les remercie ici du soin qu'ils prennent de publier que ma poétique est une traduction de la poétique d'Horace. Car puisque dans mon ouvrage, qui est de onze cents vers, il n'y en a pas plus de cinquante ou soixante tout au plus imités d'Horace, ils ne peuvent pas faire un plus bel éloge, du reste, qu'en le supposant traduit de ce grand poëte, et je m'étonne après cela qu'ils osent combattre les règles que j'y débite. Pour Vida, dont ils m'accusent d'avoir pris aussi quelque chose, mes amis savent bien que je ne l'ai jamais lu, et j'en puis faire tel serment qu'on voudra sans craindre de blesser ma conscience. »

Sauf les préceptes de sens commun, qu'il était impossible de ne pas rencontrer dans Horace et dans Boileau, rien ne ressemble moins l'un à l'autre que ces deux poëmes. Chacun sait d'abord que l'intention de l'auteur latin n'avait pas été d'embrasser dans une œuvre spéciale tous les genres de poésie, de composer même ce qu'on appelle véritablement un art poétique. Adressée aux Pisons, cette épître nouvelle a toute la grâce et l'heureux abandon des causeries d'Horace. Ce sont les propos aisés d'un charmant esprit qui voulait, dit-on, détourner du théâtre l'un des fils de son ami, dont il ne croyait pas le talent capable d'y réussir. Il n'y a point de plan, il n'y a pas de vue d'ensemble, tandis que chez Boileau l'ordre rigoureux de la composition amène tous les genres, qui sont définis tour à tour. Ce n'est pas que l'œuvre d'Horace n'ait sa grâce propre et son mérite singulier, au contraire; souvent l'auteur français échoue dans ses traductions, mais du moins ne peut-on lui refuser d'avoir donné les règles de son art en les confirmant par des exemples précieux.

L'*Art poétique* de Despréaux ne fera jamais oublier celui d'Horace. On les lira toujours tous les deux avec un égal profit, avec un égal plaisir. Il n'en a pas été de même de l'œuvre de Vauquelin de la Fresnaye. Ce gentilhomme normand, président du bailliage de Caen, avait, au XVIe siècle, tenté de donner des règles au Parnasse. Génie hardi et naïf, il s'était appliqué à marcher sur les traces du poëte latin dans ses satires; il voulut le suivre encore en écrivant un art poétique. Si nous en croyons Saint-Marc, Despréaux lui fit plus d'un emprunt, qu'il s'appropria par un tour plus heureux; mais cependant nous ne voyons pas qu'il ait été beaucoup lu au XVIIe siècle. Les poëtes de l'école moderne l'ont retiré de l'oubli. Ils ne lui ont pas épargné les éloges; ils en ont été d'autant plus libéraux envers lui qu'ils croyaient amoindrir la gloire de Boileau. Chrétien et campagnard, Vauquelin de la Fresnaye abonde, suivant eux, en images pittoresques, en digressions heureuses, en rapprochements de sentiments et d'idées qui se rapportent à la nature et à Dieu, quand ils n'amènent pas de gracieux retours sur lui-même et sur ses amis. Aussi, malgré les imperfections qui, disent-ils, tiennent au temps et à la langue, son *Art poétique* est cent fois plus vivant, plus intéressant, plus aisé, plus hardi que celui de Boileau. Vauquelin ne se borne pas aux préceptes, comme le fera plus tard son successeur. Il déroule çà et là, comme une prairie verdoyante, un chapitre animé de l'histoire littéraire; il se met familièrement en scène, il parle à ses amis, il interpelle les Muses, il a des élans vers Dieu, le seul inspirateur du poëte :

> Si les Grecs, comme vous, chrétiens, eussent écrit,
> Ils eussent les hauts faits chanté de Jésus-Christ.

Vauquelin désirerait un Parnasse chrétien. C'est là l'idée saisissante et originale de son *Art poétique*.

> Au lieu d'une Andromède au rocher attachée,

il lui plairait de voir représenter en tragédie un saint Georges bien armé, bien monté,

> La lance à son arrêt, l'épée à son côté,

ou des sujets tirés de l'Écriture sainte, tels que le sacrifice d'Abraham, la vie de Joseph ou la gloire de David. Il avait rêvé lui-même de chanter le vainqueur de Goliath, et l'*Art poétique* nous donne un fragment très-bien venu de ce poëme ébauché.[1]

La vérité est que Vauquelin de la Fresnaye, comme tous les poëtes du xvie siècle, avait reçu du ciel les dons les plus heureux de la poésie; mais il lui manquait, comme à tous ses contemporains, le goût et la mesure. Il n'avait pas l'art, suprême, qualité des belles époques littéraires, de se régler et de se contenir. Cette abondance, qu'on célèbre chez lui, n'est rien qu'une fécondité stérile; quatre vers de Boileau en disent plus que les longs développements de Vauquelin. On peut en donner quelques exemples : au chant IIe de son *Art poétique*, Boileau trace le tableau de la poésie pastorale; le morceau n'est pas long, mais tout s'y trouve. Écoutons maintenant Vauquelin de la Fresnaye, c'est au IIIe livre de son *Art poétique* qu'il parle ainsi du même sujet :

> Tu ne dois point laisser, ô poëte, en arrière,
> Croupir seule aux forests la Muse forestière :
> Mais tu la dois du croc dépendre, et racoutrer
> Son enche et son bourdon, et pastre lui montrer
> Comme Pan le premier souffla la chalemie,
> Conjointe des roseaux de Syringue s'amie,
> Qu'Apolon ensuivit, quand sur le bord des eaux
> D'Admète en Thessalie il gardoit les troupeaux :
> Après, un berger grec ès champs de Syracuse,
> A l'égal de ces Dieux enfla la cornemuse.
> Sur le Tibre romain Tytire, du depuis,
> Les imitant sonna la flûte à sept pertuis.
> Longtemps après, encor reprist cette musette
> Un berger sur les bords du peu connu Sélethe :
> Et ce flageol estoit resté napolitain
> Quand, pasteur, des premiers sur les rives du Clain,
> Hardi je l'embouchay, frayant parmi la France,
> Le chemin inconnu pour la rude ignorance :
> Je ne m'en repens point, plustôt je suis joyeux,
> Que maint autre depuis ait bien su faire mieux.

1. Hippolyte Babou, *les Poètes français*, t. II, p. 192.

> Mais plusieurs toutefois, nos forests épandues
> Ont sans m'en faire hommage effrontément tondues,
> Et méprisant mon nom ils ont rendu plus beaux
> Leurs ombres découverts de mes feuillus rameaux.
> Baïf et Tahureau, tous en mêmes années,
> Avions par les forests ces muses pourmenées :
> Belleau qui vint après, nostre langage estant
> Plus abondant et doux, la nature imitant,
> Égalla tous bergers, toutefois dire j'ose
> Que des premiers aux vers j'avoy mêlé la prose :
> Or Pibrac et Binet, pasteurs judicieux,
> Font la champestre vie estre agréable aux Dieux.

Assurément ces détails ne manquent pas d'intérêt, et l'histoire littéraire peut y recueillir des renseignements précieux, mais pourtant il est bien difficile que le précepte ressorte net et précis de cet amas de souvenirs et de jugements. Le plan du poëme de Vauquelin a de l'étendue, il se prête à merveille aux développements historiques; celui de Boileau n'admet que la théorie, sans que pourtant le poëme en soit amoindri ou frappé de sécheresse.

Il y a d'autres reproches à faire à Despréaux, et nous ne voulons pas les dissimuler. Ébloui par les œuvres que le génie des anciens avait suscitées sur notre scène, il n'a pas assez compris quelle mine féconde la poésie moderne pouvait trouver dans la foi chrétienne, dans les légendes, dans les traditions que l'imagination populaire a créées à côté des dogmes. S'il a raison de parler avec mépris des confrères de la Passion et des mystères, peut-être aurait-il dû regretter qu'il ne se fût pas rencontré dès lors quelque grand poëte qui eût exploité les sujets chrétiens. Il salue avec trop de joie le retour d'Hector, d'Andromaque, d'Ilion. La tragédie nationale, déjà tentée par des poëtes ignorants et naïfs, ne devait plus être reprise qu'à un moment où la critique en avait rendu impossibles la grandeur et la majesté. Rotrou, Corneille, qui avaient pris au christianisme quelques inspirations, méritaient d'être suivis, et c'était au critique, législateur du Parnasse, qu'il revenait d'indiquer cette voie.

Il en est de même pour le merveilleux que notre religion impose désormais à la poésie. Boileau a pensé que les dieux des anciens, partageant nos vices et nos vertus, ayant comme nous des corps sujets à la douleur, des passions irritables comme les nôtres, se mêlant à la race humaine, et laissant ici-bas une mortelle postérité, fournissent plus de ressources à la poésie que la divinité incorporelle et impassible du christianisme. Rien n'est moins vrai pourtant. « Le Dieu de l'Écriture, dit Chateaubriand, se repent, il est jaloux, il aime, il hait; sa colère monte en tourbillon : le Fils de l'homme a pitié de nos souffrances : la Vierge, les saints et les anges sont émus par le spectacle de nos misères; en général, le *Paradis* est beaucoup plus occupé des hommes que l'*Olympe*. »

Despréaux a eu tort aussi de ne voir qu'un objet peu agréable et peu digne d'un poëme dans le diable *hurlant contre les cieux*. Il s'est effrayé à l'idée de voir Satan balancer la gloire de Dieu. C'était *d'un scrupule vain s'alarmer sottement*. L'enfer rassemble toutes les passions des hommes, et, en leur donnant un degré de plus de fureur et d'énergie, il offre au poëte d'admirables ressorts à faire mouvoir. Si Dante n'a fait du monarque de l'enfer qu'un monstre odieux, enchaîné au centre de la terre, si Tasse, en lui donnant des cornes, l'a presque rendu ridicule, Milton l'a représenté d'une manière sublime, lorsque, du haut de la montagne de feu, il contemple, pour la première fois, son empire. « Satan, dit l'auteur du *Génie du christianisme*, se repentant à la vue de la lumière qu'il hait, parce qu'elle lui rappelle combien il fut élevé au-dessus d'elle, souhaitant ensuite d'avoir été créé dans un rang inférieur, puis s'endurcissant dans le crime, par orgueil, par honte, par méfiance même de son caractère ambitieux; enfin, pour tout fruit de ses réflexions, et comme pour expier un moment de remords, se chargeant de l'empire du mal pendant toute l'éternité : voilà, certes, si nous ne nous trompons, une des œuvres les plus sublimes et les plus pathétiques qui soient jamais sorties du cerveau d'un poëte. »

On a assez souvent répété contre Boileau le reproche d'avoir oublié de parler de la fable ; ce silence inexcusable restera toujours inexpliqué. On ne saurait l'accuser d'avoir méconnu le génie de La Fontaine, puisqu'on l'a vu dans la *Critique de Joconde* louer si finement le talent du poëte qu'il ne connaissait pas encore personnellement. Quoique les belles fables de La Fontaine, celles du Ve au XIe livre, n'aient paru qu'en 1678, c'est-à-dire quatre ans après l'*Art poétique*, il y a dans les premiers livres assez de petits chefs-d'œuvre pour condamner l'insouciance de Despréaux. C'est bien dans le second recueil que La Fontaine paraît avoir atteint toute la plénitude et la variété de son génie, sous la forme à la fois la plus animée, la plus légère et la plus vraie ; mais, avant cette seconde publication, il avait donné déjà la mesure de son talent, et provoqué autour de lui bien des admirations que Boileau ne pouvait pas ignorer.

M. Littré lui fait encore un autre genre de reproche, c'est d'avoir méconnu, en parlant des *premiers ans du Parnasse françois*, le soin délicat et ingénieux que nos poëtes prenaient de la versification. Suivant Boileau, dans ces temps grossiers le caprice faisait toutes les lois ;

> La rime, au bout des mots assemblés sans mesure,
> Tenoit lieu d'ornements, de nombre et de césure.

Le savant écrivain repousse ce jugement de Despréaux ; il a raison, et il le démontre avec surabondance.[1] Tous nos anciens poëmes sont là pour réclamer contre cette injuste accu-

---

1. ... « Rien n'est plus faux que l'opinion de Boileau :

> Villon sut le premier, dans ces siècles grossiers,
> Débrouiller l'art confus de nos vieux romanciers.

Bien des siècles avant Villon, toutes les règles de la versification avaient été trouvées, et, durant un long intervalle de temps, appliquées dans une foule innombrable de compositions grandes et petites. Villon n'eut rien à débrouiller ; il ne fit, lui et ses successeurs, que se servir des créations d'un âge primordial. »

sation. En aucun temps, même depuis Malherbe, le nombre, la césure, ne furent mieux observés qu'au xiie et au xiiie siècle, à cette époque de première renaissance où notre esprit poétique se répandit en un si grand nombre de compositions trop longtemps méconnues. Boileau n'en savait pas plus que son siècle. La poussière des bibliothèques et les obscurités des manuscrits recélaient ces trésors qui ne devaient être découverts que de nos jours.

Quoi qu'il en soit de ces légers défauts, l'*Art poétique* de Boileau n'en restera pas moins chez nous une œuvre capitale où l'on aimera toujours à retrouver, dans un style que la raison et le goût rendent précieux, des vérités sur l'art d'écrire. Les éloges que la postérité ne cessera de lui accorder, les contemporains ne les lui refusèrent pas. Mme de Sévigné nous apprend avec quel plaisir dans les belles sociétés on écoutait ces vers à peine sortis de la tête du poëte. « Je dînai hier, écrit-elle le 15 décembre 1673, avec M. le duc, M. de La Rochefoucauld, Mme de Thianges, Mme de La Fayette, Mme de Coulanges, l'abbé Testu, M. de Marsillac et Guilleragues, chez Gourville. Vous y fûtes célébrée et souhaitée, et puis on écouta la poétique de Despréaux... Despréaux vous ravira par ses vers. » Et encore, le 15 janvier 1674 : « J'allai dîner samedi chez M. de Pomponne; et puis jusqu'à cinq heures il fut enchanté, enlevé, transporté de la perfection des vers de la poétique de Despréaux. »

De 1669 à 1674, Boileau fut sans relâche occupé de la rédaction, de la révision de son *Art poétique* et du *Lutrin;* pourtant il lui restait encore des loisirs qu'il consacrait à la traduction de Longin. Quoique cet ouvrage n'ait paru qu'en 1674, il est probable qu'il fut entrepris à peu près en même temps que l'*Art poétique*. Rien n'est plus juste que l'observation de M. Berriat-Saint-Prix : ce n'est pas là un ouvrage de quelques mois. Le poëte laissa encore échapper de sa plume quelques petites pièces de vers, épigrammes ou chansons, inspirées par les circonstances. Elles n'ajoutent pas grand'chose à sa gloire, pourtant elles ont leur prix. On y trouve des indications intéressantes pour la vie de Despréaux et pour l'histoire du mouvement général des idées. L'épitaphe de sa mère, les vers pour le portrait de Tavernier, la chanson sur Sylvie font luire quelques rayons de sensibilité au milieu des malices du satirique.[1]

Si nous en croyions Louis Racine, ce dernier poëme aurait été fait pour une *iris en l'air*; Brossette, au contraire, signale le nom de Marie Poucher de Bretonville. Boileau, suivant lui, l'aurait aimée quand il était jeune; plus tard, elle se fit religieuse, et Despréaux paya sa dot au couvent avec les revenus d'un bénéfice qu'il avait obtenu, dont il se démit par un scrupule honorable. D'Alembert ne goûte point ces deux vers :

> Mon cœur, vous soupirez au nom de l'infidèle :
> Avez-vous oublié que vous ne l'aimez plus?

Marmontel s'est donné la peine de dire pourquoi. Plus sévère encore, il étend la censure à tout le couplet; il y trouve de l'effort et de la gêne : « Le sentiment ne connut jamais ces recherches métaphysiques... C'est un madrigal où il n'y a que de l'esprit. » Est-ce qu'il n'aurait pas surtout le tort de venir de Boileau? On cherche la métaphysique et on ne la trouve point. Ces vers ne sont ni meilleurs ni pires que beaucoup d'autres faits sur de pareils sentiments. Ils ont même le mérite d'avoir un certain air de sensibilité et de douce mélancolie. Du reste, ils ont eu un sort digne d'envie. Mis en musique par Lambert en 1671, ils ont été chantés longtemps, et de nos jours, rajeunis par le talent de différents artistes, ils ne sont pas oubliés, ils ne sont même pas entendus sans plaisir.

Boileau fut moins heureux lorsqu'il entra une seconde fois en lice avec La Fontaine sur la fable du Bûcheron et de la Mort.[2] Il avait le tort de trouver languissante la composition de son ami. Elle est demeurée bien supérieure à la sienne, et l'on ne

---

1. *Poésies diverses*, IX, XIV et III.
2. *Ibid.*, XXVIII.

peut qu'applaudir au sentiment de d'Alembert, qui ne trouve point chez Despréaux la sensibilité qui respire à chaque vers dans celle du fabuliste immortel.

« Je commence toujours la guerre par des épigrammes, » disait Despréaux; il la continuait et l'entretenait de même, puisque nous le voyons recueillir dans le poëme de Chapelain des hémistiches rudes et bizarres pour critiquer son style rocailleux et pénible; harceler encore Cotin, sans mettre dans ses épigrammes beaucoup de sel ou beaucoup d'agrément.[1]

Une épigramme contre un athée, dirigée contre Saint-Pavin, n'est pas meilleure, mais elle nous offre l'occasion de dire quelques mots de ce poëte. Boileau avait, dans sa première satire, cité Saint-Pavin comme un incrédule. Piqué de cette injure l'offensé avait répliqué par un sonnet dont voici la fin :

> En vérité je lui pardonne :
> S'il n'eût parlé mal de personne,
> On n'eût jamais parlé de lui.[2]

Petit, bossu et fort spirituel, Saint-Pavin n'avait pas été critiqué par Boileau comme poëte, il n'en avait parlé que pour son libertinage. C'était en effet un de ces esprits hardis qui,

---

1. *Épigrammes*, XI, XII, V et IX.
2. Voici le sonnet tout entier :

> Boileau grimpé sur le Parnasse,
> Avant que personne en sût rien,
> Trouva Régnier avec Horace
> Et rechercha leur entretien.
>
> Sans choix et de mauvaise grâce
> Il pilla presque tout leur bien ;
> Il s'en servit avec audace
> Et s'en para comme du sien.
>
> Jaloux des plus fameux poëtes,
> Dans ses satires indiscrètes
> Il choque leur gloire aujourd'hui.
>
> En vérité je lui pardonne :
> S'il n'eût parlé mal de personne,
> On n'eût jamais parlé de lui.

à la suite de Théophile, affectaient de parler de tout avec une liberté impie. Il a laissé de lui-même ce portrait :

> Je n'ai l'esprit embarrassé
> De l'avenir ni du passé;
> Ce qu'on dit de moi peu me choque;
> De force choses je me moque,
> Et, sans contraindre mes désirs,
> Je me donne entier aux plaisirs,
> Le jeu, l'amour, la bonne chère...

Voilà des aveux qui pouvaient mener loin notre poëte. Cependant il échappa au péril de ses opinions débridées. Mêlé à la plus belle société, il sut être homme de plaisir et de bonne compagnie; Condé ne dédaignait pas de le voir, et Coulanges, l'abbé de Livry, le présentait à sa nièce Marie de Rabutin-Chantal. Perclus de goutte et *assis dans sa chaise*, il réunissait autour de lui un cercle d'esprits indépendants et libres. Des récits, des lectures, les jeux animés d'une conversation spirituelle réveillaient sans cesse la curiosité de ses auditeurs. Son esprit *vif dans les reparties et plus piquant que les orties* faisait sa gloire et même sa vanité. Il permettait qu'on raillât sa personne, ses épaules de bossu, son nez pointu, long et mal fait, ses jambes et ses bras de singe, mais il ne s'abandonnait pas lorsqu'il s'agissait du talent et de la finesse :

> Tircis (disait-il) fait cent vers en une heure;
> Je vais moins vite et n'ai pas tort :
> Les siens mourront avant qu'il meure,
> Les miens vivront après ma mort.

Aussi, comme nous l'avons déjà dit, Boileau n'attaque-t-il que son incrédulité et point du tout son mérite d'écrivain et de poëte. Le satirique, d'ailleurs, eut tort dans ses prédictions. Saint-Pavin le fit mentir. Cet impie, cet athéiste, comme on disait aux premières années du xviie siècle, fit une fin exemplaire. Guy-Patin l'annonce en ces termes : « Il est mort ici, depuis quelques jours, un grand serviteur de Dieu, grand camarade de Desbarreaux, qui est un autre fort illustre israélite, *si credere fas est.* » Claude Joli, curé de Saint-Nicolas des Champs, eut l'honneur de cette conversion ; rien ne nous empêche d'en admettre la sincérité. Ce qui est incontestable, c'est qu'il répara par des legs pieux les scandales d'une vie trop mondaine.

VI.

BOILEAU ET LES JANSÉNISTES.

Saint-Sorlin, que Boileau avait uni à Saint-Pavin dans le même vers, ne péchait pas par excès d'incrédulité : bien au contraire, il avait le zèle d'un sectaire, il en avait tout le fanatisme. Ce fut sur une question religieuse que Despréaux l'attaqua dans la meilleure des épigrammes qu'il ait jamais faites.[1] Quoique le trait vienne un peu tard, et que, en resserrant la pièce, le poëte lui eût pu donner plus d'énergie, il n'en est pas moins vrai qu'il a été bien inspiré cette fois. Les indiscrétions des critiques nous ont fait connaître que l'épigramme dont profita Desmarets Saint-Sorlin ne lui avait pas été destinée d'abord. C'était Gilles Boileau que son frère avait eu en vue, et il s'agissait de l'ouvrage que *le rentier* avait lancé contre Costar. Après la mort de Gilles, Despréaux changea les noms et s'en fit honneur pour défendre Arnauld et Port-Royal.

Le zèle de Boileau pour ses amis suffirait, et au delà, pour

1. Dans le palais hier Bilain
Vouloit gager contre Ménage
Qu'il étoit faux que Saint-Sorlain
Contre Arnauld eût fait un ouvrage.
Il en a fait, j'en sais le temps,
Dit un des plus fameux libraires,
Attendez... C'est depuis vingt ans ;
On en tira cent exemplaires.
C'est beaucoup, dis-je en m'approchant ;
La pièce n'est pas si publique.
Il faut compter, dit le marchand,
Tout est encor dans ma boutique.
(*Épigr.*, V.)

expliquer cette épigramme, mais on peut bien croire que les querelles littéraires mêlèrent leur aigreur au mécontentement qu'il eut de voir attaquer par une sorte de visionnaire un homme qu'il aimait.

Desmarets de Saint-Sorlin était déjà célèbre en l'an 1637; sa comédie des *Visionnaires* passait dès lors pour être inimitable. Il semblait prendre dans cette œuvre un rôle qui devançait celui de Boileau. Les folies du mauvais goût sur le théâtre et dans les romans avaient trouvé en lui un censeur rigoureux. On avait applaudi aux portraits qu'il traçait dans sa pièce. C'était une œuvre où, pour la première fois depuis la farce de *Patelin*, notre scène voyait une tentative heureuse pour imiter et peindre la nature. « Un poëte maniaque, dernier héritier de Ronsard; un capitaine, vantard et poltron, souvenir du Thrason latin et du matamore espagnol; trois filles, dont l'une est l'original de Belise et croit que tout le monde l'adore, la seconde est amoureuse d'Alexandre le Grand, la troisième ne rêve que poëte et comédie; un vieillard imbécile, qui est toujours de l'avis du dernier qu'il entend, et promet sa fille à vingt prétendants le même jour, tels sont les caractères heureusement choisis par l'auteur des *Visionnaires*. La pièce est amusante, bien écrite, bien versifiée; elle n'a qu'un vice, considérable il est vrai, c'est l'exagération énorme qui change ses portraits en caricatures, et, détruisant toute vraisemblance, rapproche beaucoup trop la comédie de la farce.[1] » Ses essais dans l'épopée furent moins heureux. Sans dire qu'il s'y rendit ridicule, on peut assurer qu'il était fort au-dessous de l'œuvre qu'il entreprenait. Ce qui lui manquait, c'était moins la fécondité d'imagination que la justesse de la raison, le choix et l'habile ordonnance. Il avait du reste sur ce poëme des idées qui choquaient celles de Boileau. Nous n'oserions pas dire qu'il eût tort, car il voulait que le poëte épique, laissant de côté les fables païennes, allât demander au christianisme, à ses légendes,

---

1. Demogeot, *Tableau de la littérature*, etc., etc.

à ses traditions, les ressorts et les ornements de la poésie. Cette idée lui était chère, et il y revint plusieurs fois pour l'appuyer, pour combattre le système opposé préconisé par Boileau. « Il faut, disait-il, que nous trouvions dans notre fonds propre des fictions bien plus nobles que n'ont jamais été celles des païens, parce que nous les tirons du fonds d'une vérité qui nous offre des choses bien plus hautes et plus merveilleuses... Ceux-là seuls, ajoutait-il, qui manquent de force et d'invention pour feindre hautement et agréablement sur nos vérités, veulent persuader aux poëtes françois, qui ont une religion si haute et si noble, qu'ils ne doivent célébrer les héros chrétiens qu'avec le secours des fables païennes et des faux dieux. » Ces sentiments, développés par lui dans un livre imprimé à Paris en 1670 sous ce titre : *Comparaison de la langue et de la poésie françoise avec la grecque et la latine, et des poëtes grecs, latins et françois*, reparurent dans un discours pour prouver que les sujets chrétiens sont les seuls propres à la poésie héroïque. Ce discours est à la tête du poëme de *Clovis ou la France chrétienne*, dans l'édition de 1673.[1]

Desmarets ne se contentait pas d'attaquer ainsi en général les opinions de Despréaux, il lui faisait encore la guerre sur les détails. Il ne lui épargnait ni les critiques, ni les chicanes ; tantôt c'était sur un mot, tantôt sur une phrase ; ici sur la mesure et la coupe des vers, là sur une traduction d'Horace. Tout n'était pas bon dans ces attaques, la malignité y tenait

---

1. Voici ce qu'il dit : « Le poëme héroïque doit avoir des fictions pour être une poésie ; et les fictions, pour être reçues et agréées par le jugement, doivent être vraisemblables, et tout le merveilleux et le surnaturel doivent être fondés sur la religion du héros que l'on prend pour sujet, du prince à qui l'on consacre l'ouvrage, du poëte qui le compose, et de tous ceux qui le doivent lire et qui doivent en juger... Le Tasse a fait des fictions sur le fond de notre religion, par laquelle nous croyons un seul Dieu, et des anges et des démons. Il a introduit un ange qui apparoît à Godefroi, et il feint le démon qui tient son conseil dans les enfers. La faute qu'il a faite est de lui avoir donné le nom de Pluton et d'avoir mis dans les enfers les mêmes supplices que Virgile y a mis, qui sont selon les fables. »

plus de place que le jugement et le goût; cependant, en plus d'une occasion le trait portait juste, et Despréaux, qui ne refusait pas les avis de quelque côté qu'ils vinssent, pourvu qu'ils fussent bons, en profita plus d'une fois.

Saint-Sorlin ne se lassait pas; il entreprit, en 1674, une critique générale des œuvres de Despréaux; M. le duc de Nevers et l'abbé Testu y avaient travaillé avec lui. Boileau répondit alors par une épigramme. Il s'adresse à Racine, il annonce à son ami que le prophète Desmarets doit bientôt le réduire en poudre, son heure est venue. Sans doute il pourrait lui répondre et les judicieux avis de Racine sauraient bien l'y aider, *mais*, lui dit-il, cher ami, pour le faire,

Hélas! il faut lire Clovis. [1]

On le voit donc, la question religieuse, qui touchait certainement Boileau au plus vif de son âme, se doublait de la question littéraire. Retiré du théâtre et devenu moins frivole, Saint-Sorlin s'était engagé dans les querelles religieuses qui divisaient molinistes et jansénistes. Sans doute il voulut expier les œuvres mondaines, romans ou ballets,[2] qui l'avaient jadis occupé, et il « se mit, dit M. Sainte-Beuve, à la chasse des

---

1. *Épigrammes*, VIII.
2. L'hiver de 1640-1641 fut célèbre à la cour par les magnificences du Palais-Cardinal. On y donna la grande comédie de *Mirame*, « qui fut représentée devant le roi et la reine, avec des machines qui faisoient lever le soleil et la lune, et paroître la mer, dans l'éloignement, chargée de vaisseaux. » Quelque temps après, au même lieu, on donna le ballet de la *Prospérité des armes de France*, où les mêmes machines de la comédie furent employées avec de nouvelles inventions, pour faire paraître tantôt les campagnes d'Arras et la plaine de Casal, et tantôt les Alpes couvertes de neige, puis la mer agitée, le gouffre des enfers et enfin le ciel ouvert, d'où Jupiter ayant paru dans son trône descendit sur la terre. « Je vis ce ballet commodément, dit l'abbé de Marolles, où il y avoit des places pour les évêques, pour les abbés et même pour les confesseurs et les aumôniers de M. le cardinal. Jean de Wert assistoit à ce spectacle; interrogé sur la beauté de ce qu'il voyoit, il répondit qu'il trouvoit tout cela très-beau, mais que ce qu'il trouvoit le plus étonnant, c'étoit, dans le royaume très-chrétien, de voir les évêques à la comédie, et les saints en prison. » (SAINTE-BEUVE, t. II.)

solitaires et des confesseurs de Port-Royal, et, par ses pamphlets comme par ses espions, ne cessa de les relancer. » En 1665, il avait fait imprimer une réponse à l'*Apologie* des religieuses de Port-Royal, à laquelle avait coopéré Nicole avec de Sainte-Marthe; en 1666, son zèle fanatique le fit accuser d'avoir, par ses espions, découvert la retraite de de Saci, et préparé l'arrestation du pieux solitaire. Les jansénistes, on le voit, n'avaient pas de plus terrible ennemi. Devenu mystique et prophète en vieillissant, il méritait que Nicole dirigeât contre lui ses *Imaginaires*. C'est vers 1664 que parurent ces lettres, « assez dans le goût des *Provinciales,* assez dignes de les suivre à distance, et que Mme de Sévigné trouvait belles.[1] » L'esprit judicieux et raisonnable de Nicole triomphe sans peine du visionnaire Desmarets, qui, dans son livre des *Délices de l'esprit,* ne craignait pas d'avancer « que Dieu l'avoit sensiblement assisté pour lui faire finir le grand ouvrage de son *Clovis,* afin de le rappeler plus promptement à des choses bien plus utiles, plus délicates et relevées, et qu'il n'osoit dire en combien peu de temps (grâce à cette inspiration surnaturelle) il avoit achevé les neuf livres de ce poëme qui restoient à faire et repoli les autres. » Saint-Sorlin était donc destiné à devenir l'ennemi de Boileau. Les extravagances de son esprit, les mauvaises actions que sa folie lui fit commettre, pires mille fois que ses vers, le désignaient à la colère de Despréaux. Desmarets, après tout, ne manquait pas d'esprit et même de talent. Il ne faudrait pas prendre à la lettre les censures de Boileau; il a eu parfois quelques lueurs de grâce poétique, et M. Sainte-Beuve (*Port-Royal*, t. IV, p. 222) a raison de louer les stances qu'il a traduites de l'hymne de l'Église en l'honneur des saints Innocents, *Salvete flores martyrum* :

> Brillez, fleurs des martyrs, dont la troupe innocente
> Tombe, au lieu de Jésus, sous le fer des méchants,
>   Comme un tourbillon dans nos champs
> Rompt les tendres boutons de la rose naissante.

1. Sainte-Beuve, *Port-Royal,* t. V, p. 323.

> Prémices des martyrs qui pour Christ se dévouent,
> Vous mourez pour l'Agneau plus doux que des agneaux;
> Vous riez devant vos bourreaux,
> Et vos petites mains de vos palmes se jouent.

Sous une forme légère, l'*Arrêt burlesque,* qui parut en 1671, dissipa l'un des plus graves dangers que la raison pouvait avoir à courir. En écrivant ce morceau, Boileau donnait satisfaction à son bon sens en même temps qu'il servait ses amis les jansénistes, directement intéressés au débat. La scolastique n'était pas encore vaincue. Fort maltraitée par Descartes, elle avait encore des défenseurs et un boulevard : c'était la Sorbonne, c'étaient les docteurs de la faculté de théologie de Paris. Il y avait là-dessous une querelle qui se compliquait d'intérêts fort divers. Le cartésianisme, en faisant table rase des anciennes méthodes, avait établi comme maîtresse souveraine la raison indépendante et libre. L'autorité, circonscrite dans les matières de la foi, ou dans celles des faits de l'histoire, s'était vu ravir les trois quarts de son ancien empire. Une foule d'opinions nouvelles, de découvertes ignorées jusque-là avaient signalé l'avénement de sa rivale. Un parti nombreux s'était levé contre l'usurpatrice et avait juré de la chasser. Descartes, attaqué sur bien des points de sa doctrine, avait dû quitter la France et chercher en Hollande, puis en Suède, un lieu de liberté où la raison pût à son aise s'exercer sur les problèmes qu'elle croyait pouvoir soumettre à son examen.

Port-Royal avait accepté Descartes. Le philosophe avait eu tout d'abord pour lui le docteur Arnauld. N'étant encore que licencié en théologie, consulté vers 1641 sur les *Méditations,* dont l'auteur avait envoyé la copie manuscrite au père Mersenne, l'illustre controversiste n'adresse que de faibles objections à la philosophie nouvelle, tandis qu'il s'applaudit beaucoup de trouver un rapport si exact entre les arguments du nouveau philosophe et ceux qu'avait autrefois produits saint Augustin. Il revendique pour celui-ci le *Cogito, ergo sum.* Après quelques objections secondaires et qui témoignent d'une grande exactitude logique, il se montre surtout préoccupé de concilier, en théologien, la définition de la substance selon Descartes avec le dogme de la présence réelle. Quant à la clef même de la nouvelle doctrine et de la nouvelle méthode, au *doute méthodique,* il dit bien qu'il craint que quelques-uns s'offensent de cette libre façon de philosopher, par laquelle toutes choses sont révoquées en doute, mais « pour obvier à cet inconvénient et au danger que pourroit avoir ce procédé auprès des foibles esprits, il croit qu'il suffiroit de quelque préface » dans laquelle le lecteur serait averti que ce n'est pas sérieusement et tout de bon que l'on doute de ces choses, « et au lieu de ces paroles : ne connoissant pas l'auteur de mon origine, je penserois qu'il vaudroit mieux mettre : feignant de ne pas connoître. » Ces observations n'étaient, comme le dit M. Sainte-Beuve, qu'une confirmation raisonnée.

Il y avait bien eu de la part de quelques solitaires un peu de résistance : les de Sainte-Marthe, les de Saci, les du Vaucel étaient moins confiants dans l'innocence du cartésianisme; mais Arnauld et Nicole, tous deux vraiment amis de la philosophie, et, satisfaits en même temps que rassurés par une rencontre fortuite entre saint Augustin et Descartes, acceptaient la méthode nouvelle sans en prévoir les conséquences. Pascal les entrevoyait, Bossuet ne s'en doutait pas. Le grand péril, c'était, comme le dit Fontenelle, que « la manière de raisonner se perfectionnoit... Avant M. Descartes, on raisonnoit plus commodément : les siècles passés sont bien heureux de n'avoir pas eu cet homme-là. C'est lui, à ce qu'il me semble, qui a amené cette nouvelle manière de raisonner, beaucoup plus estimable que la philosophie même, dont une bonne partie se trouve fausse ou incertaine, selon les propres règles qu'il nous a apprises. »

Publiée en 1662, la *Logique de Port-Royal* met la société tout à fait hors de la scolastique et fait entrer dans l'enseignement les règles que Descartes s'est posées dans la méthode. On y voit dès les premières lignes ressortir l'intention de former un homme suivant les prescriptions du sens commun. « Les hommes ne sont pas nés pour employer leur temps à mesurer des lignes, à examiner les rapports des angles, à considérer les divers mouvements de la matière, leur esprit est trop grand, leur vie trop courte, leur temps trop précieux pour l'occuper à de si petits objets ; mais ils sont obligés d'être justes, équitables, judicieux dans tous leurs discours, dans toutes leurs actions et dans toutes les affaires qu'ils manient, et c'est à quoi ils doivent particulièrement s'exercer et se former. » C'était faire entrer à flots la lumière dans l'esprit humain. Cette tentative ne plaisait pas à tout le monde. Des esprits plus attachés à la tradition et aux règles de l'autorité s'effrayaient de ces nouveautés hardies ; sans en mesurer toute la portée, ils prévoyaient qu'il en sortirait des dangers pour la foi, et ils poussèrent le cri d'alarme. On chercha les moyens de conjurer le péril ; on eut recours aux interdictions, comme si le temps n'en était pas fini pour toujours. Alors plusieurs vieux docteurs de l'université de Paris, Claude Morel en tête, appuyés sous main, dit Desmaizeaux, par les jésuites, travaillèrent à obtenir un arrêt du parlement contre ceux qui enseigneraient dans les écoles de philosophie d'autres principes que ceux d'Aristote.

On songeait tout de bon, est-il dit dans le *Menagiana*, à donner un arrêt contre la philosophie de Descartes. Ce n'aurait pas été la première fois que l'autorité judiciaire serait intervenue pour proscrire certaines doctrines de philosophie. Sans remonter au delà du même siècle, en 1624, sur la requête présentée par les doyen, syndic et docteurs en théologie en l'université de Paris, le parlement « avait fait défense à toutes personnes, à peine de la vie, de tenir ni enseigner aucunes maximes contre les auteurs anciens et approuvés par les docteurs de la faculté de théologie ; ordonnant de plus que cet arrêt serait lu en l'assemblée de la faculté de théologie, etc., etc. » C'était cet arrêt dont on voulait obtenir la confirmation et la proclamation nouvelle.

Il résulte des recherches et des travaux de Saint-Marc sur ce point que la requête de l'université fut tout au plus projetée. Ce qu'il y a de vrai, c'est que le premier président était sollicité, que les instances devenaient de jour en jour plus pressantes, et qu'il entrevoyait le moment où il serait obligé de donner un arrêt contre la philosophie de Descartes, et toute philosophie autre que celle d'Aristote. Peut-être, dans ses libres entretiens avec Despréaux, Lamoignon laissa-t-il percer l'ennui qu'il aurait à poursuivre Descartes, et s'expliqua-t-il avec liberté sur l'embarras où l'intolérance de l'université menaçait de le mettre. Ces confidences, il est probable, excitèrent la verve du poëte. Avant que la plainte eût été introduite par l'université, la carrière était libre. Le premier président pouvait se prêter à une plaisanterie qu'il eût été inconvenant de hasarder plus tard, si l'affaire eût été engagée. Il fallait gagner de vitesse sur les docteurs, s'emparer de la place avant eux, et leur enlever par le ridicule toute chance de réussir désormais. Despréaux mit en cela beaucoup de dextérité et de promptitude. Aidé de son ami Racine, dont la malice était toujours prête, et de Dongois, son parent, qui lui fournit les instructions et les termes à ce nécessaires, il composa en style du palais cette ingénieuse raillerie qu'il « donna ès la grand'chambre du Parnasse, en faveur des maîtres ès arts, médecins et professeurs de l'université de Stagyre, au pays de chimères, pour le maintien de la doctrine d'Aristote.[1] »

1. Le sort d'Aristote a été bien divers et bien curieux dans l'école. En 1209, ses livres furent condamnés par un concile de Sens, et brûlés à Paris. Il fut fait défense de les garder et de les lire à peine d'excommunication. Ce jugement fut confirmé en 1215 par un légat du pape; les livres de la dialectique furent exceptés. En 1231, Grégoire IX défend de lire les livres de physique d'Aristote. Cependant Albert le Grand et saint Thomas, quelque temps après, enseignent et commentent les livres d'Aristote, condamnés par le concile de Sens. En 1265, un légat du siége apostolique défend la lecture des livres d'Aristote, de la *Métaphysique* et de la *Physique*. En 1366, deux cardinaux, délégués par Urbain V, relèvent les livres d'Aristote de ces interdictions. Au temps de François Ier, Ramus, ayant reproché beaucoup de fautes à la *Logique* d'Aristote, fut accusé pour ce sujet par Antoine

L'œuvre achevée, Dongois se chargea de la présenter au premier président. Il la coula parmi d'autres pièces offertes à la signature de Lamoignon. Celui-ci s'aperçut de la fraude. Il lut cet arrêt, y reconnut la malice de Boileau; il en rit, et d'autant plus volontiers qu'il se trouvait dégagé du ridicule de décider contre la raison en faveur du philosophe de Stagyre. L'histoire de l'esprit humain eut une sottise de moins à enregistrer. La pièce de Boileau circula longtemps, manuscrite, parmi les membres du parlement et de l'université. Les risées qu'elle excita firent plus contre les docteurs arriérés que n'aurait pu faire l'arrêt de Lamoignon en leur faveur. La province put, à son tour, lire cet arrêt burlesque, et la cause des ennemis de Descartes fut perdue. Tant il est vrai que le ridicule tranche mieux certains débats que les plus éloquentes paroles! On ne pouvait pas, après tout, mettre dans un meilleur jour l'absurdité des plaintes de l'école. Boileau venait au secours de la raison, il y avait là de quoi le charmer; il lui prêtait assistance contre les adversaires de Port-Royal, sa joie en redoublait de vivacité.

En effet, c'était bien contre les jansénistes que le coup était dirigé. La paix venait d'être rendue à l'Église par la réconciliation de 1668. Le champ clos des querelles sur la grâce était fermé, il fallait en rouvrir un autre sur la philosophie de Descartes, le docteur Claude Morel n'était pas disposé à s'y épargner. Peut-être l'incendie se serait-il rallumé plein de violence si Despréaux n'en eût adroitement étouffé la première étincelle.

Le désir d'être utile au public engagea Boileau à traduire en français le traité grec connu sous le titre *du Sublime*, et attribué à Longin. Le choix de Despréaux n'est pas tombé sur un ouvrage sans mérite. Ce morceau est en effet, après les grands travaux d'Aristote et de Cicéron, un des meilleurs livres de rhétorique que nous ait laissés l'antiquité. « Je n'ai point

de Govea; il fut condamné, et l'enseignement de la philosophie lui fut interdit. Ramus, quelque temps après, fut réintégré dans l'enseignement de la philosophie.

de regret, dit l'auteur, d'avoir employé quelques-unes de mes veilles à débrouiller un si excellent ouvrage que je puis dire n'avoir été entendu jusqu'ici que d'un très-petit nombre de savants. Muret fut le premier qui entreprit de le traduire en latin, à la sollicitation de Manuce; mais il n'acheva pas cet ouvrage, soit parce que les difficultés l'en rebutèrent, ou que la mort le surprit auparavant. Gabriel de Petra, à quelque temps de là, fut plus courageux; et c'est à lui qu'on doit la traduction latine que nous en avons. Il y en a encore deux autres, mais elles sont si informes et si grossières que ce seroit faire trop d'honneur à leurs auteurs que de les nommer. » Rien de tout cela ne contentait Boileau. Il n'avait pas tort; il fallait, pour dissiper les obscurités et lever tous les voiles, que l'ouvrage de Longin passât en français. Quelques petites imperfections qu'on peut relever dans ce travail n'empêchent pas qu'il n'ait toujours paru fort recommandable et digne de grands éloges. En se donnant une honnête liberté sur le texte, Despréaux ne s'est point écarté des règles d'une véritable traduction, et son livre rend encore aujourd'hui des services signalés.

Le jugement de Despréaux sur Longin part aussi d'un sentiment très-net des conditions de la critique. Il ne l'estime pas seulement pour avoir été un habile rhéteur comme Quintilien ou Hermogène, il le loue bien davantage d'avoir été un philosophe digne d'être mis en parallèle avec les Socrate et les Caton. « Son livre, écrit-il, n'a rien qui démente ce que je dis. Le caractère d'honnête homme y paroît partout, et ses sentiments ont je ne sais quoi qui marque non-seulement un esprit sublime, mais une âme fort élevée au-dessus du commun. »

C'était indiquer d'un doigt sûr le caractère qui distingue Longin et sa critique. En effet, la grandeur d'âme qui lui inspira sa conduite en présence d'Adrien vainqueur, qui lui dicta la lettre de Zénobie et le soutint dans sa mort, devait communiquer à ses jugements littéraires une force et une hauteur que ne pouvaient point avoir les maîtres enfermés dans la pratique d'un art qui a ses faiblesses et sa routine. Longin est bien au-dessus des minuties et des détails de la rhétorique ordinaire. S'il en possède toutes les subtilités, s'il sait comme un autre analyser toutes les curiosités et les recherches du nombre oratoire : il ne s'en tient pas là. On sent qu'il a puisé aux sources de la philosophie.

Plotin, son maître, disait de lui : « C'est un philologue et non un philosophe. » Néanmoins il a assez de philosophie pour élargir le domaine du goût et lier étroitement la science de l'honnête à celle du beau. Voici comment M. Egger[1] apprécie ce mérite : « Philosophe, il montre que le sublime sort des plus nobles émotions de l'âme, et que le secret, pour y atteindre, est avant tout de se nourrir aux idées et aux passions généreuses. D'une étude littéraire, il tire ainsi une leçon de morale. Dans les grands poëtes et dans les grands orateurs, il nous apprend à chercher des grands cœurs. Si de son temps l'éloquence est devenue stérile, ce n'est pas, selon lui, parce qu'elle n'a point de rôle sérieux sous un régime de paisible obéissance; c'est bien plutôt parce que la corruption a énervé toutes les âmes, et qu'en les rendant insensibles aux plaisirs du beau, elle les a rendues incapables de le produire. Voilà pourquoi il convie ses lecteurs à l'étude des anciens modèles comme à une école de vertu et d'éloquence; et, par son exemple, il leur montre le salutaire effet d'un commerce journalier avec les maîtres de l'art. Que d'éloquence, en effet, dans sa manière de commenter les mouvements sublimes d'Homère et de Démosthène! Que d'élévation dans cette image où il représente les écrivains de génie comme un tribunal à la fois encourageant et sévère, auquel nous devons, par la pensée, soumettre nos œuvres pour savoir si elles seront dignes de la postérité! »

Gardons-nous d'oublier encore chez ce critique une originalité de vues qui lui fait saisir bien des rapports entre les diverses littératures inconnues avant lui. Selon sa propre pa-

---

1. *Histoire de la critique chez les Grecs*, ch. IV, § 3, p. 292.

role, « la critique littéraire est le dernier fruit d'une longue expérience. » En effet, depuis Aristote jusqu'à Longin, les idées du monde se sont accrues à mesure qu'il a vieilli. Grecs et Romains, unis sous une même domination, se connaissent mieux; l'Orient a mêlé « son génie fécond et capricieux au génie classique de l'Occident. » Longin a compris cette transformation; il parle de Cicéron et de Démosthène avec un esprit débarrassé des rivalités anciennes; le premier des anciens, il va chercher un exemple du sublime dans les livres du « législateur des Juifs. »

Ces divers mérites avaient plu à Boileau, et c'est assurément un éloge à lui faire que de citer cette préférence de son goût pour Longin. La connaissance de ce rhéteur ne pouvait demeurer stérile; nous voyons, en effet, que cette traduction ne tarde pas à porter ses fruits quand, dans son premier *Dialogue sur l'éloquence*, Fénelon invoque son autorité et met son ouvrage au-dessus de la *Rhétorique* d'Aristote. « Le *Sublime* de Longin, dit-il, joint aux préceptes beaucoup d'exemples qui les rendent sensibles. Cet auteur traite le sublime d'une manière sublime, comme le traducteur l'a remarqué; il échauffe l'imagination, il élève l'esprit du lecteur, il lui forme le goût et lui apprend à distinguer judicieusement le bien et le mal dans les orateurs célèbres de l'antiquité. » Si Fénelon était capable d'aller demander au texte grec lui-même les précieux enseignements qu'il renferme, à combien d'autres cette lecture ne serait-elle pas demeurée interdite! Combien n'auraient pu la faire que dans une traduction souvent obscure et incomplète! Celle de Despréaux avait encore le privilége d'offrir, traduits en beaux vers français, les vers grecs cités fréquemment par l'auteur.

Cet ouvrage parut en 1674, comme nous l'avons déjà dit, et il s'attira aussitôt l'estime d'hommes fort recommandables par leur science. Le premier qui récompensa par des éloges publics Boileau de son travail, ce fut M. Dacier. L'édition de 1683 parut avec des notes de ce savant et une préface à ces notes, où il rend justice au traducteur de Longin. Despréaux,

« en homme d'esprit et en galant homme, » ne refusa pas d'accepter les critiques de l'érudit. Il se rendit sur quelques endroits où M. Dacier croyait avoir découvert de nouveaux sens dont les interprètes ne s'étaient point avisés ; sur d'autres il résista : mais partout « il fit estime » des remarques d'un si savant critique. M. Dacier fut charmé de tant de politesse, et il déclara que, « si jamais il vouloit traduire quelque ancien rhéteur, il s'attacheroit à la traduction de Despréaux qu'il prendroit lui-même pour modèle. »

En 1694, il vint à Despréaux un autre hommage de la part d'un savant de Hollande, Tollius, qui, donnant au public le *Traité du sublime* de Longin avec une nouvelle traduction latine, trouva la traduction française de M. Despréaux si belle, et les remarques si doctes et si judicieuses, qu'il en fut charmé. « Cela me fit prendre, dit-il, incontinent la résolution de la joindre à la mienne. » Sachons gré à Boileau d'avoir en son temps honoré l'érudition française.

Nul, au temps de Despréaux, ne songeait à mettre en doute l'authenticité du *Traité* de Longin. Des découvertes postérieures ont fait croire que ce livre pourrait bien ne pas appartenir à celui qu'on en donne comme l'auteur, le titre d'un manuscrit laissant hésiter entre Denys (d'Halicarnasse) ou Longin.[1] Boissonnade, dans la *Biographie universelle*, avait cru devoir accepter les conclusions de l'Italien Amati, à qui revenait l'honneur de cette découverte. M. Egger est revenu sur ce sujet à l'opinion vulgaire, et les raisons qu'il expose dans des notes savantes, à la fin de son volume intitulé *Histoire de la critique chez les anciens*, conduisent à cet unique résultat : que le surnom de Denys, que l'erreur des copistes a si longtemps fait donner au rhéteur Cassius Longin, ne lui appartient pas. « C'est, dit-il, le résultat le plus net de la découverte bruyamment annoncée en 1808 par M. Amati. »

---

1. On y lit en effet Διονυσίου ἢ Λογγίνου. C'est le manuscrit de Paris coté 2036; le n° 985 porte la même indication.

Les quatre premiers chants du *Lutrin* datent aussi des mêmes années. Ils servirent de délassement et de récréation au travail de l'*Art poétique* et à celui de la traduction de Longin. Voici ce que M. Sainte-Beuve en dit : « Ils nous expriment bien la veine, l'esprit de Boileau dans tout son honnête loisir, dans sa sérénité, et son plus libre jeu, dans l'agrément rassis et le premier entrain de son après-dînée. » Il est certain qu'il y a dans ce poëme l'enjouement d'un esprit sérieux, la plaisanterie noble et décente qui convenait à Despréaux, à ses amis, à son temps, avec une abondance de vers ornés sans recherche. On sait par Despréaux lui-même à quelle occasion ce poëme prit naissance. Ce fut un défi du président de Lamoignon qui éveilla la verve de l'auteur, assez facile du reste à s'exciter à tous les sujets. Boileau rapporte ainsi l'aventure.

On avait beaucoup discuté chez le premier président sur le poëme héroïque. On avait contesté cette opinion émise par le poëte qu'un poëme héroïque, pour être excellent, devait être chargé de peu de matière. Après bien des raisons alléguées pour et contre, chacun étoit demeuré dans son opinion. La chaleur de la dispute une fois passée, on se mit à rire de la manière dont on s'était échauffé sur une question aussi peu importante que celle-là. On moralisa fort sur la folie des hommes qui passent presque toute leur vie à faire sérieusement de très-grandes bagatelles. « A propos de cela, un provincial raconta un démêlé fameux qui étoit arrivé autrefois dans une petite église de sa province, entre le trésorier et le chantre, qui sont les deux premières dignités de cette église, pour savoir si un lutrin seroit placé à un endroit ou à un autre; la chose fut trouvée plaisante. Sur cela, un des savants de l'assemblée, qui ne pouvoit pas sitôt oublier la dispute, me demanda si moi, qui voulois si peu de matière pour un poëme héroïque, j'entreprendrois d'en faire un sur un démêlé aussi peu chargé d'incidents que celui de cette église. J'eus plus tôt dit : pourquoi non? que je n'eus fait réflexion sur ce qu'il me demandoit. Cela fit faire un éclat de rire à la compagnie, et je ne pus m'empêcher de rire comme les autres, ne pensant pas, en effet, moi-même que je dusse jamais me mettre en état de tenir parole. Néanmoins, le soir, me trouvant de loisir, je rêvai à la chose, et ayant imaginé en général la plaisanterie que le lecteur va voir, j'en fis vingt vers que je montrai à mes amis. Ce commencement les réjouit assez. Le plaisir que je vis qu'ils y prenoient m'en fit faire encore vingt autres : ainsi de vingt vers en vingt vers, j'ai poussé enfin l'ouvrage à près de neuf cents. Voilà toute l'histoire de la bagatelle que je donne au public. »

Dans la première édition, Boileau, qui redoutait la malice des interprétations, n'osait pas nommer d'abord la Sainte-Chapelle dont le trésorier et le chantre étaient les deux héros de la querelle; il avait essayé par des noms simulés de dépayser les lecteurs : c'était peine inutile, car lui-même, dans la suite de son poëme, oubliait un peu sa prudence et trahissait à chaque pas le secret qu'il faisait semblant de vouloir respecter. Une seconde édition fit tomber tous les voiles et chacun put reconnaître sans masque les acteurs, tous gens du quartier de Despréaux.

Ce fut en 1667 que le procès touchant le lutrin commença entre le chantre et le trésorier de la Sainte-Chapelle. Le chantre se nommait l'abbé Barrin, homme de qualité; et le trésorier se nommait Claude Auvry, évêque de Coutances en Normandie. Il avait été camérier du cardinal Mazarin, et c'est ce qui avait fait sa fortune. C'était un homme assez réglé dans ses mœurs, d'ailleurs fort ignorant, et d'un mérite fort au-dessous du médiocre. Le dernier de juillet 1667, il s'avisa de faire mettre un pupitre devant la première stalle du côté gauche, le chantre le fit ôter à force ouverte, prétendant qu'il n'y avait jamais été. La cause fut retenue aux requêtes du palais, et, après plusieurs procédures, elle fut assoupie par M. le premier président de Lamoignon. Il n'en fallait pas davantage pour mettre Boileau en haleine. Il y trouvait l'occasion de railler la chicane et les plaideurs. Ce terrain du palais lui était connu dans tous ses détails, et rien ne convenait mieux au train habituel de sa pensée et de ses plaisanteries.

Les causes bizarres que l'Église portait devant les tribunaux étaient plus fréquentes que nous ne saurions nous le figurer aujourd'hui. Les grands biens dont elle disposait, les prétentions diverses de ses officiers, les degrés variés de juridiction, le grand nombre d'ordres rivaux, donnaient lieu presque chaque jour à des débats où le ridicule pouvait souvent trouver sa place. Il ne serait pas difficile d'en citer de nombreux exemples.[1] Les mœurs des chanoines, qui vivaient à l'aise à l'ombre de Notre-Dame ou de la Sainte-Chapelle, ne pouvaient pas échapper non plus au satirique : c'étaient autant de tableaux qu'il avait longtemps faits dans son imagination, il ne lui fallait plus en quelque sorte qu'une galerie pour les y peindre.

Quelques années plus tôt, un poëte qui eût voulu traiter un sujet comme celui-ci eût employé le style burlesque. Ce n'était pas Despréaux qui pouvait descendre à ce genre bas et grossier. Il en avait fait tomber le crédit; grâce à lui, l'influence de Scarron était passée, et si Racine lisait encore l'auteur du *Roman comique,* il avait bien soin de se cacher de son sévère ami. Despréaux prit le chemin contraire. Au lieu d'avilir le style et d'abaisser de grands sujets, il releva son langage, et, avec un sourire qui nous avertit de ne rien prendre au sérieux, il applique à de petits sujets les grandes ressources de

---

1. Voir dans le journal d'Olivier d'Ormesson, t. 1, p. 283, l'affaire de Merlin et de Poncet pour la cure de Saint-Eustache. « Il y eut sédition des femmes. On fut obligé d'envoyer contre elles quelques compagnies des gardes. — S'imaginant qu'on vouloit enlever Merlin pendant qu'il disoit sa messe, elles battent ceux qu'elles soupçonnent ; on tira quelques coups ; les femmes en furie montent au clocher, sonnent le tocsin ; elles font corps de garde et à tous ceux qui passent elles crient qui vive? Il falloit répondre Merlin. »

Voir encore une autre affaire semblable pour la cure de Saint-Sulpice. « Le peuple s'assemble, chasse M. Ollier, brûle sa maison et veut rétablir son ancien curé. » — Voir aussi, dans l'*Histoire des Grands jours d'Auvergne,* l'affaire d'un moine qu'on oblige à rentrer dans son couvent.

l'épopée la plus haute. C'est un autre genre de comique, le seul qui pût convenir à Boileau et au premier président Lamoignon. « C'est un burlesque nouveau dont je me suis avisé en notre langue. Car, au lieu que dans l'autre burlesque Didon et Énée parloient comme des harengères et des crocheteurs, dans celui-ci un horloger et une horlogère (il s'agissait réellement du perruquier et de la perruquière l'Amour) parlent comme Didon et Énée. Je ne sais donc si mon poëme aura les qualités propres à satisfaire un lecteur; mais j'ose me flatter qu'il aura au moins l'agrément de la nouveauté, puisque je ne pense pas qu'il y ait d'ouvrage de cette nature en notre langue, la *Défaite des bouts-rimés* de Sarrazin étant plutôt une pure allégorie qu'un poëme comme celui-ci. »

Un critique, d'ordinaire plus indulgent pour Boileau, M. Nisard, va presque jusqu'à lui reprocher le *Lutrin*. Ce n'est pas qu'il méconnaisse tout ce que ce poëme renferme de détails agréables, qu'il n'en admire avec tout le monde les belles parties. Dans cette fine satire des mœurs des gens d'église, dans cette gaieté maligne, il veut bien retrouver le vieil esprit français, la veine des fabliaux, du *Roman de la Rose*, de Villon et de Marot, mais il regrette « qu'un esprit si viril, qui a enseigné l'art de travailler lentement, s'épuise à peindre un lutrin, à allumer poétiquement une chandelle, à parodier les plaintes de Didon dans le discours d'une perruquière, et les paroles d'or de Nestor dans la harangue de la discorde aux amis du trésorier; à décrire un combat à coups d'in-folio arrachés de la boutique de Barbin. » C'est pousser bien loin la sévérité et vouloir interdire à la muse de sourire et de badiner. Non, « ce joli et gai poëme, » comme dit M. Sainte-Beuve, donné par son auteur comme une bagatelle, ne doit pas lui attirer ces reproches austères. Je crois, bien au contraire, qu'il nous faut louer Despréaux d'avoir en plein XVIIe siècle rajeuni un genre dont nous avons la gloire d'être les inventeurs. Après la *Batrachomyomachie*, on ne citait autrefois que des badinages italiens : Pulci, l'Arioste, Tassoni avaient tout le mérite de ces compositions agréables. Mieux instruits aujourd'hui, nous revendiquons notre part dans ces gaietés poétiques. Le *Dit d'Aventures*, les *Facéties d'Audigier*, le *Siège du château de Neuville*, le petit poëme sur Charlemagne à Constantinople, et même de plus grandes compositions, telles que le *Moniage Guillaume, Rainouard, Beaudouin de Seburg*, avaient devancé les Italiens en sortant de notre propre fonds. « Le genre héroï-comique, dit V. Le Clerc, leur est arrivé tout plein de gaieté et de verve, dans les « gabs » du grand empereur lui-même avec ses jeunes chevaliers à la cour de Constantinople, dans les intrépides bravades d'Ogier le Danois, dans les scènes bouffonnes où Guillaume d'Orange, devenu moine, se débat contre la règle du couvent et la note inflexible du lutrin. [1] »

Il serait inutile de relever, après La Harpe, tous les agréments du *Lutrin*. On peut voir chez lui ce qu'il dit de la fable de ce poëme, de la vérité des caractères, de la vivacité des peintures qui y répandent un intérêt sans cesse renouvelé. Les portraits, les tableaux, les attitudes pittoresques y abondent, la richesse de l'expression y embellit tous les détails et l'harmonie imitative y multiplie ses heureux effets. Un point de vue plus neuf est celui auquel l'a envisagé M. Sainte-Beuve, dans son histoire de Port-Royal. L'ingénieux critique, en forçant un peu les traits, croit retrouver dans l'Alain du IVe chant du *Lutrin* le bon père de la quatrième et de la cinquième provinciale, qui sait produire si à point « le père Bauny que voici, et de la cinquième édition encore, » qui vous fait prendre dans sa bibliothèque le livre du père Annat contre M. Arnauld, « *juste à cette page 34, où il y a une oreille.* » Ailleurs il dit, avec plus de justesse peut-être : « Les premiers chants du *Lutrin*, qui datent de ces années, sont tout égayés des souvenirs de Pascal et de Port-Royal. Que de noms ennemis des jansénistes sont enchâssés dans ses vers! Bauny, Abély, Raconis, tous les ennemis de Port-Royal s'y trouvent, heurtés à la rencontre et

---

1. *Histoire littéraire de la France au* XIVe *siècle*, t. II, p. 15 et 110.

légèrement tournés en ridicule. Le poëte eut soin de travestir les masques. On a pu toutefois y relever nombre de malices à l'adresse de gens d'église plus ou moins connus, et qui n'étaient pas des amis de ses amis. Évidemment la palette morale est empruntée au ton des plus légères provinciales. Ce sont des scènes de la dévotion aisée en comédie et en action. [1] »
Le père Arsène Caours, de la compagnie de Jésus, dans une dissertation intitulée le Lutrin (1857), semble avoir pris à tâche de justifier M. Sainte-Beuve, car, dans ce travail sur les héros et le plan du Lutrin, l'auteur s'applique à dévoiler toutes les ruses, toutes les malices de Boileau, dans tous les endroits où *le jansénisme du poëte montre le bout de l'oreille.* Toutefois hâtons-nous d'ajouter avec l'historien de Port-Royal qu'il ne faudrait point aller jusqu'à supposer qu'il y eût, de la part de Despréaux, ni un plan de vengeance concerté, ni des rancunes. Boileau était, avant tout, un poëte, non pas un homme de parti.

Les ennemis de Boileau ne manquèrent pas de s'attaquer au Lutrin : [2] l'occasion était belle, ils en profitèrent. Celui qui se distingua le plus par ses critiques, ce fut Desmarets. Ce farouche ennemi des jansénistes sentit son zèle augmenter quand il reconnut dans le poëme de Despréaux les traits nombreux qui atteignaient ses propres amis. Il n'est sorte de chicane qu'il n'élève contre l'ouvrage. Il en blâme le titre, le plan, l'exécution, l'esprit, les détails et la langue. Rien ne peut trouver grâce à ses yeux. Le fond du poëme, suivant lui, est une impiété punissable. L'auteur a voulu profaner un lieu auguste et saint; il a voulu rendre ridicules tous les officiers et les chanoines de la Sainte-Chapelle. Ses traits méchants

---

1. Tome V, p. 338.
2. « Ayant passé à Citeaux, il y fut très-bien reçu par les habitants de cette riche abbaye, qui lui firent voir tout leur couvent. L'un d'eux le pria de leur montrer le lieu où logeoit la Mollesse, comme il l'avoit dit dans son *Lutrin.* — « Montrez-la-moi vous-mêmes, mes pères, leur répondit-il, « car c'est vous qui la tenez cachée avec grand soin. »

s'attaquent même à l'Église. « Quel transport de satirique de dire que l'esprit de l'Église soit d'abîmer tout plutôt que de ne pas soutenir ses droits par cent arrêts! Car l'esprit de quelques particuliers n'est pas l'esprit de l'Église, qui est en soi toute sainte. Non, il est plutôt indiscret qu'impie en cet endroit. Il a entendu dire : c'est l'humeur des ecclésiastiques. Mais c'est manquer de jugement que de parler ainsi de l'esprit de l'Église sans mieux expliquer ce qu'il veut dire. »

Pradon va encore plus loin : il relève un à un tous les vers où l'auteur s'égaye aux dépens des gens d'église. Moines, chanoines, ordres religieux, sont atteints par le poëte. Les cérémonies les plus sacrées de l'Église, le *Magnificat*, la bénédiction des prélats n'y sont pas respectés davantage. « En sorte que tout le monde demeure d'accord que, si M. D... avait composé son *Lutrin* du temps de la naissance de l'hérésie en France, tout le parti des huguenots et des autres hérétiques lui aurait fort applaudi, puisque enfin les moins scrupuleux ont été scandalisés de cette satire. » La prose ne suffisait pas à l'animosité de Pradon, il l'exhalait encore en vers; dans une pièce qu'il s'adresse à lui-même sous le nom d'*Alcandre*, il déclare le *Lutrin* une œuvre bizarre, il n'y voit que discours bouffis, confus, pédantesques, où Despréaux

> Rend Arioste triste et Virgile burlesque;
> Où de son attentat le lecteur étonné
> Attend le châtiment d'un temple profané,
> Quand il fait sans respect par des jeux téméraires
> De la religion badiner les mystères,
> Et, sans en concevoir le moindre repentir
> Épouvante l'esprit loin de le divertir;
> Où, tout sanglant encor de son huître à l'écaille,
> Pour finir son poëme il forge une bataille,
> Et, prenant chez Barbin les armes du combat,
> Achève en arlequin un ouvrage si plat.

Bonnecorse viendra encore ajouter à ces injures ses vers ineptes du *Lutrigot* (1686).

Sans doute de semblables critiques ne prouvaient rien

contre le talent du poëte, mais elles pouvaient exciter contre lui des persécutions dangereuses. Par bonheur pour lui, ses ouvrages avaient gagné les esprits les plus délicats de la cour; il en recevait les plus charmants éloges, tel fut celui que lui accorda la duchesse d'Orléans, Henriette d'Angleterre, lorsque, apercevant de loin Boileau dans la chapelle de Versailles, elle lui fit signe d'approcher et lui dit à l'oreille :

> Soupire, étend les bras, ferme l'œil et s'endort.

S'il en faut croire une anecdote rapportée par Saint-Marc, le roi, loin d'écouter les dénonciations des ennemis de Boileau, lui fit changer deux vers où la justesse était un peu blessée. Le poëte avait dit d'abord au chant IVe, vers 49 et 50 :

> Alors, d'un domino couvrant sa tête grise,
> Déjà, l'aumusse en main, il marche vers l'église.

« Après la lecture de ce chant, le roi fit remarquer à M. Despréaux que le domino et l'aumusse sont deux choses qui ne vont pas ensemble : car le domino est un habillement d'hiver et l'aumusse est pour l'été. D'ailleurs, continua le roi, vous allez dire : Déjeunons, messieurs, et buvons frais; cela marque que l'action de votre poëme se passe en été. » Sur-le-champ, M. Despréaux changea le vers dont il s'agit. Le roi ajouta en souriant : « Ne soyez pas étonné de me voir instruit de ces sortes d'usages. Je suis chanoine en plusieurs églises. » Les deux derniers chants ne parurent que plus tard.

Despréaux avait d'ailleurs conquis Louis XIV, son estime et son affection. Le prince ne pouvait que lui savoir bon gré des éloges qu'il lui avait prodigués déjà dans ses œuvres et qu'il venait de renouveler dans la IVe épître consacrée au récit du passage du Rhin. Pour chanter cet exploit, que le XVIIe siècle vanta plus que de raison, Boileau avait trouvé un beau langage tout à fait digne de l'épopée. Jamais le poëte ne fut mieux inspiré. Il rencontra des vers admirables par la richesse des expressions, par le choix des épithètes et par la cadence. Son allégorie du Rhin a de la grandeur et de la majesté. Il s'y joint aussi le mouvement et la force. Des tournures ingénieuses pour introduire dans le récit les détails que l'art militaire rend indispensables ; la précision avec laquelle les mouvements de l'armée sont dépeints ; le discours du fleuve irrité ; la délicatesse des éloges qui, au milieu des divers personnages, fait une place à part à Louis et sauve le reproche adressé au roi d'avoir été simplement spectateur du passage : tous ces mérites réunis ont donné lieu à Lemercier de dire avec raison : « On a chanté de plus grands exploits militaires que le passage du Rhin, sans leur attacher une célébrité si durable. »

Quelle que fût l'idolâtrie du xviie siècle pour son roi, il ne manqua pas de se trouver pourtant des esprits libres qui, sur ce fameux exploit, s'enhardirent à le ramener à une appréciation moins favorable. Bussy-Rabutin, très-capable d'en juger bien, a dit là-dessus la vérité. Dans une lettre à Mme de Sévigné, il fait voir que l'entreprise n'avait eu rien de téméraire, le nombre des assaillants étant fort au-dessus de celui des ennemis. « Deux mille chevaux passent, dit-il, pour aller en attaquer quatre ou cinq cents. Les deux mille sont soutenus d'une grande armée où le roi est en personne, et les quatre ou cinq cents sont des troupes épouvantées par la manière brusque et vigoureuse dont on a commencé la campagne. » Ce sont là des raisons militaires qui pouvaient porter atteinte à la gloire de Louis sans toucher au mérite de Boileau. Il s'inquiéta pourtant de cette lettre. Il craignit de voir le comte de Bussy-Rabutin passer à ses ennemis et leur apporter le secours de sa malignité ; il s'empressa de l'assurer que personne n'était plus que lui touché de son mérite. Le 30 mai 1673, Bussy lui répondit : « Je vous dirai que je n'ai rien vu de votre façon que je n'aie trouvé très-beau et très-naturel, et que j'ai remarqué dans vos ouvrages un air d'honnête homme, que j'ai encore plus estimé que tout le reste. C'est ce qui m'a fait souhaiter d'avoir commerce avec vous ; et puisque l'occasion s'en présente aujourd'hui, je vous en demande la continuation et votre amitié en vous assurant de la mienne. Pour mon estime, vous n'en devez pas douter, puisque vos ennemis même vous l'accordent dans leur cœur, s'ils ne sont les plus sottes gens du monde. » On voit que Boileau, malgré sa vivacité d'humeur et sa brusquerie de verve, savait prendre ses précautions, et se donner autant que possible toutes les sûretés désirables.

Sans en avoir besoin pour le moment, il se faisait des appuis; chaque jour, en effet, il inclinait davantage vers de dangereuses amitiés. Nous l'avons vu après 1668 entrer en relations avec Arnauld, son zèle pour cet honnête homme augmente chaque jour et se traduit en malices contre ses ennemis. A Bàville, par exemple, dans un festin de noces, invité à faire une chanson, il ne craint pas de choquer Bourdaloue en mettant en jeu Escobar. C'était rappeler les traits les plus méchants des *Provinciales* :

> Si Bourdaloue, un peu sévère,
> Nous dit : Craignez la volupté;
> Escobar, lui dit-on, mon père,
> Nous la permet pour la santé.
> Contre ce docteur authentique
> Si du jeûne il prend l'intérêt,
> Bacchus le déclare hérétique,
> Et janséniste, qui pis est.

La plaisanterie est un peu lourde; le père Bourdaloue en fut d'abord irrité, et, dans un mouvement de colère, il dit au père Rapin, présent aussi à la fête : « Si M. Despréaux me chante, je le prêcherai. » Il n'en fit rien. Il s'adoucit à la réflexion et laissa Despréaux s'égayer dans ses propos poétiques. Ils indiquaient cependant de quel côté allaient naturellement les affections du poëte dans cette fameuse querelle.

L'épître IIIe, adressée à M. Arnauld (1673), ne laissait plus de doute. Selon d'Alembert, Despréaux avouait qu'il avait été un moment *assez fou* lui-même pour vouloir prendre quelque parti sur le sujet de la grâce, mais qu'il n'avait jamais pu se fixer là-dessus à une opinion qui lui parût « *avoir le sens com-*

mun; » c'étaient ses propres expressions. Ce moment tomba surtout à cette date de 1673. En effet, il nous apparaît alors comme un chrétien de l'école de Pascal. « Il est de cette roche, dit très-bien M. Sainte-Beuve. Le fonds de jugement, d'indignation, de plaisanterie des *petites lettres* va composer insensiblement toute une part essentielle et croissante de son propre fonds à lui. » Écoutons le même critique sur cette épître IIIe, qui précéda le *Lutrin*, dans l'ordre de la publication, mais sortit du même mouvement d'idées :

« En ces années, le livre de la *Perpétuité de la foi* était en train de paraître, et Boileau en prit occasion d'adresser à Arnauld sa troisième épître. C'est celle sur la *Mauvaise honte*; elle porte la date de 1673, et, par conséquent, est postérieure de quelques années à la première rencontre d'Arnauld et de Boileau. Les jésuites qui ont houspillé Boileau à la fin de sa vie, et qui ont fait saigner à coups d'épingle le vieux lion désarmé, allaient jusqu'à raconter sous main que cette troisième épître était destinée d'abord à leur père Ferrier, confesseur du roi, homme d'esprit et que Boileau voyait souvent, mais que, le père Ferrier étant mort avant l'impression, la dédicace passa à Arnauld. L'historiette est peu probable. [1] Cette épître, quelque bonne volonté que nous y mettions, ne peut nous paraître forte de philosophie et de pensée, mais elle reste

---

1. Ce qui est probable, c'est tout simplement que Boileau avait exprimé le désir de dédier une de ses épîtres au père Ferrier, qui lui faisait beaucoup d'accueil et « qui joignoit les mains d'aise, toutes les fois qu'il le voyoit. » Boileau, droit et adroit, ne haïssait pas d'être bien avec le confesseur. Il fut très-bien depuis avec le père Lachaise, et dans un lettre à Arnauld, il trouve moyen de marquer son sentiment de respect pour le père, de même qu'il maintenait son franc parler en faveur d'Arnauld devant les jésuites Boileau, c'est l'ami indépendant.

On lit dans le *Bolœana* : « Un jour M. Despréaux s'étant fait annoncer chez ce père (Ferrier) qui avoit une grosse cour, le jésuite vint ouvrir lui-même la porte de son cabinet, pour le recevoir plus aimablement. « Hé bien, dit-il en l'embrassant tendrement, qu'est-ce qui vous amène ici? — Mon « père, répliqua Despréaux, je viens vous montrer un spectacle assez nouveau « pour vous ; ce sont des yeux qui ne vous demandent rien. »

marquée de beaux vers. Elle n'est pas des meilleures, elle n'est pas des pires. Le poëte y veut soutenir que la mauvaise honte est la cause de tous les maux, de tous les vices, de tous les crimes : à la bonne heure! Mais on ne doit considérer l'idée que comme un thème propre à enchâsser et encadrer deux ou trois petits tableaux, un moyen de faire passer devant le poëte quelques images et développements qui prêtent aux beaux vers. Ainsi, moyennant cette idée telle quelle de la mauvaise honte, il va commencer par un éloge d'Arnauld et de la *Perpétuité* aux dépens de Claude.

> Oui, sans peine, au travers des sophismes de Claude,
> Arnauld, des novateurs tu découvres la fraude,
> Et romps de leurs erreurs les filets captieux.
> Mais que sert que ta main leur dessille les yeux,
> Si toujours dans leur âme une pudeur rebelle,
> Près d'embrasser l'Église, au prêche les rappelle?
> Non, ne crois pas que Claude, habile à se tromper,
> Soit insensible aux traits dont tu le sais frapper;
> Mais un démon l'arrête, et, quand ta voix l'attire,
> Lui dit : Si tu te rends, sais-tu ce qu'on va dire?

« Claude avait plus d'esprit et de conscience qu'on ne lui en suppose là. Ce livre de la *Perpétuité* était moins convaincant et plus choquant pour lui et pour les siens que Boileau ne se l'imagine. »

Boileau, qui est un poëte de verve, mais d'une verve courte et saccadée, rencontre dans cette épître de très-beaux vers, on y distingue le couplet qui se termine par ceux-ci :

> Hâtons-nous; le temps fuit, et nous traîne avec soi :
> Le moment où je parle est déjà loin de moi.

L'auteur était au lit quand il récita pour la première fois son épître à Arnauld qui l'était venu voir un peu matin. « Il disait à merveille, et quand il en fut à ce vers : Le moment où je parle..., il le récita d'un ton si léger et si rapide, qu'Arnaud, transporté et assez neuf à l'effet des beaux vers français, se leva brusquement de son siége, et fit deux ou trois tours de chambre comme pour suivre ce moment qui fuyait. »

Ces vers si légers avaient une contre-partie, c'est le passage traînant où Boileau nous montre le blé qui, pour se donner, sans peine entr'ouvrait la terre et

> N'attendoit pas qu'un bœuf, pressé de l'aiguillon,
> Traçât à pas tardifs un pénible sillon.

« On ne nous dit pas si, à ce traînant passage, Arnauld comme surchargé se renfonça dans son fauteuil, ou s'il battit lentement la mesure.

« La fin, qui s'applique à lui-même, est assez ingénieuse, et d'une humilité d'homme du monde qui se confesse devant Arnauld :

> Moi-même, Arnauld, ici, qui te prêche en ces rimes,
> Plus qu'aucun des mortels par la honte abattu,
> En vain j'arme contre elle une foible vertu.
> Ainsi toujours douteux, chancelant et volage,
> A peine du limon où le vice m'engage
> J'arrache un pied timide, et sors en m'agitant,
> Que l'autre m'y reporte et s'embourbe à l'instant.

« *Et sors en m'agitant*, ce dernier hémistiche était, à ce qu'il paraît, difficile à trouver ; *j'arrache un pied timide*, il fallait finir, faire tomber ce pied d'accord avec la rime. Boileau consulta Racine qui n'en vint pas à bout ; mais quand Racine revint le lendemain, Boileau lui cria du plus loin qu'il l'aperçut : *et sors en m'agitant* ; il s'était tiré du mauvais pas poétique, du limon prosaïque qui ne l'embarrassait certes pas moins que l'autre limon. Nous tenons par cette seule épître bien des secrets du métier. [1] » N'oublions pas, nous, que cette épître rangeait Boileau ouvertement parmi les amis et les partisans des jansénistes.

Elle parut dans le recueil, ou seconde édition que Despréaux donna en 1674. Il disait dans la préface : « Le lecteur saura seulement que je lui donne une édition de mes satires plus correcte que les précédentes, deux épîtres nouvelles (IIe et IIIe), l'*Art poétique* en vers, et quatre chants du *Lutrin*. J'y ai ajouté

---

1. SAINTE-BEUVE, *Port-Royal*, t. V, p. 334 et 335.

aussi la traduction du traité que le rhéteur Longin a composé du sublime ou du merveilleux dans le discours. J'ai fait originairement cette traduction pour m'instruire, plutôt que dans le dessein de la donner au public, mais j'ai cru qu'on ne seroit pas fâché de la voir ici à la suite de la poétique avec laquelle ce traité a quelque rapport, et où j'ai même inséré plusieurs préceptes qui en sont tirés. » Le privilége que Louis XIV accorda au poëte pour l'impression de cette seconde édition contient une marque glorieuse pour lui de l'estime et de l'affection du roi, c'est le témoignage du plaisir que la lecture de ses ouvrages a fait au prince. « A ces causes, est-il dit dans ce privilége, désirant traiter favorablement le dit sieur D... et donner au public, par la lecture de ses ouvrages, la même satisfaction que nous en avons reçue, etc., etc. » Louis XIV ajouta encore à cette marque particulière de son estime le bienfait d'une pension. Le poëte ne tarda pas à s'en montrer reconnaissant, car dans la Ve épître, elle est de cette même année, il dit à Guilleragues, secrétaire du roi :

> Mais du plus grand des rois la bonté sans limite,
> Toujours prête à courir au-devant du mérite,
> Crut voir dans ma franchise un mérite inconnu,
> Et d'abord de ses dons enfla mon revenu.
> La brigue ni l'envie à mon bonheur contraires,
> Ni les cris douloureux de mes vains adversaires,
> Ne purent dans leur course arrêter ses bienfaits.
> C'en est trop : mon bonheur a passé mes souhaits.

Par cette épître Boileau entre définitivement dans cette période où le poëte se fait moraliste, et consacre son talent à l'expression de vérités utiles aux mœurs. C'est une disposition philosophique qui persiste de 1674 à 1704. L'humeur belliqueuse des premières années s'est refroidie, c'est un temps d'indulgence.

> Je ne sens plus l'aigreur de ma bile première,
> Et laisse aux froids rimeurs une libre carrière.

Il est dans la maturité de son talent. Cette pièce est remplie de ces vers où la justesse et la solidité de la pensée se mêlent à l'ampleur du style.

Ce n'est pas sans raison qu'il écrit :

> Aujourd'hui, vieux lion, je suis doux et traitable.

On le voit bien à ses préfaces nouvelles. L'aigreur des premières ne s'y retrouve plus. Ses ennemis l'attaquent, il semble demander grâce pour eux au public. Il est bien sûr désormais de la faveur, et cette assurance lui fait écrire ceci : « D'ailleurs, ayant attaqué, comme j'ai fait, de gaieté de cœur plusieurs écrivains célèbres, je serois bien injuste, si je trouvois mauvais qu'on m'attaquât à mon tour... Je ne répondrai donc rien à tout ce qu'on a dit ni à tout ce qu'on a écrit contre moi; et si je n'ai donné aux auteurs de bonnes règles de poésie, j'espère leur donner une leçon assez belle de modération. » Mais il ne faut pas s'y fier; avec les satiriques de profession et d'humeur, la paix n'est jamais sûre. Rarement ils se refusent une escarmouche soit pour attaquer soit pour se défendre. C'est ainsi qu'après ces belles protestations nous voyons Boileau toucher à Claude Perrault et à Saint-Sorlin.[1]

L'épître IXe (1675) nous montre Boileau entré tout à fait dans son rôle de moraliste. L'erreur et le mensonge, le faux dans les mœurs ainsi que dans les écrits sont désormais les ennemis qu'il poursuit. Il rencontre dans cette nouvelle disposition de son esprit l'occasion de fort beaux vers. C'est là que se trouve cette maxime : *Rien n'est beau que le vrai, le vrai seul est aimable*, plusieurs fois répétée sous des formes variées, et appliquée tantôt à la conduite de la vie, tantôt à la composition des ouvrages. De ces applications diverses la meilleure et la plus juste peut-être est celle qu'il fait à lui-même. Si, dit-il à Seignelay, secrétaire d'État, fils aîné de Colbert, à qui cette pièce est dédiée, si mes vers sont lus dans les provinces, recherchés des peuples, reçus chez les princes, n'en cherchez

---

1. *Épigr.*, IX.

la cause ni dans la justesse du ton, ni dans la perfection du travail :

> Mais c'est qu'en eux le vrai, du mensonge vainqueur,
> Partout se montre aux yeux, et va saisir le cœur ;
> Que le bien et le mal y sont prisés au juste ;
> Que jamais un faquin n'y tint un rang auguste ;
> Et que mon cœur, toujours conduisant mon esprit,
> Ne dit rien au lecteur qu'à soi-même il n'ait dit.
> Ma pensée au grand jour partout s'offre et s'expose ;
> Et mon vers, bien ou mal, dit toujours quelque chose.

De solides vérités exprimées en beaux vers, tel est le mérite de la poésie de Boileau, surtout dans cette période nouvelle de son talent.

C'est aussi le caractère de l'épître VIe (1677), adressée au fils de M. de Lamoignon. Cette pièce se relève encore par une peinture gracieuse et vraie des plaisirs de la campagne. Des tableaux de ce genre n'abondent pas dans la littérature du xviie siècle. Mme de Sévigné et La Fontaine seuls ont senti et fait sentir à leurs lecteurs le charme de la nature ; il faut aussi y ajouter Boileau. Ni le souvenir d'Horace, ni les préoccupations d'un poëte qui poursuit un mot rebelle, ni le ressentiment d'un satirique harcelé à son tour par des ennemis offensés, n'enlèvent à ce poëme sa grâce ingénue. On n'oubliera pas cette description d'Hautile près de Mantes : ce village subsiste, témoin fidèle de l'exactitude de Boileau. Sur le penchant d'un long rang de collines, le spectateur voit encore vingt îles s'élever des eaux de la Seine, et reconnaît avec plaisir ces bords couverts de saules non plantés. On n'oubliera pas non plus cette fontaine de Bâville que le nom de Boileau consacre aujourd'hui au souvenir de la postérité. Le poëte qui visite ces lieux se plaît à ranimer les illustres personnages dont les entretiens pleins de sagesse amusaient ces tranquilles loisirs.[1]

L'épître VIIe rappelle une querelle littéraire où Racine avait besoin d'être consolé de ses chagrins, et raffermi contre

---

1. SAINTE-BEUVE, poésies, *la Fontaine de Boileau*.

une cabale de femmes, de poëtes et de grands seigneurs. Le premier jour de l'année 1677, *Phèdre* avait été représentée sur le théâtre de l'hôtel de Bourgogne. Deux jours plus tard, les comédiens de la troupe du roi donnèrent celle de Pradon. Les succès de Racine n'avaient jamais passé sans contradiction. *Andromaque* (1668) avait soulevé beaucoup de censures. On condamnait le caractère de Pyrrhus comme trop farouche, et le prince de Condé était parmi les critiques. Le poëte disait lui-même de sa pièce de *Britannicus* (1669) : « De tous les ouvrages que j'ai donnés au public il n'y en a point qui m'ait attiré plus d'applaudissements ni plus de censures que celui-ci. Quelque soin que j'aie pris de travailler cette tragédie, il semble qu'autant que je me suis efforcé de la rendre bonne, autant de certaines gens se sont efforcés de la décrier : il n'y a point de cabale qu'ils n'aient faite, point de critique dont ils ne se soient avisés. » Les épigrammes de Mme de Sévigné, les plaintes de Corneille, les jugements que de loin Saint-Évremond envoyait sur Racine, tout nous prouve qu'il y avait dans la belle société d'alors des cabales montées pour l'empêcher de réussir. Cela a été démontré.[1] *Bérénice* (1670) avait été attaquée par un libelle de l'abbé de Villars. Il est vrai que c'était un homme « qui ne pensoit rien, et ne savoit pas même construire ce qu'il pensoit; » mais il prêtait sa voix et sa plume à « quatre ou cinq petits auteurs infortunés, qui n'ont jamais par eux-mêmes pu exciter la curiosité du public. » *Bajazet, Mithridate, Iphigénie*, avaient eu les mêmes difficultés à vaincre avant d'obtenir la célébrité dont ils ont joui plus tard ; mais c'était à *Phèdre* qu'étaient réservés les plus tristes affronts.

La cabale ennemie de Racine lui suscita un rival dans Pradon. Fier d'un certain succès dont ses tragédies (*Pyrame et Thisbé, Tamerlan*) avaient été couronnées, grâce aux efforts de ses amis, Pradon ne refusa pas de s'engager dans ce duel

---

[1]. Voir l'ouvrage de M. Deltour, *les Ennemis de Racine*.

redoutable. On savait que Racine travaillait à une pièce de *Phèdre* ; son émule se mit à l'œuvre, et la pièce parut, comme nous l'avons dit, deux jours après celle de Racine. Le duc de Nevers, l'un des plus chauds partisans de Pradon, joint à ses amis, parvint à donner quelque éclat à cette pièce. La concurrence des deux tragédies soutint quelque temps celle qui devait périr. S'il faut en croire un jugement rapporté par Baillet, le poëme de Pradon, mieux intrigué, suspendait davantage les esprits et excitait un peu plus la curiosité. « Cette opinion semble difficile à soutenir, et l'on s'étonne qu'on ait pu l'admettre un instant. Cependant Pradon fit le fier dans ses préfaces ; il souhaita que, pour le divertissement du public, plusieurs auteurs pussent à la fois se rencontrer dans les mêmes sujets, pour faire naître cette noble émulation qui est la cause des plus beaux ouvrages. » Ce n'était certainement pas le cas présent. Cette rivalité que rien ne justifiait ne servit qu'à remplir de dégoûts le poëte blessé de se voir ainsi méconnu.

Mme Deshoulières comptait au premier rang parmi les amis de Pradon. C'était une façon de précieuse que Despréaux logera plus tard dans sa X^e satire : elle conservait encore un reste de ce mauvais goût dont Molière avait fait justice. *Sa docte demeure*, dit le satirique, était ouverte à toute heure aux Perrins, aux Corras; chez elle se tenaient les bureaux du faux bel-esprit ; elle-même était toujours prête à venger les poëtes de sa cabale des sifflets et du mépris du parterre. Sa beauté aurait suffi pour la rendre célèbre, ses talents pour la poésie l'illustrèrent encore davantage. Elle a marqué parmi les poëtes du second rang au XVIIe siècle. On lit encore de nos jours quelques-unes de ses pièces, où l'on peut distinguer les traits de cette préciosité blâmée par Boileau. On y reconnaît aussi les caprices aimables d'un esprit qui ne s'est pas encore discipliné, et garde les traditions d'une poésie de fantaisie plutôt que de raison et de bon sens.

Nous la voyons dans cette circonstance capable de servir ses amis et d'entrer en lice pour eux. Au sortir de la première représentation de la *Phèdre* de Racine, elle écrivit ce sonnet devenu célèbre :

> Dans un fauteuil doré, Phèdre, tremblante et blême,
> Dit des vers où d'abord personne n'entend rien.
> Sa nourrice lui fait un sermon fort chrétien
> Contre l'affreux projet d'attenter sur soi-même.
>
> Hippolyte la hait presque autant qu'elle l'aime ;
> Rien ne change son cœur ni son chaste maintien.
> La nourrice l'accuse; elle s'en punit bien.
> Thésée a pour son fils une rigueur extrême.
>
> Une grosse Aricie, au teint rouge, aux crins blonds,
> N'est là que pour montrer deux énormes tétons
> Que, malgré sa froideur, Hippolyte idolâtre.
>
> Il meurt enfin, traîné par ses coursiers ingrats;
> Et Phèdre, après avoir pris de la mort aux rats,
> Vient, en se confessant, mourir sur le théâtre.

Ce sonnet courut bientôt Paris. On en ignorait l'auteur. On ne le soupçonna pas quand Mme Deshoulières fut la première à montrer cette pièce, que l'abbé Tallemant lui vint naïvement présenter comme une nouveauté.

Le duc de Nevers et Mme de Bouillon fréquentaient la maison de Mme Deshoulières.

Racine et Boileau soupçonnèrent le duc d'avoir composé ce petit poëme. La riposte ne se fit pas attendre. Sur les rimes du premier sonnet, il en parut bientôt un second dont les traits s'appliquaient au duc de Nevers. Racine et Despréaux n'en étaient pas les seuls auteurs, le chevalier de Nantouillet, le comte de Fiesque, le marquis de Manicamp, le marquis d'Effiat et M. de Guilleragues y prirent part. Voici ce qu'on y lisait :

> Dans un palais doré, Damon, jaloux et blême,
> Fait des vers où jamais personne n'entend rien.
> Il n'est ni courtisan, ni guerrier, ni chrétien ;
> Et souvent pour rimer il s'enferme lui-même.
>
> La muse, par malheur, le hait autant qu'il l'aime.
> Il a d'un franc poëte et l'air et le maintien.

> Il veut juger de tout, et n'en juge pas bien.
> Il a pour le Phébus une tendresse extrême.
>
> Une sœur vagabonde, aux crins plus noirs que blonds,
> Va par tout l'univers promener deux tétons,
> Dont, malgré son pays, Damon est idolâtre.
>
> Il se tue à rimer pour des lecteurs ingrats.
> L'*Énéide*, à son goût, est de la mort aux rats;
> Et, selon lui, Pradon est le roi du théâtre.

La réponse était méchante. Plusieurs de ces traits outrageants blessaient le duc de Nevers dans son honneur et ne ménageaient pas celui d'Hortense de Mazarin, sa sœur, dont la vie errante prêtait si bien à la satire. Prompt à la réplique, le duc fit aussi son sonnet :

> Racine et Despréaux, l'air triste et le teint blême,
> Viennent demander grâce, et ne confessent rien.
> Il leur faut pardonner, parce qu'on est chrétien,
> Mais on sait ce qu'on doit au public, à soi-même.
>
> Damon, pour l'intérêt de cette sœur qu'il aime,
> Doit de ces scélérats châtier le maintien,
> Car il seroit blâmé de tous les gens de bien
> S'il ne punissoit pas leur insolence extrême.
>
> Ce fut une furie, aux crins plus noirs que blonds,
> Qui leur pressa, du pus de ses affreux tétons,
> Ce sonnet qu'en secret leur cabale idolâtre.
>
> Vous en serez punis, satiriques ingrats,
> Non pas en trahison, d'un sou de mort aux rats,
> Mais de coups de bâton donnés en plein théâtre.

Le gentilhomme apparaissait dans ces derniers vers. S'il fallait en croire un flatteur du duc de Nevers, le père Sanlecque, ces menaces auraient été suivies d'effet, car il dit dans un quatrième sonnet :

> Dans un coin de Paris, Boileau, tremblant et blême,
> Fut hier bien frotté, quoiqu'il n'en dise rien.
> Voilà ce qu'a produit son style peu chrétien.
> Disant du mal d'autrui, l'on s'en fait à soi-même.

Il n'est guère possible de croire que Sanlecque ait dit la vérité. Les deux poëtes étaient trop en faveur à la cour pour qu'on osât jamais les insulter ainsi. « D'ailleurs, dit Saint-Marc, M. le prince sut pourvoir à ce que les menaces de M. le duc de Nevers n'eussent point de suite. Son sonnet n'eut pas plutôt paru, que ce prince lui fit dire, et même en termes assez durs, qu'il vengeroit comme faites à lui-même les insultes qu'on s'aviseroit de faire à deux hommes d'esprit qu'il aimoit, et qu'il prenoit sous sa protection. M. le duc, fils du grand Condé, les prit aussi sous sa protection et leur offrit l'hôtel de Condé pour asile. « Si vous êtes innocents, venez-y; et si vous « êtes coupables, venez-y encore. » La querelle n'alla pas plus loin. » Cette levée de boucliers ne dut pas nuire à la pièce de Pradon. En effet, on ne parlait déjà plus des sonnets que la tragédie se maintenait encore à la scène. La dissertation de Subligny,[1] comédien de la troupe du roi, mit un terme à ce succès scandaleux. Pradon y fut reconnu pour ce qu'il était, c'est-à-dire un très-mauvais auteur, et, malgré quelques malignités contre Racine, ce poëte y reçut les éloges que la justice lui devait.

Phèdre resta victorieuse, et Boileau a consacré ce succès par l'une de ses plus belles épîtres. Cependant ces orages avaient rempli Racine de dégoût. Il était déjà sur le déclin de la jeunesse, les plaisirs perdaient pour lui de leurs attraits, et dans les moments de langueur il se sentait pris de scrupules et de repentirs. Un de ses plus grands chagrins était d'avoir rompu avec ses anciens maîtres de Port-Royal en les offensant. Il se sentait pressé de se réconcilier avec eux. Une fois rangé et devenu homme de mœurs sévères, il tourna les yeux de ce côté. L'abbé Dupin ménagea le raccommodement entre Nicole et lui. Rien n'était plus facile. « Nicole, qui ne savoit ce que c'étoit que la guerre, » reçut à bras ouverts le disciple repen-

---

[1]. *Dissertation sur les tragédies de Phèdre et d'Hippolyte.* Paris, in-12, 1677.

tant. La réconciliation avec Arnauld n'était pas si aisée, il avait toujours sur le cœur les plaisanteries écrites contre la mère Angélique, sa sœur.[1] Il fallait pour cette affaire un négociateur plein de zèle à la fois et d'autorité. Il était tout trouvé, c'était Boileau.

Le fils de Racine raconte ainsi la scène : « Boileau, chargé de la négociation, avoit toujours trouvé M. Arnauld intraitable. Un jour, il s'avisa de lui porter un exemplaire de la tragédie de *Phèdre*, de la part de l'auteur. M. Arnauld demeuroit alors dans le faubourg Saint-Jacques. Boileau, en allant le voir, prend la résolution de lui prouver qu'une tragédie peut être innocente aux yeux des casuistes les plus sévères ; et ruminant sa thèse en chemin : « Cet homme, disoit-il, aura-t-il toujours « raison, et ne pourrai-je parvenir à lui faire avoir tort ? je suis « bien sûr qu'aujourd'hui j'ai raison ; s'il n'est pas de mon avis, « il aura tort. » Plein de cette pensée, il entre chez M. Arnauld, où il trouve une nombreuse compagnie ; il lui présente la tragédie, et lui lit en même temps l'endroit de la préface où l'auteur témoigne tant d'envie de voir la tragédie réconciliée avec les personnes de piété. Ensuite, déclarant qu'il abandonnoit acteurs, actrices et théâtre, sans prétendre les soutenir en aucune façon, il élève la voix en prédicateur, pour soutenir que, si la tragédie étoit dangereuse, c'étoit la faute des poëtes, qui en cela même alloient directement contre les règles de leur art ; mais que la tragédie de *Phèdre*, conforme à ces règles, n'avoit rien que d'utile. L'auditoire, composé de jeunes théologiens, l'écoutoit en souriant, et regardoit tout ce qu'il avançoit comme les paradoxes d'un poëte peu instruit de la bonne morale. Cet auditoire fut bien surpris lorsque M. Arnauld prit ainsi la parole : « Si les choses sont comme il le dit, il a raison, « et la tragédie est innocente. » Boileau rapportoit qu'il ne s'étoit jamais senti de la vie si content. Il pria M. Arnauld de

---

1. Voir les deux lettres écrites par Racine en réponse à Nicole qui, dans ses *Visionnaires*, avait traité d'empoisonneurs les auteurs dramatiques. Édit. Ch. Lahure, t. II, p. 1.

vouloir bien jeter les yeux sur la pièce qu'il lui laissoit, pour lui en dire son sentiment. Il revint quelques jours après le demander, et M. Arnauld lui donna ainsi sa décision : « Il n'y a « rien à reprendre au caractère de Phèdre puisqu'il nous donne « cette grande leçon que, lorsqu'en punition de fautes précé- « dentes Dieu nous abandonne à nous-mêmes et à la perver- « sité de notre cœur, il n'est point d'excès où nous ne puissions « nous porter, même en les détestant ; mais pourquoi a-t-il fait « Hippolyte amoureux ? » Cette critique est la seule qu'on puisse faire contre cette tragédie, et l'auteur, qui se l'étoit faite à lui-même, se justifioit en disant : « Qu'auroient pensé les « petits-maîtres d'un Hippolyte ennemi de toutes les femmes ? « Quelles mauvaises plaisanteries n'auroient-ils point faites ! » Boileau, charmé d'avoir si bien conduit sa négociation, demanda à M. Arnauld la permission de lui amener l'auteur de la tragédie. Ils vinrent chez lui le lendemain, et, quoiqu'il fût encore en nombreuse compagnie, le coupable, entrant avec l'humilité et la confusion peintes sur le visage, se jeta à ses pieds ; M. Arnauld se jeta aux siens ; tous deux s'embrassèrent. M. Arnauld lui promit d'oublier le passé, et d'être toujours son ami : promesse fidèlement exécutée. »

Voilà comment la tragédie de *Phèdre* donna à Boileau l'occasion de composer un de ses meilleurs poëmes et de servir avec chaleur le meilleur de ses amis. Il est bien là tout entier : de beaux vers, et une bonne action ; aussi ardent auprès de M. Arnauld que redoutable à M. le duc de Nevers. Qu'on se le figure avec son feu et sa verve au milieu de cette assemblée de docteurs, on l'aura dans toute sa libre originalité !

Boileau appelait l'épître VIIIe son remercîment. Elle est en effet consacrée tout entière à louer les vertus militaires de Louis et surtout sa libéralité et sa bienfaisance. C'était reprendre en d'autres termes des éloges qu'il avait déjà exprimés dans sa première épître. Cependant le poëte y voyait une différence qu'il notait ainsi pour accorder M. du Charmel et le marquis de Dangeau, qui contestaient sur un parallèle établi entre les deux pièces. « La pensée de ma première épître fait plus d'honneur au roi, parce que je dis que ses actions sont si extraordinaires que, pour les rendre croyables à la postérité, il faudra confirmer le récit de l'histoire par le témoignage irréprochable d'un satirique. Mais la pensée de l'épître VIII me fait plus d'honneur, parce que j'y fais l'éloge de ma générosité et du désintéressement avec lequel je voudrois louer le roi, de peur que mes louanges ne soient suspectes de flatterie. » On peut dire que la postérité ne croit intéressées au débat ni la gloire de Louis ni celle de Despréaux, l'un et l'autre pouvant bien se passer de ce poëme, qui n'est que médiocre.

VII.

BOILEAU HISTORIOGRAPHE DU ROI, ET ACADÉMICIEN.

Despréaux allait bientôt pouvoir donner un libre cours à sa reconnaissance et à son admiration, en satisfaisant tout à la fois aux vœux de son cœur et aux exigences de sa charge. Vers la fin d'octobre de cette même année 1677, il fut nommé avec son ami Racine historiographe du roi, et chargé de coucher par écrit

> Ces faits d'un roi plus grand en sagesse, en vaillance,
> Que Charlemagne aidé des douze pairs de France.

La première idée en vint à Mme de Montespan. Cette femme ne manquait, comme l'observe Mme de Caylus, ni de grandeur d'âme ni d'élévation dans l'esprit. Elle avait mis tous ses soins à bien choisir les précepteurs du dauphin, songeant en cela à la gloire future du roi... « Ce fut dans les mêmes vues, dit la nièce de Mme de Maintenon, qu'elle choisit M. Racine et M. Despréaux pour écrire l'histoire des campagnes du roi. Si c'est une flatterie, on conviendra qu'elle n'est pas d'une femme commune ni d'une maîtresse ordinaire. »

Les deux poëtes s'empressèrent d'accepter cet emploi, qu'ils devaient si peu remplir. Racine regarda, nous dit son fils, ce choix du roi qui tombait si juste, comme un coup du ciel, comme une grâce de Dieu qui lui procurait cette importante occupation, pour le détacher entièrement de la poésie. Boileau lui-même, déjà malade de la gorge et fatigué, parut aussi renoncer à ses premières études. Il y a dans sa vie, à partir de ce moment, une lacune poétique. Douze ou treize ans s'écoulèrent sans qu'il donnât d'autres ouvrages en vers que les deux derniers chants du *Lutrin*, dont il voulut finir l'action. Tous les deux, animés d'un même zèle, ne songèrent plus qu'à se rendre dignes de l'honneur qu'on leur faisait et à devenir historiens. On les vit alors passer beaucoup de temps à se mettre au fait de l'histoire générale de France, et de l'histoire particulière du règne qu'ils avaient à écrire. Nous connaissons par le fils de Racine, et nous retrouvons dans les œuvres de son père, les travaux que l'auteur de *Phèdre* entreprit dans l'intention de bien connaître ses devoirs. Il fit un extrait du traité de Lucien sur la manière d'écrire l'histoire, il y joignit d'autres extraits de Mézerai et de Vittorio Siri, et il se mit à lire les mémoires, lettres, instructions et autres pièces de cette nature dont le roi avait ordonné qu'on lui donnât communication.

On parle d'Isocrate qui mit dix ans à composer un discours sur les besoins de la Grèce : nos deux historiographes étaient dans le même cas. Louis XIV cependant ne s'endormait pas. Cette même année 1677, les villes que le roi assiégea dans les Pays-Bas tombèrent quand il parut. Plus expéditif que ses historiens, il était de retour à Versailles avant qu'ils eussent songé à le quitter. Il leur demanda pourquoi ils n'avaient pas eu la curiosité de voir un siége : « Ce voyage, leur dit-il, n'étoit pas long. — Il est vrai, reprit mon père, dit Louis Racine, mais nos tailleurs furent trop lents. Nous leur avions commandé des habits de campagne : lorsqu'ils nous les apportèrent, les villes que Votre Majesté assiégeoit étoient prises. » La flatterie plut au roi, mais il engagea les deux poëtes à prendre leurs mesures de bonne heure, parce qu'il voulait être suivi d'eux dans toutes ses campagnes, pour qu'ils fussent témoins des choses qu'ils devaient écrire.

Il fallut obéir, quoique bien des gens, au dire de Sosie, aient fait le récit de batailles dont ils se sont tenus loin. Boileau déjà malade ne put faire la campagne de Gand en 1678. Racine partit seul, vit tout ce qui s'y passa, en rendit compte à son ami dans ses lettres, et n'en écrivit pas pour cela une seule page d'histoire. Despréaux néanmoins fit la campagne de Flandre en 1678, celle d'Alsace en 1681. Ce fut dans la première qu'il dit au roi, un jour qu'un boulet de canon avait passé à sept pas de Sa Majesté : « Je vous prie, sire, en qualité d'historien, de ne pas me faire finir si tôt mon histoire. » Était-ce pour la prolonger qu'il ne la commençait pas? Des deux amis il paraît que Boileau était le plus courageux à la guerre. Le roi du moins l'avait remarqué. En effet, lorsque le satirique vint annoncer à Louis XIV la mort de son ami et qu'il parla du courage de ses derniers moments : « J'en suis étonné, dit-il, car je me souviens qu'au siége de Gand vous étiez le plus brave. »

Deux poëtes à la suite des armées, il y avait de quoi égayer les hommes de guerre; aussi n'épargnaient-ils pas les railleries à ces nourrissons des muses traînés sur les champs de bataille. Leur ignorance des choses militaires, leur simplicité donnèrent lieu à des plaisanteries dont le souvenir dura longtemps à la cour. C'est ainsi que Cavoye, excellent ami de tous les deux, fit croire à Racine qu'ils avaient commis une grande étourderie en partant sans s'être assurés par un forfait avec un maréchal de Paris que les fers mis aux pieds de leurs chevaux y resteraient six mois. « C'est ce que j'ignorois, dit l'auteur de *Phèdre* ; Boileau ne m'en a rien dit ; mais je n'en suis pas étonné, il ne songe à rien. » Boileau accusé avoue son ignorance, et se met aussitôt en devoir de trouver dans Paris le maréchal le plus fameux pour ces sortes de forfaits. Autre anecdote qu'on lit dans Louis Racine. Un jour, après une marche fort longue, Boileau très-fatigué se jeta sur un lit en arrivant, sans vouloir souper. M. de Cavoye, qui le sut, alla le voir après le souper du roi, et lui dit avec un air consterné, qu'il avait à lui apprendre une fâcheuse nouvelle : « Le roi, ajoutait-il, n'est pas content de vous ; il a remarqué aujourd'hui une chose qui vous a fait un grand tort. — Eh quoi donc? s'écria Boileau tout alarmé. — Je ne puis, continua M. de Cavoye, me résoudre à vous la dire ; je ne saurois affliger mes amis. » Enfin, après l'avoir laissé pendant quelque temps dans l'agitation, il lui dit : « Puisqu'il faut vous l'avouer, le roi a remarqué que vous étiez tout de travers à cheval. — Si ce n'est que cela, répondit Boileau, laissez-moi dormir. »

On trouvait qu'il se couvrait d'habits trop chauds et trop lourds. « Comment pouvez-vous durer avec de si grosses hardes? » lui dit un jour le roi. Il répondit : « Sire, j'ai toujours ouï dire que le chaud étoit un ami incommode, mais que le froid est un ennemi mortel. »

On regrette de n'avoir sur cette charge d'historiographe du roi que des anecdotes à raconter, c'est en effet tout ce qu'elle a produit. Un commis du trésor public disait des deux poëtes : « On n'a encore rien vu de la main de ces deux messieurs en leur qualité d'historiographes, que leurs noms au bas des quittances. » La pension de Boileau était de 2,000 livres, celle de Racine de 4,000. Pourquoi ces deux poëtes n'ont-ils rien laissé; et comment se sont-ils soustraits aux devoirs de leur fonction? Ni Mézerai, ni Pellisson, qui les avaient précédés, n'avaient eu cette hardiesse. Racine fils prétend qu'ils écrivirent quelques morceaux d'histoire qui ont péri en 1726 dans l'incendie de la maison de Valincour, à Saint-Cloud. « Mais ce même Valincour, successeur de Racine dans cet emploi, assure dans une lettre à d'Olivet, que les deux poëtes, après avoir essayé ce travail, sentirent qu'il était tout à fait opposé à leur génie. [1] »

Leur zèle pour la gloire du roi eût dû y suppléer. D'après une

---

1. Daunou.

anecdocte rapportée par Monchesnay, Boileau aurait commencé d'écrire les campagnes de Louis XIV, il aurait même lu quelques pages de son histoire au roi. Dans l'une d'elles il disait que Louis, ayant fait semblant de marcher vers la Flandre, avait tout à coup *rebroussé* chemin. Le roi l'arrêta sur ce mot de *rebrousser*, pour lequel, dit Monchesnay, Sa Majesté avait de la répugnance. Tous les courtisans, y compris Racine, furent de l'avis du prince; mais le satirique soutint qu'il ne convenait jamais de substituer à un terme propre, établi dans une langue, un mot impropre ou une périphrase.

Les amis de Boileau peuvent encore lui faire un mérite de son silence en qualité d'historiographe, si ce qu'on lit dans Daunou est vrai. Boileau craignait surtout d'être obligé de suivre les traces de Pellisson. « L'histoire qu'écrit Pellisson, disait-il, est un panégyrique perpétuel; il loue le roi sur un buisson, sur un arbre, sur un rien; et, quand on lui fait quelque remontrance à ce sujet, il répond qu'il veut louer le roi. » Boileau disait encore : « Quand je faisois le métier de satirique que j'entendois assez bien, on m'accabloit d'injures et de menaces; aujourd'hui on me paye bien cher pour faire le métier d'historiographe, que je n'entends point du tout. [1] »

On peut croire toutefois que les deux amis rêvèrent souvent

1. Cette charge, qui remonte à Philippe-Auguste, a duré jusqu'en 1789. Rigord s'intitulait chronographe du roi. Au xive siècle, Froissart n'était que l'écrivain de la reine d'Angleterre, femme d'Édouard III. Alain Chartier fut nommé clerc, notaire et secrétaire de la maison de Charles VI, ce fut son frère J. Chartier qui fut le premier historiographe. Charles VII lui en donna le titre; il mit en ordre les chroniques de Saint-Denis jusqu'en 1460. Comines n'a point eu ce titre. Louis XII attira l'Italien Paul-Émile en France et lui donna la charge d'écrire notre histoire. Charles IX conféra la fonction d'historiographe à du Haillay, et Henri III à Nicolas Viquier. Pierre Mathieu fut historiographe de Louis XIII. Scipion Dupleix reçut ce titre de Richelieu. Théodore Godefroi et Jean Sirmond furent aussi nommés historiographes du roi. Sous Louis XIV, Mézerai touchait une pension de 4,000 livres, depuis réduite à 2,000. Pellisson toucha 6,000 livres. Valincour succéda à Racine. En 1713, le jésuite Daniel fut nommé historiographe du roi. Voltaire eut cette charge en 1745. En 1750, il la quitta; elle fut conférée à Duclos, qui la conserva jusqu'en 1772, puis à Marmontel qui l'occupait en 1789.

à leur histoire, s'en entretinrent beaucoup, et peut-être est-ce à la suite d'une de ces longues conversations qu'il leur arriva cette petite mésaventure dont M. Sainte-Beuve a fait connaître le premier le récit, en le tirant d'une lettre du père Quesnel à Arnauld. Ceci se passait vers 1680 : « Mme de Montespan, écrit le père Quesnel, a deux ours qui vont et viennent comme bon leur semble. Ils ont passé une nuit dans un magnifique appartement que l'on fait à Mlle de Fontanges. Les peintres, en sortant le soir, n'avoient pas songé à fermer les portes ; ceux qui ont soin de cet appartement avoient eu autant de négligence que les peintres : aussi les ours, trouvant les portes ouvertes, entrèrent, et, toute la nuit, gâtèrent tout ; le lendemain on dit que les ours avoient vengé leur maîtresse, et autres folies de poëtes. Ceux qui devoient avoir fermé l'appartement furent grondés, mais de telle sorte qu'ils résolurent bien de fermer les portes de bonne heure. Cependant, comme on parloit fort du dégât des ours, quantité de gens allèrent dans l'appartement voir tout ce désordre. MM. Despréaux et Racine y allèrent aussi vers le soir ; et, entrant de chambre en chambre, enfoncés ou dans leur curiosité, ou dans leur douce conversation, ils ne prirent pas garde qu'on fermoit les premières chambres : de sorte que, quand ils voulurent sortir, ils ne le purent, ils crièrent par les fenêtres, mais on ne les entendit point. Les deux poëtes firent bivouac où les deux ours l'avoient fait la nuit précédente, et eurent le loisir de songer ou à leur poésie passée, ou à leur histoire future. » Ce petit accident n'en hâta pas davantage leur dessein. Mais on voit au dernier trait du père Quesnel qu'on devait rire autour d'eux de cette lenteur.

Les ennemis de Boileau n'avaient garde de laisser passer une occasion si belle. Tu sais, lui disait Pradon, dans une épître, que

... Pour peindre les faits d'un si fameux monarque,
Il faut être du moins ou Salluste ou Plutarque ;
J'espère que ta prose aura leurs agréments,

> Bonne ou non, reçois-en de bons appointements ;
> C'est ce que dit un jour un commis des finances :
> Nous n'avons encor vu rien d'eux que leurs quittances.

Il n'est pas jusqu'à cette bonne et douce Mlle de Scudéri qui ne se venge des railleries de Boileau contre les héros de roman, et ne lui refuse ainsi qu'à son ami Racine le courage et le sang-froid au milieu des batailles qu'on les menait voir. Elle écrit au comte de Bussi : « M. le duc a mené à Ypres (1678), les historiens du roi à la tranchée pour leur montrer de près le péril, afin qu'ils le pussent mieux dépeindre : mais je pense que la peur les a empêchés de rien voir. [1] »

« Engagé dans le glorieux emploi qui l'a retiré de la poésie, » ce sont ses propres paroles, Boileau, de 1677 à 1683, ne fait presque plus de vers. Une inscription pour le portrait du duc du Maine, le prologue d'un opéra, voilà tout ce qu'il donne. C'est, comme a dit M. Sainte-Beuve, une extinction de voix physique et poétique. Cependant, cette année même parurent les deux derniers chants du *Lutrin*, où l'auteur n'est point si malheureux qu'on l'a voulu dire, et sait trouver encore le secret de plaire. D'autre part, il corrige ses œuvres, en fait paraître une édition nouvelle avec une nouvelle préface. Le ton qu'il y prend est celui d'un poëte attiédi par les années, qui regrette ses vivacités d'autrefois, les explique et les adoucit. Ce n'est pas une rétractation, ce ne sont pas des excuses : c'est le langage d'un homme honnête et droit.

« ... En attaquant dans mes satires les défauts de quantité d'écrivains de notre siècle, je n'ai pas prétendu pour cela ôter à ces écrivains le mérite et les bonnes qualités qu'ils peuvent avoir d'ailleurs ; je n'ai pas prétendu, dis-je, que Chapelain, par exemple, quoique assez méchant poëte, ne fût pas un bon grammairien, [2] et qu'il n'y eût point d'esprit ni d'agré-

---

[1]. Desmaizeaux, *Vie de Boileau*, p. 119.
[2]. C'est ce qu'on lit dans l'édition de 1683 et 1685. — En 1694, il écrivit : « n'ait pas fait autrefois, je ne sais comment, une assez belle ode. » —

ment dans les ouvrages de M. Q***, quoique fort éloignés de la perfection de Virgile. J'ajouterai même sur ce dernier que, dans le temps où j'écrivis contre lui, nous étions tous deux fort jeunes, et qu'il n'avoit pas fait alors beaucoup d'ouvrages qui lui ont dans la suite acquis beaucoup de réputation.[1] »

Si Boileau était moins sincère, s'il n'avait refusé de demander jamais lui-même à l'Académie l'honneur d'être admis parmi ses membres, on pourrait voir dans ces éloges un manége ingénieux, pour désarmer la colère d'un grand nombre d'écrivains capables par leur cabale de l'éloigner du fauteuil académique. Au fond c'était peut-être la secrète intention de Despréaux. Il n'est pas défendu, comme on l'a dit, d'être en même temps droit et adroit.

Déjà le poëte avait quarante-sept ans, il avait publié ses meilleurs ouvrages, son ami Racine était de l'Académie depuis 1673, il semblait bien avoir mérité sa place dans la célèbre compagnie. Ce fut l'avis de Louis XIV. Il lui demanda un jour s'il était académicien : « Je n'en suis pas digne, avait répondu le poëte. — Je veux, dit le roi, que vous soyez de l'Académie. » Boileau devait trouver un concurrent dans La Fontaine.

En 1682, à la mort de l'abbé Cotin, celui-ci avait demandé la place. Il avait publié presque toutes ses fables et la plupart de ses contes. Les scrupules de la compagnie lui avaient fait préférer Louis de Courcillon, abbé de Dangeau, frère du marquis de Dangeau, qui lui-même était de l'Académie. On n'avait pas manqué d'en rire, et La Monnoie, dans une épigramme, fit ainsi parler le candidat malheureux :

> Quand on a comme moi la fortune ennemie,
> On n'est pas aujourd'hui propre à l'Académie.
> J'ai du génie et de l'acquis;

De 1701 à 1713, il y avait dans Quinault : « et qu'il n'y ait beaucoup d'esprit dans les... » BERRIAT-SAINT-PRIX.

1. Cette phrase, suivant Brossette, fut ajoutée dans l'édition de 1694.

Ma prose ni mes vers ne me font point de honte;
Mais je ne suis, hélas! duc, évêque, ni comte,
Ministre, cardinal, président, ni marquis.

En 1683, la mort de Colbert laissait une place vacante. La Fontaine se présenta de nouveau pour la remplir; il avait, dit-on, écrit une lettre à un prélat, membre de l'Académie, pour témoigner quelques regrets de la licence de ses contes, et pour promettre de n'en plus composer de semblables. Comme il redoutait la concurrence de Boileau (l'abbé Régnier, Desmarais et Roze avaient été le trouver pour savoir s'il accepterait cette place, au cas où l'Académie voulût la lui donner), il le pria de se désister en sa faveur. Despréaux répondit que si l'Académie le nommait, il ne pourrait refuser cet honneur : mais il lui promit de ne faire aucune démarche pour l'obtenir. La compagnie se trouva donc partagée entre ces deux grands écrivains. La lutte fut vive. Les amis de Boileau ne s'épargnèrent pas. Roze qui était secrétaire du cabinet du roi et président d'une cour souveraine, tenait pour Boileau avec qui il avait, par la vivacité de ses réparties, par sa véhémence, par le sel de ses propos, plus d'un trait de ressemblance.[1] « Il jeta sur la table de l'Académie un des volumes des *Contes* de la Fontaine comme pour faire honte à l'Académie de penser à choisir un homme qui était l'auteur d'écrits aussi licencieux. S'apercevant qu'il n'avait pas produit par ce moyen beaucoup d'impression, il dit avec humeur : « Je vois bien, messieurs, qu'il vous faut un Marot. — Et à vous une marotte, » répliqua vivement Benserade, qui opinait pour La Fontaine, et que cet acharnement du président Roze contre le bonhomme impatientait. Cette bouffonnerie fit rire,

---

1. Voir son portrait dans Saint-Simon, t. II, p. 152. « Roze étoit un petit homme ni gras, ni maigre, avec un assez beau visage, une physionomie fine, des yeux perçants et pétillants d'esprit, un petit manteau, une calotte de satin sur ses cheveux presque blancs, un petit rabat uni presque d'abbé, et toujours son mouchoir entre son habit et sa veste. Il disoit qu'il étoit là plus près de son nez. Il étoit extrêmement propre, gaillard et plein de sens jusqu'à la fin. » — Il mourut en 1701, à l'âge de quatre-vingt-sept ans.

et l'opinion de Benserade, si hautement déclarée, eut sur plusieurs membres, encore incertains, une heureuse influence pour La Fontaine.[1] » Il eut seize voix et Boileau sept.

Les choix de l'Académie n'étaient définitifs qu'après un second scrutin, précédé de l'acceptation du roi. Celui-ci fut mécontent d'un résultat qui contrariait sa volonté. Ses scrupules, augmentés encore par les démarches des amis de Boileau et des adversaires de La Fontaine, lui firent voir avec déplaisir l'élection du fabuliste. Il ne s'en cacha pas. Lorsque, selon l'usage, M. Doujat, député de l'Académie, alla savoir de Sa Majesté si l'on procéderait à un second scrutin, il répondit avec humeur : « Je sais qu'il y a eu du bruit et de la cabale dans l'Académie. » M. Doujat voulut lui faire entendre que tout s'était passé dans les formes et lui expliquer ces formes; mais le roi l'interrompit, en disant : « Je le sais très-bien, mais je ne suis pas encore déterminé, et je ferai savoir mes intentions à l'Académie. »

Ainsi, tout demeurait suspendu. Le roi partit pour la Flandre, et l'Académie, sans nouvelles instructions, dut attendre son retour. La Fontaine, qui voyait son élection compromise, essaya de fléchir le roi en lui adressant une ballade. Mme de Thianges, sa plus ardente protectrice, se chargea de la lui présenter. Elle avait vu sa faveur s'accroître à la suite d'un bal masqué où Louis XIV vint chez elle terminer les plaisirs du carnaval de 1683. Elle en profita pour lire au roi les vers de son protégé. Le poëte y disait au monarque :

> Quelques esprits ont blâmé certains jeux,
> Certains récits, qui ne sont que sornettes.
> Si je défère aux leçons qu'ils m'ont faites,
> Que veut-on plus? Soyez moins rigoureux,
> Plus indulgent, plus favorable qu'eux,
> Prince; en un mot, soyez ce que vous êtes,
> L'événement ne peut m'être qu'heureux.

1. *Histoire de la vie et des ouvrages de La Fontaine*, par M. WALKENAER, t. II, p. 29.

Cela devint une affaire qui partagea la cour. Le débat prit même une telle vivacité, que le second fils du grand Condé, dont l'esprit caustique n'épargnait rien, osa bien en plaisanter avec le roi et lui dire qu'une chose de cette importance et si essentielle à l'État ne demandait pas moins qu'un juge tel que Sa Majesté.[1]

Benserade, que nous avons déjà vu répondre si durement à Roze, le protecteur de Boileau, fit circuler à ce sujet une ballade qui ne fut pas imprimée, mais qu'on a retrouvée dans les papiers de d'Olivet :

> Sonnets, rondeaux, fables, contes plaisants,
> Sont peu de cas pour cette compagnie;
> Mieux sont reçus les dévots postulants
> Portant brevet de bonne et sainte vie.
> Livres savants, chansons, prose polie,
> D'admission ne sont pas bons garants;
> Si vous voulez enfin qu'on vous élise,
> De sainteté produisez-nous des vœux :
> Tels passe-ports seulement sont de mise,
> Vous entrerez, Roze a dit : Je le veux !

Heureusement la mort se chargea de terminer la querelle : elle fit une nouvelle place à l'Académie. Ce fut M. de Bezons, conseiller d'État, mort le 22 mars 1684, qui laissa vacant un siége.[2] Le 15 avril suivant, Boileau fut élu pour remplir ce

---

1. *Histoire de la vie et des ouvrages de La Fontaine*, par M. WALKENAER, t. II, p. 30, 2, 3, 4.

2. On dirait aujourd'hui un fauteuil. Mais il faut savoir qu'il n'y eut d'abord de fauteuils que pour le directeur, le chancelier et le secrétaire perpétuel. Il en fut ainsi jusqu'en 1713, où les choses changèrent à l'occasion de l'élection de la Monnoie. Voici ce qu'il en dit lui-même : « Il est même arrivé quelque chose de mémorable dans l'Académie à cette occasion : c'est que n'y ayant dans cette compagnie que les trois officiers, le directeur, le chancelier et le secrétaire, qui eussent des fauteuils, les cardinaux, à qui l'on ne vouloit pas en accorder, à moins qu'ils ne fussent dans l'une des trois charges, refusoient par cette raison d'assister aux assemblées. L'embarras étoit donc grand de la part de M. le cardinal d'Estrées, qui ne pouvoit me donner sa voix sans entrer à l'Académie, et qui ne pouvoit d'ailleurs se résoudre à y entrer qu'il n'eût un fauteuil. Les deux autres cardinaux académiciens, savoir M. le cardinal de Rohan et M. le cardinal

vide. La nouvelle en fut portée au roi le 20; il répondit : « Le choix qu'on a fait de Despréaux m'est très-agréable, et sera généralement approuvé... Vous pouvez, ajouta-t-il, recevoir incessamment La Fontaine; il a promis d'être sage. » Le 24 avril, on passa au second scrutin; là, comme la première fois, Boileau obtint tous les suffrages. Cette unanimité pourrait nous surprendre si nous oubliions de quelle faveur il jouissait auprès du roi. Les paroles de Sa Majesté, rapportées à l'Académie, firent taire bien des rancunes qui vivaient encore au fond des cœurs. Ce qu'il y a de plus surprenant et de plus honorable pour les deux poëtes, c'est qu'ils restèrent en dehors du débat et n'eurent l'un contre l'autre aucun ressentiment. Du moins, ils n'en laissèrent rien paraître.

La réception solennelle de Boileau eut lieu le 1er juillet; voici ce qu'en dit Bayle dans ses *Nouvelles de la République des Lettres* : « M. de La Fontaine fut reçu de l'Académie le second du mois de mai (1684), et l'on eût reçu M. Boileau le même jour s'il eût été à Paris. Mais il n'avoit garde d'y être; il étoit en Flandres avec le roi qu'il accompagne dans toutes ses expéditions, afin d'en pouvoir parler comme témoin oculaire. Il ne fut reçu que le premier jour de ce mois (de juillet). Il fit un discours d'un petit quart d'heure,[1] qui fut écouté avec beaucoup de plaisir de toute l'assemblée, fort nombreuse ce jour-là. Il déclara d'abord l'étonnement où il se trouvoit de se voir membre d'une compagnie dont l'entrée lui devoit avoir été

---

de Polignac, en ayant conféré avec lui, ce dernier se chargea d'en parler au roi, qui leva la difficulté, en ordonnant que désormais tous les académiciens eussent des fauteuils. » (SAINTE-BEUVE, *Causeries du lundi*, t. XIV.)

1. Ce fut Fléchier, après Patru, qui développa son remercîment, plut à tout le monde, et inaugura ainsi le compliment ou discours de réception, 1673. Une autre innovation fut l'introduction des femmes aux séances académiques. Les filles de Chamillart, le ministre, voulurent assister, elles et leurs amies, du fond d'une tribune qu'on leur ménagea, à la réception de l'évêque de Senlis, leur oncle (7 septembre 1702), et pour s'en moquer. « Mais, dit M. Sainte-Beuve, une fois la tribune établie, le pont était fait, et les dames peu à peu envahirent la salle. » (*Causeries du lundi*, t. XIV.)

fermée par tant de raisons. Il dit ensuite qu'il ne pouvoit attribuer cet honneur qu'au désir que le roi avoit témoigné pour cela ; et que Sa Majesté, l'ayant choisi pour travailler à son histoire conjointement avec un des membres de l'Académie, avoit cru qu'il ne pourroit s'en acquitter dignement sans être instruit dans l'école de ces messieurs. Il ajoutoit avec une confiance qui ne lui seyoit pas mal que le roi avoit eu quelque raison de le choisir pour un tel emploi, parce qu'il fait tous les jours tant de choses qui, toutes vraies qu'elles sont, ne paroissent pas vraisemblables, qu'il étoit bon qu'on les fît écrire par un historien qui fût en réputation de ne flatter point. »

« Le discours de M. Boileau, dit ensuite Bayle, a été trouvé digne de son esprit et de sa réputation ; la plupart de ceux qui en parlent le louent extrêmement, et ceux qui en disent le moins de bien font entendre seulement qu'il n'y avoit rien d'extraordinaire. C'est un signe qu'il s'est fort bien tiré de ce pas-là. L'endroit où il dit que *l'entrée de l'Académie lui devoit avoir été fermée par tant de raisons* a renouvelé le souvenir de cette multitude d'académiciens morts et vivants qu'il a maltraités dans ses *Satires*. Les Chapelain, les Cassagne, les Cotin, les Desmarets, les Scudéri et les Quinault, se sont présentés d'abord à l'esprit de tout le monde, et on croit que si le roi, qui est au-dessus des lois, ne se fût pas mêlé de la chose, l'Académie s'en fût tenue à ses statuts, qui l'obligent, dit-on, à avoir un sentiment d'exclusion pour tous ceux qui la diffament en la personne de ses membres. Mais sa complaisance pour le souverain lui a fait tenir une conduite tout à fait chrétienne ; ceux qui aiment cette Académie la louent d'avoir oublié généreusement les injures qu'elle avoit reçues. Les ennemis de M. Boileau sont bien aises qu'il ait recherché comme une grâce d'entrer dans un corps dont il avoit mal parlé à ce qu'ils prétendent, et ils font sur cela des comparaisons qu'il n'est nullement nécessaire de dire ici. Quoi qu'il en soit, M. Boileau est d'un mérite si distingué, qu'il eût été difficile à messieurs de l'Académie françoise de remplir aussi avantageusement qu'ils ont fait la place de M. de Bezons.[1] »

L'observation de Bayle paraîtra bien plus piquante quand nous aurons dit qu'à cette séance, où Boileau fut solennellement reçu membre de l'Académie, on lut la traduction de deux psaumes par Benserade, un sonnet par Le Clerc, et quatre autres par Boyer.[2] L'Académie ne se vengeait-elle pas assez? N'oublions pas non plus que la dernière lecture fut une fable de La Fontaine : le seul genre dont Despréaux n'eût pas parlé dans son *Art poétique*.

Boileau, entré si tard à l'Académie, n'y fut jamais complétement chez lui, suivant un critique ingénieux. « Il ne fut jamais content d'elle; il n'avoit guère que des épigrammes à la bouche, quand il en parloit; il étoit presque de l'avis de Mme de Maintenon, à qui l'on reprochoit de ne pas la regarder comme un corps sérieux. » En pouvait-il être autrement lorsque les Benserade, les Boyer, les Le Clerc, les Desmaretz y continuaient le goût arriéré des Balzac et des Chapelain? Cette compagnie, destinée à devenir si illustre, n'avait jamais entièrement échappé aux justes critiques des esprits délicats. On avait vu Saint-Évremond railler les Colletet, les Bois-Robert, les Baudoin et les Godeau de Vence; ils avaient vécu longtemps, et à leur mort des choix malheureux avaient prolongé leur école. « En un mot, dit M. Sainte-Beuve, les vieux académiciens, voisins de la fondation et contre lesquels, à ses débuts, Boileau avait eu à guerroyer, vécurent assez pour donner la main à des académiciens plus jeunes et qui, dès le début, se retrouvaient opposés à leur tour à Boileau, déjà mûr ou déjà vieux. Voici la filiation : Desmaretz, Perrault, Fontenelle, La Motte. » Les

---

1. Les comparaisons dont parle ici M. Bayle roulaient sans doute sur ce que, comme on oblige un homme qui a déshonoré une femme à l'épouser, de même, etc. (DESMAIZEAUX, *Vie de Boileau*.)

2. A la réception de La Fontaine, Perrault lut une épître chrétienne de consolation à un homme veuf; Quinault les deux chants de son poëme intitulé *Sceaux*, Benserade une traduction du *Miserere*, et La Fontaine lui-même son discours à Mme de La Sablière.

confrères de Boileau ne le virent donc jamais que comme un ennemi introduit de force dans leur camp. Ils ne goûtaient ni ses avis ni ses sentiments. Il le comprenait bien, il le voyait, et s'étonnait parfois d'être approuvé, tant parce qu'il avait raison que parce que la raison passait par sa bouche. Il a en maints endroits exprimé son peu de goût pour l'Académie. Suivant d'Alembert, il prétendait que l'emblème qui lui convenait le mieux était une troupe de singes se mirant dans une fontaine avec ces mots : *Sibi pulchri*. Ses dédains avaient, il faut en convenir, une dureté choquante. « Le libraire Coignard m'a apporté, disait-il, le recueil des pièces qui ont remporté les prix à l'Académie françoise : je ne sais où est ce volume; mon laquais a cru que c'étoit un livre pour lui; il a deviné que je ne le lirois pas, je n'aime point à bâiller.[1] »

Il n'était pas d'ailleurs le seul à penser ainsi. On peut bien croire qu'il y aurait de l'injustice à prendre pour vraies les injures dont Furetière a rempli ses *factums*[2] contre beaucoup d'académiciens; ce qu'il y a de faux et d'outré dans celles qu'il adresse à La Fontaine doit nous mettre en garde contre les autres, cependant il faut bien reconnaître qu'il y avait dans l'illustre compagnie plus d'un membre dont le savoir pouvait à bon droit être suspecté. Pavillon commence ainsi la description d'une des séances de l'Académie :

> Troublé d'une fureur divine,
> Je vois les muses, Apollon,
> Accompagnés de Mnémosyne,

---

1. En 1693, durant le second trimestre, le sort l'ayant désigné *directeur*, il s'abstint de prononcer en cette qualité aucune harangue, quoique le décès de trois académiciens durant ces trois mois l'appelât à répondre aux discours de réception de leurs successeurs. Il se laissa remplacer par le *gros Charpentier*.

2. Antoine Furetière, Factum contre quelques-uns des messieurs de l'Académie françoise, Amsterdam, 1685, in-12; second factum, Amsterdam, 1686; troisième factum, servant d'apologie, Amsterdam, 1688; recueil de plusieurs vers, épigrammes et autres pièces qui ont été faites contre M. l'abbé Furetière et contre messieurs de l'Académie françoise, 1687...

> Se présenter dans ce salon.
> Le Grec Charpentier y préside;
> Le tendre Quinault y réside;
> La Fontaine n'y peut parler,
> Il dort; et, prêt à s'en aller,
> Le chevalier de l'Équivoque
> Le regarde et s'en moque.

La droiture de son esprit qui l'éloignait de toute cabale, et la sévérité de son goût, le mettaient souvent encore en contradiction avec ses confrères. Telle fut la circonstance suivante dont on trouve le récit dans Louis Racine. « Lorsqu'il fut question de recevoir à l'Académie (1706) M. le marquis de Saint-Aulaire, il s'y opposa vivement et répondit à ceux qui lui représentoient qu'il falloit avoir des égards pour un homme de cette condition : « Je ne lui dispute pas ses titres de noblesse, « mais je lui dispute ses titres du Parnasse. » Un des académiciens ayant répliqué que M. de Saint-Aulaire avait aussi ses titres du Parnasse, puisqu'il avait fait de fort jolis vers : « Eh « bien, monsieur, lui dit Boileau, puisque vous estimez ses « vers, faites-moi l'honneur de mépriser les miens.[1] » C'est ce poëte pourtant que Voltaire a placé dans le *Temple du goût* parmi les auteurs négligés et surtout parmi ceux qui ne se piquent de rien :

> L'aisé, le tendre Saint-Aulaire,
> Plus vieux encor qu'Anacréon,
> Avait une voix plus légère ;
> On voyait les fleurs de Cythère
> Et celles du sacré vallon
> Orner sa tête octogénaire.

---

[1]. Ces paroles s'adressaient, dit-on, à l'abbé de Lavau, académicien, protecteur de Saint-Aulaire qu'il donnait pour un nouvel Anacréon. Voltaire racontait que cet abbé, pour mieux soutenir son client, offrit d'apporter à la séance suivante une pièce où l'on verrait le talent de Saint-Aulaire briller de tout son éclat, et que Despréaux, de son côté, promit de prouver aussi, papier sur table, l'incurable médiocrité du candidat; que les deux académiciens vinrent en effet munis chacun d'une pièce justificative; et que de part et d'autre la pièce se trouva précisément la même. (Daunou, *Vie de Boileau*, LXVIII.)

Mais Boileau n'était pas fait pour goûter les chansons aimables d'un vieillard écrites en vers négligés. Il semble donc inutile de supposer, avec d'Alembert, que Despréaux ait voulu se venger de quelques vers attribués au marquis et dirigés d'une manière générale contre les satiriques. Toutefois, s'il est vrai, suivant Daunou, qu'il n'ait repoussé Saint-Aulaire que pour favoriser Mimeure, autre poëte de cour, d'Alembert a raison de dire que « ce n'était pas la peine d'afficher tant de rigueur pour finir par tant de complaisance. » N'oublions pas cependant que le président Lamoignon lui avait recommandé ce candidat, et que ce n'est pas un mérite ordinaire que de savoir résister à l'amitié pour écouter seulement sa conscience.

A part l'aigreur des propos et la rudesse des procédés dont Boileau ne put jamais se défaire, on ne saurait dire que le poëte ait eu tort dans le mépris qu'il affecta pour les académiciens ses confrères. En octobre 1681, Fléchier écrivait à M{{lle}} Deshoulières : « Je suis bien aise que votre cour grossisse tous les jours de quelque bel esprit qui vous rend hommage. J'espère bien qu'à la fin l'Académie se tiendra chez vous et que vous y présiderez. » Remarquez que c'étaient là des ennemis de Boileau et que, comme le dit spirituellement M. Sainte-Beuve, puisque l'Académie était si bien chez elle en étant chez M{{lle}} Deshoulières, Boileau ne pouvait se croire chez lui quand il était à l'Académie.

Le mauvais goût des amis et protecteurs de Pradon ne suffisait-il pas pour indisposer le poëte? Son esprit sensé remarquait sans doute encore que l'Académie était loin de remplir le vœu de son fondateur. Dans les lettres patentes de 1635 et dans le projet qui avait précédé, le but des études et l'objet des travaux de l'Académie étaient exprimés en termes très-nets. On y marquait l'espoir « que notre langue, plus parfaite déjà que pas une des autres vivantes, pourroit bien enfin succéder à la latine, comme la latine à la grecque, si on prenoit plus de soin qu'on n'avoit fait jusques ici de l'élocution, qui n'étoit pas à la vérité toute l'éloquence, mais qui en faisoit une fort bonne et fort considérable partie; que, pour cet effet, il falloit en établir des règles certaines; premièrement établir un usage certain des mots, régler les termes et les phrases par un ample *Dictionnaire* et une *Grammaire* exacte qui lui donneroient une partie des ornements qui lui manquoient, et qu'ensuite elle pourroit acquérir le reste par une *Rhétorique* et une *Poétique* que l'on composeroit pour servir de règle à ceux qui voudroient écrire en vers et en prose; que, de cette sorte, on rendroit le langage françois non-seulement élégant, mais capable de traiter tous les arts et toutes les sciences, à commencer par le plus noble des arts qui est l'éloquence.[1] » De tout cela on sait que l'Académie n'exécuta que le dictionnaire.

Était-ce assez pour répondre dignement aux intentions du cardinal de Richelieu? Ne voulait-il pas autre chose? La Mesnardière, qui se flattait d'avoir eu de Son Éminence de longues et glorieuses audiences vers la fin de sa vie, durant le voyage de Roussillon, prétendait que Richelieu avait la pensée de rendre les académiciens arbitres de la capacité, du mérite et des récompenses de tous les illustres professeurs qu'il appellerait dans un rare et magnifique collége pour les belles-lettres, et dans lequel il avait dessein d'employer tout ce qu'il y avait de plus éclatant pour la littérature dans l'Europe. Il voulait, disait-il, les faire directeurs de ce riche et pompeux prytanée des *belles-lettres*, dans lequel, par un sentiment digne de l'immortalité, dont il était si amoureux, il voulait placer l'Académie française le plus honorablement du monde, et donner un honnête et doux repos à toutes les personnes de ce genre qui l'auraient mérité par leurs travaux.

« Mais, dit M. Sainte-Beuve, ce que Richelieu voulait décidément, ce qu'il a fait voir tout d'abord en demandant à l'Académie ses sentiments publics sur le *Cid*, c'était de la faire juge

---

1. SAINTE-BEUVE, *Causeries du lundi*, t. XIV.

des œuvres d'éclat qui paraîtraient; de la constituer haut jury, haut tribunal littéraire tenu de donner son avis sur les productions *actuelles* les plus considérables qui partageraient le public. Je me figure en imagination Richelieu vivant, toujours présent : il aurait demandé à l'Académie son avis sur *Phèdre*, par exemple, sur *Athalie*, au lendemain même des premières représentations de ces pièces fameuses. »

Nous ne pensons pas que Boileau eût voulu engager les académiciens dans ces mêlées dangereuses, et que ce fut là surtout ce qui lui faisait regretter l'espèce d'inertie de ce corps illustre; mais il avait conçu un projet pour rendre utile l'Académie française. Il croyait que les séances académiques pouvaient servir à autre chose qu'à discuter des mots, à lire des idylles, des psaumes ou des églogues, et l'abbé d'Olivet nous a conservé ses idées sur ce point.

« Quoi, disait Boileau, l'Académie ne voudra-t-elle jamais connoître ses forces? Toujours bornée à son dictionnaire, quand donc prendra-t-elle l'essor? Je voudrois que la France pût avoir ses auteurs classiques aussi bien que l'Italie. Pour cela, il nous faudroit un certain nombre de livres qui fussent déclarés exempts de fautes quant au style. Quel est le tribunal qui aura droit de prononcer là-dessus, si ce n'est l'Académie? Je voudrois qu'elle prît d'abord le peu que nous avons de bonnes traductions, qu'elle invitât ceux qui ont ce talent à en faire de nouvelles, et que, si elle ne jugeoit pas à propos de corriger tout ce qu'elle y trouveroit d'équivoque, de hasardé, de négligé, elle fût du moins exacte à le marquer au bas des pages, dans une espèce de dictionnaire qui ne fût que grammatical. Mais pourquoi veux-je que cela se fasse sur des traductions? Parce que des traductions avouées par l'Académie, en même temps qu'elles seroient lues comme des modèles pour bien écrire, serviroient aussi de modèle pour bien penser, et rendroient le goût de la bonne antiquité familier à ceux qui ne sont pas en état de lire les originaux. Ce n'est pas l'esprit qui manque aux François, ni même le travail, c'est le goût; et il n'y a que le goût ancien qui puisse former parmi nous des auteurs et des connoisseurs.[1] »

Boileau proposait encore d'employer l'Académie française et les presses du Louvre à donner de bonnes éditions des livres classiques français. Voltaire approuvait fort cette idée : « Un jour un bel esprit de ce pays-là (l'Angleterre) me demanda les Mémoires de l'Académie française. « Elle n'écrit point de Mémoires, « lui répondis-je; mais elle a fait imprimer soixante ou quatre-« vingts volumes de compliments. » Il en parcourut un ou deux. Il ne put jamais entendre ce style, quoiqu'il entendît fort bien tous nos bons auteurs. « Tout ce que j'entrevois, me dit-il, dans « ces beaux discours, c'est que le récipiendaire ayant assuré que « son prédécesseur était un grand homme, que le cardinal de « Richelieu était un très-grand homme, le chancelier Séguier « un assez grand homme, le directeur lui répond la même « chose et ajoute que le récipiendaire pourrait bien aussi être « une espèce de grand homme, et que pour lui, directeur, il « n'en quitte pas sa part... » Pour l'Académie française, quel service ne rendrait-elle pas aux lettres, à la langue et à la nation si, au lieu de faire imprimer tous les ans des compliments, elle faisait imprimer les bons ouvrages du siècle de Louis XIV, épurés de toutes les fautes de langage qui s'y sont glissées! Corneille et Molière en sont pleins. La Fontaine en fourmille. Celles qu'on ne pourrait corriger seraient au moins marquées. L'Europe, qui lit ces auteurs, apprendrait par eux notre langue avec sûreté. Sa pureté serait à jamais fixée. J'ai ouï dire que M. Despréaux avait fait autrefois cette proposition...[2] » C'était par un projet utile préparer bien de l'ouvrage à l'Académie qui s'apprêtait déjà à la grande lutte où Boileau prit une si vive part.

Il venait à peine d'être admis à l'Académie française lorsque Louvois le fit entrer, lui et son ami Racine, dans la *Petite*

---

1. *Histoire de l'Académie française*, t. II, p. 122.
2. Voltaire, *Dict. philosophique*, art. Société royale de Londres.

Académie, fondée par Colbert en 1663. Cette compagnie ne compta d'abord que quatre membres (Charpentier, Quinault, l'abbé Tallemant et Félibien père), pris dans l'Académie française. Ses premiers travaux n'eurent pas d'abord une grande importance ; ils se bornaient, en effet, aux inscriptions pour les monuments publics, aux dessins des tapisseries du roi, aux devises des jetons du trésor, à l'examen des projets d'embellissement de Versailles, etc. On la chargea ensuite de retracer l'histoire de Louis XIV à l'aide de médailles, et, sous le ministère de Pontchartain, elle reçut le nom d'*Académie des inscriptions et des médailles.* C'était en vue de ce projet que Louvois adjoignit aux premiers académiciens *deux hommes dont il jugea le secours très-utile pour l'histoire du roi.*

Boileau prit aussitôt feu pour ses nouveaux devoirs ; il affecta même d'y apporter tout le zèle qu'il n'avait pas pour les séances de l'Académie française. Loin de Paris, à Bourbon, il se fait envoyer les inscriptions projetées et ne manque pas de donner son avis sur ce qu'elles valent. Admis dans la nouvelle compagnie, secondé de son ami Racine, il y fit prévaloir un esprit de simplicité et de naturel inconnu avant lui. Ce fut aux dépens de Charpentier. Cet homme avait composé des inscriptions pleines d'emphase pour mettre au bas des tableaux des victoires de Louis XIV, peints dans la grande galerie de Versailles par M. Lebrun. Tout le monde en était choqué, Colbert plus que personne. Il pria donc Boileau de lui écrire là-dessus quelques observations qu'il pût montrer au roi (1692). Celui-ci fut touché des réflexions du poëte, et, en partant pour Fontainebleau, il ordonna qu'en son absence « on ôtât toutes ces pompeuses déclamations de M. Charpentier et qu'on y mît les inscriptions simples qui y sont, que nous composâmes presque sur-le-champ, dit Boileau, M. Racine et moi, et qui furent approuvées de tout le monde. »

Cette théorie, qui veut que les inscriptions soient simples, courtes, familières, qui en bannit la pompe et la multitude des paroles, ne plut certainement pas à Charpentier. Aussi n'y eut-il entre lui et Despréaux qu'une longue suite de querelles et de contradictions. Déjà dès l'année 1665, le satirique avait tourné en ridicule l'enflure et la déclamation de Charpentier qui, dans une pièce intitulée *Églogue royale,* avait chanté le roi en vers trop magnifiques :

> L'un, en style pompeux habillant une églogue,
> De ses rares vertus te fait un long prologue,
> Et mêle, en se vantant soi-même à tout propos,
> Les louanges d'un fat à celles d'un héros.

En se rencontrant à l'Académie française et à celle des inscriptions et médailles, ces deux poëtes ne pouvaient que se sentir ennemis. Ajoutez que Charpentier était partisan de Perrault. Despréaux ne lui épargne donc ni les épigrammes[1] ni les observations mordantes. Chaque fois qu'il en parle, c'est pour s'en moquer. Suivant lui, c'est un homme « qui ne dit jamais rien qu'on ne doive contredire. » S'il prend les eaux de Bourbon avec plus de patience, c'est dans l'idée de pouvoir mieux un jour attaquer son éternel adversaire : « Que ne fait-on point pour avoir de quoi contredire M. Charpentier? » Un jour,

1. Ne blâmez pas Perrault de condamner Homère,
    Virgile, Aristote, Platon :
    Il a pour lui monsieur son frère,
    Lavau, Caligula, Néron,
    Et le gros Charpentier, dit-on.

Cet académicien ne manquait pas de certains ridicules dont l'humeur satirique de Boileau devait s'égayer. Dans une lettre écrite à Racine, de Paris, le mardi 3 juin 1693, on lit ceci : « Oh! qu'heureux est M. Charpentier, qui, raillé, et mettons quelquefois bafoué sur les siens (ses vers), se maintient toujours parfaitement tranquille, et demeure invinciblement persuadé de l'excellence de son esprit! Il a tantôt apporté à l'Académie une médaille de très-mauvais goût, et, avant que de la laisser lire, il a commencé par en faire l'éloge. Il s'est mis d'avance en colère sur ce qu'on y trouveroit à redire, déclarant pourtant que, quelques critiques qu'on y pût faire, il sauroit bien ce qu'il devoit penser là-dessus, et qu'il n'en resteroit pas moins convaincu qu'elle étoit parfaitement bonne. Il a en effet tenu parole, et tout le monde l'ayant généralement désapprouvé, il a querellé tout le monde, il a rougi et s'est emporté; mais il s'en est allé satisfait de lui-même. »

les deux rivaux se trouvèrent en lutte sur un vers de l'anthologie grecque. Apollon dit des œuvres d'Homère :

Ἤειδον μὲν ἐγών· ἐχάρασσε δὲ θεῖος Ὅμηρος.

Boileau traduisit de la manière suivante :

> Quand la dernière fois, sur le sacré vallon,
> La troupe des neuf sœurs, par l'ordre d'Apollon,
>   Lut l'*Iliade* et l'*Odyssée*,
> Chacune à les louer se montrant empressée,
> De leur auteur, dit-il, apprenez le vrai nom :
> Jadis avec Homère aux rives du Permesse,
> Dans ce bois de lauriers, où seul il me suivoit,
> Je les fis toutes deux, plein d'une douce ivresse;
>   Je chantois, Homère écrivoit.

C'était un peu long, et même un peu fade. « J'ai été obligé d'étendre ainsi la chose, parce qu'autrement elle ne seroit pas amenée. » Charpentier l'avait exprimée en ces termes :

> Quand Apollon vit le volume
> Qui, sous le nom d'Homère, enchantoit l'univers,
> Je me souviens, dit-il, que j'ai dicté ces vers,
>   Et qu'Homère tenoit la plume.

« Cela est assez concis et assez bien tourné; mais à mon sens le volume est un mot fort bas en cet endroit, et je n'aime point ce mot de palais : *tenoit la plume.* » Ce jugement est assez favorable, et ne sent pas l'animosité. Mais Brossette, à qui Boileau sur sa demande a envoyé les deux épigrammes (1703), ne s'avise-t-il pas d'en faire une seule en *charpentant*, dit-il, l'épigramme de Boileau, c'est-à-dire en mêlant les deux styles ensemble :

> Apollon, voyant les ouvrages
> Qui, sous le nom d'Homère, enchantoient l'univers ;
> C'est moi, dit-il, qui lui dictai ces vers,
>   J'étois sous ces sacrés ombrages.
> Dans ce bois de lauriers, où seul il me suivoit,
> Je chantois, Homère écrivoit.

Piqué de la correction, Boileau répond à Brossette (1703) : « Oserois-je vous dire, monsieur, que si vous avez été fort juste sur l'observation de ce solécisme,[1] il n'en est pas de même de votre correction de l'épigramme de l'*Anthologie?* Et avec qui, bon Dieu! y associez-vous mon style? Avec le style de Charpentier : *jungentur jam tigres equis.* Est-il possible que vous n'ayez pas vu que le sens de l'épigramme est que c'est Apollon, c'est-à-dire le génie seul, qui, dans une espèce d'enthousiasme et d'ivresse, a produit l'*Iliade* et l'*Odyssée;* que c'est lui qui les a faits et non pas simplement dictés, et que, lorsque Homère les écrivoit, à peine Apollon savoit qu'Homère étoit là?... »

Après cette lettre du 3 juillet 1703, Boileau garde le silence jusqu'au 2 du mois suivant, et il ne le rompt que sur une autre critique de Brossette où il trouve un excès de raffinement. Il ne peut s'empêcher de revenir sur l'épigramme de l'*Anthologie* et d'exprimer encore son mécontentement. « Vous avez reçu de moi une petite narration en rimes, que j'ai composée à la sollicitation de M. Le Verrier pour amener un vers de l'anthologie, et tous ceux, à commencer par lui, à qui je l'ai communiquée, en ont été très-satisfaits.

« Cependant, bien loin d'en être content, vous me faites concevoir qu'elle ne vaut rien, et, sans me dire ce que vous y trouvez de défectueux, vous allez chercher dans M. Charpentier, c'est-à-dire dans les étables d'Augias, de quoi la rectifier. »

Brossette s'excuse comme il peut. Il déclare l'épigramme digne d'Apollon, d'Homère et de Boileau; il ne l'a jamais jugée mauvaise, comme Despréaux l'en accuse; il ne trouve rien dans ses lettres, dans son esprit, dans son cœur qui puisse lui avoir dicté un jugement si faux et si *provincial.* Cependant il avoue sa faute : « Il est vrai que je me suis avisé,

---

1. Il s'agit de ce vers de l'*Art poétique* :
    Que votre âme et vos mœurs peintes dans vos ouvrages...
Boileau l'avait d'abord écrit ainsi :
    Que votre âme et vos mœurs peints dans tous vos ouvrages.

je ne sais comment, d'associer vos vers avec ceux de M. Charpentier; mais la manière dont je vous l'ai écrit vous a fait comprendre sans doute que c'étoit un jeu et non pas une chose sérieuse. *Tu vero ne sis patruus mihi.* Traitez-moi avec un peu plus de bonté. »

Après quelque temps d'interruption dans les lettres, Boileau consent enfin à pardonner à son imprudent ami; ce n'est pas toutefois sans lui reprocher encore de l'avoir *charpenté*. Il assure qu'il n'a point de chagrin contre lui : « J'ai trouvé un peu étrange, je l'avoue, que vous me voulussiez mettre en société de style avec Charpentier, l'un des hommes du monde avec lequel je m'accordois le moins, et qui, toute sa vie, à mon sens, et même en sa vieillesse, a eu le style le plus écolier. Mais cela n'a point fait que je vous aie voulu aucun mal. » Non sans doute un mal de mort, comme dit Molière; mais pourtant il avait fallu une amende honorable pour adoucir ce petit chagrin, tant Charpentier déplaisait à Boileau. Il est vrai que Charpentier, de son côté, ne ménageait pas son ennemi, car il se plaignait d'avoir souffert « de Boileau l'affreuse satire, qui déchire nos rois et nos dieux. »

Nous entrons dans les années moroses de Despréaux. Voilà le temps venu où ses infirmités s'aggravent, sa tristesse augmente et son talent perd de son éclat. Il écrivait d'Auteuil, le 26 mai 1687, à son ami Racine : « Quand je fus attaqué de la difficulté de respirer, il y a vingt-cinq ans, tous les médecins m'assuroient que cela s'en iroit et se moquoient de moi quand je témoignois douter du contraire. Cependant cela ne s'est point en allé, et j'en fus encore hier incommodé considérablement. Je sens que cette difficulté de respirer est au même endroit que ma difficulté de parler, et que c'est un poids fort extérieur, que j'ai sur la poitrine, qui les cause l'une et l'autre. Dieu veuille qu'elles n'aient pas fait une société inséparable! » L'asthme s'était compliqué d'une extinction de voix survenue à la suite d'un rhume. Les remèdes ordinaires ne réussirent pas à la faire disparaître. « Mon ânesse, disait le malade, y a perdu son latin, aussi bien que tous les médecins. La différence qu'il y a entre eux et elle, c'est que son lait m'a engraissé et que leurs remèdes me dessèchent. »

Quoique Boileau n'eût pas grande confiance dans une science aussi conjecturale que la médecine, le désir de recouvrer la parole l'envoya aux eaux de Bourbon, non loin de Moulins-sur-Allier. Les lettres que nous avons de Racine et de lui, durant cette petite absence, sont la fidèle expression des sentiments d'amitié qui unirent toujours ces deux grands hommes. On a souvent prétendu que cette correspondance manque de vivacité, d'imagination, de coloris et d'abandon. Ce reproche n'est peut-être pas tout à fait juste. Les deux poëtes s'y entretiennent sur un ton de confidence ingénue, sans apprêt, sans pédanterie, comme aussi sans dévergondage ni dans les idées, ni dans le style. Ils sont bien de leur temps; ils en ont toute la gravité. Il ne faudrait pas croire cependant que l'agrément y manque; non, mais il est voilé. On y rencontre plus d'un trait malicieux finement amené, plus d'une allusion doucement moqueuse, tant à l'adresse de Racine qu'à celle de Boileau. Celui-ci ne laisse pas de nous faire une agréable peinture de la vie peu divertissante qu'il mène à Bourbon.

Une lettre du 21 juillet 1687 nous fait savoir par quelles formalités prétendues nécessaires, la saignée, la purgation, etc., le malade passait avant de prendre les eaux.

A la veille de commencer ce *grand chef-d'œuvre*, il se moque des médecins, de leurs contradictions, de leurs espérances, non pas avec la verve de Molière, mais avec assez de scepticisme pour nous rappeler le souvenir de son ancien ami. Nous savons par Dancourt, qui y a mis la scène de plusieurs de ses comédies, ce qu'était la vie de certains intrigants à Bourbon, de certaines coquettes, ou simplement de quelques femmes de plaisirs qui voulaient profiter de leur éloignement de Paris. Boileau ne devait pas certainement trouver sa place dans ce monde turbulent et libertin. Il fait pourtant connaissance de deux ou trois malades qui valent bien, dit-il, des gens en santé. « Il y a ici un trésorier de la Sainte-Chapelle, grand ami de M. Lamoignon, qui me vient voir fort souvent; il est homme de beaucoup d'esprit, et s'il n'a pas la main si prompte à répandre les bénédictions que le fameux M. de Coutances, il a en récompense beaucoup plus de lettres et beaucoup plus de solidité. » Ce trésorier de la Sainte-Chapelle parle de vers, et n'en parle pas sottement; les deux malades lisent ensemble ceux que l'année précédente a vus éclore dans Bourbon même; ils sont si misérables que la verve de Boileau s'allume et que, malgré les eaux, il invective contre la fontaine de Bourbon :

> Oui,

lui dit-il,

> Vous pouvez chasser l'humeur apoplectique,
> Rendre le mouvement au corps paralytique,
> Et guérir tous les maux les plus invétérés.
> Mais quand je lis ces vers par votre onde inspirés,
>   Il me paroît, admirable fontaine,
> Que vous n'eûtes jamais la vertu d'Hippocrène.

Il lit, il compose, il a un jardin pour se promener, et, tout compte fait, il n'a pas « la moitié de l'inquiétude à quoi il s'étoit préparé. » Ceci est un de ses bons jours.

Il en a d'autres où il est plus triste. Les eaux n'amènent aucun changement dans son état, il s'impatiente, il s'irrite de l'incertitude où le traitement le laisse. « Je m'efforce pourtant de traîner ici ma misérable vie du mieux que je puis avec un abbé, très-honnête homme, qui est trésorier d'une sainte chapelle, mon médecin et mon apothicaire. Je passe le temps avec eux à peu près comme D. Quixotte le passoit, *en un lugar de la Mancha,* avec son curé, son barbier et le bachelier Sanson Carasco. J'ai aussi une servante : il me manque une nièce. Mais de tous ces gens-là, celui qui joue le mieux son personnage, c'est moi qui suis presque aussi fou que lui. »

Une chose pourtant aurait été capable de le consoler, c'est l'intérêt que le roi, que Mme de Maintenon, que Louvois prenaient à sa santé. Racine lui en transmet des témoignages; et même, de la part de Sa Majesté, lui conseille des remèdes. Mais la voix ne revient pas davantage. Un jour, après un demi-bain, Despréaux a cru le moment de la guérison venu ; ce n'était qu'une illusion. « Le monosyllabe que j'ai prononcé n'a été qu'un effet de ces petits tons que vous savez qui m'échappent quelquefois quand j'ai beaucoup parlé, et mes valets ont été un peu trop prompts à crier miracle. La vérité est pourtant que le bain m'a renforcé les jambes et fortifié la poitrine; mais, pour ma voix, ni le bain, ni la boisson des eaux ne m'y ont de rien servi. Il faut donc s'en aller de Bourbon aussi muet que j'y suis arrivé. Je ne saurois vous dire quand je partirai; je prendrai brusquement mon parti, et Dieu veuille que le déplaisir ne me tue pas en chemin ! Tout ce que je puis vous dire, c'est que jamais exilé n'a quitté son pays avec tant d'affliction que je retournerai au mien. »

Boileau possédait Auteuil depuis 1685, il y avait tous ses livres ; mais comme il ne pouvait plus désormais y aller les hivers, il prit un arrangement nouveau, sur lequel toutefois il demanda son avis à Racine. Il logeait, au moins pendant le jour, dans la maison de son neveu Dongois, dans la cour du palais. Il avait, au cloître Notre-Dame, une chambre sans meubles depuis le mois d'octobre 1683, il est probable que cette chambre ne lui servait que pour y coucher la nuit. Jusque-là il avait pu s'accommoder du voisinage de deux enfants âgés l'un de deux et l'autre de trois ans, tous deux appartenant à Mme Gilbert de Voisins, fille de Dongois; mais il lui faut à présent plus de tranquillité : « J'ai résolu, écrit-il à Racine, de prendre un logement pour moi seul. Je suis las franchement d'entendre le tintamarre des nourrices et des servantes... Je suis las de me sacrifier au plaisir et à la commodité d'autrui. Il n'est pas vrai que je ne puisse bien vivre et tenir seul mon ménage, ceux qui le croient se trompent grossièrement. D'ailleurs, je prétends désormais mener un genre de vie dont tout le monde ne s'accommodera pas. » Et il écrit ceci en répandant des larmes. Boileau, qui ne fut jamais très-avenant et d'une société bien ouverte, se replie sur lui-même, et prélude à la vie de retraite qu'il mènera, quand, aussitôt après la mort de son ami, en 1690, retiré de la cour, il ne quittera presque plus Auteuil.

Nous ne laisserons pas cette correspondance des deux amis, sans faire observer qu'ils nous y apparaissent tous les deux fort occupés de leurs devoirs d'historiographes. Retenu loin des camps par sa mauvaise santé, Boileau reçoit avec un vif intérêt les relations de Racine. Celui-ci fait en conscience son métier de témoin oculaire. Il assiste aux revues, malgré l'ennui et la fatigue qu'il y éprouve, aux siéges, aux tranchées, aux assauts. Il se fait instruire de tout par Vauban, il recueille des notes, assemble des anecdotes; Boileau, de son côté, combine les divers matériaux et prépare le travail de rédaction. « J'ai déjà formé mon plan pour l'année 1667, où je vois de quoi ouvrir un beau champ à l'esprit; mais, à ne vous rien déguiser, il ne faut pas que vous fassiez un grand fond sur moi, tant que j'aurai tous les matins douze verrées d'eau, qu'il coûte encore plus à rendre qu'à avaler, et qui vous laissent tout étourdi le reste du jour, sans qu'il soit permis de sommeiller un moment. Je ferai pourtant du mieux que je pourrai, et j'espère que Dieu m'aidera. »

Racine, de son côté : « Je suis revenu riche de bons mémoires. J'ai entretenu tout à mon aise les gens qui pouvoient me dire le plus de choses de la campagne de Lille. J'eus même l'honneur de demander cinq ou six éclaircissements à M. de Louvois, qui me parla avec beaucoup de bonté. Vous savez sa manière, et comme toutes ses paroles sont pleines de droit sens, et vont au fait. En un mot, j'en sortis très-savant et très-content. Il me dit que tout autant de difficultés que nous aurions, il nous écouteroit avec plaisir. Les questions que je lui fis regardoient Charleroi et Douai. J'étois en peine pourquoi on alla d'abord à Charleroi, et si on avoit déjà nouvelle que les Espagnols l'eussent rasé; car, en voulant écrire, je me suis trouvé arrêté tout à coup, et par cette difficulté et par beaucoup d'autres que je vous dirai. Vous ne me trouverez peut-être, à cause de cela, guère plus avancé que vous; c'est-à-dire, beaucoup d'idées, et peu d'écriture. Franchement, je vous trouve fort à dire, et dans mon travail, et dans mes plaisirs. Une heure de conversation m'étoit d'un grand secours pour l'un et d'un grand accroissement pour les autres. » Gardons-nous donc de blâmer les deux historiographes du roi, ils n'ont pas fait que toucher leurs pensions. Il n'y a pas de leur faute s'ils eurent beaucoup d'idées et firent peu d'écritures !

C'est au milieu de ces dispositions chagrines que Despréaux tomba dans sa grande querelle avec Charles Perrault. Le 27 janvier 1687, l'Académie française fit chanter un *Te Deum* pour remercier le ciel d'avoir rendu la santé au roi ; et, dans l'après-dînée, elle tint une séance extraordinaire où Charles Perrault lut un petit poëme, intitulé *le Siècle de Louis le Grand*. Le poëte, tout en protestant de son respect pour les anciens, déclarait les voir sans plier les genoux; il disait :

>   Ils sont grands, il est vrai, mais hommes comme nous;
>   Et l'on peut comparer, sans crainte d'être injuste,
>   Le siècle de Louis avec celui d'Auguste.

Établissant donc cette comparaison, il osait trouver *Platon quelquefois ennuyeux*, et le fameux Aristote

>   En physique moins sûr qu'en histoire Hérodote.

Ces vers étaient mauvais et les jugements hardis. Ce n'est pas que tout fût paradoxe dans l'opinion de Perrault, ni qu'il ne rencontrât parfois quelques beaux endroits. Il avait raison lorsqu'il posait en principe la perpétuité des forces de la nature, et il ne s'exprimait pas trop mal dans le passage suivant :

>   A former les esprits, comme à former les corps,
>   La nature en tout temps fait les mêmes efforts.
>   Son être est immuable, et cette force aisée

> Dont elle produit tout ne s'est point épuisée.
> Jamais l'astre du jour qu'aujourd'hui nous voyons
> N'eut le front couronné de plus brillants rayons;
> Jamais, dans le printemps, les roses empourprées
> D'un plus vif incarnat ne furent colorées.
> Non moins blanc qu'autrefois, brille dans nos jardins
> L'éblouissant émail des lis et des jasmins;
> Et dans le siècle d'or la tendre Philomèle,
> Qui charmoit nos aïeux de sa chanson nouvelle,
> N'avoit rien de plus doux que celle dont la voix
> Réveille les échos qui dorment dans nos bois.
> De cette même main les forces infinies
> Produisent en tout temps de semblables génies.

Les partisans des anciens lui pardonnèrent moins l'appréciation qu'il faisait du génie d'Homère. Il y trouvait cent défauts qui ne dépareraient pas ses poëmes si le sort eût différé sa naissance jusqu'au temps de Louis. Ton génie abondant, lui disait-il, *dans ses descriptions*

> Ne t'auroit pas permis tant de digressions;
> Et, modérant l'excès de tes allégories,
> Eût encor retranché cent doctes rêveries
> Où ton esprit s'égare et prend de tels essors,
> Qu'Horace te fait grâce en disant que tu dors.

Il y avait là de quoi blesser les admirateurs des anciens; mais leur mécontentement augmenta bien plus encore lorsqu'ils virent que Perrault opposait à toute l'antiquité les noms les moins estimables des temps modernes, tandis qu'il oubliait Racine et Boileau. On cherche en vain ces deux poëtes dans l'énumération suivante :

> Les Régniers, les Maynards, les Gombaulds, les Malherbes,
> Les Godeaux, les Racans, dont les écrits superbes,
> En sortant de leur veine et dès qu'ils furent nés,
> D'un laurier immortel se virent couronnés.
> Combien seront chéris, par les races futures,
> Les galants Sarrazins et les tendres Voitures,
> Les Molières naïfs, les Rotrous, les Tristans,
> Et cent autres encor, délices de leur temps !

Il faut se refuser à croire avec d'Alembert que l'omission du nom de Boileau fût une cause secrète de sa colère, plus puissante que son dévouement pour les anciens. « La vraie cause de sa colère, dit M. Hippolyte Rigault, ce fut cette attaque imprévue de Perrault contre des noms et des ouvrages sacrés aux yeux de Despréaux. Il se sentit blessé dans son cœur, dans son esprit, dans sa piété respectueuse et tendre à l'égard des anciens, et dans son goût de poëte, qu'irritaient ces prosaïques blasphèmes. Perrault lui parut doublement coupable de sacrilége et de mauvais style. » Aussi, pendant la lecture du *Siècle de Louis le Grand*, Boileau s'agitait sur son *fauteuil*, d'un air d'impatience et de mauvaise humeur. Il semblait jouer le personnage du *Misanthrope* écoutant l'homme au sonnet, ou plutôt il jouait, ainsi qu'il le dit lui-même dans une de ses lettres, son propre personnage, « le chagrin de ce Misanthrope contre les méchants vers ayant été, comme Molière me l'a confessé plusieurs fois lui-même, copié sur mon modèle. » Ce jour-là Boileau fut vraiment Alceste, et, l'Académie lui paraissant jouer le rôle de Philinte, il s'emporta contre l'Académie :

Eh quoi! vil complaisant, vous louez des sottises!

« Boileau, dit Perrault, qui raconte cette petite comédie à la fin de ses *Mémoires*, grondoit tout bas, pendant que Huet, alors évêque de Soissons, qui siégeoit à côté de lui, s'efforçoit de le calmer, en lui représentant « que s'il étoit question de « prendre le parti des anciens, cela lui conviendroit mieux qu'à « lui, mais qu'ils n'étoient là que pour écouter. » Écouter! c'est à quoi se refusoit Boileau qui, d'impatience, se leva avant la fin du discours, en s'écriant qu'une telle lecture étoit une honte pour l'Académie. La Fontaine, assis de l'autre côté de Huet, paroissoit rêver. Quelques jours après, en portant à l'évêque de Soissons une traduction de Quintilien, par Orazio Toscanella, il lui offrit son admirable épître en l'honneur des anciens. »

Racine se vengea sur l'heure même; à la fin de la séance, il aborda Perrault et, avec une naïveté malicieuse, il loua beaucoup son poëme, et le complimenta sur le tour heureux qu'il avait su donner à une plaisanterie si agréablement soutenue. Perrault, piqué de l'éloge, répondit qu'il avait parlé fort sérieusement et qu'il le prouverait. « Je pris alors, dit-il dans ses *Mémoires*, la résolution de dire en prose ce que j'avois dit en vers. » Il en devait sortir les *Parallèles*.[1]

Boileau, dans la violence de son humeur, ne pouvait se contenter de compliments ironiques. S'exagérant l'incartade de Perrault, il aurait voulu que l'Académie l'eût empêché de continuer la lecture. Non-seulement elle l'avait écoutée jusqu'au bout, mais elle l'avait encore applaudie; il ne se contint plus et décocha contre elle l'épigramme que voici :

> Clio vint l'autre jour se plaindre au dieu des vers
>   Qu'en certain lieu de l'univers
> On traitoit d'auteurs froids, de poëtes stériles,
>   Les Homères et les Virgiles.
> Cela ne sauroit être, on s'est moqué de vous,
>   Reprit Apollon en courroux :
> Où peut-on avoir dit une telle infamie?
> Est-ce chez les Hurons, chez les Topinamboux? —
> C'est à Paris. — C'est donc dans l'hôpital des fous? —
> Non, c'est au Louvre, en pleine Académie.

Ces hostilités-là renouvelaient une vieille querelle avec les Perrault qui datait de 1678. Cette famille semblait destinée à faire le désespoir de Despréaux. Des quatre frères qui la composaient, trois se déchaînèrent contre lui : Pierre, Claude et Charles. Nicolas, docteur de Sorbonne, sectateur du grand Arnaud, aurait peut-être été l'ami du poëte s'il ne fût mort en 1661. De même que les Boileau eurent tous le même penchant à la satire, ce qui était comme la marque de leur origine, les frères Perrault eurent pour trait de ressemblance quelque chose de hardi et de libre dans l'esprit. Passionnés pour les nouveautés, ils ne craignaient rien tant que la routine; il leur fallait, a dit M. Hippolyte Rigaut, des recherches à faire, des expériences à tenter, des aventures à courir.

---

1. HIPPOLYTE RIGAUT, *Histoire de la querelle des anciens et des modernes*, p. 148. — CHARLES PERRAULT, *Mémoires*, 1759, in-12, liv. IV, p. 201.

« Claude fut un génie créateur dans l'architecture, qu'il adopta définitivement, et même dans quelques sciences, au dire de Condorcet et des hommes compétents en anatomie et en physiologie; Nicolas se fit exclure de la Sorbonne à la suite du grand Arnaud; Pierre, le receveur général des finances, se ruina, et se consola de sa ruine en traduisant *Tassoni,* en composant un *Traité sur les fontaines* et en défendant l'*Alceste* de Quinault; enfin, Charles, le contrôleur général des bâtiments du roi, préludait dès le collége à ses combats futurs par des discussions philosophiques avec son régent qui forcèrent l'écolier à s'exiler de la maison, et chercha longtemps sa voie entre le barreau, l'administration et la poésie. »

Boileau n'eut pas les premiers torts avec cette famille. Ce fut Pierre qui, en 1678, dans la préface du *Seau enlevé,* traduit de Tassoni, ouvrit le feu et prit Despréaux à partie. Les opinions de Desmarets-Saint-Sorlin ne lui déplaisaient pas et il crut devoir les défendre; il attribuait la haute estime qu'on a des anciens et de leurs ouvrages à la prévention. Des pères aux enfants, des maîtres aux écoliers, cette opinion avait dû sa fortune à l'aveugle soumission des uns et des autres. Ces attaques générales pouvaient passer par-dessus la tête de Boileau; mais il n'y avait pas à s'y méprendre, le poëte était désigné dans une allusion assez claire. Pierre Perrault demandait la permission d'oser se déclarer contre une opinion si bien établie, « puisque, disait-il, la satire se donne bien aujourd'hui la licence de reprendre les mœurs, de censurer les ouvrages et de les tourner en ridicule avec les auteurs... L'autorité des auteurs satiriques n'étant pas plus établie que la mienne, leur sentiment ne doit non plus servir de loi pour décider sur le bon ou sur le mauvais des ouvrages que pourroit faire le mien, et toutes choses pareilles, mon procédé étant plus honnête que celui de ces jaloux et envieux misanthropes, sera toujours plus approuvé par les honnêtes gens que ne sauroit être le leur. »

Boileau eut la sagesse de ne point répondre. Il pensait que

Racine, quatre ans auparavant dans sa préface d'*Iphigénie*, avait assez bien fait la leçon à cet apologiste outré des modernes, à ce téméraire censeur des anciens. Pierre écarté, restait Claude. Suivant Voltaire, celui-ci s'était ouvertement déchaîné contre l'auteur des *Satires* pour venger Quinault. Il avait osé dire que Boileau avait glissé dans ses ouvrages des choses dangereuses qui concernent l'État, et que, sous le nom de Midas, il avait voulu désigner le roi Louis XIV, dans ce vers offensant :

Midas, le roi Midas a des oreilles d'âne.

En implorant la protection de M. de Vivonne dans les démêlés qu'il avait incessamment sur le Parnasse, Boileau racontait ainsi cette querelle (1676) : « Vous saurez donc, monseigneur, qu'il y a un médecin à Paris, nommé M. P., très-grand ennemi de la santé et du bon sens, mais en récompense fort grand ami de M. Quinault. Un mouvement de pitié pour son pays, ou plutôt le peu de gain qu'il faisoit dans son métier, lui en a fait à la fin embrasser un autre. Il a lu Vitruve, il a fréquenté M. Le Vau et M. Ratabon, et s'est enfin jeté dans l'architecture, où l'on prétend qu'en peu d'années il a autant élevé de mauvais bâtiments, qu'étant médecin il avoit ruiné de bonnes santés. Ce nouvel architecte, qui veut se mêler de poésie, m'a pris en haine sur le peu d'estime que je faisois des ouvrages de son cher Quinault. Sur cela il s'est déchaîné contre moi dans le monde : je l'ai souffert quelque temps avec assez de modération ; mais enfin la bile satirique n'a pu se contenir, si bien que, dans le quatrième chant de ma *Poétique* à quelque temps de là, j'ai inséré la métamorphose d'un médecin en architecte... Il n'avoit pas pourtant sujet de s'offenser, puisque je parle d'un médecin de Florence, et que, d'ailleurs, il n'est pas le premier médecin qui, dans Paris, ait quitté sa robe pour la truelle. Ajoutez que si, en qualité de médecin, il avoit raison de se fâcher, vous m'avouerez qu'en qualité d'architecte il me devoit des remercîments. Il ne me remercia pas pourtant; au contraire, comme il a un frère chez M. Colbert, il cria fort hautement contre ma hardiesse; jusque-là que mes amis eurent peur que cela ne me fît une affaire auprès de cet illustre ministre. Je me rendis donc à leurs remontrances, et, pour raccommoder toutes choses, je fis une réparation sincère au médecin par l'épigramme que vous allez voir :

> Oui, j'ai dit dans mes vers qu'un célèbre assassin,
> Laissant de Galien la science infertile,
> D'ignorant médecin devint maçon habile.
> Mais de parler de vous je n'eus jamais dessein,
>   Lubin, ma muse est trop correcte :
> Vous êtes, je l'avoue, ignorant médecin,
>   Mais non pas habile architecte. (1674.)

« Cependant regardez, monseigneur, comme les esprits des hommes sont faits : cette réparation, bien loin d'apaiser l'architecte, l'irrita encore davantage; il gronda, il se plaignit, il me menaça de me faire ôter ma pension. A tout cela je répondis que je craignois ses remèdes et non pas ses menaces. Le dénoûment de l'affaire est que j'ai touché ma pension, que l'architecte s'est brouillé auprès de M. Colbert, et que si Dieu ne regarde en pitié son pauvre peuple, notre homme va se rejeter dans la médecine. »

Voilà les choses assez bien tournées en faveur de Boileau. Mais il oublie de dire qu'il avait, lui aussi, propagé un bruit calomnieux répandu par d'Orbay, c'était que le véritable auteur des plans du Louvre était Levau. Claude Perrault, d'ailleurs, n'était pas homme à ne se point défendre. Aux vers et aux épigrammes de Boileau, il répondit par une fable intitulée *le Corbeau guéri par la Cigogne ou l'Envieux parfait*. L'allusion n'est pas difficile à saisir. Perrault prétend avoir guéri Boileau dont l'ingratitude se complique d'envie. Le corbeau, c'est Despréaux, voit bâtir un nid par la cigogne, un nid grand, spacieux, de la plus belle symétrie qui se vit jamais sous les cieux, c'est le Louvre; aussitôt il entre en furie, sa colère envieuse s'irrite de voir dans un autre tant de talents et veut sur-le-champ en faire justice. Au milieu des oiseaux qu'étonne le chef-d'œuvre de la cigogne, il s'écrie, il est vrai :

> Son architecture est divine.
> Ce qu'elle fait charme les yeux;
> Mais elle feroit encor mieux
> D'abandonner la médecine,
> Car l'ignorante, tous les jours,
> Mille et mille gens assassine
> Au lieu de leur donner secours.

A quoi la cigogne répond :

> D'avoir bien fait je suis blâmée.
> Si l'os que deux fois j'ai tiré
> Dans sa gorge fût demeuré,
> La même gorge envenimée
> N'eût pas blessé ma renommée.
> Mais quoi! c'est un ingrat parfait :
> D'un outrage il paye un bienfait!

Aménités charmantes qui valaient bien celles de Boileau :

Charles Perrault continuait donc une querelle de famille en soutenant les modernes et vengeait les siens. Ce n'était pas un adversaire sans mérite ni considération que Despréaux trouvait tout à coup devant lui. L'auteur du *Siècle de Louis le Grand*, avec un vif amour pour la dispute (il en était atteint depuis le collége), avait un esprit d'invention marqué et un goût non moins marqué pour les nouveautés. Dans la petite Académie, dont il faisait partie, il trouvait toujours les plus heureuses devises pour les médailles. Ce travail qui, suivant d'Alembert, demande une assez grande variété de connaissances, l'art d'appliquer les plus beaux traits des anciens aux événements modernes, une mémoire heureuse, un style expressif et concis, semblait fait pour le talent de Perrault. L'Académie française lui devait plusieurs choses : un logement au Louvre, l'élection au scrutin des membres de l'Académie, qu'on élisait jusque-là à haute voix par oui et par non, l'admission du public aux séances de réception. Paris même lui dut la liberté de la promenade dans le jardin des Tuileries, réservé jusqu'alors aux personnes de la cour. On le voit en tout inquiet, remuant, avide de changements et d'innovations. C'était le vrai champion des modernes.

Avait-il tout ce qu'il fallait pour soutenir la lutte avec Boileau sur le terrain des anciens? Il s'en fallait de beaucoup. Son éducation était loin d'être solide et classique. Un jour que son professeur le fit taire, il se leva et sortit de la classe; il ne devait plus rentrer ni au collége de Beauvais, ni dans aucun autre. Il avait été suivi dans sa fuite d'un camarade appelé Beaurain. Ils allèrent d'abord tous deux au jardin du Luxembourg, comme les séditieux de Rome, dit M. Sainte-Beuve, se retiraient sur le mont Aventin ou sur le mont Sacré, et là ils décidèrent de ne plus retourner au collége qui leur était inutile et d'étudier ensemble librement.

« En effet, dit Perrault dans ses *Mémoires,* nous exécutâmes notre résolution, et, pendant trois ou quatre années de suite, M. Beaurain vint presque tous les jours deux fois au logis : le matin à huit heures jusqu'à cinq. Si je sais quelque chose, je le dois particulièrement à ces trois ou quatre années d'études. Nous lûmes presque toute la Bible et presque tout Tertullien, l'*Histoire de France* de La Serre [1] et d'Avila, nous traduisîmes le traité de Tertullien *de l'Habillement des femmes;* nous lûmes Virgile, Horace, Tacite et la plupart des autres auteurs classiques, dont nous fîmes des extraits que j'ai encore. »

Ces études, où il y a bien du mélange, où Tacite et d'Avila sont sur la même ligne, devaient aboutir aux paradoxes du *Siècle de Louis le Grand.* M. Hippolyte Rigault fait observer de plus que, très-fervent catholique, Perrault devait être défavorable aux anciens. « Aussi, dit-il, quand Beaurain et Perrault passent de la Bible qu'ils vénèrent à Virgile qu'ils parodient, il me semble entendre leurs réflexions irrévérentes à l'égard de ces anciens dont ils se font les lecteurs sans guide

---

1. Il s'agit probablement de Jean de Serres, auteur de l'*Inventaire de l'histoire de France* (1597).

et sans règle, les commentateurs ironiques et les traducteurs émancipés. J'entends leurs éclats de rire quand ils travestissent en élèves de Scarron le sixième livre de l'*Énéide* avec l'aide de Claude et du docteur Nicolas. » Notons encore que dans ces études il ne figure pas un seul livre grec.

La guerre ainsi commencée n'était pas près de finir. Le parti des modernes continua de faire des recrues parmi des auteurs spirituels, plus ingénieux que solides. Fontenelle fut le plus considérable en ce genre. Connu déjà par ses *Dialogues des morts*, par un ouvrage de fade galanterie, les *Lettres du chevalier d'Her...*, un abrégé de l'*Histoire des oracles* de Van Dale en 1688, il se jeta, ou plutôt, comme dit M. Hippolyte Rigault, il se glissa dans le débat des anciens et des modernes. Sans goût véritable pour la poésie qu'il décriait, comme plus tard Montesquieu, il était bien éloigné du tour d'esprit qu'il faut avoir pour apprécier les anciens. Reprenant l'idée de Perrault sur la continuité des forces de la nature, il la développait avec plus d'esprit, de piquant et de liberté. « La nature, disait-il, a entre les mains une certaine pâte qui est toujours la même, qu'elle tourne et retourne sans cesse en mille façons, et dont elle forme les hommes, les animaux, les plantes, et certainement elle n'a pas formé Platon, Démosthène, ni Homère d'une argile plus fine, ni mieux préparée que nos philosophes, nos orateurs et nos poëtes d'aujourd'hui. » Fontenelle, plus adroit que Perrault, essayait, en flattant les partisans des anciens, de les engager à sa cause. Si Boileau et Racine avaient été sensibles au silence injurieux que l'auteur du *Siècle de Louis le Grand* avait affecté de garder sur eux, ils durent être dédommagés de ce petit chagrin par les compliments qui terminaient la *digression* de Fontenelle. « Les meilleurs ouvrages de Sophocle, d'Euripide, d'Aristophane ne tiendront guère devant *Cinna, Ariane, Andromaque, le Misanthrope*, et un grand nombre de tragédies et de comédies du bon temps; car, il faut en convenir de bonne foi, il y a environ dix ans que ce bon temps est passé. Je ne crois pas que *Théa-*

gène et Chariclée, *Clitophon et Leucippe* soient jamais comparés à *Cyrus*, à l'*Astrée*, à *Zaïre*, à la *Princesse de Clèves*... Nous voyons par l'*Art poétique*, et par d'autres ouvrages de la même main, que la versification peut avoir aujourd'hui autant de noblesse, mais en même temps plus de justesse et d'exactitude qu'elle n'en eut jamais. »

C'était rendre noblement justice à ses adversaires ; mais Fontenelle n'était pas un conciliateur entre les deux partis, surtout quand il ajoutait : « Il y a toutes les apparences du monde que la raison se perfectionnera, et que l'on se désabusera généralement du préjugé grossier de l'antiquité. Peut-être ne durera-t-il pas encore longtemps ; peut-être, à l'heure qu'il est, admirons-nous les anciens en pure perte et sans jamais devoir être admirés en cette qualité. Cela seroit un peu fâcheux. »

Toute occasion était bonne à Perrault pour renouveler son paradoxe : c'est ainsi qu'en 1688, à la réception de M. de La Chapelle, secrétaire des commandements du prince de Conti, élu membre de l'Académie française à la place de Furetière, il rendit à Fontenelle un hommage public en lisant une *Épître sur le Génie* qu'il venait de lui dédier. Quelques éloges accordés à Homère sembleraient faire croire d'abord à plus de modération que par le passé ; mais bientôt on retrouve entière l'erreur de Perrault qui n'abandonne rien de son idée. Les *Parallèles des anciens et des modernes*, qui parurent peu de temps après (5 octobre 1688), montrèrent bien mieux encore l'entêtement des adversaires des anciens.

Tout n'est pas faux dans ces dialogues ; le chevalier et l'abbé ont bien souvent raison contre le président, qui devrait et pourrait moins souvent avoir tort. Mais l'auteur ne prête ni science ni esprit à ce défenseur des anciens, qui n'a d'autre argument à faire valoir que son respect pour l'autorité de la tradition. La préface du second volume des *Parallèles* nous montre combien le premier volume avait suscité d'agitation parmi les *anciens*. Perrault leur reproche, non sans esprit, d'avoir renversé l'ordre habituel des choses en recevant dans leur cœur « une espèce d'envie bien singulière. » « Je voudrois, dit-il, qu'on choisît un homme désintéressé et de bon sens, et qu'on lui dît que parmi les gens de lettres qui sont à Paris il y en a de deux espèces : les uns qui trouvent que les anciens auteurs, tout habiles qu'ils étoient, ont fait des fautes où les modernes ne sont pas tombés; qui, dans cette persuasion, louent les ouvrages de leurs confrères et les proposent comme des modèles aussi beaux et presque toujours plus corrects que la plupart de ceux qui nous restent de l'antiquité; les autres qui prétendent que les anciens sont inimitables et infiniment au-dessus des modernes et qui, dans cette pensée, méprisent les ouvrages de leurs confrères, les déchirent en toute rencontre par leurs discours et par leurs écrits. Je voudrois, ajoute-t-il, qu'on demandât à cet homme désintéressé et de bon sens quels sont les véritables envieux de ces deux espèces de gens de lettres; je n'aurois pas de peine à me ranger à son avis. Ceux qui nous ont appelés envieux n'ont pas pensé à ce qu'ils disoient. On a commencé par nous déclarer nettement que nous étions des gens sans goût et sans autorité. On nous reproche aujourd'hui que nous sommes des envieux; peut-être nous dira-t-on demain que nous sommes des entêtés et des opiniâtres. » Cette préface se terminait encore par ce quatrain qui semble fait exprès pour Boileau :

> L'agréable dispute où nous nous amusons
> Passera sans finir jusqu'aux races futures :
> Nous dirons toujours des raisons,
> Ils diront toujours des injures.

Assurément Perrault se flattait. Cependant on ne peut nier que dans tous ces débats Boileau ne paraisse un peu bourru, un peu violent, toujours prompt à la raillerie et au sarcasme. Perrault affectait d'être, et il l'était réellement au fond, un homme du monde, spirituel, aisé, d'un esprit libre, ouvert, orné de bien des connaissances que son rival n'avait pas. Aussi il le confondait volontiers avec ces hommes de collége qui, « revêtus de longues robes noires et le bonnet carré en tête, » font entrer dans la tête des jeunes gens qu'on a mis sous leur conduite la prévention en faveur des anciens. Despréaux ne répondit pas publiquement à toutes ces attaques. Les excitations pourtant ne lui étaient pas épargnées. Une des plus vives fut l'admission de Fontenelle à l'Académie française. Elle eut lieu en 1691, le 15 mai; Racine et Boileau s'y étaient opposés de tout leur pouvoir; l'inutilité de leurs efforts leur fit comprendre la force de la cabale contraire; ils n'eurent plus qu'à regretter avec leur ami, M. Roze, de voir l'Académie française *in pejus ruere*.

A ce chagrin s'était encore ajoutée une sorte d'offense dont Despréaux avait senti le contre-coup. Dans son remercîment, le récipiendaire avait eu la malice d'insérer cette phrase : « J'ai prouvé, par ma conduite, que je connoissois tout ce que vaut l'honneur d'avoir place dans l'Académie françoise, et vous m'avez compté cette reconnoissance pour un mérite; mais le mérite d'autrui vous a encore plus fortement sollicités en ma faveur. Je tiens, par le bonheur de ma naissance, à un grand nom, qui, dans la plus noble espèce des productions de l'esprit, efface tous les autres noms. » L'intention de blesser Racine était évidente, Boileau reçut la moitié de l'affront. Une lecture de Perrault, c'était un fragment de ses *Parallèles*, un compliment exagéré adressé à Fontenelle par Lavau, l'ami de Charles Perrault, et dont le satirique s'était moqué, complétèrent cette séance et en firent une sorte de triomphe pour les *modernes*. On en parla beaucoup et à la cour et à la ville; elle fut même chansonnée par Mlle Deshoulières : [1] mais c'était une faible consolation pour Despréaux.

Sans doute il ne se faisait pas faute d'attaquer ses adversaires dans ses conversations, entre amis, mais il n'avait rien encore mis au jour; pourtant en 1692, lorsque parut le troisième

---

1. Voir Hipp. Rigault, *Histoire de la querelle des anciens et des modernes*, p. 154.

volume des *Parallèles*, il ne put davantage se contenir. En effet, Charles Perrault, qui prenait grand soin de ne pas nommer Despréaux, indiquait avec la plus grande clarté son intention de lui déplaire. Chapelain, Cassaigne, Cotin, Quinault, Mlle de Scudéri étaient successivement vengés des satires de Boileau ; leur mérite était relevé par des éloges qu'on pouvait prendre pour autant d'injures adressées à Despréaux. Quelques compliments à l'imitateur d'Horace, l'affectation de le mettre au-dessus de son modèle, ne pouvaient pas guérir les blessures faites à son amour-propre par des observations de ce genre : « *Le chevalier* : Approuvez-vous la liberté que plusieurs satiriques modernes se sont donnée de nommer par leur nom les gens qu'ils maltraitent dans leurs satires ? — *L'abbé* : Nullement. — *Le président* : Cependant ils ont tous les anciens pour garants et pour modèles. — *L'abbé* : Il n'est point vrai que tous les anciens en aient usé de la sorte. Je n'en veux point d'autre preuve qu'une épigramme de Martial... — *L'abbé* : Il est vrai que cette licence, qui devoit exciter l'indignation du public, a été reçue avec des applaudissements incroyables, et j'avoue que ce n'est pas là une petite honte au siècle que je défends et que j'ai entrepris de mettre au-dessus de tous les autres. Il y a eu dans le succès de ces *Satires* une illusion de l'amour-propre qui mérite bien d'être remarquée. Les lecteurs se sont imaginés valoir mieux que les hommes dont on se moquoit; et les poëtes, que le plaisir qu'ils donnoient étoit l'unique effet de la beauté de leurs poésies, quoique assurément ce qu'il en coûtoit aux honnêtes gens qu'ils maltraitoient y eût beaucoup de part. »

Ce n'était pas encore assez; le chevalier s'en prenait au *Lutrin*, il y voyait un burlesque retourné, un burlesque à l'envers qui le choquait plus que celui de Scarron. Il avait lieu de s'étonner qu'après avoir condamné les folies de Scarron, Boileau se fût permis d'en inventer de nouvelles aussi dignes de blâme. C'était là une provocation directe : il n'en fallait pas tant pour émouvoir la bile de Boileau. Il paraît qu'il se vengea en publiant plusieurs épigrammes qui, faites depuis longtemps, n'avaient pas encore paru dans ses livres. C'est du moins ce que donne à entendre ce passage d'une lettre de Perrault à Boileau, écrite en réponse au *Discours sur l'Ode :* « Parlons, monsieur, à visage découvert; mon vrai crime est d'avoir dit, dans le troisième tome de mes *Dialogues*, que les satiriques modernes eussent mieux fait d'imiter Martial qui n'a point nommé de personne effective, dans ses épigrammes médisantes, que d'avoir suivi l'exemple d'Horace qui nomme par leur nom les personnes qu'il maltraite dans ses *Satires*. Je ne comprends pas pourquoi cette remarque vous a tant irrité contre moi, de même que l'apologie que j'ai faite de six de nos confrères que vous avez défigurés dans vos *Satires*... J'ai assaisonné ma remarque et mon apologie de tout ce qui pouvoit vous les faire agréer... Tout cela n'a pu vous empêcher de faire tomber sur moi une grêle d'épigrammes. »

Perrault se fait ici plus innocent qu'il n'était. Il est bien vrai pourtant qu'il avait voulu désarmer Boileau en lui envoyant le tome III de ses *Parallèles*, il avait écrit une lettre à l'auteur des *Satires*, lettre, dit-il, pleine d'honnêteté. « Vous me dîtes à l'Académie, en me remerciant de mon livre, que je vous avois un peu maltraité, mais que ma lettre vous avoit désarmé, et que vous seriez content pourvu que je la fisse imprimer et insérer dans mon livre... La lettre fut aussitôt imprimée et insérée dans le troisième tome de mes *Parallèles*. » Cette lettre, datée du 25 novembre 1692, semble mettre du côté de Perrault l'avantage de la modération, des convenances et de la politesse. Il y a certainement beaucoup d'adresse à renouveler à Boileau lui-même ces compliments qui le mettaient, malgré lui, au-dessus d'Horace; c'était donner lieu de faire dire au public : de quoi se plaint-il? « La persuasion où vous êtes, monsieur, qu'homme vivant ne peut approcher d'Horace, et la droiture inflexible dont vous faites profession, vous auroient porté à vouloir absolument que j'ôtasse cet endroit; moi, qui trouve que cet endroit fait infiniment au bien de ma cause, j'aurois voulu absolument le conserver. Pour ne point m'exposer à la terrible nécessité, ou de vous désobéir, ou de prévariquer à la défense des modernes que j'ai entreprise, j'ai pris le parti de manquer à l'honnêteté, qu'on m'avoit conseillée, plutôt que de perdre un si grand avantage. » Boileau n'entendait rien à ces manéges de coquetterie. Sa franchise répugnait à ces procédés équivoques. Les louanges qu'on lui accordait aux dépens des anciens ne pouvaient rien sur son esprit. Il n'avait pas assez de vanité pour devenir, par amour-propre, infidèle à la cause qu'il croyait la seule vraie.

Boileau, qui semblait avoir renoncé à la poésie, fut repris tout à coup d'un accès d'inspiration et conçut le plan de la Xe satire contre les femmes (1692). Louis Racine fait observer que son père avait plus d'attention que Boileau à ne rien dire aux personnes à qui il parlait qui fût contraire à leur manière de penser. On le vit bien dans cette œuvre nouvelle où il s'attira sans motif la haine et le mécontentement d'un sexe qu'il outrageait. Si le grand Arnauld pouvait citer parmi les appuis des anciens Mme de Sévigné, l'abbesse de Fontevrault, Mme de Longueville et la princesse de Conti, il n'en était pas moins vrai que la plupart des femmes étaient du parti de Perrault. Boileau le sentait avec dépit; au lieu d'essayer de les ramener à lui par la douceur et la bonne grâce, il les brusqua dans toute sa pièce. Les vices ou les travers qu'il leur reproche sont représentés avec une verve extraordinairement spirituelle, et il ne put cacher d'où lui venait cette animosité violente contre elles. On le sent bien dans ces vers :

> Au mauvais goût public la belle fait la guerre,
> Plaint Pradon opprimé des sifflets du parterre,
> Rit des vains amateurs du grec et du latin,
> Dans sa balance met Aristote et Cotin ;
> Puis, d'une main encor plus fière et plus habile,
> Pèse sans passion Chapelain et Virgile,

> Remarque en ce dernier beaucoup de pauvretés,
> Mais confesse pourtant qu'il a quelques beautés;
> Ne trouve en Chapelain, quoi qu'ait dit la satire,
> Autre défaut, sinon qu'on ne sauroit le lire,
> Et, pour faire goûter son livre à l'univers,
> Croit qu'il faudroit en prose y mettre tous les vers.

L'austérité janséniste se mêlait à ce dépit littéraire. Boileau y faisait l'éloge du prédicateur des Mares, il y rendait un éclatant hommage à l'éducation de Port-Royal et lançait l'anathème contre l'opéra et contre les romans.

Cet ouvrage, depuis longtemps projeté et abandonné souvent, s'acheva enfin au milieu de toutes sortes de fatigues et après bien des retouches. Nous avons les confidences de Boileau sur cette satire. Il écrit d'Auteuil, 7 octobre 1692, à son ami Racine : « Je vous mandois le dernier jour, que j'ai travaillé à la satire des femmes durant huit jours : cela est véritable, mais il est vrai aussi que ma fougue poétique est passée presque aussi vite qu'elle est venue et que je n'y pense plus à l'heure qu'il est. Je crois que, lorsque j'aurai tout amassé, il y aura bien cent vers nouveaux d'ajoutés; mais je ne sais si je n'en ôterai pas bien vingt-cinq ou trente de la description du lieutenant et de la lieutenante criminelle. C'est un ouvrage qui me tue par la multitude des transitions, qui sont, à mon sens, le plus difficile chef-d'œuvre de la poésie. » Puis, dans la même lettre, il envoie à son ami, « à la charge que, foi d'honnête homme, il ne les montrera à âme vivante, » vingt ou trente vers, avec la fin de l'histoire de la lieutenante. Racine ne reste pas tellement fidèle à cette prescription du silence qu'il ne montre à M. le prince de Condé les vers qu'on lui a confiés. Celui-ci en est ravi; il ne parle plus d'autre chose, « il me les a redemandés plus de dix fois, » écrit-il à Despréaux. Le prince de Conti n'en est pas moins charmé, il attend avec impatience que le poëte envoie l'histoire entière du lieutenant criminel. Tous les deux ne font que redire les deux vers : *La mule et les chevaux au marché*, etc... Ces éloges étaient une sorte d'encouragement dont l'auteur avait besoin.

Il était loin de ses jeunes années et son ardeur juvénile s'était éteinte. Son esprit éprouve des mouvements qui le fatiguent et des dégoûts qui l'énervent. « Il y a des moments, dit-il, où je crois n'avoir rien fait de mieux; mais il y en a aussi beaucoup où je n'en suis pas du tout content et où je fais résolution de ne les jamais laisser imprimer. »

La satire parut enfin, et déchaîna les ennemis de Boileau contre lui. « Elle fut si prodigieusement vendue et critiquée, dit Louis Racine, que, tandis que le libraire étoit content, l'auteur se désespéroit. « Rassurez-vous, lui disoit mon père : « vous avez attaqué un corps très-nombreux et qui n'est que « langues; l'orage passera. » Il fut long, quoique Boileau en attaquant les femmes eût mis pour lui Mme de Maintenon par ces vers :

J'en sais une chérie et du monde et de Dieu, etc., etc.

Ce poëme, œuvre, dit M. Sainte-Beuve, d'un célibataire valétudinaire, orphelin en naissant, à qui jamais sa mère n'avait souri et que personne n'avait dédommagé depuis de ces tendresses absentes d'une mère, « trouva des désapprobateurs nombreux. » Bossuet, dans son *Traité de la concupiscence*, chap. XVIII, écrit contre Despréaux ces fortes paroles : « Celui-là s'est mis dans l'esprit de blâmer les femmes; il ne se met point en peine s'il condamne le mariage et s'il en éloigne ceux à qui il a été donné comme un remède; pourvu qu'avec de beaux vers il sacrifie la pudeur des femmes à son humeur satirique et qu'il fasse de belles peintures d'actions souvent très-laides, il est content. » C'était le prendre de bien haut. Mais Bossuet ne savait pas parler autrement des choses de la terre.

Regnard, avec de tout autres sentiments, ne pardonna pas à Boileau d'avoir outragé les femmes. Il prit en main leur défense et répondit au satirique par une satire contre les maris. Quoique le beau sexe puisse assez se défendre avec ses propres charmes, quoique les traits d'un critique affaibli par les ans fussent tombés sans force de ses mains, l'auteur du *Joueur* n'a pu souffrir

> Qu'une indiscrète veine
> Le forçât, vieux athlète, à rentrer dans l'arène,
> Et que, laissant en paix tant de mauvais écrits,
> Nouveau prédicateur, il vint, en cheveux gris,
> D'un esprit peu chrétien blâmer de chastes flammes,
> Et, par des vers malins, nous faire horreur des femmes.

Despréaux fut mécontent de voir un nouvel ennemi s'ajouter aux Sanlecque, aux Bellocq, qui n'avaient pas manqué l'occasion de se venger d'anciennes injures; il s'en plaignit et Regnard redoubla ses injures dans une pièce qui porte ce titre : *le Tombeau de Boileau-Despréaux.* Il suppose que sa nouvelle satire l'a conduit au trépas, il nous le montre à ses derniers moments plein de tristes prévisions et de funestes remords :

> Puissiez-vous,

dit-il à ses ouvrages,

> Échapper au naufrage des ans,
> Et braver à jamais l'ignorance et le temps...
> Mais je meurs sans regret dans un temps dépravé
> Où le mauvais goût règne, et va le front levé;
> Où le public ingrat, infidèle, perfide,
> Trouve ma veine usée et mon style insipide.
> Moi qui me crus jadis à Regnier préféré,
> Que diront nos neveux? Regnard m'est comparé.

Comme Charles Perrault, Regnard, qui n'avait jamais vécu que dans le plaisir, affecte de ranger Despréaux au rang des cuistres et des pédants. [1] L'université le pleure, et ses batail-

---

1. Il lui fait dire :

> Surtout de noirs remords mon esprit agité
> Fait amende honorable au beau sexe irrité;
> Au milieu des pédants nourri toute ma vie,
> J'ignorois le beau monde et la galanterie,
> Et le cœur d'une Iris pleine de mille attraits
> Est une terre australe où je n'allai jamais.

lons crottés et mal peignés laissent voir de maint auteur la face sèche et blême dans le funèbre appareil du convoi de Boileau.

> Deux Grecs et deux Latins escortoient le cercueil,
> Et, le mouchoir en main, Barbin menoit le deuil.

Cependant Boileau n'avait jamais été injuste envers Regnard, il estimait sa gaieté et disait de lui : « Il n'est pas médiocrement plaisant. » En 1705 les deux poëtes se réconcilièrent. Regnard fit amende honorable à celui qu'il avait outragé, il lui dédia sa pièce des *Ménechmes,* reconnut dans une préface en vers ce qu'il devait à l'auteur de l'art poétique, se déclara son élève et protesta de son respect. Despréaux, de son côté, effaça les vers qu'il avait écrits dans son épître X[e] (1695), en réponse aux premières insultes de son adversaire :

> Dans peu vous allez voir vos froides rêveries
> Du public exciter les justes moqueries,
> Et leur auteur, jadis à Regnier préféré,
> A Sanlecque, à Regnard, à Bellocq comparé.

La place était toute faite, il fallait la remplir, Pinchène, Linière et Perrin viennent l'occuper : c'est ainsi que le nom de Regnard ne se trouve plus dans les œuvres de Boileau.

Si la politique n'eût pas conseillé à Charles Perrault de se faire le champion des femmes, il aurait été porté à écrire contre Despréaux par des raisons personnelles. Le satirique l'avait mis en cause dans les trois éditions de 1694, 95 et 98. Le portrait de la femme entêtée des modernes se continuait ainsi :

> S'étonne cependant d'où vient que chez Coignard
> Le Saint-Paulin, écrit avec un si grand art,
> Et d'une plume douce, aisée et naturelle,
> Pourrit vingt fois encor moins lu que la Pucelle,
> Elle en accuse alors notre siècle infecté
> Du pédantesque goût qu'ont pour l'antiquité
> Magistrats, princes, ducs et même fils de France,
> Qui lisent sans rougir et Virgile et Térence,

Et toujours pour P.... pleins d'un dégoût malin,
Ne savent pas s'il est au monde un Saint-Paulin.

Perrault n'était pas homme à se taire quand on l'attaquait ainsi. Il saisit donc l'occasion de conquérir les femmes que Boileau s'aliénait, il publia leur apologie. L'*Apologie des femmes* parut en 1694. Elle était précédée d'une préface où l'auteur se faisait juge de la satire X^e, au nom de la morale et du goût. Il y trouvait plus de faiblesse que dans aucun autre ouvrage de Boileau, et des images dont la pudeur est offensée. C'est ce jugement outré que La Bruyère dénonçait avec indignation dans la préface de son discours à l'Académie française (15 juin 1693), lorsqu'il disait : « Il paroît une nouvelle satire écrite contre les vices en général qui, d'un vers fort et d'un style d'airain, enfonce ses traits contre l'avarice, l'excès du jeu, la chicane, la mollesse, l'ordure et l'hypocrisie ; où personne n'est nommé ni désigné, où nulle femme vertueuse ne peut ni ne doit se reconnoître : un Bourdaloue en chaire ne fait point de peintures du crime ni plus vives, ni plus innocentes ; il n'importe, c'est médisance, c'est calomnie. » Il ne pouvait pas y avoir deux jugements plus opposés. Perrault trouvait les vers de la Xe satire « durs, secs, coupés par morceaux, pleins de transpositions et de mauvaises césures, et enjambant les uns sur les autres. »

Autant les femmes avaient été maltraitées par Boileau, autant elles étaient louées et flattées par Perrault. Despréaux n'avait excepté que trois femmes de bien dans sa pièce, Perrault n'en suppose que deux ou trois dont le crime est avéré ; et le satirique est mis au rang des *hommes perdus* qui ne jugent du sexe entier que par les femmes qu'ils ont vues. Pauvre Boileau ! dit M. Hippolyte Rigault, c'était bien la peine de se déclarer « très-peu voluptueux, » mérite impopulaire en France, pour s'entendre accuser d'être « un vert-galant ! » A la coquette Perrault oppose la sœur de charité ; il peint la bonne mère qui soigne ses enfants, la bonne épouse qui donne une potion salutaire à l'époux alité, la bonne fille qui travaille le soir au coin du foyer, et il célèbre avec attendrissement les délices de l'amour conjugal, tandis que le célibataire, mourant sur son grabat,

> Voit, l'œil à demi clos, son valet qui le vole.

Mais l'important pour l'apologiste des femmes, c'était de pouvoir se venger du partisan des anciens en le décriant à son tour dans un portrait méchant; voici ce morceau :

> Peux-tu ne pas savoir que la civilité
> Chez les femmes naquit avec l'honnêteté?
> Que chez elles se prend la fine politesse,
> Le bon air, le bon goût et la délicatesse?
> Regarde un peu de près celui qui, loup-garou,
> Loin du sexe a vécu, renfermé dans son trou.
> Tu le verras crasseux, maladroit et sauvage,
> Farouche dans ses mœurs, rude dans son langage,
> Ne pouvoir rien penser de fin, d'ingénieux,
> Ne dire jamais rien que de dur ou de vieux.
> S'il joint à ces talents l'amour de l'antiquaille,
> S'il trouve qu'en nos jours on ne dit rien qui vaille,
> Et qu'à tout bon moderne il donne un coup de dent,
> De ces dons rassemblés se forme le pédant,
> Le plus fastidieux comme le plus immonde
> De tous les animaux qui rampent dans le monde.

Des épigrammes ne suffisaient plus pour combattre un adversaire si audacieux, dont les progrès avançaient chaque jour. Boileau tenta une résistance plus vigoureuse : il écrivit son *Ode sur la prise de Namur*. Il s'agissait de justifier Pindare par l'exemple victorieux d'une ode faite sur le modèle des siennes. On pense bien que ce poëte n'était pas moins maltraité par Perrault que les autres.

Dans une scène spirituellement conduite, le président Morinet, défenseur des anciens dans les *Dialogues* de Perrault, avait essayé de traduire pour sa femme, Mme Morinet, la première strophe de Pindare sur lequel il ne tarissait pas en éloges. Il avait eu beau redoubler les expressions les plus vives d'une admiration passionnée, réduit à rendre en français la première strophe de la première ode, il n'avait pu faire croire à sa femme, non plus qu'à l'abbé et au chevalier, qu'il y eût autre chose que du galimatias dans ces poésies trop célébrées. Pindare est assurément l'ancien dont il nous est le plus difficile de goûter le génie. Tous ceux qui l'ont tenté sans savoir le grec devaient y échouer. Il n'est pas surprenant que Perrault, habitué à travestir Homère et Virgile, n'ait rien entendu à la poésie du grand poëte lyrique.

Boileau le comprenait mieux, quoiqu'il ait eu une opinion fausse sur le désordre pindarique. La vérité est que cet auteur offre à ceux qui le lisent un ample dédommagement des efforts qu'il faut faire pour se familiariser avec sa langue. Avec un peu d'étude on voit combien son esprit était vigoureux, quelle imagination riche et sublime il avait, quelle profondeur de réflexion il mettait dans ses œuvres. La Grèce, ses traditions héroïques, les souvenirs de ses premiers habitants, l'ardeur de patriotisme qui enflammait alors tous les cœurs, vivent dans ces strophes dont la variété et les tableaux pittoresques ne sont pas le moindre des mérites. Si Pindare n'a point ce désordre dont on l'a follement vanté, il est juste de dire que sa marche n'a rien de timide, ses pièces ont le tour libre, elles parcourent d'un élan hardi le champ que le poëte a toujours le talent d'agrandir. Perrault était insensible à ces beautés, et il faut bien en convenir, l'*Ode sur la prise de Namur* n'était pas capable de lui en donner une exacte idée, c'était une tentative malheureuse qui aurait pu décrier le plus illustre des poëtes. Mais, dans le discours qui précédait cette ode, Perrault s'entendait dire ses vérités.

« L'ode suivante a été composée, écrivait Boileau (1693), à l'occasion de ces étranges dialogues qui ont paru depuis quelque temps, où tous les plus grands écrivains de l'antiquité sont traités d'esprits médiocres, de gens à être mis en parallèle avec les Chapelains et avec les Cotins, et où, voulant faire honneur à notre siècle, on l'a en quelque sorte diffamé, en faisant voir qu'il s'y trouve des hommes capables d'écrire des choses si peu sensées. Pindare y est des plus maltraités.

Comme les beautés de ce poëte sont extrêmement renfermées dans sa langue, l'auteur de ces dialogues, qui vraisemblablement ne sait point de grec et qui n'a lu Pindare que dans des traductions latines assez défectueuses, a pris pour galimatias tout ce que la faiblesse de ses lumières ne lui permettoit pas de comprendre... J'ai cru que je ne pouvois mieux justifier ce grand poëte qu'en tâchant de faire une ode en françois à sa manière, c'est-à-dire, pleine de mouvements et de transports, où l'esprit parût plutôt entraîné du démon de la poésie que guidé par la raison. C'est le but que je me suis proposé dans l'ode qu'on va voir. J'ai pris pour sujet la prise de Namur comme la plus grande action de guerre qui se soit faite de nos jours, et comme la matière la plus propre à échauffer l'imagination d'un poëte. J'y ai jeté autant que j'ai pu la magnificence des mots et, à l'exemple des anciens poëtes dithyrambiques, j'y ai employé les figures les plus audacieuses, jusqu'à y faire un astre de la plume blanche que le roi porte ordinairement à son chapeau, et qui est, en effet, comme une espèce de comète fatale à nos ennemis qui se jugent perdus dès qu'ils l'aperçoivent. » Quand même Boileau eût réussi dans le dessein de cet ouvrage, il n'aurait rien prouvé en faveur de Pindare ; mais la grande faiblesse de l'exécution donnait à Perrault l'occasion d'un triomphe facile.

Il ne la manqua pas. Le *Discours sur l'Ode* eut une réplique, ce fut la lettre dont nous avons déjà dit un mot plus haut. Perrault s'y défendait sur tous les points. Quant à l'ode elle-même de Boileau, il ne croyait pas que ce fût la manière la plus directe de justifier Pindare; il eût mieux valu, disait-il, donner au public une ode de Pindare traduite; il consentait à examiner la pièce de Despréaux pour y voir la magnificence de mots qu'il prétendait y avoir jetée, mais il renonçait tout à coup à ce projet : « Mais non, cet examen nous mèneroit trop loin; d'ailleurs, vous ne savez que trop le succès qu'elle a eu dans le monde, et vous avez la satisfaction d'avoir prévu sagement dans votre préface que le public ne s'accommode pas de vos saillies ni de vos excès pindariques. » L'auteur de cette lettre met encore plus de vivacité à relever le reproche de bizarrerie que Boileau avait fait à sa famille. Il montrait que ses quatre frères étaient tous recommandables par leurs travaux, leurs ouvrages et leurs connaissances, faisant entendre sans ménagement qu'ils étaient bien supérieurs à Boileau, dont l'esprit sensible seulement à la poésie ignorait l'architecture, la sculpture et la peinture, était étranger à la philosophie, aux mathématiques et à mille choses semblables qui font le plaisir des honnêtes gens. Il terminait en disant que l'amour-propre blessé avait plus de part à ces querelles qu'un zèle véritable pour les anciens. Puis, prenant sur Despréaux l'avantage que lui donnaient son sang-froid, sa politesse et sa modération, il ajoutait : « Que si vous voulez absolument être en guerre avec moi, je voudrai ce qu'il vous plaira, pourvu que vous ne vouliez pas que je me fâche. J'ai résolu absolument de n'en rien faire et de ne troubler pour quoi que ce soit le repos et la tranquillité dont je jouis dans ma solitude. Je me suis fait un amusement du parallèle des anciens et des modernes, mais à condition de laisser tout là, comme je l'ai déjà déclaré, si la matière, qui jusqu'à ce jour ne m'a donné que du plaisir, venoit à m'échauffer le moins du monde. »

Boileau avait l'humeur trop ardente pour écouter ce conseil si finement donné. Son tempérament le portait à s'échauffer, il ne savait rien prendre de sens rassis et, de plus, ses amis l'excitaient à répondre. On attendait de lui quelque ouvrage décisif qui pût compter dans le débat et mettre en déroute le parti des modernes. Il n'était que temps. Autour de lui on s'inquiétait des progrès de Perrault. Il recevait de ses partisans message sur message, et le prince de Conti le menaçait d'aller à l'Académie écrire sur son fauteuil : « Tu dors, Brutus... » Boileau se réveilla enfin, dit Louis Racine, et il composa ses *Réflexions sur Longin*. Perrault avait sommé son adversaire de lui faire voir ses *bévues*. « Vous dites que quelque jour vous pourrez me montrer mes erreurs. Je le souhaite de tout mon cœur, pourquoi voudrois-je être trompé? Et, au fond, que m'importe que les modernes vaillent mieux que les anciens, ou les anciens que les modernes? Mais je déclare par avance qu'il faut des raisons pour me désabuser (voilà la difficulté), et que des injures, des épigrammes et des satires ne feront rien. » Despréaux le prenait au mot, sans renoncer toutefois aux épigrammes, aux injures et aux satires.

Les neuf premières *Réflexions critiques* parurent en 1693, ce sont les seules qui s'adressent à Perrault; les trois dernières sont de 1710, elles regardent Fontenelle et La Motte. Dans la première partie de cet ouvrage Boileau ne s'est pas proposé d'autre objet que de faire voir en combien d'endroits Perrault se trompe sur les anciens par prévention, par ignorance, par un genre nouveau de pédantisme. Il le redresse partout où il a donné des versions infidèles ou plates des anciens. « Ses propres traductions, exactes, élégantes, font ressortir les erreurs et l'injustice de son adversaire. » Boileau n'entreprend pas l'apologie des anciens, il ne professe sur eux aucune théorie, il ne soutient aucune doctrine, il se contente de les venger par la démonstration évidente que leur plus grand ennemi n'a pas assez de science pour les bien connaître et les bien juger. Il prouve, par exemple, à Perrault « qu'il a lu Élien dans une traduction sans vérifier le texte, qu'il lui a fait dire le contraire de ce qu'il dit, et que le chien qui reconnoît Ulysse peut avoir vécu vingt ans, puisque celui de Louis XIV en a vécu vingt-deux; » qu'il interprète mal les mots dont Homère s'est servi, qu'il tombe dans des sens faux malgré les avertissements des commentateurs, qu'il ne trouve si bizarres les comparaisons d'Homère que parce qu'il commet « les plus énormes bévues qui aient été jamais faites, » prenant une date pour une comparaison; étrange inconvénient qui arrive à ceux qui veulent parler d'une langue qu'ils ne savent point. Que dire des reproches de bassesse faits à la langue d'Homère et de Virgile, qui n'ont pu prévoir que « des termes nobles et doux à l'oreille, en leur langue, seroient bas et grossiers étant traduits un jour en françois? » Voilà, en effet, le principe sur lequel Perrault fait le procès à Homère. Il ne se contente pas de le condamner sur les basses traductions qu'on en a faites en latin. Pour plus grande sûreté, il traduit lui-même ce latin en français, et, avec ce beau talent qu'il a de dire bassement toutes choses, il fait si bien que, racontant le sujet de l'*Odyssée*, il fait d'un des plus nobles sujets qui aient jamais été traités, un ouvrage aussi burlesque que l'*Ovide en belle humeur*.

« Il change ce sage vieillard qui avoit soin des troupeaux d'Ulysse en un vilain porcher. Aux endroits où Homère dit que la nuit couvroit la terre de son ombre, et cachoit les chemins aux voyageurs, il traduit que l'on commençoit à ne voir goutte dans les rues. Au lieu de la magnifique chaussure dont Télémaque lie ses pieds délicats, il lui fait mettre ses beaux souliers de parade. A l'endroit où Homère, pour marquer la propreté de la maison de Nestor, dit que ce fameux vieillard s'assit devant sa porte, sur des pierres fort polies et qui reluisoient comme si on les avoit frottées de quelque huile précieuse, il met que Nestor s'alla asseoir sur des pierres luisantes comme de l'onguent... Il dit encore sur ce sujet cent autres bassesses de la même force, exprimant en style rampant et bourgeois les mœurs des hommes de cet ancien siècle, qu'Hésiode appelle le siècle des héros, où l'on ne connoissoit point la mollesse et les délices, où l'on se servoit, où l'on s'habilloit soi-même, et qui se sentoit encore par là du siècle d'or. »

Nous avons vu combien Perrault a souvent accusé Boileau de n'être qu'un pédant. Il espérait par là le diffamer aux yeux de la société polie et le mettre au rang des Trissotin et des Vadius, dont le temps était passé sans retour. Despréaux, pour ne pas rester sous le coup de cette injure, essaye d'en déterminer le sens et de la rejeter sur son adversaire. Suivant l'auteur des *Parallèles*, « un pédant est un savant nourri dans un collége et rempli de grec et de latin, qui admire aveuglément tous les auteurs anciens; qui ne croit pas qu'on puisse faire de nouvelles découvertes dans la nature ni aller plus loin qu'Aristote, Épicure, Hippocrate, Pline; qui croiroit faire une espèce d'impiété, s'il avoit trouvé quelque chose à redire dans Virgile; qui ne trouve pas simplement Térence un joli auteur, mais le comble de toute perfection; qui ne se pique point de politesse; qui non-seulement ne blâme jamais aucun auteur ancien, mais qui respecte surtout les auteurs que peu de gens lisent, comme Jason, Barthole, Lycophron, Macrobe, etc. » A ce portrait Despréaux en opposait un autre; il disait avec esprit : « Voilà l'idée du pédant qu'il paroît que M. Perrault s'est formée. Il seroit donc bien surpris si on lui disoit qu'un pédant est presque tout le contraire de ce tableau; qu'un pédant est un homme plein de lui-même, qui, avec un médiocre savoir, décide hardiment de toutes choses; qui se vante sans cesse d'avoir fait de nouvelles découvertes; qui traite de haut en bas Aristote, Épicure, Hippocrate, Pline; qui blâme tous les auteurs anciens; qui publie que Jason et Barthole étoient deux ignorants, Macrobe un écolier; qui trouve, à la vérité, quelques endroits passables dans Virgile, mais qui y trouve aussi beaucoup d'endroits dignes d'être sifflés; qui croit à peine Térence digne du nom de joli; qui, au milieu de tout cela, se pique surtout de politesse; qui tient que la plupart des anciens n'ont ni ordre, ni économie dans leurs discours. En un mot, qui compte pour rien de heurter sur cela le sentiment de tous les hommes. [1] »

Boileau ne s'en tient pas là, il va chercher dans Régnier le portrait d'un *énorme pédant,* il cite ses sentiments et laisse à son ennemi le soin de faire l'application de cette peinture et de juger qui Régnier a voulu décrire par ces vers : « ou un homme de l'Université qui a un sincère respect pour tous les grands écrivains de l'antiquité, ou un auteur présomptueux qui traite tous les anciens d'ignorants, de grossiers, de visionnaires, d'insensés. »

1. *Réflexions critiques sur Longin,* V^e réflexion.

Voilà la méthode qu'a suivie Boileau dans cet ouvrage; voilà le ton qui y règne. Le style y est dur, quelquefois blessant et injurieux. On y revoit paraître sans cesse les mots de *bévue*, d'*ignorance*, d'*ineptie ridicule*. Il est vrai que Despréaux ne pouvait guère dire autre chose dans l'intention qu'il avait de relever les fautes de Perrault. Ne croyons pas avec d'Alembert que le critique, en citant Zoïle mis en croix par Ptolémée, ou, suivant d'autres, lapidé et brûlé vif à Smyrne, ait demandé la tête de son ennemi. « Boileau, dit très-bien M. Hippolyte Rigault, était le plus vif des critiques, mais le meilleur des hommes, et ne souhaitait pas la mort du pécheur. Il cite Vitruve, mais il ne veut ni brûler, ni crucifier Perrault. Il se contente de le frapper de sa férule. Seulement, il le frappe quelquefois trop fort, en grondant, comme un maître d'école, et il fait, sans le savoir, les affaires de l'écolier, qu'on plaint involontairement d'être si rudement battu. »

Perrault ne manqua pas de répondre aux *Réflexions critiques*. Il tenait à faire voir qu'il restait encore debout malgré les coups de foudre de son rival. Toute l'amertume du fiel de Despréaux ne l'avait pas encore rebuté, toute sa hauteur ne l'avait pas vaincu. Il essayait donc de se défendre, alléguant à son tour les bévues de Boileau dans sa traduction de Longin, prétextant de sa part des citations inexactes. Ni l'un ni l'autre, cela est à remarquer, ne touchaient au fond du débat; ils perdaient donc tous les deux et leur encre et leur peine. La question principale étant laissée de côté, les anciens étant mis hors de cause, par la tournure toute personnelle que prenait la dispute, il n'y avait plus rien à gagner pour le public, il était temps qu'une réconciliation intervînt. Toutefois elle se fit encore attendre quelque temps, et ce fut Charles Perrault qui, sans le vouloir, en donna l'occasion.

En communauté de sentiments religieux avec Arnauld, l'auteur de l'*Apologie des femmes* envoya son ouvrage à l'illustre exilé qui, âgé de quatre-vingt-deux ans, retiré à Bruxelles, ne restait indifférent à rien de ce qui se passait en France. Perrault croyait trouver chez son correspondant les mêmes sentiments qu'il avait lui-même au fond du cœur. Il se trompait. Arnauld n'était pas du tout choqué des malices de Despréaux contre les femmes, il jugeait celles-ci comme le poëte. Aussi le 5 mai 1694 Perrault reçut du grand théologien une lettre toute en faveur de Boileau et de sa satire. Dès leur première entrevue, Despréaux et Arnauld s'étaient convenus l'un à l'autre. Les traits favorables au jansénisme dont le poëte avait semé ses écrits, son éloge de Port-Royal et des vertus qu'on y puisait dans une éducation austère, ses censures contre les romans et les opéras, tout cela était allé directement au cœur du théologien. Loin d'approuver les scrupules de Perrault sur l'emploi de quelques termes rendus nécessaires par la corruption des mœurs que le satirique dénonçait, il les combattit avec la chaleur qu'il mettait toujours à défendre ses opinions. Qui dut être surpris de ce défenseur imprévu du poëte? Ce fut sans doute l'auteur de l'*Apologie des femmes*. « Tout le monde sait, disait Arnauld au début de sa lettre, que M. Despréaux est de mes meilleurs amis, et qu'il m'a rendu des témoignages d'estime et d'amitié en toutes sortes de temps. Un de mes amis m'avoit envoyé sa dernière satire. Je témoignai à cet ami la satisfaction que j'en ai eue, et lui marquai en particulier que ce que j'en estimois le plus, par rapport à la morale, c'étoit la manière si ingénieuse et si vive dont il avoit représenté les mauvais effets que pouvoient produire dans les jeunes personnes les opéras et les romans. » S'il semble d'abord donner satisfaction à Perrault, en blâmant son adversaire d'avoir parlé du *Saint-Paulin*, s'il approuve ce que dit l'apologiste des femmes sur la sainteté du mariage, c'est pour être plus libre à reprendre dans sa préface diverses choses qu'il ne pouvait approuver sans blesser sa conscience.

Sur le reproche d'indécence fait à Boileau pour avoir parlé des *héros de l'opéra à voix luxurieuse, de morale lubrique, de rendez-vous chez la Cornu, sur les plaisirs de l'enfer qu'on goûte en paradis,* il disculpe le poëte avec toutes sortes d'autorités, et surtout avec une grande droiture de raison et de sens. Ce que l'on peut dire de ces mots : *luxurieux et lubrique,* c'est qu'ils sont un peu vieux, ce qui n'empêche pas qu'ils ne puissent bien trouver place dans une satire. Mais il est inouï qu'ils aient jamais été pris pour des mots déshonnêtes et qui blessent la pudeur. « Cela me fait souvenir, ajoutait-il, de la scrupuleuse pudeur du P. Bouhours, qui s'est avisé de condamner tous les traducteurs du Nouveau Testament pour avoir traduit *Abraham genuit Isaac,* Abraham engendra Isaac, parce que, dit-il, le mot *engendra* salit l'imagination. »

Les différents endroits de la satire que Perrault a blâmés, Arnauld a la franchise de les trouver « les plus beaux, les plus édifiants et les plus capables de contribuer aux bonnes mœurs et à l'honnêteté publique. » Que pouvait-il faire de plus sage que de représenter avec tant d'esprit et de force le ravage que doivent faire dans les bonnes mœurs les vers de l'opéra qui roulent tous sur l'amour? Pourquoi faire croire que c'est pour donner un coup de dent à M. Quinault, auteur de ces vers de l'opéra, qu'il en a parlé si mal? « Vous dites à l'entrée de votre préface que, dans cette dispute entre vous et M. Despréaux, il s'agit non-seulement de la défense de la vérité, mais encore des bonnes mœurs et de l'honnêteté publique. Permettez-moi, monsieur, de vous demander si vous n'avez point sujet de craindre que ceux qui compareront ces trois endroits de la satire avec ceux que vous y opposez ne soient portés à juger que c'est plutôt de son côté que du vôtre qu'est la défense des bonnes mœurs et de l'honnêteté publique. »

Perrault avait accusé Boileau de médisance pour avoir critiqué les Chapelain, les Cotin, les Pradon, les Coras, et voilà qu'Arnauld loue le zèle du satirique à poursuivre les mauvais auteurs des traits de la satire. « De pareilles guerres sont innocentes, pourvu que l'on n'y mêle ni calomnies ni injures personnelles. Elles peuvent contribuer à la gloire de la nation, à qui les ouvrages d'esprit font honneur quand ils sont bien faits. » Il va plus loin, il tourne contre Perrault sa propre argumentation. S'il trouve Despréaux blâmable d'avoir fait passer la *Pucelle* et le *Jonas* pour de méchants poëmes, ne le sera-t-il pas à son tour d'avoir parlé avec tant de mépris de son *Ode pindarique?* Le jugement du public a prononcé en faveur de Boileau, pourquoi vouloir y contredire? « Avez-vous cru que, supposant sans raison que tout ce que l'on dit librement des défauts de quelque poëte doit être pris pour médisance, on applaudiroit à ce que vous dites, que ce ne sont que ses médisances qui ont fait rechercher ses ouvrages avec tant d'empressement; qu'il va toujours terre à terre, comme un corbeau qui va de charogne en charogne? » Enfin il achevait sa lettre par ces admirables paroles et par une chaleureuse invitation à la réconciliation des deux adversaires : « Il y a d'autres choses dans votre préface que je voudrois que vous n'eussiez point écrites : mais celles-là suffisent pour m'acquitter de la promesse que je vous ai faite d'abord de vous parler avec la sincérité d'un ami chrétien, qui est sensiblement touché de voir cette division entre deux personnes, qui font tous deux professions de l'aimer. Que ne donnerois-je pas pour être en état de travailler à leur réconciliation plus heureusement que les gens d'honneur que vous m'apprenez n'y avoir pas réussi? Mais mon éloignement ne m'en laisse guère le moyen. Tout ce que je puis faire, monsieur, est de demander à Dieu qu'il vous donne à l'un et à l'autre cet esprit de charité et de paix qui est la marque la plus assurée des vrais chrétiens. Il est bien difficile que dans ces contestations on ne commette de part et d'autre des fautes dont on est obligé de demander pardon à Dieu. Mais le moyen le plus efficace que nous avons de l'obtenir, c'est de pratiquer ce que l'Apôtre nous recommande, de nous supporter les uns les autres, chacun remettant à son frère le sujet de plainte qu'il pouvoit avoir contre lui, et nous entre-pardonnant, comme le Seigneur nous a pardonné. On ne trouve point d'obstacle à entrer dans des sentiments d'union et de paix, lorsqu'on est dans cette disposition : car l'amour-propre ne règne point où règne la charité; et il n'y a que l'amour-propre qui nous rende pénible la connoissance de nos fautes, quand la raison nous les fait apercevoir. Que chacun de vous s'applique cela à soi-même et vous serez bientôt bons amis; j'en prie Dieu de tout mon cœur. »

Ce secours inattendu d'un si puissant auxiliaire combla de joie Despréaux. Il avait besoin de cet appui au milieu des attaques dont il était l'objet; c'était là sans doute un des motifs de son contentement, mais le principal, on peut le dire quand on connaît l'âme de ce poëte, lui venait de la profonde estime qu'il avait pour la vertu d'Arnauld. Ce fut en juin 1694 qu'il eut connaissance de ce qu'il avait raison d'appeler son *Apologie* par l'illustre exilé; il se hâta d'y répondre et de montrer combien ces graves paroles avaient d'autorité sur son cœur. Sa lettre respire la plus vive reconnaissance. Il semble que cette défense de ses œuvres entreprise par un tel homme lui rende la tranquillité et l'assure désormais contre toutes sortes d'ennemis. C'est un titre qu'il peut montrer à toute la terre. « Jamais cause, dit-il, ne fut si bien défendue que la mienne. Tout m'a charmé, ravi, édifié dans votre lettre : mais ce qui m'y a touché davantage, c'est cette confiance si bien fondée avec laquelle vous y déclarez que vous me croyez sincèrement votre ami. » Tandis que les amis de Perrault refusaient de lui montrer cette lettre d'Arnauld, Despréaux en était si touché qu'il n'avait pas hésité à se rendre aux conseils et aux salutaires leçons que ce grand homme leur avait faites à l'un et à l'autre. Racine et l'abbé Tallemant étaient allés trouver Perrault de sa part et lui avaient dit que, s'il voulait demeurer en paix sur le sujet de Boileau, Boileau s'engageait à ne plus rien écrire dont il pût se choquer. Ils étaient même chargés de lui faire entendre qu'il le laisserait tout à son aise faire, s'il voulait, un monde renversé du Parnasse, en y plaçant les Chapelain et les Cotin au-dessus des Virgile et des Horace.

Cette démarche, qui fait honneur au caractère du poëte et prouve une fois de plus la bonté de son cœur, malgré ses brusqueries et ses rudesses, fut mal reçue de Perrault qui, plus poli et plus froid, nourrissait plus de rancune et d'amour-propre au fond de son âme. Pour consentir à l'accord exigé de Boileau, il voulait, nous dit celui-ci, « une estime et une admiration de ses ouvrages que franchement je ne lui saurois promettre sans trahir la raison et ma conscience. Ainsi, nous voilà plus brouillés que jamais, au grand contentement des rieurs, qui étoient déjà fort affligés du bruit qui couroit de notre réconciliation. » Il se déclare en même temps prêt à faire tout ce que voudra Arnauld, il ne met qu'une condition au traité, mais c'est *conditio sine qua non*. Cette condition est que la lettre d'Arnauld verra le jour, et qu'on ne le privera point, en la supprimant, du plus grand honneur qu'il ait reçu en sa vie. Il promet dans une préface prochaine de faire amende honorable à M. Perrault le médecin. « Faut-il, dit-il en terminant, se dédire de tout ce que j'ai écrit contre M. Perrault? faut-il se mettre à genoux devant lui? faut-il lire tout *Saint-Paulin?* vous n'avez qu'à dire, rien ne me sera difficile. »

C'était la publication de la lettre d'Arnauld qui empêchait Perrault d'entendre à la réconciliation proposée. On comprend ce qu'il y avait d'amer pour lui dans cette espèce de retractation de ses critiques. Il finit par céder. Quatre jours avant la mort de leur conciliateur, le 4 août 1694, les deux adversaires se rencontrèrent et se tendirent la main. Le vœu d'Arnauld était accompli.

Le médecin Dodart lui écrivit de Paris, à la date du 6 août 1694 : « M. Racine me dit avant-hier qu'il avoit fait la paix entre nos deux amis. Dieu soit loué! je tâcherai d'en témoigner ma joie à M. Perrault aujourd'hui. » Deux jours après, dit M. Sainte-Beuve, Arnauld était mort avant de recevoir cette nouvelle qui l'aurait satisfait dans l'un de ses derniers désirs. Boileau se chargea d'annoncer au public sa réconciliation avec Perrault; cette épigramme en fut la proclamation :

> Tout le trouble poétique
> A Paris s'en va cesser ;

> Perrault l'antipindarique
> Et Despréaux l'homérique
> Consentent de s'embrasser.
> Quelque aigreur qui les anime,
> Quand, malgré l'emportement,
> Comme eux, l'un l'autre on s'estime,
> L'accord se fait aisément.
> Mon embarras est comment
> On pourra finir la guerre
> De Pradon et du parterre.

Même en un jour de paix et de réconciliation il fallait une victime à l'humeur satirique de Boileau.

Quelque temps après, Perrault demanda à Boileau, de vive voix d'abord, et ensuite par écrit, d'adoucir dans la prochaine édition de ses ouvrages ce qui regardait leur différend. Boileau répondit que leur raccommodement s'était fait sans condition; que, du reste, il avait eu la pensée, non de retrancher quelque chose à ses ouvrages, ce qui serait inutile à cause des éditions précédentes qu'on ne manquerait pas de rechercher, mais d'écrire à Perrault « quelque lettre agréable où il badineroit sur la querelle et feroit voir qu'il a de l'estime pour lui, que dans cette vue il avoit déjà fait par avance une épigramme (celle que nous venons de rapporter) où il marque cette estime. » Voilà ce qu'on lit dans une réponse inédite, dont le brouillon est parmi les papiers de Brossette.

Ce ne fut qu'en l'année 1700 qu'il écrivit enfin à Perrault « cette lettre agréable. » Elle parut imprimée dans l'édition de 1701. Voici comment Boileau débute : « Puisque le public a été instruit de notre démêlé, il est bon de lui apprendre aussi notre réconciliation, et de ne lui pas laisser ignorer qu'il en a été de notre querelle sur le Parnasse comme de ces duels d'autrefois, que la prudence du roi a si sagement réprimés, où, après s'être battu à outrance et s'être quelquefois cruellement blessé l'un l'autre, on s'embrassoit et on devenoit sincèrement amis. Notre duel grammatical s'est même terminé encore plus noblement; et je puis dire, si j'ose vous citer

Homère, que nous avons fait comme Ajax et Hector dans l'*Iliade*, qui, aussitôt après leur long combat en présence des Grecs et des Troyens, se comblent d'honnêtetés et se font des présents. En effet, monsieur, notre dispute n'étoit pas encore finie que vous m'avez fait l'honneur de m'envoyer vos ouvrages, et que j'ai eu soin qu'on vous portât les miens. Nous avons d'autant mieux imité ces deux héros du poëme qui vous plaît si peu, qu'en nous faisant ces civilités, nous sommes demeurés comme eux, chacun dans notre même parti et dans nos mêmes sentiments, c'est-à-dire, vous toujours bien résolu de ne point trop estimer Homère ni Virgile, et moi toujours leur passionné admirateur. »

Il y avait là bien de la malice. Il était piquant d'emprunter à Homère une comparaison pour désigner la lutte qui venait de finir, sans résultat décisif, du moins en apparence. Cependant on ne peut pas dire que les deux adversaires fussent restés exactement dans l'opinion que chacun d'eux avait émise au début. Boileau se faisait illusion; il essayait aussi de flatter Perrault. La vérité est que, des deux parts, il y avait une légère concession de faite. Boileau s'était habitué à cette idée de la supériorité des modernes sur les anciens dans tout ce qui regarde les beaux-arts, et même le mérite des belles-lettres. Cette proposition, il s'offrait volontiers à la prouver la plume à la main : et là-dessus, au grand étonnement de Perrault, il se disait entièrement de son avis. Il donne la palme à la France dans le poëme héroïque, dans l'éloquence, la satire, l'élégie, la tragédie, le roman, la philosophie, quand il la compare avec Rome. Il n'est pas jusqu'à nos lyriques qu'il ne consente à mettre en balance avec Horace. Varron, Pline sont déclarés de médiocres savants en comparaison des Bignon, des Saumaise, des Scaliger, des Sirmond, des Petau; Vitruve ne pourrait soutenir le parallèle avec nos Poussin, nos Lebrun, nos Girardon, nos Mansard. « Nous ne sommes donc point, disait-il, à proprement parler, d'avis différent sur l'estime qu'on doit faire de notre nation et de notre siècle; mais nous sommes différemment de même avis. »

Que leur restait-il donc à faire ? Boileau l'indiquait finement dans le passage suivant : « Il ne reste donc plus maintenant, pour assurer notre accord et pour étouffer entre nous toute semence de dispute, que de nous guérir l'un et l'autre, vous d'un penchant un peu trop fort à rabaisser les bons auteurs de l'antiquité et moi d'une inclination un peu trop violente à blâmer les méchants et même les médiocres auteurs de notre siècle. C'est à quoi nous devons sérieusement nous appliquer; mais quand nous n'en pourrions venir à bout, je vous réponds que de mon côté cela ne troublera point notre réconciliation, et que, pourvu que vous ne me forciez point à lire le *Clovis* ni la *Pucelle*, je vous laisserai tout à votre aise critiquer l'*Iliade* et l'*Énéide*, me contentant de les admirer; sans vous demander pour elles cette espèce de culte tendant à l'adoration, que vous vous plaignez, en quelqu'un de vos poëmes, qu'on veut exiger de vous...[1] »

C'est égal, on sent encore dans ces mots un reste d'aigreur. Comme dans les réconciliations des amants au théâtre, la querelle est prête à se rallumer. Aussi Boileau ne nous surprend pas lorsqu'il nous apprend, dans une lettre à Brossette, que Perrault n'avait pas trop bien reçu cette lettre, et qu'il doutait qu'il en fût content.[2] Toutefois ils vécurent désormais en bonne intelligence; Boileau adoucit quelques passages de ses œuvres qui pouvaient déplaire à Perrault, il

---

1. La belle antiquité fut toujours vénérable,
Mais je ne crus jamais qu'elle fût adorable.
Je vois les anciens sans plier les genoux :
Ils sont grands, il est vrai, mais hommes comme nous.

2. Brossette apprécie très-bien la situation quand il écrit à Boileau : « Mais ce que j'ai lu avec le plus de plaisir, c'est la lettre ingénieuse que vous avez écrite à M. Perrault après votre réconciliation. Je ne sais pas, monsieur, s'il s'est beaucoup applaudi de cette réparation. Quant à moi, je la trouve fort équivoque, et elle me fait souvenir de ce que vous disoit un jour M. le président de Lamoignon, que vos réparations étoient plus à craindre que vos injures. »

supprima son portrait dans la satire X^e. C'étaient des marques d'estime, de courtoisie et de bienveillance. Perrault n'y resta pas insensible. En mourant il chargea son fils de « faire de grandes honnêtetés à Boileau et de l'assurer qu'il mouroit son serviteur. » Quant à Boileau, Racine lui écrivait : « Voilà bien des gens à qui vous avez pardonné. Il me semble que vous avancez furieusement dans le chemin de la perfection. » Si Despréaux était prompt à s'irriter, il l'était aussi à oublier sa colère, et ses réconciliations étaient durables. Une preuve de sa sincérité, c'est qu'il n'affectait point d'aimer trop ses anciens ennemis. Brossette lui ayant demandé quels sentiments la mort de Perrault lui avait fait éprouver, il répondit sans détour qu'il n'y avait pris « d'autre intérêt que celui que l'on prend à la mort de tous les honnêtes gens. » J'ai pourtant, ajoute-t-il, été au service que lui a fait dire l'Académie (8 juin 1700).

VIII.

DERNIERS OUVRAGES DE BOILEAU.

Enfin débarrassé de cette longue querelle, Boileau revint à la poésie. Un de ses premiers soins fut de composer en quelques vers l'épitaphe d'Arnauld. C'était une dette d'amitié et de reconnaissance dont le poëte s'acquittait. Il y exprimait sans voile son amitié pour ce théologien célèbre, sa haine pour ses persécuteurs et son admiration pour ses vertus. Quelque hardi que fût Despréaux, il n'osa point imprimer cet éloge d'un homme qu'il avait si sincèrement aimé. Sa faveur ne l'eût peut-être pas mis à l'abri de quelque rigueur. L'épitaphe parut d'abord à l'étranger en 1711, 1712 et 1713. Elle fut publiée pour la première fois à Paris dans l'édition de 1735, et cette édition fut saisie. Les haines religieuses demandent beaucoup de temps pour s'attiédir.

Les épîtres X^e, XIe et XIIe (1695-1697) sont les fruits de ce retour à la poésie. Boileau s'était suscité une quantité redoutable d'ennemis par sa X^e satire contre les femmes, la querelle que Perrault lui avait faite avait augmenté leur nombre et redoublé leur audace, il avait besoin de se défendre. Il ne confia à personne le soin de son apologie. Quoique déjà près de la soixantaine, il conservait encore quelque chose de sa verve en des temps meilleurs. Sa X^e épître le montre bien à son honneur. Il avait raison de chérir par-dessus tout ce poëme qu'il appelait *ses inclinations*. On aime à voir le poëte se rendre à lui-même le noble témoignage des motifs qui ont conduit sa plume et dirigé sa vie. Ce *vrai* qui seul est aimable, seul est beau, éclate dans ses vers. L'image de Boileau tracée par lui-même s'offre ainsi au lecteur d'un air aisé sans prétention. Ses censeurs confus voient retourner contre eux les traits que leurs mains avaient destinés à écraser Despréaux.

La XIe épître, dans un cadre ingénieusement tracé, exprime en beaux vers l'une des plus grandes vérités et des plus utiles aux hommes qu'un poëte puisse traiter. Le souvenir d'Horace vient quelquefois se mêler à la lecture de cette pièce. Si l'on regrette de n'y point trouver ce mol abandon du poëte latin, on s'en dédommage par l'excellence des préceptes et la bonne morale qui y respirent.

L'épître XIIe devait ameuter contre Boileau une grande partie des théologiens de son temps; mais elle exprimait une doctrine chère au poëte. Nous l'avons vu chez le président de Lamoignon combattre avec vivacité cette prétention des théologiens qui ne demandaient aux pécheurs, pour leur assurer le ciel, que l'accomplissement extérieur de certaines pratiques, sans y mêler l'amour de Dieu. On lit dans le *Menagiana:* « Boileau-Despréaux étoit un jour à Bàville. Il y avoit là des casuistes, qui soutenoient hardiment qu'un certain auteur connu avoit eu raison de faire un livre exprès pour prouver que nous n'étions point obligés d'aimer Dieu; et que ceux qui soutenoient le contraire avoient tort, et imposoient un joug insupportable au chrétien, dont Dieu l'avoi affranchi par la nouvelle loi. Comme la dispute s'échauffoit, M. Despréaux, qui avoit gardé jusqu'alors un profond silence : « Ah ! la belle chose, s'écria-t-il en se levant, que ce sera au jour du dernier jugement, lorsque Notre-Seigneur dira à ses élus : Venez les bien-aimés de mon Père, parce que vous ne m'avez jamais aimé de votre vie ; que vous avez toujours défendu de m'aimer ; et que vous vous êtes toujours fortement opposés à ces hérétiques, qui vouloient obliger les chrétiens de m'aimer ? Et vous au contraire, allez au diable et en enfer, vous les maudits de mon Père, parce que vous m'avez aimé de tout votre cœur, et que vous avez sollicité et pressé tout le monde de m'aimer. » Il fit rire toute la compagnie et persuada plus efficacement par cette raillerie la nécessité de l'*amour divin* que M. Arnauld n'avoit pu faire par des livres entiers et par les discours les plus éloquents. » Il paraît que son interlocuteur était le père Cheminais de la compagnie de Jésus. Jusque-là il n'avait pas tari de bonnes ou de mauvaises raisons, et n'avait pas ménagé sa poitrine qui était fort délicate : mais à cette prosopopée ingénieuse et vive, il resta étourdi du coup et sans un mot de réplique. Cette saillie que Boileau mit en vers et qu'on lit dans son épître XIIe,

> Orthodoxe ennemi d'un dogme si blâmé,
> Venez, vous dira-t-il, venez, mon bien-aimé :
> Vous qui, dans les détours de vos raisons subtiles,
> Embarrassant les mots d'un des plus saints conciles,
> Avez délivré l'homme, ô l'utile docteur !
> De l'importun fardeau d'aimer son créateur.
> Entrez au ciel ; venez, comblé de mes louanges,
> Du besoin d'aimer Dieu désabuser les anges ;

cette saillie, dis-je, montre combien ces questions touchaient vivement le cœur de notre poëte.

Nous aurions bien tort de penser, avec notre indifférence pour les questions de théologie, qu'un pareil sujet convînt mal à la poésie. Il n'y en avait pas, au contraire, qui parût plus digne d'être traité, qui fût d'un intérêt plus général. Rien de ce qui appartenait à la religion ne devait alors trouver ni Boileau, ni ses lecteurs insensibles. Cet amour de Dieu, dit M. Sainte-Beuve, était une des sources sincères et vraies de l'inspiration de Despréaux.

Il faut citer encore M. Sainte-Beuve; on ne peut être ni mieux renseigné, ni mieux inspiré. « On conçoit, en se plaçant au cœur du dogme, dit-il, que cette épître XII° enlevât Bossuet, qui avait trouvé à redire à la satire contre les femmes. Il y a un billet de lui à l'abbé Renaudot (1695) où on lit : « Si je me fusse trouvé ici, monsieur, quand vous m'a-
« vez honoré de votre visite, je vous aurois proposé le pèleri-
« nage d'Auteuil avec M. l'abbé Boileau, pour aller entendre de
« la bouche inspirée de M. Despréaux *l'hymne céleste de l'amour*
« *divin*. »

« Une lettre de Boileau à Racine montre quel bruit faisait alors cette épître, encore inédite; avec quelle diversité d'opinions on en parlait, et comment cette théologie, alors si vivante, portait fort bien la poésie qui la relevait en beaux vers, tandis qu'aujourd'hui morte, ou à peu près, elle l'écrase. Il s'agit d'une visite au Père de La Chaise, qui joue dans cette affaire un rôle de conciliation et de bon goût. Boileau, accompagné de son frère le docteur de Sorbonne, va donc lire sa pièce au confesseur du roi, qui le reçoit avec beaucoup d'agrément et de politesse. Le père de La Chaise s'assied tout près du poëte pour ne rien perdre de son débit, et, un peu prévenu qu'il est, il commence par quelques discours généraux sur la difficulté et la délicatesse qu'il y avait à traiter un tel sujet, il s'y étend avec complaisance, en homme qui autrefois avait enseigné la théologie. Boileau convient de tout, et l'assure qu'il n'a fait autre chose que mettre en vers la doctrine que le révérend père vient d'exposer. « Enfin, lorsqu'il a cessé de
« parler, je lui ai dit que j'avois été fort surpris qu'on m'eût
« prêté des charités auprès de lui, et qu'on lui eût donné à
« entendre que j'avois fait un ouvrage contre les jésuites, ajou-
« tant que ce seroit une chose bien étrange, si soutenir qu'on

« doit aimer Dieu s'appeloit écrire contre les jésuites ; que mon
« frère avoit apporté avec lui vingt passages de dix ou douze
« de leurs plus fameux écrivains, qui soutenoient, en termes
« beaucoup plus forts que ceux de mon épître, que pour être
« justifié il faut indispensablement aimer Dieu ; qu'enfin j'avois
« si peu songé à écrire contre les jésuites, que les premiers
« à qui j'avois lu mon ouvrage, c'étoit six jésuites des plus
« célèbres. J'ai ajouté ensuite que depuis peu j'avois eu l'hon-
« neur de réciter mon ouvrage à monseigneur l'archevêque de
« Paris (M. de Noailles) et à monseigneur l'évêque de Meaux
« (Bossuet), qui en avoient tous deux paru, pour ainsi dire,
« transportés ; qu'avec tout cela, néanmoins, si Sa Révérence
« croyoit mon ouvrage périlleux, je venois présentement pour
« le lui lire, afin qu'il m'instruisît de mes fautes. Enfin, je
« lui ai fait le même compliment que je fis à monseigneur
« l'archevêque lorsque j'eus l'honneur de le lui réciter, qui
« étoit que je ne venois pas pour être loué, mais pour être
« jugé. » — Sur cela, il se met à réciter et si bien, si agréablement, avec tant d'art et de feu, qu'il ravit son auditeur. A
un endroit il a eu soin, dit-il, d'insérer huit vers que Racine
n'approuvait pas, lesquels vers contredisent un peu, ou du
moins atténuent le dogme augustinien, et parlent de Dieu
comme voulant sûrement nous sauver tous :

Marchez, courez à lui ; qui le cherche, le trouve!

Le père de La Chaise, naturellement, est ravi de ces vers, et
les lui fait redire jusqu'à trois fois. « Mais je ne saurois vous
« exprimer avec quelle joie, quels éclats de rire, il a entendu
« la prosopopée de la fin. » Boileau gagne donc sa cause, il sort
victorieusement de l'épreuve, et il n'eut jamais plus à se féli-
citer qu'en cette occasion d'être un parfait récitateur.[1] »

En traitant ce sujet, outre qu'il avait relevé la poésie des mépris de quelques jansénistes renforcés qui semblaient croire la

1. *Port-Royal*, t. V, liv. VI, p. 347.

théologie compromise par Arnauld dans la querelle de Perrault, Boileau avait touché à l'une des plus vives préoccupations de son temps. Quantité d'anecdotes le prouvent. « M. d'Aguesseau, avocat général, est prodigieux en tout, racontait Boileau ; il m'est venu voir, je lui ai récité mes vers sur l'*Amour de Dieu;* il en a retenu cinquante tout de suite, et est retourné chez lui les copier. Je l'ai su, et cela m'a obligé d'en changer quelques-uns. »

« M. Racine demanda à mon jardinier s'il venoit toujours bien du monde chez moi. « Oui, monsieur, lui dit-il; c'est « cet *Amour de Dieu* qui lui amène tout cela. » Le père Bouhours félicitait Antoine, le jardinier, sur ce que son maître lui avait adressé une épître en vers. « N'est-il pas vrai, maître Antoine, lui dit le père, d'un air riant et moqueur, que vous faites plus de cas de cette pièce que de toutes les autres de votre maître? — Nenni dà, mon père, répondit le jardinier : m'est avis que c'est l'*Amour de Dieu* qui est la meilleure; celle-là passe toutes les autres. » Le mot portait juste.

Ce fut en octobre 1697 que ces trois épîtres nouvelles furent publiées par Boileau. Il les fit précéder d'une préface où il annonçait que l'épître XIIe serait peut-être la dernière pièce de poésie qu'on aurait de lui, son génie pour les vers commençant à s'épuiser, et ses emplois historiques ne lui laissant guère le temps de s'appliquer à chercher et à ramasser des rimes. Il prévoit les attaques dont il va être l'objet, mais cependant il ne peut s'empêcher d'être en telles dispositions d'esprit, qu'il voudrait de bon cœur n'avoir de sa vie composé que ce seul ouvrage; il s'entoure ensuite des témoignages de satisfaction qu'il a recueillis de toutes parts, tant auprès des jésuites que d'illustres évêques dont le suffrage peut le couvrir; si l'on veut croire que cette épître n'est qu'une vaine déclamation, qui n'attaque rien de réel, ni qu'aucun homme ait jamais avancé, il inscrit dans sa préface, pour l'intérêt de la vérité, la proposition qu'il combat, et il la donne dans sa langue et dans les termes qu'on la soutient en plus d'une école : *Attritio ex gehennæ metu sufficit, etiam sine ulla Dei dilectione, et sine ullo ad Deum offensum respectu ; quia talis honesta et supernaturalis est.*

En attendant les ennuis que devait lui susciter cette dernière pièce, Boileau se trouva engagé dans le fameux procès dont nous avons déjà parlé touchant sa noblesse. Il n'avait pas été mis directement en cause; c'était contre Gilles Boileau, payeur des rentes de l'hôtel de ville, qu'avait été portée d'abord l'accusation d'avoir usurpé un titre qui ne lui appartenait pas. Despréaux ne put éviter d'intervenir dans ce procès. Nous avons raconté plus haut comment il se termina, et quelles paroles sévères M. de Pommereu adressa en plein tribunal au traitant Paul Poisson de Bourvalais, un des principaux intéressés à la recherche des faux nobles. Cette satisfaction publique ne suffisait pas à Boileau : il voulut se venger en poëte et composa la satire XIe. On dit que dans la première vivacité de son mécontentement il avait songé à peindre l'auteur de cette injuste recherche avec de terribles couleurs; il oublia sa vengeance après avoir obtenu un arrêt favorable (10 avril 1699), et se contenta, dans ce nouveau poëme adressé à son ami M. de Valincour, de se plaindre en termes généraux que le véritable honneur, banni de ce monde, ait laissé la place à un usurpateur qui gouverne tout et fait tout en ce bas univers.

Dans ses dernières années, il vint à Despréaux, d'un pays étranger, un hommage qui ne le trouva pas insensible. Le comte d'Ériceyra, un des seigneurs les plus qualifiés du Portugal, lui envoya la traduction en portugais de son *Art poétique*.[1] Boileau répondit à cet envoi par une lettre où se montre une véritable satisfaction.

---

1. Il écrit à Brossette, le 10 juillet 1701 : « Il y a environ quatre ans que M. le comte d'Ériceyra m'envoya la traduction en portugais de ma Poétique, avec une lettre très-obligeante, et des vers françois à ma louange; que je sais assez bien l'espagnol, etc., etc. »

Ces petites jouissances d'amour-propre étaient peu de chose en comparaison des ennuis que les années et les maladies apportaient à Boileau. Un des plus vifs chagrins qu'il ait jamais ressentis fut celui de perdre son meilleur ami. Le 21 avril 1699, Racine mourut. Sa maladie fut longue et douloureuse. Au milieu de ses souffrances, il n'oublia jamais Boileau. Persuadé que sa mort ne tarderait pas, il chargea l'un de ses fils d'écrire une lettre à M. de Cavoye pour le prier de solliciter le payement de ce qui lui était dû de sa pension, afin de laisser quelque argent comptant à sa famille. Il se fit lire cette lettre. « Pourquoi, dit-il à celui qui l'avait écrite, ne demandez-vous pas aussi le payement de la pension de Boileau ? Il ne faut pas nous séparer. Recommencez votre lettre, et faites connoître à Boileau que j'ai été son ami jusqu'à la mort. » Lorsqu'il lui fit son dernier adieu, il se leva sur son lit autant que pouvait lui permettre le peu de forces qu'il avait, et lui dit en l'embrassant : « Je regarde comme un bonheur pour moi de mourir avant vous. »

Cette mort jeta Boileau dans une grande affliction. Il y avait plus de quarante ans que ces deux amis étaient étroitement unis. Quelques jours après ce triste événement, Despréaux qui, depuis longtemps, ne paraissait plus à la cour, y retourna pour recevoir les ordres de Sa Majesté au sujet de son histoire, dont il se trouvait seul chargé; et comme il lui parlait de l'intrépidité chrétienne avec laquelle son ami avait vu la mort s'approcher : « Je le sais, répondit le roi, et j'en ai été étonné; il la craignoit beaucoup, et je me souviens qu'au siége de Gand vous étiez le plus brave des deux. » Lui ayant fait ensuite regarder sa montre qu'il tenait par hasard : « Souvenez-vous, ajouta-t-il, que j'ai toujours une heure par semaine à vous donner quand vous voudrez venir. » Ce fut pourtant la dernière fois que Boileau parut devant un prince qui recevait si favorablement les grands poëtes. C'était le 7 ou le 8 mai 1699. Il ne retourna jamais à la cour; et lorsque ses amis l'exhortaient à s'y montrer, du moins de temps en temps :

« Qu'irai-je y faire? leur disait-il, je ne sais plus louer. »

Boileau qui rapporte cette entrevue dit : « Sa Majesté m'a parlé de M. Racine d'une manière à donner envie aux courtisans de mourir, s'ils croyoient qu'il parlât d'eux de la sorte après leur mort. Cependant cela m'a très-peu consolé de la perte de cet illustre ami, qui n'en est pas moins mort, quoique regretté du plus grand roi de l'univers.[1] »

L'ami de Racine resta fidèle à son souvenir. Il reporta sur ses enfants l'affection qu'il avait eue pour leur père. Déjà, du vivant de Racine, nous le voyons inviter Mme Racine à souper chez lui, avec toute sa petite et agréable famille. « Cela se passa fort gaiement, dit-il,... je n'ai jamais vu une si belle journée. J'entretins fort M. votre fils qui, à mon sens, croît toujours en mérite et en esprit. Il me montra une traduction qu'il a faite d'une harangue de Tite-Live, et j'en fus fort content. Je crois non-seulement qu'il sera habile pour les lettres, mais qu'il aura la conversation agréable, parce qu'en effet il pense beaucoup, et qu'il conçoit fort vivement tout ce qu'on lui dit.[2] » Ce fils de Racine fut attaché plus tard à l'ambassade de Hollande; son père, avant de mourir, parmi toutes ses recommandations de conduite prudente, de bon sens et de bon goût, lui citait Boileau comme un modèle de piété et de sentiments religieux.

Louis Racine, qui s'est fait un nom honorable dans la poésie, ne cessa de recevoir de la part de Despréaux des marques de bienveillance et de sages conseils. Voici ce qu'il en dit dans ses mémoires : « Les onze années qu'il survécut furent onze années d'infirmité et de retraite. Il les passa tantôt à Paris, tantôt à Auteuil, où il ne recevoit plus les visites que d'un très-petit nombre d'amis. Il vouloit bien y recevoir quelquefois la mienne, et s'amusoit même à jouer avec moi aux quilles : il excelloit à ce jeu, et je l'ai vu souvent abattre

---

1. Boileau fit en latin l'épitaphe de Racine; c'est un modèle du genre.
2. Cette lettre est du mardi 2 juin 1693.

toutes les neuf d'un coup de boule. « Il faut avouer, disoit-il « à ce sujet, que j'ai deux grands talents aussi utiles l'un que « l'autre à la société et à un État : l'un de bien jouer aux quilles, « l'autre de bien faire des vers. » La bonté qu'il avoit de se prêter à ma conversation flattoit infiniment mon amour-propre, qui fut cependant humilié dans une de ces visites que je lui rendis malgré moi. »

On peut voir dans Louis Racine le récit de cette visite où le pauvre écolier de philosophie, coupable d'avoir fait une pièce de douze vers français pour déplorer la destinée d'un chien qui avait servi de victime aux leçons d'anatomie du collége de Beauvais, comparut, tremblant comme un criminel, devant Boileau que Mme Racine avait prié de remontrer au jeune homme le danger de la passion des vers. « Il prit, dit le coupable, un air sévère; et, après m'avoir dit que la pièce qu'on lui avoit montrée étoit trop peu de chose pour lui faire connoître si j'avois quelque génie, « il faut, ajouta- « t-il, que vous soyez bien hardi pour oser faire des vers avec « le nom que vous portez. Ce n'est pas que je regarde comme « impossible que vous deveniez un jour capable d'en faire de « bons; mais je me méfie de tout ce qui est sans exemple; et « depuis que le monde est monde, on n'a point vu de grand « poëte, fils d'un grand poëte... » Il ajouta à ces observations d'autres avis également sages sur le peu d'avantages qu'on trouve à cultiver les muses; il perdit son temps, car l'auditeur ne profita pas du sermon.

On ne saurait trouver dans l'histoire des lettres un exemple plus touchant que l'amitié de ces deux grands poëtes. Tous les deux y apportèrent la même bonne volonté, le même empressement. Peut-être y eut-il de la part de Boileau plus de simplicité, plus de candeur, plus de ce que les théologiens appellent le support mutuel. Racine avait beaucoup de tendresse dans l'âme, mais il n'était pas sans avoir aussi beaucoup d'amour-propre, beaucoup de malice, peut-être même un fond d'aigreur et de méchanceté. Boileau lui disait : « Si vous vous mêliez de satire, vous seriez plus méchant que moi. » Despréaux aurait sans doute fait comme d'autres qui se sont éloignés de Racine, s'il eût écouté aussi vite que son ami les suggestions de la vanité. Ses conseils surent modérer le penchant naturel à la moquerie qui éclatait souvent chez l'auteur d'*Esther*. Dans une dispute qu'ils eurent sur quelque point de littérature, Boileau, accablé de ses railleries, lui dit d'un grand sang-froid, quand la dispute fut finie : « Avez-vous eu envie de me fâcher? — Dieu m'en garde, répond son ami. — Eh bien, reprend Boileau, vous avez donc tort, car vous m'avez fâché. »

Dans une autre dispute de même nature, Boileau, pressé par de bonnes raisons, mais dites avec chaleur et vivacité, perdit patience et s'écria : « Eh bien, oui, j'ai tort; mais j'aime mieux avoir tort que d'avoir orgueilleusement raison ! »

Quels avantages Racine ne trouva-t-il pas dans sa liaison avec Boileau? Racine avait besoin d'un guide; né docile, suivant l'expression de M. Sainte-Beuve, il cherche au début de sa carrière un censeur homme de bien qui dirigera ses efforts. Il consulte Chapelain, Perrault, La Fontaine; il ne le rencontre que chez Boileau. Mais aussitôt il le reconnaît, il le salue et lui reste attaché pour toujours. Il n'avait pas mal placé sa confiance. Despréaux était bien ce *vir bonus et prudens* qui savait réprimer des vers l'ambitieuse emphase, attentif au sens, attentif à la phrase. Instruit par ce maître, Racine renonça au galant, au fin, au bien tourné dont il avait naturellement le goût. « Beaucoup, dit l'historien de Port-Royal, de ces jeunes rameaux, de ces tendres et un peu folles guirlandes, que nous avons vus courir dans les vers de Racine, comme les bras de la vigne grimpante le long des arbres et des murs mêmes du cloître à Port-Royal, furent à jamais retranchés par Boileau. On lui doit, à coup sûr, d'avoir eu plus tôt le Racine parfait, et de l'avoir eu, dans la perfection même, plus continuellement ferme et plus inaltérable. »

Faut-il se demander, comme le même critique, si Racine

n'a pas perdu quelque chose avec Boileau? Cela serait à conjecturer plus qu'à regretter, comme il le dit lui-même, s'il était vrai que Boileau eût refoulé et réprimé dans son ami « un coin de Pétrarque et du Tasse, le bel esprit mêlé au sentiment, persistant dans la poésie et y mettant sa marque. » Non, non, Racine n'a fait que gagner avec Boileau à tous égards. Sa probité s'est raffermie auprès de son ami; les nobles exemples de franchise qu'il lui donnait sans cesse n'ont pas été perdus. Racine avait besoin d'être modéré; il allait aux excès ou de la flatterie ou de la dévotion : Despréaux était plus ferme, plus franc, et Racine s'étonnait souvent de l'heureux succès de cette ingénuité d'honnête homme.

Faut-il oublier aussi toutes les circonstances où Boileau, toujours prêt à servir son ami, se porta de sa personne au milieu du péril, s'exposant aux injures des rivaux de Racine, détournant sur lui-même une bonne part des coups destinés à son ami? Racine, plus prudent, ne fit jamais rien de pareil. On ne le vit pas se faire le champion de Boileau dans la querelle des anciens et des modernes; il l'excitait sous main; il ne savait pas prendre ouvertement sa défense. En tout ce commerce d'amitié, Boileau semble le plus prompt à agir, le plus dévoué, le plus hardi; Racine agit en homme discret et avisé : il se cache derrière Boileau, comme Ulysse autrefois marchait derrière Ajax.

C'était une faible compensation de la mort de Racine, que l'amitié de Brossette; elle ne laissa pas cependant d'être de quelque douceur à Boileau. Il se prêta sans peine, on peut même dire avec complaisance, à l'admiration empressée de l'avocat de Lyon. S'il en fut quelquefois importuné, il oublia bien vite quelques légers mouvements d'impatience et jusqu'à ses derniers instants il ne cessa de correspondre avec son commentateur.

Despréaux s'était fait une habitude de considérer la ville de Lyon « comme une bonne mère » et celle-ci le traitait comme le plus illustre et le plus cher de ses nourrissons.[1] Aussi ne dut-il pas être surpris de voir venir à lui plein d'estime, de respect et de tendresse ce jeune avocat qui se dévouait aux intérêts de sa gloire. Claude Brossette, seigneur de Varennes-Rapetour, avocat au parlement de la ville de Lyon, n'avait encore que vingt-sept ans lorsqu'en 1698, le 3 octobre, il vit Boileau pour la première fois. Il venait lui demander son amitié, il venait lui faire agréer le dessein formé par lui d'éclaircir par des remarques tous les passages de ses ouvrages où plus tard le lecteur pourrait trouver quelque embarras. C'était épargner des tortures aux Saumaises futurs. Boileau le reçut avec bonté, il accueillit son empressement avec plaisir, avec confiance; il lui promit de l'aider; il l'autorisa à lui faire des questions : ainsi commença entre ces deux hommes, l'un encore dans la jeunesse et l'autre déjà vieux, une correspondance qui fait plus d'honneur encore à Boileau qu'à Brossette.

Dans l'ardeur de son zèle, le commentateur avait un instant pensé à se faire apologiste. Il avait résolu de répondre à toutes les critiques qu'on avait faites des ouvrages de Despréaux, suivant le plan, la manière, et, s'il se pouvait, le style de

1. Nous avons déjà vu comment le poëte, bon économe, avait acheté 1500 livres de rentes viagères sur l'Hôtel-Dieu de cette ville à douze et demi pour cent de son capital. Plus tard (en 1709) il y eut un arrêt du conseil d'administration qui ordonna un retranchement dans ces rentes; une seule exception fut faite en faveur de Boileau. Il dut ce privilége à sa grande réputation, aux égards du maréchal de Villeroi, et aussi aux démarches de son ami Brossette. Voici ce que ce dernier lui écrit le 24 juin 1709 : « Je crois, monsieur, que vous ne faites pas mal d'accepter l'offre qui vous a été faite par M. Bronod (avocat au conseil, chargé des affaires de la ville de Lyon), et d'attendre quelque temps pour recevoir l'entier payement de votre rente. Par ce moyen vous êtes bien éloigné de l'inconvénient que vous aviez d'abord appréhendé, puisqu'au lieu d'être incertain si l'on vous payeroit votre demi-année, vous voyez que la ville de Lyon, cette bonne mère, vous fait par avance le payement de l'année entière. C'est une distinction que vous méritez bien, vous, monsieur, qui êtes le plus illustre et le plus cher de ses nourrissons. Oserois-je m'applaudir d'avoir pu contribuer au succès d'une chose qui vous fait quelque plaisir? Les occasions me manqueront souvent; mais le zèle et la bonne volonté ne me manqueront jamais. »

M. Arnauld, dans la lettre à Perrault. Il sentait, disait-il, toute la témérité, ou du moins l'inutilité d'un pareil travail. « Je sais, ajoutait-il, que vos ouvrages sont infiniment au-dessus des atteintes que la jalouse ignorance a essayé de leur donner : ils se soutiennent assez par eux-mêmes, et vous vous ferez toujours assez admirer sans le secours d'un apologiste tel que moi. Mais cependant, monsieur, la matière est si belle, et votre défense est si facile, que je sens bien que j'aurai toutes les peines du monde à résister à une tentation si glorieuse. C'est pour cela que je ramasse depuis longtemps avec beaucoup de soin tous les mémoires qui peuvent m'aider pour ce dessein. » Il se promettait encore d'y joindre les éclaircissements que le poëte aurait la bonté de lui donner sur ses ouvrages.

Boileau n'approuvait qu'à moitié le dessein d'une apologie; il répondait avec politesse qu'il serait bien aise de la voir entreprise par un homme tel que Brossette, mais pourtant il ne croyait pas que les ouvrages publiés contre lui fussent assez connus pour mériter aucune réponse. « Oserois-je, lui écrivait-il, vous dire que le dessein que vous aviez pris de faire des remarques sur mes ouvrages est bien aussi bon, que ce seroit le moyen d'en faire une imperceptible apologie qui vaudroit bien une apologie en forme? Je vous laisse pourtant le maître de faire tout ce que vous jugerez à propos. » Ces observations déterminèrent Brossette à s'en tenir aux remarques qu'il avait entreprises.

Jamais commentateur n'eut autant de respectueuse tendresse pour son auteur. Nous pouvons en juger par les vers suivants qu'il lui adresse (24 juin 1709) :

> Souviens-toi qu'en mon cœur tes écrits firent naître
> L'ambitieux désir de voir et de connoître
> L'arbitre, le censeur du Parnasse françois,
> Le digne historien du plus grand de nos rois.
> Je te vis, je t'aimai. Mon heureuse jeunesse,
> Boileau, ne déplut point à ta sage vieillesse.
> Tu souffris que j'allasse écouter tes leçons,

> Tu daignas m'enrichir de tes doctes moissons.
> Tu m'instruisis à fond de tes divins ouvrages
> Et tes écrits pour moi n'eurent plus de nuages.
> Tu fis plus : secondant ma curieuse ardeur,
> Tu commis à ma foi les secrets de ton cœur.
> Souvent tu m'entretins de tes mœurs, de ta vie :
> Des puissants ennemis que t'opposa l'envie;
> Des honneurs éclatants où tu fus appelé :
> Tes chagrins, tes plaisirs, tout me fut révélé;
> Mon esprit, enchanté de toutes ces merveilles,
> Occupoit tout entier mes avides oreilles,
> Et dans les traits naïfs de ce vivant tableau,
> Je vis à découvert l'âme du grand Boileau.
> Mais dans quelque haut rang que ta muse te mette,
> Je vis l'homme d'honneur au-dessus du poëte.

Boileau dans sa jeunesse avait critiqué des vers qui ne valaient pas mieux que ceux-ci. Brossette, avec une modestie sincère, le premier feu de l'imagination une fois refroidi, s'étonnait de sa témérité; il ne pouvait comprendre comment un homme tel que lui, qui n'avait ni verve ni génie, et qui n'avait jamais su faire des vers, eût été assez hardi pour faire ceux-ci, et même assez imprudent pour les envoyer à celui qu'il appelait « l'arbitre, le censeur du Parnasse françois. » Toutefois il espérait l'indulgence de Despréaux pour cette petite folie. Il croyait qu'il lui pardonnerait bien deux ou trois douzaines de mauvais vers en faveur des sentiments pleins de tendresse et de vénération qu'il avait tâché d'y exprimer. Il avait raison. Boileau, malade d'une fluxion sur la poitrine et d'une fièvre continue assez violente, fut touché des sentiments enfermés dans ces vers; loin d'en faire peu de cas, il les trouva très-beaux, et ne voulut y reprendre que l'excès des louanges qu'on lui avait données.

Telles étaient les dispositions de Brossette : l'admiration pour l'écrivain lui avait inspiré le désir de connaître l'homme; il le connut, il l'aima. C'était l'impression que faisait Boileau sur tous ceux qui l'abordaient. Accueillant, facile, enjoué, sûr et sincère, il offrait à ceux qui le fréquentaient une hospitalité généreuse, une conversation instructive et gaie, malgré ses infirmités. Brossette malheureusement ne put le suivre d'assez près ni entrer assez avant dans sa confidence directe. Il le vit deux fois seulement dans sa savante solitude d'Auteuil, en 1698 et en 1702. Une correspondance se prête mal aux révélations. Quelque franchise qu'on y mette, une lettre ne peut jamais tout dire, rien ne peut remplacer la liberté, l'abandon des entretiens, et même la douce contrainte qu'ils exercent sur l'esprit. Ne nous étonnons donc pas si Brossette, comme le fait observer Louis Racine, n'a pas tout su ; si, comme l'a montré Berriat-Saint-Prix, il a commis des erreurs. Il n'en reste pas moins vrai que nous lui devons des détails intéressants sur son poëte. Cette correspondance à laquelle il sut forcer la paresse de Boileau ne sert pas médiocrement à nous faire connaître les sentiments et les occupations de ses dernières années. Nous trouvons encore dans des papiers manuscrits conservés à la Bibliothèque impériale des notes curieuses sur la vie de Boileau à Auteuil, sur les amis qui l'y visitent, la manière dont il y passe son temps, et le genre d'entretiens auquel il s'y livre. On en jugera par quelques extraits :

« Du dimanche 8 octobre 1702.

« J'avois promis à M. Despréaux d'aller aujourd'hui passer la journée à Auteuil avec lui. J'y ai été sur les dix heures du matin dans le carrosse de M. Perrichon. M. Despréaux étoit allé à la messe aux Bons-Hommes à Chaillot.

« En attendant qu'il vînt, je me suis promené dans son jardin, avec son jardinier, qui m'a appris les choses suivantes qui peuvent servir à mes mémoires :

« Ce jardinier s'appelle Antoine Riquié, de Paris, et son père étoit de Picardie. Il est au service de M. Despréaux à 250 livres de gages, depuis que son maître a acheté sa maison d'Auteuil, il y a dix-sept ans...

« Tandis que M. Despréaux et moi lisions cette satire dans son jardin, M. de Frégeville, son voisin, y est venu, et il a dîné avec nous. La maison de M. Despréaux, à Auteuil, est entre celle de ce monsieur et celle de Mme de Mouchi, sœur de M. de Harlay, premier président. Après dîner, j'ai tiré de ma poche la tragédie de *Pyrame et Thisbé* par La Serre; j'en ai lu plusieurs endroits à M. Despréaux, qui a été charmé de voir tant d'impertinence en un si petit volume. Cette pièce est un chef-d'œuvre de ridiculité.

« En prenant le café après dîner, sous un pavillon de verdure, M. Despréaux m'a parlé du livre intitulé : *les Lois civiles...* Il a été bien aise d'apprendre le nom de l'auteur, qui s'appeloit M. Domat. »

Voici un autre échantillon de ces entretiens d'Auteuil. On lit à la page 374 du manuscrit indiqué plus haut, et publié par M. Laverdet : « Nous avons dîné, M. Despréaux, M. de Frégeville et moi.

« Après le dîner nous avons été prendre le café sous un berceau dans le jardin.

« Pendant ce temps-là M. Despréaux nous a parlé de la manière de déclamer, et il a déclamé lui-même quelques endroits, avec toute la force possible. Il a commencé par cet endroit du *Mithridate* de M. Racine : c'est Monime qui parle à Mithridate :

Nous nous aimions... Seigneur, vous changez de visage.

« Il a jeté une telle véhémence dans ces derniers mots, que j'en ai été ému. Aussi faut-il convenir que M. Despréaux est un des meilleurs récitateurs qu'on ait jamais vus. Il nous a dit que c'étoit ainsi que M. Racine, qui récitoit aussi merveilleusement, le faisoit dire à la Champmeslé.

« M. Despréaux a aussi récité avec la même force ces vers de Sophocle dans son *Œdipe*, qui sont traduits dans le *Sublime* de Longin, ch. xix :

Hymen, funeste Hymen, tu m'as donné la vie :
Mais dans ces mêmes flancs où je fus renfermé
Tu fais rentrer ce sang dont tu m'avois formé.

« Il a encore récité cet endroit du *Misanthrope* de Molière, où il dit (quand on rit de sa fermeté outrée) : *Par le sang bleu, messieurs, je ne croyois pas être si plaisant que je suis* (acte II, scène dernière).

« Molière, en récitant cela, l'accompagnoit d'un ris amer, si piquant que M. Despréaux en le faisant de même nous a fort réjouis.

« Il a dit en même temps que le théâtre demandoit de ces grands traits outrés, aussi bien dans la voix, dans la déclamation, que dans le geste.

« Montfleury récitoit aussi d'une manière véhémente qui imposoit. Un jour, il voulut faire valoir de cette façon une pièce de Scudéri qui ne valoit rien, mais il n'en put venir à bout ; car, dès le premier vers que Montfleury récita, nonobstant tout l'art dont il accompagna sa déclamation, le parterre se mit à rire. Montfleury représentoit Annibal qui entroit sur le théâtre suivi de deux Carthaginois et disoit, après s'être assis :

> Braves Carthaginois, aussi tristes que moi.

« M. Despréaux nous a récité un autre endroit (je crois qu'il est de l'*Amour tyrannique* de Scudéri) qui ne manquoit jamais de faire rire tout le parterre :

> La mort, en cet état, est mon plus grand désir,
> Qui me la donneroit, me feroit grand plaisir. »

On peut juger par là de l'agrément que Despréaux savait mettre dans la conversation. Il y retrouvait, en s'animant, sa verve de jeune homme. Son art de bien dire, son talent à imiter les gestes et le son de voix des personnes rendaient singulièrement vives les anecdotes qu'il racontait. Telle était celle de Tavernier, voyageur bizarre qui avait vu le Grand Mogol dans ses États et en avait rapporté les *plus rares trésors*. Cet homme était fort grossier dans ses manières et dans son langage. Il racontait que le Grand Mogol fit un jour danser devant lui ses danseuses, après quoi il lui demanda : « Laquelle est-ce qui te plaît davantage? — Sire, c'est celle-là, répondit Tavernier en lui en montrant une. — Eh bien, dit le Mogol, je te la *bââille*. » Tavernier prononçait ce dernier mot, à sa manière, en faisant la première syllabe fort longue. Ce vice de prononciation, reproduit et exagéré par Boileau, devait paraître cent fois plus comique.

Félix, Le Verrier, l'abbé de Châteauneuf étaient les hôtes les plus assidus d'Auteuil. Ils y venaient dans l'intimité et sans façon; ils y couchaient. Despréaux était journellement visité par des amis empressés et nombreux; il ne rebutait personne. Sa maison, on l'a dit, était une sorte d'hôtellerie. Racine, plus facile à s'incommoder, déclarait que cent fois il aurait vendu la campagne s'il lui eût fallu tenir tête à tant de visiteurs.[1] Tout en payant de sa personne, Boileau n'empêchait pas les autres de se donner aussi libre carrière. Chacun y était à l'aise, et chacun contribuait au plaisir général. C'est à Auteuil que, devant Nicole et Valincour, Racine, s'inspirant de la conversation qui avait amené Sophocle sur le tapis, prit le texte grec et lut la tragédie d'*Œdipe* en la traduisant sur-le-champ. « Il s'émut à tel point, dit M. de Valincour, que tous les auditeurs éprouvèrent les sentiments de terreur et de pitié dont cette tragédie est pleine... J'ai vu, ajoute-t-il, nos meilleures pièces représentées par nos meilleurs acteurs : rien n'a jamais approché du trouble où me jeta ce récit; et au moment que j'écris, je m'imagine encore voir Racine, ce livre à la main, et nous tous consternés autour de lui. »

« Ce fut, dit M. Sainte-Beuve, jusqu'à la fin, une distraction et une fête pour les honnêtes gens d'humeur sobre, de dîner chez Boileau à Auteuil; et M. d'Aguesseau raconte com-

---

1. « Il est heureux comme un roi dans sa solitude, ou plutôt dans son hôtellerie d'Auteuil. Je l'appelle ainsi, parce qu'il n'y a point de jour où il n'y ait quelque nouvel écot, et souvent deux ou trois qui ne se connoissent pas trop les uns les autres. Il est heureux de s'accommoder ainsi de tout le monde; pour moi, j'aurois cent fois vendu la maison. » (*Lettres de Racine à son fils*, lettre XLIIe.)

ment, en mai 1703, à un retour de Versailles avec M. de Fleury, un jour qu'ils y étaient allés pour affaires du parlement, et qu'ils avaient été mal reçus de Louis XIV, ils essayèrent d'oublier pendant quelques heures, à la table du poëte, le chagrin que leur donnait un voyage si peu favorable. » Le même critique fait observer avec justesse que Boileau, en son bon temps, ne haïssait pas la table, le vin, la bonne chère. Évidemment, il aimait le monde et la conversation. Il y trouvait, il y donnait à l'improviste des scènes de comédie. Ajoutez à cela son mail, son jeu de quilles où il excellait, en riant de ce beau mérite, vous saurez comment s'écoulèrent les dernières années de Boileau : dans un mélange de tristesse, de tracas, d'infirmités et de bonnes heures dues à l'amitié, à la promenade, aux souvenirs du passé.

Brossette a joui de ces entretiens aimables; éloigné de Paris, il est encore sous le charme, et il nous aide à le comprendre dans les lignes suivantes : « Une journée entière passée avec vous tout seul, dans votre jardin ou dans le bois de Boulogne, est une chose pour laquelle il n'est rien au monde que je ne donnasse volontiers. Que je porte envie à M. Le Verrier, à M. l'abbé de Châteauneuf, à tous vos amis enfin, qui peuvent vous voir et vous entretenir aussi souvent et aussi longtemps qu'ils le veulent.

> O gens heureux! ô demi-dieux!
> Plût à Dieu que je fusse ainsi. »

Il s'en dédommage donc par des lettres répétées; il envoie à Despréaux des cadeaux de jambons, de fromages, de vin de Condrieu. Il le presse de questions, d'observations; il abuse du privilége de curiosité qu'il s'est fait sur ses ouvrages. Boileau doit lui découvrir ses secrets poétiques avec une entière franchise. Le poëte se soumet à ses enquêtes; il tarde à répondre, mais il n'y manque pas; il bannit la cérémonie de ses lettres. Parfois cependant il se rebute, soit des chicanes trop subtiles de son commentateur, soit du peu de facilité qu'il montre à l'entendre. Nous avons vu comment il fut sur le point de se fâcher avec son complaisant annotateur, parce que, sans penser à mal, il s'était permis de *charpenter* une de ses épigrammes. En mêlant le style écolier de Charpentier à celui de Despréaux, Brossette faillit compromettre son commentaire. Mais le poëte revenait de ses moments d'humeur et se prêtait ensuite avec la même indulgence aux questions de l'avocat lyonnais. Ce n'était pas qu'il ne fût homme à profiter d'une observation quand elle était juste : il changeait ses vers si la faute était évidente; autrement il persistait. Ces endroits-là sont autant de leçons de goût ou de grammaire données à son ami.

Il lui donne aussi des leçons de fermeté et de critique. Brossette lui parle, comme d'une merveille, d'un paysan de Saint-Marcellin en Dauphiné, Jacques Aymard, qu'on appelle l'*homme à la baguette*. Cet homme singulier a le don surprenant de découvrir les sources, les bornes déplacées, l'argent caché, les choses volées, les meurtres et assassinats. Il éprouve des douleurs violentes, des convulsions, lorsqu'il est sur le lieu du crime ou proche des criminels; c'est une fièvre qui le saisit; le sang lui sort par la bouche, il tombe en sueur et en pâmoison. Ces jongleries ont fait des dupes à Lyon; Despréaux n'en grossira pas le nombre. Il écrit donc à ce sujet : « En vérité, mon cher monsieur, je ne saurois vous cacher que je ne puis concevoir comment un aussi galant homme que vous a pu donner dans un panneau si grossier, que d'écouter un misérable dont la fourbe a été ici entièrement découverte, et qui ne trouveroit pas même présentement à Paris des enfants et des nourrices qui daignassent l'entendre. C'étoit au siècle de Dagobert et de Charles Martel qu'on croyoit de pareils imposteurs; mais sous le règne de Louis le Grand, peut-on prêter l'oreille à de pareilles chimères, et n'est-ce point que depuis quelque temps, avec nos victoires et nos conquêtes, notre bon sens s'est aussi en allé? Tout cela m'attriste.[1] »

1. Il se montre aussi incrédule sur les miracles du jésuite Romeville :

C'est encore là une révélation que nous devons à la correspondance de Brossette avec Boileau, que cet aveu du patriotisme attristé. Si le poëte de 1665 avait célébré avec enthousiasme les victoires de Louis XIV au début de son règne, Despréaux, à partir des premières années du XVIIIe siècle, n'a que de sombres pensées et d'amers chagrins quand il considère l'état de la France. On vient de supprimer les greffiers de la grand'chambre (1704). Une de ses nièces, avec son mari et ses trois enfants, en est réduite à la misère. Il écrit : « Les prospérités de la France coûtent cher au greffe, et si cela continue, j'ai bien peur que les trois quarts du royaume ne s'en aillent à l'hôpital couronné des lauriers. Il faut pourtant tout espérer de Dieu et de la prudence du roi. » Éloigné de la cour, il ne respire plus l'air de flatterie dont sa tête fut un moment enivrée. La fortune de la France était bien changée alors. La condition ne fait qu'empirer chaque jour. En 1709, la famine s'ajoute aux revers de nos armées. Brossette, en l'entretenant des travaux de l'Académie de Lyon, cite une lecture faite par un académicien sur les funérailles des anciens, et Despréaux répond tristement : « Je ne saurois assez vous admirer, vous et vos confrères académiciens, de la liberté d'esprit que vous conservez au milieu des malheurs publics, et je suis ravi que vous vous appliquiez plutôt à parler des funérailles des anciens, qu'à faire les funérailles de la félicité publique, morte en France depuis plus de quatre ans. Cela s'appelle être philosophe, et marcher sur les pas d'Archimède, qu'on trouva faisant une démonstration géométrique dans le temps qu'on prenoit d'assaut la ville de Syracuse où il étoit enfermé.

« Je ne sais, dit-il, s'il a ressuscité des morts et fait marcher des paralytiques; mais le plus grand miracle, à mon avis, qu'il pourroit faire, ce seroit de convenir que M. Arnauld étoit le plus grand personnage et le plus véritable chrétien qui ait paru depuis longtemps dans l'Église, et de désavouer les exécrables maximes de tous les nouveaux casuistes. Alors je lui crierois : *Hosanna in excelsis! Beatus qui venit in nomine Domini.* » Juin 1704.

« Nous nous sentons à Paris de la famine aussi bien que vous, et il n'y a point de jour de marché où la cherté du pain n'excite quelque sédition ; mais on peut dire qu'il n'y a pas moins de philosophie que chez vous, puisqu'il n'y a point de semaine où l'on ne joue trois fois l'opéra, avec une fort grande abondance de monde, et que jamais il n'y eut tant de plaisirs, de promenades et de divertissements.[1] »

On aimera, j'imagine, à rencontrer chez Boileau, au milieu d'ennuis qui lui sont tout personnels, ce sentiment de tristesse causé par les malheurs de la nation. C'est une veine de sensibilité dont on ne s'était pas encore aperçu.[2]

Ainsi nous verrons jusqu'aux derniers jours de Boileau, Brossette rester fidèle à ses premiers sentiments et s'efforcer,

---

1. Cette lettre est datée de Paris, le 5 mai 1709.
2. On a tant de fois refusé à Boileau toute sensibilité que je ne crois pas devoir oublier ce qu'il dit à Brossette au sujet d'un de ses anciens valets que celui-ci avait pris en pitié à Lyon : « Je me contenterai de vous dire que j'ai vu avec beaucoup de reconnoissance la charité que vous avez pour mon misérable valet. Il m'a servi plus de quinze années, et c'est un assez bon homme. Je croyois qu'il dût me fermer les yeux, mais une malheureuse femme qu'il a épousée, sans m'en rien dire, a corrompu en lui toutes ses bonnes qualités, et m'a obligé, par des raisons indispensables et que vous approuveriez vous-même, si vous les saviez, de m'en défaire. Vous me ferez plaisir de le servir en ce que vous pourrez; mais au nom de Dieu, que ce soit sans vous incommoder, et ne le donnez pas pour impeccable. » Ce valet s'appelait Planson, et il s'était mis en tête de faire des vers; en voici quelques-uns qu'il présenta à Brossette :

> Ne croyez pas, chère Glodine,
> Comme vous le dites toujours,
> Que quand avec vous je badine
> C'est pour me moquer de vous.
> J'ai pour vous, je ne puis le taire,
> Des sentiments qui sont contraire
> A tous ceux dont vous m'accusées.
> C'est pour moi un malheur extrême,
> Quand je vous dis que je vous aime,
> D'interpréter mal mes pensées.

C'est, on le voit, de la poésie d'antichambre. A portée de voir et d'entendre Boileau, il rapporta à Brossette quelques mots de son maître que celui-ci confirma.

en accroissant les richesses de son *Commentaire*, de donner à son auteur toutes les marques d'une tendresse bien vive et bien respectueuse.

IX.

BOILEAU ET LES JÉSUITES. — SES DERNIÈRES ANNÉES.

Quoique Despréaux se fût appliqué toute sa vie à ne point blesser la compagnie de Jésus, il ne put échapper aux atteintes de quelques-uns de ses membres. Autant par politique que par indépendance d'humeur, il avait eu des amis à la fois chez les jansénistes et chez leurs adversaires. Il ne s'en cachait ni aux uns ni aux autres. Il faisait devant le père Bourdaloue, devant le père Bouhours ou leurs compagnons, l'éloge de Pascal, et ne déguisait pas son admiration pour Arnauld. Il écrivait à celui-ci: «Être votre ami c'est une qualité dont je me glorifie tous les jours devant vos plus grands ennemis. Il y a des jésuites qui me font l'honneur de m'estimer et que j'estime et honore aussi beaucoup : ils me viennent voir dans ma solitude d'Auteuil, et ils y séjournent même quelquefois ; je les reçois du mieux que je puis ; mais la première convention que je fais avec eux, c'est qu'il me sera permis dans nos entretiens de vous louer à outrance. J'abuse souvent de cette permission, et l'écho des murailles de mon jardin a retenti plus d'une fois de nos contestations sur votre sujet. La vérité est pourtant qu'ils tombent sans peine d'accord de la grandeur de votre génie et de l'étendue de vos connoissances ; mais je leur soutiens, moi, que ce sont là vos moindres qualités, et que ce qu'il y a de plus estimable en vous, c'est la droiture de votre esprit, la candeur de votre âme, et la pureté de vos intentions. C'est alors que se font les grands cris, car je ne démords point sur cet article, non plus que sur celui des *Lettres au Provincial* que, *sans examiner qui des deux partis au fond a droit ou tort*, je leur vante toujours comme le plus parfait ouvrage de prose qui soit en notre langue. Nous en venons quelquefois à des paroles assez aigres. A la fin néanmoins tout se tourne en plaisanterie : *Ridendo dicere verum quid vetat ?* Ou, quand je les vois très-fâchés, je me jette sur les louanges du révérend père de La Chaise, que je révère de bonne foi, et à qui j'ai en effet tout récemment encore une très-grande obligation, etc., etc. »

Rien de plus honnête que cette sincérité; mais il était difficile au poëte d'échapper au reproche d'incliner au jansénisme. Quoiqu'il eût cette réputation moins que Racine, dont la dévotion et les exercices journaliers de piété rendaient l'orthodoxie plus suspecte, on pouvait le ranger sans trop de prévention du côté de Port-Royal. Despréaux se faisait plus neutre qu'il ne l'était en réalité. Quant au fond de la doctrine, « le démêlé sur la grâce, il pouvoit bien n'avoir pas pris expressément parti, être tantôt d'un sentiment et tantôt d'un autre, de sorte que s'étant quelquefois couché janséniste tirant au calviniste, il étoit tout étonné de se réveiller moliniste approchant du pélagien.[1] » Mais sur la morale, il n'hésitait pas. Il était avec ceux dont les livres, dont la parole, dont l'éloquence soutenaient et défendaient la conscience mise en péril de s'égarer par de subtiles distinctions ou de lâches complaisances sur la manière d'entendre et de pratiquer les devoirs d'un honnête homme.

Il s'abusait donc s'il croyait pouvoir rester éternellement ami avec la compagnie de Jésus. Les révérends pères qu'il voyait dans l'abandon de l'intimité ne laissaient pas d'arriver quelquefois jusqu'à l'aigreur dans ces discussions dont il parle dans sa lettre à Arnauld; quelques atténuations de paroles suffisaient pour dissiper en apparence le mécontentement, mais

---

1. Il ajoutait : « Ainsi, sans les condamner ni les uns ni les autres, je m'écrie avec saint Augustin : « *Altitudo sapientiæ!* » Mais après avoir quelquefois en moi-même traduit ces paroles par : O que Dieu est sage ! j'ajoute aussi en même temps : O que les hommes sont fous ! »

malgré les correctifs et les précautions, son *molino-jansénisme* pouvait être suspect, et il l'était en effet. Quoi! il aurait écrit les trois épîtres, X*, XI*, XII*, il aurait sans cesse vanté Pascal, célébré les vertus d'Arnauld, loué Port-Royal, attaqué en maint endroit la morale relâchée, sans devenir un jour l'objet des attaques de la compagnie de Jésus ! Ç'aurait été un miracle. Dieu ne voulut pas sans doute qu'il s'accomplît et les journalistes de Trévoux le lui firent bien voir.

Dans la capitale de la principauté de Dombes, sous la protection du duc du Maine à qui appartenait ce territoire, les jésuites publiaient tous les mois un journal. Cet écrit périodique portait ce titre : *Mémoires pour l'histoire des Sciences et des Beaux-Arts*. Les rédacteurs de ces mémoires, disaient leurs ennemis, y annonçaient leurs ouvrages avec éclat, y inséraient de petits discours pour montrer qu'il n'y a ni art, ni science, ni langue qu'ils ne possèdent et où ils n'aient fait des découvertes considérables ; ce qui, joint au jugement peu favorable qu'ils portent de tous les autres écrivains tant catholiques que protestants, ne manque pas de laisser dans l'esprit des lecteurs une haute idée du profond savoir et du rare mérite des pères de la Société.

Ce qu'il y a de certain, c'est que la compagnie de Jésus, fort versée dans l'étude des lettres, avait formé déjà beaucoup d'écrivains et de critiques de talent. Leur journal était donc estimé ; il l'aurait été davantage, fait observer Des Maizeaux,[1] s'ils se fussent montrés plus difficiles sur le choix des mémoires qu'ils y inséraient, s'il y eût régné moins d'invectives monacales contre les protestants ; si, enfin, la critique qu'on y faisait quelquefois des auteurs modernes n'eût pas semblé venir plutôt de quelque animosité personnelle, que d'un goût trop fin et trop délicat.

Dans son *Histoire de la querelle des anciens et des modernes*, c'est à ces sentiments d'animosité personnelle que M. Hippo-

1. *Vie de Boileau*, p. 252-253.

lyte Rigault attribue l'attitude des rédacteurs des *Mémoires de Trévoux*. « Il est permis de penser, dit-il,[1] que si l'antiquité avait été défendue par un de leurs amis, les journalistes de Trévoux se seraient décidés pour lui et pour elle. Mais les plus illustres des *anciens* étaient Boileau et Racine, deux amis de Port-Royal, Boileau surtout, qui vantait partout et à tout propos l'auteur des *Provinciales*, principalement devant les jésuites... Les jésuites donc, regardant Boileau comme un de leurs adversaires, étendirent à l'antiquité le ressentiment que leur inspirait son défenseur, et se firent *modernes*, contre leur vraie nature. C'est ainsi que les passions les plus étrangères à la littérature décident quelquefois des opinions littéraires, et que l'esprit de parti devient l'arbitre du goût. Le journal de Trévoux se mit à flageller Boileau à petits coups, périodiquement, avec une opiniâtre douceur. »

A portée de connaître chaque livraison des *Mémoires de Trévoux* aussitôt qu'elle paraît, Brossette ne manque pas de prévenir Boileau si quelque chose peut l'y intéresser. Ainsi, le 25 décembre 1702, avec d'autres bagatelles qu'il le prie d'agréer comme des marques de sa reconnaissance et de son souvenir, il lui envoie deux volumes des journaux de Trévoux pour les mois de février et de mars. « Quoiqu'ils ne soient pas nouveaux, lui dit-il, ils le seront peut-être pour vous, et j'ai voulu commencer par ceux-ci, parce que le volume de février débute par une chose qui vous intéresse. C'est la relation de ce qui se passa dans l'assemblée de l'Académie royale des inscriptions, le 15 novembre 1701. » Il ne négligea pas non plus, dans son zèle, d'avertir l'abbé Boileau du bruit que fit son *Histoire des Flagellants*.[2] Mais bientôt il eut quelque chose de plus particulier à signaler à ses amis.

---

1. Page 229. — Il faut faire observer sur ce point que M. H. Rigault, faute d'avoir tenu compte des dates, brouille un peu toute cette affaire, et ne la prend pas dans son ordre véritable.

2. Les journalistes de Trévoux en firent la critique dans leurs *Mémoires du mois de juin* 1703.

Le 4 octobre 1703 on trouve ceci dans une de ses lettres : « Je viens de lire le journal de Trévoux pour le mois de septembre, dans lequel il y a un article qui vous concerne personnellement. Cet article contient l'extrait d'une édition de vos ouvrages faite depuis deux ans en Hollande. Si les journalistes s'étoient contentés d'en faire un simple extrait, il n'y auroit peut-être rien à dire : mais ils se sont avisés de faire une espèce de parallèle de cette édition avec celle qui a été faite à Paris en dernier lieu, et je vous avoue que j'ai été très-indigné d'un certain air de plaisanterie que ces nouveaux Aristarques ont essayé de répandre sur leur style. Ils font bien voir que votre *Épître sur l'amour de Dieu* n'est pas de leur goût. Pour la lettre de M. Arnauld que vous avez insérée à la fin de votre volume, ce n'est pas merveille qu'elle leur déplaise. Mais n'appréhendent-ils point que vous preniez congé d'eux par quelque réponse fâcheuse, laquelle vous terminerez par ces mots : *Hic, victor, cestus artemque repono.* »

Voici des extraits de cet article dont l'auteur était le père Buffier; il est spirituel et mordant : « Cette nouvelle édition des œuvres de M. Despréaux qui nous est tombée depuis peu entre les mains nous a paru assez singulière pour en parler. On voit au bas des pages les vers des poëtes latins qu'il a fait passer dans ses ouvrages. On peut apprendre par ce moyen, à l'exemple de ce grand poëte, le premier satirique de notre temps, à imiter les plus beaux endroits des anciens et à en profiter pour se faire à soi-même du mérite et de la réputation ; sans parler du plaisir qu'il y a de conférer ainsi les endroits empruntés avec ceux d'où on les a tirés, et de découvrir toujours quelque chose de plus piquant d'un côté que de l'autre.

« Cette édition fait encore honneur à M. Despréaux d'une autre manière; elle justifie hautement le parti qu'il a soutenu en faveur des anciens, qu'il a toujours regardés comme les plus excellents modèles. En effet, en parcourant ce volume, on trouve que les pages sont plus ou moins chargées de vers latins imités, selon que certaines pièces de M. Despréaux ont été communément plus ou moins estimées. Dans son *Art poétique*, par exemple, qui lui a tant fait d'honneur, surtout par rapport aux règles générales de la poésie, on trouve ici imprimé un grand quart de l'*Art poétique* d'Horace sur le même sujet. J'ai vu néanmoins une préface des éditions de M. Despréaux, où il assuroit qu'il n'avoit pris que quarante vers d'Horace : mais c'est qu'à force de goûter les autres par une ancienne habitude, ils étoient devenus insensiblement ses propres pensées, sans qu'il s'en aperçût lui-même.

« Plusieurs pages sont encore fort chargées de vers latins dans la huitième satire de l'*homme*, dans la neuvième où l'auteur parle à son *esprit*, et dans la cinquième sur la *vraie noblesse*; où l'on voit une longue suite des vers de Juvénal traduits presque mot à mot ; et néanmoins si heureusement, et avec tant de génie, qu'il n'y a pas assurément de plus beaux endroits dans le reste des ouvrages de M. Despréaux.

« On ne trouve point de vers latins imités dans la dixième satire *contre les femmes*, et on n'en trouve que deux ou trois dans son épître sur l'*amour de Dieu*. D'ailleurs on pouvoit faire ce recueil de citations, quelque utile qu'il soit déjà, beaucoup plus ample et plus exact qu'il n'est.[1] »

1. Voici la suite et la fin de ce morceau : « On a renfermé encore en cette édition deux pièces ingénieuses, mais qu'on ne doit pas assurer être de M. Despréaux, puisqu'il ne les a pas publiées lui-même dans son dernier recueil où il a mis son nom. La première est une parodie de quelques endroits du *Cid*, laquelle est une critique très-vive de Chapelain, Cassaigne et La Serre, en forme de scènes. On nous assure ici, sur l'autorité de la seconde édition du *Menagiana*, que cette parodie avoit été faite pour divertir M. le premier président de Lamoignon. La seconde pièce est une requête en prose en faveur d'Aristote pour *turlupiner* l'attachement aveugle qu'avoit l'Université de Paris à la doctrine véritable ou prétendue de ce philosophe. Nous avons bien dans la dernière édition faite à Paris l'arrêt qui a été rendu en conséquence de cette requête, et qui est d'un style aussi réjouissant et encore plus fini, mais on n'y voit pas cette même requête.

« On nous saura peut-être gré, du moins en Hollande, de marquer toute la différence qu'il y a entre les deux éditions faites en la même année 1701, par rapport aux divers ouvrages qui y sont recueillis. Nous venons d'indi-

On sent la malice de ces prétendus éloges. Il y règne un art astucieux et perfide. Presque tous les mots ont une double entente, et une portée traîtresse. Il est facile d'en conclure que les beautés de Boileau ne sont que des beautés d'emprunt ; encore n'est-il pas assez habile pour traduire toujours avec bonheur son modèle, c'est ce que dit avec une équivoque spirituelle la phrase où l'on parle du plaisir « de conférer les endroits empruntés avec ceux d'où on les a tirés, et de découvrir toujours quelque chose de plus piquant d'un côté que de l'autre. » Assurément il n'était pas difficile de voir l'animosité d'un ennemi dans cet extrait, il ne l'était pas davantage d'en deviner la cause.

On dit que l'abbé Boileau, qui avait à se plaindre des journalistes de Trévoux pour son *Histoire des Flagellants,* ne laissa point de repos à son frère qu'il n'eût répondu à l'article du père Buffier. « Je savois bien, lui disait-il, que les jésuites vous

---

quer ceux qui sont dans l'édition de Hollande et qui ne sont pas dans celle de Paris. Voici ceux qui sont dans l'édition de Paris, et qui ne sont point dans celle de Hollande.

« Outre qu'on y voit imprimé tout au long le nom de M. Despréaux, il s'y trouve une préface très-remarquable de l'auteur, par laquelle il semble mettre le sceau à toutes les éditions précédentes qu'il a faites de ses ouvrages, étant âgé, comme il le dit, de soixante-trois ans, et accablé de beaucoup d'infirmités. C'est pour cela qu'il prend congé du public dans les formes et que pour éviter le plus monstrueux de tous les vices, qui est l'ingratitude, il remercie (le même public) de la bonté qu'il a eue d'acheter tant de fois ses ouvrages si peu dignes de son admiration. Puisque nous avons cette préface devant les yeux, nous ne pouvons nous dispenser d'en transcrire ici quelques traits qui nous ont frappé. Rien entre autres ne paroit plus spirituel que ce que dit l'auteur, quand il veut expliquer en quoi consiste l'agrément et le sel d'un ouvrage d'esprit excellent.

« C'est, dit-il, dans des pensées vraies et des expressions justes. L'esprit de l'homme, ajoute M. Despréaux, est naturellement plein d'un nombre infini d'idées confuses du vrai, que souvent il n'entrevoit qu'à demi, et rien ne lui est plus agréable que lorsqu'on lui offre quelqu'une de ces idées bien éclaircie et mise dans un beau jour. Sur quoi il en rapporte l'exemple dans le mot de Louis XII que tout le monde sait : « Un roi de France ne venge « point les injures d'un duc d'Orléans. »

« Pour faire sentir au contraire combien une pensée fausse est froide et

revaudroient le déplaisir que vous leur aviez fait. » Rien n'est plus vraisemblable que cette conduite : c'était un homme d'humeur vive et prompte. Mais Despréaux avait-il besoin d'être excité si fort ? Quoique l'âge eût affaibli en lui sa verve d'autrefois, il ne serait pas resté tranquille en se sentant mordu. Aussi, le 4 novembre 1703, il répond à Brossette : « ...Vous n'avez pas moins bien deviné quand vous avez cru que je ne digérerois pas fort aisément l'insulte ironique que m'ont faite de gaieté de cœur, et sans que je leur en aie donné aucun sujet, MM. les journalistes de Trévoux. Comme j'ai fait profession jusqu'ici de ne point me plaindre de ceux qui m'attaquent, et que je les ai toujours rendus complaignants, j'ai cru en devoir user de même en cette occasion, et je les ai d'abord servis d'une épigramme, ou plutôt d'une espèce de petite épître en seize vers, où je leur ai marqué ma reconnoissance sur leur fade raillerie.

puérile, il en met divers exemples. La première est en ces deux vers de Théophile :

> Ah! voici le poignard qui du sang de son maître
> S'est souillé lâchement; il en rougit, le traître ;

la seconde est de l'auteur même qu'il a vraisemblablement choisi exprès pour mieux faire sentir le caractère de la première. Toutes les glaces du Nord ensemble ne sont pas, à mon sens, plus froides que cette pensée.

« M. Despréaux finit cet article en nous avertissant qu'il pourroit dire un nombre infini de pareilles choses sur ce sujet, et que ce seroit la matière d'un gros livre; mais il lui semble que c'en est assez pour marquer au public la reconnoissance et la haute idée qu'il a de son goût et de ses jugements. Après ces compliments réitérés et si honnêtes, le public seroit bien impoli s'il n'y répondoit de son côté.

« Outre cette préface, les pièces qui se trouvent dans la dernière édition de Paris, et non dans celle d'Amsterdam, sont : 1° une satire sur le faux honneur adressée à M. de Valincour; 2° diverses bagatelles que l'auteur a composées dans sa première jeunesse, mais qu'il a un peu rajustées pour les rendre plus supportables; 3° une lettre à M. Perrault touchant leur réconciliation après leurs démêlés littéraires ; 4° une lettre que le célèbre M. Arnauld a écrite à M. Perrault, où il fait l'apologie de la dixième satire contre les femmes. M. Despréaux ne doute pas que le présent qu'il fait de cette lettre ne soit très-agréable au public. Il est vrai que c'est un vrai présent, et une pure libéralité, car le public ne pouvoit pas exiger que l'auteur donnât une lettre qui ne lui étoit point écrite. »

« Je ne saurois vous dire avec combien d'applaudissement cette épitre a été reçue de tout le monde, et j'ai fort bien reconnu par là que non-seulement je ne suis pas haï du public, mais qu'ils lui sont fort odieux. »

On sait comment dans cette épigramme un peu longue, mais encore assez vive, il appelle les jésuites : *mes révérends pères en Dieu et mes confrères en satire;* comment il les menace de faire verser des larmes aux rieurs, en leur rappelant un mot de Régnier, leur célèbre devancier :

> Corsaires attaquant corsaires
> Ne font pas, dit-il, leurs affaires.

Dans une autre épigramme il défendait aussi son frère, et achevait sa lettre en marquant bien d'où les premiers coups étaient venus. Il prenait soin de séparer les jésuites de Lyon ou d'ailleurs, des journalistes de Trévoux, en craignant toutefois à demi que tous les jésuites ne fussent un corps homogène, et que qui remue une des parties de ce corps ne remue toutes les autres.

A Lyon, les deux épigrammes eurent un très-grand succès, tout le monde voulut les voir et huit ou dix jours après elles étaient dans toutes les bouches.

Le 7 décembre 1703, MM. de Trévoux n'ayant pas répondu aux deux épigrammes de Despréaux, celui-ci crut toute querelle finie ; il s'en applaudissait, ayant dans cette compagnie d'illustres amis, comme le père de La Chaise, le père Bourdaloue et le père Gaillard. Il y eut même accommodement entre les adversaires; le père Gaillard vint de la part des jésuites de Paris témoigner au docteur Boileau « qu'on avoit fort lavé la tête à ces Aristarques indiscrets, qui assurément ne diroient plus rien contre lui » ni contre son frère. C'était le 25 janvier 1704 que Boileau donnait cette nouvelle à Brossette, qui, de son côté, lui faisait connaître dans le recueil du mois de décembre une épigramme faite par les journalistes de Trévoux. L'auteur de cette petite pièce mettait en huit ou dix vers une malice que le père Buffier avait déjà fait paraître en prose dans son *Extrait*. Il affectait de regarder l'épître sur l'*Amour de Dieu* comme le plus faible des ouvrages de Boileau ; il trouvait la raison de cette faiblesse dans cette circonstance qu'elle n'avait point eu de modèle, et son dernier trait était celui-ci :

> Et pour l'amour de vous, ils voudroient bien qu'Horace
> Eût traité de l'amour de Dieu.

On ne sait si les jésuites n'approuvèrent pas cette pièce, s'ils l'attribuèrent, comme le veut Brossette, au correcteur de l'imprimerie ; du moins ils ne voulurent pas y voir une infraction à la paix. Boileau se hâta d'y répondre et avec assez de bonheur :

> Non, pour montrer que Dieu veut être aimé de nous,
> Je n'ai rien emprunté de Perse ni d'Horace,
> Et je n'ai point suivi Juvénal à la trace.
> Car bien qu'en leurs écrits ces auteurs mieux que vous
> Attaquent les erreurs dont nos âmes sont ivres,
> La nécessité d'aimer Dieu
> Ne s'y trouve jamais prêchée en aucun lieu,
> Mes pères, non plus qu'en vos livres.

Le coup était bien porté. Néanmoins l'accommodement ne fut pas rompu, ou peut-être, comme le fait observer Berriat-Saint-Prix, fut renoué dans l'intervalle qui s'écoula entre la lettre du 25 janvier et celle du 27 mars où Boileau parle de nouveau de sa réconciliation. C'est alors que les jésuites gardèrent tout à fait le silence. Ou, du moins, s'ils prirent quelquefois la parole sur Boileau, ce fut sans colère, mais non sans mauvaise intention. Ainsi Brossette écrivait en juin 1704 : « J'ai vu avec plaisir que les journalistes de Trévoux ont fait un pas pour se rapprocher de vous. C'est dans le journal de mai dernier, page 779, où ils vous ont cité, monsieur, comme le chef du parti défenseur des anciens contre les modernes. Voilà le premier signe de réconciliation. » L'avocat de Lyon en est-il bien sûr ? puisque les journalistes de Trévoux étaient modernes, n'y avait-il pas dans cette indication quelque malice nouvelle ?[1]

Despréaux lui-même n'avait pas oublié la petite guerre dont il venait de sortir ; il en était encore tout ému, et peut-être effrayé. Il songeait à une vengeance plus complète, s'il est vrai qu'il eût « envie de ramasser tout ce qu'on pouvoit dire contre les jésuites et d'imiter le style de Pascal pour faire une lettre à la manière des *Lettres provinciales.* » On s'y attendait déjà, dit M. Sainte-Beuve, on était sur le qui-vive au collége Louis-le-Grand. Mais s'il avait autrefois réussi à faire parler Balzac et Voiture, qui ont des styles maniérés, il sentit bientôt qu'il perdrait sa peine à jouer ce personnage de Pascal, et à vouloir lui prendre son masque ; car Pascal n'a pas de masque, il a une physionomie. Ce fut, dit-on, pendant cette tentative laborieuse d'imitation que la pensée lui vint de faire une satire sur l'*équivoque*. N'ayant pu faire une bonne lettre, il fit une mauvaise satire. »

On raconte encore autrement la naissance de cette pièce. Un jour, se promenant dans son jardin d'Auteuil, il essayait quelque satire contre les méchants critiques ; un mot l'arrêta, qui faisait équivoque, il le voulut changer, il ne le put. De là un dépit de poëte, et, laissant son premier sujet, il se jeta sur l'équivoque même pour lui faire la guerre.[2] Quoi qu'il en soit, ce fut le 20 novembre 1705 qu'il annonça pour la première fois à Brossette « un misérable ouvrage en vers qu'il n'a pu s'empêcher de composer de nouveau et qui lui a emporté toutes les heures de son plus agréable loisir. »

On sait le sujet de cette satire : l'équivoque devient, par l'acception que lui donne le poëte, toute ambiguïté et toute fraude, le mal universel. Le premier effet fatal de l'équivoque est la chute de l'homme ; les paroles du tentateur entrèrent au cœur

---

1. Boileau se plaint lui-même, 12 mars 1706, d'avoir été depuis leur accommodement insulté dans trois ou quatre endroits de leur journal.

2. Voir M. Sainte-Beuve, t. V, p. 351.

de la femme par leur ambiguïté. — L'équivoque se sauve au déluge et entre dans l'arche sous forme de serpent. — Depuis lors, toutes les idolâtries, toutes les hérésies en sont nées. — « Arrivé assez péniblement aux âges modernes, le poëte septuagénaire, ou peu s'en faut, frappe à coups redoublés sur ses adversaires favoris, les casuistes : et, pour n'être plus d'un Achille, ses coups ne sentent pas trop encore le vieux Priam. Il y a une tirade qui est une pure et entière récapitulation des *Provinciales;* vers la fin, c'est presque une table des chapitres des *Provinciales,* assez élégamment résumée et rimée : je ne vois pas d'autre éloge à y donner aujourd'hui. Le dernier trait, qui trahit l'auteur blessé, est contre les journalistes de Trévoux. [1] »

Il n'est pas difficile de voir combien d'orages devait susciter contre Boileau ce dernier fruit de sa verve poétique. « Il n'est pas imaginable, écrit-il le 12 mars 1706, combien depuis très-longtemps je me suis trouvé occupé de la méchante affaire que je me suis faite par ma satire contre l'*équivoque*. » Les jésuites ne manquaient pas d'ennemis ; ceux-ci furent heureux de ce nouvel éclat contre la compagnie. Naturellement ils trouvèrent la pièce parfaite, et dans certaines assemblées où elle fut lue, on déclara que c'était le chef-d'œuvre du poëte. « Mais ce qui a encore bien augmenté le bruit, dit Boileau, c'est que dans le cours de l'ouvrage j'attaque cinq ou six des méchantes maximes que le pape Innocent XI a condamnées ; car, bien que ces maximes soient horribles, et que, non plus que ce pape, je n'en désigne point les auteurs, MM. les jésuites de Paris, à qui on a dit quelques endroits qu'on a retenus, ont pris cela pour eux, et ont fait concevoir que d'attaquer l'équivoque, c'étoit les attaquer dans la plus sensible partie de leur doctrine. J'ai eu beau crier que je n'en voulois à personne qu'à l'équivoque même, c'est-à-dire au démon, qui seul, comme je l'avance dans ma pièce, a pu dire : qu'on n'est point obligé

1. M. Sainte-Beuve, t. V, p. 353.

d'aimer Dieu, qu'on peut prêter sans usure son argent à tout denier, que tuer un homme pour une pomme n'est point un mal, etc. Ces messieurs m'ont déclaré qu'ils étoient dans les intérêts du démon : et sur cela, m'ont menacé de me perdre, moi, ma famille et tous mes amis. »

En vain Despréaux avait pris ses précautions et obtenu approbation et privilége de Mgr le cardinal de Noailles, archevêque de Paris, et de Mgr le chancelier ; en vain il s'était abstenu de toucher aux propositions et à la religion ; le clabaudage des jésuites n'en continuait pas moins. C'était véritablement une méchante affaire qu'il s'était faite. Quoique muni de la permission d'imprimer, Despréaux, qui ne se pressait jamais de faire paraître ses ouvrages, se garda bien de livrer celui-ci aux presses. « Comme j'ai attaqué, écrit-il au duc de Noailles, 30 juillet 1706, à force ouverte la morale des méchants casuistes, et que j'ai bien prévu l'éclat que cela alloit faire, je n'ai pas jugé à propos *meam senectutem horum sollicitare amentia*, et de m'attirer peut-être avec eux sur les bras toutes les forces de l'enfer, ou, ce qui est encore pis, toutes les calomnies de... Vous m'entendez bien, monseigneur. Ainsi j'ai pris le parti d'enfermer mon ouvrage, qui probablement ne verra le jour qu'après ma mort. »

Pour un homme accablé d'infirmités, tourmenté par les rhumes, par les tournoiements de tête, à qui l'ouïe manquait, dont la vue s'éteignait, dont la mémoire finissait, qui n'avait plus de jambes, qui n'était plus rien de ce qu'il avait été, une pareille affaire était inquiétante et pénible. Il y avait de quoi augmenter sa mauvaise humeur et le rendre chaque jour plus misanthrope. Ce fut dans cette disposition d'esprit qu'il s'opposa, tout seul, à l'élection académique de M. de Saint-Aulaire et vota pour son rival, M. de Mimeure (1706). C'était une brigue de femmes qui portait le marquis de Saint-Aulaire à la place laissée vacante par la mort de l'abbé Têtu. Despréaux ne s'épargna pas dans cette circonstance. Il se rendit courageusement à l'Académie pour résister à la cabale de Mme de Croissy, soutenue par Fontenelle. Il y retrouva sa verve et sa colère contre les mauvais vers. Il lut tout haut ceux du marquis, où, disait-il, en termes assez confus, il conjure la volupté de venir prendre soin de lui pendant sa vieillesse, et de réchauffer les restes glacés de sa concupiscence. « J'avoue, ajouta-t-il, que je ne pus m'empêcher d'entrer dans une vraie colère contre son ouvrage. » Il ne réussit pas à empêcher l'élection du marquis, mais du moins il eut le plaisir, en écrivant seul le nom de M. de Mimeure sur son billet, de ne point paraître honteux et déconcerté, tandis que ses confrères ne pouvaient cacher cette sorte d'embarras qui vient d'une action contraire à la justice.[1] Cette élection n'était pas pour le réconcilier avec son siècle et lui faire mieux espérer de l'Académie. Il y avait longtemps qu'il n'en attendait plus rien de bon. Il lui semblait voir partout la décadence.

1. D'Alembert, peu favorable à Boileau, croit que la raison de l'animosité de Despréaux contre M. de Saint-Aulaire était de s'être reconnu dans une épitre où celui-ci ne ménageait pas la satire. — Quant à M. de Mimeure, il fut élu académicien en 1707. Voltaire, qui, dans sa jeunesse, l'avait beaucoup connu, nous apprend « qu'on a de lui des morceaux de poésie qui ne sont pas inférieurs à ceux de Racan et de Mainard. » (*Siècle de Louis XIV.*) « On ne connoît guère de lui qu'une imitation fort heureuse de la première ode du IVe livre d'Horace, insérée avec des différences dans plusieurs morceaux. » (DE SAINT-SURIN, t. IV, p. 579, note *a*.) — Voici ce que dit Voltaire du marquis de Saint-Aulaire : « C'est une chose très-singulière que les plus jolis vers qu'on ait de lui aient été faits lorsqu'il était plus que nonagénaire. Il ne cultiva guère le talent de la poésie qu'à l'âge de plus de soixante ans, comme le marquis de La Fare. Dans les premiers vers qu'on connut de lui, on trouve ceux-ci qu'on attribua à La Fare :

> O muse légère et facile,
> Qui sur ce coteau d'Hélicon
> Vintes offrir au vieil Anacréon
> Cet art charmant, cet art utile,
> Qui sait rendre douce et tranquille
> La plus incommode saison ;
> Vous qui de tant de fleurs sur le Parnasse écloses
> Orniez à ses côtés les Grâces et les Ris,
> Et qui cachiez ses cheveux gris
> Sous tant de couronnes de roses, etc.

Ce fut sur cette pièce qu'il fut reçu à l'Académie ; et Boileau alléguait cette même pièce pour lui refuser son suffrage. » (*Siècle de Louis XIV.*) — Voltaire donne aussi à ce poëte une place honorable dans le temple du Goût.

C'était un effet du chagrin que la vieillesse et les infirmités apportent avec elles. Ses dédains tombaient sur des hommes d'humeur et de talents divers. En les regardant ainsi, il faisait tort aux uns, aux autres point. « Il n'estimait, dit M. Sainte-Beuve, ni Crébillon (il n'avait pas tort), ni Regnard, ni Le Sage (et il avait grand tort), ni La Fare, Chaulieu et Saint-Aulaire, le groupe des poëtes négligés (et le mal, à cela, n'était pas grand). » Dans l'une de ses dernières maladies, M. Le Verrier, pour le distraire, lui lisait une méchante tragédie; Pradon et Chapelain lui semblaient des aigles en comparaison du misérable auteur dont les tristes écrits augmentaient ses sombres prévisions. Cette impression dernière lui faisait oublier, dit Daunou, « combien il avait rendu lui-même le public sévère, les auteurs circonspects, les talents laborieux, et la médiocrité honteuse. Tandis qu'il déplorait la décadence des lettres, on écrivait dans tous les genres avec clarté, correction, élégance; et si en effet Corneille, Molière, La Fontaine, Racine et Despréaux lui-même, n'avaient point d'émules parmi leurs successeurs, ils avaient du moins un disciple habile dans Jean-Baptiste Rousseau; ils allaient en avoir un plus illustre dans Voltaire : et les rangs qui se remplissaient au-dessous du premier devenaient de plus en plus honorables. » Voltaire, en vérité, aurait-il pu lui plaire ? « Eût-il été plus consolé dans son bon goût qu'effrayé dans son christianisme, en le devinant ?»

S'il n'acheva pas ses jours dans l'espérance de voir un nouveau siècle littéraire aussi brillant que le sien, il ne put pas non plus reconquérir la paix qu'il avait perdue par la méchante affaire de l'*équivoque*. De tout temps on avait attribué à Boileau des vers indignes de son talent, et nous le voyons dans plusieurs circonstances obligé de se défendre contre ces imputations aussi peu honorables que peu rassurantes pour sa tranquillité. En 1706 il lui arriva encore quelque chose de semblable. Il parut un libelle intitulé : *Boileau aux prises avec les jésuites*. C'était un in-12 de 68 pages publié à Cologne. On y lisait une histoire inexacte des démêlés du poëte avec cette société. On y rapportait aussi des vers adressés à Despréaux par un de ses amis,[1] et une épigramme attribuée au père Du Cerceau. Suivant les auteurs de ce livre, les pères de la compagnie de Jésus, craignant que Boileau ne donnât suite au dessein d'écrire contre eux dans le genre des *Lettres provinciales*, avaient ordonné à l'un des leurs de prévenir ces attaques. L'auteur de cette épigramme lui recommandait de ménager sa première gloire. Il n'avait plus rien de son ancienne vigueur, les ans avaient refroidi sa verve :

> Qu'il ne soit point dit dans l'histoire
> Qu'après avoir longtemps copié Juvénal
> Tu devins à la fin le singe de Pascal.

Le poëte était censé répondre dans une épître. Il accumulait dans quarante-quatre vers tout ce que la malveillance a pu dans tous les temps reprocher aux jésuites : leurs docteurs relâchés, les funestes effets de leurs préventions et de leurs haines politiques, leur conduite en Chine, leurs persécutions violentes contre les jansénistes. Il terminait en leur disant :

> Profitez, s'il se peut, d'un exemple fidèle.
> Vous devez avoir su l'aventure d'Entelle.
> Plus sages désormais, songez à m'épargner,
> Ou sinon rira bien qui rira le dernier.

Il n'était pas besoin d'avoir beaucoup de critique pour reconnaître que cette triste rapsodie ne sortait pas des mains de Boileau.[2] Aussitôt qu'il en eut connaissance, il s'empressa de

---

1. De quoi diable t'avises-tu
De te faire ennemi de l'école d'Ignace?
Boileau, ne sais-tu pas que leur jalouse audace
N'a jamais épargné ni savoir, ni vertu?

2. On en jugera par cet échantillon :
Grands et fameux auteurs dont la docte critique
Se donne sur mes vers un pouvoir despotique,
Vous tremblez que, lassé de suivre Juvénal,
Je ne devienne enfin le singe de Pascal.
Non, sur un tel sujet, ne craignez rien, mes pères,
Mes veilles désormais me sont un peu trop chères
Pour les perdre à montrer aux peuples abusés,
Sous des peaux de brebis, vos tigres déguisés.
Assez de votre estime on revient de soi-même.

la désavouer. Le 12 mars 1707, il écrit à Brossette : [1] « ... Je vous dirai... que si l'ouvrage dont vous me parlez, qui a été fait à l'occasion de mon démêlé avec MM. de Trévoux, est celui qu'on m'a montré, et où l'on met en jeu mon frère avec moi, c'est bien le plus sot, le plus impertinent et le plus ridicule ouvrage qui ait jamais été fait, et qu'il ne sauroit sortir que de la main de quelque misérable cuistre de collége qui ne nous connoit ni l'un ni l'autre. Le misérable m'y attribue une satire où il me fait rimer *épargner* avec *dernier*. Il nous donne à l'un et à l'autre pour confident un M. de La Rouville, qui ne nous a pas seulement vus, je crois, passer dans les rues. En un mot, le diable y est. » De l'aveu de tout le monde ce libelle « étoit un sot livre » et l'on ne pouvait y voir, comme dit fort bien Brossette, rien de bon que l'envie qu'avait eue l'auteur d'écrire à l'avantage de Despréaux.

Il ne semblait pas donc devoir sortir de là quelque orage contre le poëte. Celui-ci, fuyant le bruit autant qu'il l'avait cherché autrefois, hésitait à complaire au public et aux libraires surtout, qui le pressaient de donner de ses ouvrages une édition in-quarto. Il sentait bien que les additions qu'il avait à y

---

[1]. Brossette lui avait écrit le 25 janvier 1707 : « On me prêta hier, pour une heure seulement, un livre nouveau, dans lequel vous faites un grand rôle : car vous en êtes le héros. Ce livre est intitulé : *Boileau aux prises avec les jésuites*, et l'on y décrit toute l'histoire du dernier démêlé que vous avez eu avec eux, au sujet des journaux de Trévoux. Toutes les pièces de part et d'autre y sont rapportées, et l'on finit par une épitre satirique de cinquante ou soixante vers qui vous est attribuée, mais qui est bien indigne de vous. J'avois déjà vu tout cela, excepté cette dernière pièce, dans laquelle ils ne sont pas ménagés, non plus que dans le reste du livre. Comme je ne doute pas que vous ne l'ayez lue, je ne m'étendrai pas davantage sur cet article; mais je vous prie de me mander ce que vous en savez, *ut, quod auctore te cœpi, adjutore persequar*, comme dit Cicéron à son cher Atticus. » (Livre V, épître V.)

Le 26 avril 1707, il lui écrit encore : « Il n'y a pas longtemps, monsieur, que j'ai reçu une lettre de M. votre frère, où il m'a parlé du libelle dans lequel on vous met aux prises avec les jésuites. Franchement, c'est un sot livre, en quelque sens qu'on le prenne, et je n'y vois rien de bon que l'envie qu'a eue l'auteur d'écrire à votre avantage. »

mettre soulèveraient une tempête contre lui. En attendant, il rendait par des retouches adroites sa satire contre l'*équivoque* capable de paraître aux yeux mêmes des plus relâchés jésuites, sans qu'ils s'en pussent le moins du monde offenser. Après avoir attaqué assez fortement, disait-il, les plus affreuses propositions des mauvais casuistes, et celles, surtout, qui sont condamnées par le pape Innocent XI, il se reprenait dans les vers suivants :

> Enfin ce fut alors que, sans se corriger,
> Tout pécheur... Mais où vais-je aujourd'hui m'engager ?
> Veux-je ici, rassemblant un corps de tes maximes,
> Donner Soto, Bannez, Diana, mis en rimes ;
> Exprimer tes détours burlesquement pieux
> Pour disculper l'impur, le gourmand, l'envieux ;
> Tes subtils faux-fuyants pour sauver la mollesse,
> Le larcin, le duel, le luxe, la paresse,
> En un mot, faire voir à fond développés
> Tous ces dogmes affreux, d'anathème frappés,
> Qu'en chaire tous les jours, combattant ton audace,
> Blâment plus haut que moi les vrais enfants d'Ignace ?

Despréaux pensait avoir tout raccommodé par cette concession. Mais, vraiment, ne ressemble-t-il pas ici au misanthrope Alceste en présence d'Oronte et de son sonnet ? Ses plus adroites finesses ne font que mieux ressortir sa pensée. Brossette croyait, lui aussi, à l'efficacité de cette correction, il écrivait à son ami avec plus de bonhomie que de pénétration : « Vous désignez, avec une ingénieuse malice, tous les vices qui sont autorisés ou admis par certains docteurs, quoique vous ne fassiez mention que de Soto, Bannez et Diana, qui sont d'un habit différent, mais qui ont soutenu les mêmes maximes. Par là vous mettez les jésuites hors d'état de se plaindre de votre satire ; vous faites bien plus, monsieur, car vous les forcez à se ranger eux-mêmes sous votre étendard, quand vous attribuez à d'autres docteurs

> Tous ces dogmes affreux, d'anathème frappés,
> Qu'en chaire tous les jours, combattant son audace,
> Blâment plus haut que vous les vrais enfants d'Ignace. »

Jusqu'en 1709 on put croire, en effet, que Boileau avait désarmé la colère de ses ennemis. Il continuait même à vivre en bonne amitié avec plusieurs d'entre eux, quand le père Le Tellier s'avisa d'exiger de lui un désaveu public et en forme des vers qu'on lui attribuait dans ce fameux libelle. Le père Thoulier, connu depuis sous le nom de l'abbé d'Olivet, alors préfet au collége Louis-le-Grand, le 12 août 1709 reçut cette lettre :

« Mont-Louis, ce 12 août 1709.

« Paix en Jésus-Christ.

« D'autres jésuites que vous, mon révérend père, m'ont dit aussi que M. Despréaux désavouoit les vers que l'on fait courir sous son nom contre nous. Mais ces discours, tenus en particulier, n'empêchent point que le public ne continue à les lui attribuer ; et nos ennemis, qui répandent ces vers avec empressement, lui en font honneur dans le monde. Ce n'est point nous qu'il est besoin de détromper, soit parce que M. Despréaux n'a point d'intérêt de ménager les jésuites, soit qu'ils croient qu'une telle pièce est plus capable de lui faire tort qu'à eux dans l'esprit des honnêtes gens. C'est le public et le roi qu'il a intérêt de détromper ; et il sait bien les moyens de le faire quand il le voudra, s'il croit qu'il y aille de son honneur. S'il ne le faisoit pas, il donneroit lieu à ceux qui ne l'aiment point de dire qu'il a bien voulu avoir auprès de nos ennemis le mérite d'avoir fait ces vers-là, sans avoir auprès de nous la témérité de les avoir faits. Je suis de tout mon cœur,

« mon cher père,
« votre, etc., en Notre-Seigneur.
« Le Tellier, J.[1] »

Sous cette feinte douceur et cet air d'intérêt pour la gloire de Boileau, on devine sans peine l'intention et les sentiments du père Le Tellier. N'oublions pas qu'il avait été

1. Cette lettre a été publiée par Cizeron-Rival.

un des premiers collaborateurs des *Mémoires de Trévoux*. De plus, son caractère le portait à ne rien ménager pour assurer le respect dû à son ordre.

Après un long mois de débibération de la part du roi, du 20 janvier au 21 février 1709, il avait remplacé le père de La Chaise dans le ministère de confesseur du roi. C'était un homme d'un caractère tout opposé à celui de son prédécesseur. Celui-ci, en effet, juste, droit, sensé, sage, doux et modéré, était, au dire de Saint-Simon,[1] fort ennemi de la délation, de la violence et des éclats. « Il avoit, ajoute le même historien, de l'honneur, de la probité, de l'humanité, de la bonté; affable, poli, modeste, même respectueux... Quoiqu'il fût fort jésuite, il l'étoit sans rage et sans servitude... Il ne voulut jamais pousser le Port-Royal-des-Champs jusqu'à la destruction, ni entrer en rien contre le cardinal de Noailles... Il eut toujours sur sa table le *Nouveau Testament* du père Quesnel qui a fait tant de bruit depuis, et de si terribles fracas ; et quand on s'étonnoit de lui voir ce livre si familier à cause de l'auteur, il répondoit qu'il aimoit le bon et le bien partout où il le rencontroit... Il para bien des coups en sa vie, supprima bien des friponneries et des avis anonymes contre beaucoup de gens, en servit quantité, et ne fit jamais de mal qu'à son corps défendant. Aussi fut-il généralement regretté. » Cette douceur naturelle[2] ne laissait rien à craindre à Boileau. Il avait été de tout temps l'ami du père de La Chaise, et même il s'était assuré sa protection en plus d'une circonstance périlleuse.

Le père Le Tellier n'avait pas cette modération, et il ne tarda

1. Saint-Simon, t. IV, p. 285, édit. de M. Chéruel.
2. Voici de lui un mot qui le peint et peint en même temps Louis XIV. Lorsqu'il fut mort, le père Le Tellier et le père Daniel vinrent apporter au roi, à l'issue de son lever, les clefs du cabinet du père de La Chaise, qui y avait beaucoup de mémoires et de papiers. Le roi les reçut devant tout le monde, en prince accoutumé aux pertes, loua le père de La Chaise surtout de sa bonté, puis souriant aux pères : « Il étoit si bon, ajouta-t-il tout haut devant tous les courtisans, que je le lui reprochois quelquefois, et il me répondoit : « Ce n'est pas moi qui suis bon, mais vous qui êtes dur. »

pas, comme on le voit, à s'inquiéter des bruits qui circulaient au sujet du libelle dont nous nous occupons. Ce qu'il voulait, c'était de la part du poëte une rétractation par écrit : l'honneur de la compagnie lui paraissait y être intéressé et l'on sait que là-dessus il n'admettait pas le plus léger tempérament. Quand on a lu le portrait que Saint-Simon en trace, on n'est plus étonné qu'il ait pris en main avec un si vif empressement une affaire que le père de La Chaise avait laissée tomber.

« Sa vie, dit l'impitoyable annaliste, étoit dure par goût et par habitude, il ne connoissoit qu'un travail assidu et sans interruption. Sa tête et sa santé étoient de fer, sa conduite en étoit aussi, son naturel, cruel et farouche... C'étoit un homme terrible qui n'alloit à rien moins qu'à destruction, à couvert et à découvert, et qui, parvenu à l'autorité, ne s'en cacha plus... Il n'étoit pas moins ardent sur le molinisme, sur le renversement de toute autre école, sur l'établissement en dogmes nouveaux de tous ceux de sa compagnie sur les ruines de tous ceux qui y étoient contraires et qui étoient reçus et enseignés de tout temps dans l'Église... Tout ménagement, tout tempérament là-dessus lui étoit odieux, il n'en souffroit que par force ou par des raisons d'en aller plus sûrement à ses fins. Tout ce qui en ce genre n'avoit pas cet objet étoit un crime à ses yeux et une foiblesse indigne... Son extérieur ne promettoit rien moins, et tint exactement parole ; il eût fait peur au coin d'un bois. Sa physionomie étoit ténébreuse, fausse, terrible ; les yeux ardents, méchants, extrêmement de travers : on étoit frappé en le voyant. »

C'était un redoutable adversaire que notre poëte avait là ; il pouvait le mener loin s'il ne consentait pas au désaveu public qui lui était demandé. Le nom du roi avait été prononcé : c'était de là en effet que pouvait venir l'orage. On sait avec quelle rigueur, sur les conseils de Le Tellier, il traita Port-Royal : eût-il bien voulu se souvenir de son ancienne affection pour Boileau, s'il lui avait été dénoncé par son confesseur ?

Le 13 août 1709 Despréaux reçut du père Thoulier communication de la lettre du père Le Tellier : « Je vous ai promis, monsieur, lui disait le jésuite, de vous apprendre ce qui se passeroit à l'occasion des vers qui courent à Paris sous votre nom. Ils ont été montrés au révérend père Le Tellier; et aussitôt que j'en ai été averti, je lui ai écrit que, non content de les désavouer, vous m'aviez fait paroître une estime très-sincère pour notre compagnie, et toute la vivacité imaginable contre l'imposteur qui a emprunté votre nom pour nous insulter. » Il donnait alors le passage principal de la lettre, et il ajoutait : « J'ai cru, monsieur, vous devoir fidèlement rapporter ce qu'il y a d'essentiel dans cette lettre du père Le Tellier, pour vous marquer en même temps et mon zèle et ma sincérité. J'irai demain à Versailles pour une affaire qui ne m'y retiendra qu'une heure ou deux; je lui répéterai plus au long ce que je lui ai écrit. Vous savez que les ignorants et nos ennemis ne sont pas en petit nombre : les uns croient que vous avez fait les vers dont il s'agit, et les autres voudroient le persuader. Jugeriez-vous à propos de faire sur ce sujet quelques lettres ou quelque chose de semblable, qu'on pût rendre public, si ces sortes de bruits continuent? Au reste, cet expédient vient de moi seul, et je vous le propose sans façon, parce que je m'imagine que la droiture de mon intention excuse la liberté que je prends. Qu'on vous attribue de mauvaises pièces, et que les jésuites soient attaqués et calomniés, en tout cela, il n'y a rien de nouveau; mais il est fâcheux, et pour vous et pour les jésuites, qu'on emploie hautement votre nom pour flétrir avec plus de succès un corps où votre mérite est si bien reconnu, et où vous avez toujours eu tant d'amis. Je fais gloire d'en augmenter le nombre... »

Le jour même, Boileau répondit au père Thoulier la lettre suivante : « Je vous avoue, mon très-révérend père, que je suis fort scandalisé qu'il me faille une attestation par écrit pour désabuser le public, et surtout d'aussi bons connoisseurs que les révérends pères jésuites, que j'aie fait un ouvrage aussi impertinent que la fade épître en vers dont vous me parlez. Je m'en vais pourtant vous donner cette attestation, puisque vous le voulez, dans ce billet, où je vous déclare qu'il ne s'est jamais rien fait de plus mauvais, ni de plus sottement injurieux que cette grossière boutade de quelque cuistre de l'Université ; et que, si je l'avois faite, je me mettrois moi-même au-dessous des Coras, des Pelletiers et des Cotins. J'ajouterai à cette déclaration que je n'aurai jamais aucune estime pour ceux qui, ayant lu mes ouvrages, peuvent me soupçonner d'avoir fait cette puérile pièce, fussent-ils jésuites. Je vous en dirois bien davantage si je n'étois pas malade, et si j'en avois la permission de mon médecin. »

D'Alembert dit du père Le Tellier qu'il se connaissait mieux en intrigue qu'en vers ; c'est aussi ce que Despréaux lui donnait à entendre par le trait assez hardi qui termine sa lettre. Il y avait certainement du courage à écrire cette phrase contre un homme qui, pour n'avoir point de goût, n'en avait pas moins de crédit. Elle suffit donc et justifie à nos yeux le poëte du reproche de pusillanimité dont l'accusait d'Alembert. Qu'on ne dise pas que les craintes de Boileau étaient chimériques, que jamais la persécution ne l'eût atteint dans ses ouvrages. Non ; l'intolérance contre les écrivains soupçonnés de jansénisme devenait de jour en jour plus grande. Nous en trouvons un exemple frappant dans la correspondance de Brossette.

Les libraires de Lyon avaient donné en 1709 une nouvelle édition du *Dictionnaire de Richelet,* avec des additions assez amples par un prêtre de l'Oratoire, nommé le père Fabre, né à Rouen. C'était un homme d'esprit et de savoir. Ces additions consistaient en plusieurs exemples de façons de parler, empruntés de nos plus célèbres auteurs, avec un abrégé de leur vie, leur éloge et le jugement que le public avait fait de leurs ouvrages. Despréaux n'y était pas oublié. Mais comme on avait fait en même temps l'éloge d'Arnauld, de Pascal et du père Quesnel, qu'on avait emprunté beaucoup à leurs écrits, il s'était formé un grand orage du côté de la cour, d'où l'on a vu partir en même temps, dit Brossette, « deux foudres terribles, l'un desquels est tombé sur le livre, et l'autre sur la tête même de l'auteur. Ce sont deux lettres de cachet, dont l'une ordonne la suppression du dictionnaire, l'autre contient un ordre au père de l'Oratoire de sortir de sa congrégation. L'auteur offre de corriger tous les endroits suspects ou dangereux, et les libraires offrent de réimprimer toutes feuilles qui les contiennent : je leur ai dressé pour cela un placet à M. de Torcy, qui a signé la lettre de cachet, mais je ne sais ce que tout cela produira. Ce coup part, j'en suis sûr, d'une main moliniste, et cette main est celle du père Le Tellier. [1] »

Boileau put se croire à l'abri d'un pareil orage : son attestation lui paraissait devoir satisfaire le père Le Tellier ; il ne pensait même pas qu'on eût désormais rien à reprendre dans la satire de l'*équivoque*. Au milieu de ses infirmités, dans un état où il ne pouvait plus marcher qu'appuyé sur les bras de ses valets; où aller d'un bout de sa chambre à l'autre était pour lui un voyage très-long et très-pénible, dans lequel il courait risque à chaque pas de tomber en faiblesse, il travaillait encore à une nouvelle édition de ses ouvrages. Il ne sentait pas que son esprit fût diminué, bien que son corps diminuât tous les jours visiblement.[2] Son intention était d'y mettre la fameuse satire sur l'*équivoque*, le dialogue sur les *héros de*

1. Dans une lettre du 1er avril 1710, Brossette parle encore de cette affaire : « L'auteur, qui étoit un père de l'Oratoire, a été obligé de sortir de sa congrégation, et depuis deux mois il a été relégué dans la ville de Clermont. A l'égard du livre, tous les exemplaires qui avoient été saisis ont été supprimés; et comme on les avoit fait transporter dans un séminaire de cette ville, tous les jeunes ecclésiastiques du séminaire ont été pieusement occupés, pendant les deux derniers jours de carnaval, à ruiner quatre ou cinq pauvres libraires, en biffant les feuilles de ce livre, dont le plus grand morceau n'a pas été laissé plus large que la main... »

2. On peut voir par un fac-simile de la lettre du 11 décembre 1710, qu'a donné M. Laverdet dans son précieux volume, combien la main de Boileau était ferme encore, combien son écriture était nette et bien tracée. Cette lettre, assez longue, offre à peine une ou deux traces de ratures insignifiantes.

roman, quinze ou seize lettres de sa façon sur des sujets de littérature, des chapitres ajoutés à ses *Réflexions sur Longin* (ce sont les trois dernières réflexions), une dissertation sur la *manière de faire les inscriptions.* [1] Déjà il avait obtenu un privilége du roi pour la réimpression de ses anciennes pièces, et pour la publication de plusieurs autres qui n'avaient pas encore vu le jour; déjà il y avait cinq feuilles d'imprimées, lorsque Louis XIV lui fit défense d'imprimer la satire sur *l'équivoque.* Ce n'était pas assez d'interdire la publication de cette pièce, le roi ordonna même à Boileau d'en remettre l'original entre les mains de Sa Majesté. En vain des personnes de la plus haute considération s'employèrent pour Despréaux. Ni le cardinal de Noailles, archevêque de Paris, ni le comte de Pontchartrain, chancelier de France, ne purent prévaloir contre les insinuations du père Le Tellier. Toutes représentations furent inutiles.

Restant fidèle à son caractère, Boileau aima mieux supprimer entièrement sa nouvelle édition que de la mutiler. Seulement, pour préserver sa satire, il ordonna par testament que « toutes les nouvelles pièces et ouvrages qu'il avoit faits, même celui contre *l'équivoque,* et qu'il vouloit comprendre dans une nouvelle édition, fussent mis en mains du sieur Billot, libraire, demeurant rue de la Harpe, pour en faire son profit... » Nous ne voyons pas que Boileau, avant sa mort, ait parlé à personne du chagrin que cette interdiction dut lui causer, mais nul doute qu'il n'y ait été très-sensible. C'était le commencement des cruelles rigueurs qu'il vit tomber avec plus de force encore sur des personnes qu'il avait toujours aimées tendrement et souvent défendues en honnête homme : « Le même confesseur fanatique, dit M. Sainte-Beuve, qui s'opposait à la publication de la dernière satire de Boileau, ruinait de fond en comble le monastère de Port-Royal-des-Champs, le saccageait comme une ville prise d'assaut. On allait

---

1. Desmaizeaux.

arracher les morts des tombes. Boileau eut le temps de savoir tout cela. Il ne prévoyait pas ces odieux excès quand, bien des années auparavant, il répondait avec son franc-parler ordinaire, sur ce que le roi, disait-on, menaçait de nouvelles rigueurs nos religieuses : « Et comment fera-t-il pour les traiter plus durement qu'elles ne se traitent elles-mêmes ? »

Sa mort devait arriver le 13 mars 1711. On le voit partager sa dernière année entre les soins, on peut dire les plaisirs de l'amitié, et ceux du travail. Il écrit encore à Brossette, le 14 juin 1710 ; il s'occupe à corriger, sur les conseils du P. Thoulier, une lettre à Maucroix, écrite *currente calamo*, où il y avait « bien des négligences d'expression. » Il se fait un bonheur de voir cet ami, il le remercie du « service considérable qu'il lui a rendu, en contribuant si bien à détromper les hommes de l'horrible affront qu'on lui vouloit faire, en lui attribuant le plus plat et le plus monstrueux libelle qui ait jamais été fait. » Tout infirme qu'il est, il se fait porter à dîner chez M. Le Verrier. C'est l'ami le plus fidèle qui lui reste.

Telle fut sa fin. Il rendit le dernier soupir au cloître Notre-Dame, chez son confesseur, le chanoine Le Noir, où il s'était retiré depuis qu'il avait vendu à M. Le Verrier sa maison d'Auteuil, c'est-à-dire après 1705.[1] Sa mort, dit l'abbé Boileau, a été très-chrétienne ; il a donné la plus grande partie de ses biens aux pauvres. Dans la disposition de sa fortune, Boileau n'oublia aucun de ceux qui lui étaient liés par le sang, par l'amitié ou par le dévouement domestique. A chacun il laissa

---

1. Un plus amer chagrin de sa vieillesse, dit Daunou, fut la perte de sa maison d'Auteuil. Quoiqu'il n'eût aucun besoin d'argent, il la vendit à Le Verrier, qui désirait ardemment de l'acquérir. « Vous y serez toujours chez vous, lui disait Le Verrier ; j'exige que vous y conserviez une chambre, et que vous veniez souvent l'habiter. » Quelques jours après la vente, Boileau y retourne en effet, entre dans le jardin, et n'y trouvant plus un berceau qu'il aimait : « Qu'est devenu mon berceau? s'écrie-t-il en appelant Antoine, le jardinier. — Abattu par l'ordre de M. Le Verrier, répond Antoine. — Je ne suis plus le maître ici, reprit Boileau, qu'y viens-je faire? » et il remonta dès l'instant même en voiture. Ce fut son dernier voyage à Auteuil.

les marques de sa reconnaissance et un souvenir de sa bonté.[1]

Nous lisons dans l'éloge souvent équivoque que d'Alembert a fait de lui : « Quoique Despréaux ait conservé à sa mort les sentiments de christianisme dont il avait été pénétré pendant sa vie, il finit ses jours en poëte, et parla en vers jusqu'à son dernier moment. Lorsqu'on lui demandait ce qu'il pensait de son état, il répondait par ce vers de Malherbe :

> Je suis vaincu du temps, je cède à ses outrages.

Un instant avant d'expirer, il vit entrer un de ses amis. « Bonjour et adieu, lui dit-il froidement, l'adieu sera bien

---

1. On ne sera pas fâché de voir ici quelques extraits de ce testament :

TESTAMENT DE MONSIEUR DESPRÉAUX DU 2ᵉ MARS 1711,

REÇU PAR Mᵉ DIONIS.

Par-devant les notaires... à Paris, soussignés, fut présent Nicolas Boileau-Despréaux, écuyer, demeurant cloître Notre-Dame, paroisse Saint-Jean-le-Rond, en une maison appartenante à M. l'abbé Lenoir, étant dans sa robe de chambre, au premier étage de ladite maison, ayant vue par une croisée sur une terrasse donnant sur l'eau, infirme de corps, sain d'esprit, mémoire et jugement, comme il est apparu auxdits notaires, par ses paroles et entretiens, etc., etc.

Après les legs faits à sa famille viennent les suivants :

Donne et lègue à Jean Beurest, son valet de chambre, six mille livres une fois payées, outre les gages qui se trouveront lui être dus, avec les habits, linge et hardes servant à la personne dudit testateur, en reconnoissance de ses bons et assidus services.

Donne et lègue les sommes suivantes une fois payées, savoir :

A la France, son petit laquais, quinze cents livres pour aider à lui faire apprendre un métier et l'établir.

A François, son cocher, cinq cents livres.

Et à Antoine Riquié, ci-devant son jardinier, et à présent celui de M. Le Verrier, cinq cents livres.

Donne et lègue à mondit sieur Le Verrier, son ami, quatre de ses plus beaux tableaux que ledit sieur Le Verrier choisira lui-même, et gardera pour l'amour dudit sieur Despréaux.

A l'égard de tout ce qui restera audit sieur Despréaux de biens en meubles et immeubles après le présent testament... il les donne et lègue pour les pauvres honteux des six petites paroisses de la cité.

(AUG. LAVERDET, *Correspondance de Boileau et Brossette*, p. 328-329.)

« long. » Racine mourant lui avait fait des adieux plus tendres. « Je regarde comme un bonheur de mourir avant vous, » lui avait dit ce père de famille qui laissait une femme et six enfants. »

Son convoi fut suivi d'un grand nombre de personnes ; ce qui fit dire à une femme du peuple : « Il avoit donc bien des amis ? on assure cependant qu'il disoit du mal de tout le monde. »

Despréaux fut enterré dans la chapelle basse de la Sainte-Chapelle du Palais, et non pas sous le lutrin même qu'il avait chanté, comme on l'a dit dans l'intérêt d'un rapprochement curieux. C'était là le tombeau de sa famille. Ses restes y reposèrent jusqu'au moment où, pendant la Révolution, ils furent transférés avec ceux de tous les grands hommes ensevelis dans les églises au *Muséum des monuments français*, rue des Petits-Augustins. L'an VIII de la République française, le 27 ventôse, Alexandre Le Noir, administrateur et conservateur, et Pierre-Claude Binart, sous-conservateur du Muséum des monuments français, « dépositaires des restes de Nicolas Boileau-Despréaux, exhumés de la chapelle basse du Palais, désirant réunir les dépouilles de ce poëte célèbre à celles de Molière et de La Fontaine, ses contemporains et ses amis, » firent ériger, à cet effet, près de leurs tombeaux, dans le jardin Élysée dudit Muséum, « un monument simple, mais digne de la célébrité que ce poëte s'est acquise.[1] » C'est de là que dix-neuf ans après, le 14 juillet

---

1. Nous allons donner le procès-verbal de transport, publié par M. P. Chéron, de la Bibliothèque impériale, dans sa riche édition de Boileau (Garnier frères) : « L'an VIII de la République française, le 27 ventôse, nous, Alexandre Le Noir, administrateur et conservateur du Muséum des monuments français, et Pierre-Claude Binart, sous-conservateur, demeurant audit Musée, rue des Petits-Augustins, division de l'Unité, dépositaires des restes de Nicolas Boileau-Despréaux, exhumés de la chapelle basse du Palais de Paris, et à nous envoyés par ordre des membres du bureau central du canton de Paris, et remis entre nos mains par le citoyen Clément, commissaire de police de la division du Pont-Neuf, suivant son procès-verbal du 15 pluviôse dernier, dont il nous a donné expédition,

1819, les restes de Boileau, à la suite, dit M. Berriat-Saint-Prix, d'une cérémonie pompeuse et touchante, furent transportés dans l'église de l'abbaye de Saint-Germain-des-Prés.

> désirant réunir les dépouilles de ce poëte célèbre à celles de Molière et de La Fontaine,[a] ses contemporains et ses amis, avons fait ériger, à cet effet, près de leurs tombeaux, dans le Jardin Elysée dudit Muséum des monuments français, un monument simple, mais digne de la célébrité que ce poëte s'est acquise, et étant en état de recevoir ses cendres; et attendu l'état de dégradation où se trouvait le cercueil de plomb qui renfermait les restes de Boileau, avons fait construire un coffre de bois de chêne, de la longueur d'environ un mètre, dans lequel avons mis les ossements de ce poëte, avec une [mention] du fait, gravée sur une plaque de cuivre attachée dans l'intérieur dudit coffret, sur lequel avons fait mettre une plaque de cuivre qui était sur l'ancien cercueil avec cette inscription: *Ici est le corps de M. Nicolas Boileau, escuyer, sieur Despréaux, l'un des quarante de l'Académie françoise, lequel est décédé le 13 mars 1711, âgé de soixante-treize ans et quelques mois. Requiescat in pace.* Puis accompagnés des citoyens Ambroise-Robert Le Sieur et Augustin-Jean Le Sieur frères, demeurant division de la Cité, l'avons fait placer dans la concavité du monument que nous lui avions fait ériger, et que nous avons fait sceller de son couronnement.
> « Ainsi signé:
> « Le Noir, Binart, A.-R. Le Sieur, A.-J. Le Sieur. »

[a]. Molière et La Fontaine sont maintenant au cimetière du Père-Lachaise. Voici l'épitaphe de Boileau:

> HOC SUB TITULO
> FATIS DIU JACTATI
> IN OMNE ÆVUM TANDEM COMPOSITI
> JACENT CINERES
> NICOLAI BOILEAU-DESPRÉAUX
> PARISIENSIS
> QUI VERSIBUS CASTISSIMIS
> HOMINUM ET SCRIPTORUM VITIA
> NOTAVIT
> CARMINA SCRIBENDI
> LEGES CONDIDIT
> FLACCI ÆMULUS HAUD IMPAR
> IN JOCIS ETIAM NULLI SECUNDUS
> OBIIT
> XIII. MART. MDCCXI
> EXEQUIARUM SOLEMNIA INSTAURATA
> XIV. JUL. MDCCCXIX
> CURANTE URBIS PRÆFECTO
> PARENTANTIBUS SUO QUONDAM
> REGIA UTRAQUE
> TUM GALLICÆ LINGUÆ
> TUM INSCRIPTIONUM
> HUMANIORUMQUE LITTERARUM
> ACADEMIA.

Après tous les détails dont cette vie de Boileau se compose, il n'est pas difficile de tracer un portrait du célèbre satirique. Ce fut, dit M. Sainte-Beuve, le plus vif des esprits sérieux, et le plus agréable censeur. Plein de verve en conversation, il parlait avec feu sur les sujets qui l'intéressaient, et réjouissait ses auditeurs par ses improvisations, ses saillies, ses gestes, et un rare mérite d'acteur. La vivacité de son esprit ne nuisait pas à la bonté de son cœur. Mme de Sévigné disait de lui : « Il est cruel en vers, mais tendre en prose. » Il s'est représenté lui-même comme un homme doux et candide, n'ayant ni griffes ni ongles. Saint-Simon lui a rendu ce témoignage : « Il excelloit dans la satire quoique ce fût un des meilleurs hommes du monde. » Et Dangeau dit à peu près de même : « Quoiqu'il ait fait plusieurs satires, c'étoit à peu près le meilleur homme du monde. » Le secrétaire d'État Pontchartrain estimait surtout en lui la candeur et la simplicité heureuse qu'il joignait à tout l'esprit imaginable et le faisait aimer de ses ennemis mêmes. Attentif à rendre service à tout le monde, il vint en aide à Cassandre, à Linière, à Patru.[1] Quoique célibataire, il ne haïssait pas les enfants. Sa complaisance et son affection pour la famille de Racine est touchante et nous croyons sans peine la comtesse de La Rivière lorsque, dans sa cent vingt-septième lettre, elle nous apprend que Despréaux voulait qu'on élevât les enfants avec douceur, et qu'on leur laissât la liberté de se mêler aux entretiens.

Quant à son talent littéraire, personne n'en a mieux parlé que M. Sainte-Beuve. Aussi allons-nous lui emprunter les principaux traits d'une *étude* à laquelle nous avons déjà souvent eu recours : « Il y a, dit-il, dans la muse la plus jeune de Boileau

---

[1]. Ce fut lui qui procura un libraire à La Fontaine pour ses meilleurs ouvrages. La première édition des *Fables* contenant les six premiers livres fut publiée en 1668, chez le libraire Denys Thierry. Ce Thierry d'abord ne voulait point imprimer les ouvrages de La Fontaine : « Je l'en pressai, dit Boileau, et ce fut à ma considération qu'il lui donna quelque argent. Il y a gagné des sommes infinies. » (Conversation du 12 décembre 1703, recueillie et notée par Mathieu Marais.) Note de M. Sainte-Beuve.

quelque chose de quinteux, de difficultueux et de chagrin. Elle n'a jamais eu le premier timbre ému de la jeunesse; elle a de bonne heure les cheveux gris, le sourcil gris: en mûrissant cela lui sied, et, à ce second âge, elle paraîtra plus jeune que d'abord, car tout en elle s'accordera. Ce moment de maturité est aussi chez Boileau l'époque de son plus vif agrément. S'il a quelque *charme* à proprement parler, c'est alors seulement, à cette époque des quatre premiers chants du *Lutrin* et de l'*Épître à Racine*. La muse de Boileau, à le bien voir, n'a jamais eu de la jeunesse que le courage et l'audace... La sensibilité de Boileau, on l'a dit, avait passé de bonne heure dans sa raison, et ne faisait qu'un avec elle. Sa passion (car en ce sens il en avait) était toute critique, et s'exhalait par ses jugements. Le *vrai dans les ouvrages de l'esprit*, voilà de tout temps sa Bérénice à lui, et sa Champmeslé. Quand son droit sens était choqué, il ne se contenait pas, il était prêt plutôt à se faire toutes les querelles :

> Et je serai le seul qui ne pourrai rien dire !
> On sera ridicule, et je n'oserai rire !...

« Et encore, parlant de la vérité dans la satire :

> C'est elle qui, m'ouvrant le chemin qu'il faut suivre,
> M'inspira, dès quinze ans, la haine d'un sot livre...

« La haine des sots livres, et aussi l'amour, le culte des bons ouvrages et des beaux. Quand Boileau loue à plein cœur et à plein sens, comme il est touché et comme il touche ! comme son vers d'Aristarque se passionne et s'affectionne !

> En vain contre le Cid un ministre se ligue,
> Tout Paris pour Chimène a les yeux de Rodrigue.
> L'Académie en corps a beau le censurer,
> Le public révolté s'obstine à l'admirer.

« Quelle générosité d'accent ! comme le sourcil s'est déridé ! Cet œil gris petille d'une larme ; son vers est bien alors ce vers de la saine satire, *qu'elle épure aux rayons du bon sens*, car le bon sens chez lui arrive, à force de chaleur, au rayonnement et à la lumière. Il faudrait relire ici en entier l'*Épître à Racine* après *Phèdre* (1677), qui est le triomphe le plus magnifique et le plus inaltéré de ce sentiment de justice, chef-d'œuvre de la poésie critique, où elle sait être tour à tour et à la fois étincelante, échauffante, harmonieuse, attendrissante et fraternelle. Il faut surtout relire ces beaux vers au sujet de la mort de Molière sur lesquels a dû tomber une larme vengeresse, une larme de Boileau. Et quand il fait, à la fin de cette épître, un retour sur lui-même et sur ses ennemis :

> Et qu'importe à nos vers que Perrin les admire?
> . . . .
> Pourvu qu'avec éclat leurs rimes débitées
> Soient du peuple, des grands, des provinces goûtées !

quelle largeur de ton, et, sans une seule image, par la seule combinaison des syllabes, quelle majesté ! — Et dans ces noms qui suivent, et qui ne semblent d'abord qu'une simple énumération, quel choix, quelle gradation sentie, quelle plénitude poétique ! Le roi d'abord, à part et seul dans un vers ; Condé de même, qui le méritait bien par son sang royal, par son génie, sa gloire et son goût fin de l'esprit ; Enghien, son fils, a un demi-vers ; puis vient l'élite des juges du premier rang, tous ces noms qui, convenablement prononcés, forment un vers si plein et si riche comme certains vers antiques :

> . . . . . . Que Colbert et Vivonne,
> Que La Rochefoucauld, Marsillac et Pomponne, etc.

« Mais dans le nom de Montausier, qui vient le dernier à titre d'espoir et de vœu, la malice avec un coin de grâce reparaît. Ce sont là de ces tours délicats de flatterie comme en avait Boileau ; ce satirique qui savait si bien piquer au vif, est le même qui a pu dire :

> La louange agréable est l'âme des beaux vers.

« Nous atteignons par cette *Épître à Racine* au comble de la gloire et du rôle de Boileau. Il s'y montre en son haut rang, au centre du groupe des illustres poëtes du siècle, calme, équitable, certain, puissamment établi dans son genre, qu'il a graduellement élargi, n'enviant celui de personne, distribuant sobrement la sentence, classant même ceux qui sont au-dessus de lui.... *His dantem jura Catonem ; le maître de chœur*, comme dit Montaigne, un de ces hommes à qui est déférée l'autorité et dont chaque mot porte... Même en ses derniers ouvrages, les idées et les sujets le trahissent plus peut-être que le talent. Jusque dans cette désagréable satire contre les *femmes*, j'ai vu les plus ardents admirateurs de l'école pittoresque moderne distinguer le tableau de la *lésine* si affreusement retracé dans la personne du lieutenant criminel Tardieu et sa femme. Il y a là une cinquantaine de vers à la Juvénal qui peuvent se réciter sans pâlir, même quand on vient de lire *Eugénie Grandet*, ou lorsqu'on sort de voir une des pages éclatantes d'Eugène Delacroix. »

Enfin, après ce portrait moral et littéraire, le même auteur nous donne ainsi celui de la physionomie de Boileau : « Pour mieux me remettre en sa présence, j'ai voulu revoir, au musée de sculpture, le beau buste qu'a fait de lui Girardon. Il y est traité dans une libre et large manière : l'ample perruque de rigueur est noblement jetée sur son front et ne le surcharge pas ; il a l'attitude ferme et même fière, le port de tête assuré ; un demi-sourire moqueur erre sur ses lèvres ; le pli du nez, un peu relevé, et celui de la bouche, indiquent l'habitude railleuse, rieuse et même mordante ; la lèvre pourtant est bonne et franche, entr'ouverte et parlante ; elle ne sait pas retenir le trait. Le cou nu laisse voir un double menton, plus voisin pourtant de la maigreur que de l'embonpoint ; ce cou, un peu creusé, est bien d'accord avec la fatigue de la voix qu'il éprouvera de bonne heure. Mais, à voir l'ensemble, comme on sent bien que ce personnage vivant était le contraire du triste et du sombre, et point du tout ennuyeux ! »

X.

LA RÉPUTATION DE BOILEAU APRÈS SA MORT.

Avec la gloire de Louis XIV notre littérature s'étendit chez nos voisins. Des circonstances particulières la firent surtout connaître à l'Angleterre. Un prince exilé avait vécu assez longtemps à la cour de Louis XIV pour y prendre les manières qui régnaient à Versailles. Il les avait rapportées en Angleterre quand une révolution inattendue l'avait remis sur le trône des Stuarts. Les courtisans qui l'avaient suivi en France s'y étaient imprégnés du même air, et Londres vit dans le palais de son roi restauré une cour toute française. Tout y rappelait Paris ou Saint-Germain.

« Dans cette halte entre deux révolutions, les seigneurs imprévoyants ne pensent qu'à jouir d'une tranquillité achetée par de pénibles épreuves. Ils ont secoué le joug d'une religion importune, banni la mémoire des anciens attentats, puni les coupables qui avaient osé les commettre, et ils s'abandonnent au plaisir de vivre doucement au sortir de si terribles orages. Le chevalier de Grammont est le héros de toutes les fêtes, il s'y fait distinguer par ses habits, il y brille dans la conversation. Il a le bonheur d'égayer le roi par ses contes, d'amuser toute la cour et d'en régler le ton. « Les gants parfumés, les « miroirs de poche, les étuis garnis, les pâtes d'abricot, les « essences, et autres menues denrées d'amour arrivent chaque « semaine de Paris. » Au milieu de cette vie frivole, la conversation est devenue le premier des plaisirs, et l'art de causer le premier des arts. Chacun s'y applique, quelques-uns y excellent. Ils savent parler de vingt sujets en une heure, glisser en jouant sur toutes les questions, les effleurer toutes, n'en approfondir aucune. Ils y font tout entrer : la bagatelle, la chimère, la science. De pareils entretiens sont tout à la française :

> Sur différentes fleurs l'abeille s'y repose
> Et fait du miel de toute chose.

« Aussi bien c'est de France que sont venus leurs maîtres en cet art nouveau. Laissant là les bizarreries, l'exaltation, l'originalité indisciplinée des temps de Shakspeare, les Anglais se sont faits, à la cour, discrets et raffinés. Les expressions nettes, le langage exact, les raisonnements clairs et suivis ont banni les images excessives et les cris passionnés. Sir William Temple leur a donné l'agréable modèle de cette urbanité naissante. Rochester, Sedley, Buckingham suivent ses traces et deviennent des causeurs agréables, quelquefois délicats.[1] » Waller rivalise avec La Fontaine, Saint-Évremond partage au café Will l'influence de John Dryden. Mme la duchesse de Mazarin, des ambassadeurs, hommes aimables et lettrés, Barillon et Bonrepaus, achèvent cette conquête.

Cette influence française devait durer longtemps et donner à l'Angleterre son âge classique. Des Anglais ont pu y voir une époque d'imitation et de servilité littéraires, mais il n'en est pas moins vrai que les lettres y ont gagné en correction et en goût ce qu'elles devaient fatalement perdre du côté de l'originalité et du génie. Tout le monde s'accorde à regarder la fin du règne de Guillaume III et celui de sa belle-sœur la reine Anne comme une des plus brillantes époques de la langue anglaise. « C'était un temps de belle et riche littérature, a dit M. Villemain, que celui où Temple, Arbuthnot, Walsh, discutaient les poëtes du jour d'après la France et l'antiquité ; où le vieux Dryden, survivant à la restauration, improvisait une ode à *Sainte Cécile* ; où Congrève composait ses comédies spirituelles en s'aidant de Molière ; où Prior, Parnell, Thomson, Young revêtaient de poésie quelques-uns des problèmes philosophiques de leur temps ; où Addison écrivait ses pages élé-

---

1. *Étude sur la vie et les ouvrages de Saint-Évremond*, discours qui a obtenu le prix d'éloquence décerné par l'Académie française à M. Gidel, 1866.

gantes, et traçait les caractères originaux du *Spectateur* ; où Swift était le premier des satiriques philosophes, et donnait aux pamphlets politiques la durée d'une œuvre de génie ; où Pope, si correct, si précis, quelquefois si grand poëte, interprétait tour à tour en beaux vers la passion d'Héloïse et les systèmes de Leibnitz. »

Durant toute cette période le nom de Boileau fut très-répandu en Angleterre, ses ouvrages beaucoup loués et beaucoup lus. La grande querelle littéraire qui s'était émue entre lui et Perrault occupa les esprits au delà du détroit non moins qu'en France. Le café Will, situé entre Covent-Garden et Bow-Street, était, dit Macaulay, partagé en deux factions. L'une tenait pour Perrault et les modernes, l'autre pour Boileau et les anciens. « ... *There was a faction for Perrault and the moderns, a faction for Boileau and the ancients.* »

M. Hippolyte Rigault nous a fait assister à l'une de ces scènes ingénieusement arrangée par lui. « Le chevalier Temple, dit-il, se moquait avec grâce de Perrault ; Wotton répliquait au chevalier Temple et appelait à son aide son redoutable ami le docteur Bentley, qui, se précipitant dans la discussion comme un hoplite, mettait en déroute les arguments ennemis. Swift accourait au secours de Temple, et jetait dans la mêlée, comme un escadron de cavalerie légère, ses épigrammes spirituelles qui tombaient sur tout le monde, et surtout sur son cousin Dryden. Saint-Évremond souriait à la vue du combat, et quand le feu de la controverse s'était un peu calmé, il prenait doucement la parole, il ramenait à une juste mesure les opinions excessives, et donnait, par sa modération, à la cause des modernes un air de justesse qui lui avait manqué souvent chez Desmarets et chez Perrault. »

Saint-Évremond, qui s'appliquait à tenir la balance égale entre les uns et les autres, n'était pas ennemi de Despréaux. S'il combattait ce qu'il pensait voir d'exagéré dans son respect pour les anciens, il ne méprisait pas son mérite. En citant Racine, Molière, Corneille, La Fontaine, il mettait l'auteur de l'*Art poé-*

tique dans leur compagnie quand il voulait combattre par des exemples modernes la prévention trop favorable à la supériorité des anciens. « Il n'y a point d'auteur, disait-il, qui fasse plus d'honneur à notre siècle que Despréaux ; en faire un éloge plus étendu, ce seroit entreprendre sur ses ouvrages, qui le font eux-mêmes. » Reprenant la même pensée en vers, il écrivait :

> Modernes, reprenez courage ;
> Vous remporterez l'avantage.
> Le partisan outré (Boileau) de tous les anciens
> Nous fait abandonner leurs écrits pour les siens.
> Il a fait aux Grecs plus d'injure
> Par ses vers si rares, si beaux,
> Qu'il n'en fera par sa censure
> Aux Fontenelles, aux Perraults.
> Quand il paroît aux modernes contraire,
> Aux anciens il doit être odieux ;
> Tout ce qu'il fait est fait pour leur déplaire,
> Si bien écrire est écrire contre eux.

W. Temple, l'homme d'État illustré par la négociation de la *triple alliance*, l'écrivain à qui Johnson attribue l'honneur d'avoir introduit le premier dans la langue de son pays le nombre et la cadence ; dont Blair vante la douceur et l'humanité ; dont Macaulay ne peut s'empêcher de louer le style simple et coulant, clair et mélodieux, qui s'élève parfois jusqu'à la magnificence de Cicéron ; l'homme du monde aimable, ami de Saint-Évremond et de la belle duchesse Hortense de Mazarin, W. Temple, dis-je, a visité Boileau, il a lu ses ouvrages, il a soutenu ses opinions contre les modernes. Il se flatte d'avoir été lu et approuvé par Boileau, par Racine ; il trouve dans ces suffrages un titre de gloire, et il en est fier.

Rochester, l'homme de plaisir, l'homme à bonnes fortunes, se fait l'élève de Despréaux, et, avec « une imagination ardente qui n'appartenait qu'à lui, » dit Voltaire, il écrit quelques satires sur les mêmes sujets que le poëte français avait choisis. Mathew Prior, le plénipotentiaire qui vient de la part de la reine Anne « donner la paix à Louis XIV, » le poëte anglais qui écrit de jolis impromptu en français, n'oublie pas Boileau dans son petit poëme sur la fameuse bataille d'Hochstedt.

Addison, au sortir de l'Université, visite Boileau et Malebranche, en même temps qu'il voit la belle société française chez l'ambassadeur.

Dryden, l'arbitre du goût au café Will, est familier plus qu'aucun autre Anglais avec les lettres françaises, avec Corneille et Racine, avec Boileau. Il élève au premier rang « l'admirable Boileau, dont les expressions sont nobles, le rhythme excellent, les pensées justes, le langage pur, dont la satire est perçante et dont les idées sont serrées, qui, lorsqu'il emprunte aux anciens, les paye avec usure de son propre fonds, en monnaie aussi bonne et de cours presque universel. » Il voit revivre en lui Juvénal et Horace.[1]

En France, le XVIIIe siècle fut un peu moins favorable à la gloire de Boileau. Il avait laissé après lui des ennemis, comme Fontenelle et La Motte, qui ne firent pas leurs efforts pour relever son mérite aux yeux de la génération nouvelle. « Feu M. de La Motte, dit Voltaire, qui écrivait bien en prose, ne parlait plus français quand il faisait des vers. Les tragédies de tous nos auteurs, depuis M. Racine, sont écrites dans un style froid et barbare ; aussi La Motte et ses consorts faisaient tout ce qu'ils pouvaient pour rabaisser Despréaux auquel ils ne pouvaient s'égaler. Il y a encore, à ce que j'entends dire, quelques-uns de ces beaux esprits subalternes, qui passent leur vie dans les cafés, lesquels font à la mémoire de M. Despréaux le même honneur que les Chapelains faisaient à ses écrits de son vivant. Ils en disent du mal, parce qu'ils sentent que si

---

[1]. I might find in France a living Horace and a Juvenal in the person of the admirable Boileau, whose numbers are excellent, whose expressions are noble, whose thoughts are just, whose language is pure, whose satire is pointed, and whose sense is close. What he borrows from the ancient, he repays with usury of his own, in coin as good and almost universally valuable. (Dédicace au comte de Dorset.)

M. Despréaux les eût connus, il les aurait méprisés, autant qu'ils méritent de l'être.[1] »

Voltaire a souvent parlé de Boileau, et quelquefois d'une manière équivoque. Comme nous l'avons déjà fait remarquer, ce qu'il lui reproche avec le plus de constance, c'est d'avoir écrit des satires. Attaqué lui-même de tous côtés par les prétendus élèves de Despréaux, il lui a fait porter le poids de sa mauvaise humeur, sans se souvenir qu'il n'était, lui, en arrière à l'égard d'aucun de ceux qui osaient le critiquer. Quoi qu'il en soit, il a toujours persisté dans ce premier sentiment. Il trouvait la satire un genre dangereux d'écrire. Le moindre défaut de ce poëme à ses yeux c'est d'être injuste; son principal mérite est la hardiesse qu'elle prend de nommer les personnes qu'elle tourne en ridicule. « Otez les noms de Cotin, de Chapelain, de Quinault et un petit nombre de vers heureux, que restera-t-il aux satires de Boileau? » On peut, je crois, trouver la raison de ce jugement un peu aigre dans les dernières phrases de cet article sur la *Satire*.[2] L'auteur s'y plaint avec justice, quoique avec amertume, du débordement des satires en prose qui de son temps « avaient inondé la république des lettres. » Les ouvrages périodiques de Hollande se trouvaient remplis d'invectives et de mensonges dont il avait à souffrir avec ses amis ; donnant à ses rancunes personnelles un prétexte spécieux, il se faisait le vengeur « des têtes couronnées et des hommes les plus respectables de l'Europe. » « J'ai vu, dit-il,

---

1. Lettre à Brossette, 1732.
2. *Facéties et mélanges littéraires*, t. III, de la Satire. En 1716, il écrit à M. de La Faie, à propos de J.-B. Rousseau : « ... J'ai lu son épître à Marot, où il y a de très-beaux morceaux; mais je crois y voir plutôt un enragé qu'un poëte. Il n'est pas inspiré, il est possédé ; il reproche à l'un sa prison ; à l'autre, sa vieillesse; il appelle celui-ci athée, celui-là maroufle. Où donc est le mérite de dire en vers de cinq pieds des injures si grossières? Ce n'était pas ainsi qu'en usait M. Despréaux, quand il se jouait aux dépens des mauvais auteurs : aussi son style était doux et coulant; mais celui de Rousseau me paraît inégal, recherché, plus violent que vif, et teint, si j'ose m'exprimer ainsi, de la bile qui le dévore. »

quelquefois dans les pays du Nord, porter des jugements très-désavantageux sur des hommes du premier mérite, qui étaient indignement attaqués dans ces misérables brochures : ni les auteurs, ni les libraires ne connaissent les gens qu'ils déchirent. C'est un métier comme de vendre du vin frelaté. Il faut avouer qu'il n'y a guère de métier plus indigne, plus lâche et plus punissable. »

Il faut avouer aussi que rien ne fut jamais plus éloigné du caractère et des habitudes de Despréaux. Voltaire reconnaît lui-même qu'il a toujours épargné les mœurs de ceux qu'il déchirait.

C'était mettre une obstination déraisonnable dans l'apologie de Quinault que d'écrire ces mots : « Mais j'insiste encore, et je demande comment Boileau pouvait insulter si indignement et si souvent l'auteur de la *Mère coquette*, comment il ne demanda pas enfin pardon à l'auteur d'*Atis*, de *Roland*, d'*Armide*; comment il n'était pas touché du mérite de Quinault, et de l'indulgence singulière du plus doux de tous les hommes, qui souffrit trente ans, sans murmure, les insultes d'un ennemi qui n'avait d'autre mérite par-dessus lui que de faire des vers plus corrects et mieux tournés, mais qui certes avaient moins de grâce, de sentiment et d'invention ? »

Voltaire rachetait ces critiques par les éloges entiers et sincères qu'il accordait aux autres ouvrages du poëte. Il lui reconnaissait le mérite d'avoir dit, avec les anciens, que le vrai seul est aimable. « Il a été le premier, ajoutait-il, à observer cette loi qu'il a donnée. Presque tous ses ouvrages respirent le vrai, c'est-à-dire qu'ils sont une copie fidèle de la nature. » Il écrit à Brossette : « Pour moi, quand j'ai dit que les satires de Boileau n'étaient pas ses meilleures pièces, je n'ai pas prétendu pour cela qu'elles fussent mauvaises.[1]

1. Voir encore d'autres jugements favorables à Boileau dans le *Discours sur l'envie*, dans la *Guerre de Genève*, dans l'article *Art poétique*, dans les *Questions sur l'encyclopédie*.

« C'est la première manière de ce grand peintre, fort inférieure, à la vérité, à la seconde, mais très-supérieure à celle de tous les écrivains de son temps, si vous en exceptez M. Racine. Je regarde ces deux grands hommes comme les seuls qui aient eu un pinceau correct, qui aient toujours employé des couleurs vives, et copié fidèlement la nature. Ce qui m'a toujours charmé dans leur style, c'est qu'ils ont dit ce qu'ils voulaient dire, et que jamais leurs pensées n'ont rien coûté à l'harmonie, ni à la pureté du langage. »

En 1741, Helvétius, qui s'essayait à la poésie sous la conduite de Voltaire, s'était permis quelques observations trop dures sur Despréaux. Peut-être espérait-il plaire à son censeur? Mais celui-ci lui répondait : « Vous ne trouvez point Boileau assez fort; il n'a rien de sublime, son imagination n'est point brillante, j'en conviens avec vous : aussi il me semble qu'il ne passe point pour un poëte sublime, mais il a bien fait ce qu'il pouvait et ce qu'il voulait faire. Il a mis la raison en vers harmonieux; il est clair, conséquent, facile, heureux dans ses transitions; il ne s'élève pas, mais il ne tombe guère. Ses sujets ne comportent pas cette élévation dont ceux que vous traitez sont susceptibles. Vous avez senti votre talent, comme il a senti le sien. Vous êtes philosophe, vous voyez tout en grand; votre pinceau est fort et hardi. La nature en tout cela vous a mis, je vous le dis avec la plus grande sincérité, fort au-dessus de Despréaux; mais ces talents-là, quelque grands qu'ils soient, ne seront rien sans les siens. Vous avez d'autant plus besoin de son exactitude, que la grandeur de vos idées souffre moins la gêne et l'esclavage. Il ne vous coûte point de penser, mais il coûte infiniment d'écrire. Je vous prêcherai donc éternellement cet art d'écrire que Despréaux a si bien connu et si bien enseigné, ce respect pour la langue, cette liaison, cette suite d'idées, cet air aisé avec lequel il conduit son lecteur, ce naturel qui est le fruit de l'art, et cette apparence de facilité qu'on ne doit qu'au travail. Un mot mis hors de place gâte la plus belle pensée. Les idées de Boileau, je l'avoue encore, ne sont jamais grandes, mais elles ne sont jamais défigurées ; enfin, pour être au-dessus de lui, il faut commencer par écrire aussi nettement et aussi correctement que lui. »

Il peut sembler un peu fort de voir mettre Helvétius au-dessus de Boileau, cependant on ne tarde pas à découvrir sous cette politesse exagérée le véritable sentiment de Voltaire. Les compliments dont il flatte son disciple, et qui ne lui ont jamais rien coûté, n'enlèvent quoi que ce soit au vrai mérite de Despréaux.

Néanmoins en 1769, après bien des témoignages en faveur du poëte, répandus dans ses différents écrits, Voltaire, toujours versatile dans son humeur, écrivit une épître à Boileau qu'il appela *son testament*. Les éloges cette fois y sont bien amoindris, et il y a dans ceux qu'il lui accorde tant de restrictions, qu'on ne sait bien au juste dans quel sens le jugement définitif doit être pris :

Boileau, correct auteur de quelques bons écrits,
Zoïle de Quinault, et flatteur de Louis,
Mais oracle du goût dans cet art difficile
Où s'égayait Horace, où travaillait Virgile;
Dans la cour du Palais je naquis ton voisin;
De ton siècle brillant mes yeux virent la fin ;
Siècle de grands talents, bien plus que de lumière,
Dont Corneille, en bronchant, sut ouvrir la carrière.
Je vis le jardinier de ta maison d'Auteuil,
Qui chez toi, pour rimer, planta le chèvrefeuil.
Chez ton neveu Dongois je passai mon enfance,
Bon bourgeois qui se crut un homme d'importance.
Je veux t'écrire un mot sur tes sots ennemis
A l'hôtel Rambouillet contre toi réunis,
Qui voulaient, pour loyer de tes rimes sincères,
Couronné de lauriers t'envoyer aux galères.
Ces petits beaux esprits craignaient la vérité,
Et du sel de tes vers la piquante âcreté.
Louis avait du goût, Louis aimait la gloire;
Il voulut que ta muse assurât sa mémoire;
Et satirique heureux, par ton prince avoué,
Tu pus censurer tout, pourvu qu'il fût loué.

> Bientôt les courtisans, ces singes de leur maître,
> Surent tes vers par cœur, et crurent s'y connaître ;
> On admira dans toi jusqu'au style un peu dur,
> Dont tu défiguras le vainqueur de Namur ;
> Et sur l'amour de Dieu ta triste psalmodie,
> Du haineux janséniste en son temps applaudie ;
> Et l'équivoque même, enfant plus ténébreux,
> D'un père sans vigueur avorton malheureux.

Palissot croit avoir trouvé la cause de ces jugements opposés de Voltaire sur l'auteur du *Lutrin*. Dans un discours préliminaire mis en tête d'une édition des Œuvres de Boileau,[1] voici ce qu'il dit : « On sait que par une espèce de coquetterie, qu'on serait en droit de lui reprocher comme une faiblesse, il montra souvent trop d'indulgence pour la médiocrité de quelques auteurs vivants dont il voulait captiver les suffrages ; mais on ne l'accusa jamais d'être prodigue de louanges envers les morts : c'est lui cependant qui, après avoir nommé, dans le *Temple du goût*, Corneille, Racine lui-même et notre inimitable La Fontaine, ne balance pas à placer Boileau à la tête de ces grands hommes. Là, dit-il,

> Là régnait Despréaux, leur maître en l'art d'écrire.

« ... Cependant nous ne devons pas dissimuler (et ce détail ne déplaira pas à ceux qui aiment à observer, même dans les grands hommes, les faiblesses de l'humanité) que Voltaire parut se refroidir un peu pour Boileau, depuis le parallèle que fit l'abbé Batteux de la *Henriade* et du *Lutrin*. Ce parallèle, qui ne pouvait être au fond qu'une plaisanterie, car ces deux ouvrages n'étaient pas susceptibles d'une comparaison sérieuse, prouvait néanmoins d'une manière assez piquante que Boileau, dans une fable qui semblait ne rien promettre à l'imagination, avait mis à la fois plus de génie dans son plan, et plus de richesse de poésie dans ses détails, que Voltaire en traitant un sujet beaucoup plus digne de l'épopée. Cette plai-

---

1. Paris, imprimerie Crapelet, 1798, in-4°.

santerie, exagérée comme elles le sont toutes, mais d'une malignité vraiment ingénieuse, déplut à l'auteur de la *Henriade*. Fatigué de s'entendre opposer sans cesse la perfection du style de Boileau, il prit insensiblement contre Boileau même un peu d'humeur ; et, ce que, peut-être, il n'eût point osé du vivant du satirique, il osa lui adresser une épître qui commence par ces vers :

> Boileau, correct auteur de quelques bons écrits,
> Zoïle de Quinault, et flatteur de Louis.

« Assurément on ne pouvait être ni plus sévère ni plus injuste, etc.

« ... Mais ce qui achève de prouver combien la comparaison de la *Henriade* au *Lutrin* déplut à Voltaire, c'est qu'il a presque toujours évité de parler de ce poëme, ou qu'il n'en a parlé que pour le dégrader. S'il en a dit un mot à l'article *Bouffon*, dans ses *Questions sur l'Encyclopédie*, c'est pour le mettre au-dessous d'un poëme anglais du docteur Garth, intitulé le *Dispensary*. On y trouve, dit-il, beaucoup plus d'imagination, de variété, de naïveté que dans le *Lutrin* de Boileau. C'est apparemment pour en donner une idée favorable qu'il en traduit le début. Voici sa traduction :

> Muse, raconte-moi les débats salutaires
> Des médecins de Londre et des apothicaires.
> Contre le genre humain si longtemps réunis,
> Quel Dieu, pour nous sauver, les rendit ennemis?
> Comment laissèrent-ils respirer leurs malades,
> Pour frapper à grands coups sur leurs chers camarades?
> Comment changèrent-ils leur coiffure en armet,
> La seringue en canon, la pilule en boulet?
> Ils connurent la gloire : acharnés l'un sur l'autre,
> Ils prodiguaient leur vie et nous laissaient la nôtre.

« Nous ne sommes point à portée de vérifier si cette traduction est fidèle ; mais nous doutons que le lecteur soit tenté de comparer ce style à celui du *Lutrin*. Ces *chers camarades*, ces *seringues changées en canons*, et ces *pilules en boulets* nous paraissent d'un burlesque qui n'est pas très-supérieur à celui de Scarron, etc. »

Palissot n'était point, on le sait, favorable à Voltaire, il avait ses raisons pour lui prêter toutes les petitesses de l'amour-propre. Mais cependant, comme nos ennemis voient souvent très-clair dans nos défauts, on peut attribuer quelque vérité aux motifs que Palissot nous donne des jugements divers de Voltaire sur Boileau.

Vauvenargues, le plus cher de ses disciples, dont il était obligé de mitiger la sévérité trop rigoureuse pour Corneille, a écrit sur Boileau des pages d'une justesse exquise : « Boileau prouve, autant par son exemple que par ses préceptes, que toutes les beautés des bons ouvrages naissent de la vive expression et de la peinture du vrai : mais cette expression si touchante appartient moins à la réflexion, sujette à l'erreur, qu'à un sentiment très-intime et très-fidèle de la nature. La raison n'étoit pas distincte, dans Boileau, du sentiment: c'étoit son instinct. Aussi a-t-elle animé ses écrits de cet intérêt qu'il est si rare de rencontrer dans les ouvrages didactiques.

« Cela met, je crois, dans son jour, ce que je viens de toucher en parlant de La Fontaine. S'il n'est pas ordinaire de trouver de l'agrément parmi ceux qui se piquent d'être raisonnables, c'est peut-être parce que la raison est entrée dans leur esprit, où elle n'a qu'une vie artificielle et empruntée ; c'est parce qu'on honore trop souvent du nom de raison une certaine médiocrité de sentiment et de génie, qui assujettit les hommes aux lois de l'usage et les détourne des grandes hardiesses, source ordinaire des grandes fautes.

« Boileau ne s'est pas contenté de mettre de la vérité et de la poésie dans ses ouvrages ; il a enseigné son art aux autres. Il a éclairé tout son siècle ; il en a banni le faux goût, autant qu'il est permis de le bannir chez les hommes. Il falloit qu'il fût né avec un génie bien singulier, pour échapper, comme il a fait, aux mauvais exemples de ses contemporains, et pour leur imposer ses propres lois. Ceux qui bornent le mérite de sa poésie à l'art et à l'exactitude de sa versification, ne font pas peut-être attention que ses vers sont pleins de pensées, de vivacité, de saillies, et même d'invention de style. Admirable dans la justesse, dans la solidité et la netteté de ses idées, il a su conserver ces caractères dans ses expressions, sans perdre de son feu et de sa force ; ce qui témoigne incontestablement un grand talent.

« .... Si l'on est fondé à reprocher quelque défaut à Boileau, ce n'est pas, à ce qu'il me semble, le défaut de génie. C'est au contraire d'avoir eu plus de génie que d'étendue ou de profondeur d'esprit, plus de feu et de vérité que d'élévation ou de délicatesse, plus de solidité et de sel dans la critique que de finesse ou de gaieté, et plus d'agrément que de grâce : on l'attaque encore sur quelques-uns de ses jugements qui semblent injustes, et je ne prétends pas qu'il fût infaillible. [1] »

D'Alembert, dans son éloge de Boileau, s'est montré juge équitable de son talent et de son caractère. Il a rendu justice à son indépendance, à sa franchise, à la droiture de ses vues et à l'honnêteté de ses actions. Il n'a pas méconnu le génie de Boileau et les services éminents rendus par lui aux lettres françaises. Seulement, dans des notes qui ne parurent qu'après sa mort, on voit se glisser quelques observations malignes, pronostic non équivoque des opinions moins favorables que le xviiie siècle devait professer à l'égard de Despréaux. [2]

C'est déjà, chez le commentateur Ch. Hug. Lefebvre de

---

1. *OEuvres de Vauvenargues*, t. I, p. 159. Dentu, Paris, 1806.
2. D'Alembert dit un jour à l'Académie française (t. IV de ses œuvres, p. 275, note 1) : « Un de nos grands versificateurs se félicitait, dit-on, d'avoir exprimé poétiquement *sa perruque*. Mais pourquoi se donner la peine d'exprimer une perruque poétiquement? N'est-ce pas avilir la langue des dieux, que de la prostituer à des choses si peu dignes d'elle ? » C'est là-dessus que Voltaire lui écrivit le 18 octobre 1760 : « A propos, vous fronderez la perruque de Boileau ; vous avez la tête bien près du bonnet. S'il avait fait une épître à sa perruque, bon ; mais il en parle en un demi-vers, pour exprimer en passant une chose difficile à dire dans une épître morale et utile. »

Saint-Marc, un parti pris de blâmer l'auteur des *Satires*. Insensible à certaines beautés qui frappent tous les lecteurs, il n'omet presque jamais de signaler les fautes les plus imperceptibles. Il ne craint pas, pour rabaisser le mérite de l'auteur qu'il commente avec tant de partialité, de mettre en parallèle avec lui des écrivains qui lui sont inférieurs en correction, en justesse, en mérites de toute sorte. « Comme Saint-Marc, dit Saint-Surin, renouvelle sans cesse les attaques de Desmarets, de Saint-Sorlin, de Pradon, etc., un critique très-connu, Clément de Dijon, a pensé qu'il n'avoit en vue que de déprimer Boileau d'après les instigations de Perrault, de La Motte et de Fontenelle. »

Parmi les écrivains du xviiie siècle qui se sont attaqués à la réputation de Boileau, Marmontel s'est fait distinguer par une grande opiniâtreté dans ses critiques. Son esprit judicieux, mais quelquefois hardi, s'égare souvent dans ses appréciations sur Despréaux. Ce n'est pas qu'il lui refuse toute qualité; il vante ses jugements solides, il l'appelle le vengeur et le conservateur du goût, qui fit la guerre aux mauvais écrivains, et déshonora leurs exemples ; fit sentir aux jeunes gens les bienséances de tous les styles; donna de chacun des genres une idée nette et précise ; connut ces vérités premières, qui sont des règles éternelles, et les grava dans les esprits avec des traits ineffaçables. Mais pourtant, dans une prévention défavorable au poëte, il lui refuse le don de l'invention. Ainsi, dans une épître adressée *aux poëtes*, et intitulée les *Charmes de l'étude*, il écrivit ce passage :

> Que ne peut point une étude constante?
> Sans feu, sans verve et sans fécondité,
> Boileau copie; on diroit qu'il invente.
> Comme un miroir il a tout répété.

Cette pièce, couronnée par l'Académie française en 1760, provoqua une protestation énergique de la part de l'abbé d'Olivet : il jura, lorsque la victoire de Marmontel fut annoncée publiquement, de ne jamais pardonner à son auteur cet *insolent ouvrage*.

Il y avait de quoi, en effet, scandaliser un ancien ami de Despréaux. Marmontel, après avoir dit que le sentiment était le seul don de l'âme que l'art et le travail ne pouvaient pas imiter, ajoute :

> J'entends Boileau monter sa voix flexible
> A tous les tons, ingénieux flatteur,
> Peintre correct, bon plaisant, fin moqueur,
> Même léger dans sa gaieté pénible ;
> Mais je ne vois jamais Boileau sensible :
> Jamais un vers n'est parti de son cœur.

Puis il venge le Tasse et Quinault en ces termes :

> J'entends Boileau qui s'écrie : O blasphème!
> Louer le Tasse! — Oui, le Tasse lui-même.
> Laissons Boileau tâcher d'être amusant,
> Et pour raison donner un mot plaisant.

Voici dans quels termes il s'adresse à Quinault :

> Que n'avoit-il, ton injuste censeur,
> Que n'avoit-il un rayon de ta flamme?
> Son fiel amer valoit-il la douceur
> D'un sentiment émané de ton âme?

On n'est pas surpris de voir Marmontel reprendre après Voltaire et tant d'autres ces jugements de Boileau ; on a lieu de l'être davantage quand l'auteur des *Éléments de littérature* méconnaît l'influence de Despréaux sur son siècle ; quand il ose écrire : « Boileau n'apprit pas aux poëtes de son temps à bien faire les vers, car les belles scènes de *Cinna* et des *Horaces*, ces grands modèles de la versification françoise, étoient écrites lorsque Boileau ne faisoit encore que d'assez mauvaises satires. [1] »

---

1. Voici ce que dit M. Sainte-Beuve de Marmontel : « En théorie poétique, il n'a été qu'un demi-novateur ; il a eu des velléités de *romantisme*, si l'on peut dire, mais sans prévoir où cela le conduiroit. Il a été sévère à Virgile, favorable à Lucain ; il s'est épris pour Quinault contre Boileau. En maltraitant ce dernier, il n'a pas senti que dans les vers de Boileau il y avait plus de vraie poésie de style que dans tous ces vers prosaïques et soi-

Parce que Voltaire, en comparant les sujets des satires de Boileau à ceux qu'a traités Pope, s'écrie :

> Qu'il peigne de Paris les tristes embarras,
> Ou décrive en beaux vers un fort mauvais repas :
> Il faut d'autres objets à notre intelligence ;

Marmontel devait-il oublier la première satire de Boileau, et, s'il s'en souvenait, était-il bien juste quand il disait : « N'y avoit-il rien dans les mœurs du siècle de Louis XIV qui pût lui allumer la bile? Il n'avoit pas encore vu le monde, il ne connoissoit que les livres et que le ridicule des mauvais écrivains.[1] »

Nous avons vu toutefois que Marmontel accordait encore quelques qualités à Boileau : Mercier les lui refusait toutes, ou à peu près. Cet écrivain, remarquable par la hardiesse et la témérité de ses jugements, n'estimait guère plus Aristote et Horace que Boileau. Dans son *Essai sur l'art dramatique*, publié en 1773, il ose dire que l'*Art poétique* de Boileau, s'il contient des vers admirables et qui ne peuvent sortir de la mémoire, si le bon sens ne s'est jamais expliqué avec plus de précision, de force et de clarté, n'offre pourtant aux lecteurs que des idées vulgaires ou étroites. « Les préceptes, dit-il, qu'il donne de son chef se ressentent des bornes de son imagination. La

disant philosophiques du xviii⁰ siècle, quelques pièces de Voltaire exceptées. »

[1]. Du reste, Marmontel avait le malheur de n'aimer pas davantage le talent de Racine. Voici ce qu'on lit dans La Harpe : « Il passe pour certain qu'il arracha un jour les *OEuvres* de Racine des mains de Mme Denis, en lui disant : « Quoi ! vous lisez ce polisson-là ! » Je puis au moins attester qu'elle-même racontait le fait. » Une fois on venait de lire devant Voltaire des vers de Marmontel où Boileau était fort maltraité : « Voilà, me dit Voltaire, un « bien mauvais tic qu'a notre ami Marmontel. Mon enfant, rien ne porte « malheur comme de dire du mal de Boileau. Voyez le beau coton qu'a jeté « Marmontel en poésie ! » — Chabanon estimait fort peu Racine, Despréaux, La Fontaine, encore moins Homère. Un jour il venait de parler un peu légèrement des deux premiers, il remarqua que Voltaire ne lui répondait que par la grimace d'humeur et de mépris qui était assez volontiers sa réponse quand il n'était pas content. Chabanon voulut revenir sur ses pas : « Ne croyez point, dit-il, que je veuille battre mes pères nourriciers. — « Oui, dit Voltaire, entre ses dents, ils ont fait de lui une belle nourriture. »

poésie n'y est ni sentie, ni appréciée : nul élan, nulle verve, nulle chaleur. Précepteur froid, il parle de la rime, de l'hémistiche, de la césure; il s'étend sur le sonnet, le rondeau, la ballade, etc. Mais l'art n'y est pas aperçu en grand et dans son essor : c'est l'accessoire qui arrête sa vue attentive, c'est l'*art du rimeur* enfin, comme on l'a si bien dit avant moi. En effet, sa manière est plus propre à étouffer l'audace du poëte qu'à la faire naître ou à la nourrir. Pour présider aux jeux olympiques, ce n'était pas assez de commander assis, du geste ou de la voix; il fallait savoir animer les coursiers, et faire voler votre char *sous une roue fixe et rapide.* » C'est avec cet esprit de justice et dans cet excellent style que Mercier appréciait le talent poétique de Boileau.

C'était bien pis quand il parlait de sa personne. Il est impossible de lire rien de plus faux et de plus acerbe que ce qu'il écrit en note à la page 277 : « Je ne puis me refuser ici à un aveu qui soulagera mon cœur, c'est que si j'admire quelquefois en lui l'écrivain à qui la langue aura une obligation éternelle, je n'aime point l'homme. Boileau avait bien l'âme la plus mesquine qui ait jamais appartenu à un homme célèbre. Insolent envers ses rivaux, et rampant à Versailles, ayant la malignité de l'envie et son inquiète ardeur, il faisait le mal à loisir, et sans pouvoir être du moins excusé par l'énergie de la haine : il ne la connaissait pas plus que l'amour. Il injuria tous ses confrères, il harcela Perrault, homme d'un grand mérite, et ensuite Fontenelle, qu'il n'était pas en état de lire. Il mettait néanmoins Voiture à côté de Virgile.[1] Vain, tracassier, opiniâtre, parfois pédant, il aiguisait pendant des années entières le stylet dont il frappait ses adversaires, avec plus de perfidie que de vigueur. Il ne sut toute sa vie que placer et déplacer dans ses hémistiches des noms d'auteurs qui le chagrinaient sans doute, puisqu'il y revenait si fréquemment. Il ne se connaissait à aucun autre art qu'à

---

1. Mercier se trompe, c'est à côté d'Horace que Boileau met Voiture.

celui qu'il exerçait avec un labeur merveilleux. Je n'ai point trouvé dans tous ses écrits une seule idée patriotique, forte, grande ou généreuse. Il n'a point de délicatesse, point de sentiment, quelquefois du sel, mais jamais un vers naïf. Il loue avec parcimonie et comme à regret. Il ne parle des anciens que pour abaisser les modernes. Il faisait le métier de poëte, et n'a jamais eu l'élévation de son art. Sa prétention à distribuer les places et à promulguer des édits littéraires n'était fondée que sur une audace usurpée, et qui de jour en jour paraîtra ridicule. Enfin, cet auteur me paraît si petit dans ses froides vengeances, si sec dans sa morale, si jaloux envers les auteurs de son siècle, si adulateur devant l'idole du diadème, que s'il n'a pas été méchant, comme son ami Racine, le dévot (qu'il appelait mon cher monsieur), il a été cent fois plus inquiet, plus remuant et plus insupportable. Ses prétendus imitateurs ont voulu encore renchérir sur lui et ont bien pris soin que ce vers de leur maître leur devînt applicable :

> Le vers se sent toujours des bassesses du cœur.

Il serait difficile d'imaginer un trait de noire méchanceté qui ne se trouve pas dans ce portrait dénigrant de Boileau. La vie entière de Despréaux, racontée dans ses détails et sa simplicité, peut seule réfuter de si grossiers mensonges. Faut-il s'étonner de cet acharnement à poursuivre la mémoire de ce poëte, lorsqu'on voit l'auteur de cet *Essai sur l'art dramatique* accuser Racine autant que Boileau d'avoir perdu la poésie en France ?

A mesure que le xviiie siècle avance dans son cours, les attaques contre l'auteur des *Satires* et de l'*Art poétique* redoublent. On voit dans La Harpe, qui a pris soin de les réfuter, à quelles invectives la mémoire du poëte était alors en butte? Ce sont, par exemple, des questions proposées sur Boileau et insérées par M. de Villette dans le *Journal de Paris*. « Pourquoi, demande l'auteur, ce génie souple et fécond, qui a donné de si excellents préceptes, n'a-t-il pas en même temps fourni des exemples des différents genres qu'il a traités ?

Pourquoi n'avez-vous pas de lui une seule églogue, une élégie, une scène comique, tragique ou lyrique? Pourquoi promettre toute sa vie un poëme épique à la France et n'en pas essayer un seul chant? Pourquoi ne trouve-t-on pas chez lui un seul vers de dix syllabes?... Pourquoi n'a-t-il pas employé les rimes redoublées, les vers mêlés, les vers de huit syllabes?... On regrette que ce grand poëte, au milieu des chefs-d'œuvre et des merveilles de ce siècle, ne nous parle jamais des arts... Comment n'a-t-il pas au moins pressenti quelle force, quelle énergie on pouvait donner à l'art des vers en les nourrissant des grandes idées d'une morale universelle et de la saine philosophie?... Comment Boileau, disciple d'Horace et contemporain de Pope, n'est-il jamais occupé des progrès et de la marche de l'esprit humain? On souffre de voir cet ami de la vérité si avare d'éloges pour les écrivains du premier ordre et si prodigue de louanges pour la cour et les courtisans. Après toutes ces questions, il en resterait peut-être une plus importante encore. Il serait facile de montrer, le livre à la main, nombre d'expressions, nombre de façons de parler, qui sans doute étaient reçues au temps de ce célèbre satirique, et qui certainement sont aujourd'hui des fautes de français, ce qui, dans le fait, accuse moins le goût très-épuré du poëte que l'instabilité de nos idiomes modernes. »

Ces observations, comme le remarque La Harpe, ne sont certainement pas d'un détracteur de Boileau, cependant on pourrait s'y tromper. C'est ce qui arriva en effet, car l'auteur anonyme d'une lettre *sur l'influence de Boileau* ne manque pas de compter ce questionneur parmi les ennemis de Despréaux.

L'auteur de cette lettre anonyme, achevée le 1er mai 1787, est remplie de jugements défavorables sur Despréaux. On y voit la haine et la mauvaise foi conspirer ensemble pour avilir le nom de Boileau. Le discours de Daunou, sur l'influence de Boileau, couronné par l'Académie de Nîmes, fut le prétexte et l'occasion de cette longue diatribe. Voici le jugement général de l'anonyme sur notre poëte : « Vous me permettrez de voir dans l'auteur du *Lutrin* un parodiste adroit des auteurs de l'*Iliade* et de l'*Énéide*; dans celui de l'*Art poétique*, un imitateur ingénieux d'Horace, de Lafrenaye-Vauquelin et de Saint-Geniez ; dans celui des *Épîtres*, et surtout des *Satires*, un glaneur furtif d'idées et de mots épars çà et là ; et dans tous ses écrits enfin, des gerbes composées d'épis étrangers et ramassés dans des domaines qui ne lui appartiennent à aucun titre. »

Que lui reste-t-il après cela? Son influence? Mais l'anonyme nous dit : « Vous croyez que l'influence de Boileau a été très-heureuse; et je ne vois que le mal qu'il a fait. Vous croyez que les gens de lettres lui doivent de la reconnaissance ; et j'admire la modération de ceux qui, partageant mon opinion, ne sont qu'ingrats envers lui et portent son joug sans se plaindre... L'*Art poétique* retarda les progrès qu'auraient pu faire les élèves ; il les arrêta à l'entrée de la carrière, et les empêcha d'atteindre au but que leur noble orgueil aurait dû se proposer. Les infortunés virent la palme de loin et n'osèrent y prétendre, de peur de manquer d'haleine au milieu de leur course, et de trébucher sur une arène que le doigt du législateur leur montrait partout semée d'écueils et d'abîmes, et plus célèbre mille fois par les défaites que par les victoires. Boileau, en effet, explique les règles de l'épopée, de la tragédie, de la comédie, de l'ode et de quelques autres genres de poésie, avec tant de précision, de justesse et d'exactitude, que tout lecteur attentif se croit incapable de les observer, et que la sévérité des préceptes fait perdre l'envie de donner jamais des exemples. Il faut de l'audace pour entreprendre, du courage pour exécuter ; et Boileau enchaîne l'audace, et glace le courage. Avait-on saisi, avant de le lire, la trompette héroïque ou la flûte champêtre, les crayons de Thalie ou les pinceaux de Melpomène ; à peine l'a-t-on lu, que les pinceaux tombent de la main chargés encore de la couleur sanglante, que les crayons s'échappent, honteux d'avoir ébauché quelques traits, et que la flûte et la trompette se taisent, ou ne poussent plus dans les airs que des sons expirants ou douloureux.[1] »

Telles sont les inepties avec lesquelles l'anonyme prétend ruiner la réputation de Boileau et que La Harpe a eu la patience trop complaisante de réfuter ligne par ligne. Cependant il n'avait pas tort de combattre ces novateurs. Il disait sans doute avec une solennité déplacée :[2] « Les Romains autrefois, dans les temps de calamités publiques, faisaient descendre du Capitole, et tiraient, du fond de leurs temples, les statues des dieux tutélaires, que l'on portait en pompe par la ville, à la vue des citoyens, qu'elles rassuraient. S'il est permis, suivant l'expression d'un ancien, de comparer de moindres choses à de plus grandes, les lettres ont aussi leurs jours de calamité; et quand l'image révérée de Despréaux vient de paraître dans ce Lycée, où nous appelons avec lui tous les dieux des arts pour les opposer à la barbarie, n'est-ce pas le moment de repousser les outrages et les blasphèmes que des barbares osent opposer au culte que nous lui rendons? » Toutefois il comprenait son temps et sentait approcher pour la gloire de Boileau une heure d'éclipse et d'obscurité.

1. Cet anonyme n'était autre que le chevalier de Cubières, surnommé Dorat. Il avait une première fois répondu à M. Nigood, pseudonyme de M. de Villette, célèbre par son amitié avec Voltaire, chez qui ce grand homme mourut; cette seconde diatribe répondait à Daunou. On peut voir les pièces de ce débat rassemblées dans un volume publié par C. Palmézeaux, sous ce titre : *Boileau jugé par ses amis*, ou *le Pour et le Contre sur Boileau*, in-12. Paris, 1802.

2. C'était à ce ton qu'était alors monté le style de la critique. En voici un autre exemple dans l'*Éloge de Boileau*, écrit en l'an XI (1802) pour l'Institut national, qui l'avait proposé en prix : l'auteur de ce morceau était M. Viennet. Il s'adressait ainsi à Despréaux dans sa péroraison :

« Tes ennemis ont reparu, Boileau, et tu ne peux rentrer en lice, c'est l'hydre que tu as terrassée qui se venge sur nous de tes victoires. Vois le génie qui dédaigne l'esprit de parti, forcé de céder à la médiocrité qui le flatte. Rappelle-toi *de* ton siècle; compare et gémis avec le petit nombre de tes imitateurs que la France possède encore. Hélas! ce sont peut-être les dernières colonnes d'un édifice qui s'écroule. Quand la main du temps les aura sapées, le sol sur lequel elles s'élèvent aujourd'hui ne ressemblera plus qu'à ces collines d'Athènes que l'antiquité nous a laissées pour monuments de sa grandeur. »

Avec le xixe siècle s'ouvre une ère nouvelle en littérature. Les anciennes limites des arts se trouvent tout à coup reculées, le domaine des lettres s'augmente de véritables découvertes. La prose, la poésie s'enrichissent par des conquêtes imprévues. Les étrangers sont mieux connus, l'Angleterre et l'Allemagne étudiées avec enthousiasme. Les vieilles règles brisées n'opposent plus leurs barrières importunes à l'élan d'écrivains remplis de jeunes espérances et de vastes pensées. Dans l'illusion de cette espèce de renaissance tous nos auteurs classiques eurent beaucoup à souffrir, Boileau plus qu'aucun autre. Les reproches que lui faisaient Marmontel et Mercier avant la révolution furent répétés de toutes parts avec une aigreur toujours croissante. Ce fut une révolte ouverte contre la tyrannie de ses préceptes. Comme le chevalier de Cubières, chacun l'insulte et l'accuse d'avoir trop longtemps tenu le génie de la France étouffé dans des entraves gothiques. L'ode s'affranchit de ses lois, le théâtre les méprise, et quiconque prend la parole au nom de Boileau se range parmi les esprits sans vigueur, condamnés à la stérilité.

Enfin, après bien des batailles où les injures remplaçaient les bonnes raisons, après bien des tentatives dont les résultats ne répondirent pas à toutes les espérances, *spem mentita seges*, la lutte s'apaisa, les esprits se refroidirent, et le jugement impartial, équitable et sain remit Despréaux à sa place. On cessa de lui reprocher de n'avoir été ni Shakspeare, ni Molière, ni Dante, ni La Fontaine ; on ouvrit les yeux sur ses qualités originales, sur son caractère propre, on rendit justice enfin à sa raison.[1]

---

1. Marie-Joseph Chénier semble avoir fait son portrait et celui de tous les écrivains classiques, quand il a dit :

> C'est le bon sens, la raison qui fait tout,
> Vertu, génie, esprit, talent et goût.
> Qu'est-ce vertu ? raison mise en pratique ;
> Talent, raison produite avec éclat ;
> Esprit, raison qui finement s'exprime ;
> Le goût n'est rien qu'un bon sens délicat,
> Et le génie est la raison sublime.

Ses partisans eux-mêmes consentirent à reconnaître aussi qu'il n'était pas tout à fait sans reproches, qu'on pourrait souhaiter dans son *Art poétique* un peu plus d'originalité et d'étendue, et l'on finit par laisser à Boileau sa place parmi nos grands auteurs, non point au premier rang, au-dessus de Racine, de Molière, de La Fontaine ou de Corneille, mais avec eux, bien digne qu'il est de paraître dans ce chœur de sublimes esprits.

Ceux qui, dans la mêlée des opinions classiques et romantiques, avaient porté atteinte à la réputation de Despréaux confessèrent leurs erreurs, et le critique le plus fin, le plus impartial, le plus libre des préjugés de l'école ou des partis, le mieux au fait de notre littérature, ne craignit pas de faire amende honorable à Boileau; et, dans des vers aussi justes d'expression que de pensée, il expliqua les différentes vicissitudes de sa réputation en traçant son portrait :

> Ceux surtout dont le lot, moins fait pour l'avenir,
> Fut d'enseigner leur siècle et de le maintenir,
> De lui marquer du doigt la limite tracée,
> De lui dire où le goût modérait la pensée,
> Où s'arrêtait à point l'art dans le naturel,
> Et la dose de sens, d'agrément et de sel,
> Ces talents-là, si vrais, pourtant plus que les autres
> Sont sujets aux rebuts des temps comme les nôtres,
> Bruyants, émancipés, prompts aux neuves douceurs,
> Grands écoliers riant de leurs vieux professeurs.

Tel sera, pensons-nous, à jamais le jugement de la postérité sur Boileau. Son nom est demeuré supérieur à toutes les attaques, et ses œuvres resteront parmi celles du xviie siècle dont la France fera toujours sa gloire.

FIN DE LA VIE DE BOILEAU.

PRÉFACES

PRÉFACES
DE
BOILEAU DESPRÉAUX

POUR LES ÉDITIONS COMPLÈTES
DE SES OUVRAGES

I.

(1666 à 1669.[1])

LE LIBRAIRE AU LECTEUR.[2]

Ces satires dont on fait part au public n'auroient jamais couru le hasard de l'impression si l'on eût laissé faire leur auteur. Quelques applaudissements qu'un assez grand nombre de personnes amoureuses de ces sortes d'ouvrages ait donnés aux siens, sa modestie lui persuadoit que de les faire imprimer, ce seroit augmenter le nombre des méchants livres, qu'il blâme en tant de

---

1. L'édition donnée par Despréaux en 1666 contient les sept premières satires, et, de plus, le Discours au Roi placé entre la cinquième et la sixième satire. Elle forme un petit in-12 de 71 pages, avec ce simple titre : SATIRES DU SIEUR D***. *Paris*, Billaine, 1666. Le privilége, pour sept ans, fut délivré le 6 mars à Claude Barbin, auquel les libraires Billaine, Thierry et Léonard furent ensuite associés.

2. Le libraire est ici le prête-nom de l'auteur, comme il arrive souvent. On remarquera avec quelle discrétion, malgré ce détour, le poëte parle de lui-même et de ses œuvres.

rencontres, et se rendre par là digne lui-même en quelque façon
d'avoir place dans ses satires. C'est ce qui lui a fait souffrir
fort longtemps, avec une patience qui tient quelque chose de
l'héroïque dans un auteur, les mauvaises copies qui ont couru de
ses ouvrages, sans être tenté pour cela de les faire mettre sous la
presse. Mais enfin toute sa constance l'a abandonné à la vue de
cette monstrueuse édition qui en a paru depuis peu.[1] Sa tendresse
de père s'est réveillée à l'aspect de ses enfants ainsi défigurés et
mis en pièces, surtout lorsqu'il les a vus accompagnés de cette
prose fade et insipide, que tout le sel de ses vers ne pourroit pas
relever : je veux dire de ce *Jugement sur les sciences*,[2] qu'on a
cousu si peu judicieusement à la fin de son livre. Il a eu peur
que ses satires n'achevassent de se gâter en une si méchante
compagnie; et il a cru enfin que, puisqu'un ouvrage, tôt ou
tard, doit passer par les mains de l'imprimeur, il valoit mieux
subir le joug de bonne grâce, et faire de lui-même ce qu'on avoit
déjà fait malgré lui. Joint que ce galant homme qui a pris le soin
de la première édition, y a mêlé les noms de quelques personnes
que l'auteur honore, et devant qui il est bien aise de se justifier.
Toutes ces considérations, dis-je, l'ont obligé à me confier les
véritables originaux de ses pièces, augmentées encore de deux
autres,[3] pour lesquelles il appréhendoit le même sort. Mais en
même temps il m'a laissé la charge de faire ses excuses aux
auteurs qui pourront être choqués de la liberté qu'il s'est donnée
de parler de leurs ouvrages en quelques endroits de ses écrits. Il
les prie donc de considérer que le Parnasse fut de tout temps un
pays de liberté; que le plus habile y est tous les jours exposé à
la censure du plus ignorant; que le sentiment d'un seul homme
ne fait point de loi; et qu'au pis aller, s'ils se persuadent qu'il ait

---

1. M. Berriat-Saint-Prix a mis la main sur cette monstrueuse édition qui avait
échappé aux recherches de tous ses devanciers, elle a pour titre : *Recueil contenant
plusieurs discours libres et moraux, en vers, et un Jugement, en prose, sur les sciences
où un honnête homme peut s'occuper*, in-16 de 30 pages. Le lieu de l'impression n'est pas
indiqué. Brossette parle d'une édition imprimée à Rouen en 1665, on ne l'a pas vue
Au reste Brossette a pu savoir que le livre avait été imprimé à Rouen et se tromper
sur la date.

2. Ce *Jugement sur les sciences* est de Saint-Évremont, tout indigne qu'il soit de
ce bel esprit qui n'est pas habituellement un prosateur médiocre.

3. Ces deux pièces sont la troisième et la sixième satire.

fait du tort à leurs ouvrages, ils s'en peuvent venger sur les siens, dont il leur abandonne jusqu'aux points et aux virgules. Que si cela ne les satisfait pas encore, il leur conseille d'avoir recours à cette bienheureuse tranquillité des grands hommes, comme eux, qui ne manquent jamais de se consoler d'une semblable disgrâce par quelque exemple fameux, pris des plus célèbres auteurs de l'antiquité, dont ils se font l'application tout seuls. En un mot, il les supplie de faire réflexion que si leurs ouvrages sont mauvais, ils méritent d'être censurés; et que s'ils sont bons, tout ce qu'on dira contre eux ne les fera pas trouver mauvais. Au reste, comme la malignité de ses ennemis s'efforce depuis peu de donner un sens coupable à ses pensées même les plus innocentes, il prie les honnêtes gens de ne se pas laisser surprendre aux subtilités raffinées de ces petits esprits qui ne savent se venger que par des voies lâches, et qui lui veulent souvent faire un crime affreux d'une élégance poétique. Il est bien aise aussi de faire savoir dans cette édition que le nom de Scutari, l'heureux Scutari, ne veut dire que Scutari; bien que quelques-uns l'aient voulu attribuer à un des plus fameux poètes de notre siècle dont notre auteur estime le mérite et honore la vertu.[1]

J'ai charge encore d'avertir ceux qui voudront faire des satires contre les satires, de ne se point cacher. Je leur réponds que l'auteur ne les citera point devant d'autre tribunal que celui des muses : parce que, si ce sont des injures grossières, les beurrières lui en feront raison; et si c'est une raillerie délicate, il n'est pas assez ignorant dans les lois pour ne pas savoir qu'il doit porter la peine du talion. Qu'ils écrivent donc librement : comme ils contribueront sans doute à rendre l'auteur plus illustre, ils feront le profit du libraire; et cela me regarde. Quelque intérêt pourtant que j'y trouve, je leur conseille d'attendre quelque temps, et de laisser mûrir leur mauvaise humeur. On ne fait rien

1. Cette dernière phrase ne se trouve que dans les éditions de 1667 et 1668. Sous Scutari tout le monde avait reconnu Georges Scudéri, et comme on estimait au fond ce matamore de la poésie, tout en riant de ses vers et de ses travers, et qu'on le ménageait par égard pour sa sœur, Despréaux crut devoir se défendre de l'avoir attaqué. La réparation était illusoire, personne n'y fut pris, et elle ne tarda pas à disparaître, aussi bien que Scudéri lui-même qui mourut à la fin de 1667.

qui vaille dans la colère. Vous avez beau vomir des injures sales et odieuses ; cela marque la bassesse de votre âme, sans rabaisser la gloire de celui que vous attaquez ; et le lecteur qui est de sens froid[1] n'épouse point les sottes passions d'un rimeur emporté. Il y auroit aussi plusieurs choses à dire touchant le reproche qu'on fait à l'auteur d'avoir pris ses pensées dans Juvénal et dans Horace : mais, tout bien considéré, il trouve l'objection si honorable pour lui, qu'il croiroit se faire tort d'y répondre.[2]

---

1. Despréaux a pu écrire et il a écrit réellement de *sens froid*, comme il a écrit plus tard de *sens rassis* dans son *Art poétique*, ch. II, v. 47. Le sens se refroidit et s'échauffe aussi bien que le sang, et c'est bien à tort que Brossette et d'autres éditeurs après lui ont remplacé ici *sens froid* par *sang-froid*.

2. La Bruyère a répondu plus tard (1693) pour Despréaux et fermé le débat en disant en pleine Académie : « Celui-ci semble créer les pensées d'autrui et se rendre propre tout ce qu'il manie. Il a, dans ce qu'il emprunte des autres, toutes les grâces de la nouveauté et tout le mérite de l'invention. » Marmontel, dans son *Épître aux poëtes*, a cru faire une grande malice en disant :

Boileau copie, on dirait qu'il invente,

et il ne voit pas que si Boileau fait croire qu'il invente, c'est précisément parce qu'il ne copie pas. Il imite avec originalité.

II.

(1674, in-4°; 1674 et 1675, petit in-12.)

AU LECTEUR.

J'avois médité une assez longue préface, où, suivant la coutume reçue parmi les écrivains de ce temps, j'espérois rendre un compte fort exact de mes ouvrages, et justifier les libertés que j'y ai prises, mais depuis j'ai fait réflexion que ces sortes d'avant-propos ne servoient ordinairement qu'à mettre en jour la vanité de l'auteur, et, au lieu d'excuser ses fautes, fournissoient souvent de nouvelles armes contre lui. D'ailleurs, je ne crois point mes ouvrages assez bons pour mériter des éloges, ni assez criminels pour avoir besoin d'apologie. Je ne me louerai donc ici, ni ne me justifierai de rien. Le lecteur saura seulement que je lui donne une édition de mes satires plus correcte que les précédentes, deux épîtres nouvelles, l'Art poétique en vers, et quatre chants du Lutrin. J'y ai ajouté aussi la traduction du Traité que le rhéteur Longin a composé du sublime ou du merveilleux dans le discours. J'ai fait originairement cette traduction pour

---

1. A partir de 1674 le mince livret publié sous le titre de *Satires* devient un juste volume, *justum volumen*, comme disaient les anciens, par la publication de deux épîtres nouvelles, deuxième et troisième, ou plutôt de quatre, car l'édition comprend aussi la première et la quatrième qui avaient paru séparément en 1672, de l'*Art poétique* complet, des quatre premiers chants du *Lutrin* et de la traduction de Longin. Le volume a dès lors pour titre : *OEuvres diverses du sieur D**** avec le Traité du sublime ou du merveilleux dans le discours, traduit du grec de Longin, in-4°. Paris, Thierry, 1674. Le privilège accordé à Boileau, le 28 mars 1674, fut cédé par lui au libraire Thierry, à la charge d'y associer ses confrères Billaine, Barbin et la veuve La Coste. C'est pour cela que les exemplaires de cette édition portent non pas le même nom, mais celui du libraire associé qui les a mis en vente.

m'instruire, plutôt que dans le dessein de la donner au public, mais j'ai cru qu'on ne seroit pas fâché de la voir ici à la suite de la Poétique, avec laquelle ce traité a quelque rapport, et où j'ai même inséré plusieurs préceptes qui en sont tirés. J'avois dessein d'y joindre aussi quelques dialogues en prose que j'ai composés ; mais des considérations particulières m'en ont empêché.[1] J'espère en donner quelque jour un volume à part. Voilà tout ce que j'ai à dire au lecteur. Encore ne sais-je si je ne lui en ai point déjà trop dit, et si, en ce peu de paroles, je ne suis point tombé dans le défaut que je voulois éviter.

---

1. Ces pièces sont le *Dialogue des Héros de romans* et le *Dialogue contre les modernes qui font des vers latins*. Les considérations particulières qui empêchaient l'auteur de les publier, c'est que Mlle de Scuderi vivait encore, et que tout le monde alors, parmi les savants et surtout les Jésuites, faisait des vers latins. La production en ce genre a été si abondante au XVIIe siècle qu'un humaniste de nos jours, l'abbé Vissac, a pu y trouver la matière de tout un volume qui ne manque pas d'intérêt.

III.

(1674 et 1675, grand in-12.)

AU LECTEUR.

Je m'imagine que le public me fait la justice de croire que je n'aurois pas beaucoup de peine à répondre aux livres qu'on a publiés contre moi ; mais j'ai naturellement une espèce d'aversion pour ces longues apologies qui se font en faveur de bagatelles, aussi bagatelles que sont mes ouvrages. Et d'ailleurs ayant attaqué, comme j'ai fait, de gaieté de cœur, plusieurs écrivains célèbres, je serois bien injuste si je trouvois mauvais qu'on m'attaquât à mon tour. Ajoutez que si les objections qu'on me fait sont bonnes, il est raisonnable qu'elles passent pour telles ; et si elles sont mauvaises, il se trouvera assez de lecteurs sensés pour redresser les petits esprits qui s'en pourroient laisser surprendre. Je ne répondrai donc rien à tout ce qu'on a dit ni à tout ce qu'on a écrit contre moi ; et si je n'ai donné aux auteurs de bonnes règles de poésie, j'espère leur donner par là une leçon assez belle de modération. Bien loin de leur rendre injures pour injures, ils trouveront bon que je les remercie ici du soin qu'ils prennent de publier que ma Poétique est une traduction de la Poétique d'Horace : car puisque dans mon ouvrage, qui est d'onze cents vers, il n'y en a pas plus de cinquante ou soixante tout au plus imités d'Horace, ils ne peuvent pas faire un plus bel éloge du reste qu'en le supposant traduit de ce grand poëte ; et je m'étonne après cela qu'ils osent combattre les règles que j'y débite. Pour Vida,[1] dont ils m'accusent d'avoir pris aussi quelque chose, mes amis savent bien que je ne l'ai jamais lu, et j'en puis faire tel serment qu'on voudra, sans craindre de blesser ma conscience.

1 Vida (Marc-Jérôme), évêque d'Albe, poëte latin de la Renaissance, fort goûté du pape Léon X, a composé, outre la *Christiade* en six chants et deux poëmes didactiques, l'un sur les *échecs* et l'autre sur les *vers à soie*, une Poétique en trois chants à laquelle l'abbé Batteux a donné place dans ses quatre Poétiques à côté d'Aristote, d'Horace et de Boileau. Né à Crémone en 1490, Vida est mort en 1566.

IV.

(1683, 1685 et 1694.[1])

Voici une édition de mes ouvrages beaucoup plus exacte que les précédentes, qui ont toutes été assez peu correctes. J'y ai joint cinq épîtres nouvelles,[2] que j'avois composées longtemps avant que d'être engagé dans le glorieux emploi qui m'a tiré du métier de la poésie.[3] Elles sont du même style que mes autres écrits, et j'ose me flatter qu'elles ne leur feront point de tort; mais c'est au lecteur à en juger, et je n'emploierai point ici ma préface, non plus que dans mes autres éditions, à le gagner par des flatteries, ou à le prévenir par des raisons dont il doit s'aviser de lui-même. Je me contenterai de l'avertir d'une chose dont il est bon qu'on soit instruit : c'est qu'en attaquant dans mes satires les défauts de quantité d'écrivains de notre siècle, je n'ai pas prétendu pour cela ôter à ces écrivains le mérite et les bonnes qualités qu'ils peuvent avoir d'ailleurs. Je n'ai pas prétendu, dis-je, que Chapelain, par exemple, quoique assez méchant poëte, n'ait pas fait autrefois, je ne sais comment, une assez belle ode : et qu'il n'y eût point d'esprit ni d'agrément dans les ouvrages de M. Quinault, quoique si éloignés de la perfection de Virgile.[4] J'ajouterai même, sur ce dernier, que dans le temps où j'écrivis contre lui, nous étions tous deux fort jeunes,

---

1. Ces éditions, en différents formats, ont toutes le titre d'*OEuvres diverses du sieur D****. Elles se distinguent des précédentes par l'addition de cinq épîtres, des deux derniers chants du *Lutrin,* du remerciement à l'Académie et de quelques épigrammes.
2. De la cinquième à la neuvième.
3. En 1677, Despréaux et Racine avaient été nommés historiographes du roi.
4. Cette infériorité ne suffit pas pour justifier le vers de la satire à Molière :

  La raison dit Virgile, et la rime Quinault.

et qu'il n'avoit pas fait alors beaucoup d'ouvrages qui lui ont dans la suite acquis une juste réputation. Je veux bien aussi avouer qu'il y a du génie dans les écrits de Saint-Amant, de Brébeuf, de Scuderi, et de plusieurs autres que j'ai critiqués, et qui sont en effet d'ailleurs, aussi bien que moi, très-dignes de critique. En un mot, avec la même sincérité que j'ai raillé de ce qu'ils ont de blâmable, je suis prêt à convenir de ce qu'ils peuvent avoir d'excellent. Voilà, ce me semble, leur rendre justice, et faire bien voir que ce n'est point un esprit d'envie et de médisance qui m'a fait écrire contre eux. Pour revenir à mon édition (outre mon remerciement à l'Académie et quelques épigrammes que j'y ai jointes), j'ai aussi ajouté au poëme du Lutrin deux chants nouveaux qui en font la conclusion. Ils ne sont pas, à mon avis, plus mauvais que les quatre autres chants, et je me persuade qu'ils consoleront aisément les lecteurs de quelques vers que j'ai retranchés à l'épisode de l'horlogère, qui m'avoit toujours paru un peu trop long.[1]

Il seroit inutile maintenant de nier que ce poëme a été composé à l'occasion d'un différend assez léger qui s'émut dans une des plus célèbres églises de Paris, entre le trésorier et le chantre.[2] Mais c'est tout ce qu'il y a de vrai. Le reste, depuis le commencement jusqu'à la fin, est une pure fiction, et tous les personnages y sont non-seulement inventés, mais j'ai eu soin même de les faire d'un caractère directement opposé au caractère de ceux qui desservent cette église, dont la plupart, et principalement les chanoines, sont tous gens non-seulement d'une fort grande probité, mais de beaucoup d'esprit, et entre lesquels il y en a tel à qui je demanderois aussi volontiers son sentiment sur mes ouvrages, qu'à beaucoup de messieurs de l'Académie. Il ne faut donc pas s'étonner si personne n'a été offensé de l'impression de ce poëme, puisqu'il n'y a en effet personne qui y soit véritablement attaqué. Un prodigue ne s'avise guère de s'offenser de voir rire d'un avare, ni un dévot de voir tourner en ridicule un libertin. Je ne dirai point comment je fus engagé à travailler

---

1. Dans une note manuscrite, trouvée parmi les papiers de Brossette, Boileau fait un autre aveu en ajoutant : « et il y avoit quelque chose tendant à saleté. »

2. On retrouvera ce dernier paragraphe tout entier devant le *Lutrin*, après la préface, et sous forme d'*Avis au lecteur*.

à cette bagatelle, sur une espèce de défi qui me fut fait en riant par feu M. le premier président de Lamoignon, qui est celui que j'y peins sous le nom d'Ariste. Ce détail, à mon avis, n'est pas fort nécessaire. Mais je croirois me faire un trop grand tort si je laissois échapper cette occasion d'apprendre à ceux qui l'ignorent, que ce grand personnage, durant sa vie, m'a honoré de son amitié. Je commençai à le connoître dans le temps que mes satires faisoient le plus de bruit; et l'accès obligeant qu'il me donna dans son illustre maison, fit avantageusement mon apologie contre ceux qui vouloient m'accuser alors de libertinage[1] et de mauvaises mœurs. C'étoit un homme d'un savoir étonnant, et passionné admirateur de tous les bons livres de l'antiquité; et c'est ce qui lui fit plus aisément souffrir mes ouvrages, où il crut entrevoir quelque goût des anciens. Comme sa piété étoit sincère, elle étoit aussi fort gaie, et n'avoit rien d'embarrassant. Il ne s'effraya point du nom de satires que portoient ces ouvrages, où il ne vit en effet que des vers et des auteurs attaqués. Il me loua même plusieurs fois d'avoir purgé, pour ainsi dire, ce genre de poésie de la saleté qui lui avoit été jusqu'alors comme affectée. J'eus donc le bonheur de ne lui être pas désagréable. Il m'appela à tous ses plaisirs et à tous ses divertissements, c'est-à-dire à ses lectures et à ses promenades. Il me favorisa même quelquefois de sa plus étroite confidence, et me fit voir à fond son âme entière. Et que n'y vis-je point? Quel trésor surprenant de probité et de justice! Quel fonds inépuisable de piété et de zèle! Bien que sa vertu jetât un fort grand éclat au dehors, c'étoit tout autre chose au dedans; et on voyoit bien qu'il avoit soin d'en tempérer les rayons, pour ne pas blesser les yeux d'un siècle aussi corrompu que le nôtre. Je fus sincèrement épris de tant de qualités admirables, et, s'il eut beaucoup de bonne volonté pour moi, j'eus aussi pour lui une très-forte attache. Les soins que je lui rendis ne furent mêlés d'aucune raison d'intérêt mercenaire, et je songeai bien plus à profiter de sa con-

---

1. Les libertins du XVIIe siècle n'étaient pas des débauchés, mais ce qu'on appelle aujourd'hui des libres penseurs. Ainsi Boileau ne fait point de pléonasme en disant libertinage et mauvaises mœurs. Mais combien devaient être orthodoxes et tempérants ceux qui accusaient ou voulaient seulement accuser Boileau de mauvaises mœurs et de mauvaises doctrines!

versation que de son crédit. Il mourut dans le temps que cette
amitié étoit en son plus haut point, et le souvenir de sa perte
m'afflige encore tous les jours. Pourquoi faut-il que des hommes
si dignes de vivre soient sitôt enlevés du monde, tandis que des
misérables et des gens de rien arrivent à une extrême vieillesse?
Je ne m'étendrai pas davantage sur un sujet si triste; car je
sens bien que si je continuois à en parler, je ne pourrois m'empêcher de mouiller peut-être de larmes la préface d'un ouvrage
de pure plaisanterie.

V.[1]

(1694.)

AU LECTEUR.

J'ai laissé ici la même préface qui étoit dans les deux éditions précédentes, à cause de la justice que j'y rends à beaucoup d'auteurs que j'ai attaqués. Je croyois avoir assez fait connoître, par cette démarche où personne ne m'obligeoit, que ce n'est point un esprit de malignité qui m'a fait écrire contre ces auteurs, et que j'ai été plutôt sincère à leur égard que médisant. Monsieur P.[2] néanmoins n'en a pas jugé de la sorte. Ce galant homme, au bout de près de vingt-cinq ans qu'il y a que mes satires ont été imprimées la première fois, est venu tout à coup, et dans le temps qu'il se disoit de mes amis, réveiller des querelles entièrement oubliées, et me faire sur mes ouvrages un procès que mes ennemis ne me faisoient plus. Il a compté pour rien les bonnes raisons que j'ai mises en rimes pour montrer qu'il n'y a point de médisance à se moquer des méchants écrits, et, sans prendre la peine de réfuter ces raisons, a jugé à propos de me traiter dans un livre,[3] en termes assez peu obscurs, de médisant, d'envieux, de calomniateur, d'homme qui n'a songé qu'à établir sa réputation sur la ruine de celle des autres. Et cela fondé principalement sur ce que j'ai dit dans mes satires que Chapelain avoit fait des vers durs, et qu'on étoit à l'aise aux sermons de l'abbé Cotin.

Ce sont en effet les deux grands crimes qu'il me reproche

---

1. Cette pièce a été imprimée pour la première fois en 1694, à la suite de la préface des deux éditions précédentes, comme *Avis au lecteur*.
2. Ch. Perrault.
3. *Parallèle des anciens et de modernes*, t. III.

jusqu'à me vouloir faire comprendre que je ne dois jamais espérer de rémission du mal que j'ai causé, en donnant par là occasion à la postérité de croire que, sous le règne de Louis le Grand, il y a eu en France un poëte ennuyeux et un prédicateur assez peu suivi. Le plaisant de l'affaire est que, dans le livre qu'il fait pour justifier notre siècle de cette étrange calomnie, il avoue lui-même que Chapelain est un poëte très-peu divertissant, et si dur dans ses expressions, qu'il n'est pas possible de le lire. Il ne convient pas ainsi du désert qui étoit aux prédications de l'abbé Cotin. Au contraire, il assure qu'il a été fort pressé à un des sermons de cet abbé; mais en même temps il nous apprend cette jolie particularité de la vie d'un si grand prédicateur, que sans ce sermon, où heureusement quelques-uns de ses juges se trouvèrent, la justice, sur la requête de ses parents, lui alloit donner un curateur comme à un imbécile. C'est ainsi que monsieur P. sait défendre ses amis, et mettre en usage les leçons de cette belle rhétorique moderne inconnue aux anciens, où vraisemblablement il a appris à dire ce qu'il ne faut point dire. Mais je parle assez de la justesse d'esprit de monsieur P. dans mes réflexions critiques sur Longin, et il est bon d'y renvoyer les lecteurs.

Tout ce que j'ai ici à leur dire, c'est que je leur donne dans cette nouvelle édition, outre mes anciens ouvrages exactement revus, ma satire contre les femmes, l'ode sur Namur, quelques épigrammes, et mes réflexions critiques sur Longin. Ces réflexions, que j'ai composées à l'occasion des dialogues de monsieur P., se sont multipliées sous ma main beaucoup plus que je ne croyois, et sont cause que j'ai divisé mon livre en deux volumes. J'ai mis à la fin du second volume les traductions latines qu'ont faites de mon ode les deux plus célèbres professeurs en éloquence de l'Université; je veux dire M. Lenglet et M. Rollin. Ces traductions ont été généralement admirées, et ils m'ont fait en cela tous deux d'autant plus d'honneur, qu'ils savent bien que c'est la seule lecture de mon ouvrage qui les a excités à entreprendre ce travail. J'ai aussi joint à ces traductions quatre épigrammes latines que le révérend père Fraguier, jésuite, a faites contre le Zoïle moderne. Il y en a deux qui sont imitées d'une des miennes. On ne peut rien voir de plus poli ni de plus élégant que ces quatre épigrammes, et il semble que Catulle y soit ressuscité pour venger Catulle : j'espère donc que le public me saura quelque gré du présent que je lui en fais.

Au reste, dans le temps que cette nouvelle édition de mes ouvrages alloit voir le jour, le révérend père de La Landelle,[1] autre célèbre jésuite, m'a apporté une traduction latine qu'il a aussi faite de mon ode, et cette traduction m'a paru si belle, que je n'ai pu résister à la tentation d'en enrichir encore mon livre, où on la trouvera avec les deux autres à la fin du second tome.[2]

1. La Landelle prit plus tard le nom d'abbé de Saint-Remi et publia sous ce nom une traduction complète de Virgile. C'est ainsi que le père Thoulier, après avoir quitté, comme le père de La Landelle, l'ordre des Jésuites, prit dans le monde le nom d'abbé d'Olivet qu'il a rendu célèbre par d'estimables travaux de grammaire et de prosodie, par des traductions partielles de Cicéron, et surtout par la continuation de l'*Histoire de l'Académie française*, dont il fut un membre actif et influent.

2. Les traductions latines de l'*Ode sur la prise de Namur* trouveront leur place dans notre édition à la suite de l'ode française. L'édition de 1694 se divise en deux tomes in-12; elle est fort estimée et elle a pour titre : *OEuvres diverses du sieur D****, avec le Traité du sublime ou du merveilleux dans le discours, traduit du grec de Longin, et les réflexions critiques sur ce rhéteur où l'on répond à des objections faites contre quelques anciens. Nouvelle édition, revue et augmentée. Paris, Thierry, 1694.

VI.

(1701.[1])

Comme c'est ici vraisemblablement la dernière édition de mes ouvrages que je reverrai,[2] et qu'il n'y a pas d'apparence qu'âgé comme je suis de plus de soixante-trois ans,[3] et accablé de beaucoup d'infirmités, ma course puisse être encore fort longue, le public trouvera bon que je prenne congé de lui dans les formes, et que je le remercie de la bonté qu'il a eue d'acheter tant de fois des ouvrages si peu dignes de son admiration. Je ne saurois

---

1. Voilà enfin une édition presque complète, revue et avouée ouvertement par Boileau, qui livre pour la première fois son nom au public. Elle fut publiée par le libraire Thierry, d'abord en un volume in-4° qui se divisait en deux tomes, et presque en même temps en deux volumes in-12. Le titre commun de ces deux éditions est *OEuvres diverses du sieur Boileau Despréaux*, etc. Elles contiennent de plus que les précédentes la onzième satire, vingt nouvelles épigrammes ou autres petites pièces, l'arrêt relatif à Aristote, les lettres au comte d'Ériceyra et à Perrault, la lettre d'Antoine Arnauld à Perrault, les remarques de Boivin sur Longin, et la Préface qu'on va lire.

2. Au moment de sa mort, arrivée dix ans plus tard, en 1711, Boileau s'occupait d'une dernière édition qui fut retardée par les difficultés qu'on opposait à la publication de la douzième satire de l'Équivoque. Elle était en cours d'exécution, et il en revit les cinq ou six premières feuilles. C'est celle qui parut deux ans après sa mort, 1713, sous deux formats, l'in-4° et l'in-12, en deux volumes, à Paris, chez Billiot. L'édition de Brossette, avec commentaires, parut trois ans plus tard, 1716, Genève, 2 volumes in-4° et 4 volumes in-12.

3. Boileau se rajeunit; né en 1636, il avait alors plus de soixante-quatre ans. On a dit qu'il se croyait obligé de supprimer ainsi une année de sa vie depuis qu'il avait répondu à Louis XIV, né en 1638, qui l'interrogeait sur son âge : « Sire, je suis venu du monde un an avant Votre Majesté pour annoncer les merveilles de son règne. » Ce serait là un singulier scrupule de conscience.

attribuer un si heureux succès qu'au soin que j'ai pris de me conformer toujours à ses sentiments, et d'attraper, autant qu'il m'a été possible, son goût en toutes choses.[1] C'est effectivement à quoi il me semble que les écrivains ne sauroient trop s'étudier. Un ouvrage a beau être approuvé d'un petit nombre de connoisseurs : s'il n'est plein d'un certain agrément et d'un certain sel propre à piquer le goût général des hommes, il ne passera jamais pour un bon ouvrage, et il faudra à la fin que les connoisseurs eux-mêmes avouent qu'ils se sont trompés en lui donnant leur approbation. Que si on me demande ce que c'est que cet agrément et ce sel, je répondrai que c'est un je ne sais quoi, qu'on peut beaucoup mieux sentir que dire.[2] A mon avis néanmoins, il consiste principalement à ne jamais présenter au lecteur que des pensées vraies et des expressions justes. L'esprit de l'homme est naturellement plein d'un nombre infini d'idées confuses du vrai, que souvent il n'entrevoit qu'à demi ; et rien ne lui est plus agréable que lorsqu'on lui offre quelqu'une de ces idées bien éclaircie et mise dans un beau jour. Qu'est-ce qu'une pensée neuve, brillante, extraordinaire ? Ce n'est point, comme se le persuadent les ignorants, une pensée que personne n'a jamais eue, ni dû avoir : c'est au contraire une pensée qui a dû venir à tout le monde, et que quelqu'un s'avise le premier d'exprimer. Un bon mot n'est bon mot qu'en ce qu'il dit une chose que chacun pensoit, et qu'il la dit d'une manière vive, fine et nouvelle. Considérons, par exemple, cette réplique si fameuse de Louis douzième à ceux de ses ministres qui lui conseilloient de faire punir plusieurs personnes qui, sous le règne précédent, et lorsqu'il n'étoit encore que duc d'Orléans, avoient pris à tâche de le desservir. « Un roi de France, leur répondit-il, ne venge point « les injures d'un duc d'Orléans. » D'où vient que ce mot frappe d'abord ? N'est-il pas aisé de voir que c'est parce qu'il présente aux yeux une vérité que tout le monde sent, et qu'il dit, mieux

---

1. Boileau faisait mieux encore, il éclairait le goût du public, et il le dirigeait en le satisfaisant.
2. Montesquieu, dans son *Essai sur le goût*, a consacré au *je ne sais quoi* tout un chapitre, qui commence ainsi : « Il y a quelquefois dans les personnes et dans les choses un charme invisible, une grâce naturelle, qu'on n'a pu définir, et qu'on a été forcé d'appeler « je ne sais quoi. »

que tous les plus beaux discours de morale, « qu'un grand prince, « lorsqu'il est une fois sur le trône, ne doit plus agir par des « mouvements particuliers, ni avoir d'autre vue que la gloire et « le bien général de son État? » Veut-on voir au contraire combien une pensée fausse est froide et puérile? Je ne saurois rapporter un exemple qui le fasse mieux sentir que deux vers du poëte Théophile, dans sa tragédie intitulée *Pyrame et Thisbé*, lorsque cette malheureuse amante ayant ramassé le poignard encore tout sanglant dont Pyrame s'étoit tué, elle querelle ainsi ce poignard :

> Ah! voici le poignard qui du sang de son maître
> S'est souillé lâchement. Il en rougit, le traître!

Toutes les glaces du Nord ensemble ne sont pas, à mon sens, plus froides que cette pensée.[1] Quelle extravagance, bon Dieu! de vouloir que la rougeur du sang dont est teint le poignard d'un homme qui vient de s'en tuer lui-même soit un effet de la honte qu'a ce poignard de l'avoir tué! Voici encore une pensée qui n'est pas moins fausse, ni par conséquent moins froide. Elle est de Benserade, dans ses métamorphoses en rondeaux, où, parlant du déluge envoyé par les dieux pour châtier l'insolence de l'homme, il s'exprime ainsi :

> Dieu lava bien la tête à son image.

Peut-on, à propos d'une si grande chose que le déluge, dire rien de plus petit ni de plus ridicule que ce quolibet, dont la pensée est d'autant plus fausse en toutes manières, que le dieu dont il s'agit à cet endroit, c'est Jupiter, qui n'a jamais passé chez les païens pour avoir fait l'homme à son image;[2] l'homme dans la fable étant, comme tout le monde sait, l'ouvrage de Prométhée?

Puis donc qu'une pensée n'est belle qu'en ce qu'elle est vraie,

---

1. Cyrano de Bergerac, qui aimait les pointes et qui en faisait à outrance, a dit dans une lettre badine en parlant d'un méchant homme : « Son âme toute noire porte le deuil de sa conscience. » S'il eût rapproché sérieusement la noirceur métaphorique d'une âme perverse du noir matériel des habits de deuil, la sentence de Boileau « quelle extravagance ! » l'atteindrait aussi justement que Théophile. Elle tombe donc naturellement sur le poëte dramatique qui, de nos jours, dans une tragédie nègre, s'est avisé de dire que les noirs portent le deuil d'eux-mêmes sur leur peau.
2. C'était tout le contraire, l'homme a fait à son image les dieux de la mythologie, et c'est pour cela qu'en général ils ne valent pas grand'chose.

et que l'effet infaillible du vrai, quand il est bien énoncé, c'est de frapper les hommes, il s'ensuit que ce qui ne frappe point les hommes n'est ni beau ni vrai, ou qu'il est mal énoncé, et que par conséquent un ouvrage qui n'est point goûté du public est un très-méchant ouvrage. Le gros des hommes peut bien, durant quelque temps, prendre le faux pour le vrai, et admirer de méchantes choses ; mais il n'est pas possible qu'à la longue une bonne chose ne lui plaise ; et je défie tous les auteurs les plus mécontents du public de me citer un bon livre que le public ait jamais rebuté, à moins qu'ils ne mettent en ce rang leurs écrits, de la bonté desquels eux seuls sont persuadés. J'avoue néanmoins, et on ne le sauroit nier, que quelquefois, lorsque d'excellents ouvrages viennent à paroître, la cabale et l'envie trouvent moyen de les rabaisser, et d'en rendre en apparence le succès douteux : mais cela ne dure guère ; [1] et il en arrive de ces ouvrages comme d'un morceau de bois qu'on enfonce dans l'eau avec la main : il demeure au fond tant qu'on l'y retient ; mais bientôt la main venant à se lasser, il se relève et gagne le dessus.[2] Je pourrois dire un nombre infini de pareilles choses sur ce sujet, et ce seroit la matière d'un gros livre ; mais en voilà assez, ce me semble, pour marquer au public ma reconnoissance et la haute idée que j'ai de son goût et de ses jugements.

Parlons maintenant de mon édition nouvelle. C'est la plus correcte qui ait encore paru ; et non-seulement je l'ai revue avec beaucoup de soin, mais j'y ai retouché de nouveau plusieurs endroits de mes ouvrages : car je ne suis point de ces auteurs fuyant la peine, qui ne se croient plus obligés de rien raccommoder à leurs écrits, dès qu'ils les ont une fois donnés au public. Ils allèguent, pour excuser leur paresse, qu'ils auroient peur, en les trop remaniant, de les affaiblir, et de leur ôter cet air libre et facile qui fait, disent-ils, un des plus grands charmes du discours ; mais leur excuse, à mon avis, est très-mauvaise. Ce sont

---

1. Boileau fait ici allusion à la froideur qui accueillit d'abord *Britannicus* et à la cabale qui entrava le succès de *Phèdre*. Cela ne dura guère, comme il dit, mais l'abandon d'*Athalie* a duré près de trente ans.

2. J.-B. Rousseau, dans une de ses lettres à Brossette, remarque que cette ingénieuse comparaison remonte à Pindare : « La même pensée, dit-il, se trouve dans la seconde ode des Pythiques de Pindare, où ce poëte se compare à l'écorce du liége, qui demeure sur la surface de l'eau, au milieu des agitations de la mer.

les ouvrages faits à la hâte, et, comme on dit, au courant de la plume, qui sont ordinairement secs, durs et forcés. Un ouvrage ne doit point paroître trop travaillé, mais il ne sauroit être trop travaillé ; et c'est souvent le travail même qui, en le polissant, lui donne cette facilité tant vantée qui charme le lecteur. Il y a bien de la différence entre des vers faciles, et des vers facilement faits.[1] Les écrits de Virgile, quoique extraordinairement travaillés, sont bien plus naturels que ceux de Lucain, qui écrivoit, dit-on, avec une rapidité prodigieuse. C'est ordinairement la peine que s'est donnée un auteur à limer et à perfectionner ses écrits qui fait que le lecteur n'a point de peine en les lisant. Voiture, qui paroît si aisé, travailloit extrêmement ses ouvrages. On ne voit que des gens qui font aisément des choses médiocres ; mais des gens qui en fassent même difficilement de fort bonnes, on en trouve très-peu.

Je n'ai donc point de regret d'avoir encore employé quelques-unes de mes veilles à rectifier mes écrits dans cette nouvelle édition, qui est, pour ainsi dire, mon édition favorite : aussi y ai-je mis mon nom, que je m'étois abstenu de mettre à toutes les autres. J'en avois ainsi usé par pure modestie ; mais aujourd'hui que mes ouvrages sont entre les mains de tout le monde, il m'a paru que cette modestie pourroit avoir quelque chose d'affecté. D'ailleurs j'ai été bien aise, en le mettant à la tête de mon livre, de faire voir par là quels sont précisément les ouvrages que j'avoue, et d'arrêter, s'il est possible, le cours d'un nombre infini de méchantes pièces qu'on répand partout sous mon nom, et principalement dans les provinces et dans les pays étrangers. J'ai même, pour mieux prévenir cet inconvénient, fait mettre au commencement de ce volume une liste exacte et détaillée de tous mes écrits, et on la trouvera immédiatement après cette préface.[2] Voilà de quoi il est bon que le lecteur soit instruit.

Il ne reste plus présentement qu'à lui dire quels sont les ouvrages dont j'ai augmenté ce volume. Le plus considérable est

---

1. On retrouve ici le mot si connu de Boileau sur Racine : « Je lui ai appris à faire difficilement des vers faciles. »

2. Cette liste est incomplète et quelquefois inexacte, nous la reproduisons cependant par scrupule de fidélité, et nous la faisons suivre de celle que M. Daunou a dressée pour l'excellente édition de Boileau qu'il a donnée en 1809, 3 vol. in-8°.

une onzième satire que j'ai tout récemment composée, et qu'on trouvera à la suite des dix précédentes. Elle est adressée à M. de Valincour, mon illustre associé à l'histoire. J'y traite du vrai et du faux honneur, et je l'ai composée avec le même soin que tous mes autres écrits. Je ne saurois pourtant dire si elle est bonne ou mauvaise : car je ne l'ai encore communiquée qu'à deux ou trois de mes amis, à qui même je n'ai fait que la réciter fort vite, dans la peur qu'il ne lui arrivât ce qui est arrivé à quelques autres de mes pièces, que j'ai vues devenir publiques avant même que je les eusse mises sur le papier ; plusieurs personnes, à qui je les avois dites plus d'une fois, les ayant retenues par cœur, et en ayant donné des copies. C'est donc au public à m'apprendre ce que je dois penser de cet ouvrage, ainsi que de plusieurs autres petites pièces de poésie qu'on trouvera dans cette nouvelle édition, et qu'on y a mêlées parmi les épigrammes qui y étoient déjà. Ce sont toutes bagatelles, que j'ai la plupart composées dans ma première jeunesse, mais que j'ai un peu rajustées, pour les rendre plus supportables au lecteur. J'y ai fait aussi ajouter deux nouvelles lettres ; l'une que j'écris à M. Perrault, et où je badine avec lui sur notre démêlé poétique, presque aussitôt éteint qu'allumé ; l'autre est un remerciement à M. le comte d'Ériceyra, au sujet de la traduction de mon Art poétique faite par lui en vers portugais, qu'il a eu la bonté de m'envoyer de Lisbonne, avec une lettre et des vers françois de sa composition, où il me donne des louanges très-délicates, et auxquelles il ne manque que d'être appliquées à un meilleur sujet. J'aurois bien voulu pouvoir m'acquitter de la parole que je lui donne à la fin de ce remerciement, de faire imprimer cette excellente traduction à la suite de mes poésies ; mais malheureusement un de mes amis, à qui je l'avois prêtée, m'en a égaré le premier chant ; et j'ai eu la mauvaise honte de n'oser récrire à Lisbonne pour en avoir une autre copie! Ce sont là à peu près tous les ouvrages de ma façon, bons ou méchants, dont on trouvera ici mon livre augmenté. Mais une chose qui sera sûrement agréable au public, c'est le présent que je lui fais dans ce même livre, de la lettre que le célèbre monsieur Arnauld a écrite à monsieur P**[1] à pro-

---

1. Ch. Perrault.

pos de ma dixième satire, et où, comme je l'ai dit dans l'épître à mes vers, il fait en quelque sorte mon apologie.[1] J'ai mis cette lettre la dernière de tout le volume, afin qu'on la trouvât plus aisément. Je ne doute point que beaucoup de gens ne m'accusent de témérité, d'avoir osé associer à mes écrits l'ouvrage d'un si excellent homme ; et j'avoue que leur accusation est bien fondée : mais le moyen de résister à la tentation de montrer à toute la terre, comme je le montre en effet par l'impression de cette lettre, que ce grand personnage me faisoit l'honneur de m'estimer, et avoit la bonté *Meas esse aliquid putare nugas ?*[2]

Au reste, comme, malgré une apologie si authentique, et malgré les bonnes raisons que j'ai vingt fois alléguées en vers et en prose, il y a encore des gens qui traitent de médisances les railleries que j'ai faites de quantité d'auteurs modernes, et qui publient qu'en attaquant les défauts de ces auteurs, je n'ai pas rendu justice à leurs bonnes qualités, je veux bien, pour les convaincre du contraire, répéter encore ici les mêmes paroles que j'ai dites sur cela dans la préface de mes deux[3] éditions précédentes. Les voici :[4]

« Il est bon que le lecteur soit averti d'une chose, c'est qu'en
« attaquant dans mes satires les défauts de quantité d'écrivains
« de notre siècle, je n'ai pas prétendu pour cela ôter à ces écri-
« vains le mérite et les bonnes qualités qu'ils peuvent avoir d'ail-
« leurs. Je n'ai pas prétendu, dis-je, que Chapelain, par exemple,
« quoique poëte fort dur, n'ait pas fait autrefois, je ne sais com-
« ment, une assez belle ode ; et qu'il n'y ait beaucoup d'esprit
« dans les ouvrages de M. Quinault, quoique si éloignés de la per-
« fection de Virgile. J'ajouterai même, sur ce dernier, que, dans

---

1. Voici le passage (épître x, v. 122) :

Arnauld, le grand Arnauld, fit mon apologie,
Sur mon tombeau futur, mes Vers, pour l'énoncer,
Courez en lettres d'or de ce pas vous placer.

2. Ce vers est de Catulle (épigramme i, adressée à l'historien Cornelius Nepos, son ami).

3. Il fallait dire trois, car entre l'édition de 1683 et celle de 1694 il y en a une de 1685.

4. Tous les éditeurs suppriment cette répétition et se contentent d'un renvoi à la préface de l'édition de 1683. Mais comme nous tenons à donner intégralement toutes ces préfaces, et que, d'ailleurs, le texte de 1701 offre quelques variantes sur celui de 1683, on nous saura gré de le reproduire fidèlement.

« le temps où j'écrivis contre lui, nous étions tous deux fort
« jeunes et qu'il n'avoit pas fait alors beaucoup d'ouvrages qui lui
« ont, dans la suite, acquis une juste réputation. Je veux bien
« aussi avouer qu'il y a du génie dans les écrits de Saint-Amant,
« de Brébeuf, de Scuderi, de Cotin même[1] et de plusieurs autres
« que j'ai critiqués. En un mot, avec la même sincérité que j'ai
« raillé de ce qu'ils ont de blâmable, je suis prêt à convenir de
« ce qu'ils ont d'excellent. Voilà, ce me semble, leur rendre jus-
« tice, et faire bien voir que ce n'est point un esprit d'envie et
« de médisance qui m'a fait écrire contre eux. »

Après cela, si on m'accuse encore de médisance, je ne sais point de lecteur qui n'en doive aussi être accusé, puisqu'il n'y en a point qui ne dise librement son avis des écrits qu'on fait imprimer, et qui ne se croie en plein droit de le faire, du consentement même de ceux qui les mettent au jour. En effet, qu'est-ce que mettre un ouvrage au jour? N'est-ce pas en quelque sorte dire au public : Jugez-moi? Pourquoi donc trouver mauvais qu'on nous juge? Mais j'ai mis tout ce raisonnement en rimes dans ma neuvième satire, et il suffit d'y renvoyer mes censeurs.

---

1. *De Cotin même* ne se trouve pas dans l'édition de 1683. L'aveu est tardif et n'en est que plus méritoire. Ainsi Boileau consent enfin à nommer Cotin sans l'injurier, mais il n'a pas pu prendre sur lui de faire le même honneur à Desmarets de Saint-Sorlin.

CATALOGUE
DES ŒUVRES DE BOILEAU.[1]

PIÈCES.	AGE auquel l'auteur les a faites.	ANNÉES où les pièces ont été composées.
Discours au roi.	27 ans.	1664
Satire I	21	1658
II		
III	26	1663
IV		
V.		
VI	24	1661
VII	25	1662
VIII.	30	1667
IX.	29	1666
X	55	1692
XI	63	1700
Épître I	30	1667
II.	29	1666
III	33	1670
IV.	35	1672
V.	39	1676
VI		
VII	40	1677
VIII.		
IX.	36	1673
X.	56	1693
XI	57	1694
XII	58	1695
Art poétique.	34	1672
Le Lutrin	36	1673
Ode sur Namur	55	1692
Vers sur Macarise.	19	1656
Sonnet sur une parente.	15	1652
Stances sur l'École des femmes	25	1662
Arrêt burlesque	38	1675
Discours sur la satire	29	1666
Lettre à M. le duc de Vivonne	39	1676
Remerciement à l'Académie.	47	1684
Les Héros de roman.	27	1664
Réflexions sur Longin	57	1694
Dissertations contre M. Le Clerc	73	1710
Traduction de Longin.	37	1674
Lettre à M. le comte d'Ériceyra	68	1704
Épigrammes faites en divers temps.		

1. Ce catalogue, qui passe pour avoir été rédigé par Boileau lui-même, suit la préface de l'édition de 1701 dans l'édition de 1713.

Voilà au vrai, *dit M. Despréaux dans un écrit que l'on a trouvé après sa mort*,[1] tous les ouvrages que j'ai faits : car pour tous les autres ouvrages qu'on m'attribue et qu'on s'opiniâtre de mettre dans les éditions étrangères, il n'y a que des ridicules qui m'en puissent soupçonner l'auteur. Dans ce rang on doit mettre une satire très-fade contre les frais des enterrements; une autre, encore plus plate, contre le mariage, qui commence par ce vers :

On veut me marier, et je n'en ferai rien;[2]

celle contre les jésuites, et quantité d'autres aussi impertinentes. J'avoue pourtant que, dans la parodie des vers du *Cid*, faite sur la perruque de Chapelain, qu'on m'attribue encore, il y a quelques traits qui nous échappèrent, à M. Racine et à moi, dans un repas que nous fîmes chez Furetière, auteur du *Dictionnaire*, mais dont nous n'écrivîmes jamais rien ni l'un ni l'autre : de sorte que c'est Furetière qui est proprement le vrai et l'unique auteur de cette parodie, comme il ne s'en cachoit pas lui-même.

1. Ces paroles sont de l'éditeur de 1713.
2. Ces deux satires ont été attribuées sans preuve au P. Louis de Sanlecque, chanoine de Sainte-Geneviève et prieur de Garnai; elles ne se trouvent pas dans le recueil de ses œuvres. On a de lui, outre quelques autres poésies, une satire *Contre les directeurs*, un *Poëme contre les mauvais gestes de ceux qui parlent en public et surtout des prédicateurs*.

ORDRE CHRONOLOGIQUE

D'UNE GRANDE PARTIE DES OUVRAGES DE BOILEAU.

ANNÉES.	AGE de l'auteur.	PIÈCES.
1653—1656.	17—20.	Sonnet sur la mort d'une parente. — Chanson, *Philosophes rêveurs*. — Chanson, *Soupirez nuit et jour*. — Ode contre les Anglois.
1660. . . .	24	Satire I. — Satire VI.
1663. . . .	27	Dissertation sur Joconde.
1663. . . .	27	Satire VII. — Stances à Molière.
1664. . . .	28	Satire II. — Satire IV. — Les Héros de roman.
1665. . . .	29	Discours au roi. — Satire III. — Satire V.
1666. . . .	30	Préface I.
1667. . . .	31	Satire VIII. — Satire IX.
1668. . . .	32	Discours en prose sur la satire.
1669. . . .	33	Épître I. — Épître II.
1669—1674.	33—38	Art poétique.
1672. . . .	36	Épître IV.
1672—1674.	36—38	Les quatre premiers chants du Lutrin.
1673. . . .	37	Épître III.
1674. . . .	38	Préface II. — Préface III. — Épître V. — Traduction de Longin.
1675. . . .	39	Épître IX. — Épître VIII.
1677. . . .	41	Épître VII. — Épître VI.
1681—1683.	45—47	Les deux derniers chants du Lutrin.
1683. . . .	47	Préface IV. — Discours à l'Académie françoise.
1685—1690.	49—54	Plusieurs épigrammes.
1693. . . .	57	Satire X. — Ode sur Namur. — Les neuf premières Réflexions sur Longin.
1694. . . .	58	Préface V. — Lettre à Arnauld. — Épitaphe d'Arnauld.
1695. . . .	59	Épître X. — Épître XI. — Épître XIII. — Lettre à Maucroix.
1698. . . .	62	Satire XI. — Préface des trois dernières épîtres.
1699. . . .	63	Épigrammes XIV et XIX. — Épitaphe de Racine.
1700. . . .	64	Lettre à Perrault.
1701. . . .	65	Préface VI.
1703. . . .	67	Lettre à Le Verrier.
1705. . . .	69	Satire XII.
1710. . . .	74	Discours sur le dialogue des Héros de roman. — Les trois dernières Réflexions sur Longin.
1687—1698.	51—62	Correspondance avec Racine.
1699—1710.	63—74	Correspondance avec Brossette.

DISCOURS AU ROI

DISCOURS AU ROI.[1]

(1665.)

Jeune et vaillant héros, dont la haute sagesse
N'est point le fruit tardif d'une lente vieillesse,[2]
Et qui seul, sans ministre,[3] à l'exemple des dieux,[4]

1. Le Discours au roi, placé en tête des poésies de Boileau, n'est pas son premier ouvrage. Lorsqu'il le fit (1665), il était âgé de vingt-neuf ans, et il avait déjà composé cinq de ses satires.

2. Il est impossible de ne pas débuter par une critique. La forme de ces premiers vers est vulgaire; Boileau la reproduit au commencement de la première et de la seconde satire. C'est ainsi que Voltaire dit avec le même abandon négligé : « Jeune et belle Zaïre. » Ce redoublement de vagues épithètes ne vaut rien. Le second vers n'ajoute rien au premier; car puisque le roi est jeune, il est trop clair que sa sagesse
       N'est point le fruit tardif d'une lente vieillesse.
Cette remarque remonte à Pradon (*Nouvelles remarques*, 1685, 1 vol. in-12, p. 31) et n'en est pas moins juste.

3. A la mort de Mazarin, 9 mars 1661, Louis XIV prit la direction des affaires. Heureusement il eut pendant vingt ans auprès de lui Colbert, qui avait l'art de lui suggérer ses propres idées. Le roi les adoptait pensant les avoir trouvées, et le royaume prospérait. Ici Boileau imite l'admirable début de l'épître à Auguste (livre II, épître I) :

       Cum tot sustineas et tanta negotia solus,
       Res italas armis tuteris, moribus ornes,
       Legibus emendes.....

« Quand il te faut suffire seul à tant et de si grands travaux, protége l'empire par la force des armes, l'embellir par les mœurs, le corriger par les lois... » (Trad. de M. Patin, t. II, p. 315.)

4. Tel était le diapason de l'éloge, qui dès lors touchait à l'apothéose. Mme de Sévigné raconte, avec son enjouement habituel (lettre du 13 juin 1685),

Soutiens tout par toi-même, et vois tout par tes yeux,
Grand roi, si jusqu'ici, par un trait de prudence,
J'ai demeuré pour toi dans un humble silence,[1]
Ce n'est pas que mon cœur, vainement suspendu,[2]
Balance pour t'offrir un encens qui t'est dû;
Mais je sais peu louer; et ma muse tremblante
Fuit d'un si grand fardeau la charge trop pesante,[3]
Et, dans ce haut éclat où tu te viens offrir,
Touchant à tes lauriers, craindroit de les flétrir.[4]

un trait de flatterie qui dépassait le but, et qu'on dut réprimer : « On nous mande que les minimes de Provence ont dédié une thèse au roi où ils le comparent à Dieu, mais d'une manière qu'on voit clairement que Dieu n'est que la copie. On l'a montrée à M. de Meaux (Bossuet), qui l'a portée au roi, disant que Sa Majesté ne la doit pas souffrir. *Le roi a été de cet avis :* on a renvoyé la thèse en Sorbonne pour juger; la Sorbonne a décidé qu'il la falloit supprimer. Trop est trop : je n'eusse jamais soupçonné des minimes d'en venir à cette extrémité. » Ainsi il fut convenu, du consentement de la partie intéressée, qu'il n'y avait pas lieu de mettre le roi au-dessus de Dieu. Boileau n'allait pas jusque-là; et d'ailleurs, alléguant l'exemple *des dieux*, il échappe à l'hérésie par le paganisme.

1. Boileau avait mis d'abord *lâche* silence.

2. En suspens. *Cœur suspendu* est une expression hasardée.

3. Quoiqu'il soit vrai de dire qu'un *fardeau* ne devient une *charge* que lorsqu'on la porte, et que, par conséquent, ces deux mots prennent, dans ce vers de Boileau, une acception un peu différente, ils ont l'inconvénient de pouvoir être dans l'usage employés l'un pour l'autre, car si on dit la charge d'un fardeau, ne peut-on pas dire également le fardeau d'une charge? Il est plus sûr de dire le poids d'une charge ou d'un fardeau, la critique ne peut pas y mordre; témoin ce vers de Malherbe, *Sonnet à la princesse de Conti,* cité fort à propos par M. de Saint-Surin :

> Mais si la pesanteur d'une charge si grande.

4. Les deux vers :

> Et dans ce haut éclat où tu te viens offrir,
> Touchant à tes lauriers, craindroit de les flétrir,

ne sont pas venus sans peine à Boileau; il avait d'abord dit en 1665 :

> Et ma plume, *mal propre* à peindre des guerriers,
> Craindroit en les touchant de flétrir tes lauriers.

Cette première version se maintint pendant neuf années après lesquelles, édition de 1674, le poëte lui substitua celle-ci :

Ainsi, sans m'aveugler d'une vaine manie,[1]
Je mesure mon vol à mon foible génie;
Plus sage en mon respect que ces hardis mortels
Qui d'un indigne encens profanent tes autels;
Qui, dans ce champ d'honneur, où le gain les amène,
Osent chanter ton nom, sans force et sans haleine;
Et qui vont tous les jours, d'une importune voix,
T'ennuyer du récit de tes propres exploits.

L'un, en style pompeux habillant une églogue,[2]
De ses rares vertus te fait un long prologue,
Et mêle, en se vantant soi-même à tout propos,

> Et, de si hauts exploits *mal propre* à discourir,
> Touchant à tes lauriers, craindroit de les flétrir.

Il fallut neuf autres années, édition de 1683, pour arriver à la leçon définitive qui délivre le texte de la *muse malpropre* de 1674, laquelle avait succédé à la *plume malpropre* de 1665. Alors seulement la conscience de Boileau fut soulagée d'une charge qui avait pesé sur elle pendant dix-huit ans. Molière, moins timoré que son ami, a laissé bravement le mot avec sa plus dure acception dans son *Misanthrope*, act. II, sc. vi :

> La *malpropre* sur soi de peu d'attraits chargée.

Dans le quatrain qui termine cette longue période, la conjonction *et*, répétée deux fois, est d'un effet disgracieux; en outre, le poëte passe brusquement d'une métaphore à une autre, qui n'a pas assez d'analogie avec la première. Faiblement imité d'Horace (livre I, ode vi) :

> Dum pudor
> Imbellisque lyræ musa potens vetat
> Laudes egregii Cæsaris, et tuas
> Culpa deterere ingeni.

« Une juste honte me retient; ma muse, qui ne possède qu'une lyre timide, ne veut pas que je compromette la gloire de César et la tienne par mon peu de génie. » (Patin, t. I, p. 21.)

1. Boileau avait mis d'abord :

> Ainsi, sans me flatter d'une vaine manie;

dans l'édition de 1674, il remplaça *sans me flatter* par *sans m'aveugler*, qui est plus exact et plus poétique.

2. Charpentier (1620-1702) de l'Académie française, dans un dialogue en vers, intitulé : *Louis, églogue royale*.

Les louanges d'un fat à celles d'un héros.[1]

L'autre, en vain se lassant à polir une rime,
Et reprenant vingt fois le rabot et la lime,
Grand et nouvel effort d'un esprit sans pareil !
Dans la fin d'un sonnet te compare au soleil.[2]

Sur le haut Hélicon leur veine méprisée
Fut toujours des neuf sœurs la fable et la risée.[3]
Calliope jamais ne daigna leur parler,
Et Pégase pour eux refuse de voler.
Cependant à les voir, enflés de tant d'audace,
Te promettre en leur nom les faveurs du Parnasse,
On diroit qu'ils ont seuls l'oreille d'Apollon,
Qu'ils disposent de tout dans le sacré vallon :[4]

---

1. Le poëte n'échappe pas complétement à l'application de ces vers satiriques, puisque, s'il ne se vante pas, il profite au moins de l'éloge du roi pour parler de lui-même à tout propos. Les ennemis de Boileau n'ont pas manqué de faire cette remarque.

2. Chapelain.

3. Regnier (satire III, v. 53), emploie ces deux mots de manière à marquer le sens précis de chacun d'eux :

> . . . la science affreuse et méprisée
> Sert au peuple de fable, aux plus grands de risée.

4. Avant Boileau, Mathurin Regnier avait exprimé la même idée dans ces vers de sa neuvième satire, v. 43 :

> Il semble en leurs discours hautains et généreux,
> Que le cheval volant n'ait pissé que pour eux.

C'est pour des vers tels que celui-ci que Despréaux, dans *l'Art poétique* (ch. II, v. 174), reproche à son devancier d'alarmer les oreilles pudiques. Il n'en est pas moins avéré dans la Fable que de l'urine de Pégase est sortie l'Hippocrène où se désaltéraient les poëtes. Mais laissons parler Regnier:

> Que Phébus à leur ton accorde sa vielle ;
> Que la mouche du Grec leurs lèvres emmielle ;
> Qu'ils ont seuls icy-bas trouvé la pie au nid,
> Et que des hauts esprits le leur est le zénit...
> Que seuls des grands secrets ils ont la cognoissance ;
> Et disent librement que leur expérience
> A raffiné les vers, fantastiques d'humeur,
> Ainsi que les Gascons ont fait le point d'honneur ;
> Qu'eux tous seuls du bien dire ont trouvé la méthode,
> Et que rien n'est parfait s'il n'est fait à leur mode.

C'est à leurs doctes mains, si l'on veut les en croire,
Que Phébus a commis tout le soin de ta gloire;
Et ton nom, du Midi jusqu'à l'Ourse vanté,
Ne devra qu'à leurs vers son immortalité.
Mais plutôt, sans ce nom dont la vive lumière
Donne un lustre éclatant à leur veine grossière,
Ils verroient leurs écrits, honte de l'univers,
Pourrir dans la poussière à la merci des vers.
A l'ombre de ton nom ils trouvent leur asile,
Comme on voit dans les champs un arbrisseau débile,
Qui, sans l'heureux appui qui le tient attaché,
Languiroit tristement sur la terre couché.[1]

Ce n'est pas que ma plume, injuste et téméraire,
Veuille blâmer en eux le dessein de te plaire;
Et, parmi tant d'auteurs, je veux bien l'avouer,
Apollon en connoît qui te peuvent louer :
Oui, je sais qu'entre ceux qui t'adressent leurs veilles,[2]
Parmi les Pelletiers[3] on compte des Corneilles.

---

1. Il y a beaucoup d'incohérence dans toutes ces figures, dont le nom du roi est l'occasion. En effet, c'est d'abord une vive *lumière* qui donne du *lustre*, et puis une *ombre* qui sert d'*asile;* enfin, cet asile métaphorique engendre une comparaison d'arbrisseau qui languirait *couché*, s'il était privé d'*appui*, tandis que la seule comparaison naturelle après la métaphore qui précède était celle qu'indique poétiquement ce vers de Virgile (*Georg.*, livre II, v. 20) :

>Parva sub ingenti matris se subjicit umbra.

Le dernier vers de cette période :

>Languiroit tristement sur la terre couché,

est imité de Juvénal (satire VIII, v. 77) :

>Stratus humi palmes viduas desiderat ulmos.

2. Métonymie très-hardie de la cause pour l'effet.

3. Pierre du Pelletier était un misérable rimeur, composant en toute occasion des sonnets, qu'il allait offrir lui-même pour en recevoir le salaire. Il en composa, suivant Baillet, quatre cents. Ce qui est étrange, c'est

Mais je ne puis souffrir qu'un esprit de travers
Qui, pour rimer¹ des mots, pense faire des vers,
Se donne en te louant une gêne inutile;
Pour chanter un Auguste, il faut être un Virgile :
Et j'approuve les soins du monarque guerrier
Qui ne pouvoit souffrir qu'un artisan grossier
Entreprît de tracer, d'une main criminelle,
Un portrait réservé pour le pinceau d'Apelle.².

Moi donc, qui connois peu Phébus et ses douceurs,
Qui suis nouveau sevré sur le mont des neuf sœurs,
Attendant que pour toi l'âge ait mûri ma muse,
Sur de moindres sujets je l'exerce et l'amuse : ³

---

qu'à ce métier il gagna l'amour d'une jeune fille qui devint sa emme, faisant ainsi mentir le vers d'Horace, *Art poétique*, v. 456 ,

> Vesanum tetigisse timent fugiuntque poëtam
> Qui sapiunt.

Du Pelletier mourut à Paris en 1680, dans un âge peu avancé.

Le grand Corneille a composé sur les victoires du roi plusieurs discours dignes de lui et du prince qu'il célébrait.

1. *Pour rimer* (parce qu'il rime). Excellent gallicisme.

2. Horace (livre II, épître 1) :

> Edicto vetuit, ne quis se, præter Apellem,
> Pingeret; aut alius Lysippo duceret æra
> Fortis Alexandri vultum simulantia.

Dans une leçon que Despréaux n'a pas conservée et qu'on trouve seulement dans un *Recueil de quelques pièces nouvelles et galantes* (Cologne, Pierre Du Marteau), l'imitateur, avec moins d'élégance, se rapproche davantage de son modèle :

> Et j'approuve les soins de ce prince guerrier
> Qui, craignant le pinceau d'un artisan grossier,
> Voulut qu'Apelle seul exprimât son visage
> Ou Lysippe en airain fît fondre son image.

3. Ces deux rimes *muse* et *amuse*, trop faciles et presque inévitables, ont inspiré à un ennemi de Boileau ce vers grotesque :

> Il s'amuse à la muse et la muse l'amuse.

Regnier avait déjà dit (satire VI, v. 1) :

> Bethune, si la charge où ta vertu s'amuse
> Te permet d'escouter les chansons que la muse...

DISCOURS AU ROI.   37

Et, tandis que ton bras, des peuples redouté,
Va, la foudre à la main, rétablir l'équité,
Et retient les méchants par la peur des supplices,
Moi, la plume à la main, je gourmande les vices;[1]
Et, gardant pour moi-même une juste rigueur,[2]
Je confie au papier les secrets de mon cœur.[3]
Ainsi, dès qu'une fois ma verve se réveille,
Comme on voit au printemps la diligente abeille[4]
Qui du butin des fleurs va composer son miel,

---

1. Ces quatre vers ne sont pas irréprochables. Un *bras* la foudre *à la main* présente une image presque comique. L'opposition de *foudre* à *plume* n'est pas heureuse, et la symétrie de ces deux hémistiches : *va, la foudre à la main*, et *moi, la plume à la main*, n'a ni grâce ni vivacité. M. Daunou, sans justifier dans Boileau ce *bras* qui *va* la foudre *à la main*, relève une faute plus grave encore dans ces vers de Voltaire (*Henriade*, ch. III) :

> Sa *main* désespérée
> Enfonce en frémissant le parricide acier,
> Porte le corps sanglant auprès de son foyer,
> Et *d'un bras* que poussoit sa faim impitoyable
> *Prépare* avidement un repas effroyable.

En effet, ici c'est la *main* qui d'un *bras* prépare un repas. Le judicieux critique pense que les libertés de la poésie ne s'étendent pas si loin. Boileau, au rapport de Brossette, justifiait la figure hardie qu'il emploie dans ce vers par l'exemple de Racine, qui fait dire à Mithridate (acte V, scène dernière) :

> Et mes derniers regards ont vu fuir les Romains.

2. On ne voit pas clairement ce que signifie *et gardant pour moi-même une juste rigueur :* le poëte veut-il dire qu'il ne donne pas de publicité à ses satires? Mais il les récitait partout, et il ne tarda pas à les faire imprimer. Veut-il faire entendre qu'il est rigoureux envers lui-même et indulgent pour les autres? Alors il se contredira quatre vers plus loin :

> Des sottises du temps je compose mon *fiel*.

Tout cela est faiblement *conçu :* car, suivant Boileau lui-même,

> Ce que l'on conçoit bien s'énonce clairement.

3. Imité d'Horace (livre II, satire I, v. 30) :

> Ille, velut fidis arcana sodalibus, olim
> Credebat libris.

4. C'est le même tour qu'au vers 10 de la page 35 :

> *Comme on voit dans les champs* un arbrisseau débile.

Des sottises du temps je compose mon fiel : [1]
Je vais de toutes parts où me guide ma veine,
Sans tenir en marchant une route certaine;
Et, sans gêner ma plume en ce libre métier,
Je la laisse au hasard courir sur le papier.
 Le mal est qu'en rimant, ma muse un peu légère
Nomme tout par son nom, et ne sauroit rien taire.[2]
C'est là ce qui fait peur aux esprits de ce temps,
Qui, tout blancs au dehors, sont tout noirs au dedans :
Ils tremblent qu'un censeur, que sa verve encourage,
Ne vienne en ses écrits démasquer leur visage,

---

1. Cette comparaison du poëte à l'abeille remonte à Platon (*Ion*), qui l'a transmise à Horace (livre IV, ode II) :

> Ego apis Matinæ
> More modoque,
> Grata carpentis thyma, per laborem
> Plurimum, circa nemus, uvidique
> Tiburis ripas, operosa parvus
> Carmina fingo.

« Mais moi, comme l'abeille de Matine, qui se fatigue à recueillir les sucs embaumés du thym, je ne compose pas sans peine, sous les ombrages, près des eaux du frais Tibur, mes vers laborieux. » (Patin, t. I, p. 311.)

 La Fontaine s'en est emparé (*Épître à Huet*) :

> Je suis chose légère et semblable aux abeilles,
> A qui le bon Platon compare nos merveilles.

J.-B. Rousseau y revient à deux fois, *Ode au comte du Luc*, d'abord :

> Et semblable à l'abeille en nos jardins éclose,
> De différentes fleurs j'assemble et je compose
> Le miel que je produis;

et plus tard dans son *Épître aux Muses*, v. 341 :

> Tout vrai poëte est semblable à l'abeille :
> C'est pour nous seuls que l'aurore l'éveille,
> Et qu'elle amasse, au milieu des chaleurs,
> Ce miel si doux tiré du suc des fleurs.

Mais aucun poëte ne s'est avisé, avant Boileau, de rapprocher du *miel* de l'abeille le *fiel* du satirique.

 2. Regnier (satire xv, v. 166) avait dit à peu près la même chose :

> Mon vice est mon ami, de ne pouvoir m'en taire.

Et, fouillant dans leurs mœurs en toute liberté,
N'aille du fond du puits tirer la Vérité.[1]

Tous ces gens, éperdus au seul nom de Satire,
Font d'abord le procès à quiconque ose rire :
Ce sont eux que l'on voit, d'un discours insensé,
Publier dans Paris que tout est renversé,
Au moindre bruit qui court qu'un auteur les menace
De jouer des bigots la trompeuse grimace.[2]

1. Cela est décousu. Si le poëte *fouille dans les mœurs* des méchants, c'est du fond de ces mœurs et non du *fond du puits* qu'il tirera la vérité. C'est Démocrite qui a dit le premier que la vérité s'était cachée au fond d'un puits, d'où personne encore n'a pu la tirer.

2. Allusion au *Tartufe* déjà composé, joué même devant la cour, et qui ne put être représenté devant le public que plusieurs années après. — A ce moment même, 1665, le sieur de Rochemont publiait un odieux libelle sous le titre d'*Observations sur le Don Juan*. Cet avocat au parlement a sur le cœur la tirade fameuse de *Don Juan,* act. V, sc. II, sur la cabale dévote, et il voudrait à tout prix interdire la scène à *Tartufe*. Pour atteindre ce but, il n'épargnera ni l'injure ni la calomnie. On en jugera par quelques traits : « Cette pièce (*le Festin de Pierre*) a fait tant de bruit dans Paris, elle a causé un scandale si public, et tous les gens de bien en ont ressenti une si juste douleur, que c'est trahir visiblement la cause de Dieu de se taire dans une occasion où sa gloire est ouvertement attaquée, où la foi est exposée aux insultes d'un bouffon qui fait commerce de ses mystères et qui en prostitue la sainteté ; où un athée foudroyé en apparence foudroie en effet et renverse tous les fondements de la religion, à la face du Louvre, dans la maison d'un prince chrétien, à la vue de tant de sages magistrats et si zélés pour les intérêts de Dieu, en dérision de tant de bons pasteurs que l'on fait passer pour des Tartufes, et dont l'on décrie artificieusement la conduite, mais principalement sous le règne du plus grand et du plus religieux monarque du monde. Cependant que ce généreux prince occupe tous ses soins à maintenir la religion, Molière travaille à la détruire ; le roi abat les temples de l'hérésie, et Molière élève des autels à l'impiété ; et autant que la vertu du prince s'efforce d'établir dans le cœur de ses sujets le culte du vrai Dieu par l'exemple de ses sujets, autant l'humeur libertine de Molière tâche d'en ruiner la créance dans leurs esprits par la licence de ses ouvrages. » Et plus loin, pour qu'on n'ignore quelle latitude le pamphlétaire laisse à la vengeance qu'il provoque, il ajoute : « Auguste fit mourir un bouffon qui avoit fait raillerie de Jupiter, et défendit aux femmes d'assister à des comédies plus modestes que celles de Molière. » (Voy. Molière, t. III, p. 477 et 481, édition de M. Louis Moland, Garnier frères, 7 vol. in-8°.)

Pour eux un tel ouvrage est un monstre odieux.
C'est offenser les lois, c'est s'attaquer aux cieux :
Mais, bien que d'un faux zèle ils masquent leur foiblesse,
Chacun voit qu'en effet la vérité les blesse :
En vain d'un lâche orgueil leur esprit revêtu[1]
Se couvre du manteau d'une austère vertu ;
Leur cœur, qui se connoît, et qui fuit la lumière,
S'il se moque de Dieu, craint Tartufe et Molière.

Mais pourquoi sur ce point sans raison m'écarter ?
Grand roi, c'est mon défaut, je ne saurois flatter :
Je ne sais point au ciel placer un ridicule,
D'un nain faire un Atlas, ou d'un lâche un Hercule ;
Et, sans cesse en esclave à la suite des grands,
A des dieux sans vertu prodiguer mon encens.
On ne me verra point d'une veine forcée,
Même pour te louer, déguiser ma pensée ;
Et, quelque grand que soit ton pouvoir souverain,
Si mon cœur en ces vers ne parloit par ma main,[2]
Il n'est espoir de biens, ni raison, ni maxime,[3]
Qui pût en ta faveur m'arracher une rime.[4]

---

1. Expression tirée d'Homère, *Iliade*, livre I, v. 149, où Achille apostrophe ainsi Agamemnon : ἀναιδείην ἐπιειμένε, *revêtu d'impudence*. Le satirique Gilbert a transformé ce vêtement en cuirasse, lorsqu'il dit, dans le même sens, *Mon Apologie*, v. 22, *cuirassé d'impudence*. Il y a une remarque à faire sur ces deux vers de Boileau, et cette remarque critique n'est pas une chicane. L'esprit a réellement ici deux vêtements extérieurs : 1° l'orgueil ; 2° le manteau de vertu. En réalité, l'orgueil est caché au fond de l'âme, et la fausse vertu s'affiche au dehors.

2. La main parle dans l'écriture pour les yeux qui l'entendent, cela est incontestable ; mais il reste toujours quelque chose d'étrange à la figure de ce *cœur qui parle par la main*.

3. On ne voit pas bien comment une *maxime* pourrait arracher une *rime* ; c'est bien plutôt *rime* qui amène ici *maxime*, dont on n'a que faire.

4. Le principal mérite de ces vers est dans la sincérité du poëte. Boileau aimait le vrai et n'accordait sa louange que lorsqu'il la croyait méritée. Il

Mais lorsque je te vois, d'une aussi noble ardeur,
T'appliquer sans relâche au soin de ta grandeur,
Faire honte à ces rois que le travail étonne,
Et qui sont accablés du faix de leur couronne;
Quand je vois ta sagesse, en ses justes projets,
D'une heureuse abondance enrichir tes sujets,
Fouler aux pieds l'orgueil et du Tage et du Tibre,[1]
Nous faire de la mer une campagne libre;[2]
Et tes braves guerriers, secondant ton grand cœur,
Rendre à l'aigle éperdu sa première vigueur :[3]
La France sous tes lois maîtriser la Fortune,
Et nos vaisseaux, domptant l'un et l'autre Neptune,[4]
Nous aller chercher l'or, malgré l'onde et le vent,
Aux lieux où le soleil le forme en se levant :[5]
Alors, sans consulter si Phébus l'en avoue,
Ma muse toute en feu me prévient et te loue.

ne flatte pas Louis XIV, il l'admire et il le dit. Plus tard, lorsqu'il eut ressenti la générosité du roi, 1675, il éprouva un scrupule plein de délicatesse (épître vii, v. 77), craignant que la récompense reçue n'amoindrît aux yeux de l'avenir l'autorité de ses éloges :

> J'ai peur que l'univers, qui sait ma récompense,
> N'impute mes transports à ma reconnoissance,
> Et que par tes présents mon vers décrédité
> N'ait moins de poids pour toi dans la postérité.

Certes, ce sentiment n'est pas d'un adulateur.

1. Le *Tage* pour l'*Espagne*, le *Tibre* pour l'*Italie*. Allusion à une double réparation que Louis XIV venait d'obtenir pour venger deux affronts faits à ses ambassadeurs, l'un à Londres par l'ambassadeur d'Espagne, l'autre à Rome par les gardes corses.

2. Défaite des Barbaresques en 1665.

3. L'*aigle*, l'Autriche. Secours envoyés à cette puissance contre les Turcs.

4. L'Océan et la Méditerranée.

5. Colbert venait de fonder la compagnie des Indes occidentales et celle des grandes Indes. Ce vers est poétique, bien qu'il soit fort douteux, en physique, que le soleil forme l'or. Voltaire est plus vrai, et non moins poétique, lorsqu'il dit dans *Sémiramis*, act. IV, sc. ii :

Mais bientôt la raison arrivant au secours,
Vient d'un si beau projet interrompre le cours,
Et me fait concevoir, quelque ardeur qui m'emporte,
Que je n'ai ni le ton, ni la voix assez forte.[1]
Aussitôt je m'effraye, et mon esprit troublé
Laisse là le fardeau dont il est accablé;
Et, sans passer plus loin, finissant mon ouvrage,
Comme un pilote en mer, qu'épouvante l'orage,
Dès que le bord paroît, sans songer où je suis,
Je me sauve à la nage,[2] et j'aborde où je puis.[3]

> Ces végétaux puissants qu'en Perse on voit éclore,
> Bienfaits nés dans ses champs de l'astre qu'elle adore.

Notons au passage que Voltaire doit encore ce bel hémistiche « de l'astre qu'elle adore » à Boileau, qui a dit (épître v, v. 50) :

> C'est là ce qui l'emporte aux lieux où naît l'aurore,
> Où le Perse est brûlé de l'astre qu'il adore.

1. Le *ton* et la *voix* font presque un pléonasme, et d'ailleurs la voix devrait précéder le ton, qui est une modification de la voix. Quant à l'accord de l'attribut (*forte*) avec un seul des deux sujets, c'est une syllepse que la langue poétique autorise.

2. Ce serait un bien triste et bien imprudent pilote que celui qui se jetterait à la nage, *dès que le bord paraît*, au lieu d'y conduire son vaisseau. Pradon signale dans tout ce passage une certaine incohérence d'images. Voici sa remarque : « On parloit d'abord de *voix;* la métaphore change, l'auteur parlant d'un *fardeau*. Et tout cela est encore chargé sans nécessité de la comparaison d'un *pilote* qui se sauve *à la nage*, en sorte que c'est une multitude et une confusion d'images sans liaison et sans ordre. »

3. Ces deux vers nous viennent, presque entiers, de la satire sixième, v. 69-70 :

> Et n'osant plus paroître en l'état où je suis,
> Sans songer où je vais, je me sauve où je puis.

On sait que la satire sixième, détachée de la première, a été composée quelques années avant le *Discours au Roi.*

SATIRES

DISCOURS SUR LA SATIRE.[1]

(1668.)

Quand je donnai la première fois mes Satires au public, je m'étois bien préparé au tumulte que l'impression de mon livre a excité sur le Parnasse. Je savois que la nation des poëtes, et surtout des mauvais poëtes, est une nation farouche qui prend feu aisément;[2] et que ces esprits avides de louanges ne digéreroient point facilement une raillerie, quelque douce qu'elle pût être. Aussi oserai-je dire, à mon avantage, que j'ai regardé avec des yeux assez stoïques les libelles diffamatoires qu'on a publiés contre moi. Quelques calomnies dont on ait voulu me noircir, quelques faux bruits qu'on ait semés de ma personne, j'ai pardonné sans peine ces petites vengeances au déplaisir d'un auteur irrité, qui se voyoit attaqué par l'endroit le plus sensible d'un poëte, je veux dire par ses ouvrages.

Mais j'avoue que j'ai été un peu surpris du chagrin bizarre de certains lecteurs, qui, au lieu de se divertir d'une querelle du Parnasse, dont ils pouvoient être spectateurs indifférents, ont mieux aimé prendre parti et s'affli-

---

1. Ce discours parut pour la première fois en 1668, avec la satire neuvième. Il doit servir d'introduction aux satires.
2. Ce renom d'irritabilité chez les poëtes est bien établi et date de loin :
   Genus irritabile vatum.
   .(HORACE.)

ger avec les ridicules, que de se réjouir avec les honnêtes gens. C'est pour les consoler que j'ai composé ma neuvième satire, où je pense avoir montré assez clairement que, sans blesser l'État ni sa conscience, on peut trouver de méchants vers méchants, et s'ennuyer de plein droit à la lecture d'un sot livre. Mais puisque ces messieurs ont parlé de la liberté que je me suis donnée de nommer, comme d'un attentat inouï et sans exemple, et que des exemples ne se peuvent pas mettre en rimes, il est bon d'en dire ici un mot, pour les instruire d'une chose qu'eux seuls veulent ignorer, et leur faire voir qu'en comparaison de tous mes confrères les satiriques, j'ai été un poëte fort retenu.

Et pour commencer par Lucilius, inventeur de la satire, quelle liberté, ou plutôt quelle licence ne s'est-il point donnée dans ses ouvrages? Ce n'étoit pas seulement des poëtes et des auteurs qu'il attaquoit : c'étoit des gens de la première qualité de Rome; c'étoit des personnes consulaires. Cependant, Scipion et Lélius ne jugèrent pas ce poëte, tout déterminé rieur qu'il étoit, indigne de leur amitié; et vraisemblablement dans les occasions ils ne lui refusèrent pas leurs conseils sur ses écrits, non plus qu'à Térence. Ils ne s'avisèrent point de prendre le parti de Lupus et de Métellus, qu'il avoit joués dans ses satires, et ils ne crurent pas lui donner rien du leur, en lui abandonnant tous les ridicules de la République.

> Num Lælius, aut qui
> Duxit ab oppressa meritum Carthagine nomen,
> Ingenio offensi aut læso doluere Metello,
> Famosisve Lupo cooperto versibus?

En effet, Lucilius n'épargnoit ni petits ni grands : et

souvent, des nobles et des patriciens il descendoit jusqu'à
la lie du peuple :

. Primores populi arripuit, populumque tributim.[1]

On me dira que Lucilius vivoit dans une république où
ces sortes de libertés peuvent être permises. Voyons donc
Horace, qui vivoit sous un empereur, dans les commencements d'une monarchie, où il est bien plus dangereux de
rire qu'en d'autres temps. Qui ne nomme-t-il point dans
ses satires? et Fabius le grand causeur, et Tigellius le fantasque, et Nasidiénus le ridicule, et Nomentanus le débauché,[2] et tout ce qui vient au bout de sa plume. On me
répondra que ce sont des noms supposés. O la belle réponse! Comme si ceux qu'il attaque n'étoient pas des gens
connus d'ailleurs; comme si l'on ne savoit pas que Fabius
étoit un chevalier romain, qui avoit composé un livre de
droit; que Tigellius fut en son temps un musicien chéri
d'Auguste; que Nasidiénus Rufus étoit un ridicule célèbre
dans Rome; que Cassius Nomentanus étoit un des plus
fameux débauchés de l'Italie! Certainement il faut que
ceux qui parlent de la sorte n'aient pas fort lu les anciens,
et ne soient pas fort instruits des affaires de la cour d'Auguste. Horace ne se contente pas d'appeler les gens par

1. Ces vers sont tirés de la satire première, livre II, v. 65-69. En voici la traduction : « Vit-on Lélius ou ce grand homme, à qui Carthage accablée mérita un glorieux surnom, s'offenser des hardiesses de son génie, ressentir les blessures de Métellus, plaindre Lupus tout chargé de vers infamants? Or, c'étoit aux premiers du peuple que s'attaquait Lucilius, et au peuple lui-même en masse. » (Patin, t. II, p. 105.)

2. Dans les éditions antérieures à 1683, on voyait figurer après Nomenanus « Tanaïs le châtré, » et plus loin, dans le même ordre, on lisait : « Tanaïs étoit un affranchi de Mécénas. » Ces renseignements se trouvent dans les commentateurs d'Horace et non dans Horace lui-même, qui nomme une seule fois Tanaïs (livre I, satire I, v. 106) :

Est inter Tanaïm quiddam socerumque Viselli.

leur nom; il a si peur qu'on ne les méconnoisse, qu'il a soin de rapporter jusqu'à leur surnom, jusqu'au métier qu'ils faisoient, jusqu'aux charges qu'ils avoient exercées. Voyez, par exemple, comme il parle d'Aufidius Luscus, préteur de Fondi :

> Fundos Aufidio Lusco prætore libenter
> Linquimus, insani ridentes præmia scribæ,
> Prætextam et latum clavum, etc.

« Nous abandonnâmes, dit-il, avec joie le bourg de Fondi, dont étoit préteur un certain Aufidius Luscus; mais ce ne fut pas sans avoir bien ri de la folie de ce préteur, auparavant commis, qui faisoit le sénateur et l'homme de qualité. » Peut-on désigner un homme plus précisément; et les circonstances seules ne suffisoient-elles pas pour le faire reconnoître? On me dira peut-être qu'Aufidius étoit mort alors : mais Horace parle là d'un voyage fait depuis peu. Et puis, comment mes censeurs répondront-ils à cet autre passage?

> Turgidus Alpinus jugulat dum Memnona, dumque
> Diffingit Rheni luteum caput, hæc ego ludo.

« Pendant, dit Horace, que ce poëte enflé d'Alpinus égorge Memnon dans son poëme, et s'embourbe dans la description du Rhin, je me joue en ces satires. » Alpinus vivoit du temps qu'Horace se jouoit en ces satires; et si Alpinus en cet endroit est un nom supposé, l'auteur du poëme de *Memnon* pouvoit-il s'y méconnoître? Horace, dira-t-on, vivoit sous le règne du plus poli de tous les empereurs; mais vivons-nous sous un règne moins poli? et veut-on qu'un prince qui a tant de qualités communes avec Auguste, soit moins dégoûté que lui des méchants livres, et plus rigoureux envers ceux qui les blâment?

Examinons pourtant Perse, qui écrivoit sous le règne de. Néron. Il ne raille pas simplement les ouvrages des poëtes de son temps, il attaque les vers de Néron même. Car enfin tout le monde sait, et toute la cour de Néron le savoit, que ces quatre vers : *Torva Mimalloneis*, etc., dont Perse fait une raillerie si amère dans sa première satire, étoient des vers de Néron. Cependant on ne remarque point que Néron, tout Néron qu'il étoit, ait fait punir Perse; et ce tyran, ennemi de la raison, et amoureux, comme on sait, de ses ouvrages, fut assez galant homme pour entendre raillerie sur ses vers, et ne crut pas que l'empereur, en cette occasion, dût prendre les intérêts du poëte.[1]

Pour Juvénal, qui florissoit sous Trajan, il est un peu plus respectueux envers les grands seigneurs de son siècle. Il se contente de répandre l'amertume de ses satires sur ceux du règne précédent : mais à l'égard des auteurs, il ne les va point chercher hors de son siècle. A peine est-il entré en matière, que le voilà en mauvaise humeur contre tous les écrivains de son temps. Demandez à Juvénal ce qui l'oblige de prendre la plume. C'est qu'il est las d'entendre et la *Théséide* de Codrus, et l'*Oreste* de celui-ci, et le *Téléphe* de cet autre, et tous les poëtes enfin, comme il dit ailleurs, qui récitoient leurs vers au mois d'août, *et Augusto recitantes mense poetas*. Tant il est vrai que le droit de blâmer les auteurs est un droit ancien, passé en coutume parmi tous les satiriques, et souffert dans tous les siècles. Que s'il faut venir des anciens aux modernes, Regnier, qui est presque notre seul poëte satirique, a été

---

1. Rien n'est moins vraisemblable que l'indulgence de Néron, surtout en matière de vers. Néron n'a point pardonné les railleries de Perse, il les a ignorées.

véritablement un peu plus discret que les autres. Cela n'empêche pas néanmoins qu'il ne parle hardiment de Gallet, ce célèbre joueur, qui *assignoit ses créanciers sur sept et quatorze,*[1] et du sieur de Provins, *qui avoit changé son balandran en manteau court,*[2] et du Cousin, *qui abandonnoit sa maison de peur de la réparer,*[3] et de Pierre

---

1. Gallet, suivant Regnier, ne donnait pas d'autre hypothèque à ses créanciers :

> Comme sur un bon fonds de rente et de recettes
> Dessus sept ou quatorze il assigne ses dettes.

Regnier (satire XIV) dit encore :

> Gallet a sa raison, et qui croira son dire,
> Le hasard pour le moins lui promet un empire.

2. Regnier semble dire le contraire, mais Boileau l'a bien entendu, quoique M. de Saint-Surin et d'autres commentateurs l'accusent de s'être mépris. En effet, le vers de Regnier « à son long balandran change son manteau court » ne signifie pas, comme on est tenté de le croire, que le sieur de Provins eût changé son manteau court contre un long balandran. Le balandran était une casaque de campagnard, une espèce de blouse grossière, tandis que les courtisans portaient le manteau. L'expression de Regnier est un latinisme emprunté d'Horace qui a dit (livre I, ode XVII) :

> Velox amœnum sæpe *Lucretilem*
> *Mutat Lycæo* Faunus.

Mot à mot, « l'agile Faune change souvent au Lycée l'agréable Lucrétile, » c'est-à-dire quitte le Lycée, sa demeure habituelle, pour visiter le Lucrétile. M. Patin (t. I, p. 58), traduit ainsi ce passage : « Faune, ce dieu agile, quitte souvent le Lycée pour l'aimable Lucrétile. » La Fontaine, dans Philémon et Baucis, emploie le latinisme *changer à*, mais sans y ajouter l'hypallage. Il suit l'ordre naturel :

> Cependant l'humble toit devient temple, et ses murs
> Changent leur frêle enduit aux marbres les plus durs.

Comme avait fait Virgile dans ce vers des *Géorgiques*, livre I, v. 8 :

> Chaoniam pingui glandem mutavit arista,

qui signifie que Cérès fit succéder le blé au gland pour la nourriture de l'homme.

3. Le Cousin était un fou de cour, ainsi nommé parce qu'il disait en parlant de Henri IV : *le roi mon cousin.* Regnier s'égaye à ses dépens en disant de lui :

> De peur de réparer, il laisse sa maison;
> Que son lit ne défonce, il dort dessus la dure,
> Et n'a, crainte du chaud, que l'air pour couverture.

du Puis,[1] et de plusieurs autres. Que répondront à cela mes censeurs? Pour peu qu'on les presse, ils chasseront de la république des lettres tous les poëtes satiriques, comme autant de perturbateurs du repos public. Mais que diront-ils de Virgile, le sage, le discret Virgile, qui dans une églogue, où il n'est pas question de satire, tourne d'un seul vers deux poëtes de son temps en ridicule?

Qui Bavium non odit, amet tua carmina, Mævi,

dit un berger satirique dans cette églogue. Et qu'on ne me dise point que Bavius et Mævius en cet endroit sont des noms supposés : puisque ce seroit donner un trop cruel démenti au docte Servius, qui assure positivement le contraire. En un mot, qu'ordonneront mes censeurs de Catulle, de Martial, et de tous les poëtes de l'antiquité, qui n'en ont pas usé avec plus de discrétion que Virgile? Que penseront-ils de Voiture, qui n'a point fait conscience de rire aux dépens du célèbre Neuf-Germain, quoique également recommandable par l'antiquité de sa barbe et par la nouveauté de sa poésie?[2] Le banniront-ils du Parnasse, lui et tous les poëtes de l'antiquité, pour établir la sûreté des sots et des ridicules? Si cela est, je me consolerai aisément de mon exil. Il y aura du plaisir à être relégué en si bonne compagnie. Raillerie à part, ces messieurs veulent-ils être plus sages que Scipion et Lélius, plus délicats

---

1. Voici le vers de Regnier sur Pierre Du Puis :

Aussi perclus d'esprit comme Pierre du Puis.

Il n'y avait pas grande irrévérence ni hardiesse à s'en moquer. C'était un fou qui courait les rues, le pied chaussé d'un chapeau en guise de pantoufle.

2. La nouveauté de la poésie de Neuf-Germain, rimeur ridicule, consistait à placer à la fin de ses vers une syllabe du nom du personnage auquel il les dédiait. C'était une variété de l'acrostiche. Voiture a composé par raillerie une pièce en ce genre, adressée au comte d'Avaux.

qu'Auguste, plus cruels que Néron? Mais eux qui sont si rigoureux envers les critiques, d'où vient cette clémence qu'ils affectent pour les méchants auteurs? Je vois bien ce qui les afflige : ils ne veulent pas être détrompés. Il leur fâche d'avoir admiré sérieusement des ouvrages que mes satires exposent à la risée de tout le monde, et de se voir condamnés à oublier, dans leur vieillesse, ces mêmes vers qu'ils ont autrefois appris par cœur comme des chefs-d'œuvre de l'art. Je les plains sans doute : mais quel remède? Faudra-t-il, pour s'accommoder à leur goût particulier, renoncer au sens commun? Faudra-t-il applaudir indifféremment à toutes les impertinences qu'un ridicule aura répandues sur le papier? Et au lieu qu'en certains pays[1] on condamnoit les méchants poëtes à effacer leurs écrits avec la langue, les livres deviendront-ils désormais un asile inviolable, où toutes les sottises auront droit de bourgeoisie, où l'on n'osera toucher sans profanation? J'aurois bien d'autres choses à dire sur ce sujet. Mais comme j'ai déjà traité de cette matière dans ma neuvième satire, il est bon d'y renvoyer le lecteur.

1. A Lyon. Juvénal fait allusion à ce bizarre châtiment dans ce vers :

Aut Lugdunensem rhetor dicturus ad aram.

SATIRE I.

(1660.)

LE DÉPART DU POËTE.[1]

Damon, ce grand auteur dont la muse fertile
Amusa si longtemps et la cour et la ville;[2]

> 1. Cette pièce est le début satirique de Boileau. Il la commença en 1660 à l'âge de vingt-quatre ans; elle comprenait d'abord la description des embarras de Paris, que le poëte en détacha, et qui forme aujourd'hui la sixième satire. Boileau imite Juvénal (satire III), mais il imite en écolier. Nous aurons, chemin faisant, bien des fautes à signaler. Dans sa première forme, cette satire se composait de deux cent douze vers, et n'en compte plus que cent soixante-quatre. Lorsque Boileau la fit imprimer en 1666, de cette leçon primitive il ne restait plus que soixante vers, tous les autres vers avaient été ou retranchés ou refondus. Grâce aux soins de MM. de Saint-Surin et Berriat Saint-Prix, nous pouvons reproduire une partie de ces vers sacrifiés. Ces infatigables et heureux éditeurs les ont retrouvés dans des recueils imprimés à l'étranger sans la participation de l'auteur et sur des copies faites par des auditeurs que leur mémoire a dû trahir quelquefois, mais qui n'ont pas eu l'intention de falsifier.
> 2. Nous avons déjà vu ce tour vulgaire et négligé, au commencement du *Discours au Roi;* nous le retrouverons au début de la satire sur la rime. — *Damon* désigne Cassandre, auteur estimé d'une traduction de la *Rhétorique d'Aristote;* il a continué et achevé la traduction de de Thou, commencée par Du Ryer. Son esprit atrabilaire et son caractère insociable nuisirent au succès de ses œuvres. Il vécut dans la gêne; mais on ne dit nulle part que la peur des sergents l'ait chassé de Paris, où il mourut en 1695, maugréant contre les hommes et même contre Dieu. Boileau fait de lui un poëte *à la muse fertile,* quoiqu'il ait composé peu de vers. « François Cassandre, dit Brossette, auteur célèbre de ce temps-là, étoit savant en grec et en latin et faisoit assez bien des vers françois; mais son humeur bourrue et farouche,

Mais qui, n'étant vêtu que de simple bureau,
Passe l'été sans linge, et l'hiver sans manteau;[1]
Et de qui le corps sec et la mine affamée
N'en sont pas mieux refaits pour tant de renommée;[2]

qui le rendoit incapable de toute société, lui fit perdre tous les avantages que la fortune put lui présenter, de sorte qu'il vécut d'une manière très-obscure et très-misérable. » « Il mourut, écrit Boileau (lettre du 29 avril 1695 à Maucroix), tel qu'il a vécu ; c'est-à-dire très-misanthrope, et non-seulement haïssant les hommes, mais ayant même assez de peine à se réconcilier avec Dieu, à qui, disoit-il, si le rapport qu'on m'a fait est véritable, il n'avoit aucune obligation. Le confesseur qui l'assistoit à sa mort, voulant l'exciter à l'amour de Dieu, par le souvenir des grâces qu'il lui avoit faites : *Ah! oui,* dit Cassandre d'un ton chagrin et ironique, *je lui ai de grandes obligations; il m'a fait jouer ici-bas un joli personnage.* Et comme son confesseur insistoit à lui faire reconnoître les grâces du Seigneur : *Vous savez,* dit-il en redoublant l'amertume de ses reproches, et montrant le grabat sur lequel il étoit couché, *vous savez comme il m'a fait vivre; voyez comme il me fait mourir.* »

1. Cette allusion ne va pas à l'adresse de Cassandre, qui portait en tout temps un manteau. Brossette indique Tristan l'Hermite qui n'en avait point, si l'on en croit cette épigramme de Montmor, maître des requêtes et académicien :

<pre>
      Élie, ainsi qu'il est écrit,
    De son manteau comme de son esprit
    Récompensa son serviteur fidèle (Élisée).
      Tristan eût suivi ce modèle ;
      Mais Tristan qu'on mit au tombeau
    Plus pauvre que n'est un prophète,
    En laissant à Quinaut son esprit de poëte,
      N'a pu lui laisser de manteau.
</pre>

Nous ne sommes pas bien sûr, malgré l'assertion de Montmor, que Tristan n'ait pas eu de manteau à laisser à Quinault; ce qui est certain, c'est qu'il l'accueillit enfant, qu'il le nourrit pendant sa jeunesse, qu'il le forma à la poésie, et qu'à sa mort son protégé tira de sa succession des ressources qui lui permirent de suivre sa vocation pour le théâtre. On a oublié les tragédies de Tristan, à l'exception de sa *Marianne,* qui mérita en partie le prodigieux succès qui l'a maintenue au répertoire pendant si longtemps, mais on ne doit pas oublier que c'est à son amitié et à sa générosité que la France est redevable d'un de ses poëtes les plus aimables. Tristan, né en 1601, mourut en 1655, membre de l'Académie française depuis 1649. Quinault avait alors vingt ans.

2. *Pour tant de renommée* ne signifie pas *en proportion de tant de* renommée, mais *pour avoir* ou *parce qu'il avait* tant de renommée.

Las de perdre en rimant et sa peine et son bien,
D'emprunter en tous lieux, et de ne gagner rien,
Sans habits, sans argent, ne sachant plus que faire,
Vient de s'enfuir, chargé de sa seule misère;[1]
Et, bien loin des sergents, des clercs, et du palais,
Va chercher un repos qu'il ne trouva jamais;
Sans attendre qu'ici la justice ennemie
L'enferme en un cachot le reste de sa vie,
Ou que d'un bonnet vert le salutaire affront
Flétrisse les lauriers qui lui couvrent le front.[2]

Mais le jour qu'il partit, plus défait et plus blême
Que n'est un pénitent sur la fin d'un carême,
La colère dans l'âme et le feu dans les yeux,.
Il distilla sa rage en ces tristes adieux :[3]

« Puisqu'en ce lieu, jadis aux muses si commode,
Le mérite et l'esprit ne sont plus à la mode;[4]

---

1. Voilà le premier bon vers qui se présente, et il convient de le marquer au passage. Dans les premières éditions on lisait *s'en est enfui*.

2. Le *bonnet vert* était le signalement du débiteur qui avait racheté sa liberté par la cession de ses biens, sans toutefois s'acquitter.

3. Damon va jeter aux vents un long monologue sans unité ni vraisemblance. Il se dit à lui-même tout ce qu'il va débiter. Ce n'est plus alors qu'un exercice déclamatoire sans intérêt. Juvénal n'a pas commis cette faute. Le poëte latin, triste du départ de son ami l'aruspice Umbritius, commence par le louer d'avoir été chercher la solitude; il décrit en vers poétiques les apprêts du voyage, et il rapporte les paroles par lesquelles Umbritius fait ses adieux à Rome où il ne peut plus vivre. Il se garde bien d'en faire une espèce de fou furieux indigne d'exciter le moindre intérêt.

4. Imité de Juvénal (satire III, v. 21) :

> Hic tunc Umbritius : Quando artibus, inquit, honestis
> Nullus in urbe locus, nulla emolumenta laborum.

Umbritius parle ensuite de la diminution de ses ressources :

> Res hodie minor est, here quam fuit, atque eadem cras
> Deteret exiguis aliquid.

En s'éloignant il fuit la misère, mais il ne se dérobe pas à l'acquittement de

Qu'un poëte, dit-il, s'y voit maudit de Dieu,
Et qu'ici la vertu n'a plus ni feu ni lieu ;
Allons du moins chercher quelque antre ou quelque roche,
D'où jamais ni l'huissier ni le sergent n'approche ;
Et, sans lasser le ciel par des vœux impuissants,
Mettons-nous à l'abri des injures du temps,[1]
Tandis que, libre encor, malgré les destinées,
Mon corps n'est point courbé sous le faix des années,
Qu'on ne voit point mes pas sous l'âge chanceler,
Et qu'il reste à la Parque encor de quoi filer :[2]

ses dettes. Damon fraude ses créanciers, qui seraient mieux fondés que lui à se plaindre. M. Jules Lacroix traduit ainsi ce passage :

> Alors Umbritius : Puisque dans cette ville
> Le travail est sans pain, la vertu chose vile,
> Et puisque mon avoir, en cet ingrat séjour,
> Moindre aujourd'hui qu'hier, décroîtra chaque jour.

1. Les *injures du temps* se disent de l'intempérie de l'air, et il semble que le fuyard va chercher quelque part un auvent pour se mettre à couvert de la pluie. Boileau qui ne l'entend pas ainsi s'exprime improprement.

2. Juvénal (satire III, v. 25-7) :

> Dum nova canities, dum prima et recta senectus,
> Dum superest Lachesi quod torqueat, et pedibus me
> Porto meis, nullo dextram subeunte bacillo.

> Tandis que l'âge à peine argente mon menton,
> Que, ferme sur mes pieds, je marche sans bâton,
> Et qu'il reste à Clotho de quoi filer encore.

Nous aurons plusieurs fois encore à citer la fidèle et forte traduction de M. Jules Lacroix ; remarquons en passant que Clotho remplace à tort Lachésis. Les trois parques ont chacune leur rôle distinct : Clotho tient la quenouille, Lachésis tord le fil et Atropos le coupe.

Dans ce passage, Juvénal paraît bien supérieur à Boileau pour l'ordre des pensées, le choix des images et la précision du langage. Le premier des quatre vers de Boileau est du remplissage ; *mon corps n'est pas courbé* est une image négative. On ne voit pas, comme dans le poëte latin, ces cheveux qui commencent à blanchir, *nova canities*, ni le corps droit d'un vieillard encore vert, *recta senectus*. *On ne voit point mes pas*, autre image négative. Que devient *pedibus me porto meis*, ces pieds solides qui rendent inutile le bâton de vieillesse, ce pied supplémentaire dont parle l'énigme du sphinx. *Et qu'il reste à la parque*, etc., expression vague et générale, tandis

SATIRE I.

C'est là dans mon malheur le seul conseil à suivre.
Que George vive ici, puisque George y sait vivre,[1]
Qu'un million comptant, par ses fourbes acquis,
De clerc, jadis laquais, a fait comte et marquis :
Que Jaquin vive ici, dont l'adresse funeste
A plus causé de maux que la guerre et la peste,
Qui de ses revenus écrits par alphabet
Peut fournir aisément un calepin complet;[2]
Qu'il règne dans ces lieux; il a droit de s'y plaire.
Mais moi, vivre à Paris! Eh! qu'y voudrois-je faire?

que Juvénal met bravement Lachésis avec sa propre fonction, qui étoit de tordre (*torqueat*) le fil que coupait Atropos. Juvénal arrête en poète l'imagination du lecteur sur la vigueur des jambes du vieillard, capable de supporter les fatigues du voyage qu'il entreprend. On voit maintenant les causes de l'infériorité de Boileau.

1. Imité de Juvénal (satire III, vers 28) :

> Vivant Artorius istic
> Et Catulus;
> « Qu'Artorius vive ici et Catulus. »

George, et plus bas *Jaquin*, sont des noms en l'air qui ne désignent personne, mais dont on pouvait faire, après le règne des traitants et des partisans, de nombreuses applications. Boileau avait d'abord mis Oronte dans le vers où nous lisons George : peut-être songeait-il alors à Fouquet, que La Fontaine désigne par ce nom, dans son élégie aux Nymphes de Vaux. Mais l'emprisonnement de Fouquet, et son procès, qui s'instruisait à cette époque, ne permettaient pas de maintenir une allusion qui aurait été cruelle.

2. Dans ce vers, *fournir* a le sens de *remplir*, et c'est probablement dans la même acception que Boileau l'emploie lorsqu'il dit (satire V, v. 10) :

> Je veux que la valeur de ses aïeux antiques
> Ait *fourni* de matière aux plus vieilles chroniques.

Par alphabet, pour *par ordre alphabétique*, est concis et hardi. On dit un *calepin* pour registre d'ordre, du *Dictionnaire des langues latine, italienne*, etc., fort volumineux, composé par Ambroise Calepin ou Calepino, savant italien de l'ordre des Augustins, né en 1435, mort en 1511. Le dictionnaire de Calepin formait deux gros volumes in-folio. Nos calepins d'aujourd'hui sont de minces carnets. Quelle grandeur et quelle décadence!

Je ne sais ni tromper, ni feindre, ni mentir;[1]
Et quand je le pourrois, je n'y puis consentir.
Je ne sais point en lâche essuyer les outrages[2]
D'un faquin orgueilleux qui vous tient à ses gages,[3]
De mes sonnets flatteurs lasser tout l'univers,
Et vendre au plus offrant mon encens et mes vers;[4]
Pour un si bas emploi ma muse est trop altière,
Je suis rustique et fier, et j'ai l'âme grossière :[5]
Je ne puis rien nommer, si ce n'est par son nom;
J'appelle un chat un chat, et Rolet un fripon.[6]

1. Ces vers sont une traduction de Juvénal (satire III, v. 40) :

> Quid Romæ faciam? mentiri nescio : librum,
> Si malus est, nequeo laudare et poscere...
> Nec volo, nec possum.

« Que ferais-je à Rome? je ne sais point mentir. Un livre, s'il ne vaut rien, je ne saurais ni le louer ni le demander... je ne le veux, ni ne le puis. »
Regnier dit de son côté, après Juvénal et avant Boileau (satire III, v. 105) :

> Je n'ai point tant d'esprit pour tant de menterie,
> Je ne puis m'adonner à la cageollerie.

2. Térence a dit, dans *l'Eunuque*, act. II, sc. III :

> Ast ego infelix, neque ridiculus esse, neque plagas pati
> Possum.

« J'ai le malheur de ne pouvoir supporter ni les railleries, ni les coups. »

3. J.-B. Rousseau rencontre la même idée que Boileau et s'exprime ainsi dans une épître à Bordes, v. 98 :

> Du riche impertinent je dédaigne l'appui,
> S'il le faut mendier en rampant devant lui.

4. Allusion à du Pelletier, nommé dans le *Discours au Roi*, p. 35.

5. Avant Boileau, Mathurin Regnier avait dit (satire III, v. 93) :

> Ce n'est point mon humeur, je suis mélancolique;
> Je ne suis point entrant, ma façon est rustique.

6. Procureur très-décrié, qui a été dans la suite condamné à faire amende honorable et banni à perpétuité. (*Note de Boileau*, édition de 1713.)

Brossette va nous édifier sur ce Rolet dont le nom a passé du particulier au général, tant sa conduite a donné de relief à sa nature perverse. « Charles Rolet, procureur au Parlement, étoit fort décrié et on l'appeloit communément au Palais *l'âme damnée*. M. le premier président de Lamoignon em-

SATIRE I.

De servir un amant, je n'en ai pas l'adresse;[1]
J'ignore ce grand art qui gagne une maîtresse;
Et je suis à Paris, triste, pauvre, et reclus,
Ainsi qu'un corps sans âme, ou devenu perclus.[2]
 « Mais pourquoi, dira-t-on, cette vertu sauvage.
Qui court à l'hôpital, et n'est plus en usage? [3]

ployoit le nom de *Rolet* pour signifier un fripon insigne : *c'est un Rolet*, disoit-il ordinairement; il avoit été souvent noté en justice; mais enfin ayant été convaincu d'avoir fait revivre une obligation de 500 livres, dont il avoit déjà reçu le paiement, il fut condamné, par arrêt, au bannissement pour neuf ans, en. 4,000 livres de réparation civile, en diverses amendes et aux dépens. Rolet fut ensuite déchargé de la peine du bannissement et obtint une place de garde au château de Vincennes, où il mourut. » La sentence portée contre Rolet est de 1681, Boileau l'avait signalé en 1666, d'où l'on voit que, malgré la satire qui était un premier arrêt, ce procureur a pu continuer encore impunément pendant une quinzaine d'années son vilain métier. Il est vrai que Boileau, dans la seconde édition de ses satires, avait mis à côté du nom de Rolet en note : *Hôtelier du pays blaisois*. Le hasard voulut qu'il y eût dans ce pays même un hôtelier du nom de Rolet, lequel jeta les hauts cris. La note disparut, mais le vrai Rolet garda son stigmate. Boursault dans sa charmante comédie *le Mercure galant* a mis aux prises deux procureurs, M⁰ Brigandeau et M⁰ Sangsuc, qui échangent plaisamment de dures vérités.

Boileau n'a pas été le premier à réclamer le droit de donner aux choses et aux personnes leur véritable nom, *vera rerum vocabula*, comme dit Caton dans Salluste. Nous lisons dans les colloques d'Érasme : « *istam artem nos crassiores solemus vocare furtum, qui ficum vocamus ficum, et scapham, scapham!* nous autres gens épais et grossiers qui appelons figue une figue et barque une barque, nous avons aussi l'habitude de nommer vol ce genre d'habileté. »

1. Ici Boileau imite Juvénal (satire III, v. 44) :

> Ferre ad nuptam, quæ mittit adulter,
> Quæ mandat, norint alii.

et Regnier (satire III, v. 125) a serré de plus près le texte latin, dont il reproduit l'image :

> De porter un poulet (*billet galant*) je n'ai la suffisance.

2. *Ou devenu perclus*, cheville prosaïque.

> Tanquam
> Mancus et exstincta corpus non utile dextra.
> (JUVÉNAL, satire III, v. 47.)

3. Voilà Damon qui se fait des objections et qui disserte gravement pour mieux *distiller sa rage*.

La richesse permet une juste fierté ;
Mais il faut être souple avec la pauvreté :
C'est par là qu'un auteur que presse l'indigence
Peut des astres malins corriger l'influence,
Et que le sort burlesque, en ce siècle de fer,[1]
D'un pédant, quand il veut, sait faire un duc et pair.[2]

1. Le duc de Montausier ne pardonnait pas à Despréaux de qualifier ainsi le temps où régnait Louis XIV. Cet austère courtisan donnait le mot d'ordre à Desmaretz de Saint-Sorlin, qui s'écriait de son côté (*Remarques*, p. 81) : « Se peut-il rien ajouter à la hardiesse et à l'injustice de ce satirique? Sans respect du grand et sage roi sous lequel nous vivons, qui, portant la guerre au dehors, nous fait jouir d'une heureuse tranquillité au dedans, peut-on appeler le siècle d'un tel prince un *siècle de fer*, et condamner son choix dans les grandes dignités qu'il donne, puisque cela ne se fait point par un sort burlesque, mais par la volonté expresse du roi? » Heureusement, ni M. de Montausier, ni Desmaretz de Saint-Sorlin, son collaborateur à la *Guirlande de Julie*, ni Pradon, qui fit une dernière charge, ne réussirent à convaincre Louis XIV qu'il avait été offensé.

2. Juvénal (satire VII, v. 147) :

> Si Fortuna volet, fies de rhetore consul ;
> Si volet hæc eadem, fies de consule rhetor.

Et Pline le Jeune :

« Quos tibi, Fortuna, ludos facis? Facis enim ex professoribus senatores, ex senatoribus professores. »

Allusion à Louis Barbier, abbé de La Rivière, qui de régent au collége du Plessis devint évêque de Langres, duc et pair de France, par la faveur de Gaston d'Orléans, frère de Louis XIII. Mêlé activement aux intrigues de la Fronde, il aspirait au chapeau de cardinal, qui fut donné au coadjuteur Paul de Gondi, si célèbre sous le nom de cardinal de Retz. Regnier (satire I, v. 35) parle aussi des caprices de la fortune :

> Qui relève un pédant de nouveau baptisé.

Juvénal (satire II, v. 39) dit encore à l'usage de notre poëte :

> Quales ex humili magna ad fastigia rerum
> Extollit, quoties voluit Fortuna jocari.

Après ce vers on lisait, même dans les éditions publiées par Boileau, les vers suivants qu'il a retranchés en 1674 et qu'il n'a pas rétablis, les jugeant, dit Brossette, peu dignes de l'ouvrage. Ils sont imités de Juvénal (satire III, v. 49 et suiv.) :

> Je sais bien que souvent un cœur lâche et servile
> A trouvé chez les grands un esclavage utile,

Ainsi de la vertu la fortune se joue :
Tel aujourd'hui triomphe au plus haut de sa roue,
Qu'on verroit, de couleurs bizarrement orné,[1]
Conduire le carrosse où l'on le voit traîné,
Si dans les droits du roi sa funeste science
Par deux ou trois avis n'eût ravagé la France.
Je sais qu'un juste effroi l'éloignant de ces lieux
L'a fait pour quelques mois disparoître à nos yeux :
Mais en vain pour un temps une taxe l'exile ;
On le verra bientôt, pompeux en cette ville,
Marcher encor chargé des dépouilles d'autrui,
Et jouir du ciel même irrité contre lui ;[2]

> Et qu'un riche pourroit, dans la suite du temps,
> D'un flatteur affamé payer les soins ardents :
> Mais avant que pour vous il parle ou qu'il agisse,
> Il faut de ses forfaits devenir le complice ;
> Et sachant de sa vie et l'horreur et le cours,
> Le tenir en état de vous craindre toujours,
> De trembler qu'à toute heure un remords légitime
> Ne vous force à le perdre en découvrant son crime :
> Car n'en attendez rien, si son esprit discret
> Ne vous a confié qu'un honnête secret.
> Pour de si hauts projets je me sens trop timide ;
> L'inceste me fait peur et je hais l'homicide ;
> L'adultère et le vol alarment mes esprits ;
> Je ne veux pas d'un bien qu'on achète à ce prix.
> Non, non, c'est vainement qu'au mépris du Parnasse,
> J'irois de porte en porte étaler ma disgrâce.
> Il n'est plus d'honnête homme ; et Diogène en vain
> Iroit, pour en chercher, la lanterne à la main.
> Le chemin aujourd'hui par où chacun s'élève,
> Fut le chemin jadis qui menoit à la Grève :
> Et Monleron ne doit qu'à ses crimes divers
> Ses superbes lambris, ses jardins toujours verts.

Dans les recueils publiés sans l'aveu de Boileau on lit en outre :

> Par là Bidal en vogue à Botonneau s'allie,
> Et, quoi que tout Paris à sa honte publie,
> Malgré sa banqueroute, on sait qu'un de ses fils
> N'a quitté le comptoir que pour être marquis.

1. Périphrase, pour dire portant la livrée d'un laquais.
2. Imité de la première satire de Juvénal, v. 47 :

Damnatus inani

Tandis que Colletet,[1] crotté jusqu'à l'échine,
S'en va chercher son pain de cuisine en cuisine,
Savant en ce métier, si cher aux beaux esprits,
Dont Montmaur autrefois fit leçon dans Paris.[2]

« Il est vrai que du roi la bonté secourable
Jette enfin sur la muse un regard favorable,
Et, réparant du sort l'aveuglement fatal,[3]
Va tirer désormais Phébus de l'hôpital.
On doit tout espérer d'un monarque si juste :
Mais, sans un Mécénas, à quoi sert un Auguste ?[4]

> Judicio (quid enim salvis infamia nummis?),
> Exsul ab octava Marius bibit, et fruitur dis
> Iratis.

« Condamné par un vain jugement (qu'est-ce en effet que l'infamie quand la caisse est sauve?), Marius égaie son exil en buvant dès la huitième heure et se rit de la colère des dieux. »

Voltaire (*Mérope*, act. III, sc. II) exprime la même idée en parlant de Polyphonte :

> Il y jouit en paix du ciel qui le condamne.

1. François Colletet, poëte médiocre et nécessiteux, fils de Guillaume Colletet, l'un des cinq auteurs, et membre de l'Académie française. Guillaume Colletet, qui n'est pas sans mérite, a eu part aux largesses de Richelieu.

2. Pierre de Montmaur, savant en grec, devint, en 1623, professeur royal au collége de France. Intrépide parasite, il payait son écot en railleries mordantes, qui irritèrent ceux qu'elles atteignaient. Ménage donna contre lui le signal d'une guerre acharnée, dans laquelle force beaux esprits prirent du satirique une cruelle revanche. Ménage, le poëte Sarrazin, Adrien de Valois, l'abbé Le Vayer, d'autres encore, se distinguèrent dans cette croisade.

3. Quelques années auparavant (*OEuvres*, in-4°, 1646, p. 123), Maynard, se plaignant à Malherbe de la misère des poëtes, disait :

> Malherbe, en cet âge brutal,
> Pégase est un cheval qui porte
> Les grands hommes à l'hôpital.

4. Martial avait dit (épigramme LVI, livre VIII) :

> Sint Mæcenates, non deerunt, Flacce, Marones.

« Viennent les Mécènes, et les Virgiles ne manqueront pas. »

Et fait comme je suis, au siècle d'aujourd'hui,
Qui voudra s'abaisser à me servir d'appui?
Et puis, comment percer cette foule effroyable
De rimeurs affamés dont le nombre l'accable;
Qui, dès que sa main s'ouvre, y courent les premiers,
Et ravissent un bien qu'on devoit aux derniers.[1]
Comme on voit les frelons, troupe lâche et stérile,[2]
Aller piller le miel que l'abeille distille?[3]
Cessons donc d'aspirer à ce prix tant vanté
Que donne la faveur à l'importunité.
Saint-Amant n'eut du ciel que sa veine en partage :
L'habit qu'il eut sur lui fut son seul héritage;
Un lit et deux placets composoient tout son bien;[4]

---

1. Chapelain, à la demande de Colbert, avait dressé la liste des gens de lettres et des savants entre lesquels Louis XIV devait répartir ses libéralités. Il ne s'était pas oublié, et il avait pensé à Cotin.

2.   Ignavum fucos pecus.
                  (Virgile, *Géorgiques*, liv. IV, v. 168.)

3. Dans les premières éditions, on lisait ici les huit vers suivants retranchés par Boileau en 1674 :

        Enfin je ne saurois, pour faire un juste gain,
        Aller bas et rampant fléchir sous Chapelain.
        Cependant pour flatter ce rimeur tutélaire,
        Le frère en un besoin va renier son frère,
        Et Phébus en personne, y faisant la leçon,
        Gagneroit moins ici qu'au métier de maçon,
        Ou, pour être couché sur la liste nouvelle,
        S'en iroit chez Billaine admirer *la Pucelle*.

Le frère dont parlait Boileau était un des siens, Gilles Boileau, qui était de la cabale de Chapelain, et un peu jaloux des succès de son puîné Despréaux; d'ailleurs homme de beaucoup d'esprit, très-caustique, et avec qui il fallait compter. A cette époque, 1674, les deux frères étaient réconciliés.

4. Un *placet* est un siége sans dossier, un escabeau, ou tout au plus un tabouret, meuble conforme à la fortune de Saint-Amant. Au deuxième chant du *Lutrin*, v. 36, nous voyons la femme du perruquier L'Amour tomber sur un siége de ce genre :

        En achevant ces mots, cette amante enflammée
        Sur un *placet* voisin tombe demi-pâmée.

Ou pour en mieux parler, Saint-Amant n'avoit rien.[1]
Mais quoi! las de traîner une vie importune,
Il engagea ce rien pour chercher la fortune,[2]
Et, tout chargé de vers qu'il devoit mettre au jour,
Conduit d'un vain espoir, il parut à la cour.
Qu'arriva-t-il enfin de sa muse abusée?
Il en revint couvert de honte et de risée;
Et la fièvre, au retour terminant son destin,
Fit par avance en lui ce qu'auroit fait la faim.
Un poëte à la cour fut jadis à la mode;[3]
Mais des fous aujourd'hui c'est le plus incommode;
Et l'esprit le plus beau, l'auteur le plus poli,
N'y parviendra jamais au sort de l'Angeli.[4]

« Faut-il donc désormais jouer un nouveau rôle?

---

1. Conçoit-on que Damon se raconte à lui-même l'histoire de Saint-Amant, et que de plus il la falsifie? Le bon gros Gérard de Saint-Amant, comme on disait alors, bel esprit et goinfre, vécut souvent à l'aise et toujours joyeusement, jusqu'au moment où son estomac, dont il avait abusé, se dérangea. Il était de l'Académie française. Longtemps compagnon de guerre et de plaisir du duc d'Harcourt, il suivit en Pologne, où il ne fit pas maigre chère, Marie de Gonzague, épouse d'Uladislas. Il a fait d'excellents vers de cabaret, et même quelques beaux vers héroïques et descriptifs dans son *Moyse sauvé*, poëme d'ailleurs informe et disparate. Boileau n'avait guère de prétexte pour en faire un symbole de misère, un exemple des injustices de la cour; mais il avait besoin d'introduire un personnage qui, tant bien que mal, correspondît dans sa satire au Codrus de Juvénal (satire III, v. 203):

Lectus erat Codro Procula minor, urceolæ sex, etc.

2. Comment peut-on *engager un rien*? Mais Juvénal (satire III, v. 208) avait dit:

Nil habuit Codrus : quis enim negat? et tamen illud
Perdidit infelix totum nihil.

La perte de tout ce rien est un trait hyperbolique et piquant, dont le sel n'a point passé chez l'imitateur.

3. *Fut*, au lieu d'*était*, rend ce vers obscur. Boileau ne désigne aucun poëte en particulier; il veut dire que *les poëtes* étaient autrefois bien vus à la cour.

4. Fou du prince de Condé, qui le donna à Louis XIII. Le roi s'en amusait et fit sa fortune.

SATIRE I.

Dois-je, las d'Apollon, recourir à Barthole,[1]
Et, feuilletant Louet allongé par Brodeau,[2]
D'une robe à longs plis balayer le barreau?[3]
Mais à ce seul penser je sens que je m'égare.
Moi, que j'aille crier dans ce pays barbare,
Où l'on voit tous les jours l'innocence aux abois
Errer dans les détours d'un dédale de lois,
Et, dans l'amas confus des chicanes énormes,
Ce qui fut blanc au fond rendu noir par les formes;[4]
Où Patru gagne moins qu'Huot et Le Mazier,
Et dont les Cicérons se font chez Pé-Fournier![5]
Avant qu'un tel dessein m'entre dans la pensée,
On pourra voir la Seine à la Saint-Jean glacée;
Arnauld à Charenton devenir huguenot,
Saint-Sorlin janséniste, et Saint-Pavin bigot.[6]

---

1. Barthole, jurisconsulte, né en Italie (1313-1356), célèbre par ses commentaires sur le droit romain.

2. Louet, avocat, auteur d'un recueil d'arrêts, que Brodeau, autre avocat, enrichit de notes. Boileau, qui venait de renoncer à l'étude du droit, avait entrevu ces ouvrages et leur gardait rancune.

3. Ce vers, que Delille a presque fait passer tout entier dans sa traduction des *Géorgiques* :

    D'une queue à longs crins balayer la poussière,

est lui-même une imitation de ce vers de Virgile, *Georg.*, livre III, v. 59 :

    Et gradiens ima verrit vestigia cauda.

4.   Maneant qui nigra in candida vertunt.
        (JUVÉNAL, satire III, v. 30.)

5. Patru (1604-1581), renommé par son désintéressement, par la délicatesse de son goût, par la sobriété un peu sèche de son éloquence, était plutôt un homme de lettres qu'un avocat. Boileau lui acheta sa bibliothèque, à la condition qu'il en conserverait l'usage. — Huot et Le Mazier faisaient grand bruit et fortune au barreau. — Pé-Fournier, ou Pierre Fournier, procureur au parlement; les jeunes avocats se préparaient chez lui à la plaidoierie par l'étude de la procédure.

6. Le docteur Antoine Arnauld n'a pas combattu moins vigoureusement contre les huguenots que contre les molinistes. Né en 1612, il mourut dans

« Quittons donc pour jamais une ville importune[1]
Où l'honneur a toujours guerre avec la fortune;

l'exil, à Bruxelles, en 1694. — Saint-Sorlin (Desmaretz de), auteur du poëme de *Clovis* et de la comédie des *Visionnaires*, attaqua les jansénistes avec un fanatisme qu'exaltait la folie. Nicole l'a réfuté dans ses lettres, auxquelles il a donné malignement le nom de *Visionnaires*. — Saint-Pavin, dont on a des poésies fugitives d'un tour très-élégant, passait pour athée. Cet hémistiche sur Saint-Pavin coûta cher à Boileau, puisqu'il attira sur lui ce sonnet épigrammatique qu'on n'a pas oublié :

> Despréaux grimpé sur Parnasse,
> Avant que personne en sût rien,
> Trouva Regnier avec Horace
> Et rechercha leur entretien.
>
> Sans choix et de mauvaise grâce
> Il pilla presque tout leur bien,
> Il s'en servit avec audace
> Et s'en para comme du sien.
>
> Jaloux des plus fameux poëtes,
> Dans ses satires indiscrètes,
> Il choque leur gloire aujourd'hui ;
>
> En vérité je lui pardonne :
> S'il n'eût mal parlé de personne,
> On n'eût jamais parlé de lui.

1. Entre le vers 128 jusqu'au vers 148 inclusivement, au lieu des vingt vers qu'on lit aujourd'hui, il y avait dans les éditions apocryphes les quarante qu'on va lire et qui sont fournis par M. Berriat-Saint-Prix :

> Quittons donc cette ville où le crime est le maître;
> Où l'honneur décrié n'oseroit plus paroître ;
> Où l'on voit cent tyrans s'élever jusqu'aux cieux
> Et jouir de nos biens, à leur aise, à nos yeux ;
> Où ce riche insolent, cette âme mercenaire,
> Qui fut jadis valet des valets de mon père,
> Ne va plus qu'en carrosse ou qu'en chaise au Palais,
> Et se fait suivre au Cours d'un peuple de valets;
> Où des plus beaux esprits l'ignorance est maîtresse,
> Où la vertu se pèse au poids de la richesse,
> Où l'on n'emporte enfin, à suivre les neuf sœurs,
> Qu'un laurier chimérique et de maigres honneurs;
> Où le plus riche auteur qui se trouve au Parnasse
> Peut être, en moins d'un mois, réduit à la besace ;
> Où l'or seul en ce temps a mille et mille appas,
> Où l'on se perd, enfin où je ne me plais pas.
> Et quelle âme de fer ici pourroit se plaire ?
> Et pour dernière horreur, pour comble de misère,
> Qui pourroit aujourd'hui, sans un juste mépris,
> Voir l'Italie en France et Rome dans Paris?

Où le vice orgueilleux s'érige en souverain,
Et va la mitre en tête et la crosse à la main;[1]
Où la science, triste, affreuse, délaissée,[2]
Est partout des bons lieux comme infâme chassée;
Où le seul art en vogue est l'art de bien voler;
Où tout me choque; enfin, où... Je n'ose parler.
Et quel homme si froid ne seroit plein de bile

> Je sens bien mon devoir et ce qu'on doit à Rome
> Pour avoir dans ses murs élevé ce grand homme,
> Dont le génie heureux, par un secret ressort
> Fait mouvoir tout l'État encore après sa mort;
> Mais enfin je ne puis sans horreur et sans peine
> Voir le Tibre à grands flots se mêler dans la Seine
> Et traîner à Paris ses mômes, ses farceurs,
> Sa langue, ses poisons, ses crimes et ses mœurs,
> Et chacun avec joie en ce temps plein de vice
> Des crimes d'Italie enrichir sa malice :
> Car un vice admiré, dans ce siècle tortu,
> N'est pas vice, ou plutôt est la même vertu.
> Il en faut de nouveaux et que leur âme impure
> Dans ses sales horreurs outrage la nature,
> Et par un crime horrible, exécrable, odieux
> Mérite encor le feu qu'on vit tomber des cieux,
> Quand ce dieu foudroyant, que craint la terre et l'onde,
> Vint venger la nature aux yeux de tout le monde.
> Mais chacun en dépit de la divinité
> Croit jouir de son crime avec impunité.

Je veux bien qu'il y ait dans ce passage des inexactitudes, mais on ne peut guère soupçonner d'interpolation que les quatre derniers vers ; Boileau, jeune encore et poussé à la violence par l'hyperbole de Juvénal son modèle, a pu, a dû composer et réciter les vers que nous venons de transcrire. Ils sont curieux pour la peinture des mœurs et comme témoignage de la corruption que l'Italie avait importée en France. L'éloge de Mazarin devait venir comme correctif et donne à penser que ce morceau a été écrit peu après la mort du ministre. Il ne faut pas oublier que cette satire, ébauchée en 1660, a été remaniée pendant six années avant d'être mise sous presse par son auteur.

1. Après ce vers on lisait dans les premières éditions quatre vers que Boileau a retranchés :

> Où l'argent seul tient lieu d'esprit et de noblesse,
> Où la vertu se pèse au poids de la richesse,
> Où l'on emporte à peine, à suivre les neuf sœurs,
> Un laurier chimérique et de maigres honneurs.

2. Ce vers est un emprunt fait à Regnier (satire III) :

> Et la science pauvre, affreuse et méprisée.

A l'aspect odieux des mœurs de cette ville?
Qui pourroit les souffrir? et qui, pour les blâmer,
Malgré muse et Phébus n'apprendroit à rimer?
Non, non, sur ce sujet pour écrire avec grâce,[1]
Il ne faut point monter au sommet du Parnasse;
Et, sans aller rêver dans le double vallon,
La colère suffit, et vaut un Apollon.[2]

« Tout beau, dira quelqu'un, vous entrez en furie.
A quoi bon ces grands mots? Doucement, je vous prie;
Ou bien montez en chaire; et là, comme un docteur,
Allez de vos sermons endormir l'auditeur :
C'est là que bien ou mal on a droit de tout dire.

« Ainsi parle un esprit qu'irrite la satire,[3]
Qui contre ses défauts croit être en sûreté
En raillant d'un censeur la triste austérité;
Qui fait l'homme intrépide, et, tremblant de foiblesse,
Attend pour croire en Dieu que la fièvre le presse;
Et, toujours dans l'orage au ciel levant les mains,
Dès que l'air est calmé, rit des foibles humains.[4]

---

1. *Grâce* est là pour rimer à *Parnasse*, car ce n'est point la *grâce* qui caractérise le genre satirique.

2. Juvénal (satire I, v. 80) :

   Si natura negat, facit indignatio versum.

Regnier a aussi imité ce vers :

   Et souvent la colère engendre de bons vers.

Gilbert à son tour a imité Juvénal (*le Dix-Huitième Siècle*, v. 445) :

   Certes, certes, alors ma colère s'allume,
   Et la vérité court se placer sous ma plume.

3. Damon reprend la parole pour son propre compte après le *quelqu'un* qu'il a introduit pour se faire une objection. Quelle langueur! quel enchevêtrement!

4. Allusion au proverbe italien : « Passato il pericolo, gabbato il santo. »

   Le péril passé, on se gabe du saint.

SATIRE I.

Car de penser alors [1] qu'un Dieu tourne le monde,[2]
Et règle les ressorts de la machine ronde,
Ou qu'il est une vie au delà du trépas,
C'est là, tout haut du moins, ce qu'il n'avouera pas.

« Pour moi, qu'en santé même un autre monde étonne,[3]
Qui crois l'âme immortelle, et que c'est Dieu qui tonne,
Il vaut mieux pour jamais me bannir de ce lieu.
Je me retire donc. Adieu, Paris, adieu. »

Au lieu des deux vers qu'on lit maintenant il y avait un distique qui sentait un peu le libertinage :

> Et riant, hors de là, du sentiment commun,
> Prêche que trois font trois et ne font jamais un.

C'était, sans intention de la part du poëte, donner beau jeu aux incrédules et leur fournir une formule plaisante contre le mystère de la Trinité.

1. On lit dans les premières éditions *car enfin de penser* au lieu de *car de penser alors*.

2. *Tourne* pour *fait tourner*. Dans les éditions antérieures à 1683 on lit, au lieu de ces vers :

> C'est là ce qu'il faut croire et ce qu'il ne croit pas,
> Pour moi qui suis plus simple et que l'enfer étonne..........

3. Dans les éditions apocryphes, à la place du premier de ces deux vers, on trouve celui-ci :

> C'est ce qu'à la bavette un enfant ne croit pas.

qui doit être de Boileau, étant imité de Juvénal qui a dit (satire II, v. 152) :

> Nec pueri credunt, nisi qui nondum ære lavantur,

« Les enfants eux-mêmes ne le croient pas, hors ceux qui ne paient pas encore pour se baigner, » c'est-à-dire qui n'ont pas atteint l'âge d'entrer dans les bains publics.

Plusieurs critiques, Voltaire entre autres, ont trouvé faible le mot *étonne;* ils oubliaient qu'au temps de Boileau il gardait quelque chose de sa force étymologique, *attonitus*, atteint de la foudre, foudroyé. Il en est de même du mot *gêner* de Racine : *ah! que vous me gênez!* La gêne, *Gehenna*, c'était la torture, le pire des supplices, et non une simple contrariété.

SATIRE II.

(1664.)

A MOLIÈRE.

LA RIME ET LA RAISON.

Rare et fameux esprit, dont la fertile veine[1]
Ignore en écrivant le travail et la peine;
Pour qui tient Apollon tous ses trésors ouverts,
Et qui sais à quel coin se marquent les bons vers;[2]
Dans les combats d'esprit savant maître d'escrime,
Enseigne-moi, Molière, où tu trouves la rime.
On diroit, quand tu veux, qu'elle te vient chercher :
Jamais au bout du vers on ne te voit broncher;
Et, sans qu'un long détour t'arrête ou t'embarrasse,
A peine as-tu parlé, qu'elle-même s'y place.
Mais moi, qu'un vain caprice, une bizarre humeur,
Pour mes péchés, je crois, fit devenir rimeur,
Dans ce rude métier où mon esprit se tue,
En vain, pour la trouver, je travaille et je sue.
Souvent j'ai beau rêver du matin jusqu'au soir,
Quand je veux dire blanc, la quinteuse dit noir;

---

1. Voyez plus haut (p. 9, note 2, et p. 23, note 2).
2. Métaphore tirée d'Horace (*Art poétique*, v. 59) :
   Signatum præsente nota producere nomen.

Si je veux d'un galant dépeindre la figure,
Ma plume pour rimer trouve l'abbé de Pure ;[1]
Si je pense exprimer un auteur sans défaut,
La raison dit Virgile, et la rime Quinault :[2]
Enfin, quoi que je fasse ou que je veuille faire,
La bizarre toujours vient m'offrir le contraire.
De rage, quelquefois, ne pouvant la trouver,
Triste, las et confus, je cesse d'y rêver ;
Et, maudissant vingt fois le démon qui m'inspire,
Je fais mille serments de ne jamais écrire.[3]
Mais, quand j'ai bien maudit et Muses et Phébus,
Je la vois qui paroît quand je n'y pense plus :
Aussitôt malgré moi tout mon feu se rallume ;
Je reprends sur-le-champ le papier et la plume ;
Et, de mes vains serments perdant le souvenir,
J'attends de vers en vers qu'elle daigne venir.

---

1. L'abbé de Pure n'est venu là qu'en seconde ligne. Boileau avait d'abord donné la préférence à Ménage :

> Si je pense parler d'un galant de notre âge,
> Ma plume pour rimer rencontrera Ménage.

Le trait contre Ménage valait mieux, puisqu'on sait que ce bel esprit pédant avait à la galanterie de grandes et malheureuses prétentions. Heureusement pour lui, l'abbé de Pure fit alors ou colporta des vers satiriques contre Boileau, et Ménage dut lui céder la place.

2. On n'*exprime* pas *un auteur*. Boileau a tort de chercher un auteur sans défaut, puisqu'il ne saurait en trouver, et il a plus grand tort de présenter Quinault, même avant ses opéras, comme un poëte sans valeur. Longin, que Boileau devait traduire plus tard, dit expressément (*Traité du Sublime*, ch. xxvi) qu'il n'y a point d'auteur sans défaut : « Où trouverons-nous un écrivain qui ne pèche jamais, et où il n'y ait rien à reprendre ? »

3. Promesse de poëte : qui a rimé, rimera. Horace fait le même serment, et avoue le même parjure (livre II, épître 1, v. 3) :

> Ipse ego qui nullos me affirmo scribere versus,
> Invenior Parthis mendacior.

« Et moi-même, quand j'affirme que je ne fais point de vers, je me trouve être plus menteur que les Parthes. »

Encor si pour rimer, dans sa verve indiscrète,[1]
Ma Muse au moins souffroit une froide épithète,
Je ferois comme un autre; et, sans chercher si loin,
J'aurois toujours des mots pour les coudre au besoin :
Si je louois Philis *en miracles féconde*,
Je trouverois bientôt: *à nulle autre seconde;*
Si je voulois vanter un objet *nonpareil*,
Je mettrois à l'instant : *plus beau que le soleil;*
Enfin, parlant toujours d'*astres et de merveilles*,
De *chefs-d'œuvre des cieux*, de *beautés sans pareilles*,
Avec tous ces beaux mots, souvent mis au hasard,
Je pourrois aisément, sans génie et sans art,
Et transposant cent fois et le nom et le verbe,
Dans mes vers recousus mettre en pièces Malherbe.
Mais mon esprit, tremblant sur le choix de ses mots,
N'en dira jamais un s'il ne tombe à propos,
Et ne sauroit souffrir qu'une phrase insipide
Vienne à la fin d'un vers remplir la place vide :
Ainsi, recommençant un ouvrage vingt fois,

---

1. Comparez pour le sujet et la verve poétique un admirable passage de la quinzième satire de Regnier, v. 19 et suivants :

>   Encor si le transport dont mon âme est saisie
>   Avoit quelque respect durant ma frénésie,
>   Qu'il se reglast selon les lieux moins importants,
>   Ou qu'il fist choix des jours, des hommes et du temps...
>   Mais aux jours les plus beaux de la saison nouvelle,
>   Quand Zéphire en ses rets surprend Flore sa belle;
>   Que dans l'air les oyseaux, les poissons en la mer
>   Se plaignent doucement du mal qui vient d'aimer :
>   Ou bien lorsque Cérès de fourment se couronne,
>   Ou que Bacchus soupire amoureux de Pomone;
>   Ou lorsque le saffran, la dernière des fleurs,
>   Dore le scorpion de ses belles couleurs,
>   C'est alors que la verve insolente m'outrage,
>   Que la raison forcée obéit à la rage,
>   Et que, sans nul respect des hommes et du lieu,
>   Il faut que j'obéisse aux fureurs de ce dieu.

Si j'écris quatre mots, j'en effacerai trois.[1]
Maudit soit le premier dont la verve insensée
Dans les bornes d'un vers renferma sa pensée,
Et, donnant à ses mots une étroite prison,
Voulut avec la rime enchaîner la raison !
Sans ce métier, fatal au repos de ma vie,
Mes jours pleins de loisir couleroient sans envie.
Je n'aurois qu'à chanter, rire, boire d'autant,
Et comme un gras chanoine, à mon aise et content,
Passer tranquillement, sans souci, sans affaire,
La nuit à bien dormir, et le jour à rien faire.[2]
Mon cœur exempt de soins, libre de passion,
Sait donner une borne à son ambition ;
Et, fuyant des grandeurs la présence importune,
Je ne vais point au Louvre adorer la fortune :
Et je serois heureux si, pour me consumer,
Un destin envieux ne m'avoit fait rimer.[3]
Mais depuis le moment que cette frénésie
De ses noires vapeurs troubla ma fantaisie,
Et qu'un démon jaloux de mon contentement

---

1. Boileau conseille aux autres, dans son *Art poétique*, la méthode qu'il a pratiquée :
   Vingt fois sur le métier remettez votre ouvrage.

2. Cette période de dix vers est tout à fait digne de Boileau. *Et le jour à rien faire* a été, dit-on, pour Boileau l'occasion d'un scrupule : avait-il le droit de supprimer la négation ? Et La Fontaine, qui dit dans son épitaphe : *l'une à dormir et l'autre à ne rien faire*, n'est-il pas plus correct ? Il soumit plus tard, dit Brossette, ce scrupule à l'Académie, qui rassura sa conscience. Rigoureusement, la négation est nécessaire; mais l'usage ayant pour ainsi dire incorporé le sens négatif au mot positif *rien*, il n'y a plus d'inconvénient à supprimer la particule *ne*. Racine l'entendait ainsi, lorsqu'il faisait dire à la comtesse (*Plaideurs*, act. I, sc. vii) : *Et je veux rien ou tout.*

3. Ces deux vers prosaïques, qui reproduisent une idée déjà et mieux exprimée, terminent faiblement cette période embarrassée par les deux *et* placés au commencement des deux derniers distiques.

M'inspira le dessein d'écrire poliment,
Tous les jours, malgré moi, cloué sur un ouvrage,
Retouchant un endroit, effaçant une page,
Enfin passant ma vie en ce triste métier,
J'envie, en écrivant, le sort de Pelletier.

 Bienheureux Scudéri, dont la fertile plume
Peut tous les mois sans peine enfanter un volume ! [1]
Tes écrits, il est vrai, sans art et languissants,
Semblent être formés en dépit du bon sens ;
Mais ils trouvent pourtant, quoi qu'on en puisse dire,
Un marchand pour les vendre, et des sots pour les lire ;
Et quand la rime enfin se trouve au bout des vers,
Qu'importe que le reste y soit mis de travers ?
Malheureux mille fois celui dont la manie
Veut aux règles de l'art asservir son génie !
Un sot, en écrivant, fait tout avec plaisir :
Il n'a point en ses vers l'embarras de choisir ; [2]
Et, toujours amoureux de ce qu'il vient d'écrire,
Ravi d'étonnement, en soi-même il s'admire.
Mais un esprit sublime en vain veut s'élever
A ce degré parfait qu'il tâche de trouver ;
Et, toujours mécontent de ce qu'il vient de faire,
Il plaît à tout le monde, et ne sauroit se plaire : [3]
Et tel, dont en tous lieux chacun vante l'esprit,
Voudroit pour son repos n'avoir jamais écrit.

 1. Boileau doit à Balzac ce tour heureux et cette excellente épigramme : « O bienheureux écrivains, M. de Saumaise en latin et M. de Scudéri en françois ! j'admire votre facilité et j'admire votre abondance. Vous pouvez écrire plus de calepins que moi d'almanachs. » (Lettre xii, livre XXIII.)

 2. Balzac est encore pour quelque chose dans ce spirituel passage : « Bienheureux sont ces écrivains qui se contentent si facilement ;... qui, sans choisir, écrivent tout ce qu'ils savent. » (Ibid.)

 3. « Voilà, s'écria Molière en entendant ce vers, la plus belle vérité que vous ayez jamais dite. »

Toi donc, qui vois les maux où ma Muse s'abîme,
De grâce, enseigne-moi l'art de trouver la rime;
Ou, puisque enfin tes soins y seroient superflus,
Molière, enseigne-moi l'art de ne rimer plus.

SATIRE III.

(1665.)

LE REPAS RIDICULE.[1]

Quel sujet inconnu vous trouble et vous altère?
D'où vous vient aujourd'hui cet air sombre et sévère,[2]
Et ce visage enfin plus pâle qu'un rentier[3]
A l'aspect d'un arrêt qui retranche un quartier?[4]
Qu'est devenu ce teint dont la couleur fleurie

---

1. Pour cette satire, Boileau avait deux modèles, Horace (livre II, satire VIII), et Regnier (satire X). Il n'a ni la touche fine et discrète du premier, ni la verve du second. La satire d'Horace est l'esquisse d'un maître. Celle de Regnier est un tableau où tout est en saillie, une véritable comédie, un peu chargée, il est vrai, mais dont le style est digne de Molière.
2. Début imité de la neuvième satire de Juvénal :

> Scire velim, quare toties mihi, Nævole, tristis
> Occurras, fronte obducta.
> . . . . . Unde repente
> Tot rugæ ?

Voltaire est autrement vif et piquant dans l'exorde de *la Vanité* :

> Qu'as-tu, petit bourgeois d'une petite ville ?
> Quel étrange accident, en allumant ta bile,
> A sur ton large front répandu la rougeur ?
> D'où vient que tes gros yeux pétillent de fureur ?
> Réponds donc.

3. Autre imitation de Juvénal (satire IX, v. 6) :

> Non erat hac facie miserabilior Crepereius
> Pollio.

4. Le roi avait, l'année précédente, supprimé un quartier des rentes de l'hôtel de ville.

Sembloit d'ortolans seuls et de bisques nourrie,
Où la joie en son lustre attiroit les regards,[1]
Et le vin en rubis brilloit de toutes parts?[2]
Qui vous a pu plonger dans cette humeur chagrine?
A-t-on par quelque édit réformé la cuisine?
Ou quelque longue pluie, inondant vos vallons,
A-t-elle fait couler vos vins et vos melons?
Répondez donc enfin, ou bien je me retire.[3]
— Ah! de grâce, un moment souffrez que je respire.
Je sors de chez un fat, qui, pour m'empoisonner,
Je pense, exprès chez lui m'a forcé de dîner.
Je l'avois bien prévu. Depuis près d'une année,
J'éludois tous les jours sa poursuite obstinée.
Mais hier il m'aborde, et me serrant la main :
« Ah! monsieur, m'a-t-il dit, je vous attends demain.
N'y manquez pas au moins. J'ai quatorze bouteilles
D'un vin vieux... Boucingo n'en a point de pareilles;[4]
Et je gagerois bien que, chez le commandeur,[5]
Villandri priseroit sa séve et sa verdeur.
Molière avec Tartufe y doit jouer son rôle;[6]

1. Juvénal (même satire, v. 10) présente un contraste analogue :

Conviva joco mordente facetus
Et salibus vehemens.

2. Ces *rubis* viennent de Regnier et du nez *authentique* de son pédan.

Où maints rubis balais, tout rougissant de vin,
Montroient un *hac itur* à la Pomme de Pin.

3. Cette froide menace a bien l'air d'être là pour la rime.
4. Boucingo, fameux marchand de vin.
5. Le commandeur de Saint-Jean de Latran, plus tard grand prieur de France, Jacques de Souvré, fils du maréchal, gouverneur de Louis XIII. — Villandri, conseiller d'État, gentilhomme de la chambre. Tous deux étaient connus pour aimer la bonne chère.
6. Dans ce vers, l'adverbe *y* veut dire *chez moi*. Le sens est clair. Grammaticalement, il se rapporterait à *chez le commandeur*. C'est un accord ou

Et Lambert, qui plus est, m'a donné sa parole.[1]
C'est tout dire en un mot, et vous le connoissez.
—Quoi! Lambert?—Oui, Lambert : à demain.—C'est assez. »
　Ce matin donc, séduit par sa vaine promesse,
J'y cours midi sonnant, au sortir de la messe.
A peine étois-je entré, que, ravi de me voir,
Mon homme, en m'embrassant, m'est venu recevoir,
Et montrant à mes yeux une allégresse entière :
« Nous n'avons, m'a-t-il dit, ni Lambert ni Molière;
Mais, puisque je vous vois, je me tiens trop content.
Vous êtes un brave homme : entrez; on vous attend. »
　A ces mots, mais trop tard, reconnoissant ma faute,
Je le suis en tremblant dans une chambre haute,
Où, malgré les volets, le soleil irrité[2]
Formoit un poêle ardent au milieu de l'été.
Le couvert étoit mis dans ce lieu de plaisance,
Où j'ai trouvé d'abord, pour toute connoissance,
Deux nobles campagnards, grands lecteurs de romans,
Qui m'ont dit tout Cyrus dans leurs longs compliments.[3]

syllepse de pensée. On fait cette remarque, non pour critiquer Boileau, mais pour maintenir, par l'autorité des maîtres, les libertés gauloises de la langue des poètes, que menace le rigorisme de certains grammairiens. Molière allait alors dans le monde lire son chef-d'œuvre, qui ne put se produire au théâtre qu'en 1669. Il l'avait achevé en 1664. Joué cette année même à la cour, il eut en 1667 une seule représentation et resta suspendu jusqu'à nouvel ordre.

1. Lambert, musicien célèbre, beau-père de Lulli, promettait souvent, et tenait rarement sa parole. *Qui plus est* indique la préférence donnée par le fat au musicien sur le poëte. On ne jurait que par Lambert : dans La Fontaine, l'un des deux ânes qui se congratulent sur la beauté de leur voix, dit à l'autre : *Vous surpassez Lambert.* C'était aller au delà de la perfection.

2. Cette expression, sottement critiquée par Pradon, est une figure naturelle et poétique.

3. Le *Cyrus*, roman en dix volumes de Mlle de Scudéri. Boileau avait montré le ridicule de ces compositions hybrides dans son *dialogue des*

J'enrageois. Cependant on apporte un potage.[1]
Un coq y paroissoit en pompeux équipage,
Qui, changeant sur ce plat et d'état et de nom,
Par tous les conviés s'est appelé chapon.
Deux assiettes suivoient, dont l'une étoit ornée
D'une langue en ragoût de persil couronnée;
L'autre d'un godiveau tout brûlé par dehors,
Dont un beurre gluant inondoit tous les bords.[2]
On s'assied : mais d'abord notre troupe serrée
Tenoit à peine autour d'une table carrée,
Où chacun malgré soi, l'un sur l'autre porté,
Faisoit un tour à gauche, et mangeoit de côté.
Jugez en cet état si je pouvois me plaire,
Moi qui ne compte rien ni le vin ni la chère,
Si l'on n'est plus au large assis en un festin
Qu'aux sermons de Cassaigne ou de l'abbé Cotin.[3]

Notre hôte cependant s'adressant à la troupe :
« Que vous semble, a-t-il dit, du goût de cette soupe?
Sentez-vous le citron dont on a mis le jus
Avec des jaunes d'œufs mêlés dans du verjus?[4]

Héros de roman, qui courait manuscrit, et ne fut imprimé qu'en 1710, par égard pour Mlle de Scudéri, dont on respectait l'âge et le mérite.

1. Potage paraît pris ici dans le sens de premier service, sans cela on ne voit pas comment un coq pourrait *y paraître*.

2. Boileau n'avait pas encore dit :

Ne présentez jamais d'images repoussantes.

Mais il violait par avance, avec son *beurre gluant*, cette règle du goût.

3. Cassagne (1636-1679), et Cotin (1604-1682), étaient tous deux de l'Académie française. C'est, dit-on, le malin Furetière, abbé de Chalivoix, qui avait indiqué à Boileau le nom de ses deux confrères. Cassagne ne témoigna aucun ressentiment, et c'est à tort qu'on a prétendu que cette raillerie l'avait rendu fou. Cassagne a composé la préface des œuvres de Balzac, et traduit Salluste. Cotin prit la chose au tragique, cabala contre Boileau, et composa pour se venger une méchante satire.

4. Ce mélange paraît un souvenir d'Horace (livre II, satire VIII, v. 45):

His mistum jus est oleo.

Ma foi, vive Mignot, et tout ce qu'il apprête! »
Les cheveux cependant me dressoient à la tête :
Car Mignot, c'est tout dire, et dans le monde entier
Jamais empoisonneur ne sut mieux son métier.[1]
J'approuvois tout pourtant de la mine et du geste,
Pensant qu'au moins le vin dût réparer le reste.
Pour m'en éclaircir donc, j'en demande : et d'abord
Un laquais effronté[2] m'apporte un rouge-bord
D'un auvernat fumeux, qui, mêlé de lignage,[3]
Se vendoit chez Crenet pour vin de l'hermitage,[4]
Et qui, rouge et vermeil, mais fade et doucereux,[5]
N'avoit rien qu'un goût plat, et qu'un déboire affreux.
A peine ai-je senti cette liqueur traîtresse,
Que de ces vins mêlés j'ai reconnu l'adresse.
Toutefois avec l'eau que j'y mets à foison
J'espérois adoucir la force du poison.

---

1. Mignot, pâtissier traiteur, rue de la Harpe, vis-à-vis la rue Percée, vit dans cette plaisanterie une atteinte à son honneur digne des rigueurs de la justice. Il voulut intenter un procès à Boileau. Sa requête ne fut pas accueillie; il prit le parti de donner pour enveloppe à ses biscuits la satire de Cotin, qu'il fit imprimer à ses frais. Le bruit de cette affaire, et la nouveauté du stratagème, augmentèrent la vogue de Mignot, qui finit par savoir gré à Boileau du service involontaire qu'il lui avait rendu. Cotin seul garda sa rancune.

2. Ce *laquais effronté* ne vaut pas le valet de Regnier :

> Un gros valet d'étable,
> Glorieux de porter les plats dessus la table,
> D'un nez de majordome, et qui nargue la faim,
> Entra, serviette au bras et fricassée en main.

3. L'auvernat et le lignage sont des vins médiocres du cru d'Orléans.

4. Crenet tenait alors le cabaret de la Pomme de Pin, déjà fameux du temps de Rabelais. — L'Hermitage, coteau sur les bords du Rhône, qui produit un vin fort estimé.

5. Il y avait d'abord *rouge en couleur*. Pradon demanda en quoi le vin peut être rouge si ce n'est en couleur. Boileau remplaça cette naïveté par un pléonasme. Nous avons déjà trois vers plus haut *rouge-bord*, c'est-à-dire verre plein de vin rouge.

Mais, qui l'auroit pensé? pour comble de disgrâce,
Par le chaud qu'il faisoit nous n'avions point de glace.
Point de glace, bon Dieu! dans le fort de l'été!
Au mois de juin! Pour moi, j'étois si transporté,
Que, donnant de fureur tout le festin au diable,
Je me suis vu vingt fois prêt à quitter la table;
Et, dût-on m'appeler et fantasque et bourru,
J'allois sortir enfin, quand le rôt a paru.

Sur un lièvre flanqué de six poulets étiques[1]
S'élevoient trois lapins, animaux domestiques,
Qui, dès leur tendre enfance élevés dans Paris,
Sentoient encor le chou dont ils furent nourris.
Autour de cet amas de viandes entassées
Régnoit un long cordon d'alouettes pressées,
Et sur les bords du plat six pigeons étalés
Présentoient pour renfort leurs squelettes brûlés.[2]
A côté de ce plat paroissoient deux salades,
L'une de pourpier jaune, et l'autre d'herbes fades,
Dont l'huile de fort loin saisissoit l'odorat,
Et nageoit dans des flots de vinaigre rosat.
Tous mes sots, à l'instant changeant de contenance,

---

1. Dans cette satire, particulièrement descriptive, Boileau fait volontiers ce que Dorante, dans *le Menteur* de Corneille (act. I, sc. v), se dispense de faire :

> Je ne vous dirai point les différents apprêts,
> Le nom de chaque plat, le rang de chaque mets.

2. Ces vers descriptifs sont spirituels et d'un tour élégant. Boileau les a tirés presque tous de son imagination. Horace ne lui fournissoit, dans sa huitième satire, que quelques traits :

> In primis Lucanus aper, leni fuit Austro
> Captus, ut aiebat cœnæ pater. Acria circum
> Rapula, etc. (V. 6.)
> Affertur squillas inter muræna natantes
> In patina porrecta. (V. 43.)
>   Tum pectore adusto
> Vidimus et merulas poni, et sine clune palumbes. (V. 93.)

Ont loué du festin la superbe ordonnance ;
Tandis que mon faquin, qui se voyoit priser,
Avec un ris moqueur les prioit d'excuser.
Surtout certain hableur,[1] à la gueule affamée,
Qui vint à ce festin conduit par la fumée,
Et qui s'est dit profès dans l'ordre des coteaux,[2]
A fait en bien mangeant l'éloge des morceaux.[3]
Je riois de le voir, avec sa mine étique,
Son rabat jadis blanc, et sa perruque antique,
En lapins de garenne ériger nos clapiers,[4]

1. *Hableur* nous vient de l'espagnol, où *hablador* signifie simplement parleur; mais la manière dont parlent habituellement les Espagnols explique le sens que ce mot a pris dans notre langue.

2. L'ordre des coteaux se composait de quelques seigneurs, gourmets raffinés, qui ne buvaient de vin que s'il venait des coteaux d'Aï, d'Hautvillers et d'Avenay, vignobles de Champagne justement renommés. Les premiers dignitaires de l'ordre des coteaux étaient le commandeur de Souvré, le comte d'Olonne, l'évêque du Mans Lavardin, etc.

3. Ce vers est devenu proverbe. Horace parle aussi du féroce appétit de l'un des convives :

> Porcius infra,
> Ridiculus totas simul absorbere placentas.
> (Satire VIII, v. 23.)

Regnier (satire II) dépeint aussi cette ardeur de manger qui suspend la parole et la supplée :

> Ainsi que vénérables,
> (*Ils*) S'assient en prélats les premiers à vos tables,
> Où le caquet leur manque, et des dents discourant,
> Semblent avoir des yeux regret au demeurant.

C'est bien là faire l'éloge des morceaux qu'on mange et même de ceux qu'on ne mange pas. Regnier enchérit encore ailleurs (satire X) sur ce portrait gastronomique :

> Mon docteur de menestre (*soupe*, de l'italien *minestra*), en sa mine altérée,
> Avoit deux fois autant de mains que Briarée :
> Et n'étoit, quel qu'il fût, morceau dedans le plat
> Qui des yeux et des mains n'eût un échec et mat.

4. *Clapiers*, lapins domestiques. Ce nom leur vient du lieu où ils sont enfermés. Racine fait dire plaisamment à Chicaneau (*Plaideurs*, act. I, sc. VI) :

> Prends-moi dans ce *clapier* trois lapins de garenne.

Et nos pigeons cauchois en superbes ramiers,
Et, pour flatter notre hôte, observant son visage,
Composer sur ses yeux son geste et son langage;[1]
Quand notre hôte charmé, m'avisant sur ce point :
« Qu'avez-vous donc, dit-il, que vous ne mangez point ?
Je vous trouve aujourd'hui l'âme tout inquiète,
Et les morceaux entiers restent sur votre assiette.
Aimez-vous la muscade? on en a mis partout.[2]
Ah! monsieur, ces poulets sont d'un merveilleux goût!
Ces pigeons sont dodus; mangez, sur ma parole.
J'aime à voir aux lapins cette chair blanche et molle.
Ma foi, tout est passable, il le faut confesser,
Et Mignot aujourd'hui s'est voulu surpasser.
Quand on parle de sauce, il faut qu'on y raffine;
Pour moi, j'aime surtout que le poivre y domine :
J'en suis fourni, Dieu sait! et j'ai tout Pelletier
Roulé dans mon office en cornets de papier.[3] »
A tous ces beaux discours j'étois comme une pierre,
Ou comme la statue est au Festin de Pierre;[4]

---

1. Racine s'est évidemment souvenu de ces deux vers, lorsque, imitant ce passage de Tacite : *At quibus altior intellectus resistunt defixi et Cæsarem intuentes*, il a dit dans *Britannicus* (act. V, sc. v) :

> Mais ceux qui de la cour ont un plus long usage
> Sur les yeux de César composent leur visage.

2. Vers proverbial.

3. Cette plaisanterie, toujours piquante, parce qu'on ne se lasse pas d'humilier les mauvais poëtes, date de loin. Horace avait dit (livre II, épître I, v. 268) :

> Deferar in vicum vendentem thus et odores,
> Et piper, et quidquid chartis amicitur ineptis.

Et Catulle avant Horace : *Et laxas combris sæpe dabit tunicas.*

4. Molière venait de donner son *Don Juan, ou le Festin de Pierre*, dont le sujet est tiré de Tirso de Molina. La pièce espagnole a pour titre *El Combibado de piedra*, qui signifie *le Convive* ou *l'Invité de pierre*. La traduction de ce titre par *le Festin de Pierre* est une étrange méprise; mais

Et, sans dire un seul mot, j'avalois au hasard
Quelque aile de poulet dont j'arrachois le lard.
　　Cependant mon hableur, avec une voix haute,
Porte à mes campagnards la santé de notre hôte,
Qui tous deux pleins de joie, en jetant un grand cri,
Avec un rouge-bord acceptent son défi.
Un si galant exploit réveillant tout le monde,
On a porté partout des verres à la ronde,
Où les doigts des laquais, dans la crasse tracés,
Témoignoient par écrit qu'on les avoit rincés : [1]
Quand un des conviés, d'un ton mélancolique,
Lamentant tristement une chanson bachique,
Tous nos sots à la fois, ravis de l'écouter,
Détonnant de concert, se mettent à chanter.
La musique sans doute étoit rare et charmante!
L'un traîne en longs fredons une voix glapissante;
Et l'autre, l'appuyant de son aigre fausset,
Semble un violon faux qui jure sous l'archet.
　　Sur ce point un jambon d'assez maigre apparence [2]
Arrive sous le nom de jambon de Mayence.
Un valet le portoit, marchant à pas comptés,

Molière n'en est pas responsable; on sait que sa pièce fut suscitée par la vogue de plusieurs drames sur le même sujet, qui avaient adopté ce titre. Quant à l'expliquer, comme l'a voulu M. Daunou, par *le Festin du commandeur Don Pedro*, c'est d'autant plus inadmissible que le commandeur n'est pas nommé dans Molière, et qu'il a un autre nom en espagnol. — Boileau n'échappe donc pas au reproche qu'on lui a fait, à propos de ces ers, d'avoir fait rimer un mot avec lui-même.

1. Ce détail ignoble ne méritait pas la peine que Boileau s'est donnée pour l'exprimer élégamment.

2. Voilà encore une fois *sur ce point*, locution vague et traînante, qu'on regrettait déjà de voir au vers 115 :

　　Quand notre hôte charmé, m'avisant *sur ce point*.....

Comme un recteur suivi des quatre facultés.[1]
Deux marmitons crasseux, revêtus de serviettes,[2]
Lui servoient de massiers, et portoient deux assiettes,
L'une de champignons avec des ris de veau,
Et l'autre de pois verts qui se noyoient dans l'eau.
Un spectacle si beau surprenant l'assemblée,
Chez tous les conviés la joie est redoublée ;
Et la troupe, à l'instant cessant de fredonner,
D'un ton gravement fou s'est mise à raisonner.
Le vin au plus muet fournissant des paroles,[3]
Chacun a débité ses maximes frivoles,
Réglé les intérêts de chaque potentat,
Corrigé la police, et réformé l'État ;[4]
Puis de là, s'embarquant dans la nouvelle guerre,
A vaincu la Hollande ou battu l'Angleterre.

 Enfin, laissant en paix tous ces peuples divers,

---

1. Horace (livre II, satire VIII, v. 13-5) :

    Ut Attica virgo
Cum sacris Cereris, fuscus procedit Hydaspes,
Cæcuba vina ferens.

Boileau substitue ingénieusement à la prêtresse de Cérès du poëte latin le recteur suivi des quatre Facultés. Le recteur de l'Université de Paris, avec son cortége, était, en effet, un personnage imposant. La procession du recteur se faisait quatre fois par an. Le cortége était précédé de massiers et formé de tous les professeurs revêtus de leurs insignes. On peut encore rapprocher ces vers de Boileau du passage suivant de Cicéron (*de Officiis*, livre I, ch. xxxvi) : *Cavendum est ne aut tarditatibus utamur in gressu mollioribus, ut pomparum ferculis similes esse videamur.* « Gardons-nous en marchant de ces lenteurs et de ces longueurs qui nous feraient ressembler aux porte-bannières des cérémonies religieuses. »

2. C'était là un étrange accoutrement. Regnier se contente de nous montrer son valet *serviette au bras ;* il se garde d'en faire un vêtement.

3. Horace (livre I, épître v, v. 19) :

   Fecundi calices quem non fecere disertum?

4. « Le sublime du nouvelliste, dit La Bruyère (ch. 1), est le raisonnement creux sur la politique. »

De propos en propos on a parlé de vers.
Là, tous mes sots, enflés d'une nouvelle audace,
Ont jugé des auteurs en maîtres du Parnasse.[1]
Mais notre hôte surtout, pour la justesse et l'art,
Élevoit jusqu'au ciel Théophile et Ronsard ;[2]
Quand un des campagnards, relevant sa moustache
Et son feutre à grands poils ombragé d'un panache,[3]
Impose à tous silence, et, d'un ton de docteur :[4]
« Morbleu! dit-il, La Serre est un charmant auteur! »[5]

1. Perse (satire I, v. 30):

> Ecce inter pocula quærunt
> Romulidæ saturi quid dia poemata narrent.

2. Ronsard, malgré sa chute, avait encore conservé quelques admirateurs; et, de nos jours, il a retrouvé des juges. — Théophile, poëte sans goût, et non sans talent, a balancé la gloire de Malherbe. Scudéri, qui a été son éditeur, menaçait de sa colère et de son épée ceux qui ne partageraient pas son enthousiasme.

3. Regnier (satire VIII) a dit :

> Quand un jeune frisé, relevé de moustache,
> De galoche, de botte et d'un ample pennache.

Dans toutes les éditions publiées du vivant de Boileau, on lit ici *pennache*, comme dans Regnier. *Panache* a été substitué par Brossette à *pennache*. Les vers de Boileau sont plutôt un emprunt qu'une imitation. Il a ajusté à son sujet ceux de Regnier.

4. Gilbert a usé de cette ironie dans sa première satire, vers 333 et suivants :

> Voltaire en soit loué! Chacun sait au Parnasse
> Que Malherbe est un sot et Quinault un Horace.
> Dans un long commentaire, il prouve longuement
> Que Corneille parfois pourrait plaire un moment.
> J'ai vu l'enfant gâté de nos penseurs sublimes,
> La Harpe, dans Rousseau trouver de belles rimes.
> Si l'on en croit Mercier, Racine a de l'esprit;
> Mais Perrault plus profond, Diderot nous l'apprit,
> Perrault, tout plat qu'il est, petille de génie;
> Il eût pu travailler à l'encyclopédie.

5. La Serre (Puget de), né en 1600, à Toulouse, mort en 1665, a composé environ soixante volumes d'ouvrages médiocres. Il avait de l'esprit, et son humeur gasconne le poussait dans le monde. Il fut historiographe de la reine mère, Marie de Médicis, qu'il suivit à Bruxelles. On a de lui deux tragédies en prose, *le Comte d'Essex* et *Thomas Morus*.

Ses vers sont d'un beau style, et sa prose est coulante.
La Pucelle est encore une œuvre bien galante,
Et je ne sais pourquoi je bâille en la lisant.[1]
Le Pays, sans mentir, est un bouffon plaisant :[2]
Mais je ne trouve rien de beau dans ce Voiture.
Ma foi, le jugement sert bien dans la lecture!
A mon gré, le Corneille est joli quelquefois.[3]
En vérité, pour moi j'aime le beau françois.
Je ne sais pas pourquoi l'on vante l'Alexandre;
Ce n'est qu'un glorieux qui ne dit rien de tendre.[4]
Les héros chez Quinault parlent bien autrement,
Et jusqu'à *je vous hais*, tout s'y dit tendrement.[5]

---

1. C'est le mot même de Mme de Longueville sur le poëme que son mari payait si cher à Chapelain. Un jour, dit Brossette, Chapelain lisait son poëme chez M. le Prince. On y applaudissait, et chacun s'efforçait de le trouver beau. Mais Mme de Longueville, à qui un des admirateurs demanda si elle n'était pas touchée de la beauté de cet ouvrage, répondit : « Cela est parfaitement beau, mais bien ennuyeux. »

2. René Le Pays, auteur d'un recueil de prose et de vers sous le titre d'*Amitiés, Amours et Amourettes*, passait en province pour l'égal de Voiture, dont il imitait le style. Il avait d'ailleurs de l'esprit, et ce qui le prouve, c'est qu'il rechercha l'amitié de Boileau. Il fut directeur général des gabelles de Dauphiné et de Provence.

3. Boileau avait recueilli tous ces jugements saugrenus de la bouche d'un notable de Château-Thierry. On sait que La Fontaine attirait dans cette petite ville, où il était né, ses amis Racine et Boileau. Régnier (satire x) fait dire à son pédant :

> Que Virgile est passable, encor qu'en quelques pages
> Il méritât au Louvre être sifflé des pages;
> Que Pline est inégal, Térence un peu joli :
> Mais surtout il estime un langage poli...
> Cicéron, il s'en tait, d'autant que l'on le crie
> Le pain quotidien de la pédanterie.

4. Ce vers est légèrement épigrammatique, car l'*Alexandre* de Racine n'est pas seulement un glorieux, mais un héros très-galant, et ce *tendre* n'était pas du goût de Boileau.

5. Allusion à la *Stratonice* de Quinault, où l'héroïne dit à Antiochus :

> Adieu, croyez toujours que ma haine est extrême,
> Prince, et si *je vous hais*, haïssez-moi de même.

On dit qu'on l'a drapé dans certaine satire ;
Qu'un jeune homme... — Ah ! je sais ce que vous voulez dire,
A répondu notre hôte : « Un auteur sans défaut,
« La raison dit Virgile, et la rime Quinault. »
— Justement. A mon gré, la pièce est assez plate.
Et puis, blâmer Quinault ! Avez-vous vu l'Astrate ?
C'est là ce qu'on appelle un ouvrage achevé.
Surtout l'anneau royal me semble bien trouvé.[1]
Son sujet est conduit d'une belle manière ;
Et chaque acte, en sa pièce, est une pièce entière.
Je ne puis plus souffrir ce que les autres font.
— Il est vrai que Quinault est un esprit profond,
A repris certain fat qu'à sa mine discrète
Et son maintien jaloux j'ai reconnu poëte :[2]
Mais il en est pourtant qui le pourroient valoir.
— Ma foi, ce n'est pas vous qui nous les ferez voir,
A dit mon campagnard avec une voix claire,
Et déjà tout bouillant de vin et de colère.[3]
— Peut-être, a dit l'auteur pâlissant de courroux :
Mais vous, pour en parler, vous y connoissez-vous ?
— Mieux que vous mille fois, dit le noble en furie.
— Vous ? mon Dieu ! mêlez-vous de boire, je vous prie,
A l'auteur sur-le-champ aigrement reparti.
— Je suis donc un sot, moi ? vous en avez menti, »

---

1. L'anneau royal est un des incidents de l'*Astrate*. Cet anneau, marque de l'autorité royale, a été confié par Élise, princesse de Tyr, à son parent Agénor, pour être remis à Astrate. Agénor le garde pour lui-même, et veut employer le pouvoir qu'il lui donne à faire arrêter Astrate, son rival.

2. Regnier donne aussi (satire II) un signalement de poëte :

>   Sans demander son nom, on peut le reconnaître,
>   Car si ce n'est un poëte, au moins il le veut être.

3. Il faudrait louer ce vers énergique, si Regnier n'eût pas dit auparavant :

>   Le pédant tout fumeux de vin et de doctrine.

Reprend le campagnard; et, sans plus de langage,
Lui jette pour défi son assiette au visage.
L'autre esquive le coup, et l'assiette volant
S'en va frapper le mur, et revient en roulant.
A cet affront l'auteur, se levant de la table,
Lance à mon campagnard un regard effroyable;
Et, chacun vainement se ruant entre deux,
Nos braves s'accrochant se prennent aux cheveux.
Aussitôt sous leurs pieds les tables renversées
Font voir un long débris de bouteilles cassées :
En vain à lever tout les valets sont fort prompts,
Et les ruisseaux de vin coulent aux environs.[1]

Enfin, pour arrêter cette lutte barbare,
De nouveau l'on s'efforce, on crie, on les sépare,

---

1. Il y a bien des taches dans le tableau de cette dispute et de cette mêlée. Les transitions y sont gauches et pesantes, comme, par exemple, *a dit mon campagnard avec une voix claire*, et plus loin, *à l'auteur sur-le-champ aigrement reparti ;* si la repartie a été prompte, le tour qui l'annonce ne ressemble guère à la repartie. *Se prennent aux cheveux* est du style bas. Que dire de ce détail : *En vain à lever tout les valets sont fort prompts ?* En vérité, c'est là une esquisse dont l'imperfection sera surtout sensible si on place en regard quelques traits du tableau tracé par Regnier :

> Le pédant tout fumeux de vin et de doctrine
> Répond, Dieu sait comment. Le bon Jean se mutine;
> Et sembloit que la gloire en ce gentil assaut
> Fût à qui parleroit, non pas mieux, mais plus haut.
> Ne croyez, en parlant, que l'un ou l'autre dorme.
> Comment! votre argument, dit l'un, n'est pas en forme.
> L'autre, tout hors du sens : Mais c'est vous, malotru,
> Qui faites le savant et n'êtes pas congru.
> L'autre : Monsieur le sot, je vous ferai bien taire :
> Quoi! comment, est-ce ainsi qu'on frappe Despautère?
> Quelle incongruité! Vous mentez par les dents.
> Mais vous... Ainsi ces gens à se piquer ardents
> S'en vinrent du parler à tic-tac, torche, lorgne :
> Qui, casse le museau, qui, son rival éborgne;
> Qui, jette un pain, un plat, une assiette, un couteau,
> Qui, pour une rondache, empoigne un escabeau.
> L'un fait plus qu'il ne peut et l'autre plus qu'il n'ose.

Quel mouvement! quelle vérité! On entend se heurter tous les mots de ce dialogue si vif, si naturel. On voit voler en tous sens ces projectiles qui

Et, leur première ardeur passant en un moment,
On a parlé de paix et d'accommodement.
Mais, tandis qu'à l'envi tout le monde y conspire,
J'ai gagné doucement la porte sans rien dire,[1]
Avec un bon serment que, si pour l'avenir
En pareille cohue on me peut retenir,
Je consens de bon cœur, pour punir ma folie,
Que tous les vins pour moi deviennent vins de Brie,
Qu'à Paris le gibier manque tous les hivers,
Et qu'à peine au mois d'août l'on mange des pois verts.

servent d'armes dans cette comique et furieuse mêlée. Somme toute, la satire de Regnier n'a pas été effacée par celle de Boileau.

1. Regnier s'éclipse de même sans mot dire et fausse compagnie à ses belliqueux convives :

> Ainsi sans coup férir je sors de la bataille,
> Sans parler de flambeau, ni sans faire autre bruit.

SATIRE IV.

(1664.)

A L'ABBÉ LE VAYER.[1]

LES FOLIES HUMAINES.

D'où vient, cher Le Vayer, que l'homme le moins sage
Croit toujours seul avoir la sagesse en partage,[2]

1. L'abbé Le Vayer, ami de Molière et de Boileau, fils unique du célèbre La Mothe Le Vayer, mourut, âgé d'environ trente-cinq ans, dans le mois de septembre 1664, l'année même où cette satire fut composée. Il avait traduit Florus. Gui Patin attribue sa mort à l'antimoine. « Il était malade d'une fièvre continue ; MM. Esprit, Brayer et Bodineau lui ont donné trois fois le vin émétique et l'ont envoyé au pays d'où personne ne revient. » Un passage de cette satire, qui lui est adressée :

> Il compteroit plutôt combien en un printemps
> Guénaud et l'antimoine ont fait mourir de gens,

aurait dû le tenir en garde contre le remède qui l'a tué. Son père, alors âgé de soixante-dix-huit ans, le pleura amèrement; on a conservé le beau sonnet que Molière lui adressa à cette occasion. (Édit. Moland, t. VIII, p. 369).

2. Horace (livre II, satire III) soutient la même thèse : *desipiunt omnes* (v. 46), et plus loin : *cunctum insanire docebo* (v. 62).

Regnier est du même avis, comme il essaye de le prouver par sa quatorzième satire, qui commence ainsi :

> J'ai pris cent et cent fois la lanterne en la main,
> Cherchant en plein midi, parmi le genre humain,
> Un homme qui fût homme et de fait et de mine,
> Et qui pût des vertus passer par l'étamine.
> Il n'est coin et recoin que je n'aye tenté
> Depuis que la nature ici-bas m'a planté :
> Mais tant plus je me lime et plus je me rabote,
> Je crois qu'à mon avis tout le monde radote.

Et qu'il n'est point de fou qui, par belles raisons,
Ne loge son voisin aux Petites-Maisons ? [1]

Un pédant, enivré de sa vaine science,
Tout hérissé de grec, tout bouffi d'arrogance,
Et qui, de mille auteurs retenus mot pour mot,
Dans sa tête entassés, n'a souvent fait qu'un sot,
Croit qu'un livre fait tout, et que, sans Aristote, [2]
La raison ne voit goutte, et le bon sens radote.

D'autre part un galant, de qui tout le métier
Est de courir le jour de quartier en quartier,
Et d'aller, à l'abri d'une perruque blonde,
De ses froides douceurs fatiguer tout le monde,
Condamne la science, et blâmant tout écrit,
Croit qu'en lui l'ignorance est un titre d'esprit,
Que c'est des gens de cour le plus beau privilége,
Et renvoie un savant dans le fond d'un collége.

Un bigot orgueilleux, qui, dans sa vanité,
Croit duper jusqu'à Dieu par son zèle affecté,
Couvrant tous ses défauts d'une sainte apparence,
Damne tous les humains de sa pleine puissance. [3]

---

1. Boileau se contente de poser cette question, qu'un poëte philosophe aurait au moins discutée, et se croit quitte envers le sujet qu'il a choisi de son plein gré, par l'énumération de quelques cas particuliers de la maladie qu'il signale. La conception de cette satire est très-faible, et l'exécution n'est pas forte. « Boileau, dit Brossette, en conçut l'idée dans une conversation qu'il eut avec l'abbé Le Vayer et Molière, dans laquelle on prouva par divers exemples que tous les hommes sont fous, et que chacun croit néanmoins être sage tout seul. » Il est probable que cette conversation, à laquelle Molière prit part, fut plus piquante que ne l'est la satire de Boileau.

2. Le rapprochement de ces deux *fait* est une grave négligence. Cette période est d'ailleurs embarrassée. Le Brun suppose charitablement que la construction pénible des vers représente les efforts impuissants d'une pauvre tête d'érudit.

3. Molière a fait passer ce trait dans son *Don Juan* (act. V, sc. II) : « Je saurai déchaîner contre mes ennemis des zélés indiscrets, qui sans

Un libertin d'ailleurs, qui, sans âme et sans foi,
Se fait de son plaisir une suprême loi,
Tient que ces vieux propos de démons et de flammes
Sont bons pour étonner des enfants et des femmes; [1]
Que c'est s'embarrasser de soucis superflus,
Et qu'enfin tout dévot a le cerveau perclus.
En un mot, qui voudroit épuiser ces matières,
Peignant de tant d'esprits les diverses manières,
Il compteroit plutôt combien en un printemps
Guenaud et l'antimoine ont fait périr de gens, [2]
Et combien la Neveu, devant son mariage,
A de fois au public vendu son pucelage. [3]
Mais sans errer en vain dans ces vagues propos
Et pour rimer ici ma pensée en deux mots,
N'en déplaise à ces fous, nommés sages de Grèce,
En ce monde il n'est point de parfaite sagesse :

connaissance de cause crieront contre eux, qui les accableront d'injures, et les *damneront hautement de leur autorité privée.* »

1. Voilà de compte fait quatre folies bien symétriques : 1° *un pédant... qui croit;* 2° *un galant de qui... et qui... croit;* 3° *un bigot... qui... croit;* 4° *un libertin... qui... tient.* Que devient, avec cette méthode, le précepte si judicieux de l'*Art poétique* (ch. I, v. 70) :

Sans cesse en écrivant variez vos discours?

2. Imité de Juvénal (satire x, v. 220) :

Promptius expediam quot amaverit Hippia mœchos,
Quot Themison ægros *autumno* occiderit uno.

Boileau a substitué le printemps à l'automne. Est-ce pour le besoin de la rime ou en souvenir des purgatifs d'Horace :

Qui purgor bilem verni sub temporis horam?

3. Despréaux brave ici l'honnêteté plus que n'a fait Juvénal, qui, tout latin qu'il est, se contente de dire : *quot amaverit Hippia mœchos.* Dans ce vers, la plaisanterie se mêle à l'indécence et l'aggrave. Le sage Boileau s'émancipe après Regnier, qu'il doit blâmer, jusqu'aux *rimes cyniques*. Nous verrons aux notes du chapitre II de l'*Art poétique*, v. 172, qu'il avait eu une rechute. Heureusement, cette fois, le grand Arnauld était là pour le faire rentrer dans l'ordre et lui fournir une variante.

Tous les hommes sont fous ; [1] et malgré tous leurs soins
Ne diffèrent entre eux que du plus ou du moins.[2]

Comme on voit qu'en un bois que cent routes séparent [3]
Les voyageurs sans guide assez souvent s'égarent,
L'un à droit, l'autre à gauche, et, courant vainement,
La même erreur les fait errer diversement,
Chacun suit dans le monde une route incertaine,
Selon que son erreur le joue et le promène ;
Et tel y fait l'habile et nous traite de fous,
Qui sous le nom de sage est le plus fou de tous.
Mais, quoi que sur ce point la satire publie,
Chacun veut en sagesse ériger sa folie ;
Et, se laissant régler à son esprit tortu,
De ses propres défauts se fait une vertu.[4]
Ainsi, cela soit dit pour qui veut se connoître,
Le plus sage est celui qui ne pense point l'être ;

1. Ce paradoxe, qui touche de bien près à la vérité, pouvait fournir la matière d'une revue comique de fous prétendant à la sagesse. Molière avait témoigné l'intention de s'en emparer malgré le succès des *Visionnaires* de Desmaretz, où la même idée est mise en action. La satire de Boileau n'était pas non plus de nature à le décourager.

2. Horace tire de ce fait une conclusion morale à la fin de la troisième satire, livre II :

O major tandem parcas insane minori.

En effet, ce serait un beau résultat, si de la folie de tous on concluait à l'indulgence pour tous.

3. *Séparent* n'est pas le mot propre : des *routes* tracées dans un bois le *partagent* ou le *divisent*; elles ne le *séparent* pas. Tout ce passage est imité d'Horace (livre II, satire III, v. 48) :

Velut silvis, ubi passim
Palantes error certo de tramite pellit,
Ile sinistrorsum, hic dextrorsum abit : unus utrique
Error, sed variis illudit partibus.

4. Ces vers présentent quelque analogie extérieure avec ceux-ci de Regnier (satire x) :

Toutefois, redressant leur entrepas tortu,
Ils guidoient la jeunesse au chemin de vertu.

Qui, toujours pour un autre enclin vers la douceur,
Se regarde soi-même en sévère censeur
Rend à tous ses défauts une exacte justice,
Et fait sans se flatter le procès à son vice.[1]
Mais chacun pour soi-même est toujours indulgent.

   Un avare, idolâtre et fou de son argent,[2]
Rencontrant la disette au sein de l'abondance,[3]
Appelle sa folie une rare prudence,
Et met toute sa gloire et son souverain bien
A grossir un trésor qui ne lui sert de rien.[4]

---

1. Si un pareil homme existe, il ne sera pas vrai que *tous les hommes sont fous*. Aussi le poëte s'empresse-t-il d'atténuer son aveu en ajoutant :

     Mais chacun pour soi-même est toujours indulgent.

2. Les traits qui caractérisent ici l'avare paraissent imités d'Horace (livre II, satire III, v. 109) :

     Qui nummos aurumque recondit, nescius uti
     Compositis, metuensque velut contingere sacrum.

3. Un vers iambique, cité par Sénèque (épître CVIII) exprime admirablement la misère de l'avare plus complète que celle du pauvre même :

     Desunt inopiæ multa, avaritiæ omnia.

« Beaucoup de choses manquent à la pauvreté, tout manque à l'avarice. » Un autre vers, voisin de celui-ci, montre combien le vice de l'avare est odieux et insensé :

     In nullum avarus bonus est, in se pessimus.

« L'avare n'est bon à personne ; il est très-mauvais pour lui-même. »

4. Après ce vers, Boileau en avait placé treize autres, qui reproduisaient en les délayant six vers d'Horace (livre I, satire I, v. 68) :

     Tantalus a labris sitiens fugientia captat
     Flumina ; quid rides ? Mutato nomine de te
     Fabula narratur. Congestis undique saccis
     Indormis inhians, et tanquam parcere sacris
     Cogeris, aut pictis tanquam gaudere tabellis.
     Nescis quo valeat nummus, quem præbeat usum.

Voici l'imitation de Boileau :

     Dites-moi, pauvre esprit, âme basse et vénale,
     Ne vous souvient-il pas du tourment de Tantale,
     Qui, dans le triste état où le ciel l'a réduit,

Plus il le voit accru, moins il en sait l'usage.

« Sans mentir, l'avarice est une étrange rage[1] »,
Dira cet autre fou non moins privé de sens,
Qui jette, furieux, son bien à tous venants,
Et dont l'âme inquiète, à soi-même importune,
Se fait un embarras de sa bonne fortune.
Qui des deux en effet est le plus aveuglé?[2]

« L'un et l'autre, à mon sens, ont le cerveau troublé, »
Répondra chez Frédoc ce marquis sage et prude,
Et qui sans cesse au jeu, dont il fait son étude,
Attendant son destin d'un quatorze ou d'un sept,
Voit sa vie ou sa mort sortir de son cornet.[3]

> Meurt de soif au milieu du fleuve qui le fuit?
> Vous riez? Savez-vous que c'est votre peinture,
> Et que c'est vous par là que la fable figure?
> Chargé d'or et d'argent, loin de vous en servir,
> Vous brûlez d'une soif qu'on ne peut assouvir.
> Vous nagez dans les biens, mais votre âme altérée
> Se fait de la richesse une chose sacrée;
> Et tous ces vains trésors que vous allez cacher
> Sont pour vous un dépôt que vous n'osez toucher.
> Quoi donc! de votre argent ignorez-vous l'usage?

Desmaretz proposait de substituer à la paraphrase traînante de Boileau le distique suivant :

> Tantale dans un fleuve a soif et ne peut boire;
> Tu ris? Change le nom, sa fable est ton histoire.

Notre poëte dédaigna le présent que lui offrait son critique; il biffa héroïquement le passage tout entier, et fit bien.

1. Horace donne à l'avare le premier rang entre les fous (livre II, satire III, v. 82) :

> Danda est ellebori multo pars maxima avaris.

« On doit administrer aux avares la dose d'ellébore de beaucoup la plus forte. »

2. Horace (livre II, satire III, v. 102) :

> . . . . Uter est insanior horum?

« Lequel des deux est le plus fou? »

3. Ici Despréaux se souvient de Regnier (satire XIV, v. 111) :

> Gallet a sa raison, et qui croira son dire,
> Le hasard pour le moins lui promet un empire;
> Toutefois, au contraire, étant lég et net,

Que si d'un sort fâcheux la maligne inconstance
Vient par un coup fatal faire tourner la chance,
Vous le verrez bientôt, les cheveux hérissés,
Et les yeux vers le ciel de fureur élancés,
Ainsi qu'un possédé que le prêtre exorcise,
Fêter dans ses serments tous les saints de l'église.[1]
Qu'on le lie : ou je crains, à son air furieux,
Que ce nouveau Titan n'escalade les cieux.

Mais laissons-le plutôt en proie à son caprice.
Sa folie, aussi bien, lui tient lieu de supplice.
Il est d'autres erreurs dont l'aimable poison
D'un charme bien plus doux enivre la raison :
L'esprit dans ce nectar heureusement s'oublie.[2]

Chapelain veut rimer, et c'est là sa folie.
Mais bien que ses durs vers, d'épithètes enflés,
Soient des moindres grimauds chez Ménage sifflés,[3]
Lui-même il s'applaudit, et, d'un esprit tranquille,
Prend le pas au Parnasse au-dessus de Virgile.[4]

> N'ayant que l'espérance et trois dés au cornet,
> Comme sur un bon fonds de rente et de recettes,
> Dessus sept et quatorze il assigne ses dettes.

Chez Boileau, comme dans Regnier, il s'agit de *la chance* qui se joue avec trois dés, et où les nombres *sept* et *quatorze* sortent le plus rarement.

1. *Serments* est ici, par euphémisme, pour *jurons*.

2. Le *nectar*, breuvage des dieux, est préparé par le mot *enivre* du vers précédent.

3. Ménage tenait bureau d'esprit. Les gens de lettres qui se réunissaient chez lui, le mercredi de chaque semaine, ne méritaient pas tous le nom de grimauds.

4. Ce reproche est injuste. Chapelain ne se faisait pas illusion sur son génie ; il parle modestement de lui-même dans la préface de la *Pucelle*. Son tort fut de croire qu'il suffisait, pour réussir dans l'épopée, de se conformer aux règles suivies par les anciens. Il s'engagea, sur cette fausse pensée, dans la composition de la *Pucelle*, qu'il acheva par conscience, l'ayant promis au duc de Longueville, et par avarice, parce que ce prince payait généreusement les mauvais vers du chantre de son ancêtre Dunois.

Que feroit-il, hélas! si quelque audacieux
Alloit pour son malheur lui dessiller les yeux,
Lui faisant voir ses vers et sans force et sans grâces[1],
Montés sur deux grands mots, comme sur deux échasses,[2]
Ses termes sans raison l'un de l'autre écartés,[3]
Et ses froids ornements à la ligne plantés?[4]
Qu'il maudiroit le jour où son âme insensée
Perdit l'heureuse erreur qui charmoit sa pensée!

 Jadis certain bigot, d'ailleurs homme sensé,
D'un mal assez bizarre eut le cerveau blessé,
S'imaginant sans cesse, en sa douce manie,
Des esprits bienheureux entendre l'harmonie.[5]
Enfin un médecin fort expert en son art
Le guérit par adresse, ou plutôt par hasard :

---

1. Gilbert (satire I) se souvient de Boileau, lorsqu'il dit, en parlant de Voltaire :

> On aurait beau montrer tous ses vers faits sans art,
> D'une moitié de rime habillés au hasard,
> Seuls, et jetés par ligne exactement pareille,
> De leur chute uniforme importunant l'oreille;
> Ou, bouffis de grands mots qui se choquent entre eux,
> L'un sur l'autre appuyés, se traînant deux à deux.

Toutefois, Voltaire n'était pas un Chapelain, ni Chapelain un Voltaire, bien qu'ils aient fait l'un et l'autre un poëme sur Jeanne d'Arc.

2. L'image est juste; car dans la plupart des vers de Chapelain on voit un monosyllabe précédé et suivi de deux grands mots, qui remplissent presque seuls l'un et l'autre l'hémistiche. Boileau donnait pour exemple :

> De se sourcilleux roc l'inébranlable cime,

où le mot *roc*, soulevé au milieu du vers, semble soutenu, comme de deux échasses, d'un côté par *sourcilleux* et de l'autre par *inébranlable*.

3. Les inversions forcées.

4. Les comparaisons qui, dans Chapelain, sont toujours isolées et composées de huit vers. On en compte dans son poëme jusqu'à trois qui sont belles.

5. Tout ce passage est imaginé à l'imitation d'une folie analogue décrite par Horace (livre II, épître II, v. 128) :

> Fuit haud ignobilis Argis,
> Qui se credebat miros audire tragœdos, etc.

Mais voulant de ses soins exiger le salaire :
« Moi, vous payer? lui dit le bigot en colère,
Vous dont l'art infernal, par des secrets maudits,
En me tirant d'erreur m'ôte du paradis! »
J'approuve son courroux; car, puisqu'il faut le dire,
Souvent de tous nos maux la raison est le pire.
C'est elle qui, farouche au milieu des plaisirs,
D'un remords importun vient brider nos désirs.
La fâcheuse a pour nous des rigueurs sans pareilles ;[1]
C'est un pédant qu'on a sans cesse à ses oreilles,
Qui toujours nous gourmande,[2] et, loin de nous toucher,
Souvent, comme Joli,[3] perd son temps à prêcher.
En vain certains rêveurs nous l'habillent en reine,
Veulent sur tous nos sens la rendre souveraine,
Et s'en formant en terre une divinité,
Pensent aller par elle à la félicité ;

---

1. Souvenir de Malherbe :

> La mort a des rigueurs à nulle autre pareilles.

2. Regnier (satire vi) s'indigne, de son côté, avec plus de verve, et c'est contre l'honneur ; ce maudit honneur, dit-il,

> Ce conteur de sornettes,
> Ce fier serpent qui couve un venin sous des fleurs...

3. Illustre prédicateur, alors curé de Saint-Nicolas-des-Champs, à Paris, depuis évêque d'Agen. (Note de Boileau.) Le vers de Boileau pourrait faire croire que Joli prêchait inutilement ; il n'en est rien. Cet excellent homme parlait avec éloquence et jugement, et, comme il pratiquait les vertus qu'il enseignait, sa parole était féconde pour le bien. Né en 1610, à Bury-sur-l'Orne, Claude Joli mourut en 1678. On a de lui huit volumes de prônes et de sermons, qui ont été souvent réimprimés et qu'on peut lire encore avec profit. On ne le confondra pas avec son contemporain et homonyme Claude Joli, chanoine de Notre-Dame, qui défendit les droits du chapitre métropolitain et les intérêts du cardinal de Retz, pendant que son neveu, Gui Joli, voyageait avec le cardinal lui-même, qu'il devait bientôt quitter et ensuite diffamer.

C'est-elle, disent-ils, qui nous montre à bien vivre.
Ces discours, il est vrai, sont fort beaux dans un livre :
Je les estime fort ; mais je trouve en effet
Que le plus fou souvent est le plus satisfait.

SATIRE V.

(1665.)

AU MARQUIS DE DANGEAU.

LA NOBLESSE.

La noblesse, Dangeau,[1] n'est pas une chimère,
Quand, sous l'étroite loi d'une vertu sévère,
Un homme issu d'un sang fécond en demi-dieux
Suit, comme toi, la trace où marchaient ses aïeux.[2]

---

1. Dangeau (Philippe de Courcillon, marquis de), né en 1638, mort en 1720, grand-maître des ordres de Saint-Michel et de Notre-Dame de Mont-Carmel, membre de l'Académie française et de l'Académie des sciences. Il était du pays chartrain; sa noblesse était fort courte, dit Saint-Simon. Né huguenot, il ne tarda pas à se convertir. Il se poussa à la cour par le jeu, et il y gagna un bien considérable, qu'il employa généreusement et un peu fastueusement. Sa probité ne fut jamais soupçonnée. « C'était, dit Saint-Simon, le meilleur homme du monde, mais à qui la tête avait tourné d'être seigneur; cela l'avait chamarré de ridicules, et Mme de Montespan avait fort plaisamment, mais très-véritablement dit de lui : « Qu'on ne pouvait « s'empêcher de l'aimer ni de s'en moquer. » En 1682, il épousa en secondes noces la fille du comte de Lowenstein, nièce du cardinal de Furstemberg, et se crut électeur palatin. Ses *Mémoires*, curieux par le nombre et l'exactitude des petits faits, tiennent du courtisan et du valet de chambre. « Il est difficile de comprendre, dit encore Saint-Simon, comment un homme a pu avoir la patience et la persévérance d'écrire un pareil ouvrage tous les jours, pendant plus de cinquante ans, si maigre, si sec, si contraint, si précautionné, si littéral, à n'écrire que des choses de la plus repoussante aridité. »
2. Les aïeux de Dangeau n'étaient pas fort illustres. Boileau caresse sa vanité par cette dédicace, qui semble un peu ironique. Il pouvait choisir

Mais je ne puis souffrir qu'un fat, dont la mollesse
N'a rien pour s'appuyer qu'une vaine noblesse,
Se pare insolemment du mérite d'autrui,
Et me vante un honneur qui ne vient pas de lui.[1]
Je veux que la valeur de ses aïeux antiques
Ait fourni de matière aux plus vieilles chroniques,[2]
Et que l'un des Capets, pour honorer leur nom,

mieux pour représenter la noblesse de France, et, en effet, il avait eu l'intention de dédier cette pièce au duc de La Rochefoucauld; mais il y renonça à cause de la longueur du nom, qui l'aurait embarrassé pour la mesure des vers. Il en prit un plus court et moins illustre. Fontenelle, *Éloge de Dangeau*, donne, et non sans malice, selon son habitude, une autre raison de cette préférence. « Le héros, dit-il, n'était pas mal choisi, et par sa naissance et par sa réputation de se bien connaître en vers, et par la situation où il était et par son inclination à favoriser le mérite. Les plus satiriques et les plus misanthropes sont assez maîtres de leur bile pour se ménager adroitement des protecteurs. »

1. Sénèque (épître x, livre IV) dit très-bien : « Nemo in nostram gloriam vixit, nec quod ante nos fuit nostrum est. »

2. Ce vers présente aujourd'hui quelque difficulté. En effet, *fournir* a le double sens de *procurer à* ou de *remplir de*; dans le premier cas, il faudrait *ait fourni de la matière aux plus vieilles chroniques*; dans le second, on dirait *ait fourni de matière les plus vieilles chroniques*. Dans ce dernier sens, il suffirait d'une inversion pour rétablir le vers; on mettrait :

De matière ait fourni les plus vieilles chroniques,

comme nous lisons dans la satire I, vers 39 :

Qui *de ses revenus* écrits par alphabet
Peut *fournir* aisément *un calepin* complet.

Mais Boileau ne l'entendait pas ainsi, et c'est avec intention qu'il a pris *fournir* au sens de *procurer à*. La vérité est qu'il n'innove pas, mais qu'il suit un ancien usage, contre lequel la grammaire n'avait pas encore protesté; en effet, nous lisons dans Montaigne (*Essais*, livre II, ch. xxxvi) : « Un seul traict de l'*Iliade* a *fourni* de corps et *de matière à* ceste grande et divine *Énéide*. » Et Corneille disait encore, en 1660, à la fin du premier *Discours du poëme dramatique :* « Je parle au second des conditions particulières de la tragédie, des qualités des personnes et des évènements qui *lui* peuvent *fournir de sujet*, et de la manière de le traiter selon le vraisemblable ou le nécessaire. » Ainsi la locution qu'emploie Boileau n'est pas incorrecte, mais archaïque.

Ait de trois fleurs de lis doté leur écusson.
Que sert ce vain amas d'une inutile gloire,
Si de tant de héros célèbres dans l'histoire,
Il ne peut rien offrir aux yeux de l'univers
Que de vieux parchemins qu'ont épargnés les vers,
Si, tout sorti qu'il est d'une source divine,
Son cœur dément en lui sa superbe origine,
Et n'ayant rien de grand qu'une sotte fierté,
S'endort dans une lâche et molle oisiveté?
Cependant, à le voir avec tant d'arrogance
Vanter le faux éclat de sa haute naissance,
On diroit que le ciel est soumis à sa loi,
Et que Dieu l'a pétri d'autre limon que moi.
Enivré de lui-même, il croit, dans sa folie,
Qu'il faut que devant lui d'abord tout s'humilie.
Aujourd'hui toutefois, sans trop le ménager
Sur ce ton un peu haut je vais l'interroger :[1]

  Dites-moi, grand héros, esprit rare et sublime,[2]

---

1. Ces quatre vers ont été ajoutés comme transition et pour plus de clarté; avant qu'ils y fussent, on pouvait croire, et quelques-uns pensèrent, que le coup de boutoir, *dites-moi, grand héros*, s'adressait à Dangeau. La méprise était cruelle pour le poëte et pour son *héros*.

2. Imité de Juvénal (satire VIII, v. 56-63) :

> Dic mihi, Teucrorum proles, animalia muta
> Quis generosa putet, nisi fortia? Nempe volucrem
> Sic laudamus equum, facilis cui plurima palma
> Fervet, et exsultat rauco victoria Circo.
> Nobilis hic, quocumque venit de gramine, cujus
> Clara fuga ante alios, et primus in æquore pulvis.
> Sed venale pecus Corythæ, posteritas et
> Hirpini, si rara jugo victoria sedit.

On avouera que *Teucrorum proles* vaut mieux que *grand héros*, flanqué d'*esprit rare et sublime*, et qu'on cherche vainement dans l'imitation de Boileau les images vivantes de cette course emportée et de ce nuage de poussière devançant les autres, si bien représentés dans ce vers :

> Clara fuga ante alios, et primus in æquore pulvis.

Entre tant d'animaux, qui sont ceux qu'on estime ?
On fait cas d'un coursier qui, fier et plein de cœur,[1]
Fait paraître en courant sa bouillante vigueur ;
Qui jamais ne se lasse, et qui dans la carrière
S'est couvert mille fois d'une noble poussière :
Mais la postérité d'Alfane et de Bayard,[2]
Quand ce n'est qu'une rosse, est vendue au hasard,
Sans respect des aïeux dont elle est descendue,

---

1. Voltaire a reproduit cette idée et ce mouvement dans le passage suivant de sa satire *le Pauvre diable* :

> Nous faisons cas d'un cheval vigoureux,
> Qui déployant quatre jarrets nerveux,
> Frappe la terre et bondit sous son maître.

2. *Alphane*, nom arabe qui signifie la jument, était le cheval du roi africain Gradasse, un des héros de l'*Arioste*. — *Bayard* est le cheval de Renaud de Montauban, l'aîné des quatre fils Aymon. On sait que les quatre frères, au besoin, s'y plaçaient tous à la fois. Ce noble coursier, dans nos vieux poëmes, n'a pas moins de cœur et n'intéresse pas moins que les chevaliers dont il partage les exploits et la gloire.

Rien n'est plus touchant que la légende du cheval Bayard. Les trouvères, qui avaient raconté ses prouesses, n'ont pas eu le courage de le faire mourir. Jeté dans la Meuse par ordre de Charlemagne, auquel il a été livré par Renaud, il surnage et s'enfuit dans la forêt des Ardennes. Voici la version en prose de ce naïf et héroïque récit : « Quand le roi fut sur le pont de Meuse, il commanda qu'on lui amenast Bayard, le bon cheval de Renaud. Quand il le vit, il lui dit : « Ah ! Bayard, tu m'as maintes fois courroucé, mais je suis venu à point pour m'en venger. » Lors lui fit lier une grande pierre au col, et le fit jeter du pont à bas dedans la rivière de Meuse, et Bayard alla au fond. Quand le roi vit ce il eut grand joie et dit : « Ah ! Bayard, or ai-je ce que je demande. Vous êtes mort si vous ne pouvez toute la rivière boire. » Bayard frappa tant des pieds sur ladite pierre, qu'il la froissa toute et revint dessus. Et quand il fut sur l'eau, il passa à nage de l'autre part de la rivière. Et quand il fut sur la rive, il se mit à hennir hautement, et puis se mit à courir si roidement, qu'il sembloit que la foudre le chassast ; et entra dans Ardenne la grande forest. Charlemagne voyant que Bayard s'estoit échappé, il en eut grand deuil, mais tous les barons en furent bien joyeux. Les gens disent en celui pays, que Bayard est encore en vie dedans le bois d'Ardenne ; mais quand il voit homme ou femme il fuit, si que nul ne le peut approcher. »

Et va porter la malle, ou tirer la charrue.[1]
Pourquoi donc voulez-vous que, par un sot abus,
Chacun respecte en vous un honneur qui n'est plus?
On ne m'éblouit point d'une apparence vaine :
La vertu d'un cœur noble est la marque certaine.[2]
Si vous êtes sorti de ces héros fameux,
Montrez-nous cette ardeur qu'on vit briller en eux,
Ce zèle pour l'honneur, cette horreur pour le vice.
Respectez-vous les lois? fuyez-vous l'injustice?[3]
Savez-vous pour la gloire oublier le repos,
Et dormir en plein champ le harnois sur le dos?
Je vous connois pour noble à ces illustres marques.[4]
Alors soyez issu des plus fameux monarques,
Venez de mille aïeux; et, si ce n'est assez,

1. Juvénal va plus loin, il envoie au moulin ces coursiers dégénérés (satire VIII, v. 68) :
> Dominos pretiis mutare jubentur
> Exiguis, tritoque trahunt epirhedia collo
> Segnipedes, dignique molam versare Nepotis.

2. Juvénal (satire VIII, v. 19) :
> Nobilitas sola est atque unica virtus.

Virgile exprime l'idée opposée :
> Degeneres animos timor arguit.

La *marque certaine* de Boileau traduit le mot *arguit* de Virgile. Ainsi Juvénal et Virgile sont tous deux pour une part dans ce vers :
> La vertu d'un cœur noble est la marque certaine.

Mais les deux poëtes latins expriment nettement l'un et l'autre leur idée, tandis que Boileau manque de clarté s'il entend par *cœur noble*, race noble; et s'il le prend dans son vrai sens pour *noblesse de sentiments*, alors c'est une tautologie, car on peut dire indifféremment ou *la vertu est la marque d'un cœur noble*, ou bien *un cœur noble est la marque de la vertu*.

3. Juvénal (satire VIII, v. 23) :
> Sanctus haberi
> Justitiæque tenax dictis factisque mereris?

4. Juvénal (satire VIII, v. 25) :
> Agnosco procerem.

Feuilletez à loisir tous les siècles passés : [1]
Voyez de quel guerrier il vous plaît de descendre :
Choisissez de César, d'Achille ou d'Alexandre : [2]
En vain un faux censeur voudroit vous démentir,
Et si vous n'en sortez, vous en devez sortir.
Mais, fussiez-vous issu d'Hercule en droite ligne,
Si vous ne faites voir qu'une bassesse indigne,
Ce long amas d'aïeux que vous diffamez tous
Sont autant de témoins qui parlent contre vous, [3]
Et tout ce grand éclat de leur gloire ternie
Ne sert plus que de jour à votre ignominie. [4]
En vain, tout fier d'un sang que vous déshonorez,
Vous dormez à l'abri de ces noms révérés :

1. Horace (livre I, satire III, v. 112) :

> Tempora si fastosque velis evolvere mundi.

Même après la belle expression d'Horace, *evolvere tempora et fastos*, on doit admirer l'heureuse hardiesse de Boileau disant : *Feuilletez les siècles*, qui est vraiment d'un poëte.

2. C'est encore Juvénal qui fournit les idées et le mouvement de ce passage (satire VIII, v. 130) :

> Tunc licet a Pico numeres genus : altaque si te
> Nomina delectant, omnem Titanida pugnam
> Inter majores, ipsumque Promethea ponas :
> De quocumque voles proavum tibi sumito libro.

Mais ici Boileau lutte avec avantage contre son modèle. Il ne doit qu'à lui-même ce trait :

> Et si vous n'en sortez, vous en devez sortir.

3. Juvénal avait dit excellemment (satire VIII, v. 137) :

> Incipit ipsorum contra te stare parentum
> Nobilitas, claramque facem præferre pudendis.

L'image de *stare*, qu'on regrette de ne pas trouver dans ces beaux vers de Boileau, s'y serait conservée s'il eût dit :

> Comme autant de témoins se dressent contre vous.

Claram facem præferre est plus poétique que *ne sert plus que de jour*.

4. Cette belle idée remonte à Salluste, qui fait dire à Marius (*Jugurtha*, ch. LXXXV) : « Majorum gloria posteris lumen est, neque bona, neque mala eorum in occulto patitur. »

En vain vous vous couvrez des vertus de vos pères :
Ce ne sont à mes yeux que de vaines chimères ;
Je ne vois rien en vous qu'un lâche, un imposteur,
Un traître, un scélérat, un perfide, un menteur,
Un fou dont les accès vont jusqu'à la furie,[1]
Et d'un tronc fort illustre une branche pourrie.[2]

Je m'emporte peut-être, et ma muse en fureur
Verse dans ses discours trop de fiel et d'aigreur :
Il faut avec les grands un peu de retenue :[3]
Eh bien ! je m'adoucis. Votre race est connue ;
Depuis quand? Répondez. Depuis mille ans entiers,
Et vous pouvez fournir deux fois seize quartiers :[4]
C'est beaucoup. Mais enfin les preuves en sont claires ;
Tous les livres sont pleins des titres de vos pères ;
Leurs noms sont échappés du naufrage du temps.
Mais qui m'assurera qu'en ce long cercle d'ans
A leurs fameux époux vos aïeules fidèles
Aux douceurs des galants furent toujours rebelles ?

---

1. Le poëte se bat les flancs pour paraître exaspéré ; il n'est que déclamateur et il l'est beaucoup. C'est bien le cas de dire comme Pauline dans *Polyeucte* (act. III, sc. II) :

> Un mot auroit suffi sans ce torrent d'injures.

Dans Corneille, ce vers est précédé d'une énumération analogue, mais elle sort de la bouche d'une faible femme, Stratonice, confidente de Pauline :

> Un méchant, un infâme, un rebelle, un perfide,
> Un traître, un scélérat, un lâche, un parricide, etc.

2. On ne prévoyait guère cette branche *pourrie*, injure métaphorique et relativement modérée, après toutes les violences non figurées qui précèdent.

3. Ce préambule traînant est d'autant moins heureux que ce qui va suivre n'est pas, il s'en faut, un modèle de *retenue*.

4. On appelle *quartier*, en généalogie, chaque degré de descendance en ligne paternelle et maternelle : on a deux quartiers quand on a son père et sa mère nobles, quatre quand le père et la mère des parents l'étaient aussi, et ainsi de suite en progression géométrique, huit, seize, trente-deux, etc. Boileau s'était donc trompé en écrivant d'abord : *plus de trente quartiers*.

Et comment savez-vous si quelque audacieux
N'a point interrompu le cours de vos aïeux,
Et si leur sang tout pur, ainsi que leur noblesse,
A passé jusqu'à vous de Lucrèce en Lucrèce ?[1]
    Que maudit soit le jour où cette vanité[2]
Vint ici de nos mœurs souiller la pureté !
Dans les temps bienheureux du monde en son enfance,
Chacun mettoit sa gloire en sa seule innocence :
Chacun vivoit content, et sous d'égales lois,
Le mérite y faisoit la noblesse et les rois ;[3]
Et, sans chercher l'appui d'une naissance illustre,
Un héros de soi-même empruntoit tout son lustre.
Mais enfin par le temps le mérite avili
Vit l'honneur en roture, et le vice ennobli ;
Et l'orgueil, d'un faux titre appuyant sa foiblesse,
Maîtrisa les humains sous le nom de noblesse.
De là vinrent en foule et marquis et barons :[4]
Chacun pour ses vertus n'offrit plus que des noms.[5]

---

    1. Cette objection à la noblesse a peut-être été suggérée à Boileau par un mot de Malherbe : il disait que « c'était une folie que de vanter sa noblesse ; plus elle était ancienne, plus elle était douteuse, et qu'il ne fallait qu'une Julie pour pervertir le sang des Césars. » Pope a imité les vers de Boileau (*Essay on man*, ép. IV) :

> Boast the pure blood of an illustrious race,
> In quiet flow from Lucrece to Lucrece.

Et cette plaisanterie, comme on sait, a souvent été renouvelée de nos jours.
    2. *Cette* ne répond à rien ; c'est un mot postiche pour servir de transition. *Ici*, dans le vers suivant, est une cheville.
    3. Boileau parle d'une époque problématique, et certainement antérieure à l'histoire.
    4. *Marquis* signifie étymologiquement garde des *marches* ou frontières. Ceux qui vécurent à la cour donnaient à leur nom un étrange démenti. — *Baron* est dans la langue romane le cas-régime de *ber*, qui signifie seulement d'abord guerrier, homme de courage.
    5. *Pour ses vertus* manque de netteté, et n'exprime pas clairement *au lieu de vertus*. Il faudrait *pour vertus*.

Aussitôt maint esprit fécond en rêveries
Inventa le blason avec les armoiries ; [1]
De ces termes obscurs fit un langage à part ;
Composa tous ces mots de *cimier* et d'*écart*,
De *pal*, de *contre-pal*, de *lambel* et de *fasce*,
Et tout ce que Segoing dans son Mercure entasse.[2]
Une vaine folie enivrant la raison,
L'honneur triste et honteux ne fut plus de saison.[3]
Alors, pour soutenir son rang et sa naissance,
Il fallut étaler le luxe et la dépense ; [4]
Il fallut habiter un superbe palais,
Faire par les couleurs distinguer ses valets,
Et, traînant en tous lieux de pompeux équipages,
Le duc et le marquis se reconnut aux pages.[5]

Bientôt, pour subsister, la noblesse sans bien
Trouva l'art d'emprunter, et de ne rendre rien,
Et, bravant des sergents la timide cohorte,
Laissa le créancier se morfondre à sa porte :
Mais, pour comble,[6] à la fin le marquis en prison

---

1. Le blason ou science héraldique traite des armoiries.

2. L'avocat Segoing était l'auteur du *Mercure armorial*, où les curieux peuvent aller chercher l'explication des mots que Boileau a tirés de ce *langage à part*.

3. Regnier avait dit la même chose (satire XIII) sous forme de sentence, en un vers excellent :

L'honneur est un vieux saint que l'on ne chôme plus.

4. Le *luxe* est le produit de la *dépense* ; un seul de ces mots suffisait, et si on les emploie tous deux, il semble que la dépense devrait précéder le luxe, comme la cause précède l'effet.

5. Ces deux vers s'unissent mal aux précédents. La Fontaine a dit :

Tout marquis veut avoir des pages.

6. *Comble* de quoi ? *A la fin*, qui suit, suffisait au sens ; c'est donc la mesure qui amène *pour comble*.

Sous le faix des procès vit tomber sa maison.
Alors le noble altier, pressé de l'indigence,[1]
Humblement du faquin rechercha l'alliance ;
Avec lui trafiquant d'un nom si précieux,
Par un lâche contrat vendit tous ses aïeux ;
Et, corrigeant ainsi la fortune ennemie,
Rétablit son honneur à force d'infamie.[2]

Car, si l'éclat de l'or ne relève le sang,
En vain l'on fait briller la splendeur de son rang ;
L'amour de vos aïeux passe en vous pour manie,
Et chacun pour parent vous fuit et vous renie.
Mais quand un homme est riche il vaut toujours son prix ;
Et, l'eût-on vu porter la mandille à Paris,
N'eût-il de son vrai nom ni titre ni mémoire,
D'Hozier lui trouvera cent aïeux dans l'histoire.[3]

---

1. *Pressé de* est excellent, et convient mieux que *pressé par* dans le langage poétique. C'est ainsi que Racine dit (*Mithridate*, act. I, sc. IV) : *Pressé de son devoir*.

2. *A force d'infamie* fait antithèse à *honneur*, mais l'expression est hyperbolique. L'idée était rendue dans ce vers :

> Par un lâche contrat vendit tous ses aïeux.

Mme de Grignan appelait cela *fumer ses terres*. La fortune des bourgeois vaniteux était considérée par la noblesse obérée comme un engrais. Il était juste que les vilains qui couraient au-devant de cet appât recueillissent, en récompense, un peu de ridicule et beaucoup de dédain. Ils l'avaient voulu.

3. Les d'Hozier ont eu longtemps le privilége et l'industrie des généalogies. Au temps de Boileau, c'était déjà la seconde génération qui fonctionnait. Les généalogistes eurent beaucoup à faire sous Louis XIV, non-seulement pour fabriquer des titres nouveaux, mais pour justifier d'anciens titres contestés. Boursault, dans le *Mercure galant*, acte I, scène III, met plaisamment en scène cette manie d'anoblissement qui avait gagné les moindres bourgeois. M. Michaut, fils de médecin, petit-fils d'apothicaire, veut à toute force que l'auteur du *Mercure* lui trouve des aïeux :

> . . . . . Greffez-moi sur quelque vieille tige.
> Cherchez quelque maison dont le nom soit péri ;
> Ajoutez une branche à quelque tronc pourri.

SATIRE V.

Toi donc, qui, de mérite et d'honneurs revêtu,[1]
Des écueils de la cour as sauvé ta vertu,
Dangeau, qui, dans le rang où notre roi t'appelle,
Le vois, toujours orné d'une gloire nouvelle,
Et plus brillant par soi que par l'éclat des lis,
Dédaigner tous ces rois dans la pourpre amollis,
Fuir d'un honteux loisir la douceur importune;
A ses sages conseils asservir la fortune;
Et, de tout son bonheur ne devant rien qu'à soi,
Montrer à l'univers ce que c'est qu'être roi;[2]
Si tu veux te couvrir d'un éclat légitime,
Va par mille beaux faits mériter son estime;
Sers un si noble maître; et fais voir qu'aujourd'hui
Ton prince a des sujets qui sont dignes de lui.[3]

Et comme l'honnête journaliste refuse ses services, M. Michaut se retire en disant :

> Morbleu! tant pis pour vous d'être si formaliste.
> Adieu. Je vais chercher un généalogiste,
> Qui, pour quelques louis que je lui donnerai,
> Me fera, sur-le-champ, venir d'où je voudrai.

1. Molière disait à la même époque (*Misanthrope*, act. 1, sc. 1) :

> Et que par eux son sort de splendeur revêtu.

Nous avons déjà vu, *Discours au Roi*, vers 99, page 14 :

> En vain d'un lâche orgueil leur esprit revêtu.

2. Cette période est très-embarrassée; Boileau, qui a quitté brusquement Dangeau pour le roi, et qui se complaît dans sa digression, ne sait plus comment revenir à Dangeau, dont il a besoin pour finir. Il y parvient non sans peine, et se hâte de le quitter. Les quatorze derniers vers de cette pièce, qui forment une espèce de péroraison, ont été ajoutés après coup par Boileau, sur le conseil de Dangeau, qui demanda quelques vers à l'éloge du roi pour servir de sauf-conduit à la satire des nobles. Le poëte de lui-même s'arrêtait au vers 118 :

> D'Hozier lui trouvera cent aïeux dans l'histoire.

3. Boileau avait mis d'abord : *La France a des sujets;* on lui fit remarquer que les Français n'étaient pas *sujets* de la France, mais du roi, et il tint compte de cette observation.

SATIRE VI.

(1660.)

LES EMBARRAS DE PARIS.[1]

Qui frappe l'air, bon Dieu! de ces lugubres cris?
Est-ce donc pour veiller qu'on se couche à Paris?
Et quel fâcheux démon, durant les nuits entières,
Rassemble ici les chats de toutes les gouttières?[2]
J'ai beau sauter du lit, plein de trouble et d'effroi,
Je pense qu'avec eux tout l'enfer est chez moi :
L'un miaule en grondant comme un tigre en furie;
L'autre roule sa voix comme un enfant qui crie.
Ce n'est pas tout encor : les souris et les rats
Semblent pour m'éveiller s'entendre avec les chats,
Plus importuns pour moi, durant la nuit obscure,
Que jamais en plein jour ne fut l'abbé de Pure.[3]
   Tout conspire à la fois à troubler mon repos,
Et je me plains ici du moindre de mes maux :

---

1. Cette pièce, imitée de la troisième satire de Juvénal, faisait d'abord partie, comme nous l'avons dit, de la première satire. Boileau a eu raison de l'en détacher : elle forme un tableau à part et un ensemble complet.

2. Boileau, à l'époque où il composa cette satire, logeait cour du Palais, dans la maison de son frère aîné, Jérôme Boileau. Il y occupait, au-dessus du grenier, une espèce de guérite, qui lui servait de chambre à coucher. Voisin des gouttières et des chats, il avait souvent entendu la musique dont il essaie de reproduire les notes discordantes dans les vers qui suivent :

     L'un miaule en grondant comme un tigre en furie,
     L'autre roule sa voix comme un enfant qui crie.

3. Ennuyeux célèbre (Boileau, 1713). — Voyez page 71, note 1.

Car à peine les coqs, commençant leur ramage,
Auront de cris aigus frappé le voisinage,[1]
Qu'un affreux serrurier,[2] laborieux Vulcain,
Qu'éveillera bientôt l'ardente soif du gain,
Avec un fer maudit, qu'à grand bruit il apprête,
De cent coups de marteau me va fendre la tête.[3]
J'entends déjà partout les charrettes courir,[4]
Les maçons travailler, les boutiques s'ouvrir :
Tandis que dans les airs mille cloches émues
D'un funèbre concert font retentir les nues ;
Et, se mêlant au bruit de la grêle et des vents,
Pour honorer les morts font mourir les vivants.

 Encor je bénirois la bonté souveraine,[5]
Si le ciel à ces maux avoit borné ma peine ;
Mais si seul en mon lit je peste[6] avec raison,

1. Nondum cristati rupere silentia galli.
     (MARTIAL, livre IX, épigr. LXIX.)

2. Avant l'édition de 1713 on lisoit au lieu de ces deux vers :
 Qu'un affreux serrurier, que le ciel en courroux
 A fait pour mes péchés trop voisin de chez nous.

3. Illinc paludis malleator hispanæ
 Tritum nitenti fuste verberat saxum.
 . . . . Quot æra verberent manus urbis...
     (MARTIAL, livre XII, épigr. LVII.)

 Tam grave percussis incudibus æra resultant,
 Caussidicum medio cum faber aptat equo.
     (MARTIAL, livre IX, épigr. LXIX.)

4. . . . . Rhedarum transitus arcto
 Vicorum in flexu, et stantis convicia mandræ,
 Eripient somnum.
     (JUVÉNAL, satire III, v. 236-238.)

5. *La bonté souveraine* manque un peu de précision. Molière a bien mieux dit :

 Et je bénis du ciel la bonté souveraine.
     (*École des femmes*, acte V, scène II.)

6. Un Suisse, de Muralt, mort en 1750, trouve cette expression peu

C'est encor pis vingt fois en quittant la maison :
En quelque endroit que j'aille, il faut fendre la presse
D'un peuple d'importuns qui fourmillent sans cesse.
L'un me heurte d'un ais dont je suis tout froissé ;[1]
Je vois d'un autre coup mon chapeau renversé.
Là, d'un enterrement la funèbre ordonnance
D'un pas lugubre et lent vers l'église s'avance ;[2]
Et plus loin des laquais l'un l'autre s'agaçants[3]
Font aboyer les chiens et jurer les passants.[4]

noble. Brumoy fait observer qu'Alceste, homme de cour, l'a pourtant employée :

> Mais pour vingt mille francs j'aurai droit de pester
> Contre l'iniquité de la nature humaine.
> (MOLIÈRE, le Misanthrope, acte V, scène 1re.)

Saint-Marc dit aussi avec raison qu'elle est bonne, la pièce étant dans le style de la satire enjouée.

1.
> .... Nobis properantibus obstat
> Unda prior : magno populus premit agmine lumbos
> Qui sequitur : ferit hic cubito, ferit assere duro
> Alter ; at hic tignum capiti incutit, ille metretam.
> (JUVÉNAL, satire III, v. 243-246.)

2. Ces vers ont une harmonie très-bien appropriée au sujet. On trouve quelque chose de semblable dans ce vers d'Horace, auquel Boileau a sans doute pensé :

> Tristia robustis luctantur funera plaustris.
> (Livre II, épître II, v. 74.)

3. En 1660, la grammaire de Port-Royal établit que le participe présent doit être invariable ; en 1679, l'Académie accepta cette règle, mais elle ne passa pas tout de suite dans l'usage général. La Fontaine suit presque partout l'ancienne manière d'écrire.

4. Dans l'épître déjà citée Horace dit encore :

> Festinat calidus mulis gerulisque redemptor,
> Torquet nunc lapidem, nunc ingens machina tignum...
> Hac rabiosa fugit canis, hac lutulenta ruit sus :
> I nunc et versus tecum meditare canoros.

Regnard a imité Boileau :

> Traîné par des coursiers qui, d'un pas menaçant,
> Font trembler les pavés et gronder le passant.

Des paveurs en ce lieu me bouchent le passage ;
Là, je trouve une croix de funeste présage,[1]
Et des couvreurs grimpés au toit d'une maison
En font pleuvoir l'ardoise et la tuile à foison.
Là, sur une charrette une poutre branlante[2]
Vient menaçant de loin la foule qu'elle augmente ;
Six chevaux attelés à ce fardeau pesant[3]
Ont peine à l'émouvoir sur le pavé glissant.[4]
D'un carrosse en tournant[5] il accroche une roue,
Et du choc le renverse en un grand tas de boue :

1. On faisoit pendre du toit de toutes les maisons que l'on couvroit une croix de lattes, pour avertir les passants de s'éloigner. On n'y pend plus maintenant qu'une simple latte. (BOILEAU, 1713.) — « Je ne sais pourquoi vous êtes en peine du sens de ce vers : *Là se trouve une croix*, etc., puisque c'est une chose que dans tout Paris *et pueri sciunt*, que les couvreurs, quand ils sont sur le toit d'une maison, laissent pendre du haut de cette maison une croix de lattes, pour avertir les passants de prendre garde à eux et de passer vite ; qu'il y en a quelquefois des cinq ou six dans une même rue et que cela n'empêche pas qu'il n'y ait souvent des gens blessés ; c'est pourquoi j'ai dit : *Une croix de funeste présage.* » (BOILEAU, lettre à Brossette du 5 mai 1709.)

2. . . . . Modo longa coruscat
Sarraco veniente, abies, atque altera pinum
Plaustra vehunt ; nutant alte, populoque minantur.
(JUVÉNAL, satire III, v. 254-256.)

3. Les vers de Boileau, remplis de détails ingénieux et bien exprimés, forment un tableau bien plus vif que ceux de Juvénal.

4. Le Brun blâme cette expression d'*émouvoir*, comme n'étant pas ici dans son sens naturel, il y voit presque une faute de français. Il a bien tort. Boileau parlait la langue de son temps, et *émouvoir* signifiait avec beaucoup de justesse ce qu'il lui faisait exprimer, *mettre en mouvement*. C'était la tradition ancienne et constante du français. — « Li amirals qui trestous les esmut. » (CH. DE ROLAND, chap. CXCVII.) « La comtesse Marie... si acoucha d'une fille, et après, quant ele fu relevée, si s'esmut [se mit en marche] et ala outre mer après son seigneur. » (VILLEHARDOIN, chap. CXXX.) « A l'esmouvoir l'ost le roi. » (JOINVILLE, p. 227 ; E. LITTRÉ, *Dictionnaire de la langue française.*)

5. Les éditions d'avant 1713 portaient *en passant* ; la correction est heureuse.

Quand un autre à l'instant, s'efforçant de passer,
Dans le même embarras se vient embarrasser.
Vingt carrosses bientôt arrivant à la file
Y sont en moins de rien suivis de plus de mille ;
Et, pour surcroît de maux, un sort malencontreux
Conduit en cet endroit un grand troupeau de bœufs ;
Chacun prétend passer ; l'un mugit, l'autre jure.[1]
Des mulets en sonnant augmentent le murmure.[2]
Aussitôt cent chevaux dans la foule appelés
De l'embarras qui croît ferment les défilés,
Et partout, des passants enchaînant les brigades,
Au milieu de la paix font voir les barricades.[3]
On n'entend que des cris poussés confusément :[4]
Dieu, pour s'y faire ouïr, tonneroit vainement.[5]
Moi donc, qui dois souvent en certain lieu me rendre,
Le jour déjà baissant, et qui suis las d'attendre,
Ne sachant plus tantôt à quel saint me vouer,
Je me mets au hasard de me faire rouer.[6]
Je saute vingt ruisseaux, j'esquive, je me pousse ;

---

1. Vers excellents ; Boileau était en verve quand il a tracé ce tableau aussi plaisant qu'énergique. (LE BRUN.)

2. Muralt, Saint-Marc, Brumoy blâment comme impropre le mot *murmure* employé pour exprimer ainsi un vacarme. Il faut sans cesse répéter que la langue du xviie siècle n'est plus la nôtre. Ainsi, au temps de Boileau, *murmure* avait un sens plus fort que de nos jours, et signifiait, comme on le voit dans le dictionnaire de M. E. Littré : *Bruit confus de plusieurs personnes qui parlent et s'agitent en même temps.*

3. Allusion aux barricades de la Fronde, en 1648.

4. On lit dans l'édition de 1666 :

> Au milieu de cent cris poussés confusément,
> Dieu, pour se faire ouïr, tonneroit vainement.

5. Pradon disait de ce vers : « Voilà comment parlent les épiciers et les chapeliers. »

6. Regnard a imité ce vers dans son épître à Du Vaux :

> Tu n'es point obligé, tout dégouttant de boue,
> De serrer les maisons de peur qu'on ne te roue.

Guenaud sur son cheval en passant m'éclabousse : [1]
Et, n'osant plus paroître en l'état où je suis,
Sans songer où je vais, je me sauve où je puis. [2]

   Tandis que dans un coin en grondant je m'essuie,
Souvent, pour m'achever, il survient une pluie :
On diroit que le ciel, qui se fond tout en eau, [3]
Veuille inonder ces lieux d'un déluge nouveau.
Pour traverser la rue, au milieu de l'orage,
Un ais sur deux pavés forme un étroit passage;
Le plus hardi laquais n'y marche qu'en tremblant :
Il faut pourtant passer sur ce pont chancelant;
Et les nombreux torrents qui tombent des gouttières,
Grossissant les ruisseaux, en ont fait des rivières.
J'y passe en trébuchant; mais, malgré l'embarras,
La frayeur de la nuit précipite mes pas.

   Car, sitôt que du soir les ombres pacifiques
D'un double cadenas font fermer les boutiques;

---

   1. C'étoit le plus célèbre médecin de Paris, et qui alloit toujours à cheval. (BOILEAU, 1713.)

   M. Berriat-Saint-Prix signale cette autre imitation de Regnard, *Satire des maris*, vers 173 à 176 :

> Agathon dans Paris court à bride abattue :
> Malheur à qui pour lors est à pied dans la rue!
> D'un et d'autre côté ses chevaux bondissants
> D'un déluge de boue inondent les passants.

   2.   Je me sauve à la nage, et j'aborde où je puis.
               (BOILEAU, *Discours au roi*, dernier vers.)

   3. Virgile a dit :

> Ruit arduus æther.
>   (*Géorgiques*, I, v. 324.)

Delille a traduit moins heureusement :

> Le ciel descend en eau.

On lit dans *Lucrèce*, livre VI, v. 271 :

> Displosa repente
> Opprimere ut cœli videantur templa superne.
> Omnis uti videatur in imbrem vertier æther,
> Atque ita præcipitans ad diluviem revocare.

Que, retiré chez lui, le paisible marchand
Va revoir ses billets et compter son argent;
Que dans le Marché-Neuf[1] tout est calme et tranquille,
Les voleurs à l'instant s'emparent de la ville.[2]
Le bois le plus funeste et le moins fréquenté
Est, au prix de Paris, un lieu de sûreté.[3]
Malheur donc à celui qu'une affaire imprévue
Engage un peu trop tard au détour d'une rue!
Bientôt quatre bandits lui serrant les côtés :
La bourse!.. Il faut se rendre; ou bien non, résistez,[4]
Afin que votre mort, de tragique mémoire,
Des massacres fameux aille grossir l'histoire.[5]
Pour moi, fermant ma porte, et cédant au sommeil,[6]

---

1. Sur le quai du Marché-Neuf, entre le pont Saint-Michel et le Petit-Pont. Ce marché n'existe plus depuis quelques années.

2.
    . . . . Nam qui spoliet te
Non deerit, clausis domibus, postquam omnis ubique
Fixa catenatæ siluit compago tabernæ.
Interdum et ferro subitus grassator agit rem...
(Juvénal, satire III, v. 302-305.)

3. On voloit beaucoup en ce temps-là, dans les rues de Paris. (Boileau, 1713.) On lit dans une pièce qui date de 1626, in-18, 30 pages, dont des extraits ont été donnés par M. E. Réaume dans la *Revue de l'instruction publique*, n° du 29 avril 1869, les détails suivants : « Et Dieu qu'il fait dangereux le soir, à une lieue de Paris, combien de gens sont souvent tuez, desvalisez, massacrez, enfouis en terre, desquels on n'entend jamais parler. Ceux qui en font l'exécution sont en retraicte mille fois plus assurée qu'en la plus forte forest de France. »

4.   Stat contra, starique jubet; parere necesse est.
Nam quid agas? quum te furiosus cogat et idem
Fortior?...
(Juvénal, satire III, v. 290-292.)

5. Il y a une histoire intitulée : *Histoire des larrons*. (Boileau, 1713.)

6. Var. 1666 à 1698 :

Pour moi qu'une ombre étonne, accablé de sommeil.

Tous les jours je me couche avecque [1] le soleil :
Mais en ma chambre à peine ai-je éteint la lumière,
Qu'il ne m'est point permis de fermer la paupière.
Des filous effrontés, d'un coup de pistolet,
Ébranlent ma fenêtre et percent mon volet ;
J'entends crier partout : Au meurtre ! On m'assassine !
Ou : Le feu vient de prendre à la maison voisine !
Tremblant et demi-mort, je me lève à ce bruit,
Et souvent sans pourpoint [2] je cours toute la nuit.
Car le feu, dont la flamme en ondes se déploie,
Fait de notre quartier une seconde Troie,
Où maint Grec affamé, maint avide Argien, [3]
Au travers des charbons va piller le Troyen.
Enfin sous mille crocs la maison abîmée
Entraîne aussi le feu qui se perd en fumée.

Je me retire donc, encor pâle d'effroi ;
Mais le jour est venu quand je rentre chez moi.
Je fais pour reposer un effort inutile :

---

1. C'est une ancienne forme que Boileau, sur les observations de Pradon, a fait disparaître partout ; ce vers est le seul endroit où elle se voie chez lui. Peut-être cette proscription est-elle trop rigoureuse. *Avecque*, dit M. Littré, pourrait être encore employé en poésie.

> C'est avecque plaisir qu'on survit à sa mort.
> (MALHERBE, acte II, scène I.)
> Après ne me réponds qu'avecque cette épée.
> (CORNEILLE, *le Cid*, acte III, scène IV.)
> Et ne pourrai-je au moins.....
> M'entretenir moi seule avecque mes douleurs ?
> (RACINE, *Alexandre*, acte IV, scène I.)
> Vous êtes romanesque avecque vos chimères.
> (MOLIÈRE, *l'Étourdi*, acte I, scène II.)

2. Tout le monde en ce temps-là portoit des pourpoints. (BOILEAU, 1713.) — C'était un habillement qui couvrait le corps depuis le cou jusqu'à la ceinture, et qui se portait sous le manteau. On cessa d'en porter, dit Brossette, en 1675.

3. Grec et Argien, dans le même vers, disent trop la même chose.

Ce n'est qu'à prix d'argent qu'on dort en cette ville.[1]
Il faudroit, dans l'enclos d'un vaste logement,
Avoir loin de la rue un autre appartement.

Paris est pour un riche un pays de Cocagne;[2]
Sans sortir de la ville, il trouve la campagne :

---

1. . . . . Magnis opibus dormitur in urbe.
(Juvénal, satire III, v. 235.)

Nec cogitandi spatium, nec quiescendi
In urbe locus est pauperi...
(Martial, livre XII, épigr. LVII, v. 3-4.)

2. Pradon disait de ce vers : « Cela est bas et sent le langage des halles. » — Le pays de Cocagne est un pays imaginaire où tout abonde, où l'on trouve tout à souhait :

Li païs a nom Coquaigne,
Qui plus i dort, plus i gaaigne.
(*Fabliaux*, xiiie siècle. Barbazan, édit. Méon, tome IV, page 176.)

J'ai vu de beaux châteaux, une belle campagne.
Vous êtes, mes amis, au pays de Cocagne.
— Au pays de Cocagne! Allons vite manger...
Veut-on manger? Les mets sont épars dans les plaines;
Les vins les plus exquis coulent de nos fontaines;
Les fruits naissent confits dans toutes les saisons;
Les chevaux tout sellés entrent dans les maisons;
Le pigeonneau farci, l'alouette rôtie
Vous tombent ici-bas du ciel comme la pluie.
(Legrand, *le Roi de Cocagne*, livre I.)

Quant à l'étymologie de ce mot, Génin, *Récréat.*, tome II, page 89, pense qu'il est italien et plus particulièrement napolitain, vu que, dans les réjouissances publiques, à Naples, on élevait une montagne qui lançait toute sorte de choses bonnes à manger; il ajoute que c'est là après l'expédition du duc de Guise, en 1688, que ce mot fut introduit en France, et que, dans la traduction de Boccace, faite au xvie siècle, 8e *journée*, 3e *nouvelle*, il est parlé d'un pays qui ressemble au pays de Cocagne, mais qui n'est pas appelé *Cocagne*, preuve que le mot n'existait pas encore. M. Littré réfute cette opinion en montrant que le mot *cocagne* existait dans notre langue au xiiie siècle. Il pense, d'après Diez, que ce terme vient de *coquere*, cuire, à l'aide des mots suivants : catalan, *coca;* pays de Coire, *coca,* languedocien, *coco;* picard, *couque,* qui tous signifient cuisine; c'est là la vraie étymologie. — Cocagne, désignant en languedocien le kermès animal, on a dit aussi que là était l'étymologie de Cocagne, parce que les habitants, qui tirent un grand profit de cette *Cocagne*, ont ainsi nommé les bons cantons de leur province.

SATIRE VI.

Il peut dans son jardin, tout peuplé d'arbres verts,
Recéler le printemps au milieu des hivers;
Et, foulant le parfum de ses plantes fleuries,
Aller entretenir ses douces rêveries.[1]

Mais moi, grâce au destin, qui n'ai ni feu ni lieu,[2]
Je me loge où je puis, et comme il plaît à Dieu.[3]

1. Tu, Sparse, nescis ista nec scire potes,
    Petilianis delicatus in regnis,
    Cui plana summos despicit domus montes,
    Et rus in urbe est...
    (MARTIAL, livre XII, épigr. LVII, v. 18-21.)

2. On sait que l'auteur, quand il composa cette satire, était logé dans la cour du Palais, chez son frère aîné, Jérôme Boileau, au-dessus du grenier, dans une espèce de guérite, au cinquième étage.

3. C'est contre cette satire VIe que Marmontel s'est surtout élevé: « Boileau s'amuse, dit-il, à peindre les rues de Paris! c'étoit l'intérieur, et l'intérieur moral qu'il falloit peindre; la dureté des pères qui immolent leurs enfants à des vues d'ambition, de fortune et de vanité; l'avidité des enfants, impatients de succéder et de se réjouir sur les tombeaux des pères; leur mépris dénaturé pour des parents qui ont eu la folie de les placer au-dessus d'eux; la fureur universelle de sortir de son état où l'on seroit heureux, pour aller être ridicule et malheureux dans une classe plus élevée... En un mot, la corruption, la dépravation des mœurs de tous les états où l'oisiveté règne, où le désœuvrement, l'ennui, l'inquiétude, le dégoût de soi-même et de tous ses devoirs, la soif ardente des plaisirs, le besoin d'être remué par des jouissances nouvelles, les fantaisies, le jeu vorace, le luxe ruineux, causent de si tristes ravages, sans compter tous les sanctuaires fermés aux yeux de la satire et où le vice repose en paix. Voilà ce que l'intérieur de Paris présente au poëte satirique; et ce tableau, à peu de chose près, étoit le même au temps de Boileau. » (*Éléments de littérature*, article Satire.) — Boileau n'a pas épargné les vices de son temps, on peut le voir dans la Ire satire, dans la IVe, dans la Ve, dans la VIIIe et surtout dans la Xe.

FIN DU TOME PREMIER.

TABLE

DU TOME PREMIER.

VIE DE BOILEAU.

		Pages.
I.	Naissance de Boileau, sa famille, ses premières années...	I
II.	Les premières satires de Boileau ; état de la société, du goût et des lettres vers 1660.	LXV
III.	Les premières satires de Boileau.	CII
IV.	Boileau et Louis XIV. — Ses ennemis et ses amis.	CLII
V.	Nouveaux ouvrages de Boileau. — Caractère nouveau de son talent.	CCII
VI.	Boileau et les jansénistes.	CCLXIII
VII.	Boileau historiographe du roi, et académicien.	CCC
VIII.	Derniers ouvrages de Boileau.	CCCLXVI
IX.	Boileau et les jésuites. — Ses dernières années.	CCCLXXXIX
X.	La réputation de Boileau après sa mort.	CDXXII

Préfaces de Boileau-Despréaux pour les éditions complètes de ses ouvrages.	1
Discours au roi.	29

SATIRES.

	Discours sur la satire	45
I.	Le départ du poëte.	53
II.	A Molière. La rime et la raison.	70
III.	Le repas ridicule.	76
IV.	A l'abbé Le Vayer. Les folies humaines.	91
V.	Au marquis de Dangeau. La noblesse.	101
VI.	Les embarras de Paris.	112

CHEFS-D'ŒUVRE DE LA LITTÉRATURE FRANÇAISE

FORMAT IN-8° CAVALIER, PAPIER VÉLIN DES VOSGES, IMPRIMÉS AVEC GRAND SOIN
PAR LA TYPOGRAPHIE CLAYE

Prix de chaque volume, 7 fr. 50

ŒUVRES COMPLÈTES DE MOLIÈRE

Nouvelle édition très-soigneusement revue sur les textes originaux avec un nouveau travail de critique et d'érudition, aperçus d'histoire littéraire, examen de chaque pièce, commentaire, biographie, etc., etc., par M. Louis Moland.

L'ouvrage, imprimé avec luxe par M. Claye sur magnifique papier des Vosges fabriqué spécialement pour cette collection, orné de vignettes gravées sur acier, d'après les dessins de Staal, par F. Delannoy et Massard, forme 7 volumes.

ŒUVRES COMPLÈTES DE J. RACINE

Avec une vie de l'auteur et un examen de chacun de ses ouvrages, par M. Saint-Marc Girardin, de l'Académie française. Vignettes de Staal gravées sur acier par les meilleurs artistes. En vente, le Ier et le IIe vol.

HISTOIRE DE GIL BLAS DE SANTILLANE

Par Le Sage, avec les principales remarques des divers annotateurs, précédée d'une notice par Sainte-Beuve, de l'Académie française, les jugements et témoignages sur Le Sage et sur *Gil Blas*; suivie de *Turcaret* et de *Crispin rival de son maître*. 2 volumes illustrés de six belles gravures sur acier d'après les dessins de Staal.

CHEFS-D'ŒUVRE LITTÉRAIRES DE BUFFON

Avec une Introduction par M. Flourens, membre de l'Académie française, secrétaire de l'Académie des sciences, etc. 2 volumes. Un beau portrait de Buffon est joint au tome Ier.

L'IMITATION DE JÉSUS-CHRIST

Traduction nouvelle avec des réflexions à la fin de chaque chapitre par M. l'abbé de Lamennais. 1 volume orné de 4 gravures sur acier.

ESSAIS DE MICHEL DE MONTAIGNE

Nouvelle édition, avec les notes de tous les commentateurs, choisies et complétées par M. J. V. Le Clerc, précédée d'une nouvelle Étude sur Montaigne par M. Prevost-Paradol, de l'Académie française. 4 volumes.

ŒUVRES DE CLÉMENT MAROT

Annotées, revues sur les éditions originales et précédées de la vie de Clément Marot, par Charles d'Héricault. 1 volume orné du portrait de l'auteur gravé sur acier, d'après une peinture du temps.

ŒUVRES CHOISIES DE MASSILLON

Précédées d'une notice biographique et littéraire par M. Godefroy. 2 volumes, avec un beau portrait de Massillon.

ŒUVRES DE J.-B. ROUSSEAU

Avec une notice de M. Antoine De La Tour. 1 volume.

En préparation :

ŒUVRES COMPLÈTES DE LA FONTAINE

Nouvelle édition, avec un nouveau travail de critique et d'érudition, par M. Louis Moland.

Il sera tiré sur papier de Hollande, pour chaque volume de la collection, 150 exemplaires numérotés. — Prix : 15 fr. le volume.

PARIS. — J. CLAYE, IMPRIMEUR, 7, RUE SAINT-BENOIT. — [474]

Prix :

www.ingramcontent.com/pod-product-compliance
Lightning Source LLC
Chambersburg PA
CBHW060510230426
43665CB00013B/1465